Maurice Andrieux

# HEINRICH IV.

Societäts-Verlag

Aus dem Französischen übertragen
von Ulla Leippe
Titel des Originals: Henri IV
Librairie Arthème Fayard, Paris, 1955

*Für Raymond Ritter*

Mit 16 Bildtafeln und 3 Karten
 · Societäts-Verlag
Frankfurter Societäts-Druckerei GmbH

Ausstattung von Heinrich Müller
Umschlag nach einer Zeichnung des 16. Jahrhunderts, (Chantilly) 1610
Foto: Bulloz, Paris
Satz und Druck: F. L. Wagener, Lemgo
Einbandarbeit: Klemme & Bleimund, Bielefeld
Printed in Germany 1979
ISBN 3 7973 0330 0

# Inhalt

Erster Teil

# Lehrzeit für das Leben und den Krieg

(1553—1572)

Ich habe allen Grund, sie [die Béarner]
zu lieben, denn ich bin dort geboren
und habe den Namen lange Zeit getragen.
Heinrich IV.

# 1. Kapitel: Herkunft und erste Kindheit

Heinrich IV. gehört nicht zu denen, die gewappnet aus den Händen des Schicksals springen, er gelangte nicht mit einem einzigen Anlauf wie ein homerischer Held in die vorderste Reihe der großen Politiker und gefeierten Heerführer; seine Schulen dauerten lang, seine Lehrzeiten waren schwierig. Doch jede Lebensstufe bereicherte seine Erfahrungen, jeder verdankte er einen Teil seiner Fähigkeiten. Seine Kindheit beschenkte ihn mit einem Schatz an guter Laune und Optimismus, der seiner Herrschaft trotz vielen Hindernissen und Wechselfällen einen unnachahmlichen Anflug von Festlichkeit gab.

Sogar die Umstände seiner Geburt schienen Heiterkeit vorauszusagen, denn er hatte das seltene Glück, bei den Tönen eines Liedes zur Welt zu kommen:

> Unsere Dame vom Kap von Pau,
> hilf mir in dieser Stunde!

Das alte Béarner Kirchenlied hatte Jeanne d'Albret in den ersten Morgenstunden des 13. Dezember 1553 »mit fester Stimme« gesungen, als sie in Wehen lag und den Beistand der Jungfrau von Jurançon erbat. Sie hatte das Lied noch auf den Lippen, als das Kind erschien, das dann später der König Heinrich IV. wurde. Der Knirps entzog sich offenbar unter dem Zauber der mütterlichen Stimme der Gewohnheit, mit Geschrei und Jammern das Leben zu beginnen, und so sagte man ihm sofort voraus, er werde »kein weinerliches und verdrossenes Kind« und kein trübsinniger Mann werden: eine Prophezeiung, die sein ganzes Leben bestätigte, denn kaum ein anderer Mensch war wie er so wenig geneigt, sich zu verdüstern oder zu jammern.

Am Bett der Wöchnerin stand ihr Vater, Henri d'Albret, König von Navarra, der seine Gebete mit denen der Tochter vereinte, der überhaupt ihre Hoffnungen und Ängste teilte. Als das Kind – ein männliches Kind! – zum Vorschein gekommen war, ergriff er es, ohne den Frauen auch nur die Zeit zu lassen, »es anständig herzurichten«, wickelte es in einen Zipfel seines weiten Gewandes und entführte es in sein Zimmer. Dort berieb er die Lippen des Neugeborenen mit Knoblauch und hielt ihm einen Becher Wein vors Gesicht, damit es den Duft davon einatmen sollte. Das Kind ließ die Behandlung ohne Protest über sich ergehen, und der glückliche Großvater entnahm daraus, daß es eine gute Natur habe und einen Spaß verstehen könne. Die Überlieferung hat an dieser komischen Szene herumgedichtet und eine Art heidnischer Taufe daraus gemacht, womit allerdings die Absichten Henris d'Albret völlig verkannt wurden. Als er seinem Enkel diese bäuerliche Weihe zukommen ließ, hatte er in keiner Weise im Sinn, »sein Temperament männlicher und kraftvoller« zu machen. Er wollte das Kind nur »gegen eine im Lande umgehende Ansteckung« schützen, als er ihm »das Allheilmittel der Dorfbewohner« spendete. Knoblauch wurde in den südlichen Provinzen allgemein als Gegengift angesehen, und dem Duft des Weines schrieb man die Kraft zu, »gegen verdorbene Luft zu schützen«. Aus der einfachen Hygienemaßnahme wurde dann von phantasievollen Erzählern eine lästerliche Zeremonie gemacht.

Doch die Taufe mit einer Knoblauchzehe und Wein aus Jurançon ist inzwischen so fest mit der Legende des Béarners verwachsen, daß man sie kaum noch daraus entfernen kann. Ganze Generationen von Schulmeistern haben das Genrebild heraufbeschworen, ernsthafte Historiker ohne Mißtrauen diese Anekdote verbreitet, die selbst noch Analphabeten in allen Einzelheiten kennen. Wer sonst nichts über Heinrich IV. weiß, kennt doch diese Umstände seiner Geburt, und die Tradition, die den Brauch sanktioniert, führte dazu, daß sich sein Sohn Ludwig XIII. bei der Taufe des Herzogs von Bordeaux daran hielt und daß der erste Sohn des Grafen und der Gräfin von Paris 1933 aus den Händen des Herzogs von Guise die Weihe mit Knoblauch und Wein empfing – unter dem Bildnis seines Vorfahren Heinrich IV.

Wenn die Freude über die Geburt eines Enkels Henri d'Albret auch hingerissen hatte, so war er doch keinesfalls ein besonders zärtlicher Großvater. Das war von einem Mann, der auf seinen Bildnissen mit kaltem Blick und hartem Mund erscheint, auch kaum zu erwarten. Wir wissen außerdem, vor allem durch die Bekenntnisse seiner Frau, daß er leichtfertig, dabei kaltherzig und schroff war: »Wollüstig, materialistisch, selbstsüchtig, skeptisch und sogar ziemlich zynisch« ist er uns geschildert worden, und wir können diesen wenig angenehmen Eigenschaften noch die verdrossene Bitterkeit hinzufügen, die seinem Unglück entstammte. Nun schien ihm die Ankunft eines Prinzen aus seinem Blut Rache für alle Kränkungen zu versprechen; sie belebte den alten Traum, der ihn immer noch verfolgte. Ein verbrauchter, kranker, entmutigter Mann sah sich von der Vorsehung mit einer großen Hoffnung beschenkt: Eines Tages würde das Königreich Navarra in seiner ganzen Größe, in seiner vollen Macht wieder vorhanden sein.

Navarra, das sich schon im 9. Jahrhundert aus der Herrschaft der Karolinger befreit hatte, bildete immer ein Königreich, das von der Krone Frankreichs unabhängig war, allerdings nun ein recht klägliches und fast nur dem Namen nach bestehendes Königreich, seit ihm ein Gewaltstreich Ferdinand des Katholischen, Königs von Kastilien und Aragon, die Provinzen jenseits der Pyrenäen mit der Hauptstadt Pamplona entrissen hatte.

Diese ungerechtfertigte Verstümmelung hatte sich 1512 zugetragen, als Henri d'Albret noch ein Kind war. König Jean, sein Vater, hatte zwar den üblichen, doch nur platonischen Protest der durch Gewalt entmachteten Herrscher vorgebracht, aber sein sanftes Wesen, seine bescheidene Lebensweise, eine unerschöpfliche Güte, die ihn veranlaßte, seine Feinde wie seine Freunde zu lieben, hinderten ihn an jeder kühnen Tat. Er antwortete auf sein Unglück nur mit unendlichem Schmerz, den er aber für sich allein trug, der niemanden zu Mitleid bewegte und schließlich sein Leben verkürzte. Henri d'Albret, der ihm 1516 als Henri II. von Navarra auf den Thron folgte, war von anderer Art. Seine Fehler haben wir schon aufgezählt; er hatte sie eingesetzt – freilich mit Mut und Ausdauer –, um die verlorenen Provinzen wiederzugewinnen. Nie nachlassendes Rachebedürfnis hatte ihn in eine Unzahl abenteuerlicher Unternehmungen gestürzt, die allesamt ohne Ergebnis blieben.

1527 hatte er die geliebte Schwester Franz' I. von Frankreich geheiratet, Marguerite d'Angoulême, die gebildetste und geistreichste Frau des Jahrhunderts, die »vierte Grazie«, die »zehnte

Muse«, als die man sie feierte. Ihr funkelnder Geist, ihre Vornehmheit, ihre Anmut wurden überall gepriesen, scheinen den Gatten aber nicht allzu lange gefesselt zu haben. Ein Brief Henris II. an den Konnetabel de Montmorency von 1548 gibt uns einen genauen und beunruhigenden Hinweis auf die Atmosphäre dieser Ehe: »Der König sagt, sie wünschen einander alles Böse an den Hals.« Das Paar war sich tatsächlich nicht einig, was dem Ehemann aber nicht ersparte, beim Tod seiner edlen Gemahlin 1549 völlig zusammenzubrechen; er wurde sich darüber klar, daß er niemals imstande war, das Problem der Wiederherstellung und der Rache zu lösen, das sein Leben erfüllt hatte. Ein Lungenleiden, dem er bald darauf erlag, war weit fortgeschritten, er fühlte seine Kräfte schwinden, seinen Mut wanken und hoffte nur noch, daß seine Nachkommen »den Schatten besiegen« würden.

Die Nachkommenschaft des alten Kämpfers beschränkte sich auf Jeanne d'Albret, seine 1528 geborene Tochter. Sie hatte alle schönen Geistesgaben der Mutter geerbt und bewies dazu noch eine ungewöhnliche Charakterstärke, die sich allerdings mit den Jahren zu Schärfe und Schroffheit wandelte. In ihrer Jugend war sie nur Fröhlichkeit und Anmut. Ihr Onkel, Franz I., liebte sie zärtlich, aber die Zuneigung von Königen ist herrisch und manchmal kein Vorteil. Franz I. wollte seinen Liebling selbst erziehen, und zwar in seinem Schloß Plessis-lès-Tours, das einen so düsteren Ruf hatte, seit der verschlagene, skrupellose Ludwig XI. Mauern und Türme mit dunklen Erinnerungen erfüllt hatte. In diesen Jahren einer beengten Kindheit seufzte Jeanne oft nach dem Himmel von Béarn und dem Lächeln ihrer Mutter, und die Sehnsucht gab ihr Vorwürfe ein, die schließlich den König von Frankreich ärgerten. Er beschloß 1540, seine Nichte, die noch nicht zwölf Jahre alt war, zu verheiraten.

Die Hochzeit der Prinzessin von Navarra war eine Sache der hohen Politik: Spanien durfte keine Gelegenheit erhalten, einen Fuß nach Béarn zu setzen und seinen Einfluß in einer Provinz geltend zu machen, die zwar juristisch von Frankreich getrennt, aber politisch ein höchst wichtiger Satellit war. Wenn das Königreich auch so klein geworden war, daß man »auf einem Bein hindurchhüpfen« konnte, besaßen seine Herrscher als Lehen außerdem doch die Grafschaften Foix, Bigorre und Armagnac, die Gascogner Seigneurie Albret – Wiege der Dynastie – und einen großen Teil der Guyenne. Das Haus Albret stellte also eine echte Macht dar, und man mußte jederzeit fürchten, daß es Spanien gelingen könnte, um den Preis irgendeiner vorteilhaften Union die Albrets dem König von Frankreich abspenstig zu machen. Eine solche Drohung hatte schon einmal Gestalt angenommen, als Kaiser Karl V. daran dachte, die Thronfolgerin von Navarra mit seinem Sohn Philipp, seinem mutmaßlichen Erben, zu vermählen. Um derart gefährliche Überlegungen zu verhindern, wollte Franz I. seine Nichte mit dem Herzog von Kleve und Jülich verheiraten, den er wiederum dadurch aus der Verbindung mit dem Haus Habsburg zu lösen hoffte. Diesem Heiratsplan gaben die Herrscher von Navarra höchst ungern ihre Zustimmung. Ihre Tochter wies ihn in aller Form zurück und ließ trotz ihren jungen Jahren beachtliche Proteste laut werden, die man aber als Kindereien abtat. Die kirchliche Trauung wurde am 15. Juli 1540 in einer Pracht gefeiert, die nach dem Bericht von Sponde mehr kostete als die Krönung Karls V. Die Prinzessin mußte vom Konnetabel de Montmorency in die Kirche getragen werden, und Brantôme versichert, daß sie unter dem Gewicht der schweren Goldrobe und der vielen Edelsteine zusammengesunken sei. Wir dürfen aber fragen, ob Jeanne d'Albret auf diese Weise nicht vor aller Welt den Zwang veranschaulichen wollte, dem sie sich zu beugen hatte.

Da die erzwungene Ehe glücklicherweise nicht vollzogen wurde, hatte Franz I. keine Schwierigkeiten, von Papst Paul III. später ihre Annullierung zu erreichen. Sie kam ihm sehr gelegen, denn die politische Situation hatte sich gründlich geändert: Der Herzog von Kleve war rückhaltlos zum Kaiser übergegangen und hatte sich damit zu den Feinden Frankreichs gesellt. Die Prinzessin von Béarn konnte 1548 – diesmal mit ihrem vollen Einverständnis und nach bewußter Auswahl aus vielen Bewerbern – Antoine de Bourbon heiraten, den Herzog von Vendôme. Die Verbindung mißfiel Königin Marguerite, die ihre Tochter auf einen der ersten Throne der Christenheit gewünscht hatte, doch Henri d'Albret hielt seinen Schwiegersohn für befähigt, die alten Träume Navarras zu verwirklichen. Als Chef des Hauses Vendôme und Nachkomme Ludwigs des Heiligen hatte er den Ruf eines kühnen Fürsten, »denn diese Rasse der Bourbonen«, sagt Brantôme, »hat nicht ihresgleichen«. Er war ein lebhafter Mann, trat großzügig auf und redete sich warm, das alles gab den Ausschlag. Aber seinen guten Anlagen standen große Charakterfehler entgegen, die später sein öffentliches und privates Verhalten auf ärgerliche Weise bestimmten. Der König von Navarra hatte keinen Grund, sich zu beglückwünschen, daß er diesem Schwiegersohn vertraut hatte. Katharina von Medici bewies mehr Scharfblick, als sie von Antoine de Bourbon sagte, er sei »zu leichtfertig, anmaßend und wollüstig«.

Die Ämter, die ihm sein königlicher Vetter zuwies, verurteilten ihn zu einem unausgesetzten Nomaden- und Kriegerdasein, das allerdings kaum gegen seinen Geschmack war, aber seine Frau zu einem abenteuerlichen Vagabundenleben zwang. »Die kühne Amazone«, wie sie der alte Historiker von Béarn, Favyn, beschrieb, begleitete ihren Mann in Krieg und Frieden. Als sie sich in der Picardie aufhielt, wo Antoine de Bourbon eine Armee gegen Karl V. führte, erwartete sie das Kind, das dann Heinrich IV. wurde. Es war nicht ihre erste Schwangerschaft. Schon 1551 hatte sie einen Sohn geboren, den Herzog von Beaumont, der zweijährig in la Flèche starb, ein Opfer der sonderbaren Vorstellungen, die seine Erzieherin, die Frau des Amtmanns von Orléans, von Säuglingspflege hatte. Die edle Dame war der Meinung, Wärme sei das Wesentliche im Leben, und zog das ihr anvertraute Kind in einer wahren Treibhausluft auf. »Schwitzen ist besser, als vor Kälte zu zittern«, meinte sie. Diese Theorie, die sie bis zu den absurdesten Konsequenzen verfolgte, brachte dem kleinen Prinzen den Tod; in seine Windeln eingepackt, erstickte er langsam in einem völlig überheizten Zimmer.

Dieses Unglück hatte den Hof von Navarra »in unaussprechlichen Schmerz« gestürzt, und Henri d'Albret kam zu der Überzeugung, daß seine Tochter nicht imstande sei, »seinen Nachwuchs aufzuziehen«. In seiner Verzweiflung ließ er sich zu der Bemerkung hinreißen, sie verdiene keine weiteren Kinder, weil sie nicht wisse, wie sie aufzuziehen seien. Ganz unberechtigt war der Vorwurf wohl nicht. Der Gesandte von Venedig, Pietro Dudo, gab Jeanne ohne weiteres die Schuld am Tod des kleinen Herzogs von Beaumont, und man darf nicht vergessen, daß ein anderes ihrer Kinder, Louis-Charles de Bourbon, Graf von Marle, durch ein wirklich seltsames Unglück zu Tode kam: Seine Amme und ein sportlicher Edelmann warfen sich das Kind wie einen Ball zu, dabei stürzte es aus dem Fenster im ersten Stock zu Tode. Man muß auch noch anmerken, daß eine Tochter von Jeanne d'Albret, die 1556 geborene Madeleine, nur 15 Tage lebte, ohne daß man sich ihren Tod erklären konnte. Fünf Kinder brachte die Prinzessin von Navarra zur Welt, und nur zwei überlebten die Kindheit: Heinrich und seine 1559 geborene

Schwester Catherine, die spätere Herzogin von Bar. Auch Heinrich entging nur durch ein Wunder einem ungewöhnlichen Unfall, als er noch im Mutterleib war: Sein Vater war nach Compiègne gekommen, um Jeanne d'Albret, die im achten Monat schwanger und unterwegs nach Béarn war, zu begrüßen. Er hielt es für witzig, sie mit einer alten, geladenen Arkebuse zu bedrohen. Die Waffe fing plötzlich an zu brennen, und nur ein unerklärlicher Zufall verhinderte, daß der Schuß losging, was »zugleich den Baum und seine Frucht« vernichtet hätte, wie es bei einem alten Chronisten heißt.

Dieser kleine Überblick über den Leichtsinn des Ehepaares Bourbon erklärt das Mißtrauen, das ihm der alte Henri d'Albret entgegenbrachte; er rechtfertigt auch seine Forderung, seine Tochter solle nach Pau kommen, dort ihr Kind zur Welt bringen und es Personen übergeben, die eine bessere Vorstellung von dem hatten, was Kinderpflege erforderte. Dabei war er allerdings auf hartnäckigen Widerstand gestoßen, dem er sich zunächst, wenn auch höchst widerwillig, zu beugen schien. Er hatte sogar kurz erwogen, ob er nicht selbst die lange Reise nach La Flèche unternehmen solle, sich aber besonnen und statt dessen Jeanne eine ganze Reihe immer dringlicherer Briefe geschrieben; schließlich schickte er ihr eine Abordnung von Standespersonen auf den Hals, damit sie endlich nach Béarn heimkomme.

Nach langem Schwanken hatte sich Jeanne dann plötzlich entschlossen, mitten im Winter und wenige Wochen vor ihrer Niederkunft die beschwerliche Reise nach Pau zu unternehmen. Es war unvorsichtig, aber inzwischen verbreiteten sich allerhand beunruhigende Gerüchte über das, was ihr Vater, der König von Navarra, vorhabe. Man wußte ja, daß er sich Sorgen um seine Dynastie machte, und nun schien es, daß er eine neue Heirat plante, dieser vorzeitig gealterte und kranke Mann, der als Folge irgendwelcher anrüchiger Liebschaften Bart und Augenbrauen eingebüßt hatte. Und Schlag auf Schlag kamen neue beunruhigende Nachrichten. Diesem körperlich so wenig anziehenden Herrscher sollte Spanien Katharina von Kastilien samt Rückgabe von Ober-Navarra angeboten haben! Andererseits hieß es, Henri d'Albret, dessen Fleischeslust doch für abgeflaut gegolten hatte, sei ganz in die Hände einer Hofdame geraten, die ihn »vollständig beherrschte« und ihn drängte, sie doch ja nicht in seinem Testament zu übergehen. Manches sprach dafür, daß er ihren Wünschen bereits entsprochen hatte.

Es war also notwendig, daß sich Jeanne zu rascher Rückkehr entschloß. Als sie erst in Pau war, gelang es ihren zärtlichen Vorwürfen bald, solche Anwandlungen des Königs von Navarra zu zerstreuen. Er versprach seiner Tochter, ihr in einem Testament sein Hab und Gut ungeschmälert zu hinterlassen, falls sie einen Knaben zur Welt bringe. Das Dokument erhielt Jeanne sofort nach der Entbindung; es war in ein goldenes Kästchen gelegt, zu dem der König den Schlüssel allerdings behielt. Er überreichte es ihr mit den Worten: »Das ist für Sie«, nahm das Kind und sagte: »Und das ist für mich«, womit er ein für allemal aussprach, daß er die Erziehung dieses Erben, der sein Geschlecht fortsetzen sollte, niemandem anders überlassen wollte.

Denn er ahnte den künftigen Ruhm seines Enkels voraus. In einer fast prophetischen Gewißheit hatte der beraubte und gedemütigte König eine klare Vorstellung von Rache, die seinem Haus vergönnt sei. Schon feierte er laut den ersten Sieg: »Sehen Sie! Mein Lämmchen hat einen Löwen geboren!« Es war die Antwort auf den bösen Spott der Spanier, die bei der Geburt von Jeanne d'Albret ein beleidigendes Quodlibet gesungen hatten: »O Wunder! Die Kuh hat ein Lämmchen geboren!« Der für ein sonst so höfliches Volk reichlich derbe Scherz bezog sich auf das Wappen von Navarra, das zwei Rinder mit goldenen Mäulern, bewehrten Hörnern, in Ketten verbunden und mit azurblauen Kuhglocken behängt, aufwies.

Der junge »Löwe« erhielt den Namen Heinrich von Bourbon und den Titel eines Fürsten von Viane – der unter den vielen Titeln des Hauses Bourbon ausgewählt worden war, weil er die Verbindung mit der Dynastie von Navarra betonte. Die Taufe wurde »mit großer Festlichkeit, Pomp und Schmuck« im großen Saal des Schlosses von Pau gefeiert: Taufbecken aus feuervergoldetem Silber waren angefertigt worden, und den Täufling trug man, wie es heißt, in dem großen Schildkrötenpanzer, der noch heute den Besuchern gezeigt wird. Kardinal d'Armagnac hielt das Taufamt, an dem eine gewaltige Menschenmenge teilnahm; die kleinen Leute bewegten sich munter zwischen den großen Herren und Adligen. Alle Anwesenden »zeigten große Freude«. Nachts stiegen in den Höfen des Schlosses und in allen Gebirgsdörfern hohe Flammen aus Reisighaufen auf: Navarra grüßte die Hoffnung auf Erneuerung. Ganz Frankreich hätte

Grund gehabt, an dieser Freude teilzunehmen: Die Geburt des kleinen Béarners brachte dem Lande Glück und Ruhm.

Heinrichs Eintritt in die Welt wurde mit einer üppigen Blüte von Poesie in allen Sprachen gefeiert. Wenn diese Gelegenheitsverse auch von unterschiedlichem literarischem Wert sind, ist man doch erstaunt über die Hellsicht, die in fast allen zu Wort kommt. Du Bellay nennt die Tugenden, die er dem Prinzen wünscht, und zählt dabei gerade die auf, die Heinrich als Mann besaß; Ronsard geht so weit, dem Kind den Thron Frankreichs zu verheißen:

*Mon prince, illustre sang de la race bourbonne*
*A qui le ciel promet de porter la couronne*
*Que ton grand Sainct Louys porta dessus le front*
Mein Prinz, erhabenes bourbonisches Blut,
dem der Himmel die Krone verspricht,
die dein großer heiliger Ludwig auf der Stirne trug.

Bedenkt man, daß sich auf den Stufen des Throns, den Heinrich II., selbst noch jung und kraftvoll, innehatte, neun Prinzen von Geblüt drängten, die eher als Heinrich von Navarra Aussicht auf die Thronfolge hatten, ist man doch überrascht von dieser prophetischen Eingebung des großen Dichters der Plejade. Keiner der »hervorragenden Mathematiker und Astrologen«, die bei dieser Gelegenheit ihre Orakel entfesselten, ging in seiner Hellsicht so weit. Nur der große Nostradamus hat einige Jahre später in seiner noch erstaunlicheren Vorhersage seinen Scharfblick bewiesen.

Dieses Kind, dem ein so großartiges Schicksal versprochen wurde, tat die ersten Schritte ins Leben unter Schwierigkeiten: Man hat seine Ammen gezählt, und es waren acht. Man hat darin schon einen Hinweis auf sein »von so vielen Einflüssen bewegtes« Leben erkennen wollen. Sieben Ammen wurden nacheinander aus unterschiedlichen Gründen entlassen. Die achte erfüllte sehr schön die Aufgabe, die so schwierig schien. Es war eine einfache Frau vom Lande, Jeanne Lafourcade, die Frau von Jean Lassensaa, einem Landarbeiter aus dem Dorf Bilhères bei Pau. Die Inschrift auf dem Giebel ihres ärmlichen Hauses »saubegarde deei Rey« – »unter dem Schutz des Königs«, die ihr Heinrich IV. genehmigt hatte, zeigt, daß sie ihre Aufgabe gut und sorgfältig erfüllt hat, läßt aber nicht darauf schließen, daß der kleine Prinz von Navarra seine ersten Schritte im Hinterhof eines Bauernhauses zwischen den Haustieren getan hätte. Es hieße die Gewohnheiten königlicher Häuser zu verkennen, wenn man annimmt, ein Thronerbe hätte von Geburt an in einer so unsicheren Zeit fern von der Familie in einer Hütte gelebt, wo eine politische Entführung oder einfach eine räuberische Erpressung jederzeit möglich gewesen wäre. Man muß schon annehmen, daß Jeanne Lafourcade im Schloß von Pau das Neugeborene stillte, eifersüchtig bewacht vom Großvater, der übrigens schon bei der Geburt des Kindes seinen Wunsch ausgesprochen hatte, »ihn an seinem Platz nähren zu lassen«.

Mit Befriedigung sah er, daß der kleine Prinz die Tücken frühester Kindheit überwand; das Kind war noch nicht zwei Jahre alt, als es schon durch Kraft, Lebhaftigkeit und »eine gewisse Ritterlichkeit seines Muts« auffiel. Und dann starb Henri d'Albret am 29. Mai 1555 in Hagetmau, so daß er das Kind nicht heranwachsen sah, den Prinzen, in dem er sich selbst wiederfand und von dem er hoffte, »daß er die Spanier zittern läßt«. Vor seinem Tode hatte der Großvater schon die wesentlichen Anweisungen über die Grundlagen seiner Erziehung gegeben. Er mißtraute den »französischen Feinheiten«, die nach seiner Meinung nur »Püppchen«, »frisierte Äffchen« hervorbrachten. Sein Enkel sollte als echter Béarner erzogen werden, abgehärtet durch asketisches Leben, charakterstark durch strenge Erziehung. Jeanne d'Albret achtete die Wünsche ihres Vaters und erkannte seine Beweggründe an. So versicherte sie, das rauhe Programm, das er entworfen, wolle sie unnachsichtig durchführen, damit ihr Sohn »durch Mühe und Arbeit tüchtig und klug« werde.

Als er der Fürsorge der Amme entwachsen war, erhielt er seine Erzieherin: Suzanne de Bourbon-Busset, die Frau von Jean d'Albret, dem Baron Miossens. Unter der Fuchtel dieser ausgezeichneten, aber höchst energischen Person erhielt Heinrich von Navarra im Schloß von Coarraze, im Tal des Gave, zu Füßen der Pyrenäen, seine ungewöhnlich schlichte, karge Erziehung, die seinen Charakter so glücklich geformt hat. Man kann ruhig behaupten, daß der Prinz als Bauernjunge erzogen wurde, bis er sieben Jahre alt war, und sich in seinen Gewohnheiten in nichts von den Söhnen der Hirten unterschied, die seine ständigen Gefährten waren. Wie sie nährte er sich von Schwarzbrot, Bauernsuppen, Käse und Knoblauch. Zerlumpt und barfuß wie sie, stieg er mit ihnen im Gebirge auf die Felsen, rannte mit ihnen durch Wälder und Bäche, ohne sich um Regen oder Sonne zu kümmern. Er stand mit dem Morgengrauen auf, stürmte durch Gebüsch und über steinige Wege mit den Freunden, zu langen Tagemärschen, die oft über das hinausgingen, was eine gut durchdachte Erziehung dem Jungen zubilligte. Die Rückkehr nach Coarraze war also weniger reizvoll als die tollen Unternehmungen jener Tage. Wenn Heinrich ankam, zerzaust, zerkratzt, von Schweiß und Regen durchnäßt, tröstete ihn die gute Madame Bourbon-Busset mit einer Knoblauchsuppe, nachdem sie ihm vorher die Peitsche verabreicht hatte und bevor er, völlig angekleidet, auf seinem Strohsack einschlief.

Die rauhe Schule weckte den unbändigen Drang nach Tätigkeit und Bewegung, der ihn sein Leben lang beherrscht hat und seine ganze Epoche in einen wahren Strudel riß; beim Rennen und Klettern erwarb er sich den Mut, der ihn stets über die Gefahr lachen und über das unbeständige Glück spotten ließ. Der Umgang mit den Dorfjungen von Coarraze erfüllte ihn mit der Herzlichkeit, die immer sein liebenswertester Charakterzug blieb. Täglich hatte er die schwere Fronarbeit der Landarbeiter vor Augen und die friedliche Wachsamkeit der Hirten. Hier erwuchs seine Liebe zum Volk, die so bewegend und so aufrichtig war und die ihn immer wieder veranlaßt hat, für arme Leute einzutreten.

Die ländliche Kindheit machte Heinrich außerdem kräftig und widerstandsfähig, die frische Luft ersparte ihm die Krankheiten seiner Vorfahren. Seine Mutter starb mit dreiundvierzig Jahren, seine Schwester mit fünfundvierzig; sein Großvater mütterlicherseits wurde zweiundfünfzig Jahre alt, seine Großmutter Marguerite von Valois siebenundfünfzig. Sein Stammbaum bietet auf der mütterlichen Seite ein beängstigendes Bild von gefährlichen Krankheiten und vorzeitigen Sterbefällen, meistens durch Lungenerkrankungen, die mit der latenten Tuberkulose ganzer Generationen zusammenhing.

Daß Heinrich der Krankheit entging, die sein Haus dezimiert hatte und für die er, wie man heute sagen würde, disponiert war, verdankte er zweifellos dem Landleben seiner Kindheit und der Vorliebe für ländliche Vergnügen und Sport, die er aus dieser Zeit mitnahm. Die unglaubliche Aktivität und die ungewöhnliche, manchmal verwirrende Unermüdlichkeit bewiesen, daß er im Mannesalter trotz einigen alarmierenden Erkrankungen die

Erbübel seiner Familie überwunden hatte. Als die Mediziner am Tag nach seinem gewaltsamen Tod den Körper öffneten, stellten sie fest, daß alle Organe »heil und gesund« waren; sie glaubten sich zu der Annahme berechtigt, ihm sei ohne diesen Todesstoß ein langes, gesundes Altern beschieden gewesen.

Abgesehen von den körperlichen Leiden, die Heinrich IV. geerbt haben konnte, kann man natürlich in der Reihe seiner Vorfahren nach Wesenszügen und Neigungen suchen, die er von ihnen übernommen haben mag. Aber nichts scheint überflüssiger, als das Verhalten eines Menschen nach Tugenden oder Mängeln seiner Familie zu beurteilen. Es heißt Zeit zu vergeuden, wenn man den genealogischen Verzweigungen nachgeht und vor den Familienbildnissen grübelt: So kommt es zu Analysen, an denen vor allem Willkür und Phantasie beteiligt sind und die allenfalls vage Anhaltspunkte vermitteln. Gewiß läßt sich zuweilen die Gegenwart durch die Vergangenheit und für eine bestimmte Gesellschaft erklären, aber die einzelne Persönlichkeit formt sich dank einer Chemie, die uns immer ein Geheimnis bleiben wird; wir werden niemals wissen, welcher Synthese das Genie entspringt.

Um aber die Persönlichkeit Heinrichs IV. nach seiner frühesten Kindheit zu erhellen, ist es vielleicht nicht überflüssig, sich daran zu erinnern, daß er der einzige – fast der einzige – französische König aus unvermischtem französischem Blut war. Seit Blanche von Kastilien (1188-1252, Mutter von Ludwig dem Heiligen) gab es in dieser Familie keinen fremden Einschlag, sie war völlig national geblieben. Alles an Heinrich war französisch, auch seine Fehler, die wir, die Franzosen, ihm deshalb auch so gern vergeben, zumal wir sie immer verstehen. Während das Wesen von Karl IX. und Heinrich III. uns schwer zugänglich bleibt, gibt es kein Wort, keine Geste des Béarners, deren Sinn und Absicht wir nicht im selben Augenblick schon begreifen. Er ist so vollkommen einer unseres Landes und unserer Rasse, seine Gedankenwelt entspricht so sehr unserer eigenen, daß wir stets, ohne Anstrengung und ohne Zögern, in ständiger Gemeinschaft der Ideen mit ihm leben. Wir haben oft den sonderbaren Eindruck, daß wir ihn kannten, und vielleicht, weil uns sein Gesicht so vertraut ist, scheint es uns sogar, daß wir ihm begegnet sind, »als wir jung waren«, wie Péguy meint.

Als der junge Prinz Coarraze verließ, war er, was er immer blieb: ein Provinzler. Und das war mitnichten die Wirkung seiner zufälligen Geburt im Béarn; Franz I. ist in Cognac zur Welt gekommen, andere französische Könige in der Touraine oder im Umkreis von Paris, ohne daß dieser Umstand die geringste Rolle für ihre Persönlichkeit spielte. Anders war es bei Heinrich IV. Er erhielt »seine erste Nahrung« in der Provinz, und er blieb den Landschaften seiner Kindheit für alle Zeit verbunden. Seiner ungewissen Zukunft wegen kam er in der Gascogne zur Welt, und in den ersten fünfzehn Lebensjahren hat er sich kaum aus dem Land zwischen der Garonne und den Pyrenäen entfernt. Hier hat er am leidenschaftlichsten Krieg geführt, hier haben sich die haltbarsten Freundschaften und die ehrenhaftesten Liebeleien seines Lebens geknüpft. Hier vor allem hat er lange in Verbindung mit dem kleinen Provinzadel gelebt, der selbst dem Volk so nahestand, mit ihm verschmolzen war. Er hat an dem Dasein ohne Pomp teilgehabt, hat die einfachen und fröhlichen Bräuche des Landes geliebt und treulich übernommen. Sein Leben lang blieb er der »Landedelmann«. Den psychologischen Winkelzügen des Pariser Hofadels setzte er ländliche Schlichtheit und Gradlinigkeit entgegen, unbestreitbar die Früchte seiner Provinzerziehung.

Schließlich lag die Provinz, in der er aufwuchs, im Süden, und sie schenkte ihm seine Schlagfertigkeit und die unerschöpfliche Lebensfreude, die er auf seine Umgebung ausstrahlte. Gewiß trauerte er nicht Vergangenem nach, und doch behielt er sein Leben lang Heimweh nach der Heide, dem Kiefernwald, nach den Rosenstöcken von Pau und dem Park von Schloß Nérac. Die ländlichen Mahlzeiten, in denen eingemachtes Gänsefleisch eine große Rolle spielte und die vom Wein aus Jurançon befeuchtet wurden, die zahllosen Liebesgeschichten, die Abenteuer und die Vergnügungen, die er mit »Blüte und Elite« des Landes teilte, wie Montluc sagt, »mit dem streitbarsten Adel der Welt«, alle diese Empfindungen und Bilder gingen ihm in Fleisch und Blut über. Sein Geist hat sich von ihrem Einfluß und von all den Erinnerungen nie freigemacht. Er war Gascogner, er blieb es. Er betonte es: »Als König und als Gascogner kann ich es nicht hinnehmen«, schrieb er später an Henriette d'Entragues, und eines Tages sagte er zu Don Pedro von Toledo, als sich ihre Unterhaltung zu erhitzen begann: »Sie sind Spanier, ich bin Gascogner, also regen wir uns nicht auf!« Beide Aussprüche zeigen deutlich, daß er nicht der lächerliche Hampelmann war, zu dem die ganze satirische Literatur Frankreichs den

Gascogner gemacht hat. Seit Heinrich IV. muß man die Bezeichnung »Gascogner« ernst nehmen und als Anerkennung verstehen. Übrigens war der Béarner zwar Gascogner, aber wiederum der französischste aller französischen Könige. Doch man würde ihn nicht erkennen, wenn man seine Herkunft und seine südliche Prägung außer acht lassen würde, denn sie gehören zu den entscheidenden Wesenszügen.

## 2. Kapitel: Eine unruhige Erziehung

Im Gegensatz zu so vielen Königen, die aus schlecht gepaarten, wenig innigen und schwierigen Ehen stammten, war Heinrich IV. in einem großen Aufschwung von Liebe empfangen worden. Damit erklärt sich natürlich nicht, daß sein Wesen ungewöhnlich feurig war; aber die starke Gefühlsbindung seiner Eltern, die er in seiner ersten Kindheit erlebte, war nicht unwichtig für ihn. Antoines von Bourbon starke Zuneigung zu Jeanne d'Albret hielt ihn jahrelang von den Liebesgeschichten fern, die er vorher hatte und leider auch später wieder aufnahm. Als er die Prinzessin von Béarn kennenlernte, kamen ihm alle Hofdamen »häßlich und lästig« vor. Jeanne d'Albret wiederum war ihrem Mann leidenschaftlich zugetan; am Hochzeitstag strahlte sie vor Glück, und Heinrich II. bemerkte, daß man nie eine glücklichere Neuvermählte gesehen habe, »die immer nur lachte«. Über die Leidenschaft der ersten Herzensergüsse des Paares gibt es recht indiskrete, aber überzeugende Aussagen. Die Flitterwochen dauerten fast zehn Jahre.

Die Souveräne von Béarn boten unentwegt das Bild eines einigen, glücklichen Paares, als sie 1557 kurz an den Hof von Frankreich reisten und nebenbei dem Schicksal ihres Kindes eine neue Wendung gaben. Man hatte den kleinen Prinzen vorübergehend seinem glücklichen Dasein in Coarraze entrissen, und verwirrt, weil er aus seiner bäuerlichen Kleidung geholt und in schwere Festgewänder gesteckt worden war, geriet er nun in den Pomp der Empfänge und Feste. Damals hat François Bunel das reizende Bildnis von ihm gemalt, das heute im Versailler Museum hängt und auf dem das Kind, etwas steif in der ungewohnten Aufmachung, spöttisch über die Verkleidung zu lächeln scheint.

Am 12. Februar wurde es Heinrich II. vorgestellt, und dieser Tag belegte seine Zukunft mit einer schweren Hypothek. Der König fand den Kleinen besonders »lustig und hübsch, frisch und gesund«, küßte ihn mehrmals und fragte, ob er sein Sohn sein wolle. Der Prinz zeigte auf Antoine von Bourbon und sagte in seinem südlichen Dialekt: »Quel es lo seigne pay« (»celui-ci est mon père«), das da ist mein Vater. »Wenn Sie schon nicht mein Sohn sein wollen«, antwortete der König, »wollen Sie vielleicht mein Schwiegersohn werden?« Der Kleine rief ohne Zögern: »Obé!« – »gern!« Favyn, der diese Anekdote erzählt, beendet sie mit den Worten: »Und schon damals beschlossen der Allerchristliche König und der König und die Königin von Navarra die Heirat ihres Sohnes mit Madame Marguerite von Frankreich.« Es heißt, man sei tatsächlich so weit gegangen, beiderseits die Verlobung zu beschließen. In einem Brief, den Antoine von Bourbon am 21. März 1557 an seine Schwester, die Herzogin von Nevers, schrieb, beglückwünschte er sich lebhaft zu dieser Vereinbarung, »die er am meisten in der Welt wünschen könne«. Doch es lagen noch viele Hindernisse im Wege, bis sich fünfzehn Jahre später der Heiratsplan verwirklichte, der so aus dem Augenblick heraus und ohne vorherige politische Absprache entworfen worden war.

Heinrich von Navarra wurde sogleich wieder Madame de Miossens übergeben und setzte in Coarraze seine herbe und segensreiche Erziehung als Gebirgsbewohner fort. Sie endete 1560, als das Kind zum Mittelpunkt dramatischer Streitigkeiten wurde, in denen sich die Ehe seiner Eltern aufrieb. Inzwischen hatte er, am 22. Oktober 1558, schon seine erste politische Handlung durchführen müssen, als er in Abwesenheit seiner Mutter dem Namen nach die Regentschaft über das Königreich Navarra übernehmen mußte und zwischen zwei Purzelbäumen und zwei Tracht Prügeln von seiner Gouvernante den Befehl an die Bewohner des Pyrenäentals Ossau unterzeichnete, die Gebirgspässe zu bewachen und die Stadt Navarrenx zu verteidigen.

Bis dahin hatte Jeanne d'Albret strahlend ihr privates Glück genossen, das sich in ihrer Freundlichkeit, in liebenswerten Entscheidungen, höflichen und anmutigen Gesten spiegelte; sie war geblieben, wie sie am Tag ihrer Hochzeit gewesen war, und die Chronisten berichten, sie sei so lustig gewesen, »daß man sich bei ihr nie langweilen konnte«. Das lachende Bild einer strahlenden Frau steht in fast unbegreiflichem Gegensatz zu dem Bild, das sie später bot, eine ernste, gespannte Frau, mit festgeschlossenen Lippen und strengen Falten, die Stirn geprägt von starrer Abwehr. Ihr Puritanismus verdüsterte sich so sehr, daß er ihr das erbarmungslose Urteil von Agrippa d'Aubigné eintrug, der sie als unerschütterlich und ungesellig darstellt: »Sie hatte von einer Frau nur noch das Geschlecht, aber eine ganz und gar männliche Seele.«

Die tiefe Verwandlung Jeannes d'Albret erklärt sich durch eheliche und politische Sorgen, die Anfang 1559 einsetzten und ihr bis an das dramatische Ende ihres Lebens keine Ruhe ließen. Die Gefühlsseligkeit ihrer Ehe wich plötzlich einem tiefen Mißverstehen der Eheleute, das rasch zu wilder Feindseligkeit entartete. Ursprung der Entzweiung waren Politik und Religion; sie gehörte zum Bild einer Epoche, in der sich so viele französische Familien in ideologischen Streitigkeiten aufrieben.

Nach den grundlegenden Gesetzen des Königreichs teilte Antoine von Bourbon die Krone Navarras mit Jeanne d'Albret, die sie von ihrem Vater übernommen hatte. Er hatte getreulich den alten Traum Henris d'Albret zu seinem eigenen gemacht, hatte gehofft, daß der Frieden zu Cateau-Cambrésis zwischen Frankreich und Spanien das spanische Navarra wieder mit dem französischen vereinen werde. Die Unterzeichnung des Vertrages im April 1559 hatte ihn um diese Hoffnung betrogen, und seine Enttäuschung war um so bitterer, als er sich vom König von Frankreich im Stich gelassen fühlte: Heinrich II. hatte ihm versprochen, die Ansprüche Navarras zu unterstützen. Sein Zorn stammte aber auch aus einer erstaunlichen Verkennung des engen Spielraums, den der französische König bei den Verhandlungen gehabt hatte. Der Frieden von Cateau-Cambrésis war mehr oder weniger aus der allgemeinen Kriegsmüdigkeit der Parteien hervorgegangen, für Frankreich gewiß kein glorreicher Vertrag. Die fanzösische Seite hatte viel Mühe aufwenden müssen, um ihr Territorium zu bewahren, und dabei auf die italienischen Eroberungen verzichtet. Navarra in seiner alten Herrlichkeit wiederherzustellen, war überhaupt kein Verhandlungspunkt gewesen. Wenn Antoines Ärger darüber auch nicht berechtigt war, empfand er ihn eben doch sehr heftig und ließ sich aus Oppositionsgeist und Prahlerei dazu hinreißen, sich nun der Sache der Protestanten anzuschließen.

Der Geist der Reformation, der sich in England und Deutschland bereits durchgesetzt hatte, drang nun allmählich auch in

Frankreich vor und führte zu einer langanhaltenden Autoritätskrise, bei der »das Gezänk« das Land fast an den Rand des Abgrunds brachte. Die Interpretation der Glaubenslehren war nicht die eigentliche Ursache der Reformation. Wenn sich auch die tieferen Gründe »in den Ursprüngen der modernen Geschichte an sich verlieren«, lagen die unmittelbaren Anlässe doch, wie Jacques Bainville ausgeführt hat, auf wirtschaftlichem Gebiet. Lange Jahre kostspieliger Kriege hatten das Land geschwächt, die Finanzen ruiniert, die privaten Vermögen schwer geschädigt. Man hatte neue Steuern einführen müssen, die gerade die mittelständischen Klassen schwer trafen, und es ist nicht zu leugnen, daß Bürgertum und Kleinadel als erste Gruppen für eine Bewegung gewonnen wurden, von der die bäuerliche Bevölkerung so lange unberührt blieb, wie sie von der wirtschaftlichen Krise nicht betroffen wurde. Die Reformation war vor allem der Protest verletzter oder gefährdeter Interessen; Politik brodelte in ihrer Tiefe, unbestreitbares Rebellentum übernahm die Führung. Die Franzosen, die sich zur reformierten Kirche bekannten, wurden weniger durch ideologische Gründe dazu veranlaßt, sondern durch Verärgerungen, die von Provinz zu Provinz, Familie zu Familie, ja innerhalb der Familien unterschiedliche Ursachen hatten.

Der etwas verschwommene Mystizismus Marguerites von Navarra hatte der Reformation den Weg nach Béarn gebahnt, und ihr Schwiegersohn setzte es sich jetzt in den Kopf, sie zu fördern. Er tat es gründlich und herausfordernd, umgab sich mit kalvinistischen Geistlichen, die er aus Genf kommen ließ, und zeichnete einen von ihnen mit dem Titel eines königlichen Predigers aus, der seine Lehre im großen Saal des Schlosses von Nérac verkünden durfte.

Jeanne d'Albret, die später in ihrem neuen Glauben starb, nachdem sie ihn hartnäckig verteidigt hatte, war in dem Augenblick, als ihr Mann der Reformation beitrat, weit davon entfernt, seinen ungestümen Eifer zu teilen. Sie hielt ihm vor, daß »die Herrschaft Gottes fördern« – wie er sagte – auch heißen konnte, »sich den eigenen Besitz beschlagnahmen zu lassen«. Jeanne wollte ihr Eigentum retten und es nicht durch Unvorsichtigkeit verlieren. Übrigens war sie wenig an Religion interessiert und schätzte, wie Brantôme berichtet, »einen Tanz ebenso wie eine Predigt«.

Dem Béarner Kreuzzug von Antoine von Bourbon ging allerdings bald der Atem aus. Schon 1560 kehrte er dem Protestantismus den Rücken und schickte die Geistlichen »in allen Ehren« nach Genf zurück, bereit, jetzt die Hugenotten zu verfolgen. Das heißt nun nicht, daß sich seine religiösen Überzeugungen wieder gewandelt hätten – sie waren in keiner Richtung besonders ausgeprägt. Doch der Hof von Frankreich hatte seinen ersten Übertritt recht ungnädig aufgenommen. Katharina von Medici war entsetzt bei dem Gedanken, daß der kleine Prinz von Navarra der Messe entfremdet werden solle, und Heinrich II. hatte sogar gedroht, eine Armee gegen Béarn zu schicken, »falls die von der ›Religion‹ dort die Freiheit hätten, öffentlich vor aller Augen zu predigen«. Vor solchen Drohungen wich Bourbon zurück, Drohungen, die übrigens mit verlockenden Gunstverheißungen gut durchmischt waren. Er war ein schwankender, unentschlossener Mann; er starb, ohne sich zwischen den beiden Konfessionen entschieden zu haben, und gehörte je nach der Ursache seines Mißvergnügens bald der einen, bald der anderen Seite an.

Mit solcher ständigen Unentschlossenheit versäumte er auch die Gelegenheit, eine bedeutende politische Rolle zu spielen. Heinrich II., ein sportlicher Mann, war am 10. Juli 1559 bei einem höchst banalen Turnierunfall zu Tode gekommen. Sein ältester Sohn, kaum fünfzehn Jahre alt, hatte als Franz II. den Thron bestiegen und seiner Mutter Katharina von Medici damit das gefährliche Erlebnis persönlicher Macht vermittelt, die ihr allerdings sofort brutal von der Sippe Guise aus der Hand genommen wurde. Herzog François de Guise, als siegreicher Feldherr berühmt (er hatte den Engländern Calais entrissen), und sein Bruder, der Kardinal von Lothringen, schwangen sich zu Beschützern des Königs und der Königinmutter auf – das heißt, sie rissen die ganze Macht an sich. Weder Katharina, die sich unsicher fühlte und höchst widerspruchsvolle Intrigen anzettelte, noch Franz II., den schon die Erbkrankheit seiner Familie aushöhlte, waren in der Lage, den Guisen die Autorität zu bestreiten, die sie sich zynisch angemaßt hatten. Doch einen Augenblick lang fürchteten die Guisen, daß Antoine von Bourbon an der Spitze seiner Gascogner daherkommen und als Erster Prinz von Geblüt die Regentschaft und vielleicht sogar den Thron beanspruchen könne. Er wurde von allen Hugenotten dazu aufgefordert, ebenso von den fürstlichen Häusern, die von den Guisen verdrängt worden waren. Doch in seiner Ratlosigkeit ließ Bourbon die günstige Stunde verstreichen, und als er – allein – im Louvre erschien, von seinen Freunden längst verleugnet, unterwarf er sich den Guisen und wurde zu ihrer Marionette. Gleichzeitig diente er als Werkzeug, soweit ein so unentschlossener Mann ein brauchbares Werkzeug sein konnte, für Katharina von Medici, die zwischen den Parteien schwankte und die Rivalität noch schürte, um ihre eigene Sicherheit zu festigen.

Als Lohn der Fügsamkeit und des Widerrufs wurde Antoine von Bourbon dann am 27. März 1561 zum Generalleutnant des Königreichs ernannt. Frau und Sohn kamen nun zu ihm an den Hof, beide mißgestimmt, Heinrich, weil er auf seine ländlichen Freuden in Coarraze verzichten mußte, Jeanne, weil sie einen Ehemann antraf, für den sie nur noch Verachtung und zornige Eifersucht empfand.

Die gebildete und entschlossene Fürstin beurteilte den mehrmaligen Parteiwechsel ihres Mannes so streng, daß ihre Ablehnung kriegerische, herausfordernde Züge annahm. Da sie aber von dem bei Frauen so natürlichen Oppositionsgeist noch nicht frei war, hatte sie nun den entgegengesetzten Standpunkt eingenommen und sich aus der katholischen Konfession gelöst, sobald er sich ihr wieder näherte, nachdem er vorübergehend der Führer des anderen Lagers gewesen war. Als Antoine von Bourbon nun endgültig zur Sippe der Guisen gestoßen war und offiziell Rang und Namen bei den Feinden des Kalvinismus erhalten hatte, hielt Jeanne d'Albret den Augenblick für gekommen, nun ihrerseits Protestantin zu werden.

Die Übereinstimmung der Daten ist recht aufschlußreich. Am 25. Dezember 1560 nahm die Königin von Navarra öffentlich das Abendmahl. »Es gefiel Gott«, so liest es sich in ihren Erinnerungen, »mich aus dem Götzendienst zu befreien, dem ich so lange gehuldigt hatte, um mich in Seine Kirche aufzunehmen.« Man darf allerdings annehmen, daß nicht nur göttliche Gnade ihren Übertritt bewirkt hat. Gewiß, sie war später tief in ihrem neuen Glauben verwurzelt, sie verteidigte ihn mit unnachsichtiger Strenge, und man kann die Aufrichtigkeit ihrer Überzeugung nicht anzweifeln. Doch 1560 war sie noch weit von der Strenge in Glaubenslehre und -praxis entfernt, die sie später so erbaulich an den Tag legte. Damals konnte sie die Predigten der protestantischen Geistlichen nicht anhören, ohne einzuschlafen, und hatte, um gegen den Schlaf anzukämpfen, die Erlaubnis gebeten und erhalten, während der Predigt zu sticken; nicht gerade ein Beweis großer innerer Bewegung.

1560 trat sie auch weniger einer anderen Konfession bei, sondern einer Partei. Protest und Rebellion ließen sie dem Glauben ihrer Väter abschwören, und sie verletzte bewußt das feierliche Versprechen, das sie bei ihrer Thronbesteigung abgegeben hatte: jederzeit der katholischen Religion zu dienen. 1560 schwenkte sie offen die Fahne des Protestantismus, um ihrem Groll einen deutlichen und unübersehbaren Nachdruck zu geben. Die katholische Partei, die mit den Guisen seit der Thronbesteigung Franz' II. triumphierte und der sie sich entgegenstemmen wollte, verkörperte das, was sie in der Vergangenheit zu beklagen und für die Zukunft zu befürchten hatte: Die Krone Frankreichs hatte unter Heinrich II. ihre Bündnispflicht gegen Navarra versäumt und dessen berechtigte Ansprüche geopfert; die Guisen mit ihrer Übermacht würden die Annäherung an Spanien herbeiführen und zweifellos die gegebene dynastische Reihenfolge verwirren; ihr Ehemann war durch seinen neuesten Widerruf endgültig zum Helfershelfer der Usurpatoren und Bedrücker Navarras geworden. Die Vorwürfe, die Jeanne d'Albret ihm jetzt zu machen hatte, waren zweifellos ein Motiv für ihre Konversion: In dem Augenblick, wo sich Frankreich in zwei rivalisierende Lager zu teilen begann, hatte sie nicht die Absicht, auf derselben Seite wie Antoine von Bourbon zu stehen, der beschworene Treue nicht nur zweimal verraten hatte.

Denn wenn sich Jeanne entrüstete, weil ihr Mann die Sache Navarras im Stich gelassen hatte, verzieh sie ihm noch weniger die eheliche Untreue, die er seit kurzem auf empörende Weise an den Tag legte. Seine »Unregelmäßigkeiten« hatten im August 1560 begonnen, als die Ständeversammlung in Orléans stattfand, und er hatte sich so wenig Zwang auferlegt, daß alle Welt und natürlich der Hof genau im Bilde waren. Der spanische Botschafter unterrichtete seinen Herrscher laufend über Bourbons Mätressen, und »totus est venereus« [»er ist nur wollüstig«] sagte Kalvin über ihn und ließ die Pastoren über das Thema eine Strafpredigt halten. Katharina von Medici fiel es nicht schwer, die Liebesabenteuer Bourbons für ihre Zwecke auszunutzen: Sie gab ihm eine ihrer Ehrendamen, das Fräulein de la Béraudière, zur Mätresse, die sein Verhalten unheilvoll und skandalös beeinflußte.

Man kann sich vorstellen, daß die Herrscher Navarras, die

sich 1561 am französischen Hof in einem durch so viele Keime der Uneinigkeit vergifteten Klima wiedersahen, ein beklagenswertes Schauspiel ständigen Gezänks boten, das durch allerhand Machenschaften noch geschürt wurde. Katharina von Medici versuchte Jeanne an sich zu ziehen in der Hoffnung, ihren religiösen Eifer dämpfen zu können. Doch weder mit Güte noch mit Drohungen ließ sich der feste Entschluß der Königin von Navarra ändern, die sich allen Vermittlungsversuchen hochmütig und heftig widersetzte. »Hätte ich meinen Sohn und sämtliche Reiche der Welt in der Hand«, antwortete sie eines Tages der Königinmutter, »würde ich sie lieber ins tiefe Meer schleudern, als zur Messe zu gehen.« Dieser Augenblick enthüllte zum ersten Mal das strenge und harte Gesicht, das die Geschichtsschreibung von Jeanne d'Albret bewahrt und über dem sie die anmutigen Bilder ihrer sorglosen Jugend vergessen hat. Sie ließ im königlichen Schloß hugenottische Choräle singen; sie erzog ihren Sohn nach den strengen Vorschriften ihrer neuen Konfession; sie zeigte ihrem Mann unübersehbar deutlich ihre Verachtung; sie kehrte seiner Geliebten den Rücken, als sie ihr mit den Damen des Hofes ihre Aufwartung machen wollte. Das gemarterte Herz machte seiner Bitterkeit in unerbittlichen Antworten Luft; es war nicht zu übersehen, daß sie sich entschlossen hatte, dem Protestantismus treu zu bleiben, und ihr heftiger, zuweilen wilder Eifer schonte niemanden.

Im März 1562 war die Lage unerträglich geworden. Jeanne d'Albret wurde befohlen, den Hof zu verlassen, was sie nicht ungern tat. Sie reiste unter dem Schutz eines stattlichen Gefolges aus hugenottischen Edelleuten und konnte deshalb wagen, Guyenne und Gascogne zu durchqueren, ohne daß der schreckliche Montluc, der hier auf Befehl von Bourbon die Protestanten unerbittlich verfolgte, ihr etwas antun konnte. Daß sie auf der Durchreise durch Vendôme die Gräber von den Vorfahren ihres Mannes entweihte, zeigt das ganze Ausmaß ihrer Verzweiflung.

Jeanne d'Albret hatte ihren Sohn am Hof gelassen, wo er bis 1567 blieb. Diese sechs Jahre, in denen er von seiner Mutter getrennt war, galten seiner Ausbildung. Als er mit sieben Jahren aus Coarraze kam, konnte er noch nicht lesen oder schreiben, denn man hatte die genauen Anweisungen seines Großvaters streng befolgt. Henri d'Albret hatte verlangt, daß der Enkel so lange wie möglich nicht unterrichtet werden solle, weil er darin den besten Weg für seine körperliche Entwicklung sah. Sicherlich hoffte der Béarner, auf die Weise jede Neigung zur Literatur, die das Kind von seiner Großmutter Marguerite geerbt haben mochte und die er selbst trotz ihren glänzenden Ergebnissen wenig schätzte, im Keim zu ersticken. Die Erziehung seines Enkels sollte auf Taten gerichtet sein, denn um die Demütigung Navarras zu rächen, mußte er ein Krieger werden und kein Dichter. Jeanne d'Albret hatte keine andere Vorstellung von der Erziehung eines Königssohnes, obwohl sie selbst die Neigungen ihrer Mutter geerbt hatte und eine Frau von hoher Kultur und ungewöhnlich scharfem Verstand war. Sie gab die Tradition ihrer Tochter Catherine weiter, hütete sich aber, die geistige Erziehung ihres Sohnes in Bahnen zu lenken, in denen die notwendigen männlichen Eigenschaften am Ende verweichlicht werden konnten. Deshalb legte sie seine Erziehung jetzt in die Hände des Edelmannes Henri de La Gaucherie, der weder Erzieher von Beruf noch ein Mann mit Bücherbildung war. Es handelte sich um einen gelehrten Mann, wie man uns versichert, aber »mit der Nüchternheit, die einem Mann zukommt, wenn er in der Welt leben will«. Vor allem besaß er gesunden Menschenverstand und einen anständigen Charakter, war »durch seine von allen anerkannte Tugend adliger als von Geburt« und fähig, das, was er seinem Schüler vermitteln sollte, aus dem eigenen Innern zu schöpfen. Sicherlich traute ihm Jeanne d'Albret zu, über die Sitten ihres Sohnes zu wachen, seine Urteilsfähigkeit zu entwickeln und ihn weniger mit hochgestochener Geistigkeit zu erfüllen. Ihr kam es vor allem darauf an, daß die Unschuld des kleinen Prinzen durch feste und wirksame Leitung bewahrt wurde, damit er die Fallen vermied, denen er an einem Hof der schlimmsten Sittenverderbnis ausgesetzt war. La Gaucherie zeigte übrigens einen Anhauch von Kalvinismus, und gerade das war natürlich nicht das letzte, was ihn der Königin von Navarra empfahl. In jeder Hinsicht war er für den jungen Prinzen ein hervorragender Erzieher, und wenn sich seine pädagogischen Methoden auch gründlich von den damals üblichen abhoben, konnte er doch in wenigen Jahren seinem Schüler eine breitere und sicherlich nützlichere Bildung vermitteln, als es vom traditionellen Unterricht zu erwarten war.

Vor allem begriff La Gaucherie, daß die Lebhaftigkeit des Jungen ihn unfähig zu langen Sitzungen am Arbeitstisch machte. Schon damals beherrschte ihn das ungewöhnliche Bedürfnis nach

Bewegung, das sein Leben zu einem Wirbelwind machte und ihn von jeder Tätigkeit fernhielt, bei der er lange unbeweglich bleiben mußte. Die Gesandten, die später in Friedenszeiten bei ihm akkreditiert waren, stimmten darin überein, daß sie ihn nie hatten sitzen sehen, und das läßt vermuten, daß es schon seinem Erzieher nicht vergönnt war, ihn am Arbeitstisch festzuhalten. Sobald er merkte, daß die Aufmerksamkeit des Jungen nachließ, und bevor Müdigkeit und Ungeduld sich einstellten, begann die Erholung, die immer mit knabenhafter Beschäftigung im Freien verbunden war. Das Ballspiel »Paume«, in dem er schon als Junge glänzte, spielte er mit Ausdauer bis ans Ende seiner Tage. La Gaucherie ermutigte und entwickelte durch sein Erziehungssystem die lebhafte Freude des Jungen am sportlichen Spiel und an körperlichen Übungen. Der Tag begann, wie immer das Wetter sein mochte, mit einer Jagdpartie, und der Prinz nahm sein Mittagessen erst ein, wenn er eine hübsche Strecke Wild erlegt hatte. Der Nachmittag wurde meistens durch einen Ausritt verschönt, bei dem man schnelle Gangart einschlug und das offene Gelände den gepflegten Alleen des königlichen Parks vorzog. Abends war Heinrich dann rechtschaffen müde, aber seine Schlafzeit wurde auf fünf bis sechs Stunden begrenzt. Man ließ ihn absichtlich sehr einfach ernähren – und so war sein Leben so aktiv wie in den heimatlichen Bergen, und die Rolle, die der Unterricht einnahm, erdrückte ihn keineswegs.

Doch die kurzen Arbeitsstunden verstand La Gaucherie zu nutzen, er machte sie interessant. Er versuchte immer, die Neugier des Prinzen zu wecken und ihn zu unterhalten; es gab weder einen festen Stunden- noch Lehrplan. Der Lehrer improvisierte ständig und weckte wie im Flug plötzlich das Interesse im Geist seines Schülers – durch einen Namen, eine Tatsache, einen Gedanken. Die Art, wie Heinrich Latein lernte, zeigte besonders deutlich die pädagogische Methode seines Erziehers; er wurde mit der Qual der Deklinationen und der unerträglichen Langeweile der Konjugationen verschont. Heinrich entdeckte die Regeln nebenbei durch die Texte, die er spielerisch las, oder bei einer zufälligen, entspannten Unterhaltung. Nach dieser Methode hat auch Michel de Montaigne Latein gelernt, »durch Gebrauch und ohne Regeln«, wie wir unsere Muttersprache lernen. Heinrich gelangte zwar nicht zu den blendenden Leistungen des Verfassers von *Essais*, aber er beherrschte ausreichend Latein und Griechisch. Noch lange nach der Schulzeit erlebte man, daß er ein Zitat berichtigen oder ergänzen konnte. »Man sollte kein schlechtes Latein in seiner Gegenwart sprechen«, meinte Scaliger, »er wird es sofort merken.«

Auch die Geschichte lernte er, wie es gerade kam. Ausgewählte und begehrte Bücher, niemals aufgezwungene; vor allem ein Gespräch zwischen Lehrer und Schüler über ein Ereignis, eine Persönlichkeit der Geschichte. Manchmal auch ein Streit. Eines Tages sah man den Prinzen voller Zorn auf seinen Lehrer, der ihm beim Thema Coriolan versichert hatte, auch in des Prinzen Familie habe ein Mann die Waffen gegen sein Land erhoben. »Das ist nicht wahr«, rief Heinrich, »das ist nicht möglich! Ich glaube Ihnen alles, aber das nicht!« Und als ihm La Gaucherie von der Rebellion des Konnetabels Bourbon berichtete, war der Junge zugleich beschämt und zornig. »Ich erkenne ihn nicht als Verwandten an«, sagte er. Er ging sofort, um den Namen des Konnetabels auf dem Stammbaum der Bourbonen zu löschen und statt dessen den des Ritters ohne Furcht und Tadel, Bayard, einzutragen.

Bei seiner so unüblichen Erziehungsmethode zog La Gaucherie alle Beispiele heran, die den Geist des kleinen Schülers wecken, seinen Charakter und seine Urteilsfähigkeit bilden und vor allem die Neigung fördern konnten, die er schon seinem Wesen nach für edle Gefühle und männliche Haltung hatte. Es war eine echte Prinzenerziehung, der Heinrich von Navarra den Kern seiner intellektuellen und moralischen Formung verdankte. La Gaucheries Vorschriften hielten ihn lange Zeit fern von den lokkeren Hofsitten, bereiteten ihn auf seine Aufgaben als Mann vor und gaben seinen moralischen Vorstellungen die Richtung, in der sich seine bemerkenswerte Toleranz als sein edelster und weisester Charakterzug entwickelte. Denn wenn La Gaucherie auch Kalvinist war, so doch kein Sektierer. Er scheint ein Vorgefühl für Heinrichs historische Aufgabe gehabt und sich vorgenommen zu haben, ihn als Fürsten zu erziehen, der ein Königreich lenken und nicht eine Partei anführen sollte. Die Maximen, die er für ihn ausgewählt hatte und die Heinrich auswendig lernen mußte, waren alle dazu angetan, dem Schüler klarzumachen, daß ein König politische Leidenschaften zügeln muß, daß seine nützlichste Aufgabe die Bewahrung der Eintracht ist, daß ihn seine Rolle über den Streit der Parteien stellt. Mindestens eine Maxime scheint so tief in das Wesen Heinrichs von Navarra eingedrungen zu sein, daß er seine Herrschaft danach ausrichtete.

Es war ein Wort Ludwigs des Heiligen: »Glücklich sind die Friedensbringer!«

Und doch zeigte der kleine Prinz, als er seinem Erzieher anvertraut wurde, noch keine Neigung zu königlicher Toleranz. Er war im Juli 1561 am Hof angekommen, die Ohren noch erfüllt von dem lauten Beifall, der seine Mutter auf der Reise von Pau nach Saint-Germain begleitet hatte. Überall hatten die Hugenotten – und zwar offen – die Königin von Navarra und ihren Sohn begrüßt. Bei ihrer Ankunft hatte Jeanne d'Albret lautstark ihre neue Konfession bekannt, hatte ihr Sohn in kindlichem Ungeschick ihre herausfordernde Haltung noch übertrieben. Sein Eifer beschränkte sich verständlicherweise auf kindliche Manifestationen, deren aggressive Art allerdings erstaunlich ist. Da sah man ihn in den Korridoren des königlichen Schlosses lächerliche Prozessionen organisieren, mit denen er die Praktiken des katholischen Kults grob parodierte. Er beeinflußte die kleinen Prinzen, seine Vettern, und eines Abends im Oktober 1561 fiel Katharina von Medici fast in Ohnmacht, als in das Zimmer, in dem sie eine Besprechung mit dem Kardinal von Ferrara hatte, ein Trupp kleiner Rüpel eindrang, als Erzbischöfe herausgeputzt, auf Eseln reitend, allen voran in »päpstlicher« Soutane Heinrich von Navarra! Er ließ keine Gelegenheit aus, die »papistischen« Gewohnheiten seiner Vettern lächerlich zu machen und sie auf seine Weise zu belehren. Es ist anzunehmen, daß er sich mit diesem übertriebenen Eifer der Neubekehrten nur auf ungeschickte Weise zum Werkzeug seiner fanatischen Mutter machen ließ. Denn in dem Ehezwist, der sich unter seinen Augen austobte, schlug er sich entschlossen auf die Seite der Mutter. Man darf sich also nicht allzu sehr darüber wundern, daß er diese freie Entscheidung mit einem Betragen unterstrich, das einem mit seiner wilden Lebhaftigkeit bewaffneten Kind eben entsprach.

Als die tragische Entzweiung der Eltern im März 1562 zur Trennung führte, richtete Jeanne d'Albret im Augenblick der Abreise »eine strenge Ermahnung« an ihren Sohn und ließ ihn versprechen, niemals zur Messe zu gehen. Sie soll sogar gedroht haben, ihn zu enterben, falls er ungehorsam sei. Doch kaum hatte sie sich entfernt, nahm der Vater den Jungen unter die Fittiche, und dieser Vater, der zwei Jahre vorher seine ganze Verwandtschaft zum Kalvinismus hatte bekehren wollen, versuchte jetzt, den Sohn wieder in den Schoß der alten Kirche zurückzuführen. Er entließ La Gaucherie (der aber bald zurückkam) und ersetzte ihn durch Jean de Losse mit der ausdrücklichen Anweisung, »das Kind von seiner Religion abzuwenden und es auf die römische Weise zu erziehen«. Alle Welt am Hof bemühte sich, Heinrich zur alten Konfession zurückzuführen – sein Vater, die Königinmutter, seine Vettern, der neue Erzieher. Allen widerstand er, allen setzte er eine Festigkeit entgegen, die über sein Alter hinausging.

Schließlich griff man zur alten, klassischen Erziehungsmethode: zur Peitsche. Man konnte Heinrich nur mit Gewalt in die Messe bringen, nachdem man ihn nämlich durchgeprügelt hatte, und dann, so berichtet ein Chronist, »wurde er krank, als man ihn hingeführt hatte, sei es, daß er wirklich erkrankte, oder daß er es nur vorspiegelte, denn er hat immer einen lebhaften und schlauen Kopf gehabt«.

Natürlich kann man in dieser scheinbaren Konversion, die dem Jungen durch gröbsten Zwang auferlegt wurde, keine wirkliche »Bekehrung« sehen. Jeanne d'Albret ließ sich auch nicht täuschen; nicht einen Augenblick lang glaubte sie, daß ihr Sohn sein Versprechen gebrochen habe. Sie schreibt in ihren Erinnerungen, daß er »auf wunderbare Weise bei so vielen Angriffen in der Reinheit seiner Religion erhalten wurde«. Diese fordernde und etwas undankbare Mutter dachte übrigens nicht daran, dem Kind auch nur das geringste Verdienst an seinem Widerstand zu lassen: »Es lag nicht an Weisheit, Kraft und Beständigkeit, denn im Alter von acht Jahren, das er gerade erreicht hatte, konnte er das alles noch nicht einsetzen. Gott allein die Ehre!«

Jeanne d'Albret war eben erst in ihr kleines Königreich zurückgekehrt, als man ihr berichtete, ihr Mann sei bei der Belagerung von Rouen, wo er die königliche Armee befehligte, ernsthaft verwundet worden. Die Hugenotten führte Graf Mongommery an, der Edelmann, der versehentlich Heinrich II. beim Turnier tödlich verletzt hatte. Nach diesem schrecklichen Unfall hatte ihn Katharina von Medici vom Hof verbannt, und die Ungnade hatte seinen Eifer für die kalvinistische Sache entfacht, für die er einer ihrer hervorragenden Anführer wurde. Seine Garnison in Rouen setzte sich vor allem aus englischen, von Königin Elisabeth geschickten Truppen zusammen, während spanische Kompanien der königlichen Armee zu Hilfe kamen. Beide Parteien begingen also das Verbrechen, das Ausland in ihre Auseinandersetzungen einzubeziehen und deren Truppen zur Unterstützung zu holen. Die Kalvinisten »suchten sich« Brüder in England und Italien, die Katholiken nahmen die Hilfe des Königs von Spanien und des Herzogs von Savoyen in Anspruch. Offenbar waren alle uralten Ursachen zu Neid und Streit, die noch vor kurzem die Völker in gnadenlose Kämpfe verwickelt hatten, wie mit einem Zauberstab ausgelöscht; Europas militärische und politische Kräfte gruppierten sich nach neuen Fronten. Es ist angebracht, die verworrene Entwicklung in dem Augenblick zu erwähnen, wo sie zum erstenmal und vor aller Augen ihre gefährlichsten Auswirkungen zeigte.

Die Belagerung von Rouen im Jahre 1562 wurde durch die Anwesenheit der Hofdamen besonders bemerkenswert. Sie waren wie zu einem Vergnügungsausflug erschienen. Ein Angriff und die Aussicht auf Plünderung einer Ketzerstadt – der reichsten Stadt im ganzen Königreich – hatte die abartigsten Begehrlichkeiten geweckt. Ein zeitgenössischer Chronist berichtet: »Beim Klang eines Ständchens wurde der Laufgraben geöffnet. Die Ehrendamen Katharinas von Medici hatten sich selbst zum Einsatz des Wettstreits gemacht; jeden Abend vergaben sie den Preis der Tapferkeit.« Da sich jede ihren Kavalier erwählt hatte, intrigierten sie kräftig, ihn auf den gefährlichsten Posten zu schicken, damit er Gelegenheit finde, sich vor den anderen hervorzutun. Und vielleicht hatte ihre Herrin, die sich ihrer Damen zu bedienen wußte bei ihren verwickelten politischen Winkelzügen, ihnen schon insgeheim zu verstehen gegeben, wem sie einen ruhmreichen Tod wünschte. Antoine von Bourbon hatte sich mit Leib und Seele diesem Wettbewerb in Galanterie und kriegerischem Mut ergeben. »Er schonte«, schreibt Brantôme, »die Füße und die Haut nicht mehr als der geringste Soldat der Welt.« Doch das Schicksal meinte es übel mit ihm; wenige Augenblicke vor dem erfolgreichen Sturm auf die Stadt traf ihn ein Schuß aus einer Arkebuse in die Schulter, und zwar nicht im Kampfgetümmel, sondern als er an der Grabenböschung ganz prosaisch im Begriff war »à pisser«.

Seine Gegner machten diesen trivialen Umstand zum Gegenstand unangebrachter Spötteleien. Denn wenn Antoine von Bourbon auch seine großen Fehler hatte, die hier nicht verschwiegen worden sind, so kann man ihm hervorragende und großmütige Tapferkeit nicht absprechen. Er bewies sie noch einmal glänzend in einer ganzen Reihe von Unvorsichtigkeiten, von denen wenigstens eine einen Anflug von Heroismus hatte. Obwohl ernstlich verwundet, wollte er die Kampfgefährten nicht verlassen und nach Eroberung der Stadt beim Ton der Fanfaren seinen Einzug halten. Er ließ sich auf einer Sänfte tragen, überwand mit großartiger Willensstärke Schmerzen und Schwäche und gab sich dem barbarischen Genuß hin, durch die verwüstete, ausgeplünderte Stadt zu ziehen. Dann brachte man ihn auf dem Wasserweg nach Saint-Jean-d'Angély, wo er zwanzig Tage später in den Armen eines italienischen Dieners starb, den er liebte und dem er mit einem Appell an seine Ehre auftrug, für seinen Sohn zu sorgen. Es heißt auch, er habe noch seine Reue darüber ausgesprochen, daß er »seine edle Gemahlin« gekränkt habe, aber da an seiner Seite seine schöne Geliebte Louise de la Béraudière saß, ist das späte Reuegeständnis recht unwahrscheinlich und wohl erst später zur Erbauung aller erfunden.

Auf jeden Fall scheint sein Tod Jeanne d'Albret wenig berührt zu haben; sie eilte nicht ans Sterbebett ihres Mannes, weil ihr sicherlich auch klar war, zu welcher Begegnung es dort kommen könne. Von der großen Trauer hat sie jedenfalls nichts gezeigt, die ihr Palma Cayet in dürftigen Versen andichtete: Danach habe die Königin Jeanne vor Kummer fast selbst den Geist aufgegeben ...

Jeanne war nicht die Frau, die Kränkungen ohne weiteres vergißt. Und schließlich gab ihr der Tod ihres Mannes die Möglichkeit, in ihrem Land jetzt den Kampf gegen die katholische Religion verstärkt aufzunehmen. Sie war es leid geworden, noch nach außen hin einige Forderungen ihrer alten Konfession zu erfüllen, und deshalb schwor sie Ostern 1563 feierlich dem alten Glauben ab und begann mit der Reihe ihrer »Handlungen der Frömmigkeit und Gerechtigkeit«, mit denen sie ihren Untertanen zum Beispiel bei Todesstrafe verbot, das Fronleichnamsfest zu feiern. Trotzdem fand die übliche Prozession statt, die dann in einer Straßenschlacht in Pau endete. Diese Zwischenfälle, der Protest der Katholiken von Béarn, die Ermahnung der Ständeversammlung vermochten nichts gegen ihr unbeugsames Verlangen, der neuen Lehre zum Triumph zu verhelfen. Später nahm ihr Bekehrungseifer im Namen der evangelischen Freiheit bösartige und tyrannische Formen an, die an Verfolgung grenzten. Von diesem Augenblick an konnte niemand in Frankreich noch daran zweifeln, daß sich die Königin von Navarra mit

Leib und Seele der Reformation ergeben hatte; schon verkündete sie offen ihre Absicht, in ihrem Staat »die Götzendienerei auszurotten«.

## 3. Kapitel: Lehrzeit des Bürgerkrieges

Man sollte annehmen, daß eine so offen militante Haltung Jeanne d'Albret in Schwierigkeiten mit dem Hof von Frankreich verwickelt hätte. Daß es nicht dazu kam, begreift man nur, wenn man sich bewußt macht, welche Wirbel damals Frankreich erschütterten und welche zweideutige Politik die Krone Frankreichs ihnen entgegenzusetzen versuchte. Als Franz II. im Jahre 1560 gestorben war, hatte auch die Macht der Guisen ein Ende, die sie während der kurzen Herrschaft eines debilen Fürsten an sich gerissen hatten. Jetzt bestieg Karl IX. den Thron, und da er minderjährig war, fiel die Macht zurück an seine Mutter. Ihr Kanzler Michel de l'Hospital unterstützte Katharina von Medici, als sie sich in den Kopf setzte, mit einer allen zugestandenen Freiheit die Geister zu beruhigen und Katholiken und Protestanten miteinander auszusöhnen. Das war nur leider eine völlig unrealistische Politik, denn die Fronten hatten sich verfestigt, die Gemüter waren erregt. Es stellte sich heraus, daß die Freiheit nichts einbrachte und daß es Michel de l'Hospital nur gelang, den Staat zu entwaffnen und die Parteien zu stärken. Der französische Historiker Michelet (1798–1874) hat dem Kanzler vorgeworfen, er habe »den Wogen der aufgewühlten See, dem Wüten der Elemente, dem Chaos« nur die vergebliche und kindliche Bitte entgegengesetzt: Seien wir einig!

Als man sich damit erschöpft hatte, die Zahl der Edikte, die kein Mensch beachtete, zu vervielfachen, und als die zur Annäherung der beiden Religionen gedachten Religionsgespräche in Streitigkeiten ausarteten, flammte es überall in Frankreich auf. Der Herzog von Guise, der Konnetabel von Montmorency und der Marschall von Saint-André führten die katholische Partei an; sie bildeten eine Art Nebenregierung, das Triumvirat, das als

Überwachung und Vormundschaft ausgab, was in Wahrheit einfach Verdrängung der königlichen Autorität war. Diese Männer regierten das Land, und zwar auf denkbar ungesetzliche Weise. Das Massaker von Vassy war zum Vorspiel des neuen Bürgerkrieges geworden, in dem nach der Schlacht von Dreux die Belagerung von Rouen das eindringlichste Ereignis wurde. Die »Wirren« endeten mit dem Frieden von Amboise, nachdem der Herzog von Guise am 18. Februar 1563 vor Orléans ermordet worden war.

Der Tod des ungekrönten Königs kommt Katharina sehr gelegen und legt die Staatsführung wieder in ihre Hände. Sofort übernimmt sie wieder die traditionelle Rolle der Monarchie, indem sie sich bemüht, über den Parteien zu stehen. Allerdings, wenn es hier im ganzen Lande nur zwei große Lager gibt, dann hat der Krieg gezeigt, daß die katholische Seite stärker ist. Die Königinmutter, berechnend und realistisch, hat ihre Lehre daraus gezogen. Von nun an ergibt sich ihre Formel für das Gleichgewicht aus der Notwendigkeit einer völlig katholischen Herrschaft im Denken und Glauben wie in der Wahl der Leute, die für sie zu handeln haben. Den Protestanten räumt man nur die Beachtung der Rechte ein, die durch eine Reihe von Maßnahmen definiert und kodifiziert worden sind: Ihnen wird die Freiheit des Kultes zugestanden, doch in sehr engen Grenzen. Katharina, die sich mit Blanche von Kastilien und deren kraftvoller Regentschaft für den unmündigen Ludwig IX. vergleichen mag, kennt die Gebrechlichkeit ihres Systems. Damit es im Bewußtsein des Landes Wurzeln faßt, ist es notwendig, daß die vom Krieg erschöpfte kalvinistische Partei schwach genug bleibt, um sich nicht wieder zum Krieg verlockt zu fühlen; notwendig ist es aber auch, daß sich die Katholiken vor dem Krieg scheuen, damit nicht ihre Unerbittlichkeit zu neuen Exzessen des Fanatismus führt. Mit einem Wort: dieses Gleichgewicht muß ständig überwacht und gestützt werden. Im Zwang dieser Politik des Ausgleichs findet sich die Erklärung für das befremdliche Wohlwollen, das die Königinmutter Jeanne d'Albret in dem Augenblick bezeigt, wo deren hugenottischer Bekehrungseifer in Béarn und in den umliegenden Provinzen gefährliche Keime des Bürgerkriegs sät. Doch das Wohlwollen ist bemessen, und so manches steht bevor, was es ändern oder auslöschen könnte. Der junge Heinrich von Navarra ist als Gouverneur der Guyenne in dem Amt bestätigt worden, das sein Vater innehatte; er wird sogar zum Admiral der Provinz ernannt. Allerdings soll wieder Montluc als Stellvertreter des neunjährigen Gouverneurs walten, der übrigens bei Hof gut unter Aufsicht steht. Man braucht nicht zu erwähnen, daß die Provinz wieder ganz von dem Mann abhängt, der nie aufgehört hat, die Protestanten mit äußerster Brutalität zu verfolgen. Als die Königin von Navarra gegen die Ernennung protestiert, die ja fast eine Herausforderung ist, hütet man sich gleicherweise, sie abzuweisen, wie sie zufriedenzustellen: Montluc bleibt in der Guyenne, muß sein Amt aber mit Burie teilen. Und da Jeanne d'Albret über diesen Kompromiß verärgert ist, will man sie damit beruhigen, daß man ihrem Sohn eine Kompanie von hundert *hommes d'armes* – adligen Kriegern in schwerer Rüstung und auf gepanzerten Pferden – zuteilt.

Das heikle Thema der prinzlichen Erziehung wird allerdings ganz im Sinne der Königin von Navarra geregelt: Sie kann ihren Sohn in der kalvinistischen Religion erziehen lassen. Und La Gaucherie kommt zurück, um seine Aufgabe als Erzieher wieder aufzunehmen, und zwei hugenottische Edelleute, Louis de Goulard und Lacaze werden Direktor und Oberhofmeister des prinzlichen Haushalts. Das Kind wird nicht mehr zur Messe gezwungen; wenn es den König zur Kapelle begleitet, »kehrt er um, ohne einzutreten«, für jedermann ein Zeichen, daß er wieder die Freiheit hat, seine eigene Religion zu praktizieren. Als er kaum acht Jahre alt ist, hat man ihn schon dreimal zwischen Abendmahl und Messe hin- und hergeschickt. Später hat man Heinrich einen gewissen religiösen Skeptizismus vorgeworfen, und es ist gewiß nicht falsch, ihn mit diesem Hin und Her zu erklären, bei dem sein kindlicher Wille im Grunde so wenig ausrichten konnte und von dessen theologischer Grundlage er vermutlich nicht viel verstand.

Trotz den gelegentlichen Einschränkungen lassen alle Zugeständnisse, die Katharina von Medici der Königin von Navarra macht, doch an ein politisches Einverständnis denken; sicherlich ein stillschweigendes und kaum umrissenes Einverständnis, denkt man an die Ziele, die um so schwieriger zu umreißen sind, als beide Parteien nicht die gleichen, ja sicherlich oft einander widersprechende Absichten verfolgten. Mag sein, daß sich die Übereinstimmung auf ein ungewisses beiderseitiges Bewußtsein gemeinsamer Interessen beschränkte, an die sie sich anpassen mußten. Damit wäre auch erklärt, warum sich die Königin von Navarra bereitfand, nach dem Tode ihres Mannes den Sohn am

Hof von Frankreich zu lassen, unter den erwähnten religiösen Zugeständnissen. Die Königinmutter war froh, daß die Anwesenheit Heinrichs von Navarra beim jungen König Karl IX. öffentlich für den Geist des Friedens und der Eintracht ihrer politischen Führung zeugte. Mag auch sein, daß diesem Gefühl der Hintergedanke beigemengt war, daß der kleine Béarner eines Tages als Geisel brauchbar sei, sollte sich die politische Landschaft verändern. Die Königin von Navarra wiederum war nicht daran interessiert, einen Kontakt mit der Krone abzubrechen, der ihre persönliche Position nur stärken konnte. Zweifellos wußte sie auch zu würdigen, daß die Situation, die sie in guter Haltung hinnahm, den jungen Prinzen von Béarn vor schlimmen Überraschungen schützte; man munkelte bereits von finsteren Machenschaften, das Kind König Philipp II. in die Hände zu spielen, und zwar durch das klassische Mittel der Entführung; Montluc war durchaus imstande, sich dazu herzugeben. Außerdem redete man nun schon von der großen Reise des Königs und des Hofes durch die französischen Provinzen, und es mißfiel Jeanne d'Albret keineswegs, daß ihr Sohn an einer solchen Machtkundgebung beteiligt war, bei der seine Anwesenheit eine nützliche politische Auswirkung haben mochte.

Die Reise begann Anfang 1564 und dauerte über zwei Jahre. Katharina von Medici verfolgte mit ihr das doppelte Ziel, den Provinzen den jungen König Karl IX. vorzustellen, der gerade für mündig erklärt worden war, und aller Welt zu versichern, daß man sich an das Edikt von Amboise halten werde, das als grundlegendes Gesetz und entscheidende Grundlage des öffentlichen Friedens angesehen wurde. Es stellte sich aber allmählich heraus, daß die königliche Reise im Gegensatz zu den Absichten der Königinmutter zum Vorspiel neuer Wirren geriet, die viel schlimmer als jene waren, denen der Frieden von Amboise ein vorläufiges Ende gemacht hatte.

Bis Troyes verlief die königliche Rundreise ohne Zwischenfälle, mit einem gewaltigen Werbeaufwand von prächtigen Gespannen, imponierenden *hommes d'armes*, Adligen in großer Aufmachung und hübschen Frauen. In Troyes stürzte der Prinz von Navarra – ein harmloser Sturz. Mit liebevoller Fürsorge schrieb Katharina an seine Mutter, um sie zu beruhigen: »Sie werden ihn [Heinrich] so finden, wie Sie es nur wünschen können, denn alle, die ihn sehen, sind sehr angetan von ihm und halten ihn, wie er jetzt ist, für das hübscheste Kind, das man je gesehen hat. Ich bin sicher, Sie werden nicht finden, daß er unter meinen Händen verdorben worden ist.«

Der freundliche und sogar werbende Ton dieses Schreibens bezeugt den Wunsch der Königinmutter, Jeanne d'Albret möge sich dem königlichen Gefolge anschließen; man hatte sie bereits mehrmals dazu aufgefordert. »Mit hübschen Versprechungen und Schmeicheleien«, schreibt sie in ihren Erinnerungen, »zog man mich an den Hof auf der Reise nach Lyon, versicherte und versprach, mir Genugtuung zu geben in allen Klagen, die ich über Montluc und in anderen Angelegenheiten vorgebracht hatte.« Man bat sie nicht etwa, weil man glaubte, ihre Anwesenheit würde die wandernde königliche Propaganda verstärken – sondern man wollte nur, daß sie ihr Land verließ. Das nämlich war die Bedingung, unter der König Philipp II. von Spanien zu der Begegnung mit dem König von Frankreich bereit war, die man insgeheim vorgeschlagen hatte.

Unangemeldet erschien Jeanne d'Albret am 1. Juni 1564 in Mâcon, wohin sich der königliche Schwarm endlich begeben hatte, nachdem man Bar-le-Duc, Langres und Dijon besucht hatte. Jeanne kam mit 300 Rittern und 8 protestantischen Pastoren und schüttete auf der Stelle den ganzen Sack ihrer Klagen und Anklagen aus. Sie beschwerte sich nicht nur darüber, daß Montluc in der brutalen Weise, die man an ihm kannte, den Protestanten die Rechte verweigerte, die das Edikt von Amboise ihnen gewährte; sie beschuldigte auch den König, die Königinmutter und alle Anführer der katholischen Partei, sie nicht gegen Papst Pius V. verteidigt zu haben, der sie vor ein Inquisitionsgericht geladen hatte, damit sie sich wegen Ketzerei verantworte. Vor allem aber verlangte Jeanne d'Albret, daß die französisch-spanische Konferenz, die sich in aller Heimlichkeit vorbereitete (ein Geheimnis, das sie rasch herausgefunden hatte), kein Thema aufgreife, das die Interessen Navarras berührte oder gar beeinträchtigte. Die Antwort waren pure Beschwichtigungen, zögernde Versprechen, äußerst vage Zusicherungen. Trotzdem begleitete sie den Hof nach Lyon, um unentwegt Beschwerden vorzubringen. Die Bitterkeit, die sie an den Tag legte, die ernsten Mienen ihrer Pastoren, der unhöfliche Hochmut der adligen Gascogner in ihrem Gefolge, verdarben einen Aufenthalt, von dem sich das königliche Gefolge nur Zerstreuung und Vergnügungen versprochen hatte. Verärgert durch Jeannes trockene Ermahnungen und beißende Bemerkungen sprachen Katharina und der König schließlich »nachdrücklich« mit ihr, wie sich der spanische Gesandte ausdrückte. Dabei ging es aber um ein Ultimatum: Jeanne sollte sich entschließen, mit ihrem Sohn im Schoß der Kirche zu bleiben, »der ihre Vorfahren angehört hatten«.

Das war mehr, als sich die strenge Kalvinistin sagen lassen konnte, sie entschloß sich zum Aufbruch und erreichte mit aller Würde am 14. August Vendôme, immer begleitet von ihren Pastoren und ihren Kavalieren. Um einen Skandal zu vermeiden, hatte sie eingewilligt, daß ihr Sohn den monarchischen Werbefeldzug weiter mitmachte.

Als die Spaßverderberin fortgeschickt war, fand die Karawane zur gewohnten Heiterkeit zurück und vollendete munter ihre Bahn durch Frankreich. Von Empfängen und Festen verschönt, durch lange Aufenthalte in den Städten unterbrochen, zog sich die Reise müßig dahin. Am 17. Oktober 1564 war man erst in Salon angekommen, wo der berühmte Nostradamus den Prinzen von Navarra zu sehen wünschte und danach die erstaunliche Prophezeiung aussprach: »Der da wird das ganze Erbe haben.« »Und falls Gott«, so fuhr der Wahrsager fort und wandte sich an den Erzieher des Prinzen, »die Gnade hat, Sie noch so lange leben zu lassen, werden Sie einen König von Frankreich und Navarra zum Herrn haben.« Nach Salon besuchte man Hyères, Toulon, Nîmes, traf am 17. Dezember in Montpellier ein und am 13. Januar 1656 in Carcassonne, wo sich die königlichen Kinder prächtig damit vergnügten, Bastionen aus Schnee zu bauen und zu belagern. Heinrich von Navarra hatte an den sportlichen Spielen mehr Spaß als an dem *lit de justice,* dem Königsgericht, das am 8. Februar im Parlament von Toulouse abgehalten wurde. Als Erster Prinz von Geblüt war er bei allen offiziellen Empfängen anwesend – und sie waren so zahlreich und dauerten so lange! Man darf sich fragen, ob seine bekannte Abneigung gegen Zeremonien dieser Art nicht schon damals entstanden ist.

Von Toulouse bis Bayonne ist es gewiß nicht weit, aber der Hof brauchte drei Monate, bis er in Bayonne ankam, in der sich der französische und der spanische Hof zusammenfinden wollten, um jene Konferenz abzuhalten, in der man später das Vorspiel zur Bartholomäusnacht gesehen hat. Das Geheimnis dieser Besprechungen wurde so gut gewahrt, daß man noch heute nicht ihre politische Reichweite genau abschätzen kann. Sicherlich aber begnügte man sich nicht mit purer Höflichkeit und Freundschaftsbeteuerungen; sicherlich sind wütende Worte über die Reformation gefallen, von der in beiden Reichen der Frieden bedroht wurde. Den Protestanten kam immerhin soviel Geschwätz zu Ohren, daß sie glaubten, ihre Ausrottung sei beschlossene Sache. In der Unruhe, die sie jetzt ergriffen hatte, darf man den entscheidenden Anlaß zum erneuten Ausbruch des Bürgerkrieges sehen.

Heinrich von Navarra war vielleicht nicht unbeteiligt an der Verbreitung von Gerüchten, die in der kalvinistischen Welt wahres Entsetzen hervorriefen. Er soll sich eines Tages im Konferenzsaal befunden und gehört haben, daß der Herzog von Alba, Vertreter des spanischen Königs, von der Notwendigkeit eines Massakers sprach; der Herzog habe sogar Coligny als das erste Opfer bezeichnet, und zwar mit dem sybillinischen Ausspruch: »Ein guter Lachs ist besser als hundert Frösche.« Und verwirrend bleibt es, daß sieben Jahre danach die Ermordung des hugenottischen Anführers die Bartholomäusnacht eingeläutet hat. Aber darf man annehmen, daß Heinrich von Navarra – und sei es nur durch mangelnde Beaufsichtigung – Zeuge von politischen Gesprächen geworden ist, deren Geheimnis so eifrig gewahrt wurde? Das ist um so unwahrscheinlicher, als der kleine Prinz in Bayonne keineswegs unbeobachtet war. Seine Mutter hatte ihm einen würdigen Rahmen für die Begegnungen mit den Vertretern des feindlichen Spaniens gegeben. Zahlreiche Béarner Edelleute bildeten sein glänzendes und etwas theatralisches Gefolge. Seine großartige Begleitung, seine prächtige Dienerschaft und »sein majestätisches Auftreten« hatten den Herzog von Rio-Seco, den Gesandten Philipps II., beeindruckt, der sich bemühte, den Prinzen näher kennenzulernen. »Dieser Prinz ist ein Kaiser oder sollte es sein«, meinte er. Jedenfalls war Heinrich kein unbedeutender kleiner Bursche, den man versehentlich Staatsgeheimnisse abhören ließ.

Ob Jeanne sich auf die Berichte ihres Sohnes bezog oder nicht, sie war jedenfalls davon überzeugt, daß die Konferenz von Bayonne dramatische Folgen haben werde. In diesen Besprechungen, so hat sie gesagt, »wurden die Schneiden der Schwerter geschmiedet, die später das christliche Blut vergossen«. Sie war entschlossen, das halbherzige und mühsam aufrechterhaltene Einverständnis mit Katharina fallenzulassen. Der Bruch vollzog sich allerdings erst acht Monate nach der Rückkehr des Hofes von seiner langen Reise im Mai 1566. Die Königin von Navarra hatte sich ihm in Moulins wieder angeschlossen, im Januar, als man auf dem Rückweg war. Fast ein Jahr lang sah sie, wie sich das politische Hin und Her der Königinmutter entwickelte; Katharina schwankte zwischen Strenge gegen die Hugenotten und Versöhnungsversuchen, die niemand ernstnahm. Man versuchte, die erregten Geister – ohne sie zu beruhigen – durch Reformpläne zu beschwichtigen, die sofort wieder im entgegengesetzten Sinn verändert und damit hinfällig wurden. Die Keime der Uneinigkeit sammelten sich; es war klar, daß aus den Instrumenten des Friedens, die man zu schmieden vorgab – wenn auch mit verborgenen Hintergedanken – der Krieg hervorgehen mußte.

Die Königin von Navarra, seit langem zum Bruch entschlossen, hätte den Hof viel früher verlassen, wäre sie nicht von dem Wunsch zurückgehalten worden, ihren Sohn Katharina von Medici zu entreißen. Je gespannter die Stimmung wurde, desto hartnäckiger beharrte die Königinmutter darauf, diese Geisel nicht zu entlassen, mit der sie seine Mutter in Schach zu halten glaubte. Die Abreise von Mutter und Sohn erinnerte schon an Flucht und Entführung. Jeanne d'Albret, die auf den günstigen Augenblick gewartet hatte, konnte den Prinzen eines Tages begleiten, als er seine Besitzungen in der Picardie besuchte; sie kam aber ohne weiteres an den Hof zurück, so daß der König beruhigt war, mit ihrer vollständigen Unterwerfung unter die Wünsche des Hofs rechnete und nichts dagegen einzuwenden hatte, daß die Königin von Navarra bald darauf zur Besichtigung »ihrer Häuser in Vendôme, Beaumont, Sainte-Lazanne, La Flèche und anderer schöner Besitzungen, die ihrem Sohn, dem Prinzen, gehörten« aufbrach. Sie nahm den Jungen mit. Doch diesmal kam sie nicht wieder nach Paris, sondern zog sich eilig »in ihre Länder jenseits der Garonne« zurück. Mutter und Sohn erreichten Pau am 1. Februar 1567.

Heinrich von Navarra war dreizehn Jahre alt. Er hatte im Laufe der sechs am Hof von Frankreich verbrachten Jahre frühzeitige und schon schmerzliche Erfahrungen gemacht, war in das peinlichste Familiendrama hineingezogen und zum Einsatz bei immer neuen Intrigen geworden; unter seinen Augen hatten sich die Pracht und die Stürme eines unruhigen, glänzenden und liederlichen Hofes entfaltet. Seine engen Gefährten waren der Herzog von Anjou gewesen, der zu seinem König geworden war, und Henri von Guise, später sein unversöhnlichster Feind. Er hatte die meisten Persönlichkeiten kennengelernt, die sein Mannesleben als unheilvolle oder schützende Kräfte begleiten sollten.

Vorzüge und Fehler, die später sein Wesen zeichneten, traten bereits deutlich hervor. Die Kümmernisse, von denen sein Eintritt ins politische Leben begleitet war, hatten ihn nicht verdüstert; alle Anekdoten, die von Zeitgenossen aus seiner Kindheit überliefert sind, betonen seine gute Laune, seine fröhliche Stimmung. Schon hatte sein Charakter die kraftvolle Geschmeidigkeit, die ungeduldige Spannkraft bewiesen, die später so oft die Richtung seiner Unternehmungen verwirrend änderten. Körperlich war er durch das Leben im Freien – bäuerliches Leben in Coarraze, sportliches Leben auch in den königlichen Parks – hervorragend entwickelt, und jetzt hatte er auch Geschmack an kriegerischen Übungen gewonnen. Sein Waffenmeister de La Coste hatte ihm eine kleine Kompanie adliger Kinder zusammengestellt, die er kommandierte, und jetzt schon zeigte sich die Ausstrahlung seines Wesens, die angeborene Kunst, dem Geist zu schmeicheln und die Herzen zu gewinnen, zeigte sich seine überzeugende Freundlichkeit. Auch seine Vorliebe für kühne Gefährten und die Verachtung für unnütze Höflinge war schon ausgeprägt. Man begreift, daß Heinrichs II. düstere Witwe nicht ohne ein Gefühl von Demütigung den jungen geweckten, so französischen Prinzen heranwachsen sah, der in jeder Beziehung, durch Kraft, Gesundheit, angeborene Tapferkeit, lebhaften Geist und natürliche Verführungskunst ihren eigenen Kindern so weit überlegen war, denn ihre Kinder waren unbegabt und wurden zu wahren Karikaturen von Königen.

Zweifellos hat sich Katharina in dem Augenblick, als ihr der kleine Béarner entkam, an die Prophezeiungen erinnert, die in ihm einen künftigen Herrscher Frankreichs voraussagten. Sie glaubte an Zukunftsdeutungen, verließ sich auf Horoskope, richtete ihre Vorhaben nach den Ratschlägen von Wahrsagern und Astrologen, die sie stets umgaben und von denen der aus Florenz mitgebrachte Ruggieri am einflußreichsten war. Sie glaubte an Heinrichs Bestimmung, und nun wurde sie gezwungen, den Feinden ihrer Seelenruhe das Kind zu überlassen, das eines Tages deren Anführer sein würde!

Die Rückkehr des Prinzen in das Land seiner Mutter wurde mit unbeschreiblichem Jubel gefeiert. Eine Abordnung nach der anderen meldete sich im Schloß von Pau; Bauern und Edelleute wetteiferten, ihre Begeisterung zum Ausdruck zu bringen. Die Einwohner von Coarraze veranstalteten, um »unseren Heinrich« zu begrüßen, einen Umzug, der den ganzen Ort auf die Beine brachte und den Ehrenhof des Schlosses mit Beifallgeschrei erfüllte. Ungestüme Umarmungen, herzbewegende Ansprachen, feierliche Übergabe von einheimischem Käse – und schließlich ein homerisches Bankett. Jedermann rühmte Kraft und Anmut des Prinzen, sein übermütiges Wesen, sein kriegerisches Auftreten, und schon dichtete man die ersten lustigen Chansons. Eines davon wiederholte im Kehrreim: »Welch guten Prinzen wir doch haben, und welchen guten Wein er hat!« Hier entstand die Beliebtheit des Béarners, die bald über die Grenzen seiner Heimat hinausgriff.

Jeanne d'Albret ließ aber den Jungen nicht bei munteren Empfängen und ländlichen Festen ausruhen. Sie wollte keinen »gekrönten Esel« oder »erhabenen Dummkopf« und stellte fest, daß seine Ausbildung ziemlich vernachlässigt worden war. Deshalb sollte Florent Chrétien das Werk von La Gaucherie vollenden. Aber kaum hatte der alte Herr seinen Unterricht begonnen, als sein Schüler von dringenderen Aufgaben beansprucht wurde. Er lernte den Kampf kennen, schon vor Ende des Jahres 1567, das sein dreizehntes Lebensjahr war.

Im September hatte Condé, der mit Coligny die hugenottische Partei führte, versucht, den König von Frankreich zu entführen, doch das Unternehmen – das in der französischen Geschichte »Tumult von Meaux« genannt wird – war fehlgeschlagen; der Bürgerkrieg brach aber wieder aus; es war der dritte. Zunächst ergriff Jeanne d'Albret nicht unmittelbar Partei, aber sie unterstützte die Sache der Hugenotten durch Repressalien gegen die Katholiken ihres Landes. Die Erlasse, die sie jetzt herausgab, übertrafen weit die Unduldsamkeit, die sie den königlichen Edikten vorwarf, und es kam sogar zu kleineren Gewalttätigkeiten. Diese umstrittene Art, sich neutral zu verhalten, rief in Nieder-Navarra einen Aufstand der baskischen Herren hervor. Heinrich erhielt den Auftrag, ihrem Abfall mit Waffengewalt, oder, wenn möglich, durch Überredung ein Ende zu machen. Aber er bekam keine Gelegenheit, die paar primitiven Geschütze einzusetzen, die seine ganze Bewaffnung bildeten. Die Rebellen flohen ins Gebirge, als der dreizehnjährige Generalissimus nahte; einige fielen ihm dennoch in die Hände, was er dazu benutzte, die anderen zum Gehorsam zu zwingen, so daß er im Glanz einer erfolgreich erledigten Aufgabe nach Pau zurückkehrte.

Seine Mutter vertraute ihm jetzt eine Art Statthalterschaft für das Königreich Navarra an und trat ihm – in unwichtigen Angelegenheiten – einen Teil ihrer Macht ab. Doch diese ehrenvolle Stellung befreite ihn nicht von dem strengen Erziehungsprogramm, mit dem ihn seine Mutter an Ausdauer und Fleiß gewöhnen wollte. Er wurde bei knapper Kost gehalten und schlief auf einem kümmerlichen Bett; sein Schlaf wurde auf wenige Stunden begrenzt. Um seinem ausufernden Tätigkeitsdrang Nahrung zu geben, schickte man ihn ab und zu auf eine angebliche Expedition ins Gebirge, wo er über Saumpfade kletterte, ohne natürlich das angebliche Ziel zu entdecken. Jean Collin versichert in seinem Werk *Lauriers de la Maison de Bourbon,* daß die Königin für solche vergeblichen Unternehmungen den strengsten Winter und die wütendsten Stürme aussuchte. Außerdem pflegte sie seine Streiche körperlich zu bestrafen. Kein französischer König ist mehr geprügelt worden als Heinrich IV. Er wurde es auf Befehl seiner Mutter auch dann noch, als er Generalleutnant des Königreichs Navarra war, und erst als man ihn zum Armeechef ernannt hatte, empörte er sich gegen diese Behandlung, der er übrigens einen besonderen erzieherischen Wert zuerkannte und die er auch seinen Kindern systematisch verabreichen ließ. In einem Brief an die Erzieherin des späteren Ludwigs XIII., Madame de Montglat, fordert er sie auf, ihren Zögling jedesmal zu prügeln, »wenn er sich halsstarrig aufführt«. Er fügt seinem Rat ein Bekenntnis hinzu, das schon fast ein Erziehungsprogramm enthält: ». . . da ich selbst weiß, daß nichts vorteilhafter ist als dieses, denn ich weiß aus eigener Erfahrung, daß es mir genützt hat, weil ich in seinem Alter tüchtig geschlagen worden bin.«

Daß sich Jeanne d'Albret in der ersten Phase des dritten Bürgerkriegs verhältnismäßig neutral verhielt, brachte Katharina von Medici auf den Gedanken, den durch Jeannes Flucht abgebrochenen Kontakt wieder aufzunehmen. Sie versuchte, sie wieder an den Hof zu ziehen, und machte ihr den Vorschlag, als eine Art Vermittlerin zwischen dem König und seinen reformierten Untertanen zu wirken. Dies Angebot paßte großartig in das Herrschaftssystem der Königinmutter, denn wenn man auch immer wieder betont, es habe in »teile und herrsche!« bestanden, so hatte sie dennoch ein anderes wirksames Rezept: Diejenigen, auf die sie sich stützen wollte, pflegte sie durch Rivalen zu beunruhigen. Sie hoffte, daß sie dann ihren Einfluß nicht überschätzten und ihren Kredit nicht überzogen. Jeanne d'Albret kannte sich bewundernswert in diesem hinterlistigen Spiel aus. Katharinas schönen Reden ging sie nicht ins Garn, weil sie wußte, »mit welchem Leim die Ruten bestrichen sind«. Doch sie nutzte die offensichtliche Milde, um ihren Sohn die wichtigsten Städte der Guyenne besuchen zu lassen, wo er dem Namen nach immer noch Gouverneur war, wenn auch sein Stellvertreter Montluc praktisch uneingeschränkt herrschte. Da das Unternehmen dieser Reise der Königinmutter nicht recht gefiel, mußte sie ohne besonderen Aufwand vor sich gehen, und Heinrich von Navarra erhielt die Weisung, alle Gesten und Redensarten zu vermeiden, die ihn als Parteigänger abstempeln konnten. Als sich bei einem Bankett die Köpfe erhitzten und man gegen König und Hof zu wettern begann, zog sich Heinrich ostentativ zurück, um nicht für einen Komplizen gehalten zu werden. Sein jugendliches Selbstvertrauen, sein Übermut machten überall den besten Eindruck, wie man den Worten eines hohen Beamten von Bordeaux entnehmen kann: »Wir haben den Prinzen von Navarra hier, wirklich ein reizender Bursche. Er ist dreizehn Jahre alt, hat aber alle Fähigkeiten eines Achtzehn- oder Neunzehnjährigen. Er geht mit aller Welt so angenehm um, daß er immer umlagert ist; er beträgt sich in allen Dingen so edel, daß man gleich erkennt, welch großer Fürst er ist; er beginnt ein Gespräch wie ein ehrenwerter Mann. Immer redet er angemessen, und wenn es vorkommt, daß man vom Hof spricht, merkt man, daß er sehr gut im Bilde ist. Er sagt stets nur, was er an seiner Stelle sagen darf. Mein Leben lang werde ich diese neue Religion hassen, die uns um einen so würdigen Menschen gebracht hat.«

Ein anderer Augenzeuge, dessen Bemerkung uns von Ch. de Batz überliefert worden ist, berichtet, »daß er alle Tage neue Anhänger findet und sich mit unglaublichem Geschick in alle Herzen einschmeichelt«. Katharina von Medici irrte sich gründlich, als sie kurz vorher an Jeanne d'Albret schrieb, ihr Sohn sei »zu jung, um sich in die Angelegenheiten zu mischen, und es wäre notwendig, daß er an den Hof käme und den König bei seinem ehrenhaften Zeitvertreib begleitete, und er brauche sich nur im Spiel zu vergnügen«. Der beste Beweis für seine Frühreife war die Tatsache, daß sich nun die Frauen für ihn zu interessieren begannen: »Wenn die Männer ihn ehren und achten, so lieben ihn die Damen nicht weniger«, schrieb ein unbekannter Zeitgenosse.

Der Bürgerkrieg, der mit dem Tumult von Meaux begann und in dem die Hugenotten vierzig Städte erobert hatten, brachte die katholische Partei um ihren maßgebenden Führer, den alten Konnetabel von Montmorency, den letzten Triumvir; er fand den Tod bei einem Scharmützel unter den Mauern von Paris. Katharina von Medici nahm die günstige Gelegenheit wahr, Verhandlungen einzuleiten, die am 2. März 1568 zum Frieden von Longjumeau führten. Kaum war er unterzeichnet, fand man ihn schon »lahm und schlecht gesichert«, und niemand richtete sich danach. Keine Autorität konnte die Leidenschaften wieder bändigen; Priester und Pastoren beschimpften einander hemmungslos; allgemeine Aufstände und individuelle Morde folgten einander immer rascher. Die Königinmutter wurde von der allgemeinen Aufregung mitgerissen. Sie mußte Michel de l'Hospital opfern, den letzten Verfechter der Toleranz, und einen neuen Feldzug beginnen. Die Hugenottenführer Admiral Coligny und Prinz von Condé sammelten in La Rochelle die entscheidenden Männer ihrer Partei und formten aus ihnen eine wahre Armee.

Vor dem herannahenden Sturm hatte die Königinmutter einen letzten Versuch gemacht, den jungen Prinzen von Navarra in die Hand zu bekommen, weil sie seine Anwesenheit am Hof für unbedingt notwendig hielt. Sie brauchte ihn als Geisel. Obwohl die Absichten dieser geschickten und unermüdlichen Diplomatin nicht leicht zu durchschauen sind, lassen sich in ihrer hartnäckigen Beharrlichkeit eine ganze Reihe von Motiven erkennen, die teilweise ineinander verflochten sind, sich andererseits widersprechen. Da war vor allem der Wunsch, Jeanne d'Albret durch die Angst in Schach zu halten, daß ihr Sohn ihren Abfall zu büßen hätte. Auf jeden Fall aber mußte verhindert werden, daß die Königin von Navarra, die ja für die Lehre des Kalvinismus schon gewonnen war, der hugenottischen Partei militärisch und mit politischer Propaganda zu Hilfe kam. Denn dadurch wäre nicht nur die Partei der Hugenotten nachdrücklich verstärkt worden, sondern es hätte zu bedenklichen internationalen Verwicklungen führen können, weil dann das französische Navarra dem Zugriff der Spanier geöffnet wurde. Philipp II., der seine Vereinbarungen mit den katholischen Franzosen getroffen hatte, konnte sich nämlich berechtigt fühlen, ein Land zu besetzen, das ihnen feindlich gesonnen war. Und wenn man in Paris eine solche Wendung befürchtete, dann, weil man dem Verbündeten des Augenblicks nicht zutraute, daß er nach abgeflautem Sturm ein Königreich wieder hergeben werde, das er ohnehin offen begehrte.

Wenn aber das Kriegsglück die Hugenotten zu Herren über große Teile des Königreichs machen würde, war es wichtig, daß sie sich nicht auf einen Prinzen berufen konnten, in dessen Namen sie vielleicht eine dynastische Krise heraufbeschwören mochten, deren Ausgang völlig ungewiß war. Da die Königinmutter auch ihre eigenen Interessen nicht aus den Augen ließ, wird sie überlegt haben, daß König Karl IX. und seine jüngeren Brüder vielleicht nicht lange leben würden; ihre schlechte Gesundheit, die ererbten Schwächen, die Unsicherheit der verworrenen Zeiten belegte ihre nahe Zukunft mit solchen Hypotheken, daß die beunruhigenden Vorhersagen der Astrologen wieder an Gewicht gewannen. Heinrich von Navarra, der Erste Prinz von Geblüt, schien durchaus zur Thronfolge geeignet zu sein. Er war jung, und sein Aufstieg hätte Katharina die Aussicht auf eine recht lange Regentschaft eröffnet. Sie war nun einmal begierig auf persönliche Macht, und man kann sich vorstellen, daß auch solche Überlegungen für ihren berechnenden Geist eine große Rolle gespielt haben.

Da Einladungen ohne Echo und Druck ohne Wirkung blieben, hatte Katharina nur noch die Möglichkeit, zu der sie sich auch ohne Zögern entschloß, den Prinzen von Navarra gewaltsam zu entführen. Den Auftrag erhielt Jean de Losse, Seigneur de Banes. Da er in Paris zeitweise Erzieher des Prinzen gewesen war, mußte es ihm leichtfallen, mit einigen verlockenden Vorschlägen bis zum Prinzen zu gelangen und sich dann seiner zu bemächtigen, »heimlich auf einer Jagd, oder mit Gewalt«. Doch der Plan wurde rechtzeitig vereitelt – Losse kam nicht einmal bis Pau, weil ihn »Gottes Hand durch einen Durchfall aufhielt«.

Aber Jeanne d'Albret, alarmiert durch diesen Versuch, der ja wiederholt werden konnte, beschloß nun, ihre gefährliche Isolierung aufzugeben und Gunst und Gefahr des Bürgerkrieges auf sich zu nehmen. Sie entschloß sich, ihr Land zu verlassen und sich mit ihren Kindern der Hugenottenarmee anzuschließen, um sich »mit Leben, Gut und Geld« ihrem Schwager Condé zur Verfügung zu stellen.

Es war nicht leicht, nach La Rochelle vorzudringen, weil man sich vor den Fallen Montlucs hüten mußte. Zwar ist behauptet worden, die Wachsamkeit des politischen Kerkermeisters sei leicht zu täuschen gewesen, zumal sich sein Eifer bei Jeannes Herannahen merklich abgekühlt habe. Aber das hieße, den wilden Fanatiker schlecht zu kennen, der nicht gezögert hätte, mit bewaffneter Hand eine Prinzessin von Geblüt zu verhaften. Und auch die Tapferkeit der Königin von Navarra und ihres Sohnes würde damit unterschätzt. Mutter und Sohn wetteiferten an Entschlossenheit auf dieser Reise, die keineswegs gefahrlos war. Doch sollte man sich in diesem Punkt nicht nur an die Memoiren von Jeanne d'Albret halten: Sie unterlegt ihrem Sohn hochmütige Gesten und beredte Racheschwüre, die zu sehr – wenn sie nicht überhaupt gefälscht sind – nach der Literatur schmecken, mit der nur die Mutter aufgewachsen war. Heinrich hütete sich immer vor geschwollenen Redensarten und drückte sich lieber in drolligen Einfällen aus, zum Beispiel, als er Monsieur de La Mothe-Fénelon abfertigte. Der Herr war im Auftrag des Königs nach Tonneins gekommen, um ihm abzuraten, die Reise nach La Rochelle fortzusetzen. Als er sich über das Feuer beklagte, das nun Frankreich in Brand setzte, meinte der Prinz, man könne es mit einem Eimer Wasser löschen. La Mothe »verstand durchaus nicht« und fragte, wie er sich das denke – Heinrich antwortete: »Den Eimer muß der Kardinal von Lothringen austrinken, bis er platzt!«

Der Zug der Königin von Navarra verließ Pau Ende August 1568, erreichte Nérac am 6. September und war auf der kurzen Strecke schon beträchtlich angewachsen durch die Menge adliger Gascogner, die auf ihre Aufforderung zu ihr stießen und schließlich eine Armee von fast 4 000 Mann bildeten (8 Schwadronen Reiter, 3 Regimenter Fußvolk). Als Jeanne endgültig Montluc entkommen und damit von der Unruhe über den Reiseweg befreit war, beschloß sie, die Gründe zu ihrem Aufbruch öffentlich bekanntzugeben. Die Briefe, die sie jetzt an Karl IX., Katharina von Medici und Elisabeth von England gerichtet hat, erklären ihre Motive und laufen auf eine glatte Kriegserklärung hinaus. Es ist aber bemerkenswert, daß die Herrscherin von Navarra in dem Augenblick, als sie die Brücke zur Krone abbrach, feierlich ihre Treue zum König von Frankreich und den Wunsch, ihm anzugehören, aussprach. Sie tat, als ob weder Karl IX. noch seine Mutter irgendwelche Verantwortung für die

Verhältnisse hätten, die Jeanne zwangen, zu den Waffen zu greifen, sondern wandte ihren ganzen Zorn gegen den Kardinal von Lothringen und »seine Helfershelfer«, die »alle von der Erde wegfegen wollen, die den wahren Glauben bekennen«. In schneidenden richterlichen Worten prangert sie die Bosheit dieser Männer an, »die schon zu mächtig den Platz eingenommen haben, der ihnen nicht zukommt, und die dem König von Frankreich Sand in die Augen streuen, damit er ihre Bosheit nicht sieht, und die seine Ohren verstopfen, damit er die Klagen der gerechten Leute nicht hört«. In die erste Reihe dieser Gerechten stellt sie sich, ihren Sohn und »ihren Bruder, den Prinzen Condé«, der zur Zeit – wie sie versichert, »gegen den Willen des Königs« – verjagt und verfolgt werde. Aus diesen Formulierungen spricht hintergründige Diplomatie, denn natürlich kannte Jeanne d'Albret genau die persönliche Verantwortung Katharinas von Medici für die gegenwärtigen Ereignisse; aber mit überlegenem Geschick nahm sie hier eine politische Haltung von weitreichender Bedeutsamkeit ein. Durch die geschickte Fiktion, die Krone stehe über den religiösen Kämpfen, ließ die Königin von Navarra die Tür zur Versöhnung auf einer nationalen Grundlage, zu der man eines künftigen Tages gelangen mußte, weit offen. Auch der Prinz von Navarra hat im Verlauf der lärmenden Zwistigkeiten, die ihn in Gegnerschaft zur Krone von Frankreich brachten, und in den wildesten bewaffneten Kämpfen, die er gegen den Hof führte, nie aufgehört, sich an die Worte von Jeanne d'Albret zu halten: »Nicht gegen den Himmel und nicht gegen den König, wie unsere Feinde behaupten, ist die Spitze unserer Schwerter gerichtet. Dank Gott haben wir die göttliche und menschliche Majestät nicht gekränkt, wir sind dem König treu geblieben.« Doch von geschmeidigerem und freierem Geist als seine Mutter, unbeschwert von der wilden religiösen Unerbittlichkeit, von der sie besessen war, verstand es Heinrich besser, ihre ausgezeichneten Grundsätze in wirksame und überzeugende Gesten zu übersetzen.

Der Prinz von Navarra und seine Mutter zogen am 28. September 1568 in La Rochelle ein. Von nun an trat Jeanne d'Albret etwas hinter ihren Sohn zurück, schob ihn nach vorn auf der politischen Bühne. Er ist es, der an den Toren der Stadt von Bürgermeister Jean de Labèze begrüßt wird. Und sofort zeigt er einen seiner auffallendsten Wesenszüge, seinen Abscheu vor langen Ansprachen, die Geringschätzung blendender Redner. Der pompösen, weitschweifigen Rede des ersten Magistratsherrn von La Rochelle antwortet er mit einem lakonischen Bekenntnis: »Ich bin nicht gelehrt genug, um so gut zu reden wie Sie, aber ich versichere Ihnen, wenn ich auch nicht genug rede, werde ich doch um so besser handeln, denn ich kann viel besser handeln als reden.«

Obwohl sein kluger Kopf schon die Überlegenheit versprach, die er sich bald darauf erwarb, konnte keine Rede davon sein, das Armeekommando einem fünfzehnjährigen Jungen anzuvertrauen. Aus Respekt vor der dynastischen Hierarchie (Heinrich von Navarra war als Erster Prinz von Geblüt Chef der älteren Linie Bourbon) wollte Condé hinter ihm zurücktreten; doch Jeanne d'Albret wies alle vorzeitigen Ehren für ihren Sohn zurück, betonte dabei aber immer seine künftigen Ansprüche. Als sie ihm seine erste Rüstung überreichte, sagte sie vor der Front der Truppe: »Ganz Europa richtet die Blicke auf Sie. Sie hören auf, ein Kind zu sein. Lernen Sie unter Condé, zu befehlen.«

Condés Ruf war groß und verdient. Seine Schwächen als »schöner Mann«, seine Eitelkeit und einige seiner geistvollen Torheiten verschmolzen mit seiner militärischen Begabung und gaben jedem Unternehmen, das er leitete, etwas von dem ritterlichen Anstrich eines Kreuzzuges. Doch er teilte das Kommando mit Coligny, und der Einfluß dieses stolzen und strengen Admirals auf die Partei und die Truppe war von ganz anderer Art. Sektiererisch, trocken, mit insgeheim zerquältem Herzen gab er ein Beispiel strenger Härte, von der seine Truppe schließlich angesteckt wurde, obwohl sie eigentlich besonders wenig dazu geneigt schien. Denn zu dieser Armee hatten sich Leute eingefunden, die nur höchst mittelmäßig auf freiwillige Buße geeicht waren, »streitsüchtige, unruhige, wirre und auf Beute versessene« Edelleute, wie Brantôme sie schildert.

Die Armee der Prinzen, wie sie bald genannt wurde, war fast 30 000 Mann stark. Sie sammelte sich in La Rochelle, war gut ausgerüstet und bewaffnet und hatte erprobte Heerführer. Man hoffte außerdem auf Verstärkung durch mehrere Scharen deutscher Reiter, die der Prinz von Oranien angeworben hatte und die, wie es hieß, die Grenze bereits überschritten hatten. Es sei hier daran erinnert, daß die ganze Strategie der Religionskriege von der Sorge um diese »Hilfe aus Deutschland« bestimmt wurde, denn die Hugenotten konnten sich ohne sie nicht halten. Der

Feldzugsplan der Gegner richtete sich immer nach den gleichen taktischen Gegebenheiten: Die Protestanten versuchten, durch einen raschen Marsch nach Norden sich mit den deutschen Söldnern zu vereinigen, die Katholiken bemühten sich, ihnen diesen Weg zu verlegen und ihnen die entscheidende Niederlage zu bereiten, ehe sie ihre ausländischen Verstärkungen erhalten hatten.

Der Befehl über die katholischen Streitkräfte war dem Herzog von Anjou anvertraut worden, dem Bruder Karls IX. und späteren König Heinrich III. Er kommandierte als Generalleutnant des Königreiches. Bevor sich diese Armee aber sammeln konnte, hatte Condé alle Orte in der Saintonge besetzt: Parthenay, Niort, Fontenay-le-Comte, Saint-Maixent, Saint-Jean-d'Angély. Er hatte sogar das für uneinnehmbar gehaltene Angoulême erobert, wobei Heinrich von Navarra zum ersten Mal eine Belagerung mitmachte; man erlaubte ihm aber nicht mitzukämpfen, was er nur zu gern tun wollte, zusammen mit seinem Vetter, dem jungen Condé. Die beiden allzu jungen Burschen wollte man in Sicherheit vor den Gefahren des Kampfes wissen.

Als die endlich versammelte königliche Armee in die Provinzen Poitou und Saintonge vorgerückt war – die auch später immer wieder zum Schlachtfeld der Religionskämpfe wurden –, war die Jahreszeit so weit fortgeschritten, daß man kein aussichtsreiches militärisches Unternehmen mehr beginnen konnte; so vergingen denn Herbst und Winter 1568 in bedeutungslosen Scharmützeln. Beide Gegner waren übrigens bemüht, die Entscheidung hinauszuschieben, weil keiner die Stärke des Gegners kannte. Heinrich von Navarra wurde ungeduldig, sein lebhafter Geist verlangte strategische Konzepte; er war schon jetzt für Angriff und für Bewegung. Bei einem Treffen vor Loudon wunderte er sich, daß man den Feind nicht angriff. »Wenn sich der Herzog von Anjou stark genug fühlte, würde er uns auf jeden Fall angreifen. Wir sollten losschlagen! Der Sieg ist uns sicher!« Später haben die militärischen Kritiker den Scharfblick des Prinzen anerkannt und zugegeben, »man hätte einsehen sollen, daß Monsieur, der Bruder des Königs, kurz davor stand, gefangengenommen zu werden«. Strenger Winter unterbrach alle Unternehmungen, und Heinrich von Navarra, den sein stürmisches Blut plagte, fand, man habe sich zu lange damit aufgehalten, »Komödie zu spielen«.

Im kommenden Frühjahr stellte sich dann auch heraus, daß die hugenottische Armee zu viel Zeit brauchte, um sich bei Beginn der neuen Feindseligkeiten wieder zu sammeln. Sie wurde am 13. März 1569 völlig überrascht, als ihr die Truppen des Herzogs von Anjou einen Weg verlegten, den die Hugenotten für frei gehalten hatten. Condé hatte sich nämlich im Winter eine neue Strategie überlegt. Er rechnete damit, daß die königliche Armee stark genug sei, um ihm den Weg nach Norden zu verlegen, und entschloß sich, nach Süden zu marschieren, neue Truppen aufzunehmen, danach die Loire aufwärts zu ziehen und sich mit den deutschen Hilfstruppen zu vereinen. Der Plan war sicherlich nicht falsch – aber die Gegenseite vereitelte ihn, handelte rasch und siegte. Der völlig überraschte Coligny wurde zurückgeworfen, seine Armee nur durch heroisches Eingreifen von Condé vor der Vernichtung bewahrt. Doch Condé bezahlte seinen verzweifelten Gegenangriff mit dem Leben: Ein Hufschlag hatte ihm ein Bein zerschmettert, und als er einem Gardehauptmann des Herzogs von Anjou seinen Degen übergeben hatte, schmetterte ihn der Mann feige nieder.

Für die hugenottische Partei war der Verlust Condés schlimmer als diese Niederlage von Jarnac. Sie schien mutlos, alle Begeisterung, jede Hoffnung waren verflogen. Wenn man Colignys Fähigkeiten auch anerkannte, so fehlte ihm doch die Kühnheit, die alle Herzen entflammt und den Heerführern die Ausstrahlung verleiht, ohne die eine Armee nur durch die Zahl ihrer Truppen etwas wert ist. In diesem kritischen Augenblick siegen »das große Herz und der männliche Geist« Jeannes d'Albret über Feigheit und Zweifel. Sie kommt nach Tonnay-Charente, wo sich die Führer der zerschlagenen Armee und die Reste ihrer Truppen aufhalten, sie predigt Widerstand, Krieg bis zum Letzten. Sie bietet ihr Hab und Gut an, ihr Leben, das ihres Sohnes. Ihre leidenschaftlichen Aufrufe beleben den verlorenen Mut und wecken den Willen, bis zum Tode zu kämpfen. Und nun spricht auch Heinrich von Navarra vor der Front der Soldaten: »Bei meiner Seele, meiner Ehre und meinem Leben schwöre ich, daß ich immer der Eure sein werde!« Es heißt, daß in Frankreich alles durch einen zündenden Funken in Bewegung gerät, und diesmal springt der Funke über von einem jungen Prinzen, einem Kind. Er wird »unter Beifallsrufen« zum Haupt der Partei und zum Oberbefehlshaber ernannt, der junge Condé zu seinem Stellvertreter, während der Admiral als Generalleutnant die Operationen leitet. Doch Heinrich von Navarra unterzeichnet von nun an die militärischen Befehle, Depeschen und politischen Anweisungen. Bleibt seine Autorität auch vorläufig noch theoretisch, ist er doch schon »der Chef«. Er verkörpert unendliche Hoffnung auf Sieg und Erneuerung; ihm gilt die Begeisterung, der Opfermut; für ihn gehen die Männer in den Tod. Er ist sechzehn Jahre alt.

Es würde den Rahmen dieser Biographie sprengen, wenn man die militärischen Ereignisse schildern wollte, von denen das Jahr 1569 erfüllt war. Hier sollen nur kurz die großen Linien der erstaunlichen Strategie nachgezeichnet werden, die oft ausschweifend und schließlich doch genial war – Colignys Strategie. Nach Jarnac versuchte er vor allem, einer zweiten Begegnung mit dem Feind auszuweichen. Er zog sein Heer ins Angoumois zurück und wartete auf die Ankunft der deutschen Truppen, die durch die Franche-Comté einrückten, am 20. Mai die Stadt La Charité einnahmen und ohne Widerstand durch Berry marschierten. Als Coligny sie im Limousin vermutete, marschierte er durch das Périgord und vereinigte sich mit ihnen Anfang Juni im Gebiet von Saint-Yrieix. Sie verstärkten seine Streitmacht um 5 000 Reiter und 12 000 Fußsoldaten. Trotzdem nutzte er die zahlenmäßige Überlegenheit, die jetzt bei ihm lag, nicht zu einer entscheidenden Schlacht gegen die katholische Armee. Er schickte vielmehr einen beachtlichen Teil seiner Truppen unter dem Befehl von Montgomery zum Schutz von Navarra, denn man wußte, daß eine königliche Armee kurz davor stand, das Land Jeannes d'Albret zu besetzen. König Karl IX. hatte diese Expedition als Strafe für die Haltung der Königin von Navarra angesetzt und damit eine beängstigende Lage geschaffen, die man nicht einfach übersehen durfte.

Schwieriger ist zu verstehen, daß Coligny, der mit dem Gros der Armee im Poitou geblieben war, seine Unternehmungen zaghaft führte und nicht zu einem ermutigenden Erfolg ansetzte. Man begreift noch weniger, daß er sich endlich entschloß, am 24. Juli Poitiers zu belagern, eine Strategie, die weder ein überlegenes Konzept noch besondere Kühnheit offenbarte. Tatsächlich ging es wieder darum, Zeit zu gewinnen. Seit Jarnac konnte man sich nur auf einige günstig verlaufene Gefechte berufen. Ein kaum wichtigeres hatte bei La Roche-d'Abeille stattgefunden, das nur deshalb erwähnenswert ist, weil der Prinz von Navarra selbst daran teilnahm und es nicht verhindern konnte, daß seine hugenottischen Soldaten die katholischen Gefangenen umbrachten. Ihm blieb nur hilflose Empörung und der Abscheu. Noch war er nicht der Herr.

Indessen mischte er sich mehr und mehr in die Leitung der militärischen Unternehmungen ein, und im Rat der Prinzenarmee begann man auf seine Ratschläge zu hören. So hatte er auch lebhaft gegen die Einschließung von Poitiers protestiert. Coligny hatte es bald zu bereuen, daß er auf Heinrichs Rat nicht gehört hatte, denn am 10. September mußte er die Belagerung aufgeben, nachdem er 4 000 Mann bei diesem unsinnigen Unternehmen verloren hatte. Als er seine erschöpften und teilweise entmutigten Soldaten in ihre Winterquartiere führte, wurde er am 3. Oktober bei Moncontour von den Königlichen angegriffen und beging den Fehler, aus Ehrgeiz einen Kampf anzunehmen, den er besser vermieden hätte. Das Pariser Parlament hatte ihn inzwischen wegen Majestätsbeleidigung zum Tode verurteilt und *in effigie* hingerichtet. Nun konnte man natürlich »mit Tinte und Schreibpinsel« keinen Mann einschüchtern, den der heftigste Kampf nicht erschütterte, doch Zorn ist ein schlechter Ratgeber und scheint in diesem Fall den Admiral bewogen zu haben, den angebotenen Kampf anzunehmen. Es ging schlecht aus, die Prinzenarmee wurde besiegt, ihr Führer wäre um ein Haar getötet worden. Daß dem Feind 140 Fahnen in die Hände fielen, gibt ein Bild von der Verwirrung.

Coligny hatte die beiden Prinzen aus dem Kampf von Moncontour herausgehalten, um sie »unheilvollen Zufällen« zu entziehen. Doch sie hatten Gelegenheit, aus der Entfernung die Entwicklung des Gefechts zu beobachten, und Palma-Cayet berichtet, der Prinz habe genau und überzeugend die Taktik erklärt, mit der er als Befehlshaber die Schlacht gewonnen hätte.

Am Abend nach der Niederlage entschloß man sich zu dem alten Kriegsplan, den man nach Jarnac aufgegeben hatte: Man wollte wieder nach Süden marschieren, die Armee dort verstärken und zum Angriff übergehen – falls es möglich war, was allerdings niemand recht glauben mochte. Im Grunde hielten viele die Sache schon für verloren und dachten nur noch daran, die Reste der Prinzenarmee zu retten. Dann aber stellte man erfreut fest, daß der Herzog von Anjou sie nicht verfolgte, sondern begann, methodisch die Städte im Poitou zu belagern, die ohnehin niemand mehr verteidigen wollte. Als der Bruder des Königs darauf verzichtete, die militärische Organisation des Kalvinismus zu zerschlagen, versäumte er die große Gelegenheit, ihn zu vernichten. Und ein zweiter Umstand kam den Hugenotten zu Hilfe: Mongommery hatte unverhofft Navarra in stürmischem Angriff zurückerobert, und von allen Seiten lockte sein Erfolg neue Mitstreiter an, so daß Coligny in einem Augenblick, als er auf keine Hilfe mehr hoffen konnte, unversehens die »große Armee« verstärken konnte. Diese große Armee, vertrieben und ohne Geld, marschierte nach Condom, wo sich Mongommery zum Überwintern einrichtete – nachdem er, um ein Aufflackern der Unruhen zu verhindern, die katholischen Anführer im Béarn hatte ermorden lassen.

Als Coligny nach Süden marschierte, litt er mehr unter dem schlechten Wetter und den Entbehrungen, die ihm sein Geldmangel auferlegte, als unter dem Feind. Doch der schreckliche Montluc mußte, wie er selbst sagte, »im Stich gelassen und ohne Hoffnung auf Hilfe von irgendeiner Seite«, das Schwert in der Scheide lassen. Auf sich allein gestellt, konnte er den Admiral nicht daran hindern, »seine Pferde in der Garonne« und seine Reiter »Gascogner Wein« saufen zu lassen. Einer Heldentat hat er sich allerdings zufrieden gerühmt: Er zerstörte die Pontonbrücke von Port-Sainte-Marie dadurch, daß er eine Wassermühle auf der Garonne auf sie zutreiben ließ. Den Erfolg dieser Kriegslist bekam Heinrich von Navarra am eigenen Leibe zu verspüren, weil er gerade an einer Rampe der Brücke übernachtet hatte.

Verstärkt um die Truppen von Mongommery und die zahlreichen Freiwilligen, die ihr beim Marsch durch jeden Ort zuströmten, war die Prinzenarmee jetzt in der Tat »eine große Armee«. Und nun begann sie den langen Umgehungsmarsch, der sie in neun Monaten vor die Tore von La Charité-sur-Loire brachte, nachdem sie das Languedoc durchquert hatte, die Rhône aufwärts gezogen war und die Cevennen überwunden – »das Königreich umrundet –« hatte, wie La Noue sich ausdrückt. An dreihundert Meilen Land zog die Armee vorüber in diesem erstaunlichen Feldzug, der zu den militärischen Glanztaten Frankreichs zu rechnen wäre, wenn man sich der Erfolge in Bürgerkriegen rühmen dürfte. Diese Armee, der es an allem fehlt, an Nachschub, Artillerie und Geld, liefert Tag für Tag Gefechte, taucht Woche für Woche vor einer Festung oder einer Stadt auf, die sie belagern muß. In diesem Feldzug, der in jeder Einzelheit heroisch ist, schmiedet sich der Prinz von Navarra die Waffen, die ihn später zum hervorragenden Feldherrn gemacht haben. Immer mitten in der Truppe, immer wachsam, von allen Seiten bedroht: diesen Generalissimus konnte der Admiral nicht mehr aus der glorreichen Unsicherheit des Kampfes heraushalten. Der Prinz war so besessen vom Eifer, persönlich in die Gefechte einzugreifen, daß er »den Augenblick beschleunigte«. Man erlebte, wie er sich in den Kämpfen einsetzte, wie er sich bei Belagerungen nicht schonte und wie er im Kampf um Arnay-le-Duc in die Gefahr geriet, gefangengenommen zu werden.

Damals, als sich sein jugendliches Ungestüm im Feldzug der Handstreiche und Überfälle bewährte, als sein persönlicher Mut und seine Kühnheit täglich herausgefordert wurden, spürte man schon etwas von der Ausstrahlung, die er später wie kein anderer Heerführer – Napoleon ausgenommen – besaß: Seine natürliche Begabung, die Moral der Verzagten zu stärken, den Mut der Kühnen zu entflammen, den Instinkt für zugleich strenges wie verständnisvolles Befehlen, die unnachahmliche Lebendigkeit und mitteilsame Heiterkeit, die ihm auch in den schwierigsten Augenblicken seine gute Laune erhielten.

Doch welch entsetzliche Szenen spielten sich vor den Augen des Jungen ab, in einem Feldzug, der von einem Übermaß an Grausamkeit und Unrecht begleitet wurde! Der Brand der Bauernhäuser und der Scheunen, der Gotteshäuser und Klöster, die Vernichtung der Ernten, die Mißhandlung der kleinen Leute – die Heinrichs Freunde waren – durch die erbarmungslose Härte der Zeit. Die Ausschweifungen abgebrühter Soldaten, das Elend des Volkes in den inneren Kriegen: Heinrich hat sie nie vergessen, und als er der wahre Herr der Armee wurde, ergriff er strenge Maßnahmen, um solche Greuel zu verhindern. Seine erste Berührung mit der grausamen Wirklichkeit der Bürgerkriege weckte sein Verständnis für die Notwendigkeit von Disziplin und Ordnung. Was er bewußt an Tragik und Bösartigkeit der Bruderkriege erlebt hat – und es kamen noch schlimmere, schrecklichere Kämpfe –, setzte sich bei ihm um in ein Bedürfnis nach Toleranz und nationaler Einigkeit, das später seine Politik leitete und seine Gestalt für immer kennzeichnet.

## 4. Kapitel: Blutrote Hochzeit

Als die Prinzenarmee nach ihrem unglaublichen Marsch von weit her bis ins Herz des Landes vorgestoßen war, beeilte sich die Krone, einen Frieden zu schließen, an dem ihr seit einiger Zeit lag und den die protestantische Armee, erschöpft von ihren Anstrengungen, nicht weniger wünschte. Der Frieden wurde im August 1570 in Saint-Germain-en-Laye unterzeichnet. Er bekräftigte noch einmal die Glaubensfreiheit und bestätigte den Protestanten das Recht auf freie Religionsausübung, räumte den Kalvinisten zahlreiche feste Plätze ein, verkündete ihr Recht, staatliche Ehren und Würden zu übernehmen. Karl IX. bezeichnete »die Königin von Navarra und ihren Sohn als seine guten und treuen Verwandten und alle jene als Freunde, die ihrer Partei gefolgt sind, auch die ausländischen Fürsten«.

Man hat sich darüber gewundert, daß so günstige Bedingungen nicht die Besiegten von Jarnac und Moncontour mißtrauisch gemacht haben. So kühn sie ihren Krieg auch geführt hatten, war er doch keineswegs durch einen Sieg beendet worden. Trotzdem schien es ihnen nicht verdächtig, daß man ihnen zum Schluß Vorteile zugestand, auf die sie nicht zu hoffen gewagt hatten. Erst nach der Bartholomäusnacht glaubten die Protestanten im Frieden von Saint-Germain die Falle zu erkennen, in die sie gestolpert waren und in der sie ihre Wachsamkeit aufgegeben hatten. Nur bei Jeanne d'Albret lassen sich Anzeichen für ein gewisses Mißtrauen erkennen, aber andererseits auch persönliche Kränkung, weil sie schlechter als andere behandelt wurde. Ein Anfall plötzlicher Sympathie trieb den König und seine Mutter in die Arme der Gegner von gestern. Coligny, »überhäuft mit Schmeicheleien«, besaß jetzt das ganze Vertrauen und sogar die Zuneigung des Königs.

Er war es denn auch, der den Plan einer Heirat des Herzogs von Anjou mit Elisabeth von England hintertrieb; und er veranlaßte den König, den lutherischen Fürsten Deutschlands entgegenzukommen, und gaukelte ihm das Traumbild eines abgelegenen protestantischen Reichs irgendwo in Ostindien vor. Sein wachsender Einfluß auf Karl IX. brachte es dahin, daß der König sogar einen Krieg gegen Spanien für günstig hielt. Während der Admiral also dem Hof seinen Willen aufzwang und alle anderen protestantischen Anführer geehrt und umschmeichelt wurden, beschränkten sich Jeanne d'Albret und ihr Sohn darauf, sich in Béarn »von ihren Anstrengungen zu erholen« und die gefährlich gestörte Ordnung im Lande wiederherzustellen.

Doch Katharina von Medici hatte nicht vor, die beiden in einer Art Schmollwinkel zu belassen. »Die Art von schlangenhaftem Instinkt, die bei ihr das politische Genie vertritt«, machte ihr klar, daß man sich gegen einen Feind oder einen Rivalen nur wehren kann, wenn man ihn in der Nähe festhält und geschickt in ein Netz von Spionen und Intrigen verwickelt. Dieses Gefühl hätte allein schon genügt, dem Prinzen von Navarra ihre Tochter anzubieten. Aber es kamen neue, aus der politischen Konstellation geborene Gründe hinzu, so daß sie das Projekt der Vereinigung wieder aufgriff, das Heinrich II. einst entworfen hatte. Nun war nämlich ein Plan endgültig zu den Akten gelegt worden, der den Hof lange in Bewegung gehalten hatte: die Heirat des Herzogs von Anjou mit Elisabeth von England. Das Projekt stammte nicht von Katharina, und sie billigte es nicht. Ihr Lieblingssohn sollte Frankreich nicht verlassen, weil die Astrologen schon vom bevorstehenden Tod des Königs munkelten, und wer konnte voraussehen, welche dynastischen Umwälzungen bevorstanden, wenn Heinrich nicht im Lande war! Elisabeth allerdings war vom kecken und lockeren Umgangston des Herzogs eingenommen, und seine Hände, weiß und gepflegt wie die einer Frau, hatten es ihr besonders angetan. Die Gerüchte über seine unzureichende Männlichkeit und seltsamen Gelüste störten sie nicht. Doch Katharina wies die Anträge der »Jungfrau von Albion« zurück und machte viel Wesens von den »schlechten Sitten, die man ihr nachsagt«. Karl IX. allerdings hatte eine seiner seltenen Anwandlungen von Autorität, die ihn wie Anfälle überkamen, und suchte sich energisch gegen seine Mutter durchzusetzen. Ihm gefiel die englische Heirat, denn sie hätte den Hof von der Gegenwart des Bruders befreit. Die beiden Brüder waren durch moralische und politische Unverträglichkeiten bis zum mißtrauischen Haß gegeneinander aufgebracht und voller Eifersucht. Doch es gelang Colignys unbegrenztem Einfluß im letzten Augenblick, den König von einem Plan abzubringen, in dem er eine tödliche Gefahr für die Sache der Protestanten sah: Er konnte sich unschwer ihre Zukunft ausmalen, wenn der Herzog von Anjou als Witwer Elisabeths der Nachfolger auf dem französischen Thron und damit Herr über Frankreich und England werden würde.

Die Königinmutter – sie ließ sich jetzt lieber als Königin, Mutter des Königs, bezeichnen, um einen Verzicht auf politische Wirksamkeit anzudeuten, an den sie in Wahrheit nicht dachte – entdeckte in Colignys Argumenten einen anderen Hintergedanken. Diese hartnäckige Diplomatin wußte alles. Sie war nicht immer heikel in der Wahl ihrer Informationsmittel, aber tatsächlich entgingen ihr niemals die Triebfedern irgendeiner Intrige. Sie hatte gemerkt, daß der Admiral insgeheim hoffte, Heinrich von Navarra mit Elisabeth von England verbinden zu können, und in der Vereinigung der englischen und der französischen Protestanten durch eine dynastische Verbindung sah sie eine sehr deutliche und gefährliche Bedrohung des Gleichgewichts, das sie zwischen den das Land zerreißenden ideologischen Kräften aufrechtzuerhalten suchte. Die Verbindung des Prinzen von Navarra mit einer Prinzessin von Frankreich schien ihr das beste Mittel, die Gefahr abzuwenden.

Sie hatte einen zweiten Grund, die Heirat zu fördern. Es ging darum, ihre Tochter Marguerite durch eine von der Staatsräson diktierte Verbindung aus ihrer gefährlichen Neigung zum jungen Herzog von Guise zu lösen. Die jungen Leute hatten sich insgeheim die Ehe versprochen, und Katharina, die davon erfuhr, bemühte sich sofort, diesen Plan scheitern zu lassen, aus dem die schlimmsten Verwicklungen entstehen konnten.

Es läßt sich denken, daß sich das Haus Lothringen nicht so leicht von der Aussicht auf eine Verbindung mit dem Herrscherhaus abbringen ließ: welch glanzvolle Rückkehr auf die Bühne, von der man es im Augenblick so ungnädig verbannt hatte! Doch Katharina und der König selbst hatten zu bittere Erinnerungen an die Tyrannei der Guisen, um ihre Rückkehr zu wünschen. Gegen die Pläne der beiden Liebenden wandten sich Mutter und Sohn mit gleicher Heftigkeit, wenn auch mit verschiedenen Waffen. Die Mutter, die sich im Menschenherzen auskannte, versuchte, Henri Guise Rivalen zu verschaffen; Marguerites Bruder, ein brutaler Gegner im Turnier und wilder Jäger, verließ sich weniger auf Gefühle, sondern griff die Schwester mit härteren Mitteln an. Eine Depesche des Florentiner Gesandten schildert, wie die Prinzessin zerzaust und mit zerrissener Kleidung von ihrem Bruder entlassen wurde. Es dauerte eine Stunde, bis man sie wieder hergerichtet hatte, und Katharina selbst unterzog sich dieser Mühe, damit niemand merkte, daß ihre Tochter windelweich geprügelt worden war. Katharina zog Überredung dem Zwang vor, und die beste Lösung schien in jeder Hinsicht eine Heirat mit Heinrich von Navarra zu sein.

Karl IX. war damit durchaus einverstanden; diese Heirat fügte sich so gut in die Politik, die er seit dem Frieden von Saint-Germain verfolgte – sicherlich ohne die bösartigen Hintergedanken, die man ihm unterstellt hat. Er war geradezu verliebt in seinen großen Plan der allgemeinen Versöhnung: »Ein so innerlich zerrissenes Land kann nicht geachtet werden«, sagte er, »aber im anderen Fall wird es das.« Er träumte davon, den Admiral mit den Guisen zu versöhnen, überzeugt, daß sich »der Vorwand der Religion in Rauch auflösen« werde, wenn sich die Anführer um den Thron scharten. Die Aussöhnung mit Coligny, »der in Sachen Religion so verderbt und verdammt ist«, hatte sein Vertrauen geweckt, und alles überzeugte ihn davon, daß die Heirat seiner Schwester mit dem Prinzen von Navarra die Krönung seines heilsamen Werkes sei.

Der Admiral war sogleich davon angetan, nicht so die Königin von Navarra. Die Hand einer »Tochter Frankreichs« wies sie in verdrießlicher Verachtung ab, und die ersten Vorbesprechungen, die im Herbst 1570 begannen, dauerten länger als ein Jahr. Der Hof schickte zunächst Vermittler, die darauf achten sollten, einen Einwand Jeannes nach dem anderen zu widerlegen. Alle ihre Ansprüche sollten erfüllt werden, so wie sie ausgesprochen wurden, und je mehr sie schwankte, um so größere Zugeständnisse erhielt sie. Ihre Zurückhaltung wurde allerdings durch die Einwände des extremen hugenottischen Flügels und durch die Zurückhaltung des Londoner Hofes bestärkt.

Der Prinz von Navarra selbst hatte nie irgendwelche Begeisterung für eine Verbindung gezeigt, die ihm voller Gefahren zu sein schien, und er hatte aus seiner Ablehnung kein Hehl gemacht. Als man ihn Anfang 1571 einlud, am feierlichen Einzug des Königs nach dessen Heirat mit Elisabeth von Österreich teilzunehmen, zeigt schon der Wortlaut seiner Absage, wie ablehnend er jede Annäherung an die Krone beurteilte. Er schrieb dem König: »Es könnte sein, daß dies [seine Anwesenheit bei Hofe] für den Frieden nützlich wäre, falls Sie ihn der Königin von Navarra, meiner Mutter, anbieten, die daran nicht weniger interessiert ist als ich ... Doch das Auftreten und Verhalten von Leuten, die nicht leben können, ohne zu stören und zu wühlen, und die unübersehbaren Verletzungen Ihres Edikts lassen uns fürchten, daß man uns hintergehen will.« Insgeheim mißtrauten Heinrich und seine Mutter instinktiv dem König und Katharina von Medici. Sie glaubten nicht daran, daß die beiden sich ernsthaft aus dem Einfluß der Todfeinde »von allen Anhängern der Religion« freigemacht hätten. Ohne die dramatischen Ereignisse vorauszusehen, zweifelten sie doch daran, daß die vorgeschlagene Ehe jemals glücklich und »gedeihlich« werden könne.

Die dringlichen Vorstellungen des Hofes und Colignys und das Einverständnis vieler Hugenotten mit der neuen Politik der nationalen Aussöhnung weichten allmählich den Widerstand in Navarra auf. Anfang März 1572 erschien Jeanne d'Albret in Blois, wo der Hof residierte, um mit dem König und der Königinmutter den Ehevertrag in seinen Einzelheiten festzulegen. Sie hatte ihren Sohn in Béarn gelassen, um unbefangener verhandeln zu können. Soweit es darum ging, ihre Rückkehr an den Hof und die Freude über die neugewonnene Einheit nach so vielen Jahren der Auseinandersetzungen zu feiern, ging alles gut. Man tauschte Freundlichkeiten und eine »Menge« herzlicher und netter Ansprachen aus. Als aber die Karten auf den Tisch gelegt werden sollten, kam es zu Unzuträglichkeiten, deren sicherlich sehr interessante Schilderung ein Buch für sich füllen würde. Hier sei nur über die Hauptpunkte und die wichtigsten Umschwünge berichtet.

Zuerst über die sonderbare Manier, in der die Verhandlungen geführt wurden: Jeanne d'Albret durfte niemals selbst mit dem König sprechen, der jedes Angebot zu einer Aussprache umging; aber auch nicht mit der Braut, die durch einen Schwarm von Dienerinnen abgeschirmt wurde. Man richtete es so ein, daß die Königin von Navarra nie einen anderen Gesprächspartner als Katharina von Medici antraf, die sich geradezu unglaublich benahm, unsinniges Geschwätz und Sticheleien vorbrachte, wenn ernste Dinge ernsthafte Behandlung verdienten, und hinter dieser Unbekümmertheit die schlimmsten Absichten zu verbergen suchte. »Sie behandelt mich übel«, schrieb die Königin von Navarra an ihren Sohn. »Sie verspottet mich nur, behauptet immer das Gegenteil von dem, was ich wirklich gesagt habe. Meine Freunde machen mir Vorwürfe, ich weiß aber nicht, wie ich die Königin überführen soll, wenn sie behauptet: ›Madame, Sie haben das und das gesagt.‹ Obwohl sie selbst solche Äußerung getan hat, leugnet sie und lacht mir ins Gesicht und behandelt mich auf eine Weise, daß man wohl sagen kann, ich sei geduldiger als Griseldis.« Eines Tages erklärte Jeanne in ihrer Verbitterung über die hinausgezögerten Diskussionen: »Ich platze noch daran.« Tatsächlich erkrankte sie auch.

In einem wichtigen Punkt scheiterte Jeanne d'Albret vollständig. Sie hatte sich vorgestellt, daß sie als Bedingung für ihre Einwilligung in die Ehe Marguerites Übertritt zum Kalvinismus verlangen könne. Das war freilich eine höchst übertriebene Erwartung, doch bei ihrer »Hartnäckigkeit« in Religionsfragen ist es verständlich, daß sie sich an Illusionen klammerte, die von den ersten Vermittlern mit Bedacht geweckt worden waren. Jetzt war es damit vorbei. In diesem Punkt redete die Königinmutter deutlich genug, sie wies jeden Kompromiß zurück. Sie werde »absolut nichts von der Messe ablassen«, und Prinzessin Marguerite, die hier natürlich einen Anlaß zum Bruch sah, überbot noch die unnachgiebige Haltung ihrer Mutter und beteuerte ihre unverbrüchliche Treue zur Religion ihrer Väter. Um ihrem Protest Nachdruck zu geben, beteiligte sie sich »auf triumphale Weise« an der Palmsonntagsprozession; Gewand und Gesicht waren so schön, daß Brantôme gesteht, er habe »seine Andacht vergessen«, um diese »göttliche« Prinzessin zu bewundern, und sich an ihrer Pracht mehr erbaut »als am Gottesdienst«.

Jeanne d'Albret gab nach, behielt sich aber vor, ihre Schwiegertochter auf die papistischen Irrtümer aufmerksam zu machen, wenn sie ihr erst auf Gnade und Ungnade in Schloß Pau ausgeliefert sein würde, weit entfernt vom Hof mit seiner gefährlichen Atmosphäre. Der Königin von Navarra kam gar nicht der Gedanke, man könne ihren Sohn nach der Heirat als Geisel oder Gefangenen beim König festhalten: »Ich wünschte um alles in der Welt nicht«, schrieb sie ihm, »daß Sie gezwungen wären, hier zu leben.« Sie wünschte sogar, die »Hochzeit« möge kurz sein und das junge Paar so rasch wie möglich aus dieser verderbten Umgebung herausgeholt werden. »Denn wenn ich die Korruption auch schon für groß hielt, sehe ich, daß sie noch schlimmer ist. Hier bestürmen nicht die Männer die Frauen, es sind vielmehr die Frauen, die die Männer anflehen. Wären Sie hier, entkämen Sie dem allen nur durch besondere Gnade Gottes.« Diese Mutter, die so gute Absichten hatte, war naiv genug, um sich vorzustellen, ihr Sohn schrecke vor der Sittenverderbnis zurück, die sie ihm ausmalte. Er hatte schon vor einiger Zeit die Unberührtheit verloren, die sie bei im voraussetzte, und das wenige, was man von seinen ersten galanten Abenteuern wissen konnte, ließ schon ahnen, daß sein Liebesleben nicht armselig sein werde. Doch es ist verständlich, daß die strenge Protestantin, deren bärbeißige Pastoren sie nach Blois begleitet hatten, daß die Jeanne mit der glatten Frisur und dem gestärkten Kragen mißbilligend auf den liederlichen Hof blickte. Sie fühlte sich hier sehr unbehaglich. »Es ist ein Jammer mit diesem Hof. Ich ärgere mich ganz außerordentlich«, schrieb sie am 11. März 1572.

Einen Monat nach dieser Feststellung unterschrieb sie den Ehevertrag. Sie war es so leid, Katharinas dauernden Listen auszuweichen, daß sie mehrmals gedroht hatte, die Verhandlungen abzubrechen, hatte sich endlich aber doch klargemacht, daß ein Bruch der Verhandlungen, die nun so weit gediehen waren, Skandal bedeutet hätte. Außerdem meinte sie schließlich auch, daß die Heirat mit einer »Tochter Frankreichs« das sicherste Mittel für ihren Sohn sei, »die Fährte der Hoffnung« nicht zu verlieren, wie sie sich ausdrückte.

Die Verhandlungen endeten mit Kompromissen in jedem strittigen Punkt. Die Braut durfte ihre Religion behalten, der Prinz brauchte aber am Hochzeitstag nicht an der Messe teilzunehmen. Die Zeremonie sollte außerhalb der Kirche stattfinden, der Kardinal von Bourbon das Paar zusammengeben, und zwar nicht als Priester, sondern als Onkel des Bräutigams. Um den König möglichst vor der Kritik oder auch vor Sanktionen aus Rom zu schützen, war man übereingekommen, den Dispens des Papstes für die Mischehe zwar einzuholen, hatte sich aber stillschweigend schon verständigt, auf diese Genehmigung zu verzichten, falls sie ausbleibe. Marguerites Mitgift waren 300 000 Goldtaler, dazu von ihrer Mutter 200 000 Tournoiser Livres. Heinrich sollte als Erbe aller Besitztümer seiner Mutter eingesetzt werden und nach der Heirat schon den Großteil ihrer Einkünfte, Ämter und Pfründen erhalten.

Nach Unterzeichnung des Vertrages begab sich die Königin

von Navarra am 15. Mai nach Paris, um dort die Ankunft ihres Sohnes abzuwarten. Sie begann, energisch wie immer, die Hochzeit vorzubereiten. Man sah sie unermüdlich »die Häuser und Läden der Handwerker« aufsuchen, um alles zu beschaffen, »was für die Hochzeit notwendig sein wird«. Die Betriebsamkeit erschöpfte ihre bereits von den Aufregungen in Blois angegriffene Gesundheit, und die Krankheit, die seit langem an ihr zehrte und die sie bisher nur durch ein täglich wiederholtes Wunder an Willenskraft überwunden hatte, besiegte sie. Sie mußte sich am 5. Juni mit hohem Fieber hinlegen und starb am 9. Juni morgens um acht Uhr an einer Brustfellentzündung, deren heftige Entwicklung sich mit einer alten Tuberkulose hinlänglich erklären läßt. Bis zum letzten Augenblick war sie bei klarem Verstand, hatte aber schon bei den ersten Anzeichen der Erkrankung erkannt, daß sie bald »in das andere Leben eingehen« werde.

Das rasche Ende weckte das Mißtrauen aller, die entschlossen sind, den Tod der Großen niemals auf natürliche Ursachen zurückzuführen. Hartnäckig hielt sich das Gerücht, sie sei am Geruch von Handschuhen und Kragen gestorben, die ein Parfümhändler namens René ihr verkauft hatte. René war mit Katharina von Medici aus Florenz gekommen und galt als ihr bevorzugter Giftmischer. Andere Leute schrieben Jeannes Tod einem »Giftbissen« zu, den sie bei einem Souper des Herzogs von Anjou gegessen habe. Die Autopsie, die von hugenottischen Medizinern vorgenommen wurde, zeigte keinerlei Giftspuren, wohl aber eine sehr schwere Erkrankung der Lunge, an der Jeanne zweifellos gestorben ist. Weder der Admiral noch der Prinz Condé oder ihr Leibarzt Caillart sind auf die Gerüchte eingegangen, die umliefen und auf die sich einige hugenottische Historiker, »von unbedachtem Eifer für ihre Religion verführt«, berufen und damit einen dreihundertjährigen Streit hervorgerufen haben. Heute ist nicht mehr die Rede davon.

Der Prinz von Navarra war in ihren letzten Augenblicken nicht bei seiner Mutter und auch nicht bei der Beerdigung, die »ohne Kreuz, ohne Oriflamme [das alte Banner der französischen Könige] und ohne Wappen« stattfand, nämlich in dem nüchternen Stil, den sie gewünscht hatte und den ihre neue Religion ihren Gläubigen auch vorschrieb.

Als die Verhandlungen um seine Verheiratung abgeschlossen waren, wurde Heinrich von Navarra sogleich an den Hof eingeladen, zunächst von seiner Mutter, die ihm bei dieser Gelegenheit wichtige Hinweise für sein künftiges Verhalten gab. Ihre Empfehlungen betrafen nicht nur die Art, »sein Äußeres angenehm zu machen«, sich gut zu kleiden und die Haare richten zu lassen, sondern auch die Zurückhaltung, die er den »Verlockungen« entgegensetzen solle, denn man würde zweifellos versuchen, ihn damit in Religion und Leben »zu verderben«. »Ich weiß, daß sie es wollen, und sie schrecken nicht zurück«, schrieb sie ihrem Sohn. Karl IX. hatte ebenfalls den Wunsch ausgesprochen, den künftigen Schwager möglichst bald bei sich zu empfangen, er hatte schon im März Biron geschickt, der ihm die Einladung bringen und ihn auf der Reise begleiten sollte. Doch Heinrich konnte noch nicht aufbrechen, weil er von täglichen Fieberanfällen – sicherlich einer Lungenentzündung – geplagt wurde und erst am 10. Mai wieder gesundete. Am 23. Mai verließ er Pau und kam am 6. Juni bis Bergerac nach einem kurzen Aufenthalt in Nérac, wo er eine Idylle mit der Tochter des Schloßgärtners erlebte. Die Legende will, daß sie traurig endete: Die siebzehnjährige Fleurette soll sich aus Verzweiflung über die Abreise ihres Geliebten in der Quelle Saint-Jean ertränkt haben. Aber es ist nur eine Legende: Fleurette überlebte ihren Kummer bis zum Jahre 1592, im Frieden ihrer ländlichen Beschäftigung – sie war selbst Gärtnerin des Königs geworden. Und wenn ihr Name hier erwähnt worden ist, so, weil sie die erste und bekannte Geliebte eines Fürsten war, dessen Liebesleben später recht lebhaft wurde. Vielleicht verdient die kurze Idylle auch deshalb Erwähnung, weil sie sich auf dem Weg des Prinzen zu seiner Verlobten ereignete, sozusagen ein Vorspiel für viele ähnliche Abenteuer im Leben Heinrichs IV. Sehr oft wandte er sich von ernsthafter Arbeit ab, um einer Schürze nachzujagen, und wie oft nahm er auf dem Weg zu einer unangenehmen Pflicht noch ein angenehmes Abenteuer mit! Diese Neigung seines Charakters und seiner Natur ist so oft getadelt worden, daß wir ihr erstes Auftreten doch anmerken sollten.

In Chaunay, im Poitou, erfuhr Heinrich, daß seine Mutter gestorben war. Der Kurier aus Paris hatte vier Tage gebraucht, um ihn zu treffen – der neue König von Navarra ließ sich drei Wochen Zeit für die Reise nach Paris. Sein Zögern verrät die Bedenken, mit denen der junge Mann jetzt zu kämpfen hatte; ihm fehlten künftig die Ratschläge der Mutter, und er wußte, daß er sich ins Ungewisse begab. Einige hugenottische Anführer, die immer fürchteten, er könne in eine Falle geraten, versuchten, ihn von der Reise nach Paris abzubringen, aber andere, die nach und nach und auf Rat Colignys die Politik des Hofes mitmachten, drängten ihn, ohne Verzug die Verbindung einzugehen, die Jeanne d'Albret für ihren Sohn ausgehandelt hatte. Sicherlich war es auch Treue zu seiner Mutter, daß er sich entschloß, ihren Willen »unweigerlich zu erfüllen«. Vom Prinzen von Condé und neunhundert Gascogner Edelleuten begleitet, hielt er am 10. Juli seinen Einzug in Paris, schwarz gekleidet, das blasse Gesicht tränenüberströmt, wie es heißt. Der warmherzige Empfang, den man ihm allgemein bereitete, das Wohlwollen Katharinas von Medici, die nachsichtige Freundlichkeit des Königs gegen die Hugenotten beschwichtigten bald seine Vorurteile. Er sagte sich, daß seine Heirat den Auseinandersetzungen ein Ende machen und den Religionsfrieden sichern werde. Die Gascogner Herren, unruhig und geschwätzig, kamen in ganzen Scharen zur Hochzeit ihres Königs und dachten wie er. Sie benahmen sich aber dreist und anmaßend, so daß es bald zu Reibereien, Streitigkeiten, Raufereien kam – in einem Paris, das durch die in jenem Jahr besonders heftigen Hundstage ohnehin überhitzt war, noch mehr aber durch die wütende Propaganda von Mönchen, Dominikanern, Parteigängern der Guisen, spanischen Spitzeln. Die Stadt brodelte von kaum noch unterdrückten Leidenschaften und schien auf das Ausbrechen des Vulkans zu warten.

Doch die Heiratsgenehmigung des Papstes kam noch immer nicht, es war klar, daß man auch nicht mehr auf sie zu warten brauchte, daß sich der Papst für alle Zeit auf maßlose Forderungen und harte Weigerung versteifen werde. Er hatte verkündet, selbst wenn die französische Armee in Rom stände, würde er niemals sein Einverständnis geben. Karl IX. und seine Mutter bewältigten die Situation auf ihre zugleich verzwickte und zynische Art. Man hätte ohne weiteres auf die päpstliche Zustimmung verzichten können, zog es aber vor, laut zu verkünden, daß man sie erhalten habe. So fabrizierte man einen Brief des französischen Gesandten in Rom, in dem er die bevorstehende Absendung des Dokuments ankündigte, zeigte dieses gefälschte Schreiben dem Kardinal von Bourbon, der dann die geradezu abenteuerliche Gefälligkeit besaß, die List nicht zu durchschauen. Und nun hielt man es nicht einmal mehr für notwendig, die Ankunft des angeblichen Kuriers aus Rom – der schon unterwegs sein sollte – abzuwarten.

Die Verlobung fand am 17. August im Louvre statt, die Hochzeit am Tag darauf unter großer Prachtentfaltung. Alle Glocken von Notre-Dame tönten gleichzeitig; die Häuser waren mit schweren Teppichen behängt, Triumphbogen überspannten die Straßen. Die Königinmutter hatte dem Ereignis zuliebe ihre Trauerkleidung abgelegt und funkelte von Brillanten und Edelsteinen. Karl IX. war »in Sonne gewandet«, und Heinrich von Navarra hatte, wie seine Mutter ihm empfohlen, durch schimmernde Hofgewandung »seine anmutige Erscheinung betont«. Die Braut war atemberaubend schön in goldener Robe unter einem weiten blauen Mantel »mit vier Ellen langer Schleppe«. Brantôme hatte sicher nicht unrecht, als er in ihr an jenem Tag »ein Himmelswunder auf Erden« erblickte.

Kardinal von Bourbon gab das Paar zusammen, aber nicht in der Kirche, sondern auf einem riesigen Podest, das man vor der Hauptpforte von Notre-Dame errichtet hatte. Im entscheidenden Augenblick machte die junge Frau eine deutliche Geste des Protestes gegen die Ehe, zu der man sie zwang und die sie im voraus als Sakrileg bezeichnet hatte. Vielleicht wollte sie damit ihrem Geliebten, Heinrich von Guise, der zwei Schritte von ihr entfernt stand, ein Zeichen ihrer Liebe geben, vielleicht ging es ihr weniger um religiöse Bedenken, die bei einer weit mehr für Vergnügungen als für Theologie interessierten Prinzessin erstaunlich wirken mußten. Als sie aufgefordert wurde, den sakramentalen Schwur zu sprechen, blieb ihr Mund fest verschlossen. Der König, ihr Bruder, legte seine brutale Jägerfaust auf ihren Nacken und zwang sie, den Kopf zu senken, und der Kardinal nahm diese erzwungene Kopfbewegung für das Zeichen des Einverständnisses.

Der Hochzeitszug begab sich zur Messe in die Kathedrale, doch der König von Navarra begleitete seine Gemahlin nur bis zum Chor und zog sich sofort zurück, um im Kreuzgang des Bischofspalastes das Ende der vierstündigen Zeremonie abzuwarten. Sein Gefolge von Gascognern leistete ihm Gesellschaft, lärmte gewaltig und riß anzügliche Witze. Draußen herrschte allgemeine Nervosität, Anzeichen für die Gereiztheit der Pariser.

Die Hochzeitsfeierlichkeiten dauerten vier Tage, in denen der Hof reichlich Gelegenheit fand und sie ergriff, die Hugenotten systematisch durch Rempeleien, Maskeraden und Balletts zu demütigen. In einem Spiel, das am 20. August im Saal des Palastes

Bourbon aufgeführt wurde, wurden Heinrich von Navarra und die protestantischen Fürsten als Dämonen in die Hölle vertrieben, von drei Rittern, die niemand anders als König Karl IX. und seine beiden Brüder waren. »Eine gute Stunde« wurden sie dort zwischen »Teufeln und Teufelchen« in erniedrigenden Positionen festgehalten und endlich durch das barmherzige Eingreifen einer Nymphengruppe befreit, zu der auch die neue Königin von Navarra gehörte. Die beleidigende Allegorie war für jedermann durchsichtig wie Glas. »Man sagte, der König habe die Hugenotten abgewehrt und in die Hölle verbannt, aus der sie nur durch die Fürbitte der Liebe erlöst wurden.« Zwei Tage später erschienen Heinrich und seine Edelleute zu einem Ringstechen im Hof des Louvre als ungläubige Türken verkleidet – in einem nicht weniger eindeutigen Versuch von grobschlächtiger politischer Karikatur.

Dergleichen Veranstaltungen waren nun wirklich nicht geeignet, die allgemeine Unruhe zu dämpfen. Die Protestanten entrüsteten sich über die Haltung des Hofes; die Katholiken beklagten sich über den Andrang der Hugenotten, denen man Pläne zum Staatsstreich nachsagte. Auf beiden Seiten wurden Drohungen laut; in dieser gespannten Luft mußte ein einziger Funke die ganze Pulverladung hochgehen lassen, die sich immer mehr anhäufte.

Der Funke zündete am Morgen des 22. August. Um 11 Uhr, zwei Schritte vom Louvre entfernt, wurde Coligny, der auf verzwickte Weise zugleich intimer Ratgeber des Königs und Anführer der Ketzer war, durch einen Arkebusenschuß verletzt. Er riß ihm den linken Zeigefinger ab und durchbohrte den Arm. »Da sieht man, wie hier die guten Leute behandelt werden!« rief der Admiral. Er bezeichnete das Fenster, aus dem der Schuß abgefeuert worden war, indes, der Attentäter wurde zwar erkannt, doch nicht gefaßt. Es war ein gewisser Maurevert aus dem Gefolge der Guisen. Den Guisen gehörte das Haus, aus dem er geschossen hatte, ihnen gehörte das Pferd, auf dem er entkam. Das Verbrechen war, wie man sagte, »unterzeichnet«. Die Guisen trugen die Ehre oder die Schande davon – je nachdem, wie man die Sache beurteilte.

Sie waren tatsächlich für das Attentat verantwortlich, aber eigentlich nur für seine Ausführung, denn nicht sie hatten den Plan entworfen, sondern eine höhere Instanz: Das Andenken

Katharinas von Medici wird zu Recht für alle Zeiten durch ein Verbrechen verdunkelt sein, dessen unmittelbare und weitreichende Folgen schwer auf Frankreich lasteten. Man hat der »Florentinerin« oft genug unverdient Schandtaten zugeschrieben, aber von diesem Verbrechen wird sie keine Nachsicht freisprechen können. Alles weist auf sie hin; offenbar hat sie an die Ermordung Colignys gedacht, seit sie merkte, daß der Admiral der gefährlichste Gegner ihrer Politik und das größte Hindernis für ihre Ansprüche auf persönliche Herrschaft wurde – und diese durchtriebene Frau sah damit die Wünsche durchkreuzt, von denen sie völlig beherrscht wurde.

Nach Meinung des spanischen Gesandten »regierte Coligny damals Frankreich«, und Karl IX. hatte die meisten seiner Vorstellungen übernommen. Solange er sich darauf beschränkt hatte, ein Programm der Befriedung im Innern zu empfehlen, hatte ihn die Königinmutter ermutigt und unterstützt, hatte sogar versucht, ihn mit den Guisen auszusöhnen. Aber als sein Fanatismus seine Ansprüche immer höher schraubte, als er das Land in einen Krieg mit Spanien verwickeln wollte und jedem, der in einen solchen Kreuzzug nicht einwilligen wollte, die Eigenschaft eines guten Franzosen absprach, ging er zu weit. Katharina hatte sich gegen diese Tollheit heftig aufgelehnt und gedroht, sie werde sich nach Florenz zurückziehen, falls sich der König die Ansicht des Admirals zu eigen mache. Der protestantische Anführer antwortete darauf mit der Drohung eines hugenottischen Aufstandes, ließ also nur die Wahl zwischen Krieg nach außen oder nach innen. Als die alte Kämpferin merkte, daß ihr Sohn bereit war, Coligny nachzugeben, konnte sie sich unmöglich eine Macht entreißen lassen, deren Eroberung und Behauptung seit dem Tode Heinrichs II. ihr ganzes Tun und Lassen beherrscht hatte. Sie hatte Colignys Tod beschlossen, aber den Guisen die Aufgabe überlassen, ihn zur Strecke zu bringen, in dem durchtriebenen Gedanken, ihnen die Verantwortung für das Verbrechen zuzuschieben und sie der Wut der Protestanten auszusetzen. Ein wahres Meisterstück an Durchtriebenheit, denn sie hätte sich nicht nur von Coligny befreit, sondern die Guisen auf lange Zeit hinaus außer Gefecht gesetzt; sie hätte die Herrschaft über den Sohn wieder unumschränkt antreten und eine persönliche Macht ausüben können, von der sie vielleicht sogar einen guten Gebrauch gemacht hätte, denn der Geist Machiavellis, der sie beherrschte, gab ihr keineswegs nur schlechte Ratschläge.

Der Zufall ließ den fein eingefädelten Plan scheitern. Gewiß, die Guisen machten begeistert in dem Spiel mit, das man ihnen vorschlug; seit neun Jahren warteten sie auf Gelegenheit, den Tod ihres Herzogs François an Coligny zu rächen. Aber Maurevert, den sie als besonders geschickten Schützen ausgewählt hatten, verfehlte sein Ziel – und die Bartholomäusnacht zog herauf. Karl IX. war beim Ballspiel, als er die Nachricht vom Attentat erhielt. Er warf wütend den Schläger hin: »Ich habe aber auch niemals Ruhe!« Im Louvre, in den er sich begab, herrschte dumpfe Unruhe; jedem war der schwere Ernst der Situation bewußt, jeder erwartete unruhig die weitere Entwicklung, die man nur fürchten konnte. Der Admiral, den man in sein Haus in der Rue de Bethisy gebracht hatte, war umlagert von einer hugenottischen Menge, die auf Nachrichten wartete und wütende Verwünschungen ausstieß. Alles schrie nach Rache – die Guisen sollten im Louvre umgebracht werden. Brantôme berichtet: »Sie leisteten sich zu viele unverschämte Äußerungen, sie sagten, sie würden losschlagen, sie würden töten!«

Am Nachmittag besuchte der König den Verwundeten, in Begleitung seiner Mutter und seiner beiden Brüder, der Herzöge von Anjou und Alençon. Er versprach rasche und gründliche Gerechtigkeit und bot Coligny an, in den Louvre überzusiedeln, doch der Admiral weigerte sich. Man bemerkte, daß die Königinmutter den Besuch abkürzte und ein halblaut geführtes Gespräch zwischen dem König und Coligny mit der Bemerkung unterbrach, der Verwundete brauche Ruhe.

Nach dem Aufbruch der königlichen Familie setzten der König von Navarra und der Prinz von Condé, die nicht vom Lager des Admirals wichen, die Unterredung mit den hugenottischen Führern fort. Einige meinten, Heinrich solle Paris, wo er nicht mehr sicher sei, verlassen. Aber er weigerte sich, den Admiral, der nicht transportfähig war, allein zu lassen, und beschloß, auf das königliche Versprechen von Gerechtigkeit und Schutz zu vertrauen. Am Abend wiederholte Karl IX. vor den bei ihm akkreditierten Gesandten sein Versprechen: »Ich bin entschlossen, eine so großartige Gerechtigkeit walten zu lassen, daß sich jeder in meinem Land ein Beispiel daran nehmen wird.« Inzwischen hatten Navarra und Condé eine Proklamation unterzeichnet, die gegen das Attentat protestierte und Rache androhte.

Die Erklärungen und widersprüchlichen Gerüchte, die in der Stadt verbreitet wurden, steigerten die Erregung der Pariser an diesem überwarmen Spätsommerabend. Manche sprachen offen davon, das Attentat auf Coligny sei nur Auftakt zur Ermordung der Protestanten; andere behaupteten, die Guisen würden am kommenden Tag als Vergeltung ermordet werden. Aber in jedem Fall sah man ein Drama voraus, überall schienen Mörder und Spione zu lauern. Paris schlief schlecht in dieser Nacht.

Am Morgen des 23. August, eines Samstags, stieg die Aufregung; sie schien nun auch auf beiden Seiten die führenden Persönlichkeiten zu ergreifen. Die Herzöge von Guise und Aumale (der jüngere Guise) verlangten die königliche Erlaubnis, Paris zu verlassen. Sie erhielten sie (»Ich werde sie bald wieder in der Hand haben«, meinte Karl IX.), hüteten sich aber, davon Gebrauch zu machen, sondern verschanzten sich in ihren Häusern, während sich die Hugenotten versammelten und nach Rache schrien. Coligny wurde von fünfzig Arkebusenschützen bewacht, sein Haus umlagert von Religionsgenossen, die Rache forderten: »Dieser Arm wird dreißigtausend Arme kosten!« Sie wollten vor allem die Guisen töten, aber schließlich bedrohten sie alle, die sie für Helfershelfer der Schuldigen hielten, und ihre Liste der Verdächtigen, angeführt vom Namen des Herzogs von Anjou, wurde von Stunde zu Stunde länger. Die Agitation der Hugenotten brachte das papistische Paris auf die Beine; an den Straßenkreuzungen sammelten sich Trupps von Bewaffneten. Man war nur einen Schritt vom Aufstand, vom Bürgerkrieg in einem übervölkerten, überhitzten Paris entfernt.

Der Hof fühlte die ansteigende Gefahr, deren Gewalt und Umfang schon nicht mehr abzuschätzen waren, so rasch folgten einander die Ereignisse, so erhitzt wurden die Gemüter. Ein Staatsstreich der Guisen, deren bewaffnete Leute in ganz Paris verteilt waren, schien nicht weniger schrecklich als ein Hugenottenaufstand; und wer konnte wissen, ob nicht plötzlich aus der Masse der kleinen Leute der Aufruhr hervorbrach! Diese Gefahren, die nicht nur die Sicherheit, sondern das Leben des Königs und seiner Familie zu bedrohen schienen, veranlaßten Katharina von Medici, einen geheimen Rat einzuberufen, zu dem sich der Herzog von Anjou, Tavannes, der Kanzler, Nevers und Gondi einfanden. Man versuchte noch, die Gefahr abzuschätzen, als plötzlich ein gewisser Bouchevannes auftauchte, der geradewegs aus Colignys Haus kam und behauptete, die Hugenotten hätten beschlossen, am nächsten Tag den Louvre anzugreifen und alle Anwesenden umzubringen, zuerst den König und seine Mutter. In Wahrheit gab Bouchevannes nur wieder, was er auf Treppen und Höfen an Prahlereien von einigen unverantwortlichen Hugenotten aufgeschnappt hatte. Aber nun packte die Tollheit auch Katharina und ihre Berater. Aus ihrem Entsetzen entstand der Gedanke an die Ermordung der protestantischen Anführer – einiger weniger –, die man vorsorglich ausschalten wollte, um den Aufstand zu verhindern. Außerdem schien der Plan juristisch gerechtfertigt durch das Wesen der königlichen Macht selbst, die auf Zustimmung der Richter verzichten und selbst über die Bestrafung der Schuldigen befinden konnte. Man mußte nur noch den König von der Weisheit so strenger Maßnahmen überzeugen. Katharina tat es in wilder Entschlossenheit, doch erst nach mehreren Stunden leidenschaftlicher Beschwörungen, unter Schluchzen und Flehen, brachte sie ihn so weit. Karl IX., gequält von seiner zur Gewalttätigkeit neigenden Natur, von Fieber verzehrt, von Halluzinationen und perversen Wünschen heimgesucht, wußte keinen Rat; er schwankte im Aufbrausen seines kranken Wesens von einer Meinung zur anderen. Obwohl er geschworen hatte, Coligny zu retten, gab er ihn schließlich auf und ließ sich überreden, ihn umbringen zu lassen. Aus den quälenden Zweifeln heraus warf er sich wie irrsinnig in einen wahren Blutrausch, und als er sich erst entschlossen hatte, den Admiral zu opfern, verlangte er, daß alle, die dessen Glauben teilten, nun auch sein Schicksal teilen sollten: »Bringt sie alle um, damit keiner übrigbleibt, der mir Vorwürfe macht.«

Wie man sieht, war das Blutbad nicht das Ergebnis langer, kühler Überlegungen, sondern im Gegenteil die unerwartete Wirkung einer völlig unsinnig entfesselten Panik, die rasch ihren Gipfel erreichte. Die Bartholomäusnacht war weniger die Reaktion des Fanatismus, sondern ein Ergebnis von Katharinas vorsichtig berechnender, schwankender Politik.

So kam es zu der tragischen Nacht des 24. August. Ein blutgefüllter Graben zerriß Frankreich in zwei Teile, die sich lange nicht aussöhnen konnten. Hier soll den vielen Berichten nicht ein weiterer folgen – es geht ja um Heinrich von Navarra, dem eine lange Zeit innerer und äußerer Belastung bevorstand.

Er war den ganzen Tag an Colignys Bett geblieben, abends aber in den Louvre zurückgekehrt; dreißig Edelleute kamen in sein Zimmer, fest entschlossen, ihn nicht allein in dem Palast zu lassen, über den sich schwere, bedrohliche Stille gesenkt hatte. Marguerite, von ihrer Mutter »grob zurückgeschickt«, hörte durch die Bettvorhänge, wie sich ihr Mann leise mit seinen Gefährten besprach und mit ihnen einen Plan entwarf, wie man den Herzog von Guise ermorden könne, falls der König kein Recht sprach. »Die Nacht verging, ohne daß man ein Auge zutat«, schrieb Marguerite in ihren Erinnerungen. Freilich hatte sie andere Gründe, die ihr den Schlaf raubten, als Besorgnisse, die sie angeblich aus der zweideutigen Haltung von Bruder und Mutter im Laufe des Abends gewonnen hatte.

Man weiß, daß ihr Mann nicht, wie sie behauptete, »frühmorgens« aus seinem Zimmer kam, um mit dem König eine Partie Ball zu spielen. In Wahrheit wurden Heinrich von Navarra und der Prinz Condé in der Nacht – jedenfalls eben nach Mitternacht – zum König befohlen, als der geheime Rat soeben das Blutbad beschlossen und das Programm dafür aufgestellt hatte. Die Prinzen wurden allein in die königlichen Gemächer geholt. Bevor er die Schwelle überschritt, verabschiedete sich Heinrich traurig von den Herren seines Gefolges, die dann zu den ersten Opfern des Massakers gehörten.

König Karl enthüllte den Prinzen die vom Hof getroffene Entscheidung, der Verschwörung der Reformierten zuvorzukommen »und jene umzubringen, die nicht gehorchen wollen«. Dann ließ er die beiden in seinen Räumen einschließen, wo sie bis zum Morgen das Echo der entsetzlichen Tragödie hörten, die sich in Paris und im Louvre selbst vollzog. Um halb zwei Uhr morgens gab die Glocke von Saint-Germain-l'Auxerrois das Zeichen zur blutigen Menschenjagd. Henri Guise hatte den Auftrag, sie mit der Ermordung Colignys zu eröffnen. Der Admiral, aus dem Bett gerissen und von Schwerthieben kreuz und quer zerfetzt, wurde aus dem Fenster vor die Füße des Herzogs von Guise geworfen, der kühl feststellte: »Das ist er«, sich dann in den Sattel schwang und schrie: »Nun die anderen!« Das Abschlachten begann mit Totschlag und Durchschneiden von Kehlen und dauerte die ganze Nacht hindurch. »Alle, die als Ketzer bekannt waren, kamen um.« Die katholischen Edelleute, die Soldaten der königlichen Garde, die Bogenschützen wetteiferten mit den Bürgern. Das Massaker verschonte keinen Stadtteil, persönliche Rachegelüste mischten sich in den religiösen Haß, um die wildesten Instinkte zu entfesseln. »Blut und Tod rasten durch die Straßen mit solchem Terror«, schrieb der spanische

Gesandte, »daß Ihre Majestäten selbst, die doch die Urheber waren, sich im Louvre vor Angst nicht zu bergen wußten.«

Vor Angst? Mindestens in diesem Punkt hat sich der spanische Diplomat über den Charakter Karls IX. und Katharinas von Medici gründlich geirrt. Die wenigen Aussagen, die wir über ihr Verhalten im Verlauf der von ihnen entfesselten Tragödie besitzen, lassen nicht erkennen, daß sie zitterten oder daß auch nur die kleinste Anwandlung von Reue sie berührt habe. In ihren Zimmern hörten sie ohne zu erbeben den Knall von Arkebusen, das Geschrei der Opfer. König Karl machte auch nicht die kleinste Geste, um einen seiner Vertrauten zu retten, nicht einmal den liebenswürdigen kleinen La Rochefoucauld, der glaubte, der König wolle ihn aus Spaß prügeln lassen, als seine Mörder kamen, und der nur rief: »Schlagt nicht zu heftig!« Karl IX. stellte sich ans Fenster, um zuzusehen, wie man auf dem Hof des Palastes die Gefährten Heinrichs umbrachte, die ihren König bis an die Schwelle der königlichen Gemächer begleitet hatten. Es steht allerdings nicht fest, daß Karl, als er Hugenotten in einem Boot auf der Seine flüchten sah, tatsächlich mit königlicher Hand auf sie gezielt hat. Von der Königinmutter berichten Augenzeugen, daß sie unbewegt zusah, wie Colignys Leiche mit dem Kopf nach unten an den Galgen von Montfaucon gehängt wurde. Man beschuldigte sie sogar, sie sei am Morgen nach dem Blutbad mit ihren Hofdamen lachend zwischen den verstümmelten Leichen umhergegangen. Und Sully behauptet, sie habe sich »den geilen Spaß erlaubt, mit ihren Ehrendamen an den nackten Kadavern gewisse männliche Attribute zu prüfen«.

Sicherlich muß man berücksichtigen, daß sich die politische Leidenschaft bemüht hat, die Verantwortlichen für die Bartholomäusnacht zu verunglimpfen, aber selbst wenn man solche schändlichen Einzelheiten über Katharinas Verhalten auch nicht zu glauben vermag, ist doch nicht zu leugnen, daß sie sich mit dem Gang der Ereignisse recht zufrieden zeigte. Sie schrieb sich sogar den schlimmen – und nicht einmal ihr gebührenden – »Ruhm« zu, das Blutbad vorher geplant zu haben. Der Brief, den sie an Philipp II. von Spanien gerichtet hat, ist ein langgedehnter Triumphgesang; überlaut beglückwünscht sie sich, daß Gott ihrem Sohn »das energische Mittel eingegeben hat, sich von den Untertanen zu befreien, die sich gegen die Vorsehung und gegen ihren souveränen Herrn aufgelehnt« hätten.

Begeisterung schien übrigens das ganze Land ergriffen zu

haben, zumal alle, die sie nicht teilten, aus Angst vor Rache lieber den Mund hielten. Denn Szenen des Massakers, die sich in Paris noch mehrere Tage lang fortsetzten, gab es jetzt auch in den Provinzen, teilweise sogar überaus blutige Szenen. Allein in Lyon wurden 800 Menschen umgebracht. Und überall zogen die Prozessionen durch die Straßen, und die Priester stimmten das Te Deum an. Gottes Freude, sagte man, tat sich in Wundern kund: Auf dem Friedhof der Unschuldigen blühte im Spätsommer der Weißdorn.

In der königlichen Familie weigerte sich ein einziger Mensch, in die Heiterkeit einzustimmen, die jetzt, befohlen oder spontan, im Palast um sich griff: Marguerite, Königin von Navarra. Mitten in dem Massaker hatte sie die Nacht verbracht. Die Anfänge hatte sie erlebt; sie hatte gesehen, daß die Leute des Königs ihren Mann wie einen Gefangenen abführten, daß sie in den Gängen des Louvre seine treuesten Gefährten jagten und erschlugen. Einige von ihnen waren vor ihren Augen ermordet worden, ihr Blut hatte sie bespritzt. Gabriel de Lévis, schon verwundet, hatte sich in ihr Bett geflüchtet, um vier Bogenschützen zu entgehen, und sie rettete ihn mitleidig. Im Gegensatz zu Brantômes Behauptungen hat sie aber nicht ihren Mann dadurch gerettet, daß sie ihn unter ihrer weiten Robe versteckt hielt. Doch sie beunruhigte sich über sein Schicksal und war aufrichtig über die Nachricht erfreut, daß er heil und gesund sei. Als ihre Mutter ihr ein paar Tage später vorschlug, die Ehe auflösen zu lassen, lehnte sie hochmütig ab: »Sie haben mich an seine Seite gestellt. Da habe ich zu bleiben.« In ihrem tollen Leben hat Marguerite viele Fehler und zahlreiche Gemeinheiten begangen, doch man muß ihr die Kühnheit hoch anrechnen, mit der sie sich weigerte, den besiegten und gedemütigten Mann zu verraten, den sie nicht liebte und mit dem man sie zwangsweise verheiratet hatte.

Zweiter Teil

# Die Fährte der Hoffnungen

(1572—1589)

»Der Béarner ist arm,
aber aus guter Familie.«
Heinrich IV.

## 1. Kapitel: Gefangenschaft am Hofe von Frankreich

Die strengen Vorhaltungen, die ihnen König Karl IX. in der Bartholomäusnacht machte, beantworteten die beiden Prinzen sehr unterschiedlich. Heinrich von Navarra zeigte zum erstenmal in einer historisch bedeutsamen Lage seine bemerkenswerte Fähigkeit, sich den Tatsachen zu fügen, falls er sie nicht lenken konnte, dabei aber insgeheim schon Rachepläne zu entwerfen; er unterwarf sich sofort mit der Versicherung, »er sei bereit, ihm in allen Dingen zu gehorchen«. Anders der Prinz von Condé. Er sträubte sich und protestierte stolz: der König möge über seinen Besitz verfügen, doch über seine Religion sei er nur Gott Rechenschaft schuldig, »der ihm die Erkenntnis gegeben habe«. Woraufhin ihn der wütende König mehrmals als »toll, aufrührerisch, Rebell und Sohn eines Rebellen« beschimpfte. Er schwor, Condé erdrosseln zu lassen, falls er nicht binnen drei Tagen seine Haltung ändere. Dann war es dennoch Condé, der am 13. September als erster das reformierte Bekenntnis aufgab; Heinrich von Navarra ließ sich bis zum 26. September damit Zeit.

Der erzwungene Religionswechsel trug ihm immer neue Demütigungen ein. Katharina von Medici lächelte höhnisch neben ihm, als er am 29. September, dem Tag des heiligen Michael, zum erstenmal am Messopfer teilnahm. Katharina hatte gerade aus eigenem Entschluß und erfolglos versucht, die Ehe ihrer Tochter mit ihm aufheben zu lassen, unter dem albernen Vorwand, sie sei niemals vollzogen worden. Bald darauf erhielt Heinrich vom König den Befehl, die Öffentlichkeit über seinen Religionswechsel zu unterrichten. Am 3. Oktober mußte er dem Papst eine Bittschrift schicken, in der er ihn bat, »ihm die Arme seiner Nachsicht zu öffnen«. Am 16. Oktober wurde er gezwungen, ein Edikt zu unterzeichnen, das alle protestantischen Pastoren aus seinem souveränen Gebiet Béarn auswies; den Grafen von Gramont hatte er zum Generalleutnant seines Landes zu ernennen. Doch seine treuen Untertanen wußten, daß ihr Fürst gefangen und nicht handlungsfähig war. Sie richteten sich so wenig nach seinen Anordnungen, daß sie im Hof des Schlosses zu Hagetmau unter Führung des jungen Barons d'Arros die ganze Begleitung des Grafen Gramont umbrachten. Er selbst wurde nur durch die flehentlichen Bitten seiner Schwiegertochter Diane d'Andoins gerettet. Diane nahm ein paar Jahre später im Herzen und im Leben Heinrichs von Navarra einen Platz ein, der sie in die Geschichte eingehen ließ.

Im folgenden Jahr verstand man sich darauf, Heinrich ein schmerzlicheres Opfer abzuverlangen. Mit Condé zusammen mußte er unter dem Herzog von Anjou an einem Feldzug gegen die kalvinistische Festung La Rochelle teilnehmen. Die Protestanten waren zwar einen Augenblick lang vor Entsetzen über das Massaker wie gelähmt gewesen, hatten sich aber gefaßt. Der Hof hoffte vergebens, daß der Abfall Heinrichs und Condés vom Kalvinismus die Reformierten zur Unterwerfung bringen werde. Der Abfall der Anführer erschütterte die Truppe nicht, denn man wußte, daß er nur zum Schein vollzogen war. Bald hatten sich die reformierten Edelleute, die sich in ihren Häusern nicht mehr sicher fühlten, in La Rochelle zusammengefunden; die Stadt verstärkte ihre Verteidigungsanlagen und stellte sich in offenem Aufruhr gegen die königliche Macht. Um sie zur Ordnung zu rufen, bereitete man sich auf eine lange und harte Belagerung vor.

Mit großem Widerstreben nahm der König von Navarra seit dem 12. Februar 1573 daran teil. Er wurde genau überwacht und sah sich gezwungen, um den Anschein aufrechtzuerhalten und sein Doppelspiel zu verbergen, tatsächlich die Waffe gegen seine Religionsgenossen zu richten. Brantôme versichert, er habe ihn »oft und in sehr guter Haltung« die Lunten-Arkebuse abfeuern sehen, die er ihm geschenkt hatte. Man weiß, daß Heinrich neben dem Herzog von Anjou stand, als ein Schuß die Halskrause des Prinzen zerfetzte. Im Juni nahm er an einem Angriff teil, den seine eigene Leibwache aber verriet, weil ihr ungestümes Geschrei die Belagerten alarmierte. Die Zweideutigkeit seiner Stellung wurde auch aus einem Zuruf vernehmbar, als ein Gascogner Soldat in der Stadt über das Bollwerk hinüber einen anderen Gascogner »nach Nachrichten über den König von Navarra, einen guten und kühnen Gefährten«, fragte.

Schließlich beunruhigte sich Katharina von Medici so sehr über seine Haltung, daß sie daran dachte, sich mit einem Gewaltstreich ein für allemal davon zu befreien. Heinrich von Navarra hat sie in aller Form beschuldigt, sie habe während der Belagerung von La Rochelle ein zweites Blutbad organisiert, deren erstes Opfer er sein sollte: »Einige meiner Edelleute wurden von Freunden im Dienst des Herrn von Guise aufgefordert, aus meinem Quartier in das ihre zu ziehen, da meines nicht mehr sicher genug für sie sei.«

Die Furcht der Königinmutter war allerdings nicht ganz unbegründet, denn jetzt schon begann sich die Partei der »Politischen« zu sammeln, die nach und nach einen starken Einfluß auf die Angelegenheiten des Königreichs ausübten. Eines Tages wurde Heinrich von Navarra ihr Anführer, der sie nach achtzehnjährigem Ringen zum Triumph führen sollte. Die Bewegung vereinigte alle, gemäßigte Katholiken wie liberale Protestanten, die sich »unzufrieden« fühlten mit den endlosen Wirren, die den Frieden im Lande unter einer toleranten Regierung herbeisehnten. Die Richtung dieser dritten »Partei« wurde allerdings leider völlig vom Herzog François von Alençon, dem vierten Sohn Katharinas, bestimmt, und er kannte nur ein Ziel: die Politik seiner Brüder zu durchkreuzen und den Herzog von Anjou von der Thronfolge auszuschließen. Das Ende Karls IX. hielt man für »unfehlbar und nahe bevorstehend«. Leider war Alençon weder reif noch begabt genug, sondern ein verworrener, unruhiger Kopf; keiner der Pläne, die er entwarf, nahm Gestalt an (man solle sich der vor La Rochelle kreuzenden königlichen Flotten bemächtigen, solle durch Mongommery eine Armee aus England holen), aber alle setzten die Teilnahme Heinrichs von Navarra voraus, und es steht fest, daß er seinen Beistand versprochen hatte. Es war also verständlich, daß der Hof seinetwegen das Mißtrauen, die Überwachung und die bösen Absichten verdoppelte.

Die Belagerung von La Rochelle wurde im Juli 1573 aufgehoben, gerade als die Stadt am Ende ihrer Widerstandskraft war. Karl IX. lag nämlich nichts an einer endgültigen Niederlage der Kalvinisten, vor allem deshalb nicht, weil der ganze Ruhm seinem Bruder Anjou, dem Feldherrn der königlichen Armee, zugefallen wäre. An der Schwelle des Grabes, den Geist schon verdunkelt von Wahnbildern und irren Schreckensvorstellungen, wollte er doch »diesen seinen Bruder nicht mehr in seinem Königreich« dulden, der dazu übergegangen sei, die ganze Autorität und das Ansehen an sich zu reißen »dank dem Einverständnis« mit der Königinmutter. Sie allerdings liebte Henri über alles und bereitete schon seine Thronbesteigung vor, unter den entsetzten Augen des todgeweihten anderen Sohnes. Karl IX. hatte Agenten und Gesandte in Bewegung gesetzt, um seinen Bruder zum König von Polen wählen zu lassen, und als er damit Erfolg hatte, schien die Tatsache, daß der Generalissimus einen ausländischen Thron bestieg, Anlaß genug, den Protestanten einen Frieden anzubieten, den sie wie einen unverhofften Gewinn einstrichen, allerdings ohne ihn streng zu beachten: immer wieder erschütterten Unruhen das Land.

Als der Herzog von Anjou die Reise in sein fernes Königreich angetreten hatte, erwartete sein Bruder François, an seiner Stelle zum Generalleutnant ernannt zu werden, und als ihm diese Ehre von Karl IX. und seiner Mutter verweigert wurde – die ihn beide gründlich haßten –, griff er ohne weiteres wieder zu Intrigen, in die sich der König von Navarra schon deshalb einbezogen fand, weil er sich endlich von der anspruchsvollen, lähmenden Bevormundung zu befreien wünschte. Aber er wollte in diesem Rahmen sein eigenes Spiel betreiben und sich, wenn möglich, an die Spitze dieser dritten Partei setzen, die allmählich immer mehr Gestalt annahm. Freilich wußte er, daß der Herzog von Alençon kein vertrauenswürdiger Verbündeter war, nahm ihn aber hin, weil es an anderen noch fehlte. Übrigens hatte er auch gar nichts dagegen, daß er die Verantwortung für die Bündnisse mit dem Ausland nicht zu tragen hatte, denn sein Leben lang hat Heinrich IV. solche Hilfsabkommen von sich aus nicht angestrebt – wenn er auch nicht versäumt hat, sie in Notfällen zu nutzen. Der Herzog von Alençon hatte bereits Verbindung mit protestantischen Fürsten in Deutschland aufgenommen, und Ludwig von Nassau war unterwegs, um bei Sedan ein Heer aufzustellen, das in Frankreich einfallen sollte.

Um sich zu dieser Armee zu begeben und sich an ihre Spitze zu setzen, versuchten Heinrich von Navarra und der Herzog von Alençon zwischen Soissons und Compiègne zu entkommen; der Hof kehrte von der Landesgrenze zurück, wohin er den König von Polen mit großem Pomp begleitet hatte. Fast wäre der Fluchtversuch geglückt – er scheiterte nur an wohlbedachter Indiskretion der Königin von Navarra. Um sich gegen neue Anwandlungen von Fluchtgedanken bei Sohn und Schwiegersohn zu sichern, verstärkte Katharina die Überwachung so, daß sie nun wirklich bedrückend wurde: Wachen durchsuchten täglich deren Zimmer und blickten auch genau unter die Betten; den Prinzen wurde die Garderobe beschränkt, ein einziger Kammerdiener stand ihnen zur Verfügung. Und doch hinderte das ängstliche Spionieren Navarra, Nemours und Condé nicht, einen neuen Ausbruchsversuch zu machen, als sich der Hof im Februar 1574 in Saint-Germain aufhielt. Diesmal wollten sie ins Poitou entweichen, wo sich Katholiken und Protestanten geeinigt hatten, um eine Bewegung zur Vereinigung aller Gemäßigten des Landes zu unterstützen.

Doch der König von Navarra und der Prinz Condé wurden in dem Augenblick verhaftet, als sie sich zu Pferde setzten, um nach Nantes zu reiten, wo die Garnison mit ihnen im Bunde stand. Ein Verräter hatte sich in ihre Verschwörung eingeschlichen, Boniface de La Molle. Er hatte den Plan der Königinmutter verraten, und der Herzog von Alençon war, um ihre Verzeihung zu erlangen, schleunigst bereit gewesen, ohne Scheu sämtliche Einzelheiten preiszugeben. Condé wurde vom Hof verbannt und suchte in Deutschland Zuflucht. Strenger war die Behandlung Navarras. Er hatte ein Reuebekenntnis zu unterschreiben und eine ihn demütigende öffentliche Erklärung abzugeben, wonach er nicht nur »sein eigenes Leben für das des Königs und für die Erhaltung seiner Krone einsetzen«, sondern auch »auf alle Rebellen, die Ruhe und Sicherheit des Königreichs bedrohen, Jagd machen« wolle.

Bald darauf erklärte er die erzwungenen Eide für ungültig und begann sofort einen neuen Fluchtplan auszuarbeiten. Diesmal wollte er sogleich nach Sedan und die deutschen Truppen zur Vereinigung mit den »Gemäßigten« im Süden und Westen führen, deren Bewegung sich sehr verbreitert hatte. Man wundert sich, daß er noch einmal sein Schicksal an das des Herzogs von Alençon band, der sich als so unbeständig erwiesen hatte. Die Verschwörung bestand aus einer buntgewürfelten Gruppierung von Männern. Da stand neben dem Marschall de Cassé und dem Herzog von Montmorency auch ein wilder italienischer Abenteurer, Graf Annibal Coconato, dessen mörderische Wut in der Bartholomäusnacht sogar Schrecken unter den Katholiken verbreitet hatte. Beteiligt wurden ferner der Alchimist Terray und selbst Ruggieri, der offizielle Astrologe der Königinmutter, der in Ungnade gefallen war und zu seinem Leidwesen nur noch die Pagen Latein lehren durfte. Doch am sonderbarsten bleibt die Tatsache, daß die Leitung dieser Gruppe, deren Zusammensetzung schon derartig verblüffend ist, ausgerechnet dem La Molle anvertraut wurde, der vor noch nicht zwei Monaten so hinterhältig den vorigen Fluchtplan verraten hatte. Die Tatsache, daß er der Geliebte Marguerites von Navarra war, die diesmal am selben Strang zog wie ihr Mann, erklärt vielleicht die seltsame Wahl – rechtfertigt sie aber nicht; Vorsicht und einfachste Schicklichkeit hätten diese in jedem Fall gefährliche Person ausschließen müssen.

Doch war es nicht La Molle, der den Verrat beging, sondern ein gewisser Yves de Brinon, der Katharina fast vom ersten Tag an auf dem laufenden hielt. Cassé und Montmorency wurden in die Bastille geworfen, Coconato und La Molle zum Tode verurteilt und am 30. April 1574 hingerichtet. Bei dieser Gelegenheit machte sich die Königin von Navarra lächerlich, als sie ihre ehebrecherische Beziehung zu La Molle in romantischem Überschwang vor aller Welt demonstrierte. Man behauptete sogar (aber was hat man nicht alles von ihr behauptet!), sie sei zum Hinrichtungsplatz gezogen, habe das blutige Haupt ihres Geliebten an sich genommen und es mit eigenen Händen auf dem Friedhof Saint-Pierre begraben. Marguerite besaß, wie einer ihrer Biographen richtig bemerkt hat, die Seele eines kränkelnden Kindes. In ihrem Schmerz lag »etwas von Karneval«. Man kann wohl behaupten, daß in ihrem ganzen Leben immer etwas davon zu finden ist.

Der Herzog von Alençon und der König von Navarra entgingen allein als Angehörige der königlichen Familie der Verurteilung, wurden von nun an aber als Gefangene behandelt. Die Rückreise nach Paris legte Heinrich im geschlossenen Wagen der Königinmutter zurück. Der Gardehauptmann des Königs war für seine Bewachung persönlich verantwortlich, und in Vincennes vergitterte man die Fenster seiner Zimmer.

In Vincennes residierte jetzt der Hof; der König hatte sich zum Sterben hierher bringen lassen – weit fort vom Louvre, wo er zu ersticken vorgab und wo ihn die entsetzlichen Erinnerungen an die eine Nacht des Verbrechens folterten. Lange hatte er der geheimnisvollen Krankheit standgehalten, die ihn quälte; wild hatte er in seiner Schmiede auf das Eisen gehämmert, hatte ins Jagdhorn geblasen, bis er Blut spuckte, ständig von seiner Gewalttätigkeit besessen. Eine beängstigende Krankheit »ließ aus seinem ganzen Körper unaufhörlich einen roten Schweiß austreten«. Das Blut lief ohne Aufhören über sein Gesicht, sprang aus den Augen, aus dem Mund. »Amme, Amme«, sagte er zu der bescheidenen hugenottischen Bäuerin, die ihm in seinem Todeskampf beistand, »wieviel Blut um mich her! Ist es das Blut, das ich vergossen habe?« Am 31. Mai 1574, dem Pfingsttag, gab er seinen Geist auf.

Es steht nicht fest, ob er wirklich zum Schluß noch Heinrich von Navarra an sein Bett gerufen hat, um ihm seine letzten Ratschläge zu geben und ihm die Sorge für seine Frau und seine Tochter anzuvertrauen, weil er gemerkt habe – so sagt Michelet, der sich diese Legende zu eigen gemacht hat –, »daß er unter allen Leuten am Hofe der einzige Mann« sei. Falls er wirklich seinem Schwager riet, der Königinmutter zu mißtrauen, kann man dazu nur sagen, daß dieser Rat überflüssig war. Heinrich dachte buchstäblich nur daran, wie er dem Griff seiner erbarmungslosen Wächterin entkommen könne; so wollte er auch die feierliche Beisetzung des Königs nutzen, um aus Saint-Denis zu fliehen.

Am 22. Juli scheiterte der Versuch eines Bastards aus seinem Hofstaat, ihn mit Hilfe eines Bootes durch einen geheimen Ausgang des Louvre zu entführen. Diesmal hörte man, daß er sich gegen sein Schicksal als Rebell auflehnte, daß er erklärte, »er wüßte sich mit seinem Dolch den Weg freizumachen«, und daß er »schwor, wenn Gott nicht zu seiner Rettung eingreife, werde er das Schloß in Brand stecken«.

Bald darauf kam der neue König von Frankreich zurück, Henri d'Anjou, jetzt Heinrich III., der sich ohne Bedauern dem Krakauer Straßenschmutz entzogen hatte, wie es ja überhaupt zu verwundern war, daß er sich auf dieses östliche Abenteuer eingelassen hatte, das ihm nichts als Verdruß eingebracht hatte. Den König von Navarra und den Herzog von Alençon, die bisher abgesondert festgehalten wurden, empfing er, als ob es sich um die Entlassung von Häftlingen handelte. Katharina führte ihm die beiden mit den Worten vor: »Hier sind zwei Personen, die ich Ihnen übergebe. Sie kennen ihre Phantastereien; es ist Ihre Sache, mit ihnen zu machen, was immer Sie wollen.« Der König umarmte die beiden: »Ich gebe Ihnen die Freiheit wieder und will nichts anderes, als daß Sie mich lieben.«

Der gnädige Ton entwaffnete weder den Bruder, der sofort seine Verschwörungen wieder aufnahm, noch den König von Navarra, der allerdings der Loyalität seines Schwagers nicht traute, doch zunächst noch darauf verzichtete, seine Freiheit zu suchen. Wenn er sich aber nun in sein Schicksal zu fügen schien, hatte es nichts mit Resignation zu tun. Doch seine Haltung änderte sich gründlich; im letzten Halbjahr 1574 schien Heinrich keine politischen Sorgen mehr zu haben und tat so, als sei er einzig mit seinen Vergnügungen beschäftigt.

Bevor sich die Ereignisse wieder zu überstürzen beginnen, soll die Ruhepause im Leben des Königs von Navarra genutzt werden, seine persönliche und politische Situation unter die Lupe zu nehmen, seine Freunde und seine Gegner aufzuzählen und kennenzulernen und die Trümpfe zu erkennen, die er in der Hand hatte.

Zu allererst: Wer ist er eigentlich? Was ist aus ihm geworden, der nun zwanzig Jahre alt und in harten Erfahrungen früh gereift ist, ein Mann, der künftig nur auf sich selbst zählen kann?

Sein Aussehen hat eine Zeichnung von Dumoustier festgehalten. Das Haar ist nach oben und hinten gebürstet; er trägt noch weder Schnurrbart noch Kinnbart. Um so länger wirkt die Nase, über die man bei Hofe genauso wie im Feldlager spöttelt: »Langnase« hieß er in Condés Heer, und jetzt sagt man, seine Nase sei größer als sein Königreich. Der Ausdruck ist geistvoll und einnehmend, obwohl der schwere Ernst die frühe Reife anzeigt. Heinrich ist nicht groß, hat damals ein ausländischer Gesandter berichtet, aber er ist gut gebaut. Tatsächlich ist er nur mittelgroß geworden, obgleich er als Heranwachsender sehr groß zu werden versprach. Seine Mutter war besonders stolz auf seine Größe gewesen, die auch 1567, als er seine große Reise durch sein Gouvernement Guyenne machte, von den Damen in Bordeaux bewundert wurde. Aber damals war er dreizehn Jahre alt gewesen und hatte wie ein Achtzehnjähriger gewirkt. Seitdem aber war er kaum gewachsen und kaum stattlicher geworden. Seine Kriegsrüstung, die im Dogenpalast zu Venedig aufbewahrt wird, beweist, daß er kurze Beine hatte, und es ist bekannt, daß er ein Trittleiterchen brauchte, wenn er zu Pferde stieg. Außerdem waren die Beine mager und wadenlos (»Hahnenbeine«, heißt es), ein Fehler, den die damalige Mode bloßstellte; zum gut entwickelten, kräftigen Rumpf wirkten sie unproportioniert. Daß es dem Fürsten so gänzlich an Eleganz fehlte, lag weniger an geringer Größe, sondern an der Überproportion des Oberkörpers. Jedenfalls hatte er nichts von dem aristokratischen Aussehen der Valois' und der Guisen, und es scheint nicht unmöglich, daß, wie Montesquieu später meinte, der Mangel an »körperlicher Empfehlung« ihm mehr als seine Religion bei Marguerite von Valois geschadet habe. Tatsächlich konnte er einen Vergleich mit seinem Rivalen Henri de Guise nicht bestehen, einem hochgewachsenen, blonden jungen Mann, fast einem Riesen, der so schön war, daß sich alles nach ihm umdrehte. Eine Prinzessin, die am feinsten und sinnlichsten Hof der Geschichte in einer Atmosphäre von Romantik aufgewachsen war, hatte man aus den Armen des schönen Kavaliers gerissen und sie in den Alkoven des kleinen »Knoblauchessers« gesteckt, der schlechtgekleidet, ungepflegt, nicht gewaschen und nicht parfümiert war. Kann man sich wundern, daß diese Ehe kein Erfolg wurde?

Wenn nun Heinrich von Navarra die körperlichen Vorzüge fehlten, die ihn zum Idol am köstlichen Hof der Valois' gemacht hätten, so glich er doch diese Mängel – die man nicht übertreiben sollte und die keineswegs sein Liebesleben beeinträchtigt haben – durch eine reiche Skala von sehr anziehenden geistigen Fähigkeiten aus. Er glänzte durch seine rasche, durchdringende Auffassung, die sich in seinem klaren, direkten und durchdringenden Blick verriet. Alle, die den Béarner gekannt haben, rühmen immer aufs neue seinen Scharfblick und seine geistige Klarheit, die heitere Verschmitztheit. Vor allem aber war er liebenswert. »Er brachte Leute aller Art dazu, ihn zu lieben, und tat, als ob auch er alle Welt liebte«, berichtet Villegomblain. Er verschwendete seine Freundschaftsbeweise in vertraulicher, brüderlicher Art. Mit seiner Freundlichkeit gewann er die ganze Jugend am Hofe für sich. Ein Zeitgenosse, der ihm oft sehr nahekam, erzählt: »Nur jene kamen nicht gern zu ihm, die allzu ernsthaft oder trübsinnig waren, denn wer nicht auf seinen Humor einging, bekam oft einen Schnabelhieb, bei dem es Fetzen setzte.« Aber solche Schnabelhiebe teilte Heinrich nur mit Vorbedacht aus. Er war sehr um seine Beliebtheit bemüht, die sich dann auch bei Hofe so entfaltete, daß sein Haus »der Empfangsraum und das Rendezvous der meisten jungen Leute wurde«.

Unter dem Schein schöner Freundschaft lagen aber Rivalitäten und Uneinigkeit verborgen, oft tiefgehend und ernsthaft, die plötzlich in Zank und Streitigkeiten ausbrechen konnten. »An diesem Hof der Freunde«, schrieb Heinrich an de Miossens, »sind wir immer bereit, einander die Gurgel zu durchschneiden. Wir tragen Dolche, Kettenhemden und oft einen Panzer unter dem Mantel.« Doch niemand sprach von diesem bewaffneten Frieden, am wenigstens Heinrich selbst, dem es daran lag, bis zum entscheidenden Augenblick seine ungeduldige Erwartung der Freiheit zu verbergen. Sicherlich – nach siebenjährigem Aufenthalt am Hofe war er nicht mehr »dieser kleine gefangene Zaunkönig«, den man zur Zeit Karls IX. und der Allmacht Katharinas von Medici »mit Worten und frechen Witzen zur Eile antrieb wie einen einfachen Pagen oder Lakaien«. Dennoch mußte er auch jetzt auf so manche Anzüglichkeit mit einem Lächeln antworten, obwohl er sie lieber mit einem Schwerthieb quittiert hätte. Er hielt seine Rolle ohne Ausgleiten fest und war so beherrscht, zeigte solche Charakterstärke und solche Kunst der Verstellung, daß man sich darüber bei einen Mann verwundert, dessen Spontaneität und Offenheit stets gelobt worden sind. Tatsächlich barg diese mitteilsame, so ausgelassene und muntere Natur Geheimnisse und geheime Winkel; der Béarner wußte immer, wenn er es für vorteilhaft hielt, seine wahren Empfindungen zu tarnen, und es kostete ihn nie viel, seiner Umgebung etwas vorzumachen.

In den achtzehn Monaten zwischen der Thronbesteigung Heinrichs III. und der Flucht des Gascogners vom Hof bemühte sich der König von Navarra ausdauernd und erfolgreich, »sein Mißvergnügen« zu verbergen, und zwar so geschickt, »als ob er das Vergangene überhaupt nicht übelnähme«. Als sein geschworener Feind Henri Guise im Gesicht verwundet und halbtot nach Château-Thierry gebracht wurde, eilte Heinrich von Navarra an sein Bett, tröstete ihn nach Kräften und bezeigte ihm lebhafte Freundschaft – wie übrigens auch sonst: Mit dem Lothringer zusammen besuchte er sogar Spelunken und andere üble Häuser. Als es dem Herzog von Alençon günstig erschien, wieder einen Fluchtversuch zu wagen – am 6. September 1575 –, tat der König von Navarra, als nähme er es ihm sehr übel, und überhäufte ihn mit Vorwürfen wegen seiner Treulosigkeit und seines Wortbruchs. Seine Sorge um die Seelenruhe des Königs trieb er so weit, »ihm spontan alle Gelegenheiten zur Flucht aufzuzählen, die er nicht ausgenutzt habe«. Arglistige Erklärungen, die keinen anderen Zweck hatten, als Vertrauen in sein Wort zu wecken, während er nur daran dachte, es zu brechen.

Dem König und der Königinmutter begegnete er gleichmäßig achtungsvoll und scheute sogar vor Schmeicheleien nicht zurück. »Man fängt mehr Fliegen mit einem Löffel Honig als mit einer Tonne Essig«, sagte er gern. Kurzum, es gelang ihm, alle Welt zu täuschen, sogar den venezianischen Gesandten Sigismonto Cavalli, der 1574 an die Signoria berichtete: »Er ist noch jung und hat nur ein seichtes Spatzengehirn, und weil es ihm an Tiefgang fehlt, ähnelt er seinem Vater, ist deshalb auch wenig geachtet und hat kaum Ansehen.« Man sollte dem Diplomaten, der als besonders scharfsichtig galt, keine Dummheit vorwerfen: vermutlich hätte der ganze Hof in sein Urteil eingestimmt. Überzeugte Katholiken, sogar die Mörder der Bartholomäusnacht, »gewonnen von seiner Freundlichkeit und guten Laune«, hätten jetzt auf seine Zuverlässigkeit geschworen. Katharina, selber eine so geschickte Komödiantin und erfahren in Verstellung und Schlichen aller Art, ließ sich täuschen und verzichtete nach und nach auf die Rolle der strengen Kerkermeisterin, die sie so wachsam durchgehalten hatte.

Man braucht viel Mut, um es auf sich zu nehmen, als Feigling zu gelten, viel Verstand, um dumm zu erscheinen, viel Beharrlichkeit, sich scheinbar mit Hirngespinsten abzugeben, während man einen großen Plan verfolgt. Heinrich von Navarra hätte mit einfältiger Heuchelei nicht so viele gerissene Leute täuschen können. Sein Widerstand in den Jahren 1574/75 läßt sich in die Reihe der großen Kriegslisten stellen, seine Haltung, die zu Unrecht von Zeitgenossen verleumdet und von der Nachwelt mit Kopfschütteln bewertet worden ist, war eine Geste der großen Politik.

Nach dieser Anerkennung jedoch darf nicht übersehen werden, daß er alle Voraussetzungen für die Rolle mitbrachte, als er begann, Frivolität, Selbstsucht, freundliche Gleichgültigkeit nachzuäffen. Die Zeit zu vertändeln mit Festen und Gelagen, den Tätigkeitsdrang mit Ballsport und Jagen zu beruhigen, ein teuflisches Spiel zu spielen, den Damen beharrlich den Hof zu machen – das alles lag ihm. Und der Hof Heinrichs III. bot den Vergnügungssüchtigen alles, was die völlige Sittenverwilderung sich ausmalt.

Unter all den Persönlichkeiten, die heute von den Historikern mit Fleiß rehabilitiert werden, kam Heinrich III. als einer der letzten an die Reihe. Vielleicht ist eine neue Bewertung gerechtfertigt. Sein Leben war zweifellos voller Unklarheiten und Unsicherheiten, und seine Persönlichkeit, immer noch nicht recht durchleuchtet, wird noch lange ein Thema für die psychologische Forschung bilden. Es steht fest, daß er auf dem Sterbebett die monarchische Pflicht über sein Seelenheil gestellt hat, und eine so heroische Verleugnung verlangt Respekt und läßt über so manchen Charaktermangel hinwegsehen. Doch man muß zugeben, daß sich in der ersten Zeit seiner Herrschaft am Hofe Liederlichkeit und im Staat Unordnung breitmachten.

Als er aus Polen wie aus einem Gefängnis geflohen war, sobald er die Nachricht vom Tode seines Bruders Karl IX. erhielt, blieb er monatelang in Österreich und in Venedig hängen, wo er sich unüberlegten, frivolen, ja skandalösen Eingebungen hingab. Seine gealterte und durch die Gicht fast unbewegliche Mutter wartete in Lyon mit ungeduldiger Begeisterung auf ihren Lieblingssohn, ihren »Augapfel«, wie sie sagte. Bei seiner Ankunft überreichte sie ihm ein mit Ratschlägen, die er nie befolgte, angefülltes Memorandum.

Kaum hat er sich im Louvre eingerichtet, scheint Heinrich III. vergessen zu haben, welch tüchtiger Krieger er bei Jarnac und Moncontour gewesen ist. Jetzt verfällt er in die ausgefallenen Gewohnheiten kleiner orientalischer Potentaten. Er allein will alles im Staat leiten; er nimmt den Beamten ihre Befugnisse, um schließlich doch nicht mehr als viel zu aufwendige Feste zu veranstalten. Er trägt Ohrgehänge, verkleidet sich als Frau, umgibt sich mit zweifelhaften jungen Burschen und regiert das Land nach deren Ratschlägen. Es besteht sogar ein »Rat der Mignons«, seiner verweichlichten Favoriten, die ein gewisser Gombaud anführt. Heinrich gibt sich gern leidend und ermüdet, seine verrückten Einfälle aber sind nicht zu zählen. Als man ihm bei der Krönung die Krone des heiligen Ludwig auf die Stirn setzt, behauptet er, daß sie ihn drücke, und er weist sie zurück. »Sie entglitt ihm zweimal«, berichtet L'Estoile, »als wenn sie fallen wollte.« Am Morgen seiner Hochzeit vertut er so lange Stunden damit, seine Frau selbst herauszuputzen, daß man die Feier auf den Nachmittag verschieben muß. Er betritt Frauenklöster auf der Suche nach kleinen Schoßhunden. Verläßt er den Louvre, wimmelt es auf seiner Kutsche von Affen und Papageien. Hält er Einzug in eine Stadt, pflegt er hingestreckt auf einer Sänfte zu ruhen und mit einem Fächer oder dem Becher-Ballspiel *bilboquet* zu spielen. Kurzum, er führt sich auf wie ein Verrückter, wenn nicht wie ein Wahnsinniger.

Die Wirren im Lande, die seit der Belagerung von La Rochelle nie ganz aufgehört haben, nehmen unter einer so unsteten Regierung an Schärfe und Ausmaß zu. Der König tut nichts, um Ordnung zu schaffen, er unternimmt nichts Rechtes gegen die Protestanten, gibt ihnen aber auch nicht nach: Er haßt sie, wie er die Guisen haßt, und diese doppelte Feindseligkeit des Mannes, der seine Autorität nicht nutzt, trägt den Keim des Unglücks in sich, das sich bald darauf über ganz Frankreich ergießt.

Frankreich rutscht in den finanziellen Ruin und in die politische Anarchie hinein, doch der Hof glitzert von Festen, deren Getöse das Volk verärgert. Man hat von diesem glänzenden Hof gesagt, daß kein anderer seit dem Römischen Reich so sehr von Grund auf verderbt gewesen sei. Alle Welt ist mehr oder weniger in Intrigen verstrickt, der Haß verbirgt sich unter Komplimenten. »Selbst das Gift nimmt hier die Miene der Freundschaft an«, Gift, das höchst geschickt in einem Bonbon, einer Blume, einem Handschuh versteckt wird. Der Trupp der Magier löst die Liebeshändel durch parfümierte Zaubermittel. An dem Hof, an dem sich eine Frau durch Tugend lächerlich macht, breitet sich die Sittenlosigkeit so ungehemmt aus, daß der König von Navarra den amourösen Einfällen seiner Frau nur mit belustigter Gleichgültigkeit zusieht; er findet es unschicklich, daß sich Heinrich III. über das Benehmen seiner Schwester aufregt und ihr den wenig ehrenvollen Namen *Reine Margot* anhängt, der an ihr haften geblieben ist und sie als liederliche Person abstempelt. Navarra verübelt es dem König noch mehr, daß er ihm, seinem Schwager, direkt anbietet, Marguerites Ehebrüche zu bestrafen – sie darf in aller Freiheit ihre Liebschaften unterhalten, glänzende und lächerliche, immer aber skandalöse; die Hintertreppengeschichte ist bemüht, sie alle zu protokollieren.

Heinrich von Navarra paßte sich den Verhältnissen an; seine ganze Natur war für die sinnliche Liebe geschaffen, der Mangel an Beschäftigung kam hinzu. Seit seiner Jugend an Betriebsamkeit gewöhnt, fand er jetzt sein Behagen darin, in freier Natur die Abenteuer von »Mantel und Degen« aufzusuchen. Gärtnerinnen, Bauerntöchter und Weiber, die den Armeen folgten, hatten ihm bisher genügt, jetzt aber wurden sie rasch vergessen, er gewöhnte sich an Katharinas Ehrendamen, die gepuderten und parfümierten, an ihren Putz aus kostbaren Stoffen und allerhand Tand und Flitter. Er nutzte die Gelegenheiten so gründlich, daß er eines Abends eine Stunde lang bewußtlos blieb, und Marguerite nicht zögerte, die Unpäßlichkeit ihres Mannes seinen »Exzessen mit Frauen« zuzuschreiben. Die Königinmutter hatte in seine Arme die allerfeinste Blume aus dem Schwarm der hübschen jungen Frauen gelegt, die sie immer um sich hatte und die ihre geheimen Pläne unterstützen mußten. Man sagte, daß sie allein mit dem sieghaften Blick ihrer Augen mehr Verträge geschlossen und mehr Schlachten gewonnen hatten als Katharinas Diplomaten und Generäle.

Das Wundergeschöpf war Charlotte de Semblançay, Herrin von Sauve, die erste der »großen Mätressen« des »Vert-Galant«, wie man ihn später nannte. [Es bedeutet »Schürzenjäger«, heute würde man wohl »ladykiller« sagen.] Doch bei aller Schönheit und Begabung konnte Charlotte den Auftrag, den Katharina ihr gegeben hatte, nicht durchführen. Wie immer war es eine verzwickte Aufgabe, denn sie sollte Heinrich von Navarra nicht nur mit seiner Frau, sondern auch mit seinem Schwager, dem Herzog von Alençon, entzweien, mit dem er bekanntlich beunruhigende gemeinsame Pläne verfolgt hatte. Madame wurde bald auch Alençons Geliebte, aber niemand war eifersüchtig. Navarra nahm es ohne Reaktion hin, daß sie ihre Gunst Guise ebenfalls schenkte, der sich als Dritter im Bunde von ihr beglücken ließ. Marguerite wiederum stand mit ihrem Mann auf so nachsichtig-vertrautem Fuß, daß sie an dessen Liebschaften keinen Anstoß nahm. In ihren Erinnerungen berichtet sie: »Er hat mir immer von diesen Einfällen so frei heraus wie einer Schwester erzählt, weil er wußte, daß ich keineswegs eifersüchtig war und nichts als seine Zufriedenheit wünschte.«

Und doch vergaß der König von Navarra über den ausgefallenen Vergnügungen am Hof niemals den großen Plan, den er sich vorgenommen hatte. So ist es auch völlig überflüssig, daß sich Agrippa d'Aubigné – Schriftsteller, eifriger Kalvinist und Waffengefährte Heinrichs IV. – in seinen Erinnerungen abmüht, sich selbst als den entscheidenden Mahner darzustellen: Der Béarner gehörte nicht zu den Menschen, die aufgerüttelt oder angetrieben werden müssen. Als ihm Aubigné eine seiner beredten, aber überflüssigen Ermahnungen vortrug, wußte der König besser als jeder andere, daß die Lage gebieterisch sein Eingreifen forderte. Die Wirren hatten sich immer weiter ausgebreitet, obwohl die Königinmutter am 22. November 1575 einen trügerischen Waffenstillstand unterzeichnet hatte, an den sich niemand hielt. Condé stand mit seinen deutschen Hilfstruppen in Frankreich. Die gemäßigten Katholiken und die Hugenotten hatten sich zu einem Bund des guten Willens zusammengeschlossen, der täglich fester wurde – wenigstens behauptete man es, ebenso wie es hieß, daß im Bourbonnais ein Heer von 40 000 Mann aufgestellt worden sei. Die Bewegung wartete nur auf ihren Anführer. Nie hatten die Hugenotten den Mut verloren oder an Heinrich von Navarra gezweifelt. Man wußte, daß er gezwungen wurde, seine heikle Rolle zu spielen, daß aber »sein Herz nicht verdorben und sein Mut nicht gemindert werden« konnten.

Doch einstweilen konnte er sich nur im engen Kreis des Palastes und der königlichen Parks unter den Augen vieler Spitzel bewegen. Die Flucht des Herzogs von Alençon im September schränkte Navarras Fluchtmöglichkeiten wieder ein; er mußte bis zum kommenden Februar warten, um sich aus seinen Fesseln mit einem kühnen Streich zu befreien, dessen Geheimnis diesmal gut gewahrt wurde. Durch Erfahrung klug geworden, handelte er ganz auf eigene Faust und weihte nur einige Personen ein, auf die er sich fest verlassen konnte. So wurde auch Königin Marguerite nicht unterrichtet. Er überließ sie ihren Liebschaften, ohne sich zu verabschieden. Zwei Tage, bevor er sich der Gefangenschaft entziehen wollte, unternahm Heinrich noch ein kühnes Abenteuer, »einen echten Béarner Streich«, wie der zeitgenössische Chronist Pierre Taisan de L'Estoile meint: Eine Nacht lang war Navarra verschwunden, und er ließ das Gerücht ausstreuen, »er sei entflohen«. Als die Aufregung des Königs und seiner Mutter über diese Nachricht ihren Höhepunkt erreicht hatte, erschien er unversehens vor ihnen und erklärte lachend, er habe »den, den sie suchten und um den sie sich so viele Sorgen machten, zurückgebracht«. Er gab ihnen zu verstehen, daß er ohne weiteres verschwinden könne, wenn er wolle, und leugnete, daß ihm jemals ein solcher Gedanke »ins Herz gekommen« sei. Das eben habe er ihnen beweisen wollen, fügte er hinzu, damit sie künftig eine andere Meinung über ihn hätten und versichert seien, daß er sich niemals von Ihren Majestäten ohne Befehl entfernen werde, daß er bei ihnen und zu ihren Füßen sterben wolle, um ihnen zu dienen.

Am Tag darauf, dem 3. Februar, setzt Heinrich die Komödie fort, und um das Maß seiner List vollzumachen, wirft er sich am frühen Morgen in das Bett des Herzogs von Guise, um ihm tausend Freundlichkeiten zu sagen. Er führt ihn zum Markt Saint-Germain und behandelt ihn in aller Öffentlichkeit »mit ungewöhnlicher Herzlichkeit«. Er will ihn sogar mit auf die Jagd bei Senlis nehmen – von wo Heinrich ja entfliehen will; doch zweifellos weiß er, daß der Herzog das Angebot ausschlagen wird, denn der Ritt scheint reichlich gewagt. Schließlich verabschiedet sich Heinrich von Condé, den er »vor aller Augen eine Viertelstunde lang umfangen hält«. Dann bricht er auf nach Senlis, wo er am folgenden Tag »den Hirsch hetzen« und sich seinen Bewachern entziehen will.

Allerdings verlief die Sache nun auch nicht so einfach, wie L'Estoile sie darstellt. Der König von Navarra mußte zunächst zwei Edelleute abschütteln, Saint-Martin und d'Espalungue, die der König auf seine Bewachung angesetzt hatte. Als die Jagd beendet war und man sich wieder Senlis näherte, legte Heinrich große Besorgnis wegen seiner Rückkehr nach Paris an den Tag und machte viel Wesens »von der Nachricht, die er empfangen habe, daß die Königinmutter dem König geraten habe, ihn festzuhalten«. Um diese Unsicherheit zu beenden, sei es wohl am besten, Seine Majestät nach seinen Wünschen zu fragen. Hauptmann Saint-Martin stimmte ihm zu und wurde sofort abgeschickt, Anweisungen einzuholen; Heinrich von Navarra gab ihm einen hübschen Brief mit, in dem er den König benachrichtigte, er werde in Senlis bleiben, »um seinen Willen zu erfahren«. Gleich darauf wurde der listige Béarner auch den zweiten Bewacher durch einen ähnlichen Kunstgriff los. Der Herr von d'Espalungue mußte mit einem ähnlichen Brief zum König reiten, diesmal aber nach Charenton, wo sich »der König befinden muß« auf seinem Weg nach Beauvais-Nangis. Heinrich schien vergessen zu haben, daß er bereits Saint-Martin abgesandt hatte. Während die gutgläubigen Boten nach Paris preschten, galoppierte der König von Navarra sofort in entgegengesetzter Richtung in die Freiheit. Eine kleine Gruppe von Getreuen begleitete ihn, darunter Agrippa d'Aubigné, der kühne Gefährte, der so sarkastisch und kritisch zu berichten wußte, und jener junge Rosny, der später als Herzog von Sully der vertrauteste und nützlichste Mitarbeiter Heinrichs IV. wurde.

In der »sehr dunklen und eisigen« Nacht hatten die Flüchtenden Mühe, sich aus den Wäldern herauszufinden. Bei Tagesanbruch überschritten sie eine Meile von Poissy die Seine, der Fürst mit Aubigné voran. Während sie auf die anderen warteten, bat Aubigné seinen Herrn, sozusagen als Dankesfeier mit ihm den 21. Psalm zu beten: »Herr, der König freut sich in deiner Kraft, und wie sehr fröhlich ist er über deine Hilfe!« Wieder vereint, erreichte der Trupp Montfort-Amaury, wo man endlich etwas zu essen fand. Bei diesem Aufenthalt wäre der König von Navarra fast durch einen Hieb von der Hacke einer alten Frau umgebracht worden, als sie ihn dabei überraschte, »wie er sein Geschäft in einem Backtrog erledigte«, Anlaß genug für Aubigné zu einem derben Vierzeiler. Man lachte überhaupt viel unterwegs, denn der Béarner verbreitete überall, wohin er kam, Spaß und witzige Munterkeit. Noch am selben Abend erreichte man Château-en-Thimerais, am 7. Februar dann Alençon, wo man drei Tage blieb, weil man sich hier in Sicherheit fühlen konnte. Abends kamen 250 Edelleute aus der Provinz und sogar vom Hof von Frankreich zu seiner Begrüßung, darunter auch Fervaques, der mit dem Gedanken gespielt hatte, die Flucht zu verraten, sich nun aber doch auf die Seite des Siegers schlug. Der König machte sich mit seinem nun stark erweiterten Gefolge am 11. Februar wieder auf den Weg und erreichte am 26. Saumur, wo eine Pause eingelegt wurde. Es war Zeit, die Situation gründlich zu prüfen, denn sie erwies sich als heikler und verwickelter, als man in den Wirbeln des Hoflebens, wohin Nachrichten nur tendenziös entstellt gelangten, ahnen konnte.

## 2. Kapitel: Das Gouvernement der Guyenne

Es ist behauptet worden, Heinrich habe sofort bei der Ankunft in Saumur die feierliche Erklärung abgegeben, daß »alles, was er wegen seines Religionswechsels unternommen habe, durch pure Gewalt erzwungen worden sei, und daß er jetzt, wo ihm die Freiheit seiner Person auch die Freiheit seines Willens zurückgegeben habe, seine Seele wieder in den Dienst seines alten Glaubens stelle«. Tatsächlich aber hat er dem Katholizismus erst vier Monate später, am 13. Juni 1576, abgeschworen. Bis dahin hielt er sich mit voller Berechnung zurück. Religiöse Neutralität und sogar Gleichgültigkeit scheinen die Regel oder eine Art stillschweigendes Abkommen unter den Anhängern des Königs von Navarra gewesen zu sein: »Der Hof von Saumur«, heißt es bei Aubigné, »war drei Monate so ohne Religion, daß sich [zu Ostern] nur zwei Herren von ihnen zum Abendmahl einfanden.« Nun befanden sich an diesem Hof Protestanten und Katholiken, und der König von Navarra hatte außerdem die Absicht, das Haupt der »Politischen« zu werden, der Gruppe, in der sich die Gemäßigten beider Konfessionen im Zeichen von Gedankenfreiheit und Duldsamkeit zussammenfanden. Aber es stellte sich heraus, daß diese Partei doch nur wenig Anhänger im Lande hatte, jedenfalls weit weniger, als Heinrich, durch optimistische Berichte getäuscht, angenommen hatte. Seine dringendste Aufgabe war also, Parteigänger zu gewinnen, und zwar in beiden Lagern, was jede allzu deutliche Stellungnahme in religiösen Fragen ausschloß.

Die Aufgabe wurde noch dadurch erschwert, daß der Herzog von Alençon und der Prinz Condé einander entgegengesetzte politische Pläne verfolgten, zwischen denen Heinrich von Navarra so gut wie möglich seinen eigenen Weg der Sammlungs- und

Parteibildung verwirklichen mußte. Zu den Schwierigkeiten kam die enttäuschende Feststellung, daß man ihn während seiner Gefangenschaft am Hofe doch ein wenig vergessen hatte und daß seine Flucht nicht die Welle der Begeisterung auslöste, mit der er gerechnet hatte. Jetzt war die Gefahr groß, daß er nur als Randfigur bei den Verhandlungen betrachtet wurde, die sich zwischen der Krone und den Anstiftern der jüngsten Unruhen, dem Herzog von Alençon (Monsieur) und dem Prinzen Condé, entspannen.

Katharina von Medici selbst hatte Heinrich III. gedrängt, sich mit den Unzufriedenen zu einigen. Man hätte sie mit Waffengewalt bekämpfen können, wozu die Guisen rieten. Aber die Königinmutter hatte stets mehr auf ihre Diplomatie als auf die Armeen gegeben und erkannte auch, daß ihr in den Freuden des Hoflebens befangener Sohn keinen Geschmack mehr am Kriegshandwerk fand. Schon zeichneten sich die beiden Grundlinien des Vertrags ab, der dann am 6. Mai 1576 als »Frieden von Monsieur« unterzeichnet wurde. Die Protestanten erreichten darin eine Verurteilung der Bartholomäusnacht, Freiheit ihrer Religionsausübung und sichere Plätze im Lande. Doch die aufrührerischen Prinzen zogen aus dem Vertrag vor allem beträchtliche Vorteile für sich selbst, in Ämtern und in Geld. Alençon sollte außer Berry und der Touraine das Herzogtum Anjou erhalten, dazu die jährliche Summe von 100 000 Talern. Condé wurde die Picardie zugesprochen, und die Guisen, die nun gewiß an dem Glücksregen keinen Anteil zu beanspruchen hatten, schanzten sich das Gouvernement von fünf der dreizehn französischen Provinzen zu. Navarra kritisierte die Abmachungen scharf, doch sie wurden trotzdem Punkt für Punkt aufgesetzt. Seine Ablehnung versteifte sich noch durch die Tatsache, daß er am Friedensschluß keinen Anteil hatte. Er hatte die Vorteile ausgeschlagen, mit denen ihn die Königinmutter zum Beitritt verlocken wollte, weil sie ihm viel zu vage erschienen und Bedingungen voraussetzten, die er auf keinen Fall unterschreiben wollte – schon gar nicht die, daß er katholisch bleibe.

In Wahrheit aber zielten seine Absichten viel höher und über seine persönlichen Interessen hinaus. Die Aussicht auf eine Zerstückelung des Landes, die unangenehm an die Zeit Karls des Kahlen [*823, 840–877] erinnerte, und die Versteigerung der Provinzen verletzten die Vorstellung, die er sich von der nationalen Einheit gebildet hatte. Wenn er versuchte, sie auf religiösem und geistigem Gebiet herzustellen, konnte er nicht dulden, daß sie auf territorialem preisgegeben wurde. Er war sich sicher, daß die Guisen, wenn sie künftig ein Drittel Frankreichs beherrschten, einen Staat im Staate bilden würden. Man redete sogar davon, das Gouvernement der »Drei Bistümer« (Verdun, Metz, Toul, die Heinrich II. Karl V. abgenommen hatte) Johann Kasimir von Bayern zu überlassen, als Dank für die Unterstützung, die er dem aufrührerischen Condé gewährt hatte! »Als Prinz von Geblüt, besorgt um die Größe der Krone Frankreichs«, protestierte Heinrich von Navarra lautstark gegen solche Zuweisungen und Apanagen und erklärte, er ziehe es für sich vor, »eher darauf zu verzichten, daß die Anstifter der Bartholomäusnacht verfolgt werden, als das Königreich auf diese Weise zerstückelt zu sehen«. Condé verübelte ihm die Proteste und meinte, sie seien nicht aus eigenem Antrieb entstanden, sondern von der Königinmutter angeregt worden. Den beleidigenden Vorwürfen fügte er noch eine Art brutaler Exkommunikation hinzu. »Aus Angst, etwas von seinen Ansprüchen aufgeben zu müssen, hat der König von Navarra bis heute nichts anderes als den Katholizismus bekennen wollen. Soll er es also auch den Hugenotten überlassen, ihre Angelegenheiten selbst zu vertreten, und sie nicht daran hindern. Wir sind bisher sehr gut ohne ihn ausgekommen.«

Auf diese Weise aus der Gemeinschaft der Hugenotten und durch seine Flucht vom Hof ausgeschlossen, in den eigenen Augen unglaubwürdig durch den geringen Widerhall seiner Flucht, erkannte Heinrich von Navarra die Schwäche seiner Position. Er begriff auch, daß er als Katholik große Mühe haben mußte, sich der Gruppe der »Politischen« anzuschließen, deren Führer er werden wollte und die zum großen Teil aus Hugenotten bestand. Der eifersüchtige und düstere Hochmut ihrer Religion würde es auch den weniger kämpferischen Kalvinisten immer verbieten, sich unter einem katholischen Banner zusammenzufinden. Es mußte viel einfacher sein, die gemäßigten Katholiken in eine Bewegung der protestantischen Richtung einzubeziehen, falls sie das Programm von Eintracht und Toleranz verwirklichte.

Zweifellos wogen solche politischen Überlegungen schwerer als irgendwelche religiösen Bedenken gegen den neuen Religionswechsel. Heinrich nahm die Ankunft seiner Schwester in Niort wahr, um in ihrer Begleitung am 13. Juni 1576 wieder zur

Predigt zu gehen. Dann begab er sich auf eine feierliche Reise nach La Rochelle, dem Mekka des Kalvinismus. Er wurde hier glanzvoll aufgenommen und empfing, wie Sully berichtet, außer dem Thronhimmel sämtliche Ehren, die dem König von Frankreich zustanden. Mit der aufsehenerregenden Rückkehr zur reformierten Kirche tat Heinrich von Navarra den ersten Schritt, um wieder zum natürlichen Oberhaupt der hugenottischen Partei zu werden, die Condé während seiner Gefangenschaft geleitet hatte. Und es mißfiel ihm keineswegs, den Vetter wieder ins zweite Glied zu schicken, und sei es zur Vergeltung für die verächtlichen Worte, mit denen Condé ihn gekränkt hatte.

Am 6. Mai 1576 wurde im Kloster Beaulieu bei Loches jener »Frieden von Monsieur« unterzeichnet, der die Gegner des Hofes »mit gutem Geld« belohnte und den Protestanten ungewöhnliche und unerwartete Vorteile brachte. Man braucht sie hier nicht aufzuzählen, weil der Vertrag, der angeblich den ewigen Frieden begründen sollte wie alle seine Vorgänger auch, schon am Tag nach der Unterzeichnung gebrochen wurde. Seine historische Bedeutung ist trotzdem nicht zu übersehen, denn aus ihm ging das furchtbare Instrument der Bürgerkriege hervor, die Liga.

Die französischen Katholiken hatten weder begriffen noch gutgeheißen, daß die Protestanten so viele Zugeständnisse erhielten, daß die Bartholomäusnacht verurteilt und die Schäden wiedergutgemacht, die Opfer rehabilitiert wurden. Paris weigerte sich, diesen schmachvollen Friedensschluß mit Freudenfeuern zu feiern; Kantoren und Kanoniker lehnten es überall ab, das zeremonielle Te Deum anzustimmen. Die Provinz teilte die Ablehnung, und in Péronne organisierte sich der erste offene Aufruhr gegen die königliche Autorität.

Der Vertrag von Beaulieu teilte Condé diese Stadt als Festung zu, doch die Einwohner weigerten sich, sie einem protestantischem Fürsten auszuliefern, und forderten die ganze Provinz auf, zur Verteidigung eine katholische Liga zu bilden. Sie beriefen sich auf ähnliche Bündnisse, die sich unter Karl IX. in der Bourgogne und in der Guyenne zusammengefunden hatten, doch der Vergleich hinkte, denn die alten Ligen wollten die Anwendung der Edikte sichern, die neuen sie aus der Welt schaffen. Die Schwäche der königlichen Macht wurde hier grundsätzlich vorausgesetzt: die Verbündeten hatten vor, die Verteidigung von

Religion und Land in eigene Hände zu nehmen. Diese Absichten entsprachen so sehr dem allgemeinen Empfinden, daß sich überall im Lande mit überraschender Geschwindigkeit eine Liga nach der anderen bildete; ganz Frankreich war schließlich damit überzogen. Sie fanden sich schließlich in einem gemeinsamen Bund zusammen, deren Anführer Heinrich von Guise war. Jetzt mächtiger als der König selbst, konnte er seine Politik entfalten und versuchen, die Herrschaft an sich zu reißen.

Der plötzliche Aufstieg der Liga und das Aufflammen des Volksempfindens, dem sie Gestalt gab, versetzten den Hof in Angst und Schrecken. Der König unternahm so gut wie nichts, um den Aufstand von Péronne zu unterdrücken, und beschränkte sich auf platonische und enttäuschte Mißbilligung: »Es mißfällt mir außerordentlich, daß die Einwohner von Péronne beschlossen haben, meinen Befehlen nicht mehr zu gehorchen.« Als sich die Bewegung dann so weit entwickelt hatte, daß sie schon fast einen Staat im Staate bildete, hielt es Heinrich III. im Bewußtsein seiner Ohnmacht für geraten, ihr Beifall zu spenden und sie in seinen Schutz zu nehmen. Er trieb die Schamlosigkeit bis zu der Erklärung: »Die Hugenotten haben gesagt, daß diese Bündnisse ohne meine Anordnung gegründet worden wären; das ist falsch. Ich werde sie in meinem ganzen Königreich einrichten, und ich werde dabei nicht ruhen.«

Zwei Monate zuvor hatte er sich auf die Seite der Reformierten gestellt, jetzt trat er seine Macht den Leuten ab, die sie vernichten wollten. Denn darum ging es. Die Liga erlaubte nicht einmal Unentschiedenheit oder Neutralität: »Alle, die sich weigern, der Liga beizutreten, werden als Feinde behandelt und mit der Waffe verfolgt werden.«

Der Umschwung, die Wankelmütigkeit, mit der sich der König einem solchen Programm verschrieb, ist nur mit der äußersten Schwäche seiner Herrschaft zu erklären. Er war nicht imstande, Druck standzuhalten. Seine Autorität war so gut wie nicht vorhanden, seine Existenz gefährdet. Denn zur Aufregung der Geister kam die Leere des Staatssäckels. Der Hof lebte von der Hand in den Mund und mußte dazu Ämter verkaufen und Kronjuwelen verpfänden.

Die Protestanten waren erstaunt, ja verblüfft über die heftige katholische Reaktion, die von der Liga aufgegriffen und ausgedrückt wurde. Ihre passive Haltung zeigt, daß sie sich unterlegen fühlten. Bis dahin hatten sie immer aus ihrem Unglück den plötzlich aufflammenden Mut und den Schwung geschöpft. Diesmal verzichteten ihre Anführer darauf, den Widerstand zu organisieren und ihre Städte zu befestigen, und begnügten sich damit, allen Kirchen Gebete und »außerordentliche« Fastenzeiten vorzuschreiben.

Aus allem läßt sich erkennen, daß die mächtige Ausbreitung der Liga im Augenblick nicht einzudämmen war. Die für den November 1576 nach Blois einberufenen Generalstände, denen der »Frieden von Monsieur« vorgelegt werden sollte, bestätigten wenigstens der Form nach ihren Triumph. Denn wenn auch das Edikt von Beaulieu verworfen und die reformierte Religion grundsätzlich verboten wurden, konnten keine Zwangsmaßnahmen gegen die Hugenotten einer Versammlung abgerungen werden, deren Debatten verworren und deren Empfehlungen mehrdeutig, manchmal sogar in sich widersprüchlich waren. Das heißt nicht, daß die Protestanten hier Gelegenheit fanden, ihre Sache zu verteidigen. Sie waren völlig in der Minderzahl gegen eine große, von der Liga abgestempelte Mehrheit. Allein Heinrich von Navarra formulierte die Haltung der hugenottischen Seite in einem sehr bestimmten und sehr würdigen Manifest, das sich völlig von den lärmenden Protesten Condés zu dieser Zeit abhob. »Die Religion«, heißt es in dem Manifest, »pflanzt sich in das Herz der Menschen kraft der Lehre und Überzeugung und ist stark durch ein beispielhaftes Leben und nicht durch das Schwert. Wir alle sind Franzosen und Bürger desselben Landes. Deshalb müssen wir uns in Vernunft und Freundlichkeit einigen und nicht durch Strenge und Grausamkeit.«

Vor den Ständen in Blois spielte Heinrich III. seine Parteinahme zynisch aus. Er schickte die Guisen ins zweite Glied, indem er sich selbst zum Haupt der Liga ernannte. So entwürdigte sich der König von Frankreich zum Chef einer Verschwörung, und da er seine traditionelle Aufgabe, Vater aller Untertanen zu sein, verfehlt hatte, wurde er zum Feind eines Teiles seines Volkes, bereit, ihn mit Gewalt in den Schoß der Kirche zurückzuführen. Allerdings: um so umfangreiche Polizeimaßnahmen durchzuführen, wie sie die Stände für notwendig und gerecht hielten, forderte er einen Kredit von zwei Millionen in Gold, was dazu führte, daß sich der kriegerische Eifer der Abgeordneten sofort beruhigte; die des Dritten Standes waren als erste beschwichtigt; sie wußten nur allzu gut, daß sie allein die Kosten einer Auseinandersetzung mit Waffengewalt zu tragen hätten. Also beschloß man, die Einheit der Religion »mit aller Milde und ohne Krieg« wiederherzustellen. Der König schickte die Stände nach Hause, nachdem er ihnen erklärt hatte, »da sie keinen Krieg mit den Hugenotten beginnen wollten, bleibe ihm nur, mit ihnen einen Vertrag zu schließen«. Das geschah dann sechs Monate später, am 17. September 1577, im Frieden von Bergerac.

Der »Frieden von Monsieur« hatte Heinrich von Navarra in seinem Amt als Gouverneur der Provinz Guyenne bestätigt. Zwischen seinem Aufbruch aus La Rochelle am 4. Juli 1576, nach seinem unübersehbaren Religionswechsel und dem offiziellen Bruch des Vertrags von Beaulieu zu Beginn des Jahres 1577, lagen sechs bis sieben Monate, in denen er sich der Verwaltung und Befriedung seiner Provinz widmete. Hier herrschten wie in ganz Frankreich Durcheinander, Armut, politische und soziale Anarchie. Waffenstillstände und nachfolgende Friedensschlüsse hatten seit fünfzehn Jahren die Unruhen höchstens dämpfen können, und das schreckliche Gefolge der Bürgerkriege war nie aus dem Lande gewichen: Privatrache unter dem Deckmantel religiösen Eifers, Plünderung, Brandstiftung, Zerstörung überall. Die königliche Macht wurde in ihren Stellvertretern nicht anerkannt oder gar verhöhnt, Steuereintreibung war zur Plage geworden, die Ausübung der Justiz so gut wie unmöglich, »da sich kein Sergeant und kein Justizbeamter aus der Stadt herauswagt, um etwas durchzusetzen«. So übte jeder seine eigene Gerechtigkeit – und damit war die Anarchie da. Viele Handwerker und Landarbeiter, die es müde waren, in Abständen immer wieder von ihrer Arbeit weg in den Dienst einer Partei gezwungen zu werden, waren schließlich zu Räubern und Dieben geworden. Der Boden, »seiner fleißigen Arbeiter beraubt«, ohne Vieh für die Ackerbearbeitung, lag brach. Das Land war fast entvölkert. Allein im Agenais waren viertausend Häuser verbrannt oder auf andere Weise zerstört worden.

Der König von Navarra macht sich an die Arbeit. Es gelingt ihm, die elende Lage zu bessern und zunächst seine Autorität als Gouverneur der Provinz durchzusetzen, was keineswegs die leichteste seiner Aufgaben ist. Seiner Mäßigung, seinem Witz und seiner Freundlichkeit gelingt die friedliche Eroberung des Gebiets. Sogar der gefürchtete Montluc unterwirft sich seinen Anordnungen: viele katholische Edelleute gewinnen ihm ohne jede Gewalt die befestigten Orte, und bald kann er seine wirksamen, vorsorglichen Maßnahmen auf die ganze Provinz ausdehnen. Die Städte erhalten ihm ergebene Gouverneure und zuverlässige Garnisonen. Nur Bordeaux sperrt sich, »von Gerede und Gerüchten erfüllt«. Als ihm die Bordelaiser verbieten, durch ihre Stadtmauern zu ziehen, antwortet Heinrich, der sich in der Zeit seiner Gefangenschaft in Geduld geübt hat, nur mit Mahnungen zu Eintracht und Einheit. »Ich bitte Sie um ein ganz anderes Verhalten, daß sich jeder an seine Pflicht hält und daß fortan die Autorität des Königs, meines Herrn, in meiner Person besser geachtet werde als bisher.«

Alle Maßnahmen, die er einführt, dienen zur Beruhigung der Gemüter, seine Haltung ist immer auf das gegenseitige Verständnis der Franzosen unter der Autorität des Königs gerichtet. Man darf sich aber nicht täuschen: die Motive, die in seinen Maßnahmen erkennbar werden, sind nicht geeignet, sein Ansehen bei der hugenottischen Partei zu stärken; der Geist des Aufruhrs schwelt, und Condés offene Forderungen finden viel mehr Zustimmung als das kluge Vorgehen des Königs von Navarra. Doch dieser dreiundzwanzigjährige Fürst, der sich im Rahmen einer Provinz zu bewähren hat, sieht bereits fernere Horizonte. Seine politischen Ansichten gelten dem ganzen Frankreich. Er wünscht die Wiederherstellung der königlichen Autorität im Lande und verliert nie aus den Augen, daß sich seine Interessen als eines Prinzen von Geblüt auf höherer Ebene mit den Interessen der Krone decken. »Mein privates Interesse«, schreibt er, »verschmilzt mit dem allgemeinen; ich bin stärker an der Erhaltung und dem Neuaufbau dieses Königreichs interessiert als jeder andere Mensch auf der Welt.«

Ihm ist klar, daß die Guisen nicht nur eine gelegentliche und vorübergehende Aneignung der Macht im Lande anstreben, sondern daß es ihr Ziel ist, die Nachkommen Karls des Großen, dessen Erbe zu sein Herzog Heinrich behauptet, wieder »auf den Thron zu bringen«; wenn die Abstammung auch völlig ungesichert ist, wird sie doch dreist vorgebracht. Für diesen großangelegten Plan haben die Guisen bereits versucht, dem Papst klarzumachen, daß die Kapetinger die Krone usurpiert hätten und im wohlverstandenen Interesse der Christenheit »degradiert« werden müßten. Gegen Drohungen aller Art, die von den Guisen gegen Krone und Land vorgebracht werden, ist die beste Abwehr ein starkes und hinter seinem König geeinigtes Frankreich. In diesem Geist versucht Heinrich, für sein Gouvernement Guyenne und sein souveränes Herrschaftsgebiet die Grundsätze einer Autorität durchzusetzen, die unmittelbar aus der Person des Königs hervorgeht. Die loyale Anwendung seiner Erlässe ist der Angelpunkt; und nur das Ende der religiösen Streitigkeiten kann wieder eine starke Macht in einem befriedeten Land zum Zuge bringen.

Dieses politische Konzept hat der Béarner niemals aufgegeben. Doch bevor er sie zum Siege führen konnte – welche Wechselfälle der Politik hemmten ihn und machten sogar seine Grundsätze fragwürdig und unsicher! Anfang 1577, am 6. Januar, zerfällt das religiöse Statut, das der »Frieden von Monsieur« aufgestellt hat, in Scherben, gerade in dem Augenblick, als der König von Navarra es in seiner Provinz anwenden will. Sofort sind die Ergebnisse vernichtet, die er so mühsam gegen Widerstand und Querschläge beider Parteien und unter Mißachtung seiner eigenen Beliebtheit in beiden Lagern errungen hat.

Dieser Schlag gegen seine Friedenspolitik erinnert ihn daran, daß er schließlich der Anführer der Hugenotten ist oder doch einer von ihnen, denn die unruhigen Elemente der Partei schließen sich lieber der Unbeugsamkeit Condés an. Condé beginnt bereits mit dem Aufbau einer Gegen-Liga der französischen Kalvinisten und will Elisabeth von England und die protestantischen deutschen Fürsten dafür interessieren. Erst später enthüllt diese Verbindung ihre Ziele und ihre Mittel; zunächst reizt sie nur den König und die Guisen und führt doch zu dem außerordentlich kostspieligen Waffengang gegen die Protestanten, den die Stände in Blois vermeiden wollten.

Doch fehlt es an Geld, und der Krieg wird ohne Nachdruck geführt. Er beschränkt sich auf Angriffe von zwei königlichen Armeen, deren eine, die bis in die Auvergne vorstößt, von Monsieur, dem Bruder des Königs, geführt wird; er ist jetzt Herzog von Anjou und Alençon und hat seit dem Frieden von Beaulieu die Sache der nationalen Versöhnung schleunigst aufgegeben, was sich besonders deutlich in der Wut zeigt, mit der er die Belagerung von Issoire gegen die Hugenotten führt. Die andere Armee unter dem Befehl von Mayenne, dem jüngeren Bruder Heinrichs von Guise, soll in der Saintonge gegen Condé operieren, der allerdings in diesem Feldzug bei weitem nicht die außergewöhnlichen Talente entfaltet, die seine Parteigänger ihm unbedacht zugeschrieben haben. Die militärische Lage ist für die Protestanten denkbar ungünstig. Zwar sind die königlichen Streitkräfte keineswegs besonders kampfstark, haben es aber nur mit einem schlecht organisierten, durch innere Uneinigkeit geschwächten Gegner zu tun.

Heinrich von Navarra kann den Protestanten nicht zu Hilfe kommen, denn er hat in der Guyenne und in der Gascogne genug zu tun, um die Truppen abzuwehren, die Admiral de Villars, der für ihn eingesetzte *lieutenant*, unentwegt gegen seine Garnisonen und befestigten Plätze wirft. Sechs Monate hindurch muß er sich immer neuen Stürmen stellen, ist immer im Felde, an der Spitze kleiner hugenottischer Verbände, die durch eine große Zahl für ihn gewonnener Katholiken verstärkt wird – die erste und historisch nicht unwichtige Wirkung einer Politik, die darauf gerichtet ist, alle Anhänger der Gewissensfreiheit unter einer Fahne zu vereinen.

Dieser Krieg, der so chaotisch verläuft, daß man die zeitliche Folge der einzelnen Treffen nicht einmal mit Sicherheit feststellen kann, rückt die militärische Begabung des jungen Königs von Navarra ins rechte Licht. Immer aufs neue beweisen sich seine fröhliche Unerschütterlichkeit, sein unbekümmerter Mut; er zeigt seine Begabung für Handstreiche und Überrumpelungen, wobei ihm sein ungewöhnliches Bewegungsbedürfnis sehr hilft. Auch seine angeborene Fähigkeit, die Männer mit sich zu reißen, überzeugt in diesen Kämpfen, in denen er immer in vorderster Linie zu finden ist. Vor allem aber wird der Krieg durch ihn in gewisser Weise vermenschlicht. Das Mitleid mit dem besiegten Feind, die Sorge, das Blutvergießen auf das unbedingt notwendige Maß zu beschränken, die Achtung vor den Schwachen und Gedemütigten verlassen ihn nie. Dieser Heerführer von dreiundzwanzig Jahren kann seinen in unbarmherzigen Kriegen verhärteten Gefährten nur mit Mühe beibringen, daß Mitleid im Waffenkleid eine königliche Tugend ist. Und schon aus dieser Zeit stammen die ersten faßbaren Beispiele für sein Mitgefühl mit den Armen, das er später so oft bewiesen hat. Stets sieht man ihn bemüht, ihnen Leib und Leben, Hab und Gut zu retten, »da er nichts« – so proklamiert er in diesem Jahr 1577 – »so sehr verabscheut wie die Bedrückung des Volkes«. Unbarmherzig verfolgt er Männer, die Gewalt und »Diebstähle« verüben. In Montauban verkündet er die Todesstrafe für den, der schuldig befunden wird, Bauern und Landarbeiter belästigt zu haben. Diese offizielle Anerkennung des Rechts der Schwachen in einer Zeit gedankenloser Gewalttätigkeit bildet schon einen Anspruch des Königs von Navarra auf die große Popularität, die seit mehr als drei Jahrhunderten mit der Erinnerung an ihn verbunden ist.

Heinrich III. bot den Hugenotten in dem Augenblick Frieden an, als sie offensichtlich den Krieg nicht mehr weiterführen konnten. Die Gründe für diesen plötzlichen und unerwarteten Wechsel sind nie ganz geklärt worden. Fürchtete der König, auf die Hilferufe der kalvinistischen Gegenliga könnten die deutschen Fürsten ein neues Söldnerheer [reîtres] nach Frankreich schicken und das Land verwüsten? Fürchtete er, daß sich La Rochelle schließlich den Engländern ausliefern werde? Es ist wahrscheinlicher, daß sich Katharina von Medici, immer noch ihrer Schaukelpolitik hingegeben, der Vernichtung der Hugenotten widersetzt hat, um der Übermacht der Guisen eine Macht entgegenhalten zu können. Jedenfalls wurde der Frieden rasch im Vertrag von Bergerac am 15. September 1577 geschlossen. Das Edikt von Poitiers, das ihn bestätigte, verkündete die Befriedung des Landes, die sich von der von 1576 nur dadurch unterschied, daß den Reformierten die öffentliche Religionsausübung etwas beschnitten und ihnen nicht so viele befestigte Plätze zugestanden wurden. Immerhin zogen sich die Hugenotten sehr gut aus der Affäre, und Heinrich von Navarra, der den Vertrag allein ausgehandelt hatte, steigerte sein Ansehen bei seinen Gesinnungsfreunden. Er war nun wieder ihr Anführer, er hatte ganz allein in ihrer aller Namen gesprochen, ohne Condé auch nur zu Rate zu ziehen. Freilich durfte Condé bei seiner auffälligen Erfolgslosigkeit nichts übelnehmen. Der Vertrag befreite ihn sogar aus einer schwierigen Lage, und er war darüber so froh, daß »der Kurier, der die Nachricht nach Saint-Jean-d'Angély brachte und bei Nacht ankam, sie sofort bei Fakkelschein verkünden mußte«.

Heinrich III. empfand den Vertrag von Bergerac als persönlichen Erfolg. Er nahm ihn zum Anlaß, alle »Ligen, Verbindungen und Bruderschaften« zu verbieten, ob protestantisch oder katholisch. Sie seien nun, meinte er, in dem hoffentlich endgültig befriedeten Königreich gegenstandslos geworden. Das hieß nun allerdings, ein Taschenspielerkunststück ziemlich unverschämt herauszustreichen. Doch Heinrich III. glaubte, er habe den Weg gefunden, um die Tyrannei der Guisen abzuschütteln. Er mußte seine Erwartungen rasch herabschrauben. Die Guisen traten durchaus nicht in den Hintergrund, und auch das Edikt zur Befriedung des Landes wurde bei weitem nicht allgemein beachtet. Der von allen Parteien beschworene Frieden wurde von allen gleicherweise gebrochen, denn die Leidenschaften waren nicht erloschen, und der glimmende Groll brach immer wieder aus. Die Provinzen im Süden des Landes standen weiterhin unter Waffen, denn hier kam es häufig zu blutigen Unruhen. Zwar haben sich die Historiker darauf geeinigt, von acht Friedensjahren als Frucht des Vertrages von Bergerac zu sprechen, aber es war ein völlig unsicherer, höchstens relativer Friedenszustand. Gewiß, die dramatischen Auseinandersetzungen zwischen den beiden Konfessionen wurden durch eine lange Pause unterbrochen, denn tatsächlich kam es in den acht Jahren zu keiner Kriegserklärung und keinem organisierten Aufstand, der ganz Frankreich erfaßt hätte. Doch zahlreiche einzelne Zwischenfälle sorgten nicht weniger für ständige Aufregungen, bei denen Arkebuse und Rapier ihre Rolle spielten. Daß es sich oft um romantische Begebenheiten handelte, die reichlich Stoff für die »Mantel- und Degen«-Literatur boten, darf nicht vergessen lassen, daß es sich häufig um blutige Zwischenfälle handelte, die sich eben nur durch ihren romantischen Anstrich von der düsteren Wildheit und den schrecklichen Verheerungen der voraufgegangenen Zeiten unterschieden. Doch daß ein Schloß plötzlich überfallen, daß seine Bewohner mehr oder weniger munter massakriert wurden, daß ein Dorffest mit einem Blutbad endete, war nicht selten und sicherlich nicht das Zeichen einer friedlichen Zeit.

## 3. Kapitel: Der Hof von Nérac und der »Krieg der Verliebten«

Trotz allem war diese ständig von unangenehmen Überraschungen bedrohte Zeit heiter: »Man lebte in der Epoche der Renaissance, und war die Zeit nach dem Massaker der Bartholomäusnacht wie düsterer Winter gewesen, so schien jetzt ein neuer Frühling anzubrechen.«

Der junge König von Navarra, der sich gleich nach dem Frieden von Bergerac wieder an seinen kleinen Hof begeben hatte, genoß die allgemeine Heiterkeit. Er überließ die Hauptstadt seines Landes, Pau, seiner Schwester Catherine und richtete sich mitten in seinem Lande, in Nérac, ein, in dem Schloß der Familie, das seine Vorväter gebaut hatten und das jede Generation wohnlicher und schöner gemacht hatte. Es muß ein hübsches Schloß gewesen sein; heute steht nur noch ein Flügel, aber im Museum von Nérac kann man ein getreu rekonstruiertes Modell bewundern. Zu Füßen lag an der Baïse ein hübscher Orangengarten mit vielen Springbrunnen, einem reizenden, ländlichen kleinen Park, in dem der Besucher heute noch auf den Spuren des Königs von Navarra spazieren kann.

Das war der malerische Rahmen, in dem er seinen Junggesellenhaushalt einrichtete und in dem er, wie er sagt, »ohne jedes Zeremoniell, nur damit beschäftigt, sich eine gute Zeit zu machen«, lebte. Seine Zerstreuungen entsprachen seinem lebhaften und beweglichen Temperament: Er verbrachte ganz gewiß nicht seine Zeit mit der Lektüre von Plutarch, wie uns ein Historiker der Restaurationszeit weismachen möchte, und noch weniger damit, über die Probleme seines Lebens nachzudenken. Wir können uns sicher an Scaliger halten: »Es gibt zwei Dinge, die er nicht fertigbringt: lesen und ernst zu bleiben.«

Der König machte sich den Aufenthalt in Nérac angenehm

durch täglichen Ballsport [gespielt wurde damals überall *paume*, für das man einige Plätze mit Tribünen anlegte], und er wurde nicht müde, »sich auf der Jagd zu vergnügen«. Bald jagte er bei seiner Mühle Barbaste, bald ritt er weit fort zur Hirschhatz oder stieg ins Gebirge, um Bären zu erlegen. Besonders gern besuchte er »seine Kumpane«, von denen er so viele in der festverwurzelten Adelsgesellschaft seiner Heimat hatte. »Seine Majestät hat auf dem Lande diniert, soupiert und geschlafen«, heißt es oft in den Registern, die sein Tun und Treiben festhielten. Es gab keine Hochzeit und keine Taufe der Edelleute und sogar der Bürger seiner Umgebung, bei der er nicht erschien, oft ohne Einladung. Sein Übermut belebte jedes Familienfest mit seinem dröhnenden Gelächter, mit immer neuen Scherzen. Wo er auch erschien, freute sich alles, jeder stimmte in die überschäumende Lebensfreude ein, teilte seine Scherze. Er war ein Lebenskünstler, er genoß alle Freuden des Lebens, schöne Gärten wie eine gute Tafel, Frauen und Pferde, heftige körperliche Bewegung, munteres Geschwätz.

Wenn wir uns auch nicht damit aufhalten wollen, dem jungen König die Sarabande seiner Freuden nachzutanzen, muß doch wohl bemerkt werden, daß er seinen Aufenthalt in Nérac mit zahlreichen Liebesabenteuern schmückte, die keineswegs in aller Augen immer sehr standesgemäß waren. Wenn seine Liaison mit dem Fräulein von Tignonville, »der kleinen Tignonville«, wie Aubigné sie nennt, noch verhältnismäßig zurückhaltend und von Poesie umhaucht verlief, so hatte der König doch eine lange Reihe von Geliebten, zu denen er sich kaum bekennen konnte. Madame de Montagu mag noch hingehen, aber was soll man von Arnaudine sagen? Und Frau Cachicot? Und über all die anderen bäuerlichen Geliebten eines Tages oder einer Stunde, von denen die Chronisten sogar die Namen vergessen haben wie den der »Göre eines gewissen Goliath«!

Aber wenigstens kann man den jungen König von einer Beschuldigung freisprechen, die giftige Pamphlete gegen ihn vorbrachten: Da gab es einen gewissen Ball in Agen, wo man, statt zu tanzen, auf seinen Befehl hin die Kerzen gelöscht und »eine ganze Anzahl anständiger Damen« auf gemeine Weise entehrt habe. Er verstand sich zu sehr auf die Verführung, um zu unwürdigen Mitteln zu greifen, wie es die bösen Zungen wollten. In der guten Stadt Agen und ihrer Umgebung gab es ohnehin mehr Damen, die über seine Unbeständigkeit verzweifelten, als abweisende, die er sich mit Gewalt gefügig machen mußte. Catherine de Luc hungerte sich zu Tode, weil er sie aufgegeben hatte, und Anne de Cambefort sprang aus dem Fenster, als er sie verließ. Ganz im Gegensatz zu der zynischen Haltung, die ihm seine politischen Feinde ohne die Spur eines Beweises nachsagten, bemühte sich der König von Navarra, in Nérac die heitere Höflichkeit und Galanterie zu verbreiten, die ihm angeboren waren: adlige Herren, Bürger und Bauern konnten sich davon überzeugen. Seine Freundlichkeit und blendende Laune verschafften ihm den Ruf, der später über die Grenzen der Provinz hinausdrang und ihm im ganzen Land die Beliebtheit eintrug, die ein wichtiger Trumpf in den schwierigen politischen Spielen der späteren Jahre wurde. Die vielen Anekdoten, ob bezeugt oder erfunden, die man sich in der Gascogne über ihn erzählte, sprechen für die große Sympathie, die ihm sein freier, vertraulicher Umgang und seine verführerische Art einbrachten.

Beliebtheit allein genügte freilich nicht, um in seinem Gouvernement Ordnung und Duldsamkeit einzuführen. In beiden Lagern verstanden es die Extremen, Streitereien vom Zaun zu brechen, die manchmal in blutige Zusammenstöße ausarteten. In seiner unmittelbaren Umgebung, wo er mit Katholiken und Protestanten in Harmonie leben wollte, vergiftete das Mißtrauen zuweilen die Gespräche. Die Situation in der Provinz wurde immer schwieriger, da der Gouverneur durch den König von Frankreich schlecht unterstützt wurde; man hatte ihm Stellvertreter vor die Nase gesetzt, die seine Maßnahmen ständig durchkreuzten. Zwar erreichte er mühsam die Abberufung des Admirals de Villars, der ihn ganz offen bekämpft hatte, doch dessen Nachfolger wurde der Marschall Biron, der die Schwierigkeiten nur noch verschärfte. Biron, der ihm später so großartig gedient hat, hatte damals nicht die geringste Lust, einem protestantischen Fürsten seine Aufgabe zu erleichtern. Er bemühte sich hemmungslos, Heinrichs Auffassung zu bekämpfen und »seine Pläne zu vereiteln«, er war »immer auf dem Sprung und blieb ihm stets auf den Fersen, um zu verhindern, daß eine aufständische Stadt wieder eingenommen wurde, oder um ihm unter seinen Augen eine andere zu nehmen«. Diese Aufzählung von Birons Bosheiten stammt von einem Nachkommen des Barons de Batz, der Heinrichs unerschütterlichster und zuverlässigster Stellvertreter war; sie läßt erkennen, wie wenig der Friede wert war, den der Vertrag von Bergerac verwirklichen sollte. Die

Dinge spitzten sich so zu, daß in der Guyenne schon wieder der Krieg drohte. Die von Biron ermutigten »lärmenden« Katholiken brachten den König von Navarra um die Freude »an vielen seiner Häuser und Schlösser«. »Ihre Verwegenheit, mit der sie unsere Städte und Orte einnehmen, wächst von Tag zu Tag.« Mit diesen Worten unterrichtet der Béarner den König von Frankreich über den Zustand, den er auf königlichen Befehl beenden soll, »obwohl ich nur dem Namen und Titel nach Gouverneur bin, was mir sehr wenig gefällt, da ich die Ehre habe, für Sie das zu sein, was ich bin«.

Diese Berufung des Königs von Navarra auf die Bande, die ihn mit Heinrich III. verknüpfte, blieb nicht vergebens. Schon seit einiger Zeit hatte er seine Klagen Katharina von Medici vorgetragen und ihr zweifellos seine guten Dienste angeboten, wenn er sich dafür Birons lästige Übergriffe vom Halse schaffen konnte. Im Namen ihres Sohnes regierte immer noch die Königinmutter, allerdings in dem engen Spielraum, den ihr der Einfluß der Guisen, das Ungestüm des Herzogs von Alençon, die finanziellen Schwierigkeiten und die schwelende politische Anarchie noch ließen. Sicherlich versuchte Heinrich von Navarra seine Schwiegermutter auf seine Seite zu bringen, als er den Wunsch aussprach, das durch seine Flucht vom Hofe unterbrochene Eheleben wieder aufzunehmen. Sein Wunsch wurde sehr begrüßt, die Abreise Marguerites nach Nérac sofort beschlossen. Die Königinmutter selbst begleitete ihre Tochter in die Gascogne, um, wie sie sagte, die Wiedervereinigung der Gatten zu feiern, doch sicherlich in der geheimen Absicht, bei dieser Reise einige politische Winkelzüge zu erledigen, die ihr seit langem im Kopf herumgingen. Sie wollte die wahre Stärke der Reformierten im Süden Frankreichs kennenlernen, »ihre Verbindungen, die Fähigkeit und den Eifer der Anführer, um sie miteinander zu entzweien oder durch große Zugeständnisse zu gewinnen«. Außerdem gedachte sie aus der Reise eine großartige Werbung für das Ansehen der Krone zu machen, nach dem glänzenden und geräuschvollen Aufzug zu urteilen, der sich nach unerklärlichen Verzögerungen am 2. August 1578 endlich auf den Weg machte. Dreihundert Personen mindestens und eine gewaltige Menge Gepäck! Die Königinmutter nahm ihren ganzen Haushalt als Gefolge mit und natürlich auch einen Schwarm hübscher Frauen, mit dem sie immer »die Mittel ihrer Diplomatie zu erweitern« suchte. Der Kardinal von Bourbon und der Herzog von Montpensier machten die Reise mit. Dann ein gewaltiger Troß von Figuren, die in ihrer oft malerischen Aufmachung aus einem orientalischen Märchen zu stammen schienen, Flöten- und Sackpfeifer, zwei Hofmarschälle für die Unterkunft der Mädchen, einen Lakai für jede wackelnde Kutsche, drei Laufburschen, einen Goldschmied, zwei Kellermeister, einen »gemeinen Barbier, der den Pagen das Haar richtet«. Der Schatzmeister der Expedition, ein Monsieur d'Estors, trug den großartigen Titel »General der Finanzen«. Aus unerfindlichen Gründen hatte man auch Madame de Sauve, Heinrichs einstige Geliebte, eingeladen.

Alle Welt war voller Begeisterung, bis auf die Königin von Navarra, von der uns Brantôme versichert, daß sie »mit großem Bedauern und gegen ihren Willen« teilnahm; kein Wunder – sie hatte sich im Eheurlaub sehr wohl gefühlt. Aber sie machte gute Miene zum bösen Spiel, begeisterte die Bevölkerung durch Schönheit und Eleganz und überzeugte mit ihrer Beredsamkeit sogar die in diesem Punkt recht anspruchsvollen Bordelaiser.

Ausgerechnet in Bordeaux wollte man Heinrich von Navarra treffen; aber er grollte der Stadt, die sich seit einem Jahr immer noch weigerte, ihn zu empfangen. »Ich ziehe einen Ort vor, wo ich erwünscht bin«, meinte er und bestimmte »ein einsames Haus« in Casteras, auf der Mitte zwischen Saint-Macaire und La Réole, zum Treffpunkt. Am festgesetzten Tag, dem 2. Oktober 1578, erschienen die beiden Königinnen pünktlich, mußten aber eine gute Stunde auf den Béarner warten, der dann mit einem glänzenden Gefolge von 600 adligen Gascognern eintraf. Er war sorglos, selbstzufrieden, ungezwungen, schien sich wohl zu fühlen, »grüßte sehr achtungsvoll« seine Schwiegermutter und ihr Gefolge und küßte »zweimal« seine Frau. Diese erste Begegnung fiel wenig herzlich aus, und Marguerite konnte sich sofort davon überzeugen, daß ihr Gemahl die Zeit ohne sie zumindest ohne tiefe Verzweiflung überstanden hatte. Die Reise wurde fortgesetzt, ohne daß Heinrich seiner Frau große Freude über das Wiedersehen bezeugte. Seine Bemühungen um sie waren, wie uns versichert wird, ziemlich lau. »Er kommt und geht«, berichtete ein Biograph Marguerites, »reitet voraus, bleibt zurück und verschwendet viel mehr Aufmerksamkeit auf die bunte Schar hübscher Mädchen, die Katharina von Medici immer um sich hat.«

In Toulose wurde die Königin von Navarra von einem heftigen Fieber befallen, und erstaunt erlebten die Parlamentsräte, die sie besuchen wollten, daß sie ganz hinten im Alkoven lag, während Geistliche Choräle sangen. Der feierliche Einzug in Nérac fand am 15. Dezember 1578 statt und eröffnete eine lange Reihe von Vergnügungen und Festen, wobei die beiden vereinten Höfe miteinander an Galanterie wetteiferten. Rosny verliebte sich wie alle anderen. »Die Liebe war zur wichtigsten Sache für alle Hofleute geworden«, schreibt er. Schon traf der König von Navarra seine Wahl unter Katharinas Damen. Der Madame de Sauve schenkte er keinen Blick, war aber hingerissen von Dayelle, einer schönen Griechin, die der Plünderung Zyperns entgangen war. Ohne deshalb die provinziellen Reize der kleinen Tignonville zu übersehen und gegen seine Frau »so voller Achtung und Freundschaft, wie sie es nur immer wünschen konnte«. Kurzum, die Ehe hatte sich ganz reibungslos wieder in das Klima belustigter Gleichgültigkeit und etwas komplizenhafter gegenseitiger Nachsicht gefunden.

Wenn sich Katharina von Medici in das Liebesgetändel bei Hofe mischte, verfolgte sie damit natürlich ihre eigenen Absichten und verlor nie die großen Pläne aus den Augen, die sie sich für die Reise in die Gascogne vorgenommen hatte. Nach der Begegnung von Schwiegersohn und Tochter in Casteras begann sie mit ihrem Programm: Sie wollte den König von Navarra mit Marschall Biron versöhnen. Der Anfang verlief nicht gerade ermutigend.

Brantôme hat in einem kurzen Satz die Gründe für die Gegensätze zwischen dem Gouverneur der Guyenne und seinem Stellvertreter genannt – offenbar grundsätzlicher und unausrottbarer Widerwillen: »Zwischen zwei Eigensinnigen und zwei Tapferen stellt sich das Verständnis nur unter Schwierigkeiten ein.« Armand de Gontaut, Baron von Biron, war achtundzwanzig Jahre älter als der König von Navarra und hatte es nicht hingenommen, daß ein junger Mann in der Guyenne die Autorität erreichte, die er sich selbst vorbehalten glaubte. Er war ein intelligenter und tüchtiger Krieger, doch von unbändigem Stolz verleitet, die eigenen Verdienste zu überschätzen, und seine Unbeugsamkeit verweigerte sich jeder Versöhnlichkeit. Er konnte die Eifersucht auf den König von Navarra nicht ablegen – er war nicht der Mann, der bereute und widerrief. Navarra wiederum hatte sich zu sehr über Birons Eigenmächtigkeiten geärgert, um auf Aussöhnung mit einem Mann zu drängen, der ihn durch seine Anmaßung wie durch seine groben Manieren und seine störrische Miene abstieß. Die Königinmutter sah sich nicht nur um den Lohn ihrer diplomatischen Bemühungen gebracht – die beiden Männer fuhren sich fast an die Kehle, als sie zusammentrafen; der Marschall hatte sich »stark in Zorn« gesteigert, und der König von Navarra sprach mit ihm »schroffer, als man erwartet hatte«. Nach dieser Auseinandersetzung schrieb Katharina von Medici, die ihrem Sohn gern optimistische Berichte schickte, daß sich der König von Navarra und Biron »mehr schlecht als recht verständigt« hätten. Eine vieldeutige Formulierung, die jedenfalls nicht darauf hindeutete, daß sich die beiden Herren bald »in einem guten Verhältnis« befinden würden.

Das eigentliche Anliegen der Königinmutter war aber eine Konferenz der reformierten Abgeordneten, bei der sie, wie sie erklärte, die beste Durchführung des Edikts zur Befriedigung des Landes mit den Reformierten besprechen wollte; in Wahrheit wünschte sie sich einen genauen Überblick über die wahre Stärke der Kalvinisten zu verschaffen und ihre Absichten zu sondieren. Während der ganzen langen Fahrt der doppelten königlichen Karawane durch die Gascogne bis Nérac lag sie ihrem Schwiegersohn mit diesem Ansinnen in den Ohren. Die Verhandlung war schwierig, weil Navarra nicht bereit war, die Einberufung einer Versammlung zu erleichtern, von der er sich eher ungünstige Wirkungen als Vorteile versprach. Er ließ sich nicht festlegen und entschlüpfte durch ständiges Kommen und Gehen den drängenden Vorhaltungen seiner Schwiegermutter. Als er sich den Gesprächen nicht mehr entziehen konnte, vereitelte er den ganzen Plan dadurch, daß er unannehmbare Orte oder unpassende Daten für die Versammlung vorschlug.

Am 20. November, als man Auch erreicht hatte, kam es zu Blitz und Donner, die für lange Zeit einen glücklichen Ausgang der ohnehin so schwierigen Verhandlungen verhinderten. Auf einem Ball, bei dem die beiden Höfe an Galanterie und Heiterkeit wetteiferten, erhielt Heinrich die Nachricht, daß sein befestigter Platz La Réole in die Hände der Katholiken gefallen war. Der alte Baron d'Ussac, ihr Gouverneur, hatte sich bis dahin als eifriger Kalvinist erwiesen, sich aber, als die Karawane durch die Stadt zog, sterblich in eine Amazone aus Katharinas Schwadron verliebt, Anne d'Acquaviva, die Tochter des Herzogs d'Atrie, die sich gehütet hatte, den Schmachtenden abzuweisen, obwohl er so alt war und nicht gerade anziehend aussah. Um sich für die Witze zu rächen, die Heinrichs Edelleute über seine lächerliche Verliebtheit verbreiteten, ging Ussac zum Feind über. Seine schöne, lachende Mätresse – »diese lustige Atrie«, wie sie von d'Aubigné genannt wird – hatte ihn zu dem Racheakt überredet, vermutlich auf den Rat Katharinas.

Um den Verrat zu rächen, hatte sich der König von Navarra stehenden Fußes zur kleinen Nachbarstadt Fleurance begeben, die in Händen der Katholiken war; mit Hilfe des Barons de Batz und einiger kühner Kavaliere hatte er, ohne einen Schuß abzugeben, den Ort eingenommen und war nach Auch zurückgekehrt, ehe noch der Ball zu Ende ging. Der Gegenstoß war so rasch erfolgt, daß die Königinmutter nicht daran glauben wollte, und als man es ihr bewies, soll sie zu ihrem Schwiegersohn gesagt haben: »Das ist die Rache für La Réole. Wurst wider Wurst. Aber unsere ist fetter.«

Da es nun so offensichtlich unmöglich geworden war, den allgemeinen Waffenstillstand innezuhalten, den die Königinmutter bei ihrer Ankunft in der Gascogne verkündet hatte, beschloß man, daß er nur lokal, das heißt für einen Umkreis von zwei Meilen um die königliche Residenz, gelten solle. »In diesen Grenzen durften sich Katholiken und Protestanten verbrüdern – verließen sie den Bereich, hatten sie das Recht, einander die Gurgel durchzuschneiden.« Ein solches Klima erleichterte natürlich nicht gerade diplomatische Verhandlungen, aber das kleine Versteckspiel um den Konferenzort wurde trotzdem fortgesetzt. Pamiers, l'Isle-Jourdain, Condom, Castelsarrazin, Villeneuve-d'Agen wurden nacheinander verworfen, mit immer neuer und oft entgegengesetzter Begründung. Als das Tauziehen seinen Reiz verloren hatte, einigte man sich schließlich auf Nérac, wo man – wie erwähnt – am 15. Dezember eintraf und wo die Versammlung am 4. Februar des nächsten Jahres eröffnet wurde. Die kleine Stadt wurde also Tagungsort einer politischen Versammlung, ohne deshalb die Annehmlichkeiten einer königlichen Residenz aufzugeben. Unvereinbare Gegensätze mischten sich in dem bunten Durcheinander ernsthafter Debatten und rauschender Feste. Der König von Navarra hatte nicht die Absicht, seine Bälle und das Ringstechen den langweiligen Sitzungen zu opfern, obwohl er der Versammlung vorstand. Er kam nicht immer pünktlich zu den Verhandlungen, die übrigens in seinem Zimmer stattfanden und auf die einfachste Weise der

Welt abgesagt wurden, wenn er nicht rechtzeitig aufgestanden war.

Schon bei der ersten Begegnung mit den kalvinistischen Delegierten hatte die Königinmutter ihrem Auftreten und ihren Mienen nichts Gutes entnehmen können und an ihre Vertraute, Madame d'Uzès, geschrieben: »Sie ähneln alle Geistlichen oder gewissen Vögeln, die Sie kennen, deren Namen ich hier aber nicht zu erwähnen wage, doch Sie verstehen mich und ich Sie . . .«

Tatsächlich setzten die Hugenotten ihren Vorwürfen und ihren Freundlichkeiten eine eiserne Front entgegen. Das schwierigste Thema bildeten die befestigten Orte, die den Kalvinisten durch die Edikte von 1576 zugestanden und durch die von 1577 wieder genommen worden waren, deren größten Teil sie aber behalten wollten. Trotzdem weigerten sie sich, ihre Forderungen genau festzulegen, sondern brachten nur unbegrenzte Ansprüche vor, scharf und in grobem Ton. Die grämliche Haltung seiner Religionsgenossen wurde dem König von Navarra schließlich zuviel. Er ließ sie wissen, »falls sie mit unangemessenen Forderungen die Halsstarrigen« spielen wollten, werde er sie im Languedoc und anderswo nach Herzenslust kämpfen lassen, und sie »brauchten nicht damit zu rechnen, dabei Hilfe zu finden«. Daraufhin verlangten sie neunundfünfzig Städte mit Garnisonen, die der König von Frankreich besolden sollte. Katharina, empört über solche Vermessenheit, sprach nun »königlich und sehr laut« mit ihnen und drohte, sie als Rebellen hängen zu lassen. Die Königin von Navarra mischte sich zugunsten der Hugenotten ein, beweinte ihr Schicksal und »flehte ihre Mutter an, Frieden zu stiften«. Die Verhandlungen wurden wieder aufgenommen, ohne daß bessere Argumente den zielbewußten Widerstand der Reformierten aufweichten.

Vergebens versuchte die Königinmutter, durch Drohungen oder mit Versprechungen für einige unter ihnen einen Keil zwischen sie zu treiben. Schließlich gab sie es auf, sie einzeln oder in kleinen Gruppen vorzunehmen, versammelte alle in ihrem Zimmer und ließ ihnen von Pibrac eine Schelte verabreichen, »die wundervoll in der Feinheit der Sprache, deutlich in den Wendungen, scharfsinnig in den Begründungen« war. Merkwürdig gesuchte Formulierungen schmückten das Werk der Beredsamkeit: »Schön sind die Füße derer, die den Frieden bringen«; oder: »Ich bekenne den Ewigen vor Gott und den Engeln.« Der König wurde als der Gesalbte des Herrn und Ebenbild des lebendigen Gottes bezeichnet. Doch nur die Empfindsamen unter den Zuhörern gerieten in Begeisterung, die Hugenotten waren unempfindlich gegen die Rhetorik. Als die Königinmutter, die sie nun für endlich überzeugt hielt, fragte: »Was können Sie darauf erwidern?«, hörte sie peinlich überrascht, was einer von ihnen, La Meausse, Gouverneur von Figeac, in deutliche Worte kleidete: »Ich sage, Madame, daß der Herr dort sehr gut studiert hat, aber daß wir nicht einsehen können, warum wir seine Studien mit unseren Kehlen bezahlen sollen.«

Angewidert von so viel Unverständnis, begann die Königinmutter nun, ihren Willen durchzusetzen. Sie gestand den Reformierten 14 der geforderten 59 befestigten Orte zu, von denen nur 3 in der Guyenne lagen, und das auch nur für sechs Monate. Die Garnisonskosten sollten mit 30 000 Livres – höchst knauserig – ein für allemal bezahlt sein. Als die Protokolle der Konferenz auf dieser Basis angelegt wurden, gaben sich die Hugenotten zufrieden, etwas eingeschüchtert durch die Festigkeit und den gebieterischen Ton Katharinas von Medici. Sie behielten sich vor, sich nur so weit daran zu halten, wie ihnen nichts anderes übrigblieb. Erbittert und mit düsteren Rachegedanken verließen sie Nérac.

Bevor Katharina nach Paris aufbrach, versuchte sie den König von Navarra zur Mitreise zu überreden; einige Briefe, die sie an Heinrich III. schrieb, lassen vermuten, daß sie wenigstens einen Augenblick lang hoffte, dieses Meisterstück fertigzubringen. »Ich weiß nicht«, schrieb sie ihrem Sohn am 23. April, »was der König von Navarra tun wird, denn es scheint, daß er eine gewisse Neigung hat, mich zu begleiten.« Eine rasch enttäuschte Hoffnung: Heinrich von Navarra lehnte vorsichtig ab, um nicht wieder in die Falle zu geraten, der er mit so viel Mühe entkommen war. Er versüßte seine Weigerung mit tausend Nettigkeiten für seine Schwiegermutter und begleitete sie galant bis Fanjeaux, als sie am 7. Mai 1579 abreiste.

Sie hinterließ die Situation so verworren, wie sie bei ihrer Ankunft in der Gascogne gewesen war; die Lage war eher noch bedrohlicher geworden. Aber immerhin hatte sie die Saat der Zwietracht doch zwischen die Gefährten des Königs von Navarra aussäen können: Als Nachwirkung ihrer Intrigen bereiteten sich zwanzig Fälle von Verrat vor. Wenn auch der Abfall von Lavardine, Gramont, Duras und einigen anderen seine Partei schwächten, gelang es dem Béarner doch, eine größere Fahnenflucht zu verhindern. Es war nicht leicht, einen Fürsten zu täuschen, dem man nachsagte, er könne die Gedanken seiner Gesprächspartner an ihrer Miene und aus ihren Augen lesen. Seine Fähigkeit, Herzen zu erforschen und Gewissen zu prüfen, war so stark ausgeprägt, daß er später mit Recht sagen konnte: »Viele haben mich verraten, getäuscht nur wenige.«

Nach Abreise der Königinmutter nahmen die Herrscher von Navarra Aufenthalt in Pau, allerdings kaum drei Wochen lang, die Marguerite aber nicht in guter Erinnerung behielt. Hier herrschte noch die herbe Art von Jeanne d'Albret, und der reformierte Kultus wurde streng, starr und unduldsam ausgeübt. Marguerite hatte mit großer Mühe erreicht, daß für sie allein zu Pfingsten die Messe gelesen wurde, aber einige Edelleute ihres Gefolges, die sie begleitet hatten, wurden beim Verlassen der Kirche verhaftet und ohne Erbarmen ins Gefängnis geworfen. Als man den König drängte, sie befreien zu lassen, fügte er sich ungern und machte bei dieser Gelegenheit seiner Frau ungerechte und ungehörige Vorwürfe. Die Spannung zwischen den Eheleuten verstärkte sich, weil der Ehemann eine Ehrendame seiner Frau zur Geliebten machte, eine Mademoiselle Rebours. Marguerite war an seine Seitensprünge gewöhnt und duldete sie ohne Widerspruch, aber das Fräulein Rebours war eine boshafte kleine Person, die ihre Herrin nicht liebte und »ihr sehr schlechte Dienste« leistete. Es sah aus, als sollte diese Liebschaft des Königs seine Ehe ernstlich belasten. Doch die Dame wurde im richtigen Augenblick krank, und da es bei Heinrich hieß, »aus den Augen, aus dem Sinn«, vergaß er sie schnell. Viele galante Abenteuer des Béarners fanden auf diese Weise ein Ende, er vergaß sie augenblicklich, wenn das Schicksal sie ihm aus dem Blickfeld räumte. Sein Gedächtnis war kurz, sein Gefühl sehr unbeständig.

Die Herrscher von Navarra verließen ihren Staat am 13. Juli 1579 nach einem Aufenthalt in Montauban, den der König benutzte, um sich in die Tochter des Advokaten Constant zu vergucken. Sie kehrten nach Nérac zurück, und für Marguerite bricht die glücklichste Zeit ihres Lebens an, an diesem kleinen Hof, »so schön und vergnüglich«, schreibt sie, »daß wir den Hof von Frankreich nicht beneiden«. Die Zeitgenossen sparen nicht mit Lob für das elegante und verfeinerte Leben in Nérac, das von der Fröhlichkeit und dem sicheren Geschmack der jungen

Königin belebt wird. Sie macht das Schloß in Nérac wohnlich, schmückt es mit Wandteppichen aus Pau, mit Spiegeln aus Venedig, mit Kunstgegenständen aus aller Welt. Die Anrichten quellen über von silbernem Tafelzeug, die Truhen von flandrischer Leinwand. Alle Bücher, die gerade in Mode sind, bereichern jetzt die Bibliothek; die Küche wird mit praktischen Geräten ausgestattet, mit verbesserten Bratenwendern; eine Schar von Dienern bemüht sich, die Lebensmittel, die aus der ganzen Umgebung zusammenkommen, in wunderbare Gerichte zu verwandeln. Jurançon liefert seinen Wein, Bayonne seine Schinken, Moissac sein Obst. Die Parks werden verschönert, der Garten des Königs prangt mit exotischen Bäumen; eine dreitausend Schritt lange Allee führt jetzt durch das Schloßgelände; entzükkende Blumen beleben die Beete und Einfassungen.

Und dem äußeren Bild entspricht das Leben bei Hofe. Die Damen tragen Juwelen und Federbüsche, Samt- und Seidenstoffe kommen ins Schloß, dazu die elegantesten Zutaten: vergoldete Fächer, »mit Ambra behandelte« Handschuhe, Ströme von Duftwässern, immer neue Duftkerzen. Es wird ein feiner, geputzter, schon etwas gezierter Hof. Der Pracht entsprechen die Vergnügungen, nichts als Bälle, Flöten- und Geigenkonzerte; italienische Truppen spielen Komödien, »Possenreißer« unterhalten die Gäste. Aber es gibt auch geistvolle Unterhaltung, der Hof hat seine Dichter, Margot gründet eine Akademie.

Mit Erstaunen sieht man, daß sich der König ohne Mißvergnügen diesem Hof anpaßt und seine Sitten übernimmt. Natürlich gibt er deshalb nicht seine Gewohnheiten als Jäger und Schürzenjäger auf und opfert eine Partie *paume* nicht einem Konzert. Doch seine Person und seine Erscheinung haben sich deutlich gewandelt.

Viele seiner etwas groben ländlichen Angewohnheiten oder soldatischen Manieren hat er abgelegt; der »Müller von Barbaste«, wie er sich selbst so gern nannte, hat einem Edelmann von glattem Auftreten und elegantem Äußeren Platz gemacht. Jetzt trägt er nicht mehr die halb bäuerliche und oft zerfetzte Kleidung, in der er sonst Wälder und Straßen durchstreifte. Seine Garderobe enthält jetzt auch den *pourpoint* (eine Art Wams) aus Seide und Satin, Hemden aus holländischem Leinen, Seidenstrümpfe, Samthüte, prächtige Mäntel mit goldenen Bordüren und »Umhänge aus spanischem Leinen«. Pierre de Vaissière, der die Rechnungen des königlichen Haushalts durchforstet hat, fand darin auch »Kauf von Gold, mit dem die Zähne des Königs vergoldet werden sollen«.

Heißt das nun, daß er seine Bemühungen um Eleganz so weit treibt, auch durch geeignete Körperpflege diesen »abscheulichen Geruch von Knoblauch und Füßen« zu vertreiben, der seiner Frau solchen »Ekel« einflößt? Nein, so weit geht er denn doch nicht in der Kultivierung, und nach wie vor empfindet Marguerite solche »Übelkeit bei der Zärtlichkeit«, wenn er staubig und schwitzend von der Jagd heimkehrt, daß sie, wie man ihr in den Mund legt, »die Laken wechselt, wenn wir nur eine Viertelstunde zusammen darauf verbracht haben«.

Doch diese unangenehme Eigenheit – durchaus üblich in einer Zeit, wo man angeblich »den Edelmann an seinem Geruch erkannte« – war kein ernsthaftes Hindernis für die Eroberungen des Königs an diesem Hof, dessen galante, wenn nicht gar sittenlose Lebensweise uns verständnisvoll von den zeitgenössischen Memoirenschreibern geschildert wird. Rosny, der sich ein wenig an den Ausschweifungen beteiligte, ehe er der ernste Minister seines Herrn wurde, hat uns überliefert: »Als sich der König und die Königin und die Frau Schwester des Königs nach Nérac zurückzogen, wurde der Hof für eine Weile sehr reizend und vergnüglich, denn man sprach nur von der Liebe und dem Zeitvertreib, den sie bietet.« »Der Müßiggang«, meint wiederum d'Aubigné, »zog die Laster an wie die Wärme die Schlangen.« Sicherlich entspann sich ein sehr lebhafter »Liebeshandel« zwischen den Mädchen und Frauen des Hofes und dem Trupp von Höflingen und Edelleuten Heinrichs von Navarra. Diesen Herren hat Marguerite ein Zeugnis ihrer Kühnheit ausgestellt, als sie schrieb, sie seien genau solche Weltleute wie die galantesten Männer, die sie jemals am Hof von Frankreich kennengelernt hatte. »Man konnte ihnen nur eines nachsagen«, fügte sie hinzu, »daß sie eben Hugenotten waren.« Doch die Konfessionsunterschiede störten niemanden. Die einen gingen zur Messe, die anderen zur Predigt, und danach traf man sich zu einem Spaziergang an der Baïse – Vorspiel zu dem, was die Königin von Navarra mit einem pikanten Euphemismus nennt: »die angenehmen Vergnügungen« des Tages.

Wir wissen ja, daß sie solche Dinge nicht allzu streng beurteilte. Sie war auch nicht die letzte, die sich an die von ihr selbst eingeführten Gebräuche hielt; sie hatte in dieser Zeit viele Liebhaber, darunter vielleicht Turenne, sicherlich Saint-Luc und

Clermont d'Amboise. Auf der Reise nach Coutras im Jahre 1580 fand sie dort ihren Liebhaber Champvallon, den sie, wie einen lebenden Vorwurf, an der Schwelle ihres Alters wiedertraf.

Die in vielen Gassenhauern verbreitete Legende, daß Heinrich von Navarra »sämtliche« Hofdamen der Königin in Verwirrung versetzt habe, dürfte übertrieben sein, wenn er auch keiner die geringste Ablehnung bezeugt hat. Aber sein Herz war ganz gefangengenommen von Françoise de Montmorency-Fosseux, der »Fosseuse«. Als er sich in sie verliebte, war sie eigentlich noch ein Kind, und er nannte sie »meine Tochter«, was nun wieder für einen Fünfundzwanzigjährigen übertrieben klang. Doch die Anrede schien passend, berichtet Ritter, »um mit mehr Bequemlichkeit von unschuldigen Vertraulichkeiten zu denen überzugehen, die es nicht sind«. Fosseuse war jedenfalls die einzige Mätresse, der er sozusagen ein bißchen den Hof machte: Er stopfte sie mit Süßigkeiten voll und überschüttete sie mit »verrückten Schmeicheleien«, ehe er ihr Liebhaber wurde – und das wurde er bald. Diese Liebschaft wurde übrigens von Königin Marguerite offen begünstigt und ermutigt, wenigstens solange Fosseuse, die »ganz ein Kind und sehr gut« geblieben war, den Intrigen ihrer Herrin diente, ohne die Möglichkeit ins Auge zu fassen, sich als ihre Rivalin aufzuspielen.

Diese Einzelheiten aus der Chronik von Nérac sind hier zum besten gegeben worden, weil die galante Wendung der Sitten am Hofe zu politischen Folgen geführt hat. Aber ob der Krieg, der 1580 wieder einmal zwischen den beiden Konfessionen ausbrach und als »Krieg der Verliebten« bezeichnet wird, tatsächlich nur aus dem Bekehrungseifer der Damen am Gascogner Hof entstand? Versuchten sie, aufgebracht über die Eifersüchteleien, die Unverschämtheiten und galligen Verleumdungen durch König Heinrich III. und die Guisen, sich zu rächen, hetzten sie deshalb die protestantischen Männer, die sie mehr oder weniger mit ihren Reizen beherrschten, zum Krieg? D'Aubigné hat das Karussell der Betten und das Ungestüm der Damen angeklagt: »All ihr Geschwätz verriet nur Verachtung für den Frieden und große Hoffnungen und Begeisterung für den Krieg.« Wenn sich Marguerite später auch damit verteidigt hat, sie habe keinen Anteil daran gehabt, verhalf die übersteigerte Erregung bei Hofe, »wo man nichts mehr dachte und trachtete als Krieg«, nicht eben zur Beruhigung und Mäßigung. Doch die eigentlichen und tieferen Anlässe zum Krieg lagen in der politischen Situation, und romantische Einflüsse waren mitnichten notwendig, damit er ausbrach.

Tatsächlich war jetzt der Zeitpunkt da, wo die Hugenotten die Orte, die ihnen vorübergehend zugestanden waren und die sie noch widerrechtlich behielten, entweder zurückgeben oder mit Waffengewalt verteidigen mußten. Aus dieser Zwickmühle kamen sie nicht heraus, sie mußten die Regelung von Nérac befolgen oder ganz fallenlassen. Der König von Navarra brauchte für die Entscheidung nicht »die Schule der Frauen«.

Katharinas Schliche hatten ihn nicht von Biron befreit, der nach der Abreise der Königinmutter seine gewohnten brutalen, oppositionellen Umtriebe fortsetzte. Er wirkte dem Béarner nicht nur in seinem Gouvernement Guyenne offen entgegen, sondern versuchte sogar, in dessen souveränem Gebiet Pau einzugreifen. Vergebens beschwerte sich der König bei Heinrich III. über die »ungerechten Eingriffe«, bedauerte, daß hier wieder ein Gebräu zusammengekocht wurde, und beschuldigte die Leute, »die dem Feuer der Fackeln so nahekommen, daß sich ein Brand entwickeln könnte, der nur mit Mühe zu löschen wäre«. Im Frühjahr 1580 war die Spannung mit Biron so groß geworden, daß sich der Gouverneur der Guyenne entschlossen hatte, die Vormundschaft seines Stellvertreters als unerträglich abzuschütteln. Biron ahnte es und schrieb dem König, er glaube, der Béarner wolle ihn »aus dieser Provinz vertreiben, um nach Gutdünken mit ihr zu verfahren«. Das stimmte. Der Müller von Barbaste wollte Herr im eigenen Haus sein.

Übrigens bereitete er sich schon seit Monaten auf diesen Feldzug der Befreiung vor, und sein Briefwechsel zeigt, daß sein Unternehmen keineswegs improvisiert war, wie uns L'Estoile glauben machen will, wenn er die Einnahme von Cahors als unerwartetes Ereignis darstellt. Die Konferenz von Mazères in der Grafschaft Foix, die der König von Frankreich vom 10. bis 19. Dezember 1579 abhalten ließ, zeigt übrigens, daß auch der Hof von Frankreich damit rechnete, die Hugenotten seien zu einer gewaltsamen Lösung bereit. Das unnütze Geschwätz auf der Versammlung erhitzte die Gemüter nur noch mehr, und der König von Navarra kam in dem Bewußtsein zurück, daß der Bruch unmittelbar bevorstehe. Er achtete sorgfältig darauf, daß man ihn später nicht für den Kriegsausbruch verantwortlich machen konnte, bereitete den Kampf, zu dem er sich entschlossen hatte, aber mit Nachdruck vor. So traf er genaue Vereinbarungen mit Lesdiguières für die Dauphiné, mit Chatillon für das Languedoc, während seine Beamten gleichzeitig für die Kampfbereitschaft seiner eigenen Provinz sorgten. Nichts entging seiner Aufmerksamkeit; die Aushebung der Truppen und ihre Bewaffnung wurden bis ins einzelne organisiert. Im April war alles bereit, der König verließ Nérac und ließ einen Brief für Marguerite zurück, in dem er seine Pläne darlegte und ausführlich die Gründe nannte, die ihn rechtfertigten. Am 13. schrieb er von Lectoure aus an den Grafen von Sussex, um Englands Unterstützung für die reformierte Kirche anzufordern. Am 15. unterzeichnete er in l'Isle ein Manifest, in dem er den Adel aufforderte, ihm zu Hilfe zu kommen, »für unsere so gerechte Sache, für die wir entschlossen Besitz und Leben einsetzen werden«. Am 16. schrieb er an das Parlament von Toulouse, um zu »bekennen«, daß der nun ausbrechende Krieg nicht von ihm verschuldet werde. Am 20. protestierte er in zwei Briefen an den König von Frankreich und die Königinmutter »gegen die Ungerechtigkeiten, die ihm die Waffen in die Hand« zwangen, bekräftigte aber wiederum seine Treue zur königlichen Autorität.

Abermals bekennt sich der König von Navarra zu der politischen Haltung, die er schon so oft erklärt und auch in späteren Jahren nie aufgegeben hat, so daß sie im gegebenen Augenblick die nationale Einigung in seinem Namen möglich machte: Wenn er zu den Waffen greift, dann nur gegen die Feinde des Staates, die allein für die Verfolgungen verantwortlich sind; er kämpft, um das Land von ihrem verbrecherischen Treiben zu befreien. Er will seine Sache aber nicht von der »friedliebender Katholiken« trennen, »die wir gleichermaßen, ohne Leidenschaft oder irgendeinen Unterschied einbeziehen«. Vor allem aber betont er, daß er sich nicht an der Person des Königs, an seinem Staat und seiner Krone vergreifen wolle, deren »Erhaltung und Größe« er wünsche, wie er sagt, da er »die Ehre hat, ihr anzugehören«.

Am 29. Mai 1580 begann der Feldzug mit der Belagerung von Cahors – der herausragenden Episode dieses Kriegs. Hartnäckig von der katholischen Garnison und der bewaffneten Einwohnerschaft verteidigt, wehrte sich die Stadt vier Tage und vier Nächte. Der Ausgang der Straßenkämpfe, die auf die Eroberung der Bollwerke folgten, blieb lange Zeit ungewiß; das Fuß für Fuß gewonnene Terrain konnte nur mit größter Anstrengung behauptet werden. Jede mit viel Mühe genommene Barrikade gab den Blick auf eine nächste frei; die Häuser mußten eines nach dem anderen erobert werden. »Überall eine Gefahr, eine Falle, ein Alarm, niemals auch nur einen Augenblick Ruhe.« Nichts, an das man sich halten konnte, berichtet Charles de Batz, man mußte unaufhörlich kämpfen. Es ging darum, voranzukommen. Doch man kam kaum weiter, und die Hoffnung auf Eroberung verließ auch die Tapfersten. Kaum ein anderer als der König behielt seine Zuversicht, und er verlor nicht einmal seine gute Laune; als man ihm riet, die Sache aufzugeben, hörte man ihn rufen: »Ist es denn möglich, daß so viele tapfere Männer ihre Kraft nicht kennen!« Hätte sein Beispiel diese Kraft nicht verzehnfacht, wären sie sicherlich zurückgewichen.

Viele Angreifer fielen oder wurden verwundet, die Überlebenden waren völlig erschöpft. »Niemand konnte sich sozusagen auf den Beinen halten.« Der König, seit Beginn der Kämpfe immer mitten im Getümmel, hatte wunde, blutbedeckte Füße, und seine Rüstung »war verbogen von Arkebusenkugeln und Hieben«. Es blieb den Angreifern nur »die Kraft, mit ihrem Anführer sterben zu wollen« – als dann die Ankunft von Chouppes mit einer Verstärkung, auf die man nicht mehr gehofft hatte, die unbezwingliche Ausdauer des Königs von Navarra rechtfertigte und belohnte. Die Verstärkung brachte, nach neuen heftigen Kämpfen, den Sieg. Schließlich stand der Béarner auf der letzten Barrikade und ließ seinen Ruf erschallen: »Gnade für alle, die ihre Waffen niederlegen!«

Der so teuer erkaufte Sieg der Kalvinisten wurde nicht durch »die Massaker« entehrt, wie man sie sich nach den besonderen Verhältnissen des Ereignisses hätte vorstellen können. Gewiß, jede eroberte Stadt hatte zu leiden, doch bei dem Béarner ging »die Politik Hand in Hand mit dem Heerführer«. Sobald die Stadt eingenommen worden war, gab er Anweisungen und »gute Vorschriften«, die Ordnung wiederherzustellen. Zur gleichen Zeit bemühte er sich um die politischen »Früchte« des militärischen Erfolges. Er vergaß nicht einmal, den Familien seiner besten Gefährten Nachrichten zu übermitteln. Noch am Abend nach dem letzten Angriff schrieb er der Frau seines eifrigen und unermüdlichen Batz diesen Brief, aus dessen kriegerischem Schwung man noch den Kampflärm zu hören und das Pulver zu riechen glaubt: »Madame de Batz, ich kleide mich nicht um, sosehr ich auch nur Blut und Pulver bin, ohne Ihnen gute Nachrichten von Ihrem Gatten zu geben, der gesund und heil ist.

Hauptmann Navailles, den ich Ihnen schicke, wird Ihnen schildern, wie wir mit den Burschen von Cahors fertiggeworden sind. Ihr Mann hat mich nicht außer Reichweite seiner Hellebarde geraten lassen. Und sicherlich hat uns Gott an der Hand auf dem schönen, guten, engen Weg des Heils geführt, denn sehr viele von uns sind zu meinem großen Bedauern an unserer Seite gefallen.«

In der Affäre Cahors hatte Heinrich von Navarra selbst die entscheidende Rolle gespielt, und man kann sagen, daß der Sieg fast ausschließlich das Ergebnis seiner Kühnheit und Ausdauer war. So bedeutet er einen wichtigen Kilometerstein seiner Laufbahn. Marguerite, die oft mehr erriet, als sie merken lassen wollte, hat in ihren *Erinnerungen* diesen Punkt ins rechte Licht gerückt: »Bei dem Unternehmen Cahors ließ der König, mein Gatte, seine Klugheit und seinen Wert erkennen nicht in seiner Eigenschaft als Fürst, sondern als ein kluger und verwegener Heerführer.« Tatsächlich war es nicht mehr der Erfolg eines Bandenführers, sondern der eines kriegerischen Fürsten und Generals. Von jetzt an mußte man dem Béarner die Fähigkeiten und das Können eines Befehlshabers zuerkennen. Die Eroberung von Cahors war viel wichtiger als der heikle Besitz der Stadt, die den Hugenotten dann doch wieder im Frieden von Fleix genommen wurde. Der König von Navarra hatte Frankreich aufhorchen lassen und sich seine Sympathie erworben. Man wußte jetzt auch im Louvre, daß er eine Partei und eine Armee hatte und daß es unmöglich geworden war, ihn zu bevormunden und in seinem Gebiet das Gesetz bestimmen zu wollen.

Der Feldzug verlief dann längst nicht so glänzend wie sein Anfang. Biron nahm den Hugenotten an die vierzig Orte, ohne jemals einen entscheidenden Sieg zu erringen. Freilich suchte er auch nicht gerade nach der Gelegenheit, mit dem Gros der feindlichen Streitkräfte zusammenzutreffen, und Heinrich von Navarra, dem seine zahlenmäßige Unterlegenheit immer bewußt blieb, vermied es seinerseits, dem Marschall in offener Feldschlacht entgegenzutreten. Dennoch wären sie vor Nérac fast aufeinandergeprallt, wohin sich Heinrich für ein paar Tage begeben hatte, »da es seiner Natur entsprach«, schreibt Marguerite, »sich mit den Damen zu vergnügen, obwohl er damals sehr in Fosseuse verliebt war«. Seine Anwesenheit hob die Neutralität der Stadt auf, die unter der Bedingung garantiert worden war, daß er sie nicht betrete. Biron, der »nur auf eine solche

Gelegenheit gehofft hatte«, stellte seine Armee in Schlachtordnung vor einem Stadttor auf – im selben Augenblick, als der Béarner sie durch ein anderes Tor betrat. Ein glücklicher Umstand verhinderte den Zusammenstoß der beiden Armeen: Es war so windig und goß so stark, daß die »Arkebuserie nichts tun konnte«, weil ihr das Pulver naß wurde. Biron zog sich zurück, feuerte aber vorher seine Kanonen gegen Nérac ab, eine Kränkung, die ihm die Königin von Navarra niemals verzieh, obwohl er sie auf galante Weise um Entschuldigung bat.

Biron kämpfte nicht allein gegen die Kalvinisten im Verlauf dieser »sechsten Wirren«, die einen großen Teil des Landes ergriffen hatten. Andere königliche Armeen standen ebenfalls im Feld. Die unter Mayenne hatte Erfolge gegen Lesdiguières in der Dauphiné, und Marschall Matignon belagerte La Flèche, das sich nach drei Monaten ergab; man sprach von einer »samtenen Belagerung«, obwohl sie blutig genug verlief. Dem Fall von La Flèche folgte der Verlust von Mont-de-Marsan, und die Lage der Hugenotten wurde schwierig. Doch nun fürchtete man im königlichen Lager die Ankunft eines deutschen »Reiter«-Corps, das Kasimir von der Pfalz den Kalvinisten versprochen hatte. Die Furcht war unbegründet, denn die Armee wurde niemals aufgestellt, obwohl der König von Navarra schon im Juni verkündete, sie bereite sich »unweigerlich« vor. Doch schon die Aussicht auf eine Ausweitung des Konflikts machte König Heinrich III. reif zur Aussöhnung. Als sich der Herzog von Anjou als Vermittler anbot, nahm man seine Dienste gern in Anspruch. Anjou ließ sich im Schloß Fleix im Périgord nieder und betrieb die Verhandlung mit Nachdruck. Am 26. November 1580 wurde der Frieden geschlossen, der das Edikt von Nérac bestätigte und den Hugenotten die damals zugestandenen Plätze für sechs Jahre überließ. Der König von Navarra erhielt außerdem Figeac und Monségur, erreichte aber auch, was ihm vor allem am Herzen lag, die Abberufung Birons, dem Marschall Matignon im Amt folgte.

Dieser Frieden, der die den Hugenotten eingeräumten Vorteile auf ehrenvolle Weise erweitert hat, wurde gerade von denen für unannehmbar erklärt, die am wenigsten zum Krieg geneigt gewesen waren. Condé, ganz Opposition, wollte jetzt im Languedoc wieder zu den Waffen greifen. Er überschüttete den König von Navarra mit einer Flut von Vorwürfen und Beschimpfungen. Dieser Friede, sagte er, sei ein Betrug, und Heinrich von Navarra habe sich schuldig gemacht, als er ihn unterzeichnete. Übrigens wisse man ja gut, »wer der König von Navarra ist und wer seine Mutter war, weil er und sie nichts so gewünscht hätten, wie die Autorität des verstorbenen Prinzen Condé herabzusetzen, über dessen Tod bei Jarnac sie sich so gefreut hätten, weil sie seine Größe und sein Ansehen, das er jeden Tag aufs neue bei den Religionsgenossen erworben habe, fürchteten«.

Die hinterhältigen Beschuldigungen fanden keinen Widerhall in der hugenottischen Partei, und der Béarner, der den Krieg nun erreicht hatte, konnte ihr mühelos den neuen Friedensschluß schmackhaft machen. Schon daran ließ sich sein steigendes Ansehen erkennen. Er war der einzige anerkannte und maßgebende Chef geworden – nicht nur der Protestanten in seiner Provinz, sondern aller im Süden Frankreichs; sogar in der Dauphiné hörte man auf sein Wünsche. Zur gleichen Zeit schlossen sich mehr und mehr Katholiken seinem Programm zur Befriedung an, so daß, über die Konfessionen hinweg, eine Partei der nachdenklichen Köpfe entstand, die nach Ordnung und Toleranz verlangten. Natürlich aber entfremdete ihm seine Haltung die »Zornigen« der beiden Religionen, und in ihrer Gereiztheit hat man den Ursprung der beiden Attentate zu sehen, die allein 1580 gegen ihn unternommen wurden, ihm glücklicherweise aber nicht schadeten.

## 4. Kapitel: Familienintrigen

Nach dem Frieden von Fleix kehrte der König von Navarra in seine Residenz Nérac zurück. Da er nun glücklich die Tyrannei Birons abgeschüttelt hatte, konnte er sich ganz der Befriedung des Landes und der Aussöhnung der Geister widmen. Matignon, sein neuer *lieutenant général*, verstand es, zugleich Heinrichs III. Befehlen zu gehorchen wie dem Prinzen von Geblüt die schuldige Ehrerbietung zu erweisen. Die königlichen Anweisungen waren übrigens nicht kleinlich; das gelegentliche Aufbrausen der Extremisten konnte mit ihren örtlich begrenzten, ungestümen Aktionen kaum die friedsame Stimmung stören, die sich allmählich im Lande auszubreiten begann. Kam es hier und da zum Schußwechsel, handelte es sich meistens um Herausforderungen, und es scheint, daß der Spaß am Kampf wichtiger als sein Ausgang war. Das Leben Heinrichs von Navarra wurde vorübergehend interessanter für die Anekdote als für die Geschichte.

In diesem vernünftiger gewordenen Klima fand aber der Hof von Nérac, wiederum aufgebaut durch Königin Marguerite, nicht abermals zu dem heiteren Rhythmus und sorglosen Dasein zurück. Die Liebesgeschichten der Königin machten sie betrübt und sehnsüchtig: Nach viermonatiger Idylle mit Champvallon mußte sie sich von »ihrer schönen Sonne« trennen, weil er mit den katholischen Unterhändlern des Friedens von Fleix nach Paris zurückkehrte. Marguerite ertrug seine Abwesenheit sehr schwer. Sie empfand sich als »in eine Wüste verbannt«, beneidete »diese hohen Berge, deren Haupt dem Himmel so nah ist«; sie wünschte sich keinen anderen Zeitvertreib, als »in die härtesten Felsen den Namen und die Schönheiten ihres Liebhabers« einzugraben.

Zu diesem Herzenskummer kam eine ernstliche Störung ihres

Ehelebens, denn die angenehme Vertrautheit des königlichen Paares, die aus Gleichgültigkeit und belustigter Nachsicht entstanden war, nahm ihr Ende durch Schuld der kleinen Fosseuse, die aufhörte, »sich anständig aufzuführen«, das heißt trotz und mit ihrer Liebe Marguerites Wünschen und Intrigen zu dienen. Als sie nämlich schwanger wurde, machte sie dieser Umstand so sicher, daß sie nicht nur der Königin keine Dienste mehr erwies, sondern sich unmöglichen Vorstellungen hingab. Träumte sie davon, daß der König sie heiraten werde, falls sie einen Sohn zur Welt brachte? Jedenfalls gab es inzwischen keine Gemeinheit, die sie der Königin nicht nachsagte, keine Bosheit, die sie ihr nicht antat, keine häßlichen Streiche, die sie ihr nicht spielte. Heinrich, seinen Mätressen gegenüber immer nachgiebig, machte das niederträchtige Spiel mit, und Marguerite berichtet darüber: »In kurzer Zeit merkte ich, daß sich alles geändert hatte. Er entfremdete sich mir, er verbarg sich und fand meine Gegenwart nicht mehr so angenehm, wie er es früher getan hatte.«

Die Gedankenlosigkeit des Béarners brachte es trotzdem fertig, daß er bei der Entbindung der Fosseuse die Hilfe seiner Frau erbat, die, mitten in der Nacht geweckt, sofort kam. »Gott hat es gewollt«, sagte sie, »daß es nur ein Mädchen war. Und es war tot.« All dieser Verdruß machte ihr allmählich den Aufenthalt in Nérac unerträglich; sie ließ deutlich merken, wie gern sie ihn verlassen wollte. Als ihre Mutter im Bilde war, schlug sie ihrer Tochter vor, eine Weile am Hof von Frankreich zu verbringen.

Die besten Absichten Katharinas von Medici waren dennoch niemals frei von politischen Hintergedanken. Nicht nur Zärtlichkeit für ihre Tochter veranlaßte sie zu der Einladung. Ihr großer, geheimer Plan war es, den König von Navarra nach Paris zu locken, und die Gründe für diese Hartnäckigkeit waren wiederum Umwege zu düsteren Zielen. Die politische Bedeutung, die der Béarner jetzt angenommen hatte, machten ihn zu einem sehr kostbaren Pfand, falls man die Protestanten bekämpfen wollte, und zu einer sehr nützlichen Hilfe, wenn man sich entschloß, den Guisen entgegenzutreten, deren Einfluß allmählich die Krone lähmte. Schon beim Ende der Verhandlungen von Fleix hatte Heinrich III. seinen Schwager aufgefordert, sich wieder der königlichen Familie anzuschließen, war aber bei Navarra auf einen sehr bestimmten Widerstand gestoßen.

Die Königinmutter, diese unermüdliche Streiterin, nahm jetzt die Fäden auf, die sie so gut unter einer Familienangelegenheit tarnen konnte. Aus Sorge, den Schwiegersohn mißtrauisch zu machen, hütete sie sich, ihn formell aufzufordern: Die Einladung, die nach Nérac ging, galt ausdrücklich nur für Marguerite. Doch wurde sie von einem Geschenk von 15 000 Talern begleitet, bestimmt für die Reisekosten und dafür, daß sich der König von Navarra für ein paar Wochen aus seinem Gouvernement lösen und seine Frau ins Poitou begleiten sollte, um seine Schwiegermutter zu begrüßen, die ihre Tochter dort erwarten und ihren Plan vollenden wollte. Sie hatte Marguerite dazu bestimmt, die Fosseuse mitzunehmen, in der Vermutung, daß Heinrich in dem Augenblick, wo es sich um die Trennung von seiner Mätresse ging, sich den sorgfältig auf die Situation abgestimmten Argumenten beugen werde.

Der schöne Plan lief glatt ab, bis auf das Ende. Der König von Navarra war mit einer Reise ins Poitou einverstanden, und das Herrscherpaar brach mit einem entsprechend großen Gefolge auf, in dem die Mademoiselle von Montmorency-Fosseux, wieder auf gutem Fuß mit der Königin, sich reizend benahm. Man erreichte am 14. März Saint-Maixent und genoß hier bis zur Ankunft der Königinmutter zwei angenehme Wochen mit Banketten und Empfängen. Das Paar nahm mit Gefolge sogar an einer Doppelhochzeit teil, bei der »es ein gutes Essen und viele Instrumente« gab.

In diesem protestantischen Gebiet erwarb sich der König von Navarra mit seiner vertraulichen und freundlichen Art alle Herzen. Katharina kam am 28. März nach Saint-Maixent, brach aber schon am 31. März mit ihrer Tochter und derem Gefolge nach Fontainebleau auf, doch ohne den Schwiegersohn, der sich von ihnen trennte und auch nicht einen Augenblick lang mit dem Gedanken gespielt hatte, seine Frau an den Hof von Frankreich zu begleiten. Die Abschiedszene, die von der Königinmutter so sorgfältig vorbereitet worden war, versagte auch kläglich, da sich der König von Navarra tränenlos von der Fosseuse verabschiedete. Und dabei drückte sich seine mitfühlende Empfindsamkeit sonst so leicht in Tränen aus! »Er weinte aus Liebe«, heißt es bei Michelet, »weinte aus Freundschaft, weinte aus Mitleid, und merkte es nicht einmal.«

Jetzt aber schien er über die wiedergewonnene Freiheit glücklich zu sein. Er beeilte sich, nach Nérac zu kommen, wo ihn jedoch Briefe von Marguerite überschwemmten, die ihn drängte, sicherlich von ihrer Mutter dazu veranlaßt, seinen Entschluß zu ändern und zu ihr zu eilen. Die Gründe waren so abgefaßt, daß sie schon fast wie offizielle Angebote klangen: »Wenn Sie hier wären, wären Sie derjenige, von dem die einen und die anderen abhängen würden, da jeder dazu bereit ist ... Sie könnten Geschenke des Königs erhalten, um Ihre Angelegenheiten zu ordnen ... ich verpfände mein Leben dafür, daß Sie vom König nichts Übles erfahren ...« Natürlich nahm Heinrich die dringlichen und hartnäckigen Einladungen kaum zur Kenntnis. Übrigens ließ sich das, was sie an Heuchelei enthielten, aus kleinen Wendungen leicht ablesen, wenn sie zum Beispiel eine Situation entstellten, über die er genau im Bilde war: »... und falls Sie Böses von den Guisen fürchten, so glauben Sie mir, daß sie keinerlei Einfluß und nicht die Möglichkeit haben, Ihnen zu schaden.«

Aber schließlich verzichtete Katharina von Medici darauf, Navarra noch länger mit solchen Heucheleien zu bearbeiten: Sie wandte sich stattdessen verärgert gegen die unglückselige Fosseuse, behandelte sie denkbar schlecht und drohte, sie vom Hof fortzuschicken. Doch ihr wurde sehr schnell klargemacht, daß die Zeit vorbei war, in der man Heinrich von Navarra ungestraft herausfordern durfte – wie einst, als er unter ihren Augen und zu ihrem Vergnügen als Gefangener am Hof geärgert werden konnte. Jetzt war er in der Lage, Erpressungen, auch wenn sie auf Umwegen eingeleitet wurden, zurückzuweisen. Er schickte seiner Schwiegermutter einen ungewöhnlich scharfen Brief und ließ ihn von Frontenac überbringen, der das Schreiben mit einem schneidigen Kommentar ergänzte. Das saß. Man erkennt die Wirkung an der Antwort Katharinas, in der sie zunächst würdevoll die Handlungsweise ihres Schwiegersohns streng beurteilt: »Das ist nicht die Art, wie man eine Frau von Tugend und guter Herkunft behandelt, wenn man sie auf den Appell einer öffentlichen Dirne hin beleidigt und in einer Sprache zu ihr redet, von der ich nicht glauben mag, daß sie von Ihnen stammt ... Sie sind nicht der erste junge und noch nicht in allen Dingen erfahrene Ehemann; aber ich erkenne in Ihnen den ersten und einzigen, der in einem solchen Fall eine solche Sprache gegen seine Frau führt.« Allerdings: Nachdem sich die gekränkte Mutter auf diese Weise ihren Zorn von der Seele geschrieben hat, versucht die unermüdliche Diplomatin doch wieder aus dem Zwischenfall Kapital zu schlagen. Sie appelliert an die Eintracht der Familie: »Es ist klug und Ihrem Ruf günstig, wenn Sie aus einer Jugendtorheit die Folgerungen ziehen, die dem Wohl und der Ruhe des Königreichs dienen.« Und der so giftig begonnene Brief endet mit einer Bitte. Als Mutter, »die ihn liebt und sein Glück wünscht«, beschwört sie den jungen König, ihrem noch einmal wiederholten Rat zu folgen und so bald wie möglich an den Hof zu kommen.

Weder die Strafpredigt noch die Bitten beeindruckten Heinrich, und man zweifelte schließlich daran, ihn doch noch überreden zu können. Lange Zeit war nicht mehr von einem Besuch am Hof von Frankreich die Rede.

Von den Unannehmlichkeiten befreit, nahm der König von Navarra seine Junggesellengewohnheiten wieder auf, benahm sich ungebunden und beunruhigte damit natürlich die ernsten Räte, die er sich unvorsichtig herangeholt hatte. Seine Seitensprünge wurden allmählich skandalös, und das in einem Land und einer Zeit, wo die öffentlichen und privaten Sitten alles andere als vorbildlich waren.

Zweifellos um der berechtigten Kritik die Spitze abzubrechen, machte der Béarner Anfang 1583 Duplessis-Mornay zum Oberhofmeister, eine verblüffende Wahl, denn dieser eifrige Protestant war von schroffer und fordernder Frömmigkeit, war nüchtern und kühl. Dem würdigen Mann fehlte es außerdem, wie man sehen wird, ganz auffallend an psychologischem Scharfblick. Übrigens hat der steife und verdrießliche Herr ein Dokument von köstlicher Komik hinterlassen: Verhaltensvorschriften für den König von Navarra. Der Herrscher wird zu asketischer Lebensweise ermahnt; er soll morgens um acht Uhr bereit sein, ernsthafte Angelegenheiten mit seinem Rat zu besprechen; die Pause vor dem Mittagessen fällt an Tagen mit Gottesdienst aus. Während seinen Mahlzeiten soll er sich mit »gutem Gespräch« unterhalten lassen (worunter Duplessis natürlich erbauliche Unterhaltung und nicht etwa Geschwätz versteht). Die Zeit nach dem Essen soll er nach Belieben verbringen dürfen, unter dem Vorbehalt, daß er sich eine Stunde vor dem Souper wieder in seinem Arbeitszimmer einfindet. Der Abend steht ihm zu freier Verfügung, ist aber nur kurz, denn um neun Uhr muß er sich in sein Schlafzimmer zurückziehen, wo ihn ein Pastor zum Gebet erwartet. Er darf nur tugendhafte Leute von anständigem Ruf um sich dulden und muß alle von seinem Haus fernhalten, deren Leumund gelitten hat. In allem hat er sich so zu verhalten, daß er den Seinen und den Fremden vor Augen führt, »er hasse das Laster, und es herrsche nicht in seiner Seele«.

Wer nun die Sitten, Lebensweisen, Gewohnheiten des Béarners kennt, seinen Abscheu vor Arbeiten im Zimmer, seine Abneigung gegen alle Pflichten, die ihn an einen Platz fesselten, wer seine Begierde nach körperlichem Wohlgefühl, seine Art, die Zeit mit spontanen, phantasievollen Dingen zu verbringen und plötzlichen Eingebungen zu folgen, berücksichtigt, der begreift, daß Duplessis-Mornays starres Programm in seinen Augen nur lächerlich war und nicht beachtet wurde. Und es lag nicht an den Ratschlägen des Oberhofmeisters, daß gerade jetzt das Seelenleben des Königs eine neue Wendung nahm und sich wenigstens eine Zeitlang nicht in galanten Abenteuern erschöpfte.

Zu Beginn des Sommers 1583 wurde er der Geliebte von Diane d'Andoins, der Witwe Philiberts von Gramont, Grafen von Guiche, der 1580 bei der Belagerung von La Fère gefallen war. Corisande – den Namen hatte sie einem Ritterroman entlehnt – hat den König von Navarra sieben Jahre lang beraten, geführt und ihm im Labyrinth der politischen Intrigen geholfen. Sie nimmt in der langen Liste von Mätressen des Vert-Galant eine besondere Stellung ein, weniger wegen ihrer eigenen Vorzüge – die groß waren – als dank den Gefühlen, die sie ihrem Geliebten einflößte, und durch den aristokratischen Zug, den sie ihrer Verbindung zu geben wußte. Würde man aus der Geschichte Heinrichs IV. die Zeit mit Diane d'Andoins herausnehmen, dann wäre sein Liebesleben eine einzige Folge ziemlich entwürdigender Liebschaften, eine »lange Schweinerei«, um den Ausdruck seines strengsten Biographen, Raymond Ritter, zu gebrauchen. Denn bei seinem fast bis zur Gier übersteigerten Verlangen nach erotischer Befriedigung war er in seiner Wahl wenig heikel und enthüllte gerade zu Füßen der unwürdigsten Mätressen seine Schwächen am rücksichtslosesten. Doch »diese große Corisande« – wie Montaigne sie preist – mit ihrer hochfliegenden Seele und dem feinen Gefühl für Anstand lebte noch in ritterlichen Vorstellungen, sie liebte »den Helden und sein Schicksal mehr als den Mann und seine Zärtlichkeiten«. Bei ihr korrigierte der König von Navarra die Nüchternheit und Brutalität, die sein Wesen bei den Forderungen seiner Sinnlichkeit annehmen konnte.

Er lernte eine heitere, friedliche und etwas romantische Liebe kennen, die aber nicht durch übertriebene Gefühlsseligkeit fade wurde. Seine Briefe an Corisande strahlen zarte, warme Zärtlichkeit aus, verhaltenes Feuer, das spürbar aus dem Herzen kommt. Bewunderung, Vertrauen, Dankbarkeit, Achtung und unbeirrbare Zuneigung sprechen sich hier frei, lebhaft und ungezwungen aus. Hier wird nicht der umgetriebene Egoismus der brennenden Leidenschaften sichtbar, sondern eine beständige, heitere seelische Wärme, die dieser einzigartigen Verbindung ihren ergreifenden menschlichen Nachhall und einen Hauch von Ritterlichkeit verleiht. Man braucht kaum zu erwähnen, daß Corisande Heinrichs IV. einzige Geliebte war, die ihn um seiner selbst willen geliebt hat und nie aufhörte, ihm ihre großzügige, kühne Ergebenheit zu beweisen. Sie half ihm sogar mit ihrer Börse aus und »hob Truppen für ihn auf ihre Kosten aus«. Vor allem half sie ihm mit ihren Ratschlägen, die durch ihr sehr kluges Gefühl für Politik kostbar wurden.

Das genügt, um zu wissen, daß Corisande den König von Navarra nicht von seinen Aufgaben als Haupt einer Partei ablenkte. Das Jahr, in dem er sie kennenlernte, war von diplomatischer Tätigkeit erfüllt, mit der er sich zum erstenmal der Propaganda im Ausland widmete. In Frankreich waren seine Gedanken und sein Programm wohlbekannt; jetzt war es wichtig, daß die Mächte in Europa über seine wahre Einstellung und seine Zukunftspläne unterrichtet wurden. Dieser Schritt schien um so dringender, als »die Gemeinheit einiger niedriger Leute« ihn vielen ausländischen Herrschern verdächtig gemacht hatte. Condé und seine Anhänger hatten bösartigen Klatsch über seine Lebensweise verbreitet; der Prinz von Bayern war »so angewidert von Leben und Unmoral am Hof von Navarra, daß er ausspuckte, wenn er davon sprach«. Um solche Verleumdung zu bekämpfen und der Welt sein wahres Gesicht zu zeigen, schickte der Béarner jetzt Gesandtschaften nach Deutschland, in die Schweiz, nach England, Dänemark und Schweden. Duplessis-Mornay erhielt den Auftrag, ein langes Memorandum für die Kanzleien Europas zu verfassen, um »die Lage des Königs von Navarra und seiner Partei in Frankreich« zu klären. Man muß zugeben, daß ihm dieses Papier besser geriet als die lächerlichen Vorschriften für Heinrichs Lebensführung. Freilich erkennt man auch deutlich die Mitarbeit des Königs, der hier zum erstenmal seine Ansprüche durchblicken ließ, nicht nur seine Partei, sondern Frankreich zu leiten. »Es trifft zu«, heißt es ohne Umschweife, »daß alle guten Franzosen allmählich ihre Blicke auf diesen Fürsten richten und mehr und mehr versuchen, seine Gunst zu erwerben, zumal das Übel, das sie in der augenblicklichen Regierung des Königs erkennen und das sie von einer künftigen unter Monseigneur (dem Herzog von Anjou) – angesichts der Proben, die er jetzt schon gibt – erwarten, den König von Navarra in das rechte Licht rückt, über den sich niemand beklagen und dem niemand bisher Grausamkeit, Hinterlist oder irgendwelche Bedrückung nachsagen kann...«

Eine so eindeutige Stellungnahme machte lebhaften Eindruck, den man an Condés Ärger und an dem neuen Interesse ablesen kann, das der Hof von Frankreich wieder dem König von Navarra zuwandte. Man erneuerte die Versuche, ihn an den Hof zu ziehen, und erbat sich wieder einmal die Dienste der Königin Marguerite. Ohne mehr Erfolg als früher.

Daß Marguerites Bemühungen wieder, und anscheinend endgültig, scheiterten, trug ihr die Ungnade des Königs ein. Er hatte diese Schwester, die nur ein Jahr jünger als er war, immer besonders gern gehabt, hatte ihre Gesellschaft, ihre Unterhaltung geliebt. In einer etwas verworrenen Seelenlage hatte er sich für die Gefühle des jungen Mädchens und die ersten Verliebtheiten interessiert. Ronsard lobte die Zärtlichkeit zwischen Bruder und Schwester, Brantôme sprach von einer so engen Verbindung, daß sie »nur einen Körper, eine Seele, sogar nur einen Willen« hatten. Doch inzwischen verfolgte Heinrich III. – unbeständig und launisch, wie er war – sie mit wilder Eifersucht, die sich zum Haß auswuchs und nur aus Staatsräson zurückgehalten wurde. Dem Aufenthalt bei ihm hatte er nur auf die dringenden Vorstellungen seiner Mutter hin zugestimmt und in der Absicht, »die Reise« des Königs von Navarra zu begünstigen. Doch als sich die Sache in die Länge zog, duldete er Marguerites Anwesenheit am Hof nur noch, weil er die Hoffnung nicht aufgeben wollte, daß sie eines Tages ihren Ehemann zu sich holen könne. Als nun jede Hoffnung darauf geschwunden war, wollte er sich für ihr Mißgeschick an ihr rächen; sie bot ihm mit ihren Seitensprüngen Anlaß genug.

Denn im Stil ihrer Vorfahren führte Marguerite seit achtzehn Monaten am Hof ein Leben, dessen Ausschweifungen weitaus »die anständige Freiheit, deren Gebrauch sie forderte«, überschritt. Sie hatte Champvallon wiedergetroffen und erneut zu ihrem Geliebten gemacht, obwohl er gerade rechtmäßig die

Tochter des Herzogs von Bouillon geheiratet hatte. Aber sie behielt ihm nicht lange ihre Reize ausschließlich vor, sondern gab ihm ziemlich viele »Stellvertreter«. Solche Ausschweifungen wären an einem Hof, der inzwischen zur äußersten Liederlichkeit geraten war, nicht als skandalös beurteilt worden, hätte Marguerite nicht noch nebenbei ein hinterhältiges Spiel der boshaften Kabalen getrieben. Sie hatte entschieden etwas Teuflisches an sich; es hieß, sie wäre imstande, im Himmel selbst Zwietracht zu säen. Jedenfalls bemühte sie sich, den Knäuel der Intrigen im Schloß weiter zu verwirren. Als ob ihre eigene Aufführung sie zum Sittenrichter machte, pflegte sie die »italienischen« Neigungen ihres Bruders und seiner Favoriten anzuprangern; sie verband sich herausfordernd mit ihrem Bruder Anjou, den Heinrich III. nicht leiden konnte. Und nach einem ununterbrochenen Hin und Her von unüberlegten oder hinterhältigen Machenschaften war sie am Hof schließlich für jedermann unerträglich geworden.

Ob ein schwerer wiegender Grund zum Bruch führte? Ob sie wirklich den Kurier ermorden ließ, den der König dem Herzog von Joyeuse mit einem Brief geschickt hatte, in dem Marguerite Spottverse auf sich vermutete? Es steht nur fest, daß Heinrich III. sie unter Schimpf und Schande am 7. August 1583 des Hofes verwies – nach einer heftigen Szene, bei der er ihr auf einem Ball im Louvre die Skandale ihres Lebens vorwarf und ihr die Namen ihrer Liebhaber ins Gesicht schrie.

Sie gehorchte schon am nächsten Morgen der ungnädigen Aufforderung, mußte aber in Palaiseau eine neue Demütigung hinnehmen: Auf Befehl des Königs wurde sie von einem Trupp Bogenschützen durchsucht, gezwungen, sich zu demaskieren – was bei einer Person ihres Ranges als unverzeihliche Beleidigung galt –, und war dabei von ihren beiden Ehrendamen Madame de Duras und Mademoiselle Béthune getrennt. Sie mußte auch die weitere Reise ohne sie, nur in Begleitung ihrer Dienerschaft, fortsetzen.

Heinrich III. teilte dem König von Navarra die Abreise seiner Frau mit, ohne die Kränkungen zu erwähnen, die er ihr angetan hatte. Außerdem wies er darauf hin, daß er die beiden Hofdamen, die ihrer nicht würdig gewesen seien, zurückgehalten habe. Der Béarner glaubte, seinem Schwager für sein Eingreifen danken und ihm versichern zu müssen, daß die Rückkehr der Königin seine eigenen Wünsche erfülle: »Ich möchte sie ausdrücklich hier haben, und sie kann gar nicht rasch genug kommen.«

Doch allmählich sickerte doch einiges von den Vorgängen am Hof bis Nérac durch, so daß der König von Navarra die Angelegenheit klären wollte, ehe er seine Frau empfing: Ein Bote hielt sie in Jarnac auf und richtete ihr aus, sie möge dort die Erlaubnis zur Weiterreise abwarten. Gleichzeitig verlangte der Béarner eine Erklärung Heinrichs III., der sich in ungereimten Erklärungen verfing. Dabei ließ er sich hinreißen, ziemlich deutlich auf Marguerites unangenehmes Verhalten anzuspielen, bedauerte dann aber sofort seine Entgleisung und glaubte, sich damit entschuldigen zu können, daß er auf Klatsch hereingefallen sei. Das Unglück wollte, daß seine Entschuldigungen noch beleidigender als die ersten Beschuldigungen ausfielen: »Auch die tugendhaftesten Prinzessinnen«, schrieb er, »und die verstorbene Königin von Navarra selbst sind nicht von der Verleumdung verschont geblieben.« Diesen Wirrwarr soll Heinrich von Navarra in klare Sprache übersetzt haben: »Der König erweist mir mit seinen vielen Briefen große Ehre. In den ersten behandelt er mich als Hahnrei, in den letzten als Sohn einer Dirne. Ich danke ihm.«

Um Licht in die Sache zu bringen, hatte er aber schon Duplessis-Mornay und d'Aubigné nach Paris geschickt, die auf einen Schlag zweierlei feststellten: Marguerite war schwer gekränkt worden, und der König von Frankreich schien es von Herzen zu bedauern. Der Charakter Heinrichs III. bot erstaunliche Möglichkeiten zu Übereilung wie auch zur Mäßigung. Wenn er im ersten Augenblick »aufbrausend und wütend in seinem Zorn« war, so ließ er sich schnell wieder einschüchtern, wenn ihm die Folgen seines Benehmens klar wurden. Er beteuerte also ziemlich kläglich seinen guten Willen Schwester und Schwager gegenüber und verhedderte sich so in Ausflüchten und Lügen, daß seine Verwirrung nicht zu übersehen war. Die Königinmutter schien wie ihr Sohn bestrebt, die Vorfälle als bloße Mißverständnisse darzustellen; sie behandelte die Abgesandten ihres Schwiegersohnes mit Samtpfötchen, konnte es aber doch nicht ganz lassen – ihre unauslöschliche Gewohnheit –, den Vorhaltungen mit eigenen Beschwerden entgegenzutreten, »untermischt mit scharfen und ärgerlichen Worten«.

Der König von Navarra erkannte die Ausflüchte und das Unbehagen, das dahinter stand, und beschloß sofort, die Situation zu politischen Zwecken auszunutzen. Er konnte sich natürlich nicht der Pflicht entziehen, seine Mannesehre von den Kränkungen, die seiner Frau zugefügt worden waren, zu reinigen; so ließ er d'Aubigné in Paris seine unerschütterliche Beredsamkeit in gewaltigen Tiraden entfesseln; dem Soldaten und Schriftsteller behagte die Rolle des Weltverbesserers, und laut predigte er im Namen seines Herrn, der, wie er sagte, »sich nicht mit Stockschlägen traktieren« lasse; als man ihm vorschlug, seiner Rache »ein paar Spitzbuben und Schurken« zu opfern, antwortete er, daß man »Diana keine Schweine opfert und daß edlere Köpfe fallen müßten«.

Doch es waren nicht Köpfe, die der König von Navarra begehrte. Er hatte sich andere Ziele gesteckt. Natürlich rechnete er damit, daß es zu irgendwelchen Vereinbarungen kommen werde, um Marguerite zu rehabilitieren – woran ihm übrigens nur etwas lag, weil es das Ansehen seines Hauses betraf. Als sich Heinrich III. dieser Verletzung des Anstandes überließ, hatte er sich dem König von Navarra ausgeliefert, denn er brauchte dessen Einvernehmen, um diese unglückliche Geschichte aus der Welt zu schaffen. Heinrich von Navarra hatte auch nicht die Absicht, sich zu weigern, wollte aber Gewinn aus der Großmut ziehen und hatte schon den Preis im Auge: Seine Situation in der Guyenne mußte endlich befestigt werden.

Der Zeitpunkt war nämlich gekommen, wo die Hugenotten die ihnen vorübergehend zugestandenen Plätze wieder räumen sollten, und Matignon zeigte seit geraumer Zeit eine ärgerliche Neigung, die Politik der kleinen Herausforderungen und Widerstände aufzunehmen, die mit Biron verschwunden zu sein schien. Der Béarner entwickelte nun einen Plan auf zwei Ebenen. Er ließ seine schneidigen Abgesandten in Paris sinnlose Verhandlungen weiterführen, wobei sie sich versöhnlich zeigen, aber wiederum unausgesetzt mit dem Bruch drohen sollten. Gleichzeitig unternahm er in der Guyenne einige militärische und politische Vorstöße, denen sich die königliche Autorität kaum widersetzen konnte, weil man in Paris ja hoffte, den so unvorsichtig vom Zaun gebrochenen Familienzwist ohne Skandal aus der Welt zu schaffen.

Der König von Navarra begann damit, daß er am 20. November 1583 die Stadt Mont-de-Marsan einnahm, die den Protestanten im Frieden von Fleix zwar zugestanden, aber nicht zurückgegeben worden war. Matignon antwortete damit, daß er eine Garnison nach Bazas verlegte; Heinrich forderte sofort den Rückzug der königlichen Truppen aus der Stadt und machte ihn zur Bedingung für eine freundschaftliche Regelung des schwelenden Streits. Doch er war zu optimistisch gewesen: Der Hof gab dieser Erpressung nicht nach, sondern überlegte sogar eine Zwangsmaßnahme, nämlich die Besetzung der Plätze Condom und Agen. Aber wie meistens hielt Heinrichs III. feste Haltung nicht lange an. Die zwei Monate lang unterbrochenen Verhandlungen wurden im Januar 1584 wieder aufgenommen und führten im April zu einer Vereinbarung, die ganz im Sinne Navarras ausfiel. Er akzeptierte Heinrichs III. verniedlichte Version der Familienangelegenheit, derzufolge sie ein pures Mißverständnis gewesen sei. Navarras Einverständnis mit der immerhin völlig unglaubwürdigen Darstellung wurde mit dem Rückzug der königlichen Truppen aus den im Zuge der Repressalien besetzten Städte bezahlt, und die Hugenotten konnten die Sicherheitsplätze behalten, die ihnen nur widerruflich zugestanden worden waren. Marguerite aber durfte die Reise nach Nérac fortsetzen, nur zu bereit, den Zwangsaufenthalt in der Charente zu beenden. Da sich die Berichte der Augenzeugen völlig widersprechen, kann nichts Eindeutiges über den Empfang, den ihr Mann ihr bereitete, mitgeteilt werden: Es wird berichtet, daß die Begegnung stürmisch verlief, während andere Quellen mitteilen, daß die vollständige Eintracht sofort wieder vorhanden gewesen sei. La Huguerie, der die Königin am Abend ihrer Ankunft in Nérac betrachten konnte, meinte, er habe »niemals ein mehr in Tränen gebadetes Gesicht und schlimmer vom Weinen gerötete Augen gesehen«. Doch vielleicht weinte sie aus Freude – man drang nicht leicht in Marguerites innerste Gedanken ein.

## 5. Kapitel: Der präsumtive Thronanwärter

In Château-Thierry starb am 10. Juni 1584 François von Valois, Herzog von Anjou und Alençon, der vierte Sohn Heinrichs II. Als »kranker Geist in zerrüttetem Körper« hatte er sein Leben lang an Verschwörungen und zusammenhanglosen Abenteuern teilgenommen. Sein früher Tod – er war erst dreißig Jahre alt und hatte nie geheiratet – stellte die Dynastie vor große Probleme, die erst mit der Thronbesteigung Heinrichs IV. gelöst wurden, nach Jahren der Unruhen und des Elends. Da Heinrich III. in zehn Jahren unfruchtbarer Ehe keine Kinder gezeugt hatte, schienen die Valois zum Aussterben verurteilt. Falls der König schon bald sterben sollte – eine Annahme, die weder von den Sitten der Zeit noch den körperlichen Gebrechen der Valois her auszuschließen war –, mußte die Krone Frankreichs entweder an die Bourbonen übergehen, deren Chef erbberechtigt war, oder an einen Prätendenten, der »imstande war, sich durch Intrige oder Gewalt durchzusetzen«.

Es gab diesen Prätendenten – Heinrich von Guise, der schon jetzt dank einer ihm ergebenen Partei sein Gewicht in der französischen Politik geltend machte und seine Thronansprüche auf die – allerdings strittige – Abstammung von Karl dem Großen zurückführte. In Paris und im Lande war er sehr beliebt. Die Familie hatte viele Staatsmänner und Heerführer hervorgebracht, ausländische Verbündete stärkten seine Macht; der Tod von Monsieur hatte ihm ein großes Hindernis aus dem Weg geräumt. Um sein Werk zu krönen, blieb nur noch, den Mitbewerber Heinrich von Bourbon – Thronanwärter nach Landesrecht – auszuschalten und dann die Autorität des Königs oder gar seine Person selbst zu vernichten, um die Nachfolgefrage im voraus zu lösen. Dazu konnte er seine Liga einsetzen, die als brauchbares Instrument in ihren Händen den Guisen jetzt bereits zu einer gefürchteten Macht verholfen hatte.

Um ihre Streitkräfte neu aufzustellen und ihre kämpferische Leistungsfähigkeit zu steigern, beriefen die Guisen sie schon am Tag nach Monsieurs Tod ein. Heinrich von Navarra dagegen wies in seinem Beileidsschreiben an den König auf seinen Rang als Thronanwärter hin und verlangte die Privilegien, die eine alte Tradition des Landes »der zweiten Person im Königreich« zuerkannte.

In diesem Augenblick lag der Verfall der Monarchie vor aller Augen. Die Verschwendung des Hofes hatte die Mittel des Landes erschöpft; Provinzgouverneure begannen, sich von der königlichen Autorität freizumachen; die ausgeplünderte, unzufriedene Bevölkerung war reif zu neuen Unruhen. Der gefährlichen Situation, die sich abzeichnete, als sich die Liga neu auf militanter Grundlage formierte und ihre Chefs sich nicht mehr bemühten, ihre Herrschaftspläne geheimzuhalten, hatten Heinrich III. und seine alternde Mutter keine einheitliche und fest umrissene Politik entgegenzusetzen. Der König hätte sich – wie es ihm vor Einberufung der Stände in Blois gelungen war – an die Spitze der Ligisten stellen und ihre Macht für sich selbst einsetzen können; er hätte sie auch wirksam bekämpfen können, wenn er gemeinsame Sache mit dem mutmaßlichen Erben machen wollte. Schließlich wäre es auch nicht aussichtslos gewesen, die Initiative zur Bildung einer königlichen Partei zu ergreifen, die ihn gegen die Übergriffe der Liga und gegen die Forderungen der Hugenotten geschützt hätte. Man kann nicht einmal sagen, daß Heinrich III. diese verschiedenen Möglichkeiten nicht erkannt hätte, denn die ihnen entsprechenden politischen Taktiken wandte er Zug um Zug an – aber niemals mit Überzeugung und vor allem nicht mit Ausdauer, ohne die Beständigkeit, in der sich seine Ansichten und seine Doktrin erwiesen hätten, ohne je eine Möglichkeit voll auszuschöpfen. Sein Geist war so verworren, daß er gleichzeitig einander entgegengesetzte oder gar unvereinbare Ziele verfolgte. In den achtzehn Monaten nach dem Tod seines Bruders erwies sich seine Unbeständigkeit wie nie zuvor.

Sein erster Gedanke war die Annäherung an den König von Navarra, dem er Vereinbarungen vorschlagen wollte. Er sandte ihm seinen vertrautesten Favoriten – den »Erzliebling«, wie ihn L'Estoile nennt – mit sehr genauen Vorschlägen. Und wie um die menschliche Wärme der politischen Aufforderung zu betonen, äußerte er vorher in der Öffentlichkeit über seinen Schwager: »Er ist ein Fürst aus gutem Hause und von guter Wesensart. Meiner Wesensart entsprach es immer, ihn zu lieben, und ich weiß, daß er mich liebt. Er ist etwas jähzornig und spitz, im Grunde aber gut.« Doch wenn Heinrich III. auch bereit war, Heinrich von Bourbon als »seinen einen und einzigen Erben« anzuerkennen, belastete er das gute Einvernehmen mit der doppelten Bedingung, daß der Schwager im Rang eines *lieutenant-général* am Hof leben und katholisch werden müsse. Da er diese Bedingung unmöglich mit seinem Gewissen vereinbaren konnte, mußte Navarra ablehnen, und fünf Jahre hindurch scheiterte aus gleichem Grund jeder Versuch zur Annäherung der beiden Könige. Die Realitäten der politischen Lage erklären das Scheitern und rechtfertigen vollauf die Haltung des Königs von Navarra.

Sicherlich war er trotzdem in Versuchung, sich den Gründen des Königs zu fügen, sicherlich schien ihm einen Augenblick lang ein fester Platz am Hofe wünschenswert, sicherlich erkannte er die Gründe an, die man ins Feld führte, um ihn wieder für die Religion seiner Vorfahren zu gewinnen. Doch solche Verlokkungen waren nur der Widerhall seines tiefen Verlangens nach der Herrschaft von Eintracht und Duldsamkeit. Ein tolerantes Regiment unter der Schirmherrschaft des Königs, garantiert durch dessen feste und anerkannte Autorität, war und blieb der Leitgedanke des Béarners. Doch 1585 war er nicht geneigt, die kalvinistische Konfession, für die er so viel gestritten und gelitten hatte, einfach aufzugeben. Ob er ihr durch einen tiefen, unauslöschlichen Glauben verbunden war? Es wird hier geeignetere Gelegenheiten geben, seine religiösen Gefühle zu erörtern, und es wird sich zeigen, daß man unter den Motiven seiner Haltung nur schwer den Trennungsstrich zwischen menschlichen Neigungen und beweglicher Politik ziehen kann. Außerdem: was er opfern sollte, waren weniger seine dogmatischen Überzeugungen als »seinen Titel und sein Ansehen als Parteiführer«.

Nun ist es allerdings nicht einmal sicher, daß sein Verzicht tatsächlich den Interessen gedient hätte, in deren Namen man ihn verlangte. Was hätte das Land davon gehabt, wenn er Generalleutnant des Königreichs, also dem König fast gleichgestellt, jedenfalls sein Berater und Verbündeter, geworden wäre? Hätten die Guisen deshalb auf ihre Ansprüche verzichtet? Wäre die Liga neutralisiert oder aufgelöst worden? Wären die Aussichten auf Befriedung greifbarer gewesen? Blieb er Protestant, hätte man ihm Sektierertum vorwerfen können, er hätte den König selbst damit angreifbar gemacht und der Liga neue Vorwände für ihre Agitation gegeben. Wenn er aber seine Religion aufgab, hätte er das Vertrauen der Hugenotten verloren, ohne deshalb die Liga zu entwaffnen. Die Führung seiner eigenen Partei wäre Übereifrigen wie Condé in die Hände gefallen, neue Unruhen hätten ausbrechen können. Auf welche Seite er sich auch schlug, er lief Gefahr, gerade die Interessen der Krone und Frankreichs zu schädigen. Seine hohen nationalen Vorstellungen schlossen für ihn alle Lösungen aus, die unter falschem Schein nur den Keim von Unruhen und Verwirrung in sich trugen. Zu diesen politischen Überlegungen kam zweifellos auch ein ganz persönlicher Grund, sich zu weigern: Niemals mochte er den Eindruck erwecken, selbstsüchtig zu handeln.

Bevor er sich entschied, hatte Heinrich von Bourbon seine Vorstellungen ausführlich mit denen seiner vertrauten Berater verglichen, die ihm je nach Temperament und vor allem nach Konfessionszugehörigkeit sehr widersprüchliche Ratschläge gaben. Roquelaure, der katholisch war, drängte ihn, die Gnade und Freundschaft seines Bruders König anzunehmen, wodurch er die Macht erhalte, seinen Feinden stärker entgegenzutreten. Der Religion, die er angenommen hatte, treu zu bleiben – hieß das denn nicht Verzicht auf die Krone von Frankreich? »Wenn man dagegen am Hof sagen hörte, daß der König von Navarra eine Messe gehört habe, würden Sie im selben Augenblick schon erleben, daß ganz Frankreich zusammenströmte, um ihm seine Kraft, seinen Reichtum und alle Mittel anzubieten, damit er nach Belieben damit verfahre.« Und diese Messe brauche der König ja nicht im Herzen mitzumachen; es genüge, wenn er »mit dem Mund nach außen hin« katholisch sei. Der historische Ausspruch »Paris ist eine Messe wert« klang schon an, als Roquelaure fortfuhr: »Und wäre es nicht besser, fünfhundert Messen anzuhören, als den Bürgerkrieg zu entfachen?« Für die Hugenotten waren das Lästerreden, denen sie ihre Unerbittlichkeit und vor allem die Erinnerung an die Bartholomäusnacht entgegenhielten. Kanzler Perrier riet zur Vorsicht: »Ich halte es für besser, wenn der König bleibt, was er ist, statt sich in Gefahr zu begeben, für wankelmütig und leichtfertig gehalten zu werden, ohne dafür mit Sicherheit Vorteile einzutauschen.«

Heinrich von Navarra erkennt, was an diesen einander widersprechenden Ansichten richtig ist, aber er hat schon für sich selbst die Folgerungen gezogen: Die augenblicklichen Pläne Heinrichs III., so lobenswert sie grundsätzlich sind, können noch lange nicht verwirklicht werden. Er glaubt, daß die Zeit dafür kommen wird; ganz Frankreich wartet sehnsüchtig darauf. Doch man wird noch lange an der Beruhigung der Leidenschaften, am Abbau der Feindseligkeiten, am Verzicht auf Rachegedanken arbeiten müssen. Zu dieser gemeinsamen Politik der Befriedung ermuntert Heinrich von Navarra den König von Frankreich, dankt ihm für sein Anerbieten und bittet ihn um Verzeihung, daß er ihm im Augenblick nicht besser dienen kann.

Diese Politik wird einige Monate hindurch befolgt; Matignon betritt auf Anordnung seines Herrn den Weg zu einer echten Zusammenarbeit mit dem Gouverneur der Guyenne. Der König behandelt seinen Schwager mit Hochachtung; er dankt ihm mit einem Geschenk von hunderttausend Talern, bittet, ihn wieder »seinen Herrn« [son maître] zu nennen wie damals, als Navarra bei ihm am Hofe lebte. Er bedient sich Heinrichs von Navarra, um Montmorency mit Joyeuse auszusöhnen, die sich das Gouvernement Languedoc streitig machen. Schließlich läßt er eine Konferenz in Montauban einberufen, die den Auftrag erhält, eine bessere Anwendung der Befriedungsedikte zu sichern. Sie regelt auf großzügige Weise die schwebenden Fragen und schiebt den Termin, der den Hugenotten für die Rückgabe der festen Plätze gesetzt worden ist, um zwei Jahre hinaus.

Doch eigentlich brachte Heinrich III. für diesen Weg der Zugeständnisse nicht viel Begeisterung auf; den Hugenotten begegnete er nach wie vor mit Vorurteilen und einer Art Widerwillen. Er fürchtete außerdem, daß er nun den Ligisten einen Vorwand zur neuen Beunruhigung des Landes gegeben habe. Und damit hatte er nicht Unrecht, denn gerade das war die unmittelbare Wirkung seiner stillschweigenden Großzügigkeit. Die Guisen benutzten sie, um ihre Pläne weiter zu entwickeln und die Organisation der Liga zu stärken. Sie behaupteten, der König von Frankreich sei Heinrich von Bourbon eher entgegengekommen, um ihn in seinem Ketzertum zu bestärken, als um ihn zu bekehren; der König bemühe sich, den Hugenotten den Weg zum Thron zu ebnen, obwohl damit die römische Kirche unmittelbar bedroht sei. Sie streuten alarmierende Gerüchte im Volk aus,

»die Prediger wetterten von der Kanzel«, die Beichtväter »flüsterten in die Ohren«. Ein heftiger Streit mit Schmähschriften entspann sich, der Anfang der politischen Presse, deren Einfluß immer mehr anschwoll. Die lothringischen Fürsten wurden als Schirm und Schild der Religion, als Väter des Volkes dargestellt, der Herrschaft würdiger als der Mann, der jetzt das Zepter hielt. Eine mächtige, nicht zu übersehende Bewegung lief durch das Land, das zum allergrößten Teil katholisch geblieben war. »Die Eifernden, die Einfältigen und die Zornigen gerieten in Bewegung, meuterten, hielten auf dem Lande und in den Städten Versammlungen ab, hoben Soldaten aus, ernannten ihre Führer, auf deren Aufforderung hin sich die Aufgebotenen an einem bestimmten Sammelplatz einzufinden hatten.«

Das Ausland verfolgte gespannt den Aufstieg der Liga, seine Herrschaft über die Volksseele. Entsetzt bei der Aussicht, eines Tages einen protestantischen Herrscher in Frankreich zu erleben, schlug Philipp II. den Guisen vor, sie in ihrem Kampf zu unterstützen. Sie waren bereit, und der Vertrag von Joinville bestätigte im Januar 1585 eine Vereinbarung, mit der sich die Liga praktisch in den Schutz und den Sold der Spanier begab. Der alte Kardinal Bourbon, der Onkel Heinrichs von Navarra, wurde als möglicher Nachfolger Heinrichs III. designiert, als nächster katholischer Anwärter auf den Thron. Die anderen Prinzen von Geblüt – an erster Stelle Heinrich von Navarra und Condé – wurden als rückfällige Ketzer »gänzlich und für alle Zeiten« von der Thronfolge ausgeschlossen. Kardinal von Bourbon verpflichtete sich, wenn er Herr über das Königreich geworden sei, die Kalvinisten zu vertreiben und auf politischem und wirtschaftlichem Gebiet gewisse bereits festgelegte Schritte zu unternehmen, die allesamt für Spanien günstig waren und unter denen die Abtretung von Nieder-Navarra und Béarn an Philipp II. noch nicht einmal der beschämendste war.

Spanisches Geld ermöglichte es den Guisen, Truppen auszuheben und Gewissen zu kaufen. Schon nannte man die Namen der Gouverneure von Städten oder Provinzen und sogar von Geistlichen, die bereit waren, sich preiszugeben. Im März veröffentlichte der Kardinal von Bourbon, der seine neue Würde ernst nahm, ein Manifest, um dem Land seine Ansprüche anzumelden; die schlechte Politik und die schlechten Sitten des Königs Heinrich III. wurden nebenbei und mit ziemlich beleidigenden Wendungen erwähnt. Alles war auf den Bürgerkrieg vorbereitet; schon begannen die Ligisten hinterhältig damit, eine Anzahl königlicher Orte durch Verrat an sich zu bringen.

Dem König von Frankreich, dessen Lage von Tag zu Tag prekärer wurde, fiel wenig ein. Er veröffentlichte auf Bourbons Manifest eine Antwort ohne Würde und widersetzte sich nur schwächlich den Angriffen der Liga auf seine Provinzen und Städte. Es gelang ihm allerdings, d'Entragues aus Orléans zu vertreiben, der es im Namen der Liga besetzen wollte. Er schickte den Herzog von Aumont nach Gien, um den Guisarden die Stadt wieder abzunehmen, ernannte den Herzog von Montpensier zum Generalleutnant im Poitou, wo er dem Herzog von Mercœur entgegenzutreten hatte, und beauftragte Joyeuse, die bereits schwierige Lage in der Normandie zu festigen.

Die Hugenotten erwarteten Gewehr bei Fuß, von Heinrich III. zur Hilfe gerufen zu werden. Der König von Navarra protestierte unablässig gegen die Übergriffe der Liga, gegen den Aufruhr, den sie anzuzetteln versuchte, gegen die hinterhältige Absicht, »unter dem Deckmantel der Religion« gegen den Staat zu agitieren. Mit diplomatischem Geschick war es ihm gelungen, in der Schweiz und in den Niederlanden gegen die Liga Stimmung zu machen. Andererseits hatte er sich mit zusätzlichen Soldaten und Pferden versorgt und Heinrich III. vorgeschlagen, »ihm den schuldigen Gehorsam dadurch zu erweisen, daß er gegen die Gegner des Königs kämpfe«. Als er im Juli »die wichtigsten Köpfe der hugenottischen Partei« traf, machte er sie mit seiner Absicht bekannt, der Zusammenarbeit mit dem König dadurch eine unverfängliche Form zu geben, »daß sie ihre Soldaten in die königlichen Armeen und Kompanien einreihten«. Doch natürlich mußte der König eine solche Unterstützung zunächst anfordern, und dazu war er zu verzagt. Vielleicht wollte er sich auch nicht einer Partei anschließen – wahrscheinlich war er aber gar nicht imstande, bei der Linie zu bleiben, die er zunächst ohne echte Überzeugung eingeschlagen hatte.

Zum Pakt mit der Liga wählte er dann den denkbar falschen Augenblick, als er, von allen Seiten bedrängt, eigentlich schon als Besiegter auftrat. Vergeblich bot ihm die Königinmutter ihre nun schon überholte Diplomatie an: Ohne Ansehen, ohne Armee, ohne Geld konnte er, der die Verbündeten so unvorsichtig zurückgewiesen hatte, den unverschämten Forderungen der Guisen nichts entgegensetzen; er mußte durch das kaudinische Joch gehen und schloß am 7. Juli 1585 den Vertrag von

Nemours, der die königliche Autorität und das Land selbst zerfetzte. Der protestantische Kultus wurde in Frankreich verboten, die Hugenotten gezwungen, ihre Religion binnen sechs Monaten zu wechseln, weil sonst die Ausweisung aus Frankreich drohte. Dagegen wurde die Liga als eigentliche Organisation der Staatsverteidigung anerkannt; ihre Anführer erhielten eine eigene Garde. L'Estoile hatte diesen sonderbaren Vertrag treffend charakterisiert: »Der König ist zu Fuß, die Liga zu Pferde.«

Die Lage der Hugenotten wurde dramatisch, denn die Frucht von zwanzig Jahren Ausdauer und Kampf ging an einem einzigen Tag verloren. Sie standen wieder am Ausgangspunkt, die Zeit kehrte zurück, in der man ihnen nach heimlichen Gottesdiensten aufgelauert und viele von ihnen umgebracht hatte. In ihrer Niedergeschlagenheit und Verzweiflung nahmen sie nur Zuflucht zu Gebet und angestrengtem Fasten. Am schlimmsten betroffen war Heinrich von Navarra, denn noch mehr als über das brutale Scheitern seiner Hoffnungen war er über den Sieg der Intoleranz entsetzt, die mit dem Vertrag von Nemours zum Leitgedanken der Regierung erhoben worden war. Wie keinem anderen war ihm jede dogmatische Unversöhnlichkeit fremd. Sein berühmter Ausspruch drückt seinen Widerwillen gegen Fanatismus aus: »Wer seinem Gewissen aufrichtig folgt, gehört zu meiner Religion; und ich gehöre zur Religion all derer, die tapfer und gut sind.« Er wiederholte gern, er wisse nicht, ob er eines Tages König von Frankreich sein werde, aber er wisse genau, »daß es nicht nötig ist, die Gewissen zu bedrängen, und daß man die Leute frei glauben lassen soll, was sie glauben wollen«. Von neuen religiösen Verfolgungen erwartete er nur Trümmer, Krieg und Unglück. Wie sehr ihn die Situation geistig und körperlich erschütterte, geht aus einer Bemerkung hervor, die er später zu La Force machte: »Als ich gründlich darüber nachdachte und dabei den Kopf in die Hand stützte, war meine Vorahnung all des Unglücks, das ich für mein Land befürchtete, so groß, daß sie mir meinen halben Schnurrbart bleichte.«

Doch Navarra gehörte nicht zu denen, die von Schwierigkeiten entmutigt werden, und er wußte, daß auch seine Religionsgenossen, wenn nur der Augenblick des ersten Schreckens überwunden war, »ihren kraftvollen Mut« wiederfinden und sich an seiner Seite neuen Kämpfen stellen würden. Denn um Kampf ging es jetzt. Die Brücken waren abgebrochen; Heinrich von Navarra wußte, daß sich die Hugenotten niemals unterwerfen würden und daß der König durch die Liga gezwungen wurde, sie mit Gewalt zu unterdrücken. Um die Verteidigung auszubauen, entfaltete Navarra jetzt großen Eifer, hütete sich aber vor jeder ungestümen Übereilung und vermied bewußt jede Geste, die als Aggression aufgefaßt werden konnte. Damit hielt er sich an eine Linie, die er immer in seiner Politik verfolgt hat. Er wollte nicht mit Vorbedacht einen Krieg mit dem König von Frankreich beginnen; sollte er kämpfen, dann mußte ihm dieser Kampf unmittelbar und eindeutig aufgezwungen worden sein. Deshalb blieb er bis zur letzten Minute in der Verteidigung und ließ bis zum Schluß Hoffnung auf Verständigung durchblicken. In diesem Sinne schickte er während seiner fieberhaften Vorbereitungen am 21. Juli 1585 Heinrich III. ein Protestschreiben gegen den Vertrag von Nemours, einen würdigen, achtungs- und maßvollen Brief. Er spricht von der »Ehre, ihm anzugehören«, und läßt nichts von seiner Entschlossenheit zum Widerstand durchblicken.

Gegen Heinrich von Guise führt er eine deutlichere Sprache. Er schlägt ihm vor, da ihn der Chef der Liga »als Gegenstand und Vorwand seiner Bewaffnung« behandelt, diesen Streit zu schlichten mit »seiner Person gegen meine, einer gegen einen, zwei gegen zwei, zehn gegen zehn, zwanzig gegen zwanzig, und zwar mit Waffen, wie Kavaliere sie benutzen«. Doch die ritterliche Zeit ist längst vorüber, und Guise nimmt die Herausforderung nicht an, sondern behauptet, »die Sache der Religion und nicht einen persönlichen Streit« zu führen. Also wird das Blut des Adels nicht geschont, das Elend »des armen Volkes nicht verhindert« werden – und auch nicht »das Durcheinander, die völlige Unordnung auf allen Gebieten«.

Doch wie fängt man den Feldzug gegen die Hugenotten an, die sich ja offenbar auf andere Weise nicht unterdrücken lassen? Im September 1585 greift man wieder zu diplomatischen Waffen, und Papst Sixtus V., schon lange von der Liga dazu gedrängt, schleudert in einer gewaltigen Bulle den Kirchenbann gegen Heinrich von Bourbon und den Prinzen von Condé: niemals können die beiden die Krone tragen. Sofort entspinnt sich ein Streit über die Rechtmäßigkeit der päpstlichen Einmischung. Navarra bringt den Fall vor das Pariser Appellationsgericht. Streitschriften gehen hin und her; noch ist es ein Krieg mit Tinte und Feder.

Der Wirbel, den die Königin von Navarra entfachte und der auf klägliche Weise ein Ende fand, hatte kaum mehr Bedeutung und Folgen als das Palaver der Robenträger, sieht man von Marguerite selbst ab, die dadurch ihre Freiheit und das Ansehen verlor, die ihrem Rang gebührten. Ihr Streich, der sein Nachwort im September 1585 erhielt, fügte sich in den Rahmen der Agitationen, mit der die Liga vor dem Vertrag von Nemours das Land beunruhigte. Schon im April 1585 begann Marguerite buchstäblich einen Krieg gegen Bruder und Ehemann, und zweifellos hat sie die Situation genossen, in die sie sich verlocken ließ. Ihre Rückkehr zu ihrem Mann nach der Verbannung vom Hof von Frankreich hatte nicht zur Eintracht der Ehegatten geführt; ihre Annäherung, falls sie überhaupt ruhig begann, war rein äußerlich, denn bald offenbarte sich eine Uneinigkeit, die sich immer weiter steigerte. Die Königin nahm ihrem Mann seine neue Leidenschaft für Corisande – Diane d'Andoins – übel und beklagte sich bald lauthals, Diane wolle ihr ans Leben. Der König war über das Gebaren seiner Frau um so verärgerter, als er nur um ein Haar der Vergiftung durch seinen Sekretär Ferrand entgangen war, unter Umständen, die eine Verbindung mit den ehelichen Zerwürfnissen nicht ausschlossen. Diese Vorfälle hatten die Königin im März zur Übersiedlung in ihre Stadt Agen veranlaßt. Sie sammelte zwölfhundert Soldaten, befestigte den Ort und setzte sich in den Kopf, persönlich und politisch gegen Bruder und Ehemann zugleich aufzutreten – denn sie verabscheute und verachtete beide gleicherweise. Daß sie damit Heinrich von Guise zu Gefallen handelte, war ihr sicher willkommen aus romantischer Treue zu ihrer beider Liebe von einst. Mag sein, daß auch Brantômes unvorsichtige Äußerung, daß sie als Kandidatin für den Thron in Frage käme, ihr ein wenig den Kopf verdreht hatte.

So war sie also im Lager der Liga gelandet, hatte das Versprechen finanzieller Unterstützung von Philipp II. erhalten, und schon warf sie ihre kleine Truppe gegen Tonneins, wo sie von den Soldaten Matignons übel empfangen wurde. Heinrich von Navarra beteiligte sich persönlich »und schlug mit demselben Schlag seine Frau und die Liga«. Marguerites Angriff auf Villeneuve d'Agen scheiterte kläglich. Nach Agen zurückgekehrt, überschlug Marguerite ihre Barschaft und stellte fest, daß die ohnehin mageren Finanzen überaus schnell im Feuer ihres kleinen Krieges geschmolzen waren. Sie ließ die Häuser von

Hugenotten plündern, aber es brachte kaum etwas ein, denn in Agen lebten nur wenige Kalvinisten, und die Beute »war rasch vertan«. Um sich behaupten zu können, plünderte man auch andere Häuser, beraubte Geleitzüge auf den Landstraßen und Bauern auf ihren Höfen – auf die Erhebung von Steuern hatte man gleich verzichten müssen, weil sich aus dem allgemeinen Elend nichts mehr herauspressen ließ. Die Lebensmittel gingen aus, zum Mangel kam die Pest. Als der Vertrag von Nemours verkündet wurde, ließ Marguerite ein *Te Deum* singen und brannte ein Feuerwerk ab. Sie verlor einen Feind, da der König von Frankreich zum Verbündeten der Guisen geworden war, und sie konnte nun alle Kräfte gegen ihren Mann einsetzen. Dazu brauchte sie aber dringend die von Spanien versprochenen 50 000 Taler. Grausame Enttäuschung! Aus Spanien kam kein Geld, und das Gespenst des Ruins tauchte vor der verschwenderischen Fürstin auf.

Es dauerte nicht mehr lange mit ihr. Schlecht bezahlte Krieger, schikanierte und bedrückte Bürger, das im Elend verzweifelnde Volk vereinten sich in plötzlich ausbrechendem Zorn, und ein Aufstand fegte alles hinweg. Um zu verhindern, daß sie über die Stadtmauern von Agen geworfen wurde – »trotz ihrem Rang und ihrer Stellung« –, mußte Marguerite in höchster Eile aus dem einzigen noch offenen Stadttor fliehen, mitsamt den hochtrabenden Würdenträgern ihres lächerlichen Gefolges. Ihr Rückzug endete in der Festung Usson in der Auvergne, wo sie zwanzig Jahre lang eingeschlossen blieb: Sie hatte Zeit genug, über den Einfall nachzudenken, der sie um zwei Kronen brachte, die der Königin von Navarra, die sie bereits besaß, und die der Königin von Frankreich, die sie vier Jahre später erhalten hätte, wenn sie, wie die guten Leute meinten, »sich nur ruhig verhalten hätte«. Aber gerade das, sich ruhig zu verhalten, war dieser wunderlichen Fürstin nicht möglich.

Zur Bekämpfung der Protestanten – zu der die Liga den König drängte, ja, die sie ihm eigentlich befahl – brauchte Heinrich III. drei neue zusätzliche Armeen. Die größte wollte er zu seinem Schutz in Paris lassen, eine zweite sollte den König von Navarra in der Guyenne bekämpfen, die dritte, unter dem Befehl Heinrichs von Guise, die Ostgrenze gegen die Reiterscharen schützen, die protestantische Fürsten zur Unterstützung ihrer Religionsbrüder schicken wollten. Aber dem König fehlte das Geld, um diese neuen Truppen auszuheben, sie auszurüsten und kriegsbereit zu machen. Der König war bereit, seine Mittel »bis zum letzten Hemd« einzusetzen, aber das genügte nicht. So forderte er die Liga auf, den finanziellen Aufwand zu übernehmen, den die von ihr selbst geschaffene Situation verlangte. Auf ihre Weigerung – denn die Liga hatte vor, die spanischen Gelder für ihre eigene Organisation zu verwenden – kündete Heinrich III. an, daß er sich nun verpflichtet sähe, die Zahlung der Renten einzustellen, die Bürger mit neuen Steuern zu belasten und den Besitz der Geistlichkeit zu verkaufen – man wollte, wie man heute sagen würde, »das Geld nehmen, wo man es fand«. Die Zahlungsfähigkeit des Volkes war längst dahin.

Die Ankündigung dieser Maßnahmen rief großes Mißvergnügen hervor; zwar wollten die Katholiken die Protestanten bekriegen, fanden es aber sehr unbequem, daß sie es auf eigene Kosten tun sollten. Der König meinte darauf: »Ich bin sehr besorgt, daß wir, um die Predigt auszurotten, die Messe in große Gefahr bringen.« Er hatte nichts dagegen, die Ligisten mit den Folgen ihres Scherbengerichts zu konfrontieren. Trotzdem konnten die drei neuen königlichen Armeen mehr schlecht als recht aufgestellt werden. Mayenne, der jüngere Bruder Heinrichs von Guise, erhielt den Befehl über die Truppen, die im Süden den König von Navarra zur Vernunft bringen sollten. Bevor er abmarschierte, hielt man es für richtig, dem Béarner eine letzte Ermahnung zu senden. Der wies sie mit der gleichen Festigkeit ab, aber immer in den höflichen Wendungen, die er im Verkehr mit seinem Herrscher niemals aufgab. Er wünsche nichts anderes, so schrieb er, »als den allgemeinen Frieden, Erleichterung und Ruhe für die Untertanen des Königs«. Er schlug sogar vor, seine festen Plätze aufzugeben, falls die Liga die von ihr eingenommenen aufgebe: »Meine Feinde sind die des Königs und Frankreichs.« Zur gleichen Zeit entfaltete er, um seine Verteidigung gegen den unausbleiblichen und nahe bevorstehenden Angriff zu organisieren, eine ungewöhnliche diplomatische Betriebsamkeit mit Briefen und Besuchen. Er hatte zu seiner guten Laune zurückgefunden. In einem an Ségur gerichteten Brief heißt es in einem Postscriptum: »Verzeihen Sie mir, daß ich Ihnen nicht mit eigener Hand schreibe: Ich habe vor lauter Arbeit nicht einmal die Zeit, mich zu schneuzen.«

Den ersten Kampf mußte er im Dezember 1585 führen, aber nicht gegen Mayenne, desen Armee noch nicht über die Vorbereitungen hinausgekommen war, sondern gegen Matignon, der Befehl erhalten hatte, die Verbannungsedikte auszuführen, die Heinrich III. im Oktober bestätigt hatte und die bereits in anderen Gebieten mit äußerster Strenge durchgeführt wurden. Die Protestanten wurden von Haus und Hof verjagt, ihr Besitztum beschlagnahmt und verkauft. Daraufhin befahl Navarra, mit den Katholiken in den von ihnen verwalteten Gebieten genauso zu verfahren. Die große Auseinandersetzung begann: »Eine Unzahl von Leuten aller Schichten, Katholiken und Kalvinisten, wurde jetzt ins äußerste Elend getrieben, und niemals erlebte man im Königreich eine solche Trostlosigkeit.«

Matignon hatte sich keineswegs beeilt, dem König von Navarra eine Schlacht zu liefern; erst im Dezember tauchte er mit 350 Reitern und 2 000 Arkebusieren vor Nérac auf. Hier kam es also zum ersten Kampf in dem neuen Krieg, in dem, wie Aubigné uns versichert, Heinrich von Bourbon »den Thronerben vergaß, um Soldat zu sein; er hat in den Weinbergen mit den Seinen angegriffen und seine Person so wenig geschont, daß ihm der Riemen seines Sporns und die Sohle seines Stiefels von einer Musketenkugel weggerissen wurden«. Matignon, zurückgeschlagen und etwas kleinlaut nach der Niederlage, begrenzte seine Tätigkeit nun auf erfolglose Belagerungen und Scharmützel ohne Ergebnisse. Er hinderte den König von Navarra nicht einmal, »in der Guyenne spazieren zu gehen«. Der Béarner nutzte diese Möglichkeit etwas leichtsinnig, was ihm seine Gefährten vorwarfen, denn mit seinen »Promenaden« begab er sich in größte Gefahr, sobald Mayennes Armee, 20 000 Mann stark, im März 1586 vor den Grenzen der Gascogne erschien und Vorhuten in die Provinz schickte, die mit Matignons Streitkräften zusammenarbeiteten.

Als sich Heinrich trotz allen Gefahren nach Pau begab, wäre er um ein Haar gefangen worden; man warf ihm den Abstecher um so heftiger vor, als man dahinter ein galantes Abenteuer vermutete. »Er vergaß sich bei der schönen Corisande«, meinte Mézeray. Tatsächlich hielt sich die Gräfin Guiche in Hagetmau auf, aber nicht sie hatte Heinrich aufgesucht, sondern seine Schwester Catherine in Pau, die Regentin des Königreichs Navarra.

Er hatte sich also mitnichten auf den gefahrvollen Ritt durch ein bereits von Mayennes Soldaten überschwemmtes Gebiet eingelassen, um Liebesfreuden zu genießen, sondern weil es dringend notwendig war, seine Schwester in seine Pläne einzuweihen: er wollte die Guyenne verlassen. Zwar kam er am 13. März durch Hagetmau, hielt sich dort aber nur wenige Stunden auf, um seinen Getreuen letzte Anweisungen zu geben. An Manaud de Batz schickte er ein Schreiben, in dem man gern das beste Beispiel für seinen lebhaften, frischen Stil, einen Spiegel seines Wesens, gesehen hat: »Mon Faucheur, leg deinem besten Tier Flügel an. Ich habe Montespan gesagt, daß er seines zuschanden reiten soll. Warum? Du wirst es morgen in Nérac erfahren. Aber auf welchem Weg auch immer, eil dich, komm, lauf, flieg! Es ist der Befehl deines Herrn und die Bitte deines Freundes.« In einer anderen Nachricht vom selben Tag heißt es: »Sie haben mich wie ein Wild umstellt und glauben, daß ich im Netz gefangen bin. Ich aber – ich werde quer hindurchreiten, mitten über sie hinweg.« Als er nach einem geradezu sagenhaften Ritt von vierundzwanzig Stunden, in denen er nichts zu sich genommen hatte, Nérac erreichte, wurde die Stadt gerade vom Feind eingeschlossen und belagert, und man prahlte, man werde ihn »schon bald gefangennehmen«.

Er griff, um seinen Feinden aus Nérac zu entkommen, zu einer Kriegslist, wie sie ihm sein scharfer, wacher Geist in kritischen Augenblicken immer eingab: Sein Pferd und die seiner Gefährten ließ er am Zügel die Treppen von zwei Schloßtürmen hinunterführen zu einem Wall, der vom Feind nicht eingesehen werden konnte. Dann versammelte er auf dem Bollwerk die Garnison und die bewaffneten Bürger und sorgte dafür, daß er beim Schein der Fackeln zu erkennen war – als ob er sich darauf vorbereitete, einen Angriff zurückzuschlagen. Das Ganze hatte denn auch die beabsichtigte Wirkung, die Aufmerksamkeit der feindlichen Truppen auf das Bollwerk zu lenken. Dann ließ er »lebhaft« die Kanone abfeuern und benutzte die entstehende Verwirrung, um Nérac an der entgegengesetzten Seite zu verlassen und sich im Gelände zu verlieren. Zwanzig auserwählte Gefährten begleiteten ihn, und da er als Jäger so oft das Gebiet durchstreift hatte, daß er Weg und Steg genau kannte, führte er seine kleine Schar quer durch die feindlichen Linien. Als der Tag anbrach, waren sie in Sicherheit – während Poyanne, der feindliche Befehlshaber, eine Botschaft nach Nérac bringen ließ, in der er den König von Navarra aufforderte, sich ihm zu ergeben, »da Widerstand sinnlos« sei. Am 17. März 1586 erreichte der Flüchtling Sainte-Foy, am 2. April ritt er in die protestantische

Stadt Bergerac ein. Und hier nahm er sich die Zeit, einen neuen Feldzugsplan auszuarbeiten.

Man sollte in dieser Flucht auf keinen Fall ein Manöver sehen, mit dem er sich vor einem übermächtigen Feind in Sicherheit bringen wollte. Es ist bekannt, daß er eine solche Flucht längst geplant hatte, ehe sie ihm von der Notwendigkeit aufgedrängt wurde. Es war auch nicht so, daß er einem Krieg in der Gascogne, den man ihm ja anbot, ausweichen wollte. Er ließ Streitkräfte und eine militärische Organisation zurück, die sich sehr wirksam gegen Mayenne hielten. Aber er war davon überzeugt, daß er den beginnenden Krieg nur dann gewinnen konnte, wenn er möglichst viele Kriegsschauplätze zur Verfügung habe und wenn die wichtigsten Kämpfe möglichst nahe bei Paris stattfanden. Schon im Juli 1585 hatte er Rosny die großen Linien seines strategischen Konzeptes vorgetragen: »Sie sehen, Monsieur de Béthune, auf mich und alle, die unserer Religion angehören, kommt ein großer, sehr gefährlicher und langer Krieg zu. Den möchte ich ihnen in den Hals zurückstopfen, möchte ihn nach Paris tragen, wenigstens an die Loire, denn das ist das einzige Mittel, sie zur Vernunft zu bringen.«

Der Augenblick zur Verwirklichung seiner Vorstellungen ist gekommen; in Bergerac arbeitet Heinrich den Plan im einzelnen aus. Zunächst organisiert er den Widerstand in dem Teil der Gascogne, den er gerade verlassen hat. Er vertraut Turenne das Gouvernement der Provinz an und gibt ihm erfahrene Soldaten und taktische Empfehlungen mit, die ihre Brauchbarkeit bald beweisen: Turenne soll keine Gelegenheit zu offener Feldschlacht gegen Mayenne suchen, weil seine zahlenmäßige Unterlegenheit leicht zu falschen Entscheidungen führen könnte. Er soll die Angriffe des Feindes auf die Städte der Provinz durch gelegentliche Scharmützel stören, weil die Belagerung einer Stadt sehr schwierig ist, wenn man dabei durch Angriffe von rückwärts beunruhigt wird. Turenne soll den Widerstand der Städte möglichst stärken und Mayennes Truppen durch die langen, erschöpfenden Belagerungen ermüden, soll Truppenkonzentrationen und Verbindungen des Feindes nach Möglichkeit verhindern. Es geht also schlechthin um einen Zermürbungskrieg.

Turenne soll die Provinz so lange halten, bis ihn die auf anderen Kriegsschauplätzen errungenen Erfolge entlasten. So sieht der Plan aus. Lesdiguières, der die Dauphiné verteidigt, und Montmorency, der den Widerstand im Languedoc leitet, erhalten ähnliche Anweisungen. Gleichzeitig werden die deutschen protestantischen Fürsten dringend um Hilfe durch Söldnerarmeen ersucht, die schon als bloße Drohung eine Rolle spielen.

Mit diesem Plan bereitet sich Heinrich darauf vor, die Entscheidung durch eine energische Aktion in der Saintonge und im Poitou zu suchen. Der Tag seiner Ankunft in La Rochelle – der 1. Juni 1586 – wird ein bedeutender Tag in seiner Geschichte. Von nun an kann man von der Regierungszeit Heinrichs IV. sprechen, obwohl Heinrich III. noch am Leben ist. In diesem Augenblick beginnt das erschöpfte Frankreich seine Blicke auf »den fröhlichen Gascogner« zu richten, »der vor nichts zurückschreckt«. Heinrichs Hoffnungen heißen jetzt Paris. Er hat ganz Frankreich im Sinn, als er den denkwürdigen Kampf beginnt, der Krone und Land rettet.

Als der König von Navarra La Rochelle erreichte, herrschte Condé dort glanzvoll, obwohl schmerzliche Niederlagen ihn eigentlich zur Bescheidenheit mahnen mußten. Es war notwendig, diesem mittelmäßigen Heerführer die Verantwortung für die Operationen zu nehmen, zumal nun Marschall Biron an der Spitze einer »frischen und fröhlichen« königlichen Armee anrückte. Biron hatte Lusignan und Melle eingenommen und bereitete sich auf die Eroberung Marans' vor. Der Béarner, der seinen Plan im Kopf und Condé auf den zweiten Platz verwiesen hatte, bereinigte die bedrohte Lage. Von La Rochelle aus schickte er am 17. Juni 1586 an Corisande einen Brief, der zu den Meisterwerken der Briefschreiber im 16. Jahrhundert gezählt wird und eine reizende Schilderung des Marais mit der poetischen Klage beschließt: »Hier könnte man im Frieden heiter, im Kriege ernst sein. Hier könnte man sich mit dem vergnügen, den man liebt, und über eine Abwesenheit klagen. Ha! Wie leicht ist es zu singen ...«

Nach diesem Zugeständnis an die Schönheit des Ortes brachte der Fürst Truppen, Munition und Lebensmittel in die Stadt und befestigte sie so wirksam, daß Biron, der sie am 10. Juli einschloß, die Belagerung nach einigen Wochen abbrechen mußte, ohne ein anderes Ergebnis, als daß ihm eine Arkebusenkugel das Handgelenk zerschmettert hatte. Diese Niederlage einer neuen, 6 000 Mann starken Truppe unter einem Heerführer mit unbestreitbarem militärischem Können, gab einiges über die Kampfkraft der königlichen Armeen zu bedenken. Die Truppen Birons jedenfalls waren von einem einzigen Fehlschlag entmutigt worden. Dazu meint ein Chronist: »So zerbrach die Kraft der schönen Truppe vor den Schiffsrümpfen des Marais, ohne noch irgend etwas auszurichten, denn nach und nach löste sie sich völlig auf.« Joyeuses Truppe hatte sich in der Dauphiné nicht besser geschlagen; Mayennes Streitkräfte hatten Turenne mühelos in der Gascogne festgehalten. Einige teuer erkaufte Erfolge, die Einnahme von Castets, Sainte-Bazeille und Montaigu bildeten eine ziemlich ärmliche Bilanz für eine Armee von mehr als 20 000 Mann. Die mühselige Belagerung von Castillon, das sich im September 1585 nur ergab, weil die Pest die Garnison hingerafft hatte, führte zur völligen Mutlosigkeit, und die Truppe, geschwächt durch Kampf und Krankheit, verkam. Mayenne zog sich nach Paris zurück und mußte sich dort den Spott gefallen lassen, den er hundertmal verdient hatte. Er hatte, wie L'Estoile schrieb, mit diesem Krieg nichts erreicht, »als das Ansehen des Königs von Navarra zu vermehren und sein eigenes zu mindern«. Wie so mancher besiegte General gab er trotzdem »eine pompöse Erzählung seiner Unternehmungen und Taten«. Selten bewies das alte Sprichwort so sehr seine Wahrheit, daß Geld der Lebensnerv des Krieges ist: Die Mißerfolge der königlichen Armeen stammten zum großen Teil daher, daß sie nur unregelmäßig ihren Sold erhielten und daß ihre Versorgung mit Lebensmitteln ebenfalls aus Geldmangel nicht gesichert war. Die protestantischen Armeen waren gewiß nicht reicher, aber sie pflegten den Krieg »auf Hugenottenart« zu führen, nämlich unter größten Entbehrungen. Der Glaube hielt sie aufrecht. Deshalb konnten sie bei zahlenmäßiger Unterlegenheit die Königlichen so leicht in Schach halten, daß es wie ein Wunder wirkte.

Daß sich die militärische Kraft der Hugenotten so unerwartet offenbarte, beeinflußte zweifellos den Entschluß Heinrichs III., sich Navarra zu nähern. Die Tyrannei der Liga drückte ihn immer schwerer. Sie übte sie jetzt ganz offen aus durch die Einschaltung ihres »Rats der Sechzehn«, einer Art Nebenregierung, mächtiger als die eigentliche, die keine mehr war. Tief gedemütigt, in seinem Stolz zu Tode getroffen, vertauschte der König jetzt die Vergnügungen bei Hofe gegen immer strengere religiöse Übungen, hatte aber keine geheimen Rücktrittsabsichten, wie die Gegner sie ihm unterstellten. Er dachte nicht daran, abzudanken und sich in ein Kloster zurückzuziehen; er verbarg seinen Groll, war immer auf dem Sprung, aus seiner Rolle als nichtsnutziger König herauszutreten. Nur, wenn sich dann eine solche Gelegenheit ergab, ergriff er sie nicht rasch genug oder fand nicht den Mut, sie auszunutzen. Auch diesmal scheiterte der Versuch zu einer Annäherung, weil Kühnheit und Offenheit fehlten; die Sache wurde so eingefädelt, daß der König von Navarra wieder eine der Fallen fürchten mußte, von denen Katharinas Diplomatie so reichlich Gebrauch machte.

Heinrich III. hatte sich wieder »an die ewige Unterhändlerin seiner Rückzüge« gewandt. Obwohl schwer von Gicht behindert, fuhr Katharina von Medici Mitte Dezember 1586 in das Schloß Saint-Brice bei Cognac, um mit ihrem Schwiegersohn unter vier Augen über einen Waffenstillstand zu verhandeln. Schon ihre Anwesenheit machte die Hugenotten so mißtrauisch, daß sie sich mit ungezählten Maßnahmen gegen eine Überrumpelung sicherten. 400 Ritter hielten sich in Sichtweite des Schlosses, jederzeit zum Eingreifen bereit. Die Königinmutter bezeugte ihrem Schwiegersohn »unendliche Zärtlichkeit, sie kitzelte ihn sogar an den Rippen« – freilich, um ihn nach Waffen oder einem Panzerhemd abzutasten. Der unter solchen Vorzeichen begonnenen Verhandlung fehlte jede Verbindlichkeit. Es gibt eine genaue, detaillierte Niederschrift über den Wortwechsel, der aus herben Entgegnungen, zornigen Anspielungen, halb verhüllten Drohungen bestand. Aus ihrem reichen und vielfältigen Vorrat an Polemik zog die alte Kämpferin nur Schärfe und Derbheit hervor. Der Béarner verzichtete auf alle Freundlichkeit und vertraulichen Gesten, um sich seinerseits bissig und mürrisch zu geben. Da meinte Katharina: »Wieso – ich habe Sie sonst so freundlich und entgegenkommend reden hören, und jetzt sehe ich nur Zorn in Ihren Augen und höre Zorn aus Ihren Worten.« Worauf Heinrich von Navarra antwortete: »Madame, es trifft zu, daß die langen Quertreibereien und die schlechte Behandlung, die Sie gegen mich angewandt haben, mich veränderten und mich um mein eigentliches Naturell gebracht haben.« Bei einem so wenig versöhnlichen Ton konnte das Gespräch nur die Uneinigkeit verschärfen. Übrigens machte die Königinmutter auch kein genaues Angebot; sie brachte nur böswillige Vorwürfe und Rechtfertigungen ihrer Haltung vor, aus denen die ganze Unglaubwürdigkeit hervorging. Als sich zum Beispiel Navarra beschwerte, der König habe acht Armeen aufgestellt, um ihn zu vernichten, antwortete sie: »Aber welche Armeen, mein Sohn? Sie irren sich.« Und als er sich über die Liga beschwerte, geriet sie in Zorn: »Täuschen Sie sich nicht, mein Sohn, sie haben sich nicht gegen das Königreich zusammengeschlossen; es sind Franzosen, und die besten Franzosen Frankreichs, die sich gegen eine Hugenottenherrschaft auflehnen, und um es Ihnen mit einem Wort zu sagen: Der König kennt ihre Absichten und findet alles gut, was sie tun.« Natürlich schloß eine solche Einstellung die Aussicht auf Verständigung und Frieden völlig aus.

Zwar kam man in den folgenden Tagen so weit, bescheidenere Vorstellungen von einem Waffenstillstand zu beraten, doch Katharina stellte solche Bedingungen (Navarra solle katholisch werden und in allen von ihm abhängigen Städten den protestantischen Kult verbieten), daß man sie kaum ausreden ließ. Verwirrt durch diese unbeugsame Ablehnung, verlangte sie jetzt von ihrem Sohn, dem König, er solle ihr die äußersten Zugeständnisse nennen, auf die sie sich einlassen dürfe. Heinrich III. versteifte sich auf die Konversion Navarras und war nur bereit, eine ungeschickte Zusammenstellung von Geld und Pensionen für Navarra, Condé und Turenne anzubieten, ein geradezu beleidigender Vorschlag. Der Béarner wiederum hatte taube Ohren für das Angebot, seine Frau Marguerite »an einem Ort unterzubringen, wo er sie sehen könne, falls er es wolle, um dadurch zu Kindern zu kommen«. Im Augenblick quälte ihn nun wirklich nicht das Verlangen, sich mit Marguerite auszusöhnen.

Schließlich konnte man sich nicht einmal auf die Verlängerung der Waffenruhe einigen. Am 7. März 1587 brach die Königinmutter nach Paris auf, wo von den »Sechzehn« geschürte Unruhen ihre Anwesenheit verlangten. Es blieb nur, die Beratung von Saint-Brice zu den anderen ergebnislosen zu legen. Und den Krieg fortzusetzen.

Der König von Navarra begann damit. Er nahm etwa zwanzig Städte in der Saintonge und im Poitou im Verlauf eines Feldzugs von zwei Monaten, in dem er überschäumende Betriebsamkeit an den Tag legte. Das geht schon aus einer kurzen Mitteilung hervor, die er aus Saint-Maixent an den Herzog von Montpensier schickte: »Seit zwei Wochen habe ich mich nicht ins Bett gelegt, wegen der Arbeit, der Erschöpfung, des Lärms, den die

Artillerie vollführt.« Rosny schildert, wie der König selbst mit Hacke und Pike arbeitete und so »vom Schlaf übermannt« wurde, daß er sich nicht mehr auf dem Pferd halten konnte. Sein *lieutenant* Turenne hatte viele Orte in der Gascogne eingenommen, darunter Castillon, wo er seine Leute einfach über eine Leiter einsteigen ließ. »Die Einnahme von Castillon«, hieß es bei Charles de Batz, »hatte Mayenne mehr als 200 000 Taler gekostet; Turenne nahm sie wieder mit einer Leiter im Wert von vier Talern. Ein hübsches Thema für Epigramme gegen die Liga!«

Die hugenottischen Erfolge »weckten« den Hof, und eilig wurde im Juni 1587 eine neue Armee unter Joyeuse ins Poitou geschickt. Der Béarner entzog sich einer Begegnung und ließ sie sich in unnützer Verfolgung und wenig ruhmreichen Belagerungen schon halb zerstörter Orte aufreiben. Als Joyeuse mühevoll das ganze Gebiet eingenommen und es dabei vollends ruiniert hatte, zog er sich nach Paris zurück, um eine Familienangelegenheit zu regeln, und befahl seinem Feldmeister Lavardin, die Armee »ins Quartier in der Touraine« zu führen. Gleich kam der König von Navarra aus seinem »Schneckenhaus« hervor und verfolgte die geschwächten königlichen Truppen bis La Haye-Descartes. Binnen zwei Wochen hatte er das ganze Poitou wieder erobert. Von hier aus verkündete er eine »feierliche Versicherung beim bevorstehenden Übertritt seiner Armee nach Frankreich«. Er erklärte darin, daß er sich bisher in der Defensive gehalten habe, um dem Volk das Elend und Unheil des Krieges zu ersparen, daß er sich jetzt aber gezwungen sehe, »Gewalt anzuwenden«, um die Ligisten an der Zerstörung des Landes zu hindern und den König von ihrem Druck zu erlösen. Die Offensive kündigte er als Unternehmen zur Rettung des Königs an: »Seine Majestät bittend, es günstig aufzunehmen, daß wir zu den Waffen greifen, und versichert zu sein, daß wir sie nur für Ihre Majestät, ihre Freiheit und in ihrem Dienst ergreifen.«

Die unerwartete Sicherheit des Béarners erklärte sich durch eine Wendung der militärischen und politischen Situation. Sein Vetter, Graf Soissons, stieß mit 300 Edelleuten und tausend Arkebusieren zu seiner Armee, auch der Prinz Conti hatte sich entschlossen, unter seinen Fahnen zu kämpfen; er versammelte Soldaten an der Loire. Heinrich sah darin den ermutigenden Anfang einer Bewegung, die seinem Unternehmen die Mithilfe aller derer bringen werde, die – ungeachtet ihrer Konfession – die rebellische Machtergreifung der Guisen im Staate mißbilligten.

Ein anderes, noch wichtigeres Ereignis warf ein neues und entscheidendes Gewicht in die Waagschale der Kräfte: Die deutsche Söldnerarmee stand auf französischem Boden, denn die seit zwei Jahren darum gebetenen deutschen Fürsten hatten sich endlich auf eine Bürgschaft Elisabeths von England hin zum Eingreifen entschlossen. Zwar schwer zu erwärmen, geizten sie nicht mit ihrer Hilfe, wenn sie sich dazu durchgerungen hatten. Es war eine Armee von 35 000 Mann, Reitern, Landsknechten, Schweizern, Graubündnern, die unter Führung des Freiherrn von Dohna dem König von Navarra zu Hilfe geschickt wurde.

Angesichts der von allen Seiten drohenden und durch das Eingreifen ausländischer Streitkräfte verschärften Gefahren sah König Heinrich III. die Gelegenheit gekommen, mit einem neuen Salto Autorität und Macht zurückzugewinnen und sich aller Feinde mit einem Schlag zu entledigen. Sein Plan war sicherlich ein Glücksspiel, aber erfinderisch und scharfsinnig. Er teilte die Kräfte so auf, daß er Herr und Schiedsrichter der Situation sein mußte. Guise stand mit 15 000 Mann in der Bourgogne; Heinrich III. verzichtete darauf, seine Armee zu verstärken, damit nicht der siegessichere Guise einen Triumph über die Invasionsarmee mißbrauchte, die Begehrlichkeiten der Liga zu erfüllen. Die Liga wiederum konnte durch einen Mißerfolg ihres Anführers nur unglaubwürdig und geschwächt werden. Um den König von Navarra in Schach zu halten, wurde eine Armee unter Joyeuse aufgestellt, obwohl ihm, wie Mézeray es ausdrückt, »das Unglück an den Fersen klebte«. Das Meisterstück des verschlagenen Plans war aber die Absicht des Königs, sich selbst an der Spitze seiner besten Soldaten an der Loire zu halten und, falls es nötig sein sollte, die Vereinigung des deutschen Freiherrn mit dem König von Navarra zu verhindern, denn sie schien ihm ebenso gefährlich zu sein wie ein glänzender Sieg Heinrichs von Guise. Nach den optimistischen Vorstellungen Heinrichs III. würde Joyeuse den Béarner aufhalten, während die Söldner Guise besiegten – allerdings erst dann, wenn er sie so gründlich bekämpft hätte, daß sie alle weiteren Pläne aufgäben. Sollten sie allerdings doch weiter vordringen, könnten der König und seine Loire-Armee leicht mit den dann mehr oder weniger aufgeriebenen Söldnern fertigwerden: Der Sieger von Moncontour und Jarnac hätte nicht ungern wieder seine kriegerische Tüchtigkeit bewiesen und sah sich schon in der Lage, in der er aller Welt seinen Willen aufzwingen könnte.

Sein Plan störte den des Königs von Navarra, der gehofft hatte, sich ungehindert mit dem deutschen Söldnerheer verbinden zu können. Nun schuf Joyeuses Einmischung eine ganz neue Lage, denn er hatte schon am 6. Oktober Loudun passiert und wandte sich gegen das Poitou. Heinrich von Navarra beschloß, nicht dort auf ihn zu warten, sondern sich nach Süden zurückzuziehen, Guyenne und Languedoc zu durchqueren und sich dann wieder nach Norden zu wenden, um seine Streitkräfte mit den deutschen Hilfstruppen zu vereinen – kurzum, er wollte dem Weg folgen, den Coligny 1569 eingeschlagen hatte.

Doch seine Absichten sickerten durch, und Joyeuse erhielt den Befehl, die Hugenotten auf ihrem Rückzug zu verfolgen und zu beunruhigen. Eine entscheidende Schlacht durfte er allerdings erst dann wagen, wenn Matignons Truppen daran teilnehmen konnten. Matignon regierte immer noch in der Guyenne und verfügte über eine bedeutende Streitmacht, die er gegen die Hugenotten in Marsch setzte. Der König von Navarra sah sich von zwei königlichen Armeen in die Zange genommen: Man hätte annehmen sollen, daß er der Überzahl erlegen wäre und daß seine Niederlage die Hoffnungen der Protestanten vernichten würde. Das wäre auch unweigerlich geschehen, wäre Joyeuse »imstande gewesen, seine Angriffe aufzuschieben, um ihre Wirkung zu sichern«. Doch er war ehrgeizig, prahlerisch und ungeduldig; sein Kommando verdankte er einzig und allein der bedenkenlosen Gunst seines Königs, und seine Umgebung bestand aus Edelleuten, die ebenso leichtsinnig wie er selbst waren. Er meinte, mit seinen 10 000 Mann nicht auf Matignon warten zu brauchen, um Rebellenhorden und Abenteurerbanden zu zerschlagen. In dieser dünkelhaften Vorstellung warf er sich auf die Verfolgung der Protestanten und stieß am 19. Oktober 1587 vor Coutras auf Navarras Heer, das er am nächsten Tag angreifen wollte. Ohne Zögern teilte er seine Befehle seinen führenden Offizieren am Abend zuvor auf einem Bankett mit, und alle feierten lärmend seine »Kühnheit« und schworen, keinen Pardon zu geben.

Im hugenottischen Lager herrschte weder Begeisterung noch Prahlerei, sondern kalte, wilde Entschlossenheit. Heinrich von Navarra war in dem Augenblick eingeholt und überrascht worden, als er die Flüsse Dronne und Isle überschreiten wollte und nicht mehr durch seine festen Plätze in der Dordogne geschützt war. Er hatte sich weder den Tag noch den Ort für eine Schlacht ausgesucht, die ihm in einem höchst ungelegenen Augenblick und auf ungünstigem Terrain angeboten wurde. Doch er wußte, daß er siegen oder sterben mußte.

Hier soll nicht noch einmal die Schlacht von Coutras in allen Einzelheiten nacherzählt werden; nur einige Bilder der Schlacht aus zeitgenössischen Berichten seien herausgegriffen. Zwei Armeen prallten aufeinander, die ungefähr gleich stark waren, aber sehr unterschiedlich wirkten. Das Heer von Joyeuse gehörte, wie man uns berichtet, »zu den muntersten«, die seit langem ins Feld gezogen waren. »Eine Menge Herren hatten sich große Ausgaben gemacht, um auf diesem Feldzug wie bei einem Fest zu glänzen; freiweg hatten sie die Kosten von unendlich vielen Edelleuten bestritten, ihren Freunden und den Dienern ihres Gefolges. Auf allen Seiten sah man mit Gold und Silber aufgeputzte Leute, mit prachtvollen Schärpen, wehenden Federbüschen auf den Helmen, blitzenden, vergoldeten Rüstungen, reichgeschmückten Pferden.« Dieser funkelnden und blitzenden Armee gegenüber wirkten die Hugenotten trübselig mit schlechtgekleideten Soldaten, blind angelaufenen Rüstungen, Pferden »ohne Schabracken«. Ein Augenzeuge berichtet, daß auch der König von Navarra »sehr einfach« gekleidet gewesen sei, und widerspricht damit der Legende, daß er – jedenfalls damals schon – einen weißen Helmbusch getragen habe, um immer kenntlich zu sein, sozusagen als Sammelpunkt der Seinen. D'Aubigné, der den ganzen Tag an seiner Seite gekämpft hat, erzählt, daß er »wie die Seinen einen grauen Helm und grauen Harnisch« trug. Erst zweieinhalb Jahre später in der Schlacht von

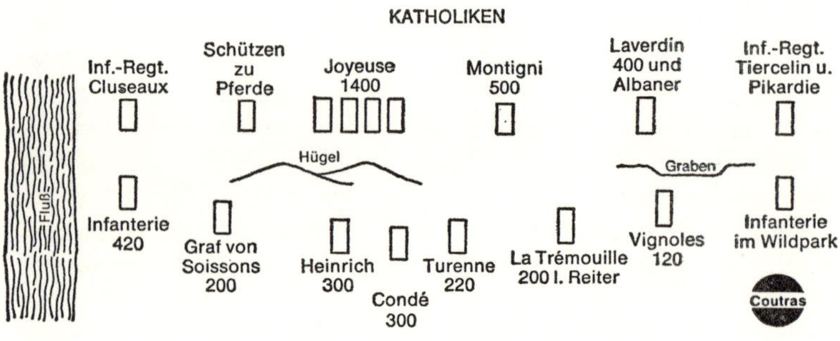


Aufstellung der Heere in der Schlacht bei Coutras.

Ivry erschien Heinrich IV. mit dem berühmten »Hut mit dem Helmbusch«. Man darf auch bezweifeln, daß er wirklich all die Reden vor dem Kampf und im Getümmel gehalten hat, die man ihm nachsagt: diese überquellende Beredsamkeit an solchem Tag ist wenig wahrscheinlich.

Verbürgt ist dagegen, daß die protestantische Armee im Augenblick, wo sie auf den Feind stieß, betete und daß sich aus ihren Reihen der feierliche Sprechgesang von Psalm 118 erhob: »Dies ist der Tag, den der Herr macht; laßt uns freuen und fröhlich sein.« In der königlichen Armee wurde die pathetische Anrufung teilweise mißverstanden: »Sie zittern, diese Feiglinge, sie beichten schon.« Aber ein Edelmann antwortete: »Wenn die Protestanten sich so verhalten, sind sie bereit, sich gut zu schlagen.« Tatsächlich war es ihre Entschlossenheit, ihre Hartnäckigkeit und ihr Ungestüm, die den Sieg errangen. Es ging rasch, die Schlacht dauerte kaum mehr als zwei Stunden, in denen die hugenottische Artillerie eine wichtige Rolle gespielt hat: Sie bestand aus drei Kanonen ...

Der Béarner zeigte sich an diesem Tag »als ein großer Feldherr«. Er leitete den Kampf nicht nur hervorragend, sondern zeigte eine persönliche Tapferkeit, die jeden mitriß. Man sah ihn immer im dichtesten Getümmel kämpfen wie ein gewöhnlicher Soldat, und den Edelleuten, die sich vor ihn drängten, um ihn zu schützen, rief er zu: »Verdeckt mich nicht, man soll mich sehen!« Der Herzog von Joyeuse fiel in dieser Schlacht; sein Tod beschleunigte die Auflösung der königlichen Armee, die zweitausend Tote auf dem Feld ließ und so viele Waffen, »daß sie den Weg versperrten«.

Dieser glänzende Sieg, der erste, den die Protestanten in einer großen allgemeinen Auseinandersetzung errangen, verlieh Heinrich von Navarra »alle Zeichen von Eroberung und Triumph«. Schon konnte man sehen, wie er sich über den zerbeulten, zerkratzten eisernen Küraß den mit Lilien bestickten Mantel der Könige von Frankreich legen ließ. Er hatte im Kampf das Beispiel von Mut und Zuversicht gegeben – jetzt gab der Sieger ein größeres Beispiel der königlichen Tugenden Großmut und Güte. Er erwies dem vergeblichen Mut der Besiegten seine Achtung, er ehrte ihre Toten und entließ die Gefangenen ohne Lösegeld. Eine solche ritterliche Haltung, in Zeiten der Gewalt selten, entsprang der angeborenen Großmut des Béarner Fürsten, der es sich zur Ehre anrechnete, einen geschlagenen Feind niemals zu demütigen. Man darf aber auch nicht übersehen, mit welcher Sorgfalt er darauf achtete, daß der Kampf zwischen Franzosen keine schlimmen Erinnerungen zurückließ.

Voltaire scheint die Gefühle des Siegers genau erkannt zu haben, als er ihn in seiner *Henriade* sagen ließ:

> Mein Arm ist rot nur vom Blut der Franzosen,
> der Ruhm um diesen Preis hat für mich keinen Reiz,
> meinen blutigen Lorbeer waschen meine Tränen.

Das entspricht der Haltung des Königs von Navarra am Abend nach der Schlacht, als der Herzog von Joyeuse in einem Saal des Schlosses von Coutras aufgebahrt lag. Heinrich unterbrach die unangebrachten Spötteleien seiner Edelleute: »Schweigen, ihr Herren! Dieser Augenblick gehört den Tränen, auch bei den Siegern!« Seit langem hatte er die Leidenschaften des Parteigängers abgelegt, um seinen Blick weiter und höher zu richten.

Trotzdem legte er auch auf dieser höheren Ebene, auf der er seine Wirkung maß, einen berechtigten Stolz an den Tag. Das zeigte sich in einem Brief an Heinrich III., dessen Wortlaut uns nur in mehreren Varianten überliefert ist, so daß manche Historiker ihm mißtrauen; doch die Gefühle und Gedanken sind zweifellos echt. Die Bedeutung des Sieges von Coutras wird hier dargestellt als die Niederlage der einzigen Feinde des Königs und als Triumph derjenigen, die nur die Rettung der Krone und der Person des Königs suchten. Eine eindeutige Aufforderung an den Monarchen, von der Liga abzurücken, wurde allerdings erst zwei Jahre später befolgt. Und der Sieg von Coutras blieb ohne positiven Einfluß auf den öffentlichen Frieden.

Der Grund: Der König von Navarra selbst verzichtete darauf, ihn auszubauen und zu nützen. Sehr verschlungene und heute kaum noch verständliche Gründe bewegten ihn zu diesem Verzicht. Zwei Tage nach der Schlacht ritt er mit kleinem Gefolge eilig nach Béarn, um die Ernte von Coutras, Fahnen und Trophäen, Corisande zu Füßen zu legen. »Er gab seine Worte dem Wind und seinen Sieg der Liebe«, meinte d'Aubigné, und Sully bemerkt bitter: »Die schönen Hoffnungen, die man aus diesem glänzenden Sieg gewonnen hatte, und alle Pläne und Vorschläge, die man aus ihm ableitete, wurden zu nichts.« Die Anführer der Söldnerarmee, die auf die bevorstehende Ankunft des Königs von Navarra warteten, wurden, als er ausblieb, »von zorniger

Enttäuschung« gepackt. Überall verurteilte man ihn streng, im Ausland wie bei den engsten Freunden.

Die Folgen seines Verzichts zeigten sich sofort und verheerend. Die hugenottische Armee löste sich auf, obwohl sich Condé bemüht hatte, sie zusammenzuhalten und mit ihr gegen das Angoumois und Berry vorzustoßen. Die Söldner, undiszipliniert und entmutigt, mußten viele Niederlagen durch die Truppen des Herzogs von Guise und die des Königs hinnehmen, und mit Mühe erreichten die Reste ihrer Armee die Grenze, verfolgt von den Verwünschungen der ausgeplünderten Landbewohner. Heinrich III., wieder in Paris, schüttelte den Gedanken an Coutras ab und dachte nur an seine persönlichen Erfolge, die er durch ein feierliches *Te Deum* würdigen ließ. Man belohnte ihn mit einigen Beifallsrufen aus der Bevölkerung, doch die Guisen brachten es fertig, den Ruhm der gemeinsam errungenen Erfolge für sich selbst allein in Anspruch zu nehmen. Es war nur die Rede von ihren Siegen, die über jedes Maß und jeden Anstand hinaus hochgelobt wurden. »Der König«, berichtete L'Estoile, »erkannte klar, daß man der Liga den Lorbeer nur gab, um seinen verblassen zu lassen; er war tief verletzt, und zu den unguten Gefühlen, die er ohnehin den Guisen entgegenbrachte, kam jetzt noch die Eifersucht.«

Für die Ereignisse, die seiner eigenen Sache so viel Schaden zufügten, schien Heinrich von Navarra allein verantwortlich zu sein. Doch kann man annehmen, daß ihn nur die Liebe zu so unheilvollem Verzicht bewogen habe? Die Vorwürfe wurden so allgemein und offen vorgebracht, daß er sich zu einer Rechtfertigung genötigt sah. Aber sie überzeugt schon deshalb nicht recht, weil er den eigentlichen Beweggrund stillschweigend überging – ein politisches Motiv. Der Béarner hebt nur hervor, daß die Söldner seinen Anweisungen entgegen ihre Marschrichtung geändert hatten, so daß er sie nur an der Loire getroffen hätte, wo die gewünschten strategischen Voraussetzungen fehlten. Er beruft sich in seiner Rechtfertigung auch auf die Schwäche der eigenen Truppe, ihre materielle und vor allem moralische Erschöpfung. Man muß zugeben, daß dieser Punkt nicht zu widerlegen ist, denn auf den Appell des Königs von Navarra hin waren ihm Edelleute zugeströmt, die auf eigene Kosten die Soldaten unter ihrem Banner ausgerüstet und unterhalten hatten. Viele von ihnen waren »mit ihrem Schloß auf der Kruppe« angekommen, wie es der Béarner scherzhaft von seinem getreuen Ambrageac sagte – mit anderen Worten: Sie hatten Hab und Gut verpfändet, um ihm zu dienen, konnten aber nicht lange mehr einen kostspieligen Feldzug zum Vorteil eines Fürsten »ohne Tresor« führen, dessen Länder bereits seit langem belastet und ausgepreßt worden waren. Bei der Rückkehr von einem langen Feldzug hatten sie sich, wie er sagt, beeilt, die Ausgehobenen zu verabschieden und auf ihren Gütern sparsame Wiederaufbauarbeit zu leisten. Mag sein, daß sie auch von Heimweh geplagt worden waren. Man habe schon den Abfall vieler vorhersagen können, falls man ihnen eine unbefristete Verlängerung ihrer Kriegsdienste vorgeschlagen hätte. Alles in allem: Der König von Navarra habe gezögert, sich den frischen Truppen des Königs und der Guisen auf einem Terrain zu stellen, das für seine erschöpften Soldaten gefährlich schien.

Man muß zugeben, daß seine Befürchtungen in gewissem Maß berechtigt waren, kann aber annehmen, daß der Entschluß, sich in die Guyenne zurückzuziehen, von einer Sorge veranlaßt wurde, die ihm Schlimmeres als eine Niederlage in Aussicht stellte. Beurteilt man sein Verhalten nach den Gedanken, die wir bereits kennen, und den Tendenzen, die er später entwickelt hat, läßt sich erkennen, daß zweierlei durchdachte und schwerwiegende Gründe seine Besorgnis geschürt haben. Zunächst einmal fürchtete er den Sieg, falls er ihn endgültig erringen sollte, durch Zusammenarbeit mit ausländischen Truppen zu gewinnen. Er hatte sich freilich zwei Jahre lang um diese Hilfe bemüht, manchmal sogar recht dringlich, und später hat er sich ebenfalls kein Gewissen daraus gemacht, die Dienste von schweizerischen oder deutschen Söldnerabteilungen in Anspruch zu nehmen. Doch die Armee des Freiherrn von Dohna war drei- oder viermal so stark wie seine eigene, hätte also nicht nur eine Verstärkung bedeutet, sondern bei allen Unternehmungen den Ausschlag gegeben. Zweifellos hatte der König von Navarra erwartet, daß schon die Drohung mit einer deutschen Hilfsstreitmacht den ganzen Konflikt gelöst hätte oder daß man doch wenigstens die Aufgabe der Fremden darauf beschränken konnte, die königlichen Truppen zu behindern, so daß die französischen Soldaten allein die Aufgabe vollenden konnten, auf die sie vorbereitet waren. In jedem Fall hatte der Béarner im letzten Augenblick gezögert, gemeinsam mit der Invasionsarmee zu kämpfen, ihre Soldaten und ihre Fahnen unter die seinen zu mischen. Wenigstens ist es erlaubt, solche ehrenhaften Bedenken bei einem Fürsten zu vermuten, der es immer ablehnte, Fremde in die nationalen Streitigkeiten einzubeziehen, und der es seinen Gegnern immer vorwarf, wenn sie zu solchen illoyalen und gefährlichen Hilfsmitteln gegriffen hatten.

Es gibt noch einen weiteren Grund. Aus versteckten Andeutungen von Aubigné, aus dem verwirrten Ton von Navarras Freunden, aus dem Spott seiner Gegner läßt sich herauslesen, daß der Béarner durchaus nicht gegen eine vom König selbst kommandierte Truppe kämpfen mochte. Er hatte immer und unter allen Umständen seinem Herrscher Treue geschworen. Nach Coutras erneuerte er diesen Eid und schlug immer wieder Zusammenarbeit und Bündnis vor. »Ist es möglich, mein Bruder«, schrieb er, »daß ich der Feind Ihrer Person sein könnte? Ich, ein Fürst von Ihrem Blut, Ihrer Krone? Ich, ein Franzose Ihres Volkes?« Diese Einstellung schloß den Gedanken aus, daß Heinrich von Bourbon seinem König unmittelbar in einer kriegerischen Auseinandersetzung entgegentreten konnte. Die Armeen, die Heinrich III. aufgestellt hatte, um Navarra aufzuhalten, hatte er ohne Bedenken bekämpft, verschanzt hinter der Theorie, daß sie ja nicht den König verteidigten, sondern im Gegenteil seine Erniedrigung und seine Vernichtung anstrebten. Aber wenn diese Vermutung auch richtig und begründet war, konnte er daraus folgern, daß er die Waffen gegen die Person des Königs erheben durfte? Angenommen, er wäre dazu bereit gewesen – hätten denn nicht die Ergebnisse eines Sieges die königliche Autorität untergraben, die er doch zu verteidigen behauptete und die er um so weniger mindern durfte, wenn er sie selbst eines Tages innehaben wollte? Die Krone konnte Heinrich von Bourbon nur von Heinrich III. erhalten, und deshalb war es notwendig, daß Heinrich III. sie nicht verlor. Hier stimmten die Absichten des Königs von Navarra vollständig mit dem nationalen Interesse überein, für das er zeitlebens einen besonderen Sinn gehabt hat. Zweifellos ist die Haltung des Siegers von Coutras, der seinen Sieg nicht ausnutzen wollte, von dem Wunsch beeinflußt worden, »seinen Herrscher zu schonen und, die hugenottischen Leidenschaften auf sich nehmend, den Staat zu erhalten, das heißt den seinen«.

In »sein Land und sein Gouvernement« zurückgekehrt, nahm der König von Navarra die hinhaltende Taktik kleiner Kämpfe und Handstreiche wieder auf; seine Briefe an Corisande bilden eine Chronik dieser bescheidenen militärischen Aktionen: Er besetzte Damazan, ohne einen Mann zu verlieren; er befreite sich von den Unternehmungen des Großpriors von Toulouse in einem Scharmützel, in dem nur drei seiner Soldaten verwundet wurden. Im ganzen Verlauf des Jahres 1588 beschränkte er sich auf die Defensive und erwartete von der Entwicklung der Ereignisse die günstige Gelegenheit, wieder auf der Bühne zu erscheinen. Die Religionskriege, wie sie zu Recht oder Unrecht genannt werden, waren also nicht völlig unterbrochen, aber zu einem gewissen Stillstand gelangt; doch der Bürgerkrieg, der sich ihrer bemächtigt hatte, enthüllte jetzt sein wahres – sein revolutionäres Gesicht.

Während der König von Navarra darauf wartete, daß die bitteren Früchte der politischen Anarchie reiften, beschäftigten ihn also kleine ergebnislose Scharmützel, seine Briefe an Corisande und etwas lässig geführte Verhandlungen mit dem Hof von Frankreich, seit ihm Heinrich III. nach Coutras eine flaue Bereitschaft zur Annäherung signalisiert hatte. In dieser Zeit hätte der Béarner Ruhe und Entspannung finden sollen, aber daraus wurde nichts. In diesem Augenblick hatte er mit einer Sache zu tun, die er »häuslich« nannte, von der Art, die er am wenigsten schätzte. Man erkennt es aus dem Brief, den er am 8. März 1588 an Corisande schrieb: »Der Teufel ist los. Ich bin zu bedauern, und es ist ein Wunder, daß ich unter dieser Last nicht zusammenbreche. Wäre ich nicht Hugenotte, ich würde ein Türke werden. Ha! Diese bösen Prüfungen, mit denen mein Gehirn gemartert wird! Es fehlt nicht viel, dann werde ich entweder verrückt oder ein Spitzbube. Dieses Jahr wird mein Probierstein. Das ist ein schlimmes Übel, dieses häusliche! Alle Höllenpein, die einem Kopf zugefügt werden kann, wird ohne Unterlaß auf mich losgelassen, alles zusammen! Bedauern Sie mich ...«

Tatsächlich waren diese »bösen Prüfungen«, die ihn dann doch nicht »verrückt« machten, nichts anderes als Auseinandersetzungen, die sich aus der geplanten Heirat seiner Schwester Catherine mit seinem Vetter Graf Soissons ergaben. Seit sie im heiratsfähigen Alter war, hatte der Béarner die Hand der Prinzessin von Béarn »zum Preis vieler Wettbewerbe« gemacht. Wenn er sie auch Philipp II. patriotisch verweigert und ebenfalls Condé von der Liste der Kandidaten gestrichen hatte, so hatte er sich doch nicht gescheut, Turenne gewisse Hoffnungen zu machen, als er zögerte, sich der Sache Navarras anzuschließen. Dann hatte er sie nacheinander – immer im Gedanken an mögliche Vorteile – dem Erben des Herzogtums Savoyen, dem König von Schottland, dem Prinzen von Württemberg und anderen angeboten. Schließlich hatte er sie dem Grafen Soissons in dem schwierigen Augenblick versprochen, als er glaubte, diesen Preis für eine Unterstützung zahlen zu müssen, die er notwendig brauchte; denn es war weder Zufall noch selbstloser Eifer, was Soissons, den Katholiken, am Vorabend von Coutras veranlaßt hat, unter der Fahne Navarras zu kämpfen. Als Heinrich am Tag nach der Schlacht die Armee verließ, reihte er in die kleine Schar seiner Getreuen auch den Vetter ein, um ihn zu der versprochenen Braut zu bringen. Die Aussicht auf diese Heirat entsprach übrigens ganz und gar den Wünschen der beiden jungen Leute, die längst durch feste und zärtliche Bande und viele Schwüre aneinander gebunden waren, ohne ihre Liebe jemals durch eine Heirat sanktionieren zu können.

Denn Heinrich von Navarra, nun aus allen Schwierigkeiten heraus, widersprach in aller Form der Verbindung, die er selbst vorgeschlagen hatte. Er vermutete, daß sich der Hof über diese Ehe nicht nur freute, sondern sie auch durch mehr oder weniger dunkle Machenschaften förderte: Die Ehe und die ihr entspringenden Kinder schienen es möglich zu machen, der Krone einen katholischen Bourbonen nahezubringen, der statt seines Vetters Heinrich von Navarra der Thronfolger Heinrichs III. werden konnte. Sicherlich ein sehr kühnes und abenteuerliches Unterfangen, aber zu Recht oder zu Unrecht mißtraute Heinrich von Navarra seinem Vetter und meinte, er habe sich zu dieser Intrige hergegeben. Dieser Prätendent war außerdem »kalt, zurückhaltend, vorsichtig, unaufrichtig, liebte Prunk und Förmlichkeit« – besaß also alle Eigenschaften, die dem Béarner besonders mißfielen; Heinrich sah darin einen weiteren Grund, den Gedanken an die Heirat zu verwerfen, die, wie er sagte, seine Schwester nicht glücklich machen werde. Doch die Prinzessin war ganz anderer Meinung, und Graf Soissons, ob nun an der Intrige beteiligt oder auch nicht, war seiner Kusine aufrichtig zugetan. Ihre Liebe brachte die Verlobten zu heftiger Auflehnung gegen den Bruch, den man ihnen verordnete. Leidenschaftliche Auseinandersetzungen, peinliche Familienszenen folgten, die den König von Navarra, wie er etwas übertrieben sagte, »auf das Folterbett« warfen.

Unterdessen starb am 5. März 1588 Prinz Condé unter sehr verdächtigen Umständen. Niemand zweifelte daran, daß er vergiftet worden sei, und der Verdacht konzentrierte sich auf seine Frau, Charlotte de La Trémouille, die er zwei Jahre zuvor unter großem Prachtaufwand in La Rochelle geheiratet hatte. Der König von Navarra eilte nach Saint-Jean-d'Angély, ließ die Witwe verhaften und vor Gericht stellen und sprach seine eigene Ansicht mit den Worten aus: »Eine schlechte Frau ist ein gefährliches Tier.« Der Prozeß wurde bis zur Niederkunft ausgesetzt, dann wieder unterbrochen und nach sechs Jahren mit einem Freispruch beendet, den nicht alle Leute für gerecht und überzeugend hielten. Der Béarner fand für den Gefährten seiner ersten Waffentaten ein mildes Urteil. Am 10. März 1588 schrieb er an Corisande: »Mir ist ein so schlimmes Unglück widerfahren, wie ich es nur immer fürchten konnte, der Tod von Monsieur le Prince. Ich beklage ihn als den, der er mir hätte sein sollen, nicht als den, der er mir war.« Dem eigensinnigen, unbezähmbaren Parteimann Condé hatte es an gelassener Überlegung und an Verständnis für die klug abgestimmte Politik seines Vetters gefehlt; er hatte dessen Überlegenheit nicht hingenommen, sondern aus Eifersucht oft Navarras Vorhaben zu vereiteln versucht.

Der Tod des Prinzen Condé weckte Mordgedanken gegen den König von Navarra. Es fehlte nicht an Fanatikern, die »gute Katholiken« ermahnten, »sich das Beispiel eines so christlichen Unternehmens zu Herzen« zu nehmen. Ermutigende Parolen wiesen darauf hin, »daß es nicht mehr als den einen gibt, den man haben muß«. Das Leben des Béarners geriet mehrmals in Gefahr. Am 15. März 1588 wäre er in Nérac fast von einem Besucher ermordet worden, der ihm eine Bittschrift überreichte, sich im richtigen Augenblick aber denn doch nicht »ein Herz« faßte. Heinrich griff zu ungewohnten Vorsichtsmaßnahmen, um sich vor Vergiftung zu schützen, und ließ die familiäre Gewohnheit fallen, sich mit dem ersten besten zu Tisch zu setzen. Seine Getreuen bewachten ihn allerdings so hingebend, daß es zu recht rüden Szenen kam, wie es das »bedauernswerte Gemetzel« zeigt, von dem L'Estoile berichtet: Fünfunddreißig Edelleute, die zu einem Hochzeitsfest zusammengekommen waren, wurden massakriert, weil sie »unter dem Vorwand der Hochzeit einen Anschlag gegen den Fürsten und sein Leben zusammenbrauten«.

Im Frühling 1588 versetzten die Gewalttaten der Liga die politische Bühne in hellen Aufruhr. Sie war zur Herrin von Paris geworden durch ihre eifrigen Demagogen, die sechzehn Delegierten der Pariser Stadtteile, die eine wahre Revolutionsregierung in der Stadt aufgezogen hatten. Als Parlamentsrichter und Theologen von der Sorbonne hatten sie sogar Minister für ihre Sache gewonnen und konnten die Autorität der königlichen Beamten ausschalten; sie schürten dabei unablässig die Erregung der Bevölkerung durch eine Propaganda, die auf die Absetzung des Königs zielte. Man wollte ihn in ein Kloster einsperren, und die Herzogin von Montpensier zeigte schon die Schere, mit der ihm die Tonsur geschnitten werden sollte. Gleichzeitig stieg der Ruhm Heinrichs von Guise, der von den Kanzeln aller Kirchen und Rednern auf sämtlichen Pariser Plätzen gefeiert wurde. Die Frauen, deren Parteinahme ja viel entscheiden kann, hatten Guise zu ihrem Idol erhoben; er besaß, was Frauen gefällt – guten Wuchs, majestätisches Auftreten und einen sanften Blick. Man werde zum Ligisten, wenn man ihn nur erblicke, meinte Madame de Retz, und ein Zeitgenosse überbot sie mit den Worten: »Frankreich ist verrückt nach diesem Mann, der Ausdruck ›verliebt in ihn‹ sagt viel zuwenig.«

Heinrich III. hat das Grollen des nahenden Sturms gehört. In diesem Augenblick wirft er die schlechten Ratgeber hinaus und faßt ein unheilbares Mißtrauen gegen seine Mutter. Er beschließt, auf jeden Fall die monarchische Ordnung wiederherzustellen. »Es ist höchste Zeit, hier Ordnung zu schaffen.« Er hat die Wachen am Louvre verdoppelt und 4 000 Schweizer in die Stadt gelegt. Doch sein Entschluß geht darüber hinaus. Er hat Machiavelli gelesen und seine Lehre daraus gezogen. Er weiß, daß er als Gerichtsherr handeln muß. In seiner Vorstellung ist Heinrich von Guise schon zum Tode verurteilt. Doch der König kann den günstigen Augenblick abwarten, in dem nichts mehr fehlschlagen kann. Sein entschlossener Widerstand weckt neue Wut; die Sechzehn rufen nach Rache, als wären sie schon geschlagen; man stellt die Vorsichtsmaßnahmen des Königs als Vorbereitungen zu einer neuen Bartholomäusnacht dar, bei der diesmal die Katholiken die Opfer sein sollen. Auf die Stimme der Volksverhetzer antwortet der Aufruhr, er organisiert sich. Mézeray meint: »Die Dinge können nicht mehr lange in einem so verworrenen Zustand bleiben.« In den ersten Maitagen erreicht die Aufregung den Höhepunkt, und der König läßt Guise, der sich vorsichtshalber in Soissons aufhält, die Rückkehr nach Paris verbieten. Der Herzog kümmert sich nicht darum. Nach längerem Zögern erscheint er am Morgen des 9. Mai 1588 in der Hauptstadt, mit unbeschreiblichem Jubel empfangen. Die Menge begrüßt ihn wie einen Befreier und Retter des Vaterlandes, man streckt die Hände nach ihm aus »voller Demut, als wäre er eine Gottheit«; wo er vorübergeht, beugen die Leute die Knie und küssen seine Kleider. Aus allen Fenstern werfen die Damen Blumen auf ihn herab. Als dem König Guises Ankunft gemeldet wurde, antwortete er kalt: »Beim Tode Gottes, er wird daran sterben.« Auf Drängen der Königinmutter empfängt er ihn trotzdem zweimal, und es entspinnt sich so etwas wie ein Dialog von zwei Ertaubten, ohne Ergebnis und Abschluß.

Am nächsten Tag füllt sich die Stadt mit königlichen Truppen, doch um ihren Weitermarsch aufzuhalten, werden in allen Straßen Barrikaden errichtet. Zwischenfälle heizen die Stimmung noch mehr an. Zwanzig Schweizer werden auf dem Markt Saint-Innocent getötet, fast überall gibt es Tote. Der König weigert sich, die Truppen abzuziehen, solange noch Barrikaden stehen, aber die Liga befiehlt, sie nicht abzubauen. In dem von einer meuternden Bande bedrohten Louvre herrscht völliges Durcheinander. Der König kann sich nur schimpflich bei Nacht in geborgten Kleidern durch einen der wenigen noch nicht bewachten Ausgänge der Stadt retten. Er vermeidet die großen Straßen, erreicht ohne Zwischenfall Rambouillet und richtet sich am nächsten Tag in Chartres ein. 1575 hatte ihm seine Mutter gesagt: »Sie werden lieber tot als verjagt und besiegt sein wollen.« Jetzt schien er beides zu sein, verjagt und besiegt. Doch der Schein trog. Seine Flucht war keine rühmliche Tat gewesen, aber sie war angebracht. Der scharfsinnige Biograph Heinrichs III., Pierre Lafue, hat angemerkt: »Im Gegensatz zum 10. August 1792 endete dieser Tag des 16. Jahrhunderts nicht mit dem Sturz der Monarchie.«

Zumal die Flucht dem König mehr Zuspruch als Kritik einbrachte. Gewiß, die siegreichen, triumphierenden Ligisten feierten den »Tag der Barrikaden« als »hell erstrahlend durch Gottes Schutz«, aber die Demütigung, die sie dem König zugefügt hatten, wurden von anständigen, um Ordnung bemühten, vom monarchischen Gedanken beseelten Leuten schlecht aufgenommen. Die Agitationen der Liga, die den Staat in die Anarchie trieben, fanden starke Kritik: »Es ist ein großer Jammer, wenn der Diener den Herrn verjagt.« Im ganzen Land entwickelte sich eine unerwartete Bewegung der »royalistischen Katholiken«, die der Krone Ergebenheit und Treue bezeugten, und diese Bewegung verbreitete sich so rasch, daß die verwirrten Ligisten glaubten, sie müßten sich jetzt rechtfertigen.

Die Hugenotten verboten sich in diesem Augenblick alle Angriffe auf den Herrscher. Es scheint, daß die Krone jetzt mit Erfolg hätte versuchen können, alle Leute guten Willens um sich zu scharen und sich zu einem nationalen Aufschwung aufzuraffen. Der König von Navarra, der die Versuche des Thronräubers energisch verurteilte, erklärte sich bereit, den legitimen König zu unterstützen, und entschloß sich, zur Verteidigung »alle guten Untertanen« aufzurufen. »Jetzt ist die Zeit da«, schrieb er an d'Aubeterre, »wo man die guten Franzosen erkennen wird. Ich habe meinerseits keinen anderen Wunsch, als alles, was in meiner Macht steht, und meine eigene Person einzusetzen.« Man darf annehmen, daß er seine Dienste nicht nur im privaten Briefwechsel erwähnte, sondern handfeste Aufforderungen an den Hof schickte. Doch das Echo blieb aus, und er mußte ohnmächtig zusehen, wie man sich darauf vorbereitete, »den König das Unrecht schlucken zu lassen«, wie er an de Saint-Genyes schrieb.

Und der König mußte tatsächlich den Kelch leeren. Man möchte annehmen, daß er sich mit den Guisen nur verständigte, um seinen Plan schneller ausführen zu können – einen Plan, der den Methoden der Medici abgeguckt war. Das ist zweifellos die Erklärung, die man für das Edikt »der Einigkeit« vom Juli 1588 suchen muß, denn darin schien der König sämtliche Kränkungen zu vergessen und seine Niederlage eigenhändig zu bestätigen, um sich ganz in die Hand der Ligisten zu begeben. Ihr Triumph war allzu strahlend, als daß man dahinter nicht Fallstricke und Fallgruben vermuten mußte. Sie erhielten neue Städte, Ehren, Vorteile auf jedem Gebiet: Heinrich von Guise wurde zum Generalleutnant aller königlichen Armeen ernannt, der Kardinal von Bourbon zum »Thronfolger und Ersten Prinzen von Geblüt« erklärt; die Generalstände sollten einberufen werden, um über Reformen zu beraten. »Die Ausrottung des Ketzertums« war natürlich der Eckstein für die neue Regierung »der Einigkeit«.

Am Morgen nach dem »Tag der Barrikaden« hatte der König von Navarra gesagt: »Jetzt darf man nicht einschlafen«, und als er nun die Feinde auf seinen Fersen sah, bestätigte er: »Sie werden den Béarner nicht bekommen.« Während eine königliche Armee unter dem Herzog von Nevers gegen ihn aufgestellt wurde, rief er die Freunde zum Kampf – in unwiderstehlich freundschaftlichen Briefen. So erbat er mit treffenden Wendungen die militärische Unterstützung und finanzielle Hilfe des Barons d'Antraigues, der Gouverneur des Vivarez und des Gévaudan war: »Monsieur de Launey d'Antraigues, mit Gottes Hilfe, hoffe ich, sind Sie zur Stunde von der Wunde genesen, die Sie bei Coutras empfangen haben, als Sie so tapfer an meiner Seite kämpften; und wenn es sich so verhält, wie ich hoffe, verfehlen Sie nicht (denn mit Gottes Hilfe werden wir bald losschlagen, und so sind mir Ihre Dienste sehr nötig), alsbald aufzubrechen, um zu mir zu kommen. Zweifellos haben Sie nicht versäumt, wie Sie es in Mornay ankündigten, Ihre Wälder von Melizac und Cuze zu verkaufen, und sicherlich haben sie Ihnen einige tausend *pistoles* eingebracht. Wenn das so ist, verfehlen Sie nicht, mir alles mitzubringen, was immer Sie können, denn in meinem Leben war ich nicht in solcher mißlichen Lage, und ich weiß nicht, wann und wo – wenn überhaupt – ich Ihnen das Geld zurückgeben kann, doch verspreche ich Ihnen Ehre und Ruhm. Und Geld ist ohnehin keine Weide für Edelleute wie Sie und ich . . .« Was konnte man auf so freundschaftliche Aufforderungen antworten? Ganz sicher folgte der Herr de Launey der Stimme seines Herrn und Freundes und kam mit schlecht verheilter Wunde und »den Wäldern auf der Kruppe des Pferdes«. Und keiner der Getreuen wird gefehlt haben.

Am 16. August 1588 traten die Generalstände in Blois zusammen. Hier erschienen die Guisen als die wahren Herren Frankreichs, die überwältigende Mehrheit der Abgeordneten war ihnen ergeben. Schon bald entfaltete sich das längst abgekartete Spiel, der Monarchie durch eine Reihe von Beschlüssen ihre traditionelle Autorität und Macht zu nehmen, die allesamt revolutionäre Neuerungen darstellten. Die Versammlung machte den regierenden Herrscher zur Marionette, während Heinrich von Guise gefeiert wurde und das Parlament beschloß, ihn aus eigener Machtvollkommenheit zum Konnetabel des Königreichs zu machen. Heinrich III. war der Meute ausgeliefert; er hatte sich von seinem »Archimignon« d'Epernon trennen müssen, weil der Günstling der Liga unbequem war; er hatte die Minister Villeroi und Cheverny entlassen müssen, weil sie zu ihm hielten. Die Königinmutter selbst paktierte mit dem Feind. Um ihn her nicht ein befreundetes Gesicht, nicht ein verläßlicher Mann außer den Fünfundvierzig, die seine persönliche Garde und seine letzte Zuflucht bildeten. Diesen handfesten Männern vertraute er den Vollzug seiner Rache an.

Am 23. Dezember 1588 hatte der König seinen Rat um sechs Uhr morgens in den großen Saal des Schlosses von Blois einberufen. Während ein Berichterstatter der Berufungskammer schläfrig über eine Frage der Salzsteuer vortrug, wärmte sich der Chef der Liga am Kamin, ermattet nach einer in Gesellschaft von Madame de Noirmoutiers verbrachten Nacht. Er aß Pflaumen von Brignoles, »die von den Liebhabern der Epoche als Mittel gegen die Erschöpfung der Liebe genossen wurden«. Hier erhielt er die Aufforderung des Königs zu einer Unterhaltung im »alten Kabinett«. Man hatte Guise gewarnt, daß es um sein Leben gehe, aber er hatte die Ahnungen seiner Freunde hochmütig weggefegt: »Er wird es nicht wagen!« Und nun plötzlich wurde ihm die Wirklichkeit und die Nähe der Gefahr bewußt. Seine berühmte Narbe – die ihm den Namen »Le Balafré«, »der mit der Schramme«, eingetragen hatte – erschien dunkelrot in seinem verzerrten Gesicht. »Adieu, meine Herren«, sagte er zu den Räten, nahm allen Stolz zusammen und ging festen Schritts durch die Tür zur Wohnung des Königs.

Hinter dieser Tür erwarteten ihn acht Männer mit verschlossener Miene. Er durchschritt das Vorzimmer unter ihren unruhigen Blicken, wandte sich um, bevor er die Tür öffnete, und stand vor seinem Schicksal. Im selben Augenblick wurde er von Dolchen durchbohrt, ehe er noch seinen Degen ziehen konnte. Seinen gewaltigen Körper schüttelten Krämpfe, während er starb. Dann kam der König, der für die Leiche nur einen Blick voller Triumph und Verachtung hatte. Es trifft zweifellos nicht zu, daß er, wie man ihm unterstellt, seinen Fuß auf das Gesicht des gefällten Feindes gesetzt oder das »historische« Wort gesprochen hat: »Wie groß er ist! Noch größer als im Leben!«

Es steht andererseits fest, daß Heinrich III. sofort zu Katharina von Medici ging, die, krank, ihrem Ende nahe, die Nachricht von ihm selbst erfuhr. Man weiß aber nicht, was Mutter und Sohn in diesem Augenblick miteinander sprachen. Doch der Kanzlist Cavorguy, der den König in diesem Augenblick sah, bemerkte die körperliche Veränderung, den festeren Schritt, den selbstsicheren Blick, die nun wieder majestätische Haltung. Es ist deshalb nicht ausgeschlossen, daß er der Königinmutter erklärt hat, wie sehr er ihre zaghaften Ratschläge verachte und daß er entschlossen sei, sich ihrer Vormundschaft völlig zu entziehen. »Jetzt bin ich der König«, soll er gesagt haben. Jedenfalls vollendete er seine Rache, ließ die Hauptanführer der Liga und alle Prinzen des Hauses Lothringen, soweit sie sich in Blois befanden, verhaften, und als der Kardinal, der Bruder des Herzogs, heftiger als die anderen gegen die Gewalttat protestierte, wurde er in seiner Zelle erdolcht.

Paris packte das Entsetzen, als die Nachricht vom Sturz der Guisen bekannt wurde. Düstere Trostlosigkeit legte sich über die Stadt, die Prediger verstummten, Schrecken erfaßte auch die hartnäckigsten Ligisten. Hätte sich der König jetzt mit einigen Soldaten gezeigt, wäre es ihm leichtgefallen, die Sechzehn und ihren Anhang zur Flucht und zum Schweigen zu zwingen. Ohne alle Hetze hätte das Volk von Paris von selbst zu seiner Pflicht zurückgefunden. Doch Heinrich III. ließ die Gelegenheit verstreichen, und das Seufzen der Ligisten verwandelte sich bald in Verwünschungen. Der König wurde als Mörder und Ketzer beleidigt und in den Schmutz gezogen – schlimmer als es Ludwig XVI. in seinen düstersten Tagen ergangen ist. »Heinrich von Valois, einst König von Frankreich«, nannte man ihn jetzt. Und es blieb nicht bei einfachen Beschimpfungen und verbaler Gewalt. Die Theologische Fakultät von Paris verkündete: »Der Tyrann ist abgesetzt.« Die Liga verbreitete eifrig die Versicherung, daß alle Franzosen dem König keinen Gehorsam mehr schuldig und ihres Treueids los und ledig seien; sie könnten in aller Gewissensruhe die Waffen gegen ihn erheben. Die Generalstände lösten sich auf, die meisten Abgeordneten verließen Blois, »ohne sich zu verabschieden«, wie Mezeray anmerkt. Alle Städte und ganze Provinzen schlossen sich der Sache der Liga an. Auf den Appell Mayennes hin stellte die Liga eigene Armeen auf, die sich vor allem aus Überläufern der königlichen zusammensetzten, denn ganze Einheiten verließen die Fahne ihres Herrn. Im allgemeinen Bewußtsein war der König bereits abgesetzt.

In diesem verworrenen Land starb, fast unbemerkt, Katharina von Medici. Sie starb am 5. Januar 1589, allein, und alle ihre Kinder waren ihr verloren: Drei Söhne starben in ihrer Jugend an der Erbkrankheit der Valois, Elisabeth wurde von Philipp von Spanien vergiftet, Marguerite hatten die Skandale ihres Lebens in eine ferne Festung verbannt. Heinrich, der einzige, den sie wirklich liebte, verachtete und verleugnete sie jetzt. Und doch hatte sie nur für die Kinder, zum Vorteil und zur Erhaltung ihrer Krone, die Arbeit und Mühen ihres langen Lebens unternommen. Um die Kontinuität der Monarchie in den Jahren des Bürgerkrieges zu sichern, hatte sie hart gestritten, bei jedem Gegenwind ihre hartnäckige und berechnende Wachsamkeit eingesetzt und alle Gewissensbisse so zum Schweigen gebracht, daß ihr auch Treulosigkeit und vergiftete Waffen recht gewesen waren. Für diese verdienstvollen Bemühungen dankte ihr niemand. Die alte Kämpferin hatte kaum den letzten Atemzug getan, »als man sie nicht mehr beachtete als eine tote Ziege«, wie L'Estoile berichtet. Ein bekannter Prediger, Pater Guiacestre, erklärte von der Kanzel herab, »er wisse wirklich nicht, ob man Gott für sie bitten dürfe«.

Sie wurde heimlich und bei Nacht in der Kirche Saint-Sauveur zu Blois beerdigt. Erst zwanzig Jahre später ließ Heinrich IV. – den sie ihr Leben lang mit Abneigung und Eifersucht verfolgt hatte – ihre Gebeine in Saint-Denis im Grab Heinrichs II. beisetzen. Und zu dieser verspäteten Wiedergutmachung entschloß sich der Béarner auch erst auf die inständigen Bitten Dianes von Frankreich hin*. Er hat weder Katharina noch ihre Tocher jemals geliebt; zufällig schrieb er vier Tage vor ihrem Tod, am 1. Januar 1589, an Corisande: »Ich erwarte nur die Stunde, wo ich sagen höre, daß man darangegangen ist, die ehemalige Königin von Navarra zu erdrosseln. Das und der Tod ihrer Mutter könnten mich dazu bringen, Simeons Lobgesang anzustimmen.« [Lukas 2,29: »Herr, nun lässest du deinen Diener in Frieden fahren.«]

Das war natürlich eine vertrauliche Bemerkung. Im öffentlichen Auftreten zeigte der König von Navarra Ehrerbietung und Zurückhaltung ohne Feindseligkeit. Er wußte zu gut, daß der Gang der Ereignisse unweigerlich eines Tages das Bündnis aller guten, um ihren König gescharten Franzosen erfordern werde, um die Revolution der Liga zu verhindern. Wenn es sich auch um eine katholische Bewegung handelte, war sie eben doch eine Umwälzung, die den in sieben Jahrhunderten fest verwurzelten

* Diane de France (1538–1619) war die natürliche Tochter König Heinrichs II. (1547–1559), dem Sohn Franz' I. Heinrich II. war mit Katharina von Medici verheiratet. Diane de France heiratete den Marschall Montgomery, Hauptmann der schottischen Garden Heinrichs II., der ihren Vater versehentlich beim Turnier tödlich verletzt hatte. Er wurde später einer der hugenottischen Anführer.

Sinn des monarchischen Staates ins Gegenteil verkehrt hätte. Die Stunde der »Politischen« mußte kommen. Sie war nahe. Heinrich hatte nicht die Absicht, sie durch eine unbedachte Stellungnahme hinauszuschieben. Die neuen Zugeständnisse, die Heinrich III. der Liga gemacht hatte, um ihren Griff zu lockern, erschütterten nicht die Zuversicht des Königs von Navarra. Daß ihn der König von Frankreich einmal mehr zum Abtrünnigen und Helfershelfer der Ketzer gestempelt und sich darauf vorbereitet hatte, die Armee unter Nevers gegen ihn zu schicken, waren in Navarras Augen nur die Schwankungen eines noch unsicheren Willens, der sich aber festigen würde, um aus all dem Jammer heraus zu einem echten Heilmittel gegen die Anarchie zu finden.

Die Mäßigung, die sich der König von Navarra seinem Souverän gegenüber auferlegte, lag so deutlich vor aller Augen, daß sich die Reformierten schließlich beunruhigten. Sie wunderten sich ohnehin über die Nachgiebigkeit ihres Anführers, über die Gunst, die er den Katholiken in seiner Umgebung zuwandte. Man mahnte ihn, die Angebote zurückzunehmen, die er aus taktischen Gründen mehrmals wiederholt und auch der Ständeversammlung in Blois vorgelegt hatte, nämlich die religiöse Situation durch ein Konzil behandeln zu lassen. Er hatte mit diesem Vorschlag den Katholiken zu verstehen geben wollen, daß er keineswegs ihr Todfeind sei »und in seiner Religion nicht so verstockt, wie man es ihnen eingeredet habe«. Doch manche Hugenotten schienen den Zweck dieses Manövers, dem sie selbst zugestimmt hatten, inzwischen vergessen zu haben, und es kam so weit, daß die eigene Partei dem König von Navarra sein leichtfertiges Privatleben vorwarf – es war in der Tat keineswegs erbaulich. Seit sich seine Leidenschaft für Corisande abzukühlen begann, kam es zu ziemlich skandalösen Liebschaften, aus denen mindestens zwei Bastarde hervorgingen.

Doch der Béarner wußte seit langem, wie er die Angriffe abwehren konnte, die bei den Hugenotten-Versammlungen regelmäßig gegen ihn erhoben wurden. D'Aubigné hat uns das unfehlbare Rezept überliefert: »Der König von Navarra beendete die Versammlung, indem er alle aufsuchte und versöhnte, die schlecht über ihn gesprochen hatten und deren Worte und Gesten er immer durch ein Mittel erfuhr, das die Klügsten unter den Großen anwenden sollten: er hatte einen bezahlten Geheimsekretär, der ihm alles von allen berichtete, ohne üble und schmutzige Dinge auszulassen, ob sie wahr oder erfunden waren, und dieser getreue Spiegel sparte auch nicht die liederlichen Ausdrücke und Gesten aus.« Es sei angemerkt, daß der Fürst nun keineswegs Gefallen an diesem Gebräu fand. So schrieb er am 22. Dezember 1588 der Komtesse de Guiche: »Wirklich, noch eine solche Versammlung, und ich werde verrückt.«

Nachdem er also seinen Weg von den Haufen kleiner Hindernisse gesäubert hatte, sammelte er seine Streitkräfte, organisierte die Armee und nahm eine unablässige diplomatische Betriebsamkeit im Ausland und im Inland auf. Er wußte, daß die Logik der Ereignisse und der Selbsterhaltungstrieb ihm den König in die Arme treiben mußte, und diese Arme mußten »gut bewaffnet« sein. Sie waren es. Seit den ersten Monaten des Jahres 1579 stellte der Béarner mit der Partei und seinen Verbündeten eine Macht dar, die imstande war, »die Liga zu zähmen«, falls Heinrich III. sie damit beauftragte und ihr auch die ihm noch verbliebenen Reste seiner eigenen Armee zur Verfügung stellte. Lesdiguières, Anführer der Kalvinisten in der Dauphiné, hatte sich mit den Katholiken in seinem Gebiet zusammengetan; der Herzog von Epernon, den die Liga aus dem Staatsrat vertrieben hatte, verbot den Ligisten den Aufenthalt in seinem Gouvernement Angoumois und den benachbarten Provinzen; Montmorency hielt sich gut im Languedoc. In der Guyenne hatte der König von Navarra von Matignon nichts mehr zu befürchten, der sich hütete, irgend etwas zugunsten der Liga zu unternehmen, da sie ihn nicht mehr schätzte.

Während die Streitkräfte des Königs von Navarra und sein Einfluß auch in anderen Regionen wuchsen, wurde die Liga merklich geschädigt durch die Vernichtung der unzerstörbaren Armada, jener gewaltigen Flotte, mit der Philipp II. England schlagen wollte. Dieses Unheil, das für eine ganze Weile die spanische Macht schwächte, brachte die Liga um die Unterstützung der Katholischen Majestät und um ihre Gelder. Jetzt war Heinrich von Navarra fast schon in der Lage, den Plan zu vollenden, den ihm Pflicht und eigenes Interesse eingegeben hatten. Er mußte seine Kraft prüfen und sie dann in den Dienst von Krone und Land stellen, im Rahmen eines Bündnisses, das nun nicht mehr von unannehmbaren Bedingungen abhing. Seit Dezember 1588 bemühte sich der König von Navarra, seine Stärke zu beweisen. Nevers' Armee stand noch in der Saintonge; sie verschliß sich vor Garnache bei der Belagerung, die durch strengen Frost in die Länge gezogen wurde, und währenddessen nahm Heinrich schon Niort, Saint-Maixent, Maillezais und andere, weniger bedeutende Orte. »Berichte ich Ihnen nichts anderes«, schrieb er am 1. Januar 1579 an Corisande, »als von eroberten Städten und Festungen?«

Dann aber wurde sein siegreiches Vorrücken durch eine plötzliche, ernsthafte Erkrankung unterbrochen; die strenge Kälte war schuld daran, daß man »mehrere Tage lang für sein Leben fürchtete«. Die Krise war heftig, aber kurz. Am 10. Januar war er außer Gefahr und schrieb der Komtesse de Guiche: »Gewiß, mein Herz, ich habe die Himmel offen gesehen, aber ich war kein so guter Mensch, daß ich eintreten durfte. Gott will sich meiner noch bedienen.«

In den ersten Tagen nach der Genesung hörte er, daß Nevers' Armee den Auftrag erhalten hatte, dem in Blois isolierten und von der Revolution der Guisen bedrohten König zu Hilfe zu kommen. Alsbald griff er wieder zu den Waffen, drang ins Poitou ein, nahm Loudun, Vivonne, l'Isle-Bouchard und am 4. März Châtellerault, wo er den letzten Teil seines Plans ausführte: Er richtete das berühmte Manifest an die drei Stände des Königreiches, reichte darin dem König die Hand und rief alle Franzosen auf, sich in Eintracht, Toleranz und für den Frieden zu vereinen. »Wir sind in einem Haus, das einstürzen wird, in einem Boot, das untergeht, und es gibt kein anderes Mittel als den Frieden – man mag sich so viele ausdenken oder suchen, wie man will. Deshalb fordere ich, ich, der mehr (das darf ich wohl sagen) betroffen und interessiert daran ist als Sie alle, diesen Frieden im Namen aller vom König, meinem Herrn; ich verlange den Frieden für mich, für alle Franzosen, für Frankreich.«

Diese noble Erklärung entwirft schon bis ins einzelne das Programm einer weisen, starken und duldsamen Regierung; die dringlichste Voraussetzung – die innere Ordnung – und die wechselseitige Abhängigkeit der verschiedenen sozialen Klassen und ihre Solidarität werden in bewegenden Wendungen beschworen. Der Geist der Toleranz ist die wesentliche und geheiligte Grundordnung. Das besagt schon, daß der Béarner damals weniger als je bereit war, in Hoffnung auf die Krone seine Religion zu wechseln. Er sprach es völlig offen aus: »Da ich genährt, unterrichtet und erzogen bin in einem Glaubensbekenntnis – sollte ich nun ohne zu hören und zu reden, mich mit einem Sprung auf die andere Seite werfen! Nein, Messieurs, das wird niemals der König von Navarra tun, und wären auch dreißig Kronen zu gewinnen!«

»Doch«, fuhr er sogleich fort, »unterrichtet mich; ich bin nicht verstockt. Wählt den Weg, mich zu unterrichten.« Das ist die Haltung, die er schon immer den Aufforderungen Heinrichs III. entgegengesetzt hatte. Und diesmal ließ sie die Verständigung der beiden Könige nicht wieder scheitern; die Zeit der Scherbengerichte und der Ausschlüsse war vorbei, und Epernon, der Freund vergangener Tage, hätte nicht aus seiner Provinz herbeizueilen brauchen, um Heinrich III. zu beschwören, sich den Verhältnissen zu beugen: Der König hatte schon beschlossen, sein Schicksal an das Glück seines Erben zu binden. Am 2. April unterzeichnete er einen Waffenstillstand und gab seine Absicht bekannt, den König von Navarra zu treffen, um eine gemeinsame Politik auszuarbeiten. Die Liga, durch diese Wendung verwirrt, spie Gift und Galle gegen »den Tyrannen«; ihre Beschimpfungen verbargen nur schlecht ihre Enttäuschung: Man sprach von Verrat und Sakrileg; der König habe sich zum ersten Verteidiger der Ketzer gemacht.

Doch die Stimmung im Volk hatte mit dem Rachebedürfnis wenig zu tun. In der Haltung der königlichen Truppen ließ sich schon der Umriß des künftigen Frankreichs erkennen, das sich bald darauf verwirklichte. Während die Verhandlungen noch liefen und der Waffenstillstand nicht in Kraft getreten war, verbrüderte sich die königliche Armee mit der ihr gegenüberstehenden hugenottischen; die Königlichen erlagen bald der Heiterkeit und der Freundlichkeit des Herrschers von Navarra. Vorurteile und Rachegedanken waren in wenigen Tagen verschwunden. So gewann Heinrich von Navarra die Soldaten des Königs von Frankreich, bevor Heinrich III. dieser spontanen Regung der Herzen seine Zustimmung gab.

Am 30. April 1589 fand im Park des Schlosses von Plessis-lès-Tours – wo Jeanne d'Albret ihre trüben Kindertage verbracht hatte – die brüderliche Begegnung der beiden Heinriche statt; eine Fülle entscheidender Ergebnisse ging aus ihr hervor. In dem Bericht, den der Béarner an Duplessis-Mornay richtete, steht der Satz: »Es hat tausend Einzelheiten gegeben, die man als bemerkenswert bezeichnen kann.« Die wichtigste war natürlich, daß diese Begegnung jedem der beiden Männer endlich das wahre Gesicht des anderen zeigte. Im Fieber der Rivalitäten und bei der ätzenden Schärfe der Intrigen hatten sie einander mißverstanden und ungerecht beurteilt. Der Valois hatte das Mißtrauen und den Groll gegen seinen Schwager übernommen, die ein guter Katholik so leicht für die Ketzer empfand. Der Bourbone kannte nicht den hochgespannten und hochgestimmten Geist des Königs von Frankreich; er hatte sich immer vorgestellt, der König habe sich die Verdammungsurteile der Liga zu eigen gemacht. Da er die Demütigung des Königs nur aus der Ferne miterlebt hatte, wußte er nicht, »zu welchen Verstellungen er gezwungen worden war«. Einige Augenblicke freier Unterhaltung löschten die Vorurteile zwischen den beiden Fürsten aus, die doch beide die gleiche Liebe zu dem zerrissenen Frankreich empfanden, den gemeinsamen Wunsch, das Land aus seinem Unglück herauszureißen. Am Abend des 30. April 1589 wurde die Einheit des Königreichs, die so lange Zeit zerbrochen war, wiederhergestellt. Es ist ein großes Datum der französischen Geschichte.

Ein grausamer Zufall brachte es mit sich, daß in eben dem Augenblick, als sich das Schicksal dem Béarner zuneigte, seine Liebe zu Corisande erlosch, die ihn auf den Wegen zum Sieg begleitet hatte. Sie war seine ergebene Freundin der bösen Zeiten gewesen, in den Tagen der Kämpfe. Sie hatte ihm, als ihm alles fehlte außer guter Laune und Mut, alles gegeben: Hoffnung auf eine glückliche Zukunft, die Zuversicht, das Unglück lasse sich besiegen, und die selbstlose Liebe, die er von keiner anderen Frau wieder erfahren hat. Jetzt aber wandte er sich »von ihren künftighin überflüssigen Diensten und ihren schon welkenden Reizen« ab. Er zog den Todeskampf dieser Liebe noch einige Monate mit lügnerischen Versprechungen ewiger Treue in die Länge und schrieb auch noch zwei Jahre später, daß ihm »die schönen Augen seiner Corisande teurer als alles in der Welt« seien, aber die Komödie war überflüssig: die Komtesse de Guiche machte sich nichts vor. Die wenigen Spuren ihrer eigenen Briefe, die uns erhalten sind, geben ernüchterte Überlegungen wieder. Sie stehen in ihrer großen, eleganten, sauberen Handschrift zwischen den Zeilen der triumphierenden Botschaften, in denen ihr der König von Navarra seine Aussöhnung mit Heinrich III. ankündigte. Sein Brief vom 21. Mai 1589 schließt: »Mein Herz, lieben Sie mich immer als den Ihren, denn ich liebe Sie als die Meine.« Diesem kurzen Satz hat Corisande Worte hinzugefügt, Totenglocke einer großen Leidenschaft: »Sie sind nicht der Meine, ich bin nicht die Ihre.« An der Schwelle zu

Schweigen und stolzer Einsamkeit nehmen wir Abschied von dieser edlen Gestalt.

Die Zusammenarbeit beider Armeen trug am 8. Mai ihre erste Frucht – zugunsten des Königs Heinrich III. Bei einem Ausritt in die Umgebung von Tours wäre er um ein Haar von der Vorhut der Armee Mayennes gefangengenommen worden. Nur Navarras Truppe, die auf das erste Alarmzeichen hin eingriff, schlug Mayennes Soldaten zurück. Am 18. Mai war der Béarner in Blois und ließ seiner Begeisterung über die Rache am Schicksal freien Lauf: »Ich schreibe Ihnen aus Blois, wo man mich vor fünf Monaten als Ketzer und unwürdig, die Krone zu tragen, verschrien hat. Zur Stunde bin ich der Hauptpfeiler. Sie sehen Gottes Hand mit denen, die sich immer auf ihn verlassen haben.« Am 21. Mai schrieb er: »Wenn sich der König so beeilt, wie ich hoffe, werden wir bald die Glockentürme von Notre-Dame von Paris sehen.«

Die Hoffnung erfüllte sich. Mayenne, zum raschen Rückzug gezwungen, räumte die Straßen zu der Hauptstadt. Die beiden Armeen, jetzt vereinigt, nahmen Pithiviers, Etampes, l'Isle-Adam, Creil ein. Am 30. Juli standen sie vor Paris und begannen mit der Einschließung. Der König von Frankreich richtete sich in Saint-Cloud ein, während Navarra bis Meudon vorrückte. Hier erfuhr er zwei Tage später, daß Heinrich III. durch einen Messerstich in den Leib verwundet worden war. Bei dem Täter handelte es sich um den fanatischen Mönch Jacques Clément, der die Ermordung des Guise rächen wollte. Heinrich von Navarra eilte an das Bett des Verwundeten und wurde mit den Worten empfangen: »Mein Bruder, Sie sehen, wie Ihre und meine Feinde mich behandelt haben; geben Sie acht, daß es Ihnen nicht ebenso ergeht.« Jetzt erklärte Heinrich III. den König von Navarra zum legitimen Nachfolger und forderte die anwesenden Herren auf, ihn als solchen anzuerkennen. Die sehr nachdrücklich und in gewisser Weise offiziell vorgebrachte Erklärung, die er vor den führenden Persönlichkeiten des Hofes ablegte, erwähnte keine Vorbehalte oder Bedingungen: »Ich bitte Sie als meine Freunde und befehle Ihnen als Ihr König, daß Sie nach meinem Tode meinen Bruder hier anerkennen und daß Sie ihm dieselbe Zuneigung und Treue erweisen, die Sie allezeit für mich gehabt haben.« Man weiß aber, daß Heinrich III. dem König von Navarra allein wiederholte, was er ihm schon so oft gesagt hatte, daß ihm nämlich nur die Rückkehr zum katholischen Bekenntnis den friedlichen Besitz des Throns verschaffen könne: »Ich ermahne Sie, den Schritt ebensosehr zum Heil Ihrer Seele wie um all des Guten willen zu tun, das ich Ihnen wünsche.«

Als Heinrich von Navarra am 2. August 1589 erfuhr, daß der König von Frankreich seinen Verletzungen erlegen war, fragte er Rosny: »Wie denken Sie über den Stand der Dinge? Ich glaube, daß es wegen der verschiedenen Konfessionen zu einem großen Durcheinander kommen wird.« Die laute und die leise Opposition machten sich im ersten Augenblick nicht bemerkbar, denn die Erschütterung über das tragische Ende des Königs war so allgemein und lebhaft, daß sie offenbar alle Einwände und sogar die Unsicherheit zum Verstummen brachte. Wenn man sah, wie die Herren bei Hofe und die Heerführer der königlichen Armee dem neuen König Treue schworen, mochte man glauben, daß seine Thronbesteigung keine Schwierigkeiten machte.

Doch schon am Tag darauf stellte Heinrich IV. fest, daß dieser Eindruck völlig falsch war. Dieselben Personen, die sich ihm am Abend zuvor zu Füßen geworfen hatten, nahmen jetzt »im selben Raum eine drohende Haltung an, warfen den Hut zu Boden, ballten die Faust, verschwörten sich und reichten einander die Hand, legten Eide und Versprechungen ab, aus denen man nur eines entnehmen konnte: lieber tausend Tode sterben, lieber sich sofort Feinden aller Art ergeben, als einen hugenottischen König dulden«. Und schon freute sich Paris lautstark über den Tod »des Tyrannen«, feierte seine Ermordung wie eine Heldentat, redete davon, daß der Mörder heiliggesprochen werden müsse. Die Liga proklamierte den alten Kardinal von Bourbon – der noch im Gefängnis von Blois schmachtete, wozu ihn Heinrich III. im Zusammenhang mit der Ermordung des Herzogs von Guise verdammt hatte – zum neuen König unter dem Namen Karl X.

Unter Führung des Herrn d'O überreichte eine Abordnung »der ersten Diener des verstorbenen Königs« die Aufforderung – in aller Form und mit Drohungen durchsetzt –, Heinrich IV. möge ohne Verzug seine Religion wechseln. Der Béarner protestierte erzürnt über »diese Gewalttat, ihn bei seinem ersten Schritt nach der Thronbesteigung schon an der Gurgel zu pakken«. Doch wenn er sich auch sagen durfte, daß er die Anhänglichkeit aller Katholiken besaß, »die Frankreich und die Ehre liebten«, so machte er sich doch keine Illusionen über seine im Augenblick heikle Lage und die geringen Aussichten, daß die Zukunft es ihm erleichtern könne, entgegen der jahrhundertealten Tradition einen hugenottischen König einem Lande aufzuzwingen, das in seiner überwältigenden Mehrheit katholisch geblieben war. Seine persönlichen Ansichten bildeten kein Hindernis für eine Konversion. Obwohl er in religiösen Fragen weit weniger uninteressiert war, als man ihm nachsagt, glaubte er daran, daß ein Christ sein Heil ebensogut durch die Messe wie durch das Abendmahl erlangen könne. Doch abgesehen davon, daß er höchst ungern dem Druck oder aus Selbstsucht nachgeben wollte, fürchtete er auch, daß ihn ein Konfessionswechsel um das Vertrauen seiner Partei bringen könnte – seiner Partei und der Verbündeten aus protestantischen Ländern, denn ein starkes Kontingent Schweizer kämpfte unter seiner Fahne, und aus England erwartete er Hilfe. Andererseits stand es auch keineswegs fest, daß er mit dem Übertritt die geschlossene Menge der Katholiken gewinnen würde. Es war mindestens zweifelhaft, daß sich die Liga beruhigte, wenn er nicht auch noch Feind und Verfolger der Hugenotten werden wollte, an deren Spitze er seit zwanzig Jahren kämpfte. Es versteht sich, daß ihn der Gedanke an eine solche Form des Widerrufs nicht einmal gestreift hat. Niemals hatte er sich das Ende der Bürgerkriege als die Vernichtung einer der beiden streitenden Parteien vorgestellt, sondern eher als eine Verständigung zwischen ihnen. Deshalb wollte er seinen Widerruf – den er als unvermeidlich erkannte – auf einen Zeitpunkt hinausschieben, wo das Land Frieden hatte und die Religionsfreiheit von allen anerkannt wurde. Doch damit dieser Augenblick überhaupt eintreten konnte, mußte er der unbestrittene Herr des Königreichs sein, das heißt, er mußte es jetzt mit Überredung und Gewalt erobern, ungeachtet aller Widersprüche und Fallstricke.

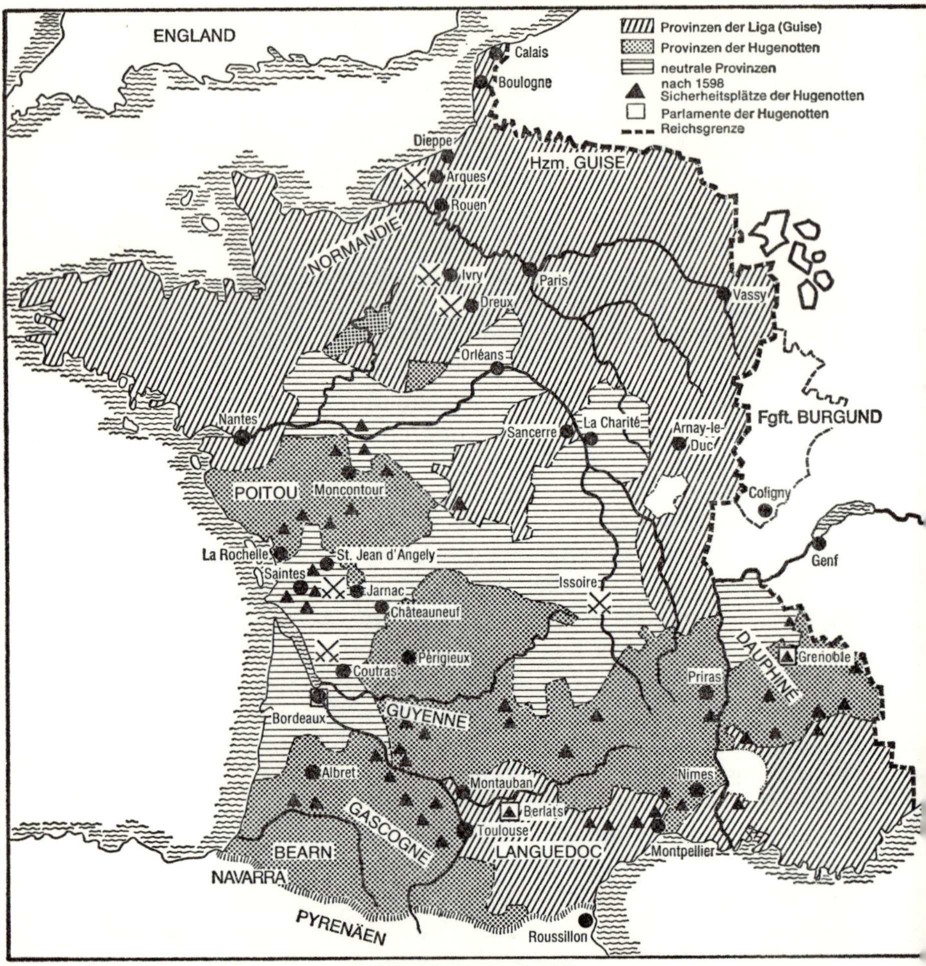


FRANKREICH 1580

Dritter Teil

# Die große Eroberung

(1589—1600)

»Mich bekümmert sehr
das vergossene Blut.«
Heinrich IV.

## 1. Kapitel: Die Belagerungen von Paris

Der Eroberung seines Königreichs schickte Heinrich IV. eine königliche Verfügung voraus, die Frankreich beweisen sollte, daß es in ihm »das für sein Bestehen notwendige Oberhaupt, den Kapitän des Schiffes, den unentbehrlichen Befehlshaber« gefunden habe, auf den es wartete. Mit der berühmten Erklärung vom 4. August 1589 schwor er bei seiner Ehre und seinem königlichen Wort, der katholischen Religion im Königreich den Vorrang zu erhalten, und erneuerte sein Versprechen, sich wegen seiner eigenen Konfession einem Konzil zu unterwerfen, das er binnen sechs Monaten abzuhalten versprach. Den Kalvinisten wurde volle Gewissensfreiheit zuerkannt, in den ihnen zugestandenen Städten auch die freie öffentliche Ausübung ihres Kults. Die Gouvernements, die Ämter und Posten, die der Liga abgenommen wurden, sollten Katholiken überlassen werden, doch eine einzige Stadt in jedem größeren oder kleineren Gerichtsbezirk mußte den Protestanten eingeräumt werden.

Der erste, wenn auch bescheidene Erfolg des Béarners war die Zustimmung der meisten Herzöge, Pairs, Kronbeamten und anderer Herren und Edelleute zu dieser Willenserklärung. Sie hatten sich noch zwei Tage zuvor in Saint-Cloud zusammengeschlossen und durch den Herrn d'O ihre Drohungen überbringen lassen, jetzt aber hatten sie ihre Unversöhnlichkeit vergessen und erkannten als ihren König und naturgegebenen Fürsten Heinrich IV. an. Sie »verpflichten sich mit Gut und Leben, die Rebellen und Feinde zu vernichten, die sich des Staates bemächtigen wollen«. Der Treueid wurde vor allem von zwei Prinzen von Geblüt – Conti und Montpensier – und zwei Marschällen von Frankreich – Biron und d'Aumont – geleistet. Durch die Zustimmung ihrer Gouverneure verpflichteten sich fünf Provinzen – mehr oder weniger theoretisch – zum Gehorsam für den neuen König: die Normandie, die Picardie, die Bourgogne, die Champagne und der größte Teil der Ile-de-France. Wenn ihm »als Louvre auch nur ein Zelt« diente, so war Heinrich IV. doch nicht mehr gänzlich ein »König ohne Land«.

Aber viel mehr auch nicht. Denn selbst nach den optimistischsten Berechnungen hing höchstens ein Sechstel Frankreich dem legitimen König an. Am schlimmsten wirkte es sich aus, daß die Armee im Lager von Saint-Cloud durch zahlreiche und aufsehenerregende Desertionen geschwächt wurde. Von den 40 000 Mann, die gemeinsam Paris eingeschlossen hatten, stand dem König kaum noch die Hälfte zur Verfügung, einschließlich der Schweizer Söldner, die er nur mit Mühe bei der Stange halten konnte. Mit so geschwächten Streitkräften konnte man unmöglich die Belagerung einer Hauptstadt fortsetzen, deren Verteidigung durch die Überläufer aus den eigenen Reihen verstärkt wurde.

In dieser fast aussichtslosen Situation rieten manche Leute dem König, sich hinter die Loire zurückzuziehen. Wenn er den Rat zurückwies, dann sicher nicht nur wegen einer Bemerkung von Givry, der gesagt haben soll: »Wer würde Sie für den König von Frankreich halten, wenn Ihre Erlässe in Limoges abgefaßt worden wären!« Heinrich wurde schon durch seinen angeborenen Schwung von ängstlicher Strategie abgehalten. Er wußte, daß der Kampf keinen Aufschub und kein Zurückweichen duldete, und war entschlossen, sein Königreich Fuß für Fuß zu erobern, falls es nötig sein sollte. Am liebsten hätte er die Entscheidung mit einem einzigen Schlag, mit der Eroberung von Paris, erzwungen, denn er wußte nur zu gut, daß ihm, wenn er Paris hatte, auch das übrige Frankreich bald zufallen werde. Diese Vorstellung, an der er zeitlebens festhielt, erklärte, daß er in diesem Augenblick eine entschlossen offensive Haltung einnahm und nicht zögerte, den Krieg in den Norden des Landes zu tragen, um eines Tages aus besserer Position heraus die Belagerung der Hauptstadt wieder aufzunehmen. Paris war die Festung der Liga; es war wichtig, daß sie sich ständig bedroht fühlte.

Um seiner kleinen Armee mehr Beweglichkeit zu verschaffen und seine militärischen Unternehmungen auf weitere Gebiete ausdehnen zu können, teilte er sie in drei Truppenkörper, dessen erster unter dem Befehl des Marschalls d'Aumont in die Champagne geworfen wurde, ein anderer in die Picardie unter dem

Herzog von Longueville. In beiden Provinzen waren die Gouverneure ja bereits für die Sache des Königs gewonnen, es ging also darum, die Liga zu beunruhigen, sie aus den noch von ihr gehaltenen Städten zu vertreiben und die wachsende Anhängerschaft des Thrones zu ermutigen. Der König selbst brach mit der letzten Truppeneinheit in die Normandie auf. Er verließ Paris am 8. August, brachte die sterbliche Hülle des verstorbenen Königs nach Compiègne und zog mit 700 Reitern und 4 000 Fußsoldaten in die Normandie. Am 26. August stand er vor Dieppe, das ihm die Tore öffnete. »Meine Freunde«, sagte er, »ich will nur Ihre Freundschaft, gutes Brot und guten Wein und gute, gastfreundliche Mienen.« Er fand alles und konnte hier ein befestigtes Lager als Basis der Operationen aufschlagen. Von hier aus brach er zu einer Reihe von Einfällen in die Provinz auf und hoffte, auf diese Weise die Armee der Liga auf ein Terrain zu locken, das für ihn günstig und von ihm sorgfältig vorbereitet worden war.

Tatsächlich zögerte Mayenne denn auch nicht, mit mehr als 20 000 Mann aufzutauchen, um Dieppe zu bedrohen – wo er schon erwartet wurde. Die vorgeschobenen Befestigungswerke schützten die Stadt, deren stärkste Bastion das Schloß d'Arques war. Auf diesen Stützpunkt zielte Mayenne; er bemühte sich zwei Wochen vergeblich, die feindlichen Linien zu durchbrechen. Endlich glaubte er am 21. September Erfolg zu haben, weil ihm der Durchbruch durch die Festungswerke gelang. Doch an der anderen Seite wurde er plötzlich von der Kavallerie des Königs angegriffen. In dem Durcheinander des Kampfes, der fünf Stunden dauerte, wurden Heinrich IV. zwei Pferde unter dem Leib getötet. Der Ausgang schien ungewiß, bis sich gegen Abend der Nebel plötzlich hob, der den ganzen Tag das Schlachtfeld bedeckt hatte. Und nun konnte die Artillerie von Schloß d'Arques, die den ganzen Tag über wegen der schlechten Sicht stumm geblieben war, die Helligkeit ausnutzen, um die Reihen der Liga heftig zu beschießen und zum Rückzug zu veranlassen. In den nächsten Tagen versuchte Mayenne vergeblich, die Lage wieder zu wenden, bis er dann nach einem Gefecht am 6. Oktober 1589 seine Pläne kläglich aufgeben mußte. Die Schlacht von Arques war also kein vereinzeltes Unternehmen, sondern ein Ereignis in einem Belagerungskrieg, der insgesamt 23 Tage dauerte.

Der Sieg wurde im Marktflecken Arques gefeiert, wobei die Katholiken ein *Te Deum*, die Protestanten ihre Choräle sangen.

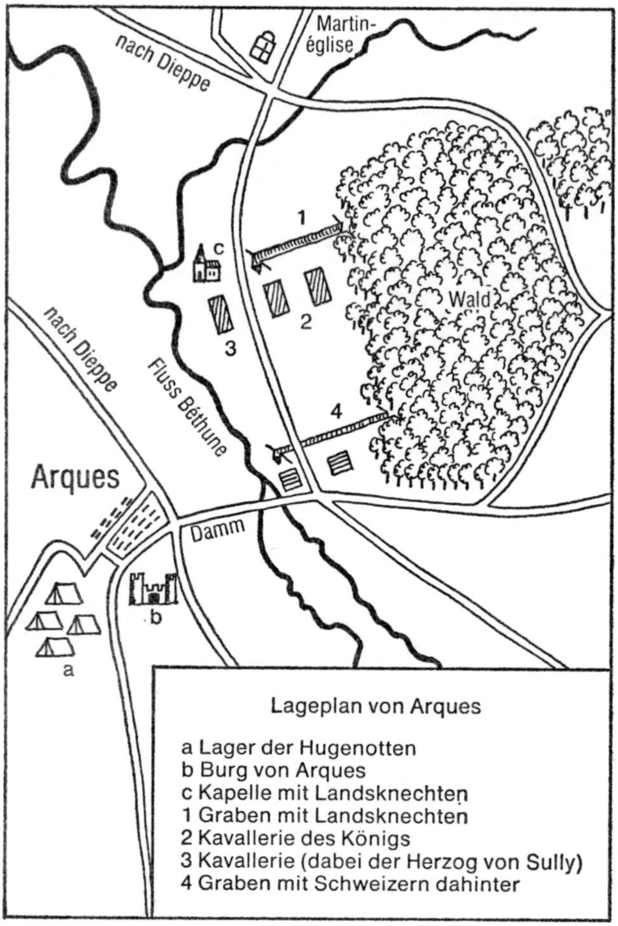


Lageplan von Arques

a Lager der Hugenotten
b Burg von Arques
c Kapelle mit Landsknechten
1 Graben mit Landsknechten
2 Kavallerie des Königs
3 Kavallerie (dabei der Herzog von Sully)
4 Graben mit Schweizern dahinter

Bei dieser zweifachen Zeremonie hielt der König seinen Soldaten eine denkwürdige Ansprache, die für die bereits begonnene Verschmelzung der katholischen und protestantischen Elemente in seiner Armee spricht: »Wir glauben alle an denselben Gott; jeder von uns hofft auf die ewige Seligkeit durch die Gnade desselben Jesus Christus. Wir gehen zwei verschiedene Wege, um dorthin zu gelangen: Beten Sie auf Ihre Weise, ich bete auf die meine. Ich bitte Sie, sich nicht über mich zu ärgern, wie ich mich auch nicht über Sie ärgern werde.«

Der Erfolg von Arques brachte den Glanz, an dem sich die Phantasie der Franzosen entzündete: Neue Anhänger reihten sich in die Armee des Béarners ein und wurden mit seiner gewohnten Freundlichkeit aufgenommen. Aus England kamen Verstärkungen, aus Holland kam Geld. Und alles ordnete sich so gut, daß der Béarner nun 23 000 Mann zur Verfügung hatte, allerdings schlecht ausgerüstete und ziemlich abgerissene Soldaten, die aber voller Begeisterung über ihren Sieg und entschlossen waren, neue Erfolge zu erringen.

Heinrich IV. glaubte, ihre Erwartung nicht enttäuschen zu dürfen: Seinem Leitgedanken folgend, warf er sich jetzt auf Paris, auf »das Schwarze der Scheibe«, wie er sagte. Zwar hoffte er nicht, die Hauptstadt in einem einzigen Sturm nehmen zu können, sondern setzte sich nur das Ziel, die Moral des Gegners durch eine Drohung aufzuweichen, die wirklich Furcht wecken konnte, und dieses Ziel hätte er um ein Haar bei weitem überschritten. Die königliche Armee, die am 31. Oktober 1589 aus der Ebene von Vaugirard vor Paris herbeiströmte, eroberte die fünf Vorstädte am linken Seineufer. Verstört durch den unerwarteten, stürmischen Angriff, hätte sich die Hauptstadt vielleicht kampflos ergeben, wenn es Mayenne nicht durch eine Nachlässigkeit möglich gewesen wäre, im letzten Augenblick der erschrockenen Garnison noch Verstärkung zu bringen: Man hatte nämlich vergessen, die Brücke von Saint-Maixent abzubrechen, und über diesen Zugang strömten die Soldaten der Liga am Tag nach Allerheiligen in die Stadt. Paris hätte jetzt nur durch eine regelrechte Belagerung erobert werden können, zu der dem König aber die Mittel und die Absicht fehlten. Er wandte sich anderen Zielen zu.

Wenn dieser kühne Schlag den Parisern auch die wahre Kraft der königlichen Armee offenbart hatte, so litt doch seine persönliche Beliebtheit darunter. Der Angriff reformierter Truppen auf die Vorstadt Saint-Germain entwickelte sich zu einem Exzeß, wie ihn der Béarner immer verabscheut und verboten hatte; bis dahin war es ihm gelungen, den Ruf seiner Soldaten von solchen Ausartungen freizuhalten. Doch unter dem Vorwand, die Opfer der Bartholomäusnacht zu rächen, erschossen Fanatiker vierhundert Pariser »auf einem Haufen und aus weniger als 400 Schritt Entfernung«. Das Blutbad, das den Befriedungsabsichten des Königs und seinem Wunsch, Menschlichkeit auch im Kriege walten zu lassen, so völlig zuwiderlief, bildete für lange Zeit das Thema für die Hetze der Ligisten und weckte in der Pariser Bevölkerung Groll und Furcht, die erst nach langer Zeit wichen.

Bei der Rückkehr von seinem Handstreich gegen Paris durchzog der König das Gebiet um Orléans, um seine Autorität hier zu festigen, und kam nach Tours, wo er am 13. November bei Fackelschein einzog; unterwegs hatte er auch Vendôme eingenommen und sich auf diese Weise bis Ende des Jahres die wichtigsten Orte von Maine gesichert.

Wieder in der Normandie, konnte er eine günstige Bilanz der Ereignisse nach seiner Thronbesteigung ziehen. Er hatte seine Autorität in acht Provinzen von Nord- und Mittelfrankreich gefestigt; er wurde von hundert Bischöfen anerkannt; die Geistlichkeit auf dem Lande kam ihm trotz den päpstlichen Drohungen mit Exkommunikation entgegen und sang Lobgesänge zu seinen Ehren. Seine Sache machte überall im Lande rasche und beachtliche Fortschritte. Überall, wo er auftauchte, immer schwungvoll, fröhlich und freundlich in seinem fadenscheinigen Mantel, mit lachendem Mund über dem ergrauenden Bart, flogen ihm die Herzen zu, und dort, wohin er nicht selbst kommen konnte, verbreitete sich von Mund zu Mund sein Ruf als guter Kamerad und blendender Heerführer. Gleichzeitig wurde das Schwert der Liga stumpf. In Paris machte sich die Tyrannei der »Sechzehn« stärker geltend, aber ihre Demagogie ermüdete schon das gehobene Bürgertum, das allmählich seine Zuschüsse verringerte. Der Adel, angezogen von Heinrichs IV. wachsendem Ansehen, verlor die Lust, in den Reihen der Liga zu kämpfen. Um Geld und Soldaten aufzutreiben, wandte sich Mayenne an Spanien, das sich allmählich vom Verlust der Armada erholte und schon wieder seine gefährlichen Gelüste auf die Vorherrschaft in Europa spüren ließ. Philipp II. versprach Geld und Truppen, ließ aber deutlich durchblicken, daß er Frankreich zur Provinz seines Reiches machen wolle, und forderte, daß er vertraglich als »Protektor« des Königreichs uns seiner Religion anerkannt werde. Villeroy redete es Mayenne aus, die spanische Unterstützung zu einem so hohen Preis anzunehmen, und die Liga, die dringend Geld brauchte, fand es schließlich nur bei Papst Sixtus V. Päpstliche Gelder füllten die leeren Kassen der Armee, für die Mayenne jetzt Söldner aus allen Ländern anwerben konnte.

Unter solchen Verhältnissen begannen die Feldzüge von 1590, deren Hin und Her die Ereignisse des voraufgegangenen Jahres fast wiederholten. Wieder ging der König von Frankreich von der strategischen Überlegung aus, Mayenne auf ein Terrain zu locken, das für ihn ungünstig sein mußte, ihn dort zu schlagen und dann wieder Paris anzugreifen, das unveränderliche und entscheidende Ziel.

Aus den Briefen des Königs geht hervor, daß er Anfang 1590 rastlos die Normandie durchstreifte, um seine militärische Lage hier zu festigen. »Ich lege große Strecken zurück«, schrieb er, »und sehe, daß Gott mich führt, denn ich weiß niemals, was ich am Ende tun soll. Doch meine Taten sind wahre Wunder; sie werden eben von dem großen Meister gelenkt.« In sieben Winterwochen legte seine Armee mehr als 150 Meilen zurück und zog dabei das ganze schwere Gerät der Artillerie mit sich, denn sie »kam selten ins Quartier ohne irgendeine Art von Belagerung«. Weder die schlechte Jahreszeit, noch die schlechten Wege hielten den Béarner auf, der unverzagt seine harten Anstrengungen fortsetzte, »ohne den Herzog von Mayenne zu beneiden, der sich in Paris ausruht, oder zu hoffen, daß ich selbst mich irgendwann ausruhen kann«.

Doch nur bis zum Februar hat sich Mayenne ausgeruht. Dann kommt er aus Paris heraus, versucht, sein Ansehen zu verbessern, erobert also Vincennes, Pontois und Poissy, scheitert aber bei Meulan. Diese Niederlage und die Nachrichten, die er gerade jetzt über neue Erfolge der königlichen Truppen erhält, bestimmen ihn zum Angriff auf Dreux, das er zu belagern beginnt. Der König, über Mayennes Bewegungen und damit auch über seine Absichten immer im Bilde, teilt seine Truppen neu ein und erwartet den Angriff, der am 14. März 1590 bei Ivry erfolgt.

Niemals ist ein Sieg so schnell wie dieser errungen worden: die ganze Schlacht war in einer Stunde vorbei. Darüber ist viel berichtet worden. Hier sei nur angemerkt, daß der Sieg mit Recht Heinrichs IV. populärster geworden ist. Er entfaltete nicht nur seine angeborene Fähigkeit, die Männer anzufeuern und mitzureißen, sondern vollführte ein Werk glänzender Strategie und ganz persönlicher Eingebungen. Durch die geschickte Verteilung seiner Reitereinheiten und die kluge Verbindung der verschiedenen Armeen gelang es ihm, Mayennes Kavallerie zu isolieren. Ohne Befehle und ohne Unterstützung sah sie sich den vereinigten Angriffen der Infanteristen und der Leichten Reiter ausgesetzt. Der erfolgreiche Plan fand die Bewunderung aller Eingeweihten in ganz Europa, so daß Biron seinem König sagen konnte: »Jetzt werden Sie als der Hannibal unseres Jahrhunderts gerühmt.« Napoleon allerdings gestand dem Béarner keine besonderen kriegerischen Fähigkeiten zu und meinte mit einem Schuß Verachtung: »Er war ein guter Kavalleriehauptmann.« Tatsächlich hat Heinrich IV. niemals umfassende strategische Systeme entworfen und keine gelehrten Grundsätze befolgt; ihm fehlten Fachstudien, er hatte sich alles in der rauhen Schule der Erfahrung und des Draufgängertums erworben. Doch wenige französische Generäle sind in ihren Vorstellungen genauer und in der Durchführung entschiedener gewesen als er. Vor allem aber hatte ihn die Natur schon reich ausgestattet: Das Gehör, so versichern seine Kampfgefährten, »war bei ihm so wunderbar, daß er jederzeit über die Verhältnisse und Taten des Feindes unterrichtet war und daraus seine Neuigkeiten erfuhr«. Seine Augen beurteilten aus der Entfernung »nicht nur die Menge der Soldaten, sondern auch ihre Qualität, und aus ihrer Bewegung schloß er, ob sie schwankten oder entschlossen marschierten«. Und dann erst sein erstaunliches Draufgängertum, das ihn dazu brachte, »sich mehr dem Zufall auszuliefern als die einfachsten Soldaten seiner Armee«!

Das wurde einmal mehr und auf glänzende Weise deutlich

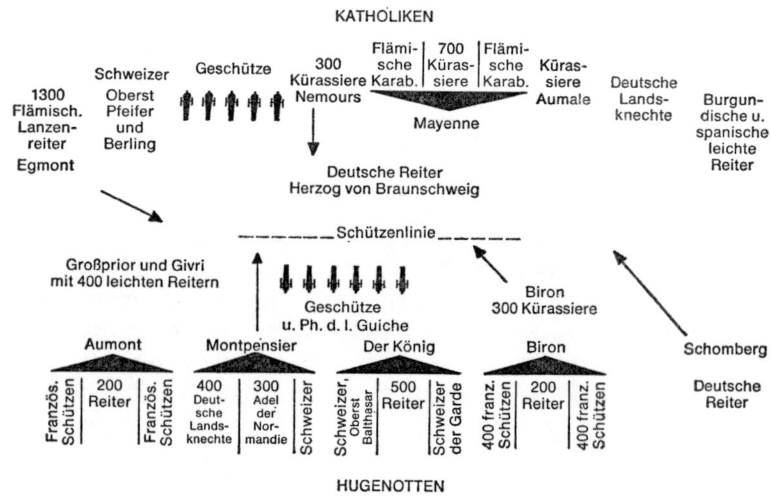

bei der Schlacht von Ivry, wo sich die Blicke aller Soldaten nach dem »Hut mit dem Federbusch« richteten, den Heinrich IV. zum »Sammelpunkt« gemacht hatte: »Wenn Sie Ihre Banner nicht sehen, richten Sie sich nach meinem weißen Federbusch; dort finden Sie den Weg zu Sieg und Ehre.« Im Gegensatz zu so vielen angeblichen Aussprüchen ist dieses Wort historisch – wenn auch oft zu unrecht auf die Schlacht von Coutras verlegt –, Heinrich hat es am Morgen der Schlacht von Ivry ausgesprochen. Der Federbusch des Königs ist kein Mythos; in den Rechnungen des Staatshaushalts von Navarra hat man entdeckt, wann er erworben wurde – am 15. Juni 1588 – und was er gekostet hat: 100 Taler.

Am Rande der Schlacht zeigt eine Episode die Wirkung des Königs von Frankreich auf die Söldnertruppen. Diese Soldaten, sehr unregelmäßig von einem Fürsten »ohne Truhen« bezahlt, zeigten zuweilen ihre Unzufriedenheit, und ihre Drohungen, zu meutern, waren nur Abwandlungen des sprichwörtlichen: »Kein Geld – keine Schweizer«. Einige Zeit vor dem Tag von Ivry trug der Hauptmann der Reiter, Schomberg, dem König die Beschwerden seiner Leute vor und zog sich die Antwort zu, daß »niemals ein Mann von Mut am Vorabend einer Schlacht Geld verlangt« habe. Heinrich IV. verstand es zeitlebens, mit einem Scherz oder einer geglückten Formulierung allzu genaue oder allzu berechtigte Forderungen abzuweisen. Diesmal aber war ihm bewußt, daß er zu Unrecht einen Mann gekränkt hatte, dem sein Dienst mehr Ehre als Vorteile gebracht hatte und der niemals um seine Tapferkeit feilschen ließ. Am Abend vor der Schlacht von Ivry gab ihm der König öffentlich Genugtuung und sagte so laut, daß alle es hörten: »Dieser Tag kann der letzte meines Lebens sein, und ich will nicht die Ehre eines Edelmannes verletzen; ich kenne Ihren Wert und Ihre Verdienste, ich bitte Sie, mir zu verzeihen. Umarmen Sie mich.« Worauf der alte Soldat die melancholische Antwort gab: »Eure Majestät hat mich damals verletzt, aber heute tötet sie mich, denn die Ehre, die Sie mir erweisen, verpflichtet mich, bei dieser Gelegenheit für Sie zu sterben.« Und er fiel in der Schlacht an der Seite des Königs.

Mayennes Niederlage in Ivry war vollständig; der vierte Teil seiner Armee blieb auf dem Feld – gefallen, verwundet, gefangen. Er hatte auf seinem Rückzug den Armee-Train zurücklassen müssen, was Herrn de Rosne zu der boshaften Bemerkung veranlaßte: »Na also! Sie haben uns täglich erklärt, daß Sie eine

Armee ohne Troß haben möchten. Jetzt haben Sie doch etwas, worüber Sie sich freuen können.«

Da sich die Armee der Liga in Richtung Picardie zurückzog, war der Weg nach Paris für den König von Frankreich wieder frei, und er schlug ihn schon zwei Tage nach der Schlacht ein. Dann aber ließ er sich so viel Zeit in Mantes und zog auch nur so langsam weiter, daß er erst am 7. Mai 1590, 54 Tage nach der Schlacht von Ivry, vor »dem schwarzen Punkt auf der Scheibe« stand. Damit hatte er Paris reichlich Zeit gelassen, seine Verteidigung zu organisieren. Über die Gründe dieser seltsamen Verzögerung ist viel gerätselt worden, und man hat sogar dem König vorgeworfen, sich in Mantes und Vernon Vergnügungen überlassen zu haben, für die nun wirklich keine Zeit war. Der Vorwurf ist nicht ernst zu nehmen, er stammt auch wahrscheinlich nur aus einer verwunderten Bemerkung Rosnys, der Heinrich IV. am zweiten Tag nach der Schlacht von Ivry auf der Jagd antraf, also in einem Augenblick, wo entscheidende Dinge zu tun waren. »Als ich oben auf dem Abhang von Beuron ankam«, berichtet Rosny, »sah ich die Ebene ringsum bedeckt mit Leuten zu Pferde und Hunden, die zum Marktflecken hin jagten. Es war der König, der nach einem Imbiß zur Jagd im Schloßgelände zwischen Rosny und Mantes aufgebrochen war.« Wer die fast schon besessene Leidenschaft Heinrichs IV. für die Jagd und seine Gewohnheit kannte, zwischen zwei Scharmützeln dem Wild nachzujagen, kann ein so banales Zwischenspiel nicht als Zeichen von Sorglosigkeit und Nachlässigkeit auffassen. Damit würde man die Hingabe verkennen, die er allen Einzelheiten der Kriegsführung widmete, seine außerordentliche Wachsamkeit, die er bei der Eroberung seines Königreichs immer an den Tag legte. Sullys Äußerung soll hier auch nur als belustigendes Zwischenspiel im Leben des Königs erwähnt werden. Übrigens blieb der König nur vom 16. bis zum 28. März in Mantes und Vernon, und die kurze Pause war sicherlich nötig zur Sammlung seiner Streitkräfte.

Man hat auch behauptet, er sei in eine Falle gegangen, die ihm Mayenne, um Zeit zu gewinnen, mit der Aufforderung zu Verhandlungen gestellt habe. Der Vorwurf hat nicht mehr Gewicht als der vorige; zwar trafen sich Unterhändler in Villeneuve-le-Roi und Meulan, aber nur für einen Augenblick, und Heinrich IV. beachtete die ganze Sache kaum, weil er sie von vornherein für nutzlos hielt.

Wurden also die Pläne des Königs damals durch einige der großen Herren vereitelt, die seinen endgültigen Sieg nicht wünschten, weil er ihre feudale, in der Zeit der schwachen Zentralmacht angemaßte Selbstherrlichkeit beendet hätte? Bewiesen einige militärische Chefs, so auch Biron, nur mäßigen Eifer, weil sie »die Gewinne des Krieges der Ehre des Sieges vorzogen«? Freilich machte sich eine gewisse Trägheit und Lässigkeit bemerkbar, die dazu führten, daß die Armee ungenügend mit Munition und Geld versorgt wurde. Man mußte auf Pulver und Kugeln aus England warten; die Schweizer zeigten schlechte Laune, weil sie ihren rückständigen Sold nicht erhielten. Zu aller Unbill kam dann schlechtes Wetter, sintflutartiger Regen erschwerte den Marsch.

Doch wenn all diese Umstände auch eine Rolle gespielt haben mögen, so meint man doch, daß die verzögerte Einschließung von Paris vor allem taktische Gründe hatte. Der König wollte die Stadt nach einem Plan erobern, der Zeit zu seiner Verwirklichung und eine ganze Reihe vorbereitender Schritte brauchte. Seit der ersten Belagerung war ihm klar, daß es schwierig werden mußte, mit einer kümmerlichen, schlecht mit Artillerie versorgten Armee eine so gut befestigte Stadt wie Paris zu erobern. Die Garnison bestand aus 3 000 Mann regulärer Truppen, die von 40 000 bewaffneten und fanatischen Bürgern unterstützt wurden. Zu der zahlenmäßigen Überlegenheit (die königliche Armee bestand nur aus 13 000 Mann) hatten die Belagerten den Vorteil, hinter starken Bollwerken zu bleiben, wenn sie ihre 65 Kanonen einsetzten. Eine solche Unausgeglichenheit der Kräfte zwang, auf einen Angriff zu verzichten. Und versuchte man ihn doch, hätte sogar Erfolg damit – dann wäre es ein sehr gefährdeter Sieg, auf den ein Krieg der Barrikaden folgen mußte. Eine kleine Truppe würde sich darin schnell verbrauchen.

Selbst wenn es dem König gelang, gegen alle Wahrscheinlichkeit die Stadt nach erbarmungslosem Straßenkampf zu erobern – was wären die politischen Folgen eines mit so viel Blut erkauften Erfolges? Heinrich IV. verlockte kein mit so viel Gefahren verbundenes Abenteuer, und er verzichtete auf eine Belagerung, die bei seinen bescheidenen Mitteln geradezu lächerlich gewesen wäre. Er hatte sich für eine Blockade entschieden, bei der er seine politischen Bedenken mit seinen taktischen Überlegungen vereinen konnte. Die hungernden Pariser würden sich, wie er glaubte, vom Joch der Liga freimachen, und der

König könnte als Befreier in seine Hauptstadt einziehen, ohne französisches Blut vergossen zu haben. Um diesen Plan zu verwirklichen, machte sich Heinrich IV. daran, alle Städte der Ile-de-France und der Brie zu erobern, so weit sie die Land- und Wasserwege zur Lebensmittelversorgung der Pariser beherrschten.

Angewiesen auf das wenige, was die unmittelbare Umgebung liefern konnte, spürten die Pariser bald die Wirkung der Blockade. Um zu verhindern, daß sie auf das Rumoren ihrer Mägen hörten, bemühten sich die Anführer der Liga, »das heilige Feuer des Fanatismus« zu schüren. Man schwor immer wieder einmal in Notre-Dame feierlich dem Ketzertum ewige Feindschaft, veranstaltete aber vor allem Prozessionen. Die erste fand am 14. Mai statt, aber nur drei Bischöfe beteiligten sich. In der Bedrängnis mußte man dem Propagandafeldzug, aus dem die religiösen Gedanken bald verdrängt wurden, mehr Nachdruck geben. Man ließ nun Priester und Mönche durch die Stadt marschieren – in Helm und Küraß, die Arkebuse auf der Schulter. Die Nachricht, daß der Kardinal von Bourbon, Phantom eines Königs, im Gefängnis gestorben war, wo Heinrich IV. ihn wohlbedacht gelassen hatte, verstärkte noch die Ratlosigkeit, die der Hunger allmählich hervorrief. Jetzt regten sich die Gemäßigten, und eine Stimmung für König und Nation machte sich bemerkbar, zunächst verstohlen, dann ganz offen. Eine Gegenliga entstand, die vielleicht im Lauf der Zeit den Weg zu Verhandlungen freigemacht hätte, doch ihre wichtigste Rechtfertigung verlor an Überzeugungskraft: Paris erhielt heimlich Lebensmittel, und viele Offiziere der königlichen Armee drückten ein Auge zu – entweder, weil sie Angehörige oder Freunde in der belagerten Stadt hatten, oder um – wie Sully berichtet – ihre Gefälligkeit gegen »Schärpen, Federn, Seidenstrümpfe, Handschuhe, Gürtel, Hüte aus Biberpelz und anderen Putz« einzutauschen. Die meisten aber verkauften schimpflicherweise ihr heimliches Einverständnis, wie etwa Givry, der zu den Helden von Ivry gehört hatte und nun 45 000 Taler an Schmiergeldern entgegennahm. Als diese Verstöße gegen die Disziplin dem König gemeldet wurden, ergriff er sofort strenge Maßnahmen, um die Blockade wirksamer zu machen, und verstärkte sie noch dadurch, daß er am 9. Juli 1590 Saint-Denis, danach Dammartin einnahm. Seine Truppenstärke wuchs ständig durch neue Kontingente aus allen Provinzen, so daß ihm schließlich 20 000

Mann zur Verfügung standen, mit denen er die Hauptstadt enger einschließen konnte. Am 27. Juli wurden die zehn Vorstädte von Paris zugleich erobert, und nun mußte die Stadt innerhalb ihrer Mauern ohne jede Möglichkeit zu heimlicher Versorgung überleben.

Auf den Mangel folgte Hungersnot. Es fehlte an Brot; die Leute aßen Hunde, Katzen, Abfälle aus den Gossen. Schreckliche Auswege: Man grub die Toten auf den Friedhöfen aus, um ihre Knochen zu Mehl zu zermahlen, und manche Chronisten berichten von Kannibalismus. Heinrich IV. litt aufrichtig unter dem Unglück seines Volkes. Wenn er seine Großzügigkeit auch nicht so weit trieb, selbst Lebensmittel in die belagerte Stadt zu schicken – wie es die Legende will –, erlaubte er doch im August, daß Frauen und Kinder die Stadt verließen. Elisabeth von England machte ihm aus dieser Menschlichkeit einen Vorwurf; sie begriff nicht, daß er über die Eroberung eines Thrones hinaus »ein Volk gewinnen wollte und daß hinter seiner Großzügigkeit ebensoviel Politik wie Mitleid stand«.

Übrigens ging Heinrich wiederum nicht so weit, die Leiden der Belagerten wesentlich zu erleichtern: Die Angst war bald nicht mehr zu unterdrücken, und Aufstände flammten auf, die bezeichnend »Tage von Frieden und Brot« genannt wurden. Es war klar, daß die Aussicht auf einen hugenottischen König die Pariser viel weniger erschreckte als die auf den Hungertod. Die Anführer der Liga sahen sich gezwungen, dem Willen der Bevölkerung nachzugeben. Sie begannen sinnlose Verhandlungen mit dem König und zogen sie geschickt in die Länge, denn ihnen ging es darum, Zeit zu gewinnen, bis Mayenne mit seiner Armee Paris entsetzen konnte.

Sie waren besser unterrichtet als der König über den Marsch dieser Armee und die große Hilfe, die sie erhalten hatte. Spanien stieg nun in das Geschäft ein mit einer ganzen Armee und Strömen von Gold. Um den Triumph der Ketzer in Frankreich zu verhindern und in dem nie ruhenden Wunsch, Frankreich zu zerstückeln, hatte Philipp II. dem Prinzen von Parma, Alessandro Farnese, seinem Statthalter in den Niederlanden, befohlen, der belagerten Hauptstadt kurz vor zwölf zur Hilfe zu kommen. Der alte, von Gicht fast gelähmte Heerführer Farnese, der von der Sänfte aus kommandierte, brachte Mayenne die Unterstützung eines großen Heeres von 13 000 disziplinierten und schwerbewaffneten Soldaten. Die Verbindung zweier Armeen und ihre gemeinsame Bewegung waren so geschickt getarnt worden, daß sie bereits in Meaux – einen Tagesmarsch vor Paris – standen, als der König von Frankreich die Gefahr entdeckte. Um ihr zu begegnen, sah er sich gezwungen, die Belagerung von Paris in dem Augenblick abzubrechen, als die Stadt zur Übergabe reif war. Heinrich IV. wollte sich im Gebiet von Chelles dem Gegner stellen, aber die spanische Armee vermied eine Feldschlacht, änderte ihre Marschrichtung und nahm überraschend wieder Lagny, Corbeil und Charenton. Damit waren für Paris die Versorgungswege zu Lande und zu Wasser frei, und die Angst wich. Paris wurde wieder versorgt.

Wenn sich das Kriegsglück für Heinrich IV. nun auch brüsk gewendet hatte, war er doch nicht verloren. Er verfügte über eine starke Armee von jetzt 25 000 Mann, weil ihm der Erfolg von Ivry immer noch neue Kampfgenossen zuführte, darunter vor allem die Herzöge von Epernon und Nevers. Doch nun zeigte sich wieder wie vor zwei Jahren bei Coutras die Schwäche dieser Armee: die Edelleute, die auf eigene Kosten Dienst leisteten, hatten ihre Mittel in einem nun mehr als sechs Monate andauernden Feldzug erschöpft. Sie wären bereit gewesen, in der nächsten Schlacht ihr Leben zu lassen, doch der Gegner nahm den Kampf nicht an, und um die Gelegenheit dazu abzuwarten, fehlte es ihnen an Geduld und Geld. Schon kamen Desertionen vor, weitere kündigten sich an. Der König zog sofort die Konsequenzen. Er schickte am 11. September die ungeduldigen Herren samt Gefolge nach Hause und behielt außer den bezahlten Truppen nur einige Freiwillige, deren Treue ausdauernder war, und verteilte sie auf die Paris benachbarten Garnisonen. Auf diese Weise war er in eine Wartestellung gedrängt worden, als der Triumph schon greifbar nahe schien. Mayenne zog am 17. September in Paris ein, und alle Hoffnung, die sich an die Erfolge von Arques und Ivry geknüpft hatten, begannen zu verblassen. Das erste Jahr, in dem Heinrich IV. für die Eroberung seines Throns kämpfte, endete mit einem überdeutlichen Rückschlag. So viele schöne Waffentaten waren umsonst, so viel Mut vergeblich gewesen. Alles mußte von vorn beginnen.

## 2. Kapitel: Schwierige Zeiten

Der Béarner gehörte nicht zu denen, die durch Mißgeschick entmutigt und geschlagen werden. Aus dem Abgrund, in den ihn die Ungerechtigkeit des Schicksals geschleudert hatte, wollte er mit den Waffen hervorkommen, die sein Glück machen sollten. Vom Jahresende 1590 an, als ihm Krone und Volk zu entgleiten drohten, bis zum Einzug in Paris, der 1594 seinen Triumph krönte, erlebte er seine schwierigsten und härtesten Jahre – aber auch seine verdienst- und ruhmreichsten. In einem Wunder an Tatkraft, Ausdauer und hartnäckiger Tapferkeit zwang Heinrich IV. das Schicksal auch in den gefährlichsten Prüfungen und den enttäuschendsten Wechselfällen. Sein Glück ist aus ihm geboren, hat man gesagt, und »nichts ist stärker von Menschlichkeit geprägt als sein Abenteuer«.

Er schien nach dem Scheitern vor Paris wirklich nur eine ganz unbedeutende Persönlichkeit zu sein, König ohne Königreich, Ehemann ohne Frau, General ohne Geld, wie er sich selbst boshaft schilderte. Wäre er an einem nebligen Tag in einen Hinterhalt geraten, was bei seiner Sorglosigkeit leicht möglich gewesen wäre, hätte irgendeine Kugel oder ein banaler Unfall jetzt sein Leben beendet, wäre er für die Geschichte Frankreichs nur ein Störenfried, fast schon ein Abenteurer gewesen. Doch diese kleine Figur rettet Frankreich aus der inneren Anarchie und vor der Eroberung durch fremde Mächte und gibt ihm für Jahrhunderte den vordersten Platz unter den christlichen Nationen zurück. Denn dieser Mann hatte unter seinem bescheidenen Äußeren, seiner zerrissenen Kleidung die Größe für die zermalmende Aufgabe, die ihm zugefallen war. Erfahrung hatte seine natürlichen Anlagen reifen und sich entwickeln lassen, die schnelle, durchdringende Einsicht in Menschen und Dinge, die irreführende Fähigkeit, Wahres und Falsches zu trennen, die Umstände zu nutzen, die Motive im Verhalten der Menschen zu erkennen. Außerdem verfügte er über die bemerkenswerte Gabe, die Menschen »nach ihren Fähigkeiten« einzusetzen, sie mit Bedacht zu kommandieren und vor allem ihre Hingabe zu steigern, weil er in jedem Menschen die empfindlichste Saite anschlug – er erkannte sie sogleich. Er bewies seinen unnachahmlichen Sinn für Freundlichkeit und Liebenswürdigkeit, sprach und schrieb scherzhaft und freundschaftlich. Er fürchtete niemanden mehr als die Betrübten und Schlechtgelaunten: »Ich kann keinen melancholischen Menschen brauchen, denn ein Mann, der sich selbst nicht gut ist, wie kann der gut zu anderen sein? Kann man mit der Zufriedenheit eines Menschen rechnen, die nicht mit sich selbst zufrieden ist?« Seine gute Laune, die ihn niemals verließ, war ansteckend und sprichwörtlich. Immer bereit, sich über andere lustig zu machen, spottete er mit gleicher Freude über sich selbst und verübelte keinen Scherz auf seine Kosten – sondern gab ihn entsprechend zurück. Als sich jemand über seine finanzielle Misere lustig machte, antwortete er: »Der Béarner ist wohl arm, aber aus gutem Hause.«

Obwohl Schnurr- und Kinnbart schon ergrauten und sein Gesicht die Spuren »von so viel Mühen und Nöten« trug, hatte er sich mit siebenunddreißig Jahren das fröhliche Ungestüm seiner Jugend bewahrt. Sein Tätigkeitsdrang war nicht zu bremsen, und es hieß, daß er weniger Zeit im Bett als Mayenne bei Tische verbrachte. Wie oft sah man ihn nachts die Schildwachen ablösen und seine Runde gehen wie ein einfacher Edelmann! Von seiner kriegerischen Begabung ist schon die Rede gewesen, ebenso von seinem Mut, der um so bemerkenswerter und sympathischer war, als er nicht unbewußt und nicht unüberlegt war. Dazu findet sich bei Tallemant des Réaux eine drollige Anmerkung: »So tapfer er war, es heißt, wenn man ihm meldete: Die Feinde sind da!, soll er immer zuerst eine Art Durchfall bekommen, es dann ins Lächerliche gezogen und gesagt haben: ›Ich gehe, um es für Sie zu erledigen!‹« Aber nach diesem Tribut an die menschliche Natur war er im Kampf erstaunlich kühn und voller Feuer, eilte überall hin, um die Truppenführer zu ermahnen und die Soldaten mit seiner frischen Munterkeit und seinen lustigen Redensarten zu ermutigen. Und überall, wo er auftauchte, weckte er Begeisterung und Schwung; seine Gegenwart belebte Hingabe und Mut. Vor allem aber lag in seiner Kühnheit der unnachahmliche Ton von Heiterkeit, das Zeichen seines besonderen Genies.

Wer wollte leugnen, daß der Béarner neben so vielen anziehenden Eigenschaften auch seine Schwächen, ja schwerwiegende Fehler hatte! Aber hier ist nicht der Augenblick, sie aufzuzählen. An dieser Stelle sollte nur gezeigt werden, wie er auf Menschen wirkte und woher der Einfluß stammte, den er auf die meisten, die ihm gern dienten, ausübte. Und zu diesen Trümpfen, die ihm halfen, seine ungeheure Aufgabe zu erfüllen, kommt noch der scharfe Blick für politische Gegebenheiten, kommen die klaren, treffenden Vorstellungen, der weit vorausschauende Blick. Damit sind die überlegenen Fähigkeiten erwähnt, die bereits zu diesem Zeitpunkt hervorgetreten waren und auch weiterhin die Geschichte seines Lebens und seines Werkes erhellten und beherrschten.

Ende 1590 sah sich Heinrich IV. durch die Verlegung und die teilweise Entlassung seiner Soldaten zu einer völlig defensiven Haltung gezwungen. Er hatte noch mehr als die Hälfte des Königreichs gegen sich, und diese Gegnerschaft war mächtig durch die Unterstützung des ganzen katholischen Europas. Auf Veranlassung Philipps II. von Spanien und nach seinem Vorbild hatten auch der Herzog von Savoyen und der Herzog von Lothringen die französischen Grenzen verletzt. Der König war allein, er hatte den vielen Feinden nichts entgegenzusetzen als seine Kühnheit und sein Genie. Jetzt machte er sich an die zweifache Aufgabe, die öffentliche Meinung umzubilden und eine erneuerte Armee aufzustellen. Während er sich bemühte, im Lande neue Begriffe von Pflicht und nationalem Interesse lebendig zu machen und gleichzeitig das Joch der Spanier anzuprangern – »der wildesten und grausamsten Feinde der Welt« –, versuchte er gleichzeitig, der Koalition katholischer Länder das protestantische Europa entgegenzustellen. Doch wenn er auch Hilfe suchte, war er nicht bereit, die Unabhängigkeit oder Gebiete von Frankreich zu opfern. Der Béarner wünschte von seinen Verbündeten nur Soldaten, die er selbst bezahlen und über die er die volle Befehlsgewalt behalten wollte. Seine Absicht, nach und nach immer mehr Söldner und andere bezahlte Truppen einzusetzen, entstand aus den Schwierigkeiten, die ihm die Unbeständigkeit der Freiwilligen bereitet hatte. Dabei wollte er keineswegs auf »das Schwert des tapferen und großherzigen

Adels« verzichten, denn gerade auf ihn zählte er bei der Eroberung seines Königreichs; doch er sollte künftig nicht mehr den entscheidenden Bestandteil seiner Armee darstellen. Heinrich IV. wollte vermeiden, daß ihm noch einmal sein unvermeidlicher Abzug nach einigen Monaten alle Ergebnisse zunichte machte, die in der Anfangsperiode des Feldzugs errungen worden waren.

Jetzt erwartete er von der Aristokratie Geld und den politischen Druck, den sie auf das Land ausüben konnte. Um sich eine breite und kriegsbereite Anhängerschaft zu sichern, betonte Heinrich IV. die Solidarität des Adels und des natürlichen und legitimen Königtums. »Wenn das Königtum in Frankreich ausgelöscht würde«, sagte er, »würde der Adel noch am selben Tag ersticken.« Er fürchtete »einen von Tumulten erschütterten Volksstaat«, »der nicht mehr die Unterschiede von Rang und Qualität der Personen achten« würde, »auch nicht den Unterschied von Geburt und Herkunft«. Sicherlich zog diese Werbung die Elemente des Adels an, die ohne Freude erlebten, wie sich in den großen Städten die demokratischen Lehren der Liga festsetzten.

Gleichzeitig organisierte der König seine Armee. Um sie zu bezahlen, hatte er Privatdomänen der Kronen Navarra und Frankreich für 500 000 Taler veräußert; er hatte für 6 000 Taler Staatsschulden aufgenommen und sich im Ausland große Beträge geliehen. Mit diesen Mitteln konnte er eine Armee von 30 000 Mann aufstellen. Das deutsche Kontingent bestand aus 14 000 Mann, Elisabeth schickte 6 000 Engländer, ebensoviele Schweizer standen schon in seinem Sold. 5 000 Edelleute kamen freiwillig und auf eigene Kosten, um die königliche Armee zu verstärken (»mein ausgeruhter Adel«, sagte der König).

Als erstes Ziel hatte er sich die Eroberung von Rouen gesetzt, als im Frühjahr 1591 alles für den neuen Feldzug bereitstand. Rouen war die letzte wichtige Zitadelle, die noch von der Liga in der Normandie gehalten wurde, und gerade die Normandie wollte Heinrich auch diesmal zur Basis seiner Operationen machen. Es schien verhältnismäßig einfach zu sein, die unzulänglich mit Nahrungsmitteln und Munition versorgte Stadt zu erobern, zumal ihre Befestigungen schlecht instand gehalten waren und sich der Gouverneur de Tavannes mit den lokalen Behörden und den Einwohnern kaum vertrug. Dennoch erschien die königliche Armee erst im Dezember 1591 vor der großen normannischen Stadt, die ja inzwischen in Muße ihre Verteidigung vorbereiten konnte.

Daß sich Heinrich IV. fast ein Jahr lang mit Operationen aufhielt, deren strategische Bedeutung nicht recht ersichtlich ist, lag – wie man leider zugeben muß – an höchst privaten Gründen: Eine Frau veranlaßte ihn dazu, die acht Jahre lang nicht nur sein Herz besaß, sondern auch zuweilen sein Handeln recht unvorteilhaft beeinflußt hat: Gabrielle d'Estrées war die eigentliche Mätresse Heinrichs IV. nicht nur durch die lange Zeit, in der sie in Gunst stand, sondern vor allem durch ihren politischen Einfluß, der sehr unterschiedlich beurteilt worden ist – zu ihrer Zeit und entsprechend auch später. Um nur ein Beispiel für zwei sehr entgegengesetzte Urteile zu geben: Sully hat die Favoritin mit Vorwürfen überhäuft, der vorsichtige Agrippa d'Aubigné aber dafür gesorgt, daß sie in der Meinung der meisten als rührende und zärtliche Egeria des Béarners, als sein »schöner, wohltätiger Engel« lebt. Wir sind nicht mehr auf diese Widersprüche angewiesen, weil eine gelehrte Studie von Raymond Ritter aus dem Jahre 1947 endgültig die Empfindungen Gabrielles und die Motive für ihr Handeln ans Licht gebracht hat. Wir wissen jetzt, daß sie acht Jahre lang einem Mann, den sie nie liebte, die Komödie ihrer Liebe vorgespielt hat und ihn ständig auf die gemeinste Weise hinterging; daß der primitivste Ehrgeiz ihr Tun und Denken beherrschte und daß sie damit Leuten diente, »die unendlich viel intelligenter und berechnender als sie selbst« waren.

Um alle zusammen die Vorteile zu genießen, die eine Favoritin sich verschaffen konnte, hatten sich alle ihre Verwandten, die Chevernys, die Sourdis, die Estrées zu einer Art Syndikat zusammengefunden. Diese Personen werden im Bericht über das Jahr 1591 immer wieder auftauchen: Sie alle bemühten sich, den König von seinen dringendsten Aufgaben abzuhalten, weil sie ihre eigenen Absichten verwirklichen wollten.

Man kann sich kaum wundern, daß sich um Gabrielle d'Estrées so viele bedenkenlose Verwandte geschart haben, wenn man weiß, daß sie aus der verrufensten Familie des Landes stammte. Das Schloß Cœuvres, das Stammschloß, war ein liederliches Haus, eine Unterkunft für galante Abenteuer, »ein Haus für Dirnen«, wie Antoine d'Estrées sagte, der einzige anständige Mensch der Familie. Seine Frau war in Issoire zusammen mit ihrem Liebhaber, dem Marquis d'Allègre, ermordet worden; sie hatte den vollendeten Typ der großen Kurtisane dargestellt. Gabrielle war die Kusine von Claude de Beauvillers, der galanten Äbtissin von Montmartre, und war durch ihre Tante am Hof eingeführt worden, die Marquise von Sourdis, »Kupplerin ersten Ranges«, Mätresse des Kanzlers Cheverny. Durch ihre Mutter gehörte Gabrielle zur extravaganten Familie La Bourdaisière, der an gefälligen Frauen fruchtbarsten Familie, die es je in Frankreich gegeben hat. Tallemant berichtet: »Man zählte fünf- oder sechsundzwanzig Damen, teils Nonnen, teils Ehefrauen, die ausgiebig der Liebe frönten.« Eine von ihnen, so erzählt er, habe sich gerühmt, mit Franz I., Kaiser Karl V. und Papst Klemens VII. geschlafen zu haben. Die Generation von Gabrielle stand in keinem besseren Ansehen; man kann sich ein Bild davon machen, wenn man die Beinamen kennt, den sie, ihre fünf Schwestern und ihr Bruder hatten: die sieben Todsünden.

Über Gabrielles Schamlosigkeit liefen groteske Anekdoten um: Ihre Mutter habe sie zunächst für 6 000 Taler an Heinrich III. verkauft, dann dem Finanzmann Zamet, danach dem Kardinal Guise; man verstieg sich zu der Behauptung, »sie sei für jeden für eine *pistole* zu haben«. Auch ohne diese absurden Geschichten muß man zugeben, daß sie eine leichtfertige Person war. »Ihre außerordentliche Schönheit hatte nichts Laszives«, heißt es bei Aubigné, demnach wird sie wohl gescheit gewirkt haben. Sie war es aber nicht, und das zeigt auch die Geschichte ihres kurzen Lebens. Sie hielt es nicht für notwendig, das leichtfertige Blut ihrer Familie zu verleugnen, und hatte trotz ihren jungen Jahren schon allerhand Liebesabenteuer hinter sich, als der König sie dann in den Rang einer Favoritin erhob, wobei es ihm nicht einmal gelang, sich ihre Reize ausschließlich zu sichern.

Der Béarner brauchte übrigens eine ganze Weile, um den unerwarteten Widerstand der sonst nicht spröden Schönen zu überwinden. Seine Leidenschaft entstand im Sommer 1590 durch die begeisterte Schilderung, die ihr damaliger Liebhaber, der Großstallmeister Bellegarde, von ihrer Schönheit gab. Bassompierre berichtet, »er schilderte die Schönheit seiner Geliebten so vorteilhaft, daß sich der König schließlich in sie verliebte«. Nebenbei sei angemerkt, daß Heinrich IV. in die ganz großen Leidenschaften seines Lebens offenbar stets durch Neugierde geriet, von der seine Begehrlichkeit am stärksten belebt wurde. Stellen wir auch gleich fest, daß er erst im Lauf des April 1591 der Geliebte des Fräuleins von Estrées wurde: während der Belagerung von Chartres. Es stellte sich dann heraus, daß die doppelte Eroberung – der Stadt und der Frau – beileibe kein Zufall war, sondern das Ergebnis einer höchst alltäglichen Intrige, die sich am Rande der königlichen Idylle abspielte und mit der Gabrielles Verwandtschaft zynisch ihre Vorteile aus dem Interesse des schmachtenden Verliebten zogen. Es scheint, daß sie auf diesem Weg so weit gingen, die Tochter gegen die Verbesserung ihrer eigenen Angelegenheiten abzutreten. Denn die Lage von mindestens drei Familienmitgliedern war höchst bedenklich. Gabrielles Vater, Antoine d'Estrées, hatte sich 1589 den von ihm kommandierten Ort La Fère von der Liga nehmen lassen. Ihr Onkel, François de Sourdis, war schon vor dem Tod Heinrichs III. um sein Gouvernement der Stadt Chartres gekommen. Dem alten Liebhaber ihrer Tante, Philippe Hurault de Cheverny, hatte der verstorbene König 1588 wegen eines Skandals die Staatssiegel und das Gouvernement des Landes um Chartres genommen. Diese drei so völlig in Ungnade gefallenen Personen schürten ihren Ärger in der Zurückgezogenheit, zu der sie endgültig verurteilt zu sein schienen. Dann aber kehrten sie schnell und triumphierend auf die Bühne zurück, obwohl ihre gänzlich unbedeutenden Verdienste es nicht rechtfertigten.

Zuerst nahm Cheverny zu allgemeiner Verwunderung seinen Platz als Kanzler wieder ein, und Heinrich IV., der ihm die Siegel des Landes überreichte, verdeckte mit unerwarteten und widersprüchlichen Lobreden diese erstaunliche Schicksalswende, die Cheverny nur ausgenutzt hat, um dem König zu schaden. Mit dem Siegel war Cheverny aber nicht zufrieden, er wollte sein Gouvernement wiederhaben, und deshalb belagerte der König die Stadt seit Februar 1591, ein Unternehmen, das überhaupt nicht dringlich war und außerdem sich viel schwieriger anließ, als man angenommen hatte. Der König bedauerte schon bald, »sich in ein solches Unternehmen gestürzt zu haben, und machte denen Vorwürfe, die ihn dazu gebracht hatten«. Trotzdem brach er es nicht ab, sondern führte die Belagerung fort, ermutigt von Gabrielle und der ganzen Familie d'Estrées, deren Anwesenheit das königliche Heerlager mit unangebrachten Vergnügungen und Festen belebte. Man hielt »große Gelage« und tanzte allabendlich bei der Rückkehr aus den Laufgräben. Der König nahm nur sehr selten an den frivolen Spielen teil, sondern hielt vielmehr, wie Villegomblain versichert, »sehr genau seine

Wache« am Laufgraben ein und verbrachte hier die meisten Nachtstunden. Chartres ergab sich am 10. April. Cheverny erhielt wieder das Gouvernement des Bezirks, Sourdis das der Stadt. Der Béarner war nun Gabrielles Geliebter geworden. Er hatte 1 200 Mann verloren – und viel Zeit.

Er tat auch nichts, um die versäumte Zeit wieder aufzuholen, verließ Chartres, zog aber nicht gegen Rouen, sondern nach Cœuvres, wo er zwei Monate »mit den Damen« verbrachte. Als er im Juli wieder in Mantes erschien – taub gegen die Mahnungen der Königin von England, den Feldzug zu beschleunigen –, begann er mit der Belagerung von Noyon – auf Bitten Gabrielles, wie de Thou behauptet, »um ihr zu gefallen«, wie Claude Groulart bestätigt. Die eigentlichen Gründe zu dieser Operation ohne taktischen Sinn werden übrigens eindeutig erhellt durch die Ernennung Antoines d'Estrées zum Gouverneur und seines Sohnes zum Bischof dieser Stadt. Doch Noyon hielt sich bis zum 17. August. Man sollte annehmen, daß sich der König jetzt endlich gegen Rouen gewandt hätte, wie er es auch Graf Essex versprach, der ihn zur Eile mahnen sollte. »Ich werde vor Monatsende dort sein«, versprach ihm Heinrich. Doch gegen Monatsende stand er vor Sedan, um ein deutsches Kontingent entgegenzunehmen, das ihm Turenne brachte. Turenne wäre übrigens durchaus imstande gewesen, ihm die Truppen allein an Ort und Stelle zu bringen. Zu allgemeiner Verwunderung wandte sich Heinrich bei der Rückkehr von Sedan immer noch nicht gegen Rouen, wo ihn alle Welt erwartete, sondern nach Noyon, wo Gabrielle bei ihrem Vater wohnte. Jetzt rätselte natürlich niemand mehr an den Gründen für seine Verzögerung herum. Der englische Botschafter schrieb seiner Herrscherin: »Der König hat diese Stadt gewählt wegen der großen Liebe zur Tochter des Gouverneurs, die ihn ganz beherrscht.« Erst Anfang Dezember 1591 begann die königliche Armee mit der Einschließung von Rouen, die für Anfang des Jahres geplant gewesen war.

Die Verzögerung hatte der Stadt Zeit genug gelassen, ihre Verteidigung zu organisieren: Jetzt war sie durch eine mächtige Artillerie und starke Befestigungsanlagen geschützt und widerstand um so müheloser, als sie sozusagen kaum angegriffen wurde. Die unleugbare Trägheit der königlichen Armee hat man Marschall Biron in die Schuhe geschoben. Ihm hatte Heinrich IV. nacheinander die Grafschaft Périgord, den Titel des *lieutenant général* für das Königreich und schließlich noch die Aussicht auf das Gouvernement Rouen abgeschlagen, so daß Biron kein Interesse daran hatte, rasch einen Krieg zu beenden, an dessen Ende er »wieder seinen Kohl in Biron pflanzen« konnte. Diese absichtliche Enthaltung des alten Soldaten genügt allerdings nicht, um das Scheitern des so lau geführten Unternehmens zu erklären, noch die Verantwortung zu verdecken, die dem König selbst zufiel, und die Fehler, die er beging.

Es war nicht etwa so, daß er nun seinen legendären Ruf ständiger Betriebsamkeit eingebüßt hatte. Man sah ihn, »wie er selbst die Arbeiten leitete, von vier Nächten eine in den Laufgräben zubrachte, seine Soldaten zum Angriff führte, Ausfälle zurückschlug und jeden Tag sein Leben mehrmals aufs Spiel setzte«. Villars, der im Auftrag der Liga in Rouen kommandierte, hat den Mut und die Tüchtigkeit Heinrichs IV. gerecht gewürdigt, als er sagte, er habe »tausend Kronen wie die eine, die er jetzt trägt, verdient«. Doch der ganze Eifer und der Mut wurden diesmal an falscher Stelle eingesetzt; Heinrich erschöpfte sich dabei, gegen unüberwindliche Hindernisse anzurennen. Außerdem fehlte es an der Ausdauer, die seinen Plan vielleicht noch gerettet hätte – allzu oft verließ er das Lager, um Gabrielle in Dieppe aufzusuchen, denn er liebte sie immer glühender. Kurzum, die schlecht angelegte und schlecht durchgeführte Belagerung kam nicht voran; Ende Januar 1592 konnte noch kein Ergebnis verzeichnet werden.

Und jetzt drohte eine neue, große Gefahr. Die spanische Armee unter dem Herzog von Parma, Alessandro Farnese, war in Frankreich eingedrungen, um der belagerten Stadt Hilfe zu bringen. Die Liga hatte seine Einmischung teuer bezahlt: Sie hatte sich verpflichtet, die Infantin von Spanien als souveräne Inhaberin der Königsgewalt von Frankreich anzuerkennen, und die Generalstände sollten ihr den Thron verleihen. Farneses erste Intervention zwei Jahre zuvor hatte so entscheidend gewirkt, daß man damit rechnen mußte, er werde jetzt Rouen entsetzen wie damals Paris. Heinrich IV. stand vor den gleichen Schwierigkeiten wie 1590 und schien nur zwischen zwei Möglichkeiten wählen zu können: Entweder erwartete er den Feind vor den Mauern von Rouen – oder er bot ihm eine Feldschlacht an. Beide Möglichkeiten waren aussichtslos. Die erste hätte ihn wahrscheinlich zwischen zwei Feuer gebracht, die andere hatte schon bei der Belagerung von Paris keinen Erfolg gehabt. So überlegte sich Heinrich einen dritten Weg, der möglich war, weil er diesmal den Anmarsch der spanischen Armee von der Grenze her rechtzeitig entdeckt hatte.

Er setzte sich an die Spitze von 6 000 Mann Kavallerie, um den Herzog von Parma möglichst weit vor Rouen zu beschäftigen und seinen Marsch durch ständige Scharmützel zu stören. Auf diese Weise hoffte er, die feindliche Armee so lange von Rouen fernhalten zu können, bis sie Biron nicht mehr hindern konnte, die Eroberung der Stadt durchzuführen. So machte er denn tatsächlich der Invasionsarmee durch eine ganze Reihe kleiner Kämpfe jeden Fußbreit streitig; sie widersprachen allesamt den Regeln einer vernünftigen Strategie, weil er von der Spitze einer schwachen Armee her angriff. Das meinte jedenfalls Sully, der dem König viele kluge Ratschläge gab, ohne daß der Béarner sie beachtete. Bei diesem Spiel trat denn auch das Unvermeidliche ein; von seinem Temperament einmal mehr mitgerissen, wurde er mit 400 Reitern von dem an der Zahl weit überlegenen Feind angegriffen und eingeschlossen. Er entkam nur knapp und wurde dabei durch eine Arkebusenkugel an den Lenden verwundet. Der Zwischenfall, der sich am 5. Februar 1592 in der Gegend von Aumale ereignete, zwang den König, mit dem gefährlichen Spiel Schluß zu machen. Überdies begann sich seine Reiterei aufzulösen. Ein an diesem »Zigeunerunternehmen« Beteiligter schrieb: »Der eine hat sein Pferd verloren, der zweite sein Geld, der dritte ist krank, alles gerät in Auflösung.«

Der Herzog von Parma wurde in seinem Vormarsch nicht mehr behelligt und kam im Februar ein erstes Mal in die Nähe von Rouen, um der Stadt Nachschub zu bringen, dann wieder im April, um sie zu befreien. Biron mußte die Belagerung abbrechen, da er Parma weder verfolgen, noch ihm eine Schlacht liefern konnte. Seine eigene Armee war im Verlauf der fünf Belagerungsmonate zusammengeschmolzen; die Söldnertruppen wurden von Krankheiten, Kämpfen und Fahnenflucht verringert, und der Adel war wie üblich nach mehrmonatiger Kriegszeit auf seine Güter zurückgekehrt.

Heinrich IV., der dem demütigenden Triumph der spanisch-ligistischen Armee ohnmächtig zugesehen hatte, kam einen Augenblick lang in die Lage, die Situation zu seinem Vorteil zu wenden. Er sammelte seine letzten Einheiten und warf sich auf die Verfolgung Farneses, der versuchte, die Verbindung zwischen Rouen und Le Havre wiederherzustellen. Heinrich glückte es, die Spanier auf der von Seine und Meer gebildeten Halbinsel einzuschließen, doch der tüchtige Heerführer Parma schaffte es, trotz einer schweren Verwundung am 16. Mai die Seine vor Caudebec zu überschreiten, und zwar mit Hilfe einer kleinen, eilig aus Rouen herbeigeholten Flotte. Während der Herzog, der jetzt zweimal seine glänzende militärische Begabung bewiesen hatte, nach Flandern zurückmarschieren konnte, blieben Heinrich IV. nur noch zweitrangige Unternehmungen, deren letzte, die Einnahme von Epernay am 8. August, nur deshalb erwähnenswert ist, weil dabei eine Kugel dem alten Marschall Biron den Kopf abriß. Kurz vorher hatte ihm dessen Sohn absichtliche Lässigkeit vorgeworfen und gemeint, er als König von Frankreich würde ihm den Kopf abschlagen lassen. Der anmaßende junge Mann mußte zehn Jahre später seinen Kopf auf den Richtblock legen, weil er seinen König verraten hatte.

## 3. Kapitel: Glaubenswechsel und Salbung zum König

Für Heinrich IV. endete der Feldzug von 1591/92 also wie die vorigen mit einer Niederlage, die um so schwerer wog, weil sie mit einer Reihe von Mißgeschicken seiner Stellvertreter zusammenfiel. Im Kampf, den sie um ihre Provinzen führen mußten, hatte jeder von ihnen Teile seines Gebiets eingebüßt. Vom Languedoc bis zur Guyenne, von der Provence bis zur Dauphiné war die königliche Seite sichtlich schwächer geworden; die Niederlage von Craon am 23. Mai 1592 hatte sogar Heinrichs beste Plätze in Maine und Anjou gekostet.

1593 wurde das schwierigste Jahr im Leben Heinrichs IV. Außer durch die militärischen Rückschläge wurde seine Lage durch politische Unruhen gefährdet, die sogar seine Herrschaft grundsätzlich in Frage stellten. Man begann zu zweifeln, ob es ihm jemals möglich sein werde, Frankreich einen hugenottischen König aufzuzwingen, und schon blickte man sich auch in seinen eigenen Reihen nach Rivalen um, die an seine Stelle treten konnten. Die Liga, im religiösen Aufbruch entstanden und geführt als letzte Bemühung der bedrohten Gläubigen, hatte ihre anfängliche Inspiration eingebüßt und fand sich jetzt »schwankend zwischen außenpolitischen Gefahren, der Wut der Fanatiker, den einander widersprechenden Wünschen ihrer Anführer und der Verdrossenheit des getäuschten Volkes«. In ihren eigenen Reihen hatte sich eine dritte Partei gebildet, die auf die Gefahren der spanischen Vorhaben hinwies und eine nationale Lösung für den inneren Krieg vorbereitete. Die »Sechzehn« hatten diese Gemäßigten verfolgt mit den klassischen Methoden der Revolutionen – Verhaftung, Einziehung des Vermögens, Ächtung, Vertreibung. Es gab Listen von Verdächtigen, auf denen bei jedem Namen der Buchstabe P, D oder C stand – *pendu* (gehängt), *dagué* (erdolcht), *chassé* (vertrieben). Wahllose Hinrichtungen hatten in Paris so lebhafte Unruhen ausgelöst, daß Mayenne im November 1591 mit 3 000 Reitern kommen und die Ordnung wiederherstellen mußte. Doch die Fanatischen und die Gemäßigten standen einander weiterhin schroff gegenüber. Die Sache des Béarners hatte aber keinerlei unmittelbaren Vorteil von diesen Streitigkeiten, denn wenn sich die »Politischen« auch weigerten, einen von Spanien auferlegten Herrscher anzunehmen, hatten sie auch keineswegs vor, sich mit einem hugenottischen König abzufinden. Wiederholte Bullen von Papst Gregor XIV., die jeden, »der dem Ketzertum treubleibt«, mit Exkommunikation belegten, waren nicht geeignet, gute Katholiken an Heinrich von Bourbon heranzuführen, zumal er keine Neigung zeigte, zum Glauben seiner Vorfahren zurückzukehren. So begann man denn, unter den noch katholischen Prinzen von Geblüt einen Kandidaten für die Krone zu suchen, und kam auf Charles von Vendôme, der nach dem Tod des »Kardinal-Königs« selbst Kardinal geworden war, und auf den Grafen Soissons, der seit der Schlacht von Coutras treu im Lager des Béarners geblieben war, obwohl die Verweigerung der Heirat das Verhältnis der beiden sehr getrübt hatte.

Soissons' Kandidatur war Heinrich IV. natürlich besonders unangenehm, eben wegen der familiären Auseiandersetzungen, die keineswegs bereinigt waren. Das brutale Verbot, das die Ehe verhinderte, hatte Soissons und die Infantin von Navarra nicht entmutigt. Sully berichtet: »Trotz der Trennung hatte die Liebe zwischen Madame und dem Prinzen nicht aufgehört, und das Einverständnis zwischen ihnen war so groß, daß sie entschlossen waren, sich bei der ersten Gelegenheit zu vermählen, ohne die Zustimmung des Königs abzuwarten oder auch nur zu erbitten.« Den Plan bekämpfte der König erbittert, mit gereizten Drohungen gegen alle, die dem Vorhaben der beiden Liebenden zu helfen schienen. Bei dieser Gelegenheit wurde auch Corisande heftig getadelt, und der Erste Präsident des Souveränen Rats von Navarra, de Ravignan, erhielt einen Brief von seinem König, der seinem Zorn und unverhohlenen Drohungen freien Lauf ließ: »Monsieur de Ravignan, ich nehme Anstoß an der Art, wie die Reise meines Vetters, des Grafen Soissons, unternommen wird. Ich werde Ihnen kein anderes Wort als dieses sagen: Wenn nichts geschieht oder wenn Sie gegen meinen Willen einverstanden sind, wird die Antwort Ihr Kopf sein. Henri.«

Die Kandidaturen des Kardinals von Bourbon und des Grafen von Soissons bildeten für Heinrich IV. eine ernste Gefahr, zumal man nicht sicher sein konnte, daß die beiden nicht die große Mehrheit der noch königlich gesinnten Katholiken für sich gewinnen würden. Selbst im Innern der Armee machten seine katholischen Parteigänger eine unleugbare Gewissenskrise durch, die zweifellos verschlimmert wurde, weil der König seinen Widerruf hinauszögerte. Die Ungeduld der Katholiken wurde noch durch allgemein unfrohe Stimmung verschärft, weil es ihnen schwierig wurde, in gutem Einvernehmen mit den Hugenotten zu leben. Der Béarner hatte den Ehrgeiz gehabt, ohne Ansehen der Religion »alle, die Frankreich und die Ehre lieben«, um sich zu sammeln, doch die Anwendung dieses großherzigen Grundsatzes hatte sich im Alltag als außerordentlich schwierig erwiesen. Peinliche Zusammenstöße zwischen beiden Seiten häuften sich, da beide eifersüchtig über ihr Ansehen wachten und sich in vielen Rangfragen als ziemlich kleinlich erwiesen. Der König sah den Tag auf sich zukommen, wo er keine Um- und Auswege mehr suchen konnte, um »sich bei den Katholiken zu entschuldigen, daß er nicht die Zeit habe, sich ausreichend unterrichten zu lassen, und den Protestanten zu versichern, daß er nicht bereit sei, sie zu verlassen«.

Abgesehen davon, daß diese Haltung verwirrte, hatte Heinrichs persönliches Ansehen etwas verloren. Er wirkte oft diplomatisch statt offen, er schien mehr aus berechnender Selbstsucht als aus wirklicher Zuneigung bemüht, zu gefallen. Man warf ihm auch vor, daß er unter vorgeblicher Umgänglichkeit eine autoritäre Neigung verbarg, die sich in plötzlichen Zornausbrüchen kundtat; man nahm ihm übel, daß er allzu geschickt »den Verdienst der Verdientesten« schmälerte. Diese Kritik klingt bei Villegomblain an, wenn er schreibt, »daß dieser Fürst in allem, was Kriegstaten betrifft, bis zu den winzigsten Erfolgen hin gelobt sein wollte, wenn es aber um mißlungene Dinge ging, an denen er selbst beteiligt gewesen war, legte er sie gern anderen zur Last«.

Hier soll nicht untersucht werden, was an diesen Vorwürfen berechtigt oder was mehr oder weniger übertrieben war, nur eines sei noch erwähnt: Man sagte von Heinrich, daß er nicht nachtragend, aber ebenso wenig dankbar sei und geleistete Dienste genauso schnell wie Kränkungen vergaß. Man schob Mangel an Großzügigkeit und an Pracht und seine allzu nachlässige Kleidung auf Geiz; das aber war sicherlich ungerecht, wenn man die persönlichen Entbehrungen kennt, die er scherzhaft mit seiner echten guten Laune überspielte. Seine fröhliche Sorglosigkeit, die natürlichste Seelenregung bei ihm, darf nicht vergessen lassen, daß seine mageren Mittel ihm nicht erlaubten, »seine Kompagnien« zu bezahlen. Andererseits gestattete er nicht, daß sich jemand durch Plündern und »Marodieren« bereicherte, da er, wie er sagte, »solche Gewalttaten und Ungerechtigkeiten verabscheute« und ihm »die Ruhe seines armen Volkes« am Herzen lag. Wie kann man sich wundern, daß er seine Gefährten nicht üppig beschenkte, wenn er selbst so schlecht dran war, daß es ihm oft »bei Tische mangelte und er sich gezwungen sah, bei irgendeinem seiner Diener zu essen«? Sein Brief an Sully ist bekannt – vielleicht ist er im einzelnen gefälscht, aber im wesentlichen echt – in dem der König seine Armut schildert, die zerrissenen Hemden, das am Ellenbogen durchlöcherte Wams, die Tatsache, daß Schmalhans Küchenmeister bei ihm war. Die Hugenotten, »verzweifelte Leute, in ihre Kürasse eingenäht wie die Schildkröten, Feinde von Bequemlichkeit und Ruhe« – so meint Aubigné –, ertrugen tapfer das Elend dieses Krieges. Aber sicherlich belasteten sie auch die Schar der königlichen Katholiken, die mit Sehnsucht zurückdachten an den glänzenden Hof Heinrichs III. und seine verschwenderische Freigebigkeit. Dadurch wird es auch verständlich, daß einige von ihnen schließlich doch Abstand von einem Fürsten nahmen, der »eher einem Soldaten als einem König glich«.

Diese Kritik, die das Ansehen des Béarners deutlich schmälerte, kam zum Mißerfolg seiner militärischen Unternehmungen und vor allem zum beklagenswerten Rückschlag des letzten Feldzugs hinzu. Seine Armee, vermindert durch den Abzug der Hilfskräfte und den willkürlichen Urlaub des Adels, ließ ihm wenig Hoffnung, die verfahrene Situation wieder ins Lot zu bringen. Tatsächlich blieb ihm nur noch eine Karte: der Widerruf. Und jeder Tag unterstrich die Notwendigkeit, sie auszuspielen. Er tat es ungern und ergab sich schließlich nur der Notwendigkeit, nachdem er nacheinander alle Mittel von Krieg und Diplomatie erschöpft hatte. Wie notwendig der Widerruf aber war, zeigte sich besonders deutlich im Januar 1593, als sich in Paris die Generalstände versammelten, deren immer noch vertagte Einberufung beim Tode des Kardinals von Lothringen beschlossen worden war. Aufgabe der Versammlung war es, einen offiziellen Nachfolger für Heinrich III. zu bestimmen. Mayenne hatte sich entschlossen, daran teilzunehmen, weil er nicht mehr wußte, was er zur Förderung seiner persönlichen Interessen sonst noch tun konnte. Abwechselnd von den Extremisten und den Gemäßigten der Liga bearbeitet, zwischen den Parteigängern Heinrichs IV., den spanischen Absichten und dem tiefen Wunsch nach Frieden eingezwängt, den das Volk jetzt lärmend kundtat, hatte er die insgeheim gehegte Hoffnung aufgegeben, die Krone für sich selbst zu gewinnen. Jetzt erwartete er nur noch irgendein großes Besitztum, das er von wem auch immer annehmen wollte, wenn er es, um die Wahrheit zu sagen, auch vorgezogen hätte, es nicht gerade von Spanien zu erhalten.

Die Ständeversammlung begann am 26. Januar 1593 und bestand aus nur 128 Delegierten, während sich in Blois noch 505 versammelt hatten. Ganze Provinzen hatten sich geweigert, Vertreter zu schicken, andere verzichteten darauf, weil die Reise nach Paris zu unsicher war. Allgemein läßt sich sagen, daß der Mangel an Interesse im Lande die tiefe Spaltung enthüllt, die fast völlige Zerstörung, die Verwirrung. Die in Paris versammelten Vertreter drückten die Ängste eines Volkes aus, das am Rande des Abgrunds um ein Ende der Bürgerkriege flehte und »seinen Hunger« nach einem neuen König kundtat; belebt durch einen unbestreitbaren nationalen Geist, war diese Versammlung – die alles andere als *général,* allgemein, war – tatsächlich viel besser als ihr Ruf.

Bei der Eröffnungssitzung im großen Saal des Louvre thronte Mayenne unter einem Himmel aus Goldtuch; er trat nicht mehr als Kronprätendent auf, wollte aber wenigstens die Rolle eines Beraters und Schiedsrichters in der Versammlung übernehmen. Es entsprach seinem unsteten Geist, daß er jetzt die spanischen Ambitionen zu durchkreuzen versuchte und seinen Widerstand schon dadurch gezeigt hatte, daß er die Versammlung nach Paris einberufen hatte. Philipp II. hätte Soissons oder Reims vorgezogen, um die Fügsamkeit der Generalstände besser erzwingen zu können; in Paris, im Schutz von 40 000 bewaffneten Bürgern, glaubte Mayenne vor jedem spanischen Einschüchterungsversuch sicher zu sein. Philipp II. hätte schon verblendet sein müssen, wenn er mit einer Rückkehr der Armee von Farnese nach Paris gerechnet hätte: Sie war längst unterwegs nach den Niederlanden, wurde allerdings am 2. Dezember in Arras durch den Tod ihres Heerführers aufgehalten. Damit war der einzige Mann ausgeschaltet, der Philipps II. weitgespannte Pläne verwirklichen konnte, und die Generalstände sahen sich von unmittelbarem Zwang und Angst befreit. Doch trotzdem saßen ihnen die spanischen Forderungen im Nacken und die Sorge, den Spaniern zu mißfallen, denn schließlich hatte nur das Bündnis mit Spanien geholfen, Heinrich von Bourbon in Schach zu halten. Jetzt war zwar seine Macht erheblich geschwächt, doch seine Armee stand immer noch vor Paris und konnte wieder die Versorgung der Stadt verhindern.

Man wußte, daß der Béarner zum Angriff übergehen und neue Truppen aus einem Lande ziehen konnte, in dem trotz seinen Rückschlägen das Ansehen seiner Familie und seine Beliebtheit tiefe Wurzeln geschlagen hatten. Schon zeichnete sich auch eine Glückswendung für ihn ab, weil seine Stellvertreter Erfolge errangen: Turenne siegte über den Herzog von Lothringen, Lesdiguières hatte den Herzog von Savoyen aus der Dauphiné und der Provence vertrieben und bis in sein eigenes Gebiet hinein verfolgt. Die Niederlagen und der Tod von Joyeuse hatten das Languedoc vom Einfluß der Liga befreit. Militärische und finanzielle Hilfe von Spanien waren also unentbehrlicher als je, um den Ketzerkönig fernzuhalten. Doch abgesehen vom »zornigen« Flügel der Liga, deren Einfluß nicht mehr den Ausschlag gab, war niemand geneigt, den Preis zu zahlen, den Philipp II. für seine Hilfe festgesetzt hatte.

Er verlangte nun nicht mehr, daß Frankreich eine Provinz seines Reiches werden sollte, und er hatte den vor Ivry erhobenen Anspruch fallenlassen, sich zum König von Frankreich wählen zu lassen. Jetzt verlangte er, wie schon erwähnt, den Thron für seine Tochter Isabella. Sie war eine Enkelin Heinrichs II. und Nichte der drei letzten Valois-Könige, so daß sie einen Anspruch auf den französischen Thron gehabt hätte – wäre da nicht das salische Erbrecht gewesen, das Frauen von der Thronfolge ausschloß. Aber dieses Gesetz war nirgendwo schriftlich gegenwärtig, sondern bestand nur in der Überlieferung des Königreichs. Es konnte aufgegeben werden, ohne die Grundlagen der Monarchie im mindesten zu erschüttern; vielleicht war es überhaupt nur eine Art von Vorurteil, das man nicht zu beachten brauchte. Jedenfalls wurde diese These vor der Ständeversammlung von den Spanien hörigen Ligisten vertreten sowie von dem Abgesandten Philipps II., Feria, der nicht aufhörte, wie eine Drohung zu wiederholen, daß sein Herrscher der einzige fähige Verteidiger der katholischen Sache sei.

In der Versammlung fanden sich genügend mutige Männer, die den spanischen Ehrgeiz anprangerten und klarmachten, daß der Spanier keineswegs nur von Eifer für die Religion beseelt sei. Der Bischof von Senlis wandte sich offen gegen den päpstlichen Legaten und legte dar, daß sich das Königreich Frankreich nur deshalb zwölfhundert Jahre gehalten habe, weil nach dem salischen Gesetz das Thronrecht immer nur von einem Mann auf den nächsten Mann übergegangen sei. »Würde dieses Gesetz gebrochen«, sagte der Bischof, »und würde man eine Tochter wählen können, hätte sie die Möglichkeit, einen fremden Fürsten zu heiraten. Mit der Zeit könnte dieser Fürst die Gesetze des Königreichs ändern, und das Land geriete in Gefahr, zerstückelt zu werden.« Spanien gab nach, änderte seinen Plan und schlug nun die Wahl eines Prinzen französischer Abkunft vor, der die Infantin heiraten und mit ihr zusammen herrschen sollte. Nacheinander wurden der junge Herzog von Guise – der Sohn von »Balafré« –, der Kardinal Bourbon – dem der für Spanien gewonnene Papst die Entbindung von allen Gelübden angeboten hatte – und schließlich der Graf von Soissons genannt. Diese letzte Kombination leuchtete den Männern der dritten Partei ein, und Mayenne erwärmte sich dafür, weil ihm dann die Stellung eines *lieutenant général* im Königreich und das Gouvernement der Bourgogne sicher gewesen wären.

Diese Wendung der Ständeverhandlungen zeigte Heinrich IV., daß er ernstlich in Gefahr war. Wenn die königlich gesinnten Katholiken, deren Gleichgültigkeit er kannte, sich einer solchen Lösung anschlossen, die natürlich durch die Zustimmung der Generalstände besonderes Gewicht erhielte, würde er, Heinrich, die meisten Parteigänger verlieren und von heute auf morgen zum Anführer einer Rebellenpartei herabsinken. Selbst wenn die Hugenotten ihn weiter an der Spitze beließen, war doch das Scheitern der Politik der Einheit, zu der er sie verpflichtet hatte, nicht unwahrscheinlich. In diesem Augenblick zweifelte der Béarner so wenig am Abfall der Katholiken, die ihm in der Armee und im Lande dienten, daß er bereits Anschläge auf seine Freiheit und sogar sein Leben voraussah, »weil ich ganz sicher bin, daß alle jene, die um mich her sind und mir auch anderswo dienen, mich alsbald verlassen werden. Ich weiß gut, daß sie nur durch eine einzige Schwierigkeit zurückgehalten werden, nämlich durch die Frage, was sie mit meiner Person anfangen sollen. Die einen sagen, man müsse sich meiner bemächtigen und mich

1 Die Großmutter: Marguérite d'Angoulême (1492 bis 1549), Herzogin von Alençon, Königin von Navarra. Sie heiratete als Schwester König Franz' I. von Frankreich im Jahre 1527 Heinrich II. von Navarra. Die Königin »Margot« sympathisierte mit den Reformierten, wenngleich sie selbst katholisch blieb. An ihrem Hofe Nérac entstand eine berühmte Pflegestätte der Künste in der Frührenaissance.

2 Die Schwiegermutter: Katharina von Medici (1519 bis 1589), Tochter Lorenzos de Medici, heiratete Heinrich II. von Frankreich und war Mutter von drei Königen: Franz II., Heinrich III. und Karl IX. Unter der Herrschaft Karls IX. übte sie die Regentschaft aus. An der »Bartholomäusnacht« des 24. August 1572 hatte sie neben den Guises den betrüblichsten Anteil.

3 Franz de Guise, Herzog von Lothringen, »Le Balafré« (1519–1563); Heerführer im Krieg gegen Kaiser Karl V. und unter Franz II. zusammen mit seinem Bruder Charles de Guise (1524–1573) Leiter der Staatsgeschäfte.

4 Sein Sohn, Henri de Guise, Herzog von Lothringen (1550–1588), dirigierte das Massaker der Bartholomäusnacht.

5 Admiral Gaspard de Coligny, der bedeutendste der protestantischen Führer in den Religionskriegen.

6 Heinrich III., als Herzog von Anjou.

7 Der Tod Heinrichs II. (1519–1559) beim Turnier durch einen Lanzenstoß Montmorencys.

8 Die »Verschwörung von Amboise«, 1560, eines der blutigsten Ereignisse der französischen Religionskriege, wurde von den Guise mit dem Richtbeil erstickt. Zahlreiche Führer der Hugenotten fanden den Tod.

9 Heinrich von Navarra in seinen Jugendjahren. Zeichnung von F. Bunel.

10 Marguérite von Valois zur Zeit ihrer Heirat mit Heinrich von Navarra. Gemälde von F. Clouet (Musée Condé, Chantilly).

11 Die Mutter: Jeanne d'Albret, Königin von Navarra.

12 Maximilien de Béthune, Herzog von Sully.

13 Das Massaker der Bartholomäusnacht vom 24. August 1572, morgens 1.30 Uhr. Das Morden forderte 3 000 Opfer und rottete den größten Teil der hugenottischen Führerschaft aus.

14 Verschleppung von Katholiken während des Religionskrieges durch hugenottische Soldaten.

15 Heinrich IV. nimmt Frankreich bei der Hand: Eine protestantische Allegorie.

16 Heinrich III. überträgt die Königswürde auf dem Sterbebett an Heinrich IV.

17 Umzug der Liga in Paris gegen Heinrich IV., 1593.

18 Heinrich IV. Gemälde der Französischen Schule (Louvre). Das Gemälde zeigt den König auf der Höhe seines Lebens. Schon ist sein Haar ergraut, obwohl er nur 55 Jahre zählt, aber wie in seiner Jugend strahlt er Kraft und Unternehmungslust aus.

19 a–d Vier Herzensdamen von vielen: Oben »Corisande« de Grammont (Diane d'Andouins); Henriette d'Entragues; unten Charlotte de Montmorency; Gabrielle d'Estrées.

Clerc excu.
L. Gaultier sculp

20 Der König im Kreis seiner Familie, Stich von 1606.

21 »Paris ist eine Messe wert . . .!« Der Zug des Königs in die Notre-Dame; 22. März 1594.

22 Der Versuch zur Aussöhnung: Die Urkunde des Edikts von Nantes; 13. April 1598 (Archives Nationales).

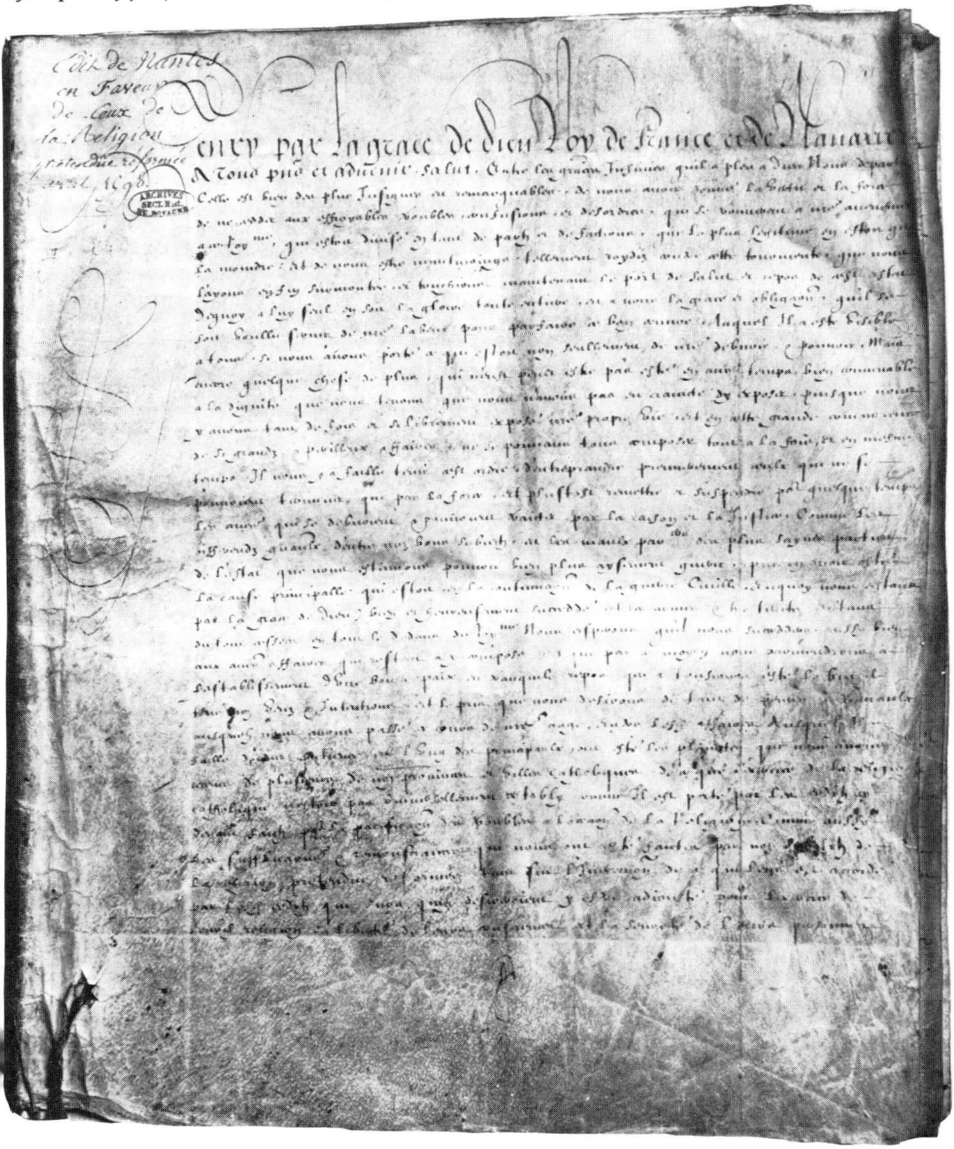
Edit de Nantes
en Faveur
de ceux de
la Religion
pretendue reformée
1598

Henry par la grace de dieu Roy de France et de Navarre
A tous presens et advenir salut.

23 Heinrich IV. nach dem Gemälde von Franz Porbus d. J. Im Hintergrund: eine Szene der Schlacht von Fontaine-Française.

24 Nach der Schlacht von Coutras, 1587. Die Gegner erflehen den Frieden, den der König ebenso ersehnt.

25 Medaillon auf die Vermählung Heinrichs IV. mit Maria von Medici; Vorder- und Rückseite (Bibliothèque Nationale, Cabinet des Médailles).

6 Mit den Augen von Peter Paul Rubens: Übernahme der Regentschaft
:urch Maria von Medici. Gemälde aus dem 1622–1625 entstandenen
;emäldezyklus (Louvre).

27 Die letzte zu Lebzeiten geschaffene Darstellung: Stich aus dem Jahre 1610 (Ausschnitt).

28 Ravaillacs Mordtat: 14. Mai 1610 (Bibliothèque Nationale, Cabinet d'Estampes).

in Gewahrsam halten, die anderen aber, die Schlechteren und Frecheren, werden vorbringen, daß man mich schnell in die andere Welt befördern müsse, denn Vögel wie ich sind in der Mauser nichts wert und auch nicht, im Käfig gehalten zu werden.«

Solche Überlegungen bewogen ihn, den Widerruf zu vollziehen. Es war die einzige Möglichkeit, aus der Sackgasse zu entkommen, in der er sich verfangen hatte. Doch der Druck der Verhältnisse bestimmte allein den Zeitpunkt seines Religionswechsels, zu dem er seit langem entschlossen war. In seinen Überlegungen hatte das Verlangen nach der Krone eine weit geringere Rolle gespielt als der Wunsch, endlich die lange Zeit von Unglück und Chaos zu beenden, damit Frankreich nicht allmählich in Elend und Haß zugrundeginge. Heinrich IV. wußte, daß nur diese seine Geste den Frieden des Landes sichern konnte – zugleich aber auch den Bestand der traditionellen Monarchie. Ihm war bewußt, daß es völlig vergeblich war, einem in seiner überwältigenden Mehrheit katholischen Land einen hugenottischen König aufzwingen zu wollen.

Doch bis jetzt hatte ihn die Sorge zurückgehalten, offenbar die im Stich zu lassen, »die so lange mein Schicksal geteilt und ihr Leben und Gut für mich eingesetzt haben«, wie er sagte. In dem Augenblick aber, wo ihn die Notwendigkeit zum Handeln zwang, wünschte er sehnlich, daß die Reformierten Verständnis für seine Beweggründe hätten, zu denen durchaus auch die Sorge um ihr wahres Interesse gehörte. Denn wie Monsieur d'O es formulierte, konnten auch sie »mehr aus einer Stunde Messe gewinnen als aus zwanzig Schlachten und zwanzig Jahren der Gefahren und Mühen«.

Offensichtlich haben nur wenige Hugenotten dem König den Rückhalt gegeben, den er sich wünschte. Rosny war fast der einzige, der ihm zustimmte; in seinen *Economies Royales* findet sich eine hervorragende Zusammenfassung der Gründe, die Heinrichs Entschluß rechtfertigen. Sully schrieb seine Erinnerungen indessen erst viel später, als er sich schon von allem zurückgezogen hatte, und man weiß nicht, ob seine Äußerungen 1593 schon so entschlossen geklungen haben, wie sie im Rückblick formuliert worden sind. Doch man weiß, daß viele Protestanten versucht haben, den König von seinem Schritt abzuhalten. Manche baten ihn, »seinen Religionsgenossen nicht den Skandal vorzuführen, daß er sich mit Gewalt aus dem Schoß der Kirche reißen ließ«; besonders Fanatische führten bereits das Wort »Renegat« im Munde, das sie später dann veranlaßte, mit den Feinden Frankreichs gemeinsame Sache zu machen. Völlig pathetisch waren die Vorwürfe von Duplessis-Mornay, dessen doktrinäre Strenge kein Nachgeben zuließ. Er zog sich eine Antwort des Béarners zu, in der, vom König selbst aufs beste formuliert, die entscheidenden Gründe für seine Haltung und sein Programm genannt werden: »Ich fand mich am Rand des Abgrunds. Ich hatte gegen mich meine eigenen Katholiken und jene Reformierten, die bereit waren, mich zu verlassen. Ich hatte keinen anderen Ausweg. Und vielleicht liegt der Rivalität der beiden Konfessionen nichts anderes zugrunde als die gegenseitige Feindseligkeit derer, die sie predigen. Ich werde versuchen, sie in einigen Tagen dank meiner eigenen Autorität zu befrieden.«

Die Vorbehalte der Hugenotten schmolzen übrigens rasch im Feuer der Begeisterung, das sich entzündete, als man im Volk von Heinrichs Absicht hörte. Sie wurde bekannt, als man im April auf Anregung der Generalstände in Suresnes vorbereitende Gespräche über einen Waffenstillstand führen wollte. Am Abend vor der Eröffnung gestand der König dem Erzbischof von Bourges, »er sehe genau, daß man aus der Lage, in der man jetzt streitet, niemals herauskomme, falls er nicht Katholik werde«. Dieses so lange erwartete Wort, das so große Hoffnungen weckte, verbreitete sich wie ein Lauffeuer. Als am anderen Morgen die Abgeordneten der Liga durch die Porte Neuve zogen, um sich nach Suresnes zu begeben, wurden sie von einer großen Menschenmenge mit dem Ruf empfangen: »Frieden! Frieden! Gesegnet alle, die ihn schaffen und wollen, zum Teufel mit allen anderen!« Poirson berichtet: »In den Dörfern, durch die Abgeordnete kamen, um sich nach Suresnes zu begeben, fielen die Menschen auf die Knie und flehten mit gefalteten Händen um Frieden.«

Ein achttägiger Waffenstillstand verschaffte den Parisern die freie Möglichkeit, aus ihrer Stadt herauszukommen, was ihnen seit langer Zeit verwehrt gewesen war, denn die Belagerung mit Blockade und die mehr oder weniger enge Abschnürung der Stadt hatten den Menschen kaum erlaubt, ihre Stadtmauern zu verlassen. Als sie nun diesen besonders schönen Frühling des Jahres 1593 in der Umgebung von Paris genießen konnten, warteten alle, die nicht vom religiösen Fanatismus unheilbar verblendet waren, ungeduldig auf Versöhnung und Frieden. Das Volksempfinden machte sich in immer erneuten Kundgebungen

Luft. Bald war zu erkennen, daß es nicht mehr enttäuscht werden durfte, und die Dinge nahmen einen schnelleren Verlauf. Am 16. Mai erklärte Heinrich seinem Kronrat offiziell seinen Entschluß zum Widerruf. Diese Erklärung wurde von dem feierlichen Versprechen für die Hugenotten begleitet, ihnen die Freiheit der Person, des Gewissens, der Kultausübung zu bewahren. Der Waffenstillstand wurde auf drei Monate verlängert, trotz dem Widerstand der »Sechzehn« und dem der erbittertsten Hugenotten. Mayenne büßte plötzlich alle Popularität ein, und die öffentliche Meinung ließ die Liga fallen. Spanien hatte das Spiel verloren, die Generalstände sprachen es aus. Heinrich IV. hatte durch eine Geste gewonnen. Aber auf eben diese Geste hatte Frankreich gewartet.

Seit seinem Versprechen, die Konfession zu wechseln, stieg seine Beliebtheit unaufhaltsam. Täglich vereinigte eine große Menge von Parisern – Adligen, Bürgern und Handwerkern – die Stimmen zu gemeinsamem Lobgesang und zog nach Saint-Denis, um den Fürsten zu sehen, den weder Spanien, noch die Liga oder der Papst hatte besiegen können. Bei den üblichen Beschäftigungen, bei denen man ihn antreffen konnte, erschien er so, wie er geschildert worden war, einfach, freundlich, heiter. Den Parisern, die sich so lange gegen ihn gestemmt hatten, zeigte er weder Groll noch Vorbehalt, im Gegenteil, sein Gesicht erhellte sich in dem Wunsch, ihnen zu vergeben und ihnen zu gefallen. Immer neue Anekdoten zeigen, welch festes Band aus Gefühl und Zuneigung sich zwischen dem volksnahen Fürsten und seinen Untertanen, die sich in ihm wiedererkannten, knüpfte. Eine von L'Estoile überlieferte sei hier erwähnt, weil ihr Rahmen und der vertrauliche Ton schon zeigen, wie familiär man miteinander umging: »Am Mittwoch, 28. Juli, spielte der König *paume* in Saint-Denis. Als man ihm berichtete, unter der Galerie sei alles voll von Frauen aus Paris, die ihn sehen wollten und es wegen der dort aufgestellten Bogenschützen nicht konnten, befahl er besagten Bogenschützen abzuziehen, um ihnen Platz zu machen, damit sie ihn nach Herzenslust sehen konnten. Da sagte eine zur anderen: ›Gevatterin, ist das da der König, von dem man so viel spricht, der uns hier gaffen läßt?‹ – ›Ja‹, sagte die andere, ›das ist der König.‹ – ›Der ist viel schöner als unserer in Paris, er hat eine viel größere Nase.‹«

Wenn man sich gern vom Wohlwollen und der Freundlichkeit des Béarners erzählte, wenn man seine treffenden Bemerkungen und boshaften Antworten wiederholte, erinnerte man sich aber ebenso oft an seine Tapferkeit im Kampf, seine Bescheidenheit im Sieg und an die Liebe für sein Volk. Allen, die der Sektengeist nicht blind gemacht hatte, erschien er nun als der Mann, den der Strahl Gottes für die Krone Frankreichs gezeichnet hatte. In ihm verkörperte sich die nationale und traditionelle Monarchie in ihren unverrückbaren Grundlagen. Der Unbeständigkeit der Liga, ihren veränderlichen, immer von Spanien unterstützten Motiven hatte er siegreich die Redlichkeit seiner eigenen patriotischen Ansichten entgegengehalten: »Wir alle sind Franzosen«, hatte er gern wiederholt, »und Mitbürger im selben Vaterland.« Als er Hilfe aus Deutschland und England annahm, hatte er seinen Verbündeten immer die Grenze für ihre Hilfe gewiesen und niemals erwogen, sie mit einem Stück Frankreich zu bezahlen. Im Gegenteil, er hatte nur das intakte Frankreich und die Zerstörung fremder, bedrohlicher Autorität im Auge gehabt. »Dem König seinen Thron und Frankreich einen König wiederzugeben«, das war sein einziges Ziel gewesen. Diese nationale Linie, an die er sich stets gehalten hatte, erschien jetzt im vollen Licht, ebenso wie jetzt vor allen Augen die tieferen Beweggründe seines Handelns lagen. Man wußte nun, daß er nichts anderes wollte, als »einen festen und dauerhaften Frieden für sein Königreich« zu erreichen. Frankreich stimmte jetzt »mit Heinrich IV. überein und erkannte sich in seinen Siegen wieder«.

Bevor die Zeremonien in ihrer ganzen Prachtentfaltung geschildert werden, mit denen sich der König zur katholischen Religion bekennen sollte, muß noch erwähnt werden, daß sein Widerruf zwar breite Zustimmung als Mittel zur politischen Befriedung fand, aber auf der religiösen Ebene viel Kritik und Vorbehalten begegnete. Seine Aufrichtigkeit wurde öffentlich angezweifelt, und zwar von den Extremisten beider Seiten, den Hugenotten wie den Katholiken. Bis ans Ende seines Lebens hatte sich der König mit diesem Verdacht zu plagen, der durch hartnäckige und gemeine Propaganda immer wieder geschürt wurde. In der langen Reihe von Attentaten, denen der König ausgesetzt war, findet man nicht eines, bei dem das angebliche Motiv nicht die Schurkerei seiner geheuchelten Konversion war, und auch Ravaillac behauptete, als er den König ermordete, er habe sich zum Werkzeug von Gottes Zorn gemacht, um ihn für seinen Meineid zu bestrafen. Selbst die Gemäßigten beider Konfessionen waren nicht von der vollkommenen Aufrichtigkeit seiner

Haltung überzeugt. Die Historiker, die hierzu ihren Kommentar liefern, haben fast alle seinem Widerruf ausschließlich politische Motive zugeschrieben.

Hier sollen nun keineswegs die weltlichen Gründe geleugnet werden, die so unabweislich zwingend waren, doch einiges muß doch hinzugefügt werden, um Heinrich IV. vom Verdacht zynischer Heuchelei loszusprechen. Da ist zunächst das berühmte Bonmot, mit dem der König scheinbar seinen Opportunismus eingestand: »Paris ist eine Messe wert.« Es ist aber völlig unglaubhaft, daß er diesen Ausspruch je getan hat. Pierre de Vaissière hat den Ursprung des Wortes in zwei Gesprächen entdeckt, die der König nachweislich geführt hat: Eines Tages fragte er einen seiner Edelleute, den er als Hugenotten kannte, warum er jetzt in die Messe gehe. »Sire, weil Sie es tun«, antwortete der Mann. Darauf der König: »Aha, ich verstehe! Sie wollen gern eine Krone haben!« Man kann in dieser kleinen Witzelei wohl kaum das Eingeständnis von Treulosigkeit und Betrug sehen. Und noch weniger läßt sich der Vorwurf aus der Antwort eines Dritten ablesen, der in einer mit Vorsicht zu genießenden satirischen Erzählung zu finden ist, in den 1622 erschienenen *Caquets d'accouchée* – »Wochenstubengeschwätz«. Es heißt da, »daß eines Tages der Herzog von Rosny dem verstorbenen König, Gott hab ihn selig, auf die Frage, warum er nicht so oft wie er selbst zur Messe gehe, geantwortet habe, ›Sire, Sire, die Krone ist wohl eine Messe wert‹«. Wenn Heinrich IV. auch nicht ausgerufen hat, daß Paris eine Messe wert sei, so schrieb er doch am 23. Juli 1593 an Gabrielle d'Estrées: »Am Sonntag werde ich den gefährlichen Sprung tun.« Aber kann man aus dieser kleinen Wendung den Schluß ziehen, daß der Béarner die Konversion als Trick, als Taschenspielerkunststück ansah? Sein von Haus aus so munterer Geist brachte ihn oft dazu, leichtfertig über ernste Dinge zu reden. In dieser offensichtlich achtlos hingeworfenen Bemerkung faßt er die sehr ernsten Bedenken zusammen. Er übersieht nicht die unmittelbaren Folgen seiner Geste und erst recht nicht ihre spätere Auswirkung. Der engsten Vertrauten seiner Gedanken schildert er mit einem Satz seine Unruhe, und niemand, der seinen Briefwechsel kennt, kann ihn hier mißverstehen.

Da Gabrielle in diesem Zusammenhang zufällig auftaucht, soll auch gleich erwähnt werden, daß sie als Anstifterin zum Widerruf galt und daß es Poeten gab, die das Ereignis als ihren persönlichen Erfolg gefeiert haben. Freilich weiß man, daß sie zum Schluß den Übertritt empfahl, und Sully nennt sie unter »den besorgtesten Dienern«, die den König »mit ihrem Flehen und ihren Ermahnungen« belagerten. Aber Gabrielle ist erst sehr spät zu dieser Einstellung gelangt, aus der sie dann so unberechtigten Ruhm gewann. Wenn sie »das letzte Werkzeug« für die Konversion des Königs war, dann nicht aus Sorge um den Staat, sondern aus einer recht niedrigen Begehrlichkeit heraus. Man darf nicht übersehen, daß sie sich in der ersten Zeit ihrer Gunst bemüht hatte, sich mit hugenottischen Beratern und Dienern zu umgeben, und niemals aufhörte, deren Treue und Tugenden zu loben. Sie »deklamierte« damals gegen die »Tyrannei«, die der König von den Katholiken zu leiden hatte, und ermahnte ihren königlichen Liebhaber, bei seinem Bekenntnis auszuharren. Ihre Haltung änderte sich erst, als sie sich die Hoffnung in den Kopf gesetzt hatte, Königin von Frankreich zu werden. Ihr war klar, daß alle Pastoren zusammen die Ehe des Königs nicht auflösen konnten und daß die Zustimmung des Papstes zu »einem so großen Ereignis« notwendig sei. Diese Einsicht bestimmte ihren Sinneswandel, und zwar so gründlich, daß sie den König bedrängte, endlich in den Widerruf einzuwilligen. Nach d'Aubigné nutzte sie dazu »ihre große Schönheit und die behaglichen Stunden der Tage und Nächte«. Doch Heinrich entschloß sich aus viel gewichtigeren Gründen als auf die Ratschläge einer Mätresse hin, selbst wenn sie so vergöttert wurde wie Gabrielle zu jener Zeit. Wenn konfessionelle Gründe auch nicht allein den Religionswechsel Heinrichs IV. bestimmt haben, scheinen einige doch eine bedeutsame Rolle dabei gespielt zu haben. Jedenfalls darf man dessen beruhigt sein, daß sein Widerruf in keiner Weise sein Gewissen belastet hat. Obwohl er mitnichten den Donnerschlag der Gnade erfuhr, konnte er seinen Übertritt zur katholischen Konfession doch aufrichtig und ohne inneren Vorbehalt vollziehen. Sicherlich war er weder skeptisch noch gleichgültig. Sein ganzes Leben zeigt ihn als aufrichtigen und echten Christen. Doch er gehörte nicht zu den von religiöser Unruhe Heimgesuchten. Theologische Spitzfindigkeiten langweilten ihn, und kein Mensch konnte weiter als er von dogmatischem Starrsinn entfernt sein. In der praktischen Religionsausübung kam er beiden Konfessionen mit gleicher Bereitwilligkeit und Überzeugung entgegen. Und er konnte von der einen zur anderen wechseln, ohne daß sich in seinem geistigen

Verhalten irgend etwas wie Skepsis oder Gleichgültigkeit bemerkbar machte. Er gehörte einfach zu den Franzosen seiner Zeit, »die meinten, das Wesentliche am Christentum sei allen Christen gemeinsam, und der Rest sei es nicht wert, mit Arkebusen diskutiert zu werden«.

Da er ja in beiden Konfessionen unterrichtet worden war, kannte er von beiden alles das, was ein wenig zu Theologie neigender Geist annehmen konnte, und er war zu dem Schluß gekommen, daß man in der einen wie der anderen sein Heil finden könne. Das zeigte sich während der Zeit, als er nach dem Tode Heinrichs III. von Prälaten und Pastoren zugleich umgeben wurde, die sich in gegenseitiger Achtung bemühten, »Mittel zu finden, die Unterschiede beider Religionen zu mindern oder aufzuheben«. Wenn man unterstellen will, daß er sich in dieser Zeit dem Katholizismus genähert hat, kann der Anlaß dazu ein Streitgespräch gewesen sein, bei dem ein hugenottischer Geistlicher zugab, ein Mensch katholischen Glaubens könne erlöst werden, falls er einwandfrei gelebt habe. Heinrich soll daraufhin zu Duplessis-Mornay gesagt haben: »Die Klugheit gebietet mir also, ihre Religion anzunehmen und nicht die Ihre, denn wenn ich es so mache, bin ich in ihren und in Ihren Augen gerettet, wenn ich aber Ihren Glauben teile, bin ich nur für Sie gerettet, nicht aber für die anderen. Die Vorsicht rät mir, mich doppelt abzusichern.« Und das war nicht einfach ein Scherz, denn mehr als diese Einsicht wäre nicht nötig gewesen, seine Wahl zwischen zwei Religionen zu bestimmen, die nach seiner Meinung nur durch völlig unwichtige Unterschiede getrennt wurden.

Diese Überzeugung erklärt auch die spöttelnden Bemerkungen, mit denen er die Auseinandersetzungen zwischen Priestern und Pastoren würzte und die zur Vermutung geführt haben, er sei gleichgültig oder gar ein Agnostiker gewesen. Der Gedanke an Gott war ihm vertraut, das Heil seiner Seele beschäftigte ihn sehr. Er war auf seine Art ein religiöser Mensch. Den Prälaten, die man zu seinem Unterricht bestimmt hatte, sagte er: »Ich lege heute meine Seele in Ihre Hände. Ich bitte Sie, geben Sie gut acht, denn dort, wo ich mich jetzt hinbegebe, werde ich nur mit dem Tod wieder hinausgehen. Das beeide und schwöre ich.« L'Estoile berichtet, »daß ihm, als er das sagte, Tränen in die Augen traten«. Das ist nicht das Verhalten eines Freigeistes.

Er hatte eben wie viele Menschen seiner Epoche auch eine recht weitherzige Auffassung vom Christentum, so daß der Widerruf sein Gewissen kaum sehr belastet haben wird. Gewiß, er schien sehr bewegt, als der Augenblick kam, in dem er sich von seinen hugenottischen Geistlichen trennen mußte. Plötzlich ließ er den spöttelnden Ton fallen, in dem er auch über religiöse Dinge zu reden liebte, und bat sie weinend, »daß sie Gott für ihn bitten, daß sie ihn immer lieben möchten, so wie er sie lieben und dafür sorgen werde, daß ihnen niemals Unrecht und ihren Religionsgenossen keine Gewalt geschehen solle«. Nun waren seine plötzlichen Ausbrüche von Traurigkeit und Tränen nicht immer Beweis für eine sehr tiefe Bewegung, aber man darf annehmen, daß er sich nicht ohne Bedauern und Kummer von den alten Gefährten getrennt hat, die so lange Zeit sein Schicksal geteilt hatten. Doch der nie nachlassenden Anhänglichkeit an ihre Person brauchte nicht unbedingt die unerschütterliche Treue zu ihrer Lehre entsprechen. Jedenfalls muß man annehmen, daß seine Beziehungen zu den Prälaten in seiner Umgebung und die Schlüsse, die er für sich aus ihren Unterweisungen zog, ihn auf den von den Ereignissen geforderten Religionswechsel vorbereitet hatten. Claude Groulard, Augenzeuge seiner Entwicklung, behauptet, er habe ihn sagen hören, »daß er durch die Gnade des Heiligen Geistes Geschmack an den Gründen zu finden begann, die sie ihm vorgetragen hatten«. Schließlich scheint es – so weit man einem Menschen ins Herz blicken und in sein Gewissen eindringen kann –, daß sich ein echtes Gefühl bei diesem höchsten Problem seines sittlichen Lebens deutlich aus der Antwort ablesen läßt, die er dem Pastor La Faye gab, als der ihn dringend bat, seinem Glauben treu zu bleiben: »Wenn ich Ihrem Rat folgte, gäbe es in kurzer Zeit in Frankreich keinen König und kein Königreich. Ich möchte allen meinen Untertanen Frieden und *meiner Seele Ruhe geben.*«

Die Theologenversammlung, die den Widerruf des Königs entgegennehmen sollte, nachdem seine Bedenken zerstreut worden waren, trat am 21. Juli 1593 in Saint-Denis zusammen. Der Béarner stellte sich ihr nicht als plötzlich Gewandelter, von der Gnade Erleuchteter vor, sondern machte kein Hehl aus seinen inneren Kämpfen, den Stürmen in Herz und Geist. Wenn er trotzdem mit den Prälaten scherzte, wie es nun einmal seinem Wesen entsprach, konnte sein Spott doch nicht die Bewegung und den aufrichtigen Wunsch nach Trost verbergen. Allerdings lehnte er die allzu strenge Form des Widerrufs ab; er verlangte Änderungen und Abmachungen, er wollte sich nicht »an sonderbare Eide« binden, und es dauerte lange Stunden, bis man sich auf einen Text geeinigt hatte. Dann wurde die Zeremonie für die Rückkehr des Königs in den Schoß der Kirche vorbereitet. Sie fand in Saint-Denis am 25. Juli 1593 statt, in einem zugleich feierlichen und malerischen Stil. Der König nahte sich unter Trompetengeschmetter der Basilika. Er war in weißen Satin gekleidet, trug aber auf dem Hut eine schwarze Feder. Dieses auffallende Detail seines Anzugs – Weiß war die Farbe des Hauses Bourbon – war, wie man meinte, absichtlich gewählt, um anzudeuten, »daß die heroischen Zeiten vorüber seien«.

An der Schwelle der Kirche erwartete ihn, von neun Bischöfen, vielen Priestern und allen Mönchen der Abtei umgeben, der Erzbischof von Bourges. Er fragte ihn: »Wer sind Sie?« – »Ich bin der König.« – »Was möchten Sie?« – »Ich möchte in den Schoß der katholischen, apostolischen und römischen Kirche aufgenommen werden.« – »Wollen Sie es?« fragte der Offiziant noch einmal, und die Antwort: »Ich will es und wünsche es.« Dann las der König, auf den Stufen des großen Portals kniend, mit lauter Stimme sein Glaubensbekenntnis vor und wurde danach in einer Art Prozession in das historische Kirchenschiff geleitet, wo er an der Meßfeier teilnahm – in einer Luft, die durch den heißen Tag, die vielen Menschen, den Weihrauch, die Überfülle von Blumen buchstäblich zum Ersticken war.

Nach Schluß der Zeremonie wurde im Palast der Abtei ein Essen aufgetragen. Alle Welt wollte den König sehen, er wurde von der Menge so belagert, »daß sein Tisch fast umgestürzt worden wäre«. Es folgten die Vesper und danach Volksbelustigungen mit Freudenfeuern, die unter tausendfach wiederholtem *»Vive le roi!«* entzündet wurden. Am Abend dieses anstrengenden Tages nahm Seine Majestät ein Bad in der Seine, von dem die Hugenotten behaupteten, er wollte »damit die Sünde abwaschen, die er beging, als er seine feine Messe anhörte«. In den nächsten Tagen kamen die Pariser scharenweise nach Saint-Denis, um dem König zu zeigen, wie glücklich sie über seine Konversion waren. Aus dem endlosen Zug stiegen immer wieder Beifall und Glückwünsche auf. Mögen auch die »Freudentränen« nicht so reichlich geflossen sein, wie Sully behauptet, so war mitnichten zu übersehen, daß es das Volk mit überwältigender Herzlichkeit und allgemeiner Begeisterung zum »Haus des Königtums« drängte.

Doch nach diesen Tagen erinnerte ein Attentatsversuch daran, daß die Leidenschaften nicht überall erloschen waren. Eine Reihe zahlreicher Anschläge der Fanatiker gegen das Leben des Königs nahm seinen Anfang mit dem Versuch eines gewissen Pierre Barrière, La Barre genannt. Er wollte am 26. August 1593 den König töten, war aber ein Geisteskranker, dessen tiefe Verstörtheit schon aus der absurden Überzeugung hervorging, er werde nach »der Tat« unsichtbar sein. Nicht nur dieser Glaube stärkte ihn; verbrecherische Hetze hatte ihn in sein Unglück tiefer hineingetrieben. Einer der Generalvikare des Erzbistums Lyon und der Pfarrer von Saint-André des Arts hatten sein Vorhaben gutgeheißen. Da er »einen geheimen Schrecken« empfunden hatte, den König in Saint-Denis zu erdolchen, folgte er ihm nach Melun. Der italienische Edelmann Brancaleone sah die Bewegung des Mannes und kam ihr zuvor. La Barre wurde zum Tode durch Erdrosseln auf dem Rad verurteilt, nachdem man ihm die Hand verbrannt und die Glieder gebrochen hatte. Am 31. August erlitt er die schreckliche Strafe – die aber seine Nachahmer nicht abschreckte.

Die Generalstände, die in »feierlicher Ohnmacht« im Louvre versammelt waren, hatten Heinrich IV. trotz seinem Übertritt nicht als König von Frankreich anerkannt. Sie tagten in der Hauptstadt, unter dem ständigen Einfluß der »Aufgeregten« innerhalb der Liga, und hatten keine andere Wahl, als sich Mayenne zu fügen. Der Herzog, der zwischen den verschiedenen Gruppierungen geschwankt hatte, verschanzte sich schließlich hinter der päpstlichen Autorität, die ihn von sämtlichen Pariser Kanzeln herab verkünden ließ, die Prälaten von Saint-Denis hätten keinerlei Befugnis, die über den Béarner verhängte Exkommunikation aufzuheben; er sei nach wie vor in den Augen der Kirche ein Ketzer. Als Mayenne im Juli auf den Druck der öffentlichen Meinung hin den dreimonatigen Waffenstillstand abschloß, nutzte er die Gelegenheit, die Generalstände zu vertagen. Vor ihrer Abreise hatten die Abgeordneten noch den großen Umschwung der öffentlichen Meinung zugunsten Heinrichs IV. miterlebt und daraus ihre Lehre für ihre eigene Haltung gezogen. Als sie wieder in ihren Provinzen waren, sagten sie sich, falls Mayenne nun im Namen aller noch Widerstrebenden – als deren Anführer er sich bezeichnete – die Anerkennung des Königs aussprach, würde nur er allein einen Vorteil davon haben. Es sei doch besser, meinten die Wendigen unter ihnen, nicht als fünftes Rad mitzulaufen, sondern individuell und jeder auf eigene Rechnung die Anerkennung auszusprechen und sich zunutze zu machen. Heinrich ermutigte die persönlichen Aussöhnungen und versprach seine Gunst ausdrücklich denen, die sich von der Liga freimachten und seiner Sache dienen wollten: »Ich will nur mein Königreich wiederhaben, das mir gehört. Wer mir hilft, der wird als mein Diener anerkannt.«

Auf dieser Grundlage entspann sich eine Fülle von einzelnen Verhandlungen, die der Liga ihre wichtigsten Anhänger entzog. Bois Rosé wollte dem König die Orte Lillebonne und Fécamp überlassen, Balagny trug ihm Cambrésis an, Vitry bot ihm Meaux. Sogar der Herr de la Chastre, der sich als erster zur Liga bekannt und behauptet hatte, er werde sie als letzter verlassen, entschloß sich zu einem Separatfrieden und stellte die beiden Provinzen Orléanais und Berry unter die Autorität des Königs. Die Gerichte, soweit sie zur Liga gehörten, gaben ihren Widerstand auf, die Städte folgten ebenfalls der allgemeinen Bewegung, und manchmal sogar ziemlich ungestüm. So vertrieb zum Beispiel Lyon ohne Schonung seinen Gouverneur, den Herzog von Nemours. Die große royalistische Bewegung, die nicht mehr zum Stillstand kam, verbreitete sich wie ein Lauffeuer durchs Land. Der König nutzte die Verwirrung seiner Feinde zum Versuch, den Papst zur Anerkennung der Prozedur von Saint-Denis zu bewegen. Briefe und Gesandtschaften folgten einander und bereiteten den diplomatischen Erfolg vor, der nach zwei Jahren und vielem Hin und Her dem König nun auch die Sanktion der päpstlichen Autorität verlieh und aus dem Ketzer, der er bis dahin in den Augen der Kirche gewesen war, den Allerchristlichsten König machte. Der Béarner, der Einschüchterung und Verhandlungen gleichzeitig anwandte, vergaß darüber nicht, seine Armee wieder aufzubauen, die beim Auslaufen des Waffenstillstandes bereitstand, Paris mit einer strengen Blockade einzuschnüren.

Bei diesem plötzlichen Aufstieg der königlichen Seite sah sich Mayenne verraten und verkauft. Seine gescheitesten Berater, etwa Villeroy, hatten ihn mit Bedacht verlassen, sie waren zum König von Frankreich übergegangen und von ihm »freundlich aufgenommen worden«. Guise hatte keinen Rückhalt mehr, kein Geld und im Grunde auch keine Soldaten, denn er konnte sich nur auf die spanische Garnison stützen, die ihm bedingt gehorchte. Die Ohnmacht der Liga war jedermann klar; die Pariser reichten Friedenspetitionen ein, und eine kraftvolle Streitschrift, die Satire *Ménippée,* wurde reichlich verteilt und fügte zu Mayennes Unglaubwürdigkeit nun auch die Lächerlichkeit hinzu. Im Versuch, die schwindende Autorität zu beleben, hatte er eine brutale Säuberung durchgeführt, die Anführer der »Politischen« aus Paris verbannt und den Gouverneur Belin, der sie begünstigte, abgesetzt. Unter der Bezeichnung *Minotiers* wurden die letzten Terroristen der Liga bewaffnet, »rekrutiert aus der Hefe des Volkes«. Mit einigem Glück gelang es Mayenne, die kleine französische Garnison zu verstärken und die spanischen Kontingente wieder in den Griff zu bekommen. Aber das war wenig, wenn man den Forderungen des Volkes widerstehen wollte, Forderungen, die jetzt das Parlament von Paris aufgriff: Es verlangte in aller Form den Abzug der fremden Truppen und die Rückberufung Belins. Am 15. Januar 1594 wurde Mayenne formell aufgefordert, das Amt des Generalleutnants des Königreichs – ein Amt, das er sich selbst angemaßt hatte – abzugeben, den Friedenswunsch der Pariser zu erfüllen, kurzum, sich dem König zu ergeben. Auf diese Mahnung hin drohte er der Stadt mit einem militärischen Staatsstreich, verbot Parlamentssitzungen und Ansammlungen von mehr als sechs Menschen. Diese Maßnahmen, von einer so sichtlich schwachen Macht erlassen, schüchterten niemanden ein. Die bewaffneten Bürger von Paris wußten sich sicher vor jeder Gewalt; sie schienen jetzt entschlossen, ihre Kräfte in den Dienst des Königs zu stellen und seinen Einzug in die Hauptstadt zu fördern. Der Vorsteher der Kaufmannschaft, l'Huillier, stellte sich an die Spitze der Bewegung für Übergabe und Unterwerfung, und die Liga mußte mit einem Volksaufstand rechnen.

Heinrich IV. vollendete die Verwirrung der Liga, als er sich am 27. Februar 1594 in Chartres zum König salben ließ, in der Hoffnung, die heilige Salbung werde ihm die katholische Geistlichkeit endgültig gewinnen und furchtsame oder sektiererische Franzosen entwaffnen. Es war nicht möglich, die feierliche Zeremonie in der Stadt vorzunehmen, wo die französischen Könige gesalbt zu werden pflegten: Reims war in der Hand des eifrigen Ligisten de Saint-Paul, der sich trotz den Bitten der Einwohner weigerte, die Stadt zu übergeben. Da nun das heilige Salbgefäß – dessen Öl schon zur Taufe von Chlodwig gedient hatte – in Reims zurückgehalten wurde, sicherte man sich ein anderes geheiligtes Gefäß, das die Mönche von Marmoutiers in der Nähe von Tours hoch verehrten und mit dem heiligen Martin in Zusammenhang brachten. Ersetzen oder neu anfertigen mußte man aber auch die königlichen Insignien, Krone, Zepter, die »Hand der Gerechtigkeit« und sogar Zeremonialschwert und -sporen. Da man nicht mit der Anwesenheit des Erzbischofs von Reims in Chartres rechnen konnte, mußte man ihn durch den Bischof der Stadt, Nicolas de Thou, ersetzen, was aber den Erzbischof von Bourges verärgerte, weil er als Großalmosenier des Königs diese Ehre für sich beanspruchte. Man mußte auch durch improvisierte Ernennungen für einen Ersatz der kirchlichen und weltlichen Standespersonen sorgen, deren unveränderlicher Rang und Titel von einer langen Tradition festgelegt worden waren. Bei so vielem »Ersatz« ist es klar, daß die Salbung Heinrichs IV. bei weitem nicht alle Attribute umfaßte, deren Bedeutung einen König zu einer schon fast religiösen Figur machten. Die rebellischen Priester hatten es leicht, diese Regelwidrigkeiten anzuprangern, um so mehr, als die Ständeversammlung in Blois im voraus die Nichtigkeit jeder Salbung erklärt hatte, die nicht in Reims stattfand.

Die Zeremonie verlief mit allem Pomp. Alles war neu in der alten Kathedrale, die in den Kriegszeiten geplündert und zerstört worden war: Wandbehänge und Teppiche, der Thronsessel und der Thronhimmel aus violettem, mit goldenen Lilien übersätem Samt. Auf den Tribünen, die den Chor umrahmten, fanden die Damen des Hofes Platz. Der König hatte nichts unterlassen, damit sich alle Prinzen von Geblüt um ihn versammelten, und es war ihm sogar gelungen, den Herzog von Montpensier und den Grafen von Soissons so weit miteinander auszusöhnen; ihr heftiger Streit stammte aus der Rivalität um dieselben Ämter und aus ihrem beiderseitigen Anspruch auf die Hand von Madame, der Schwester des Königs. Denn während der vereitelte Liebesroman von Catherine und Soissons immer noch beider Gefühl beherrschte, hatte sich der Béarner in den Kopf gesetzt, die Hand seiner Schwester Montpensier zu geben.

Obwohl einiges ungewohnt verlief, weil es die Umstände so wollten, wurde die Salbung nach dem überlieferten Ritual vollzogen, und Heinrich IV. sprach ohne Änderung oder Auslassung auch die Eidesformel aus, in der er sich verpflichtete, »in gutem Glauben« die ihm von der Kirche benannten Ketzer aus seiner Gerichtsbarkeit und dem ihm untertanen Land zu vertreiben.

Die Salbung wirkte im ganzen Königreich als Sensation, die vor allem Paris erschütterte und gegen die Liga ausgespielt wurde. Man sah es kommen, daß die »Politischen« mit der spanischen Garnison, mit den Minotiers und mit den Ligisten, so weit sie dem König noch feindlich gegenüberstanden, handgemein werden würden. Mayenne hatte wenig Lust, sich in Paris eingeschlossen zu finden, wenn es zu diesem unvermeidlichen Zusammenstoß kam. Er wußte sich außerdem militärisch zwischen den verschiedenen Stellungen der Königlichen gefangen, die nun die Hauptstadt bedrohten. Also entschloß er sich, am 6. März Paris seinem Chaos zu überlassen, um in der Gegend von Soissons ein sicheres Widerstandsnest aufzubauen.

Heinrich IV. hätte die Abwesenheit des Liga-Anführers nutzen können, um sich den Einzug nach Paris zu erzwingen und seine Autorität in der Hauptstadt geltend zu machen. Von einem Volksaufstand getragen, den er leicht mit einem Appell hätte hervorrufen können, wäre es ihm möglich gewesen, den ratlosen Gegner außer Gefecht zu setzen. Doch ein berechtigtes Bedenken ließ die Versuchung gar nicht erst aufkommen: Die Ligisten waren in der Stadt immer noch zahlreich, und viele hatten Waffen; bezahlte Banden, eine französische Garnison und 4 000 spanische Soldaten standen auf der Seite der Liga. So verteidigt, konnte Paris nicht kampflos erobert werden, und in diesem Kampf mußte französisches Blut fließen. Heinrich aber wollte die Eroberung seines Königreichs nicht damit krönen, daß er den Krieg in die Straßen seiner Hauptstadt trug. Er wünschte sich Paris von den Parisern selbst, und ihre Zustimmung sollte spontan sein oder doch wenigstens spontan wirken. Er hatte sich einen Plan zurechtgelegt, den er bereits insgeheim vorbereitete und der täglich in vielen heimlichen Besprechungen mehr Gestalt annahm. Wenn er gelingen sollte, mußte sich vorher die Wachsamkeit der Ligisten und der Spanier unter dem täuschenden Eindruck von Sicherheit lockern. Deshalb sah man den König am 17. März von Saint-Denis nach Senlis aufbrechen, um sich durch täuschende Truppenbewegungen scheinbar abseits und in Reservestellung zu halten.

Das Kernstück des königlichen Plans war die Zustimmung des neuen Pariser Gouverneurs, Charles de Cossé, Graf von Brissac. Mayenne hatte ihn nach der Absetzung Belins auf diesen Vertrauensposten berufen. Brissacs Einverständnis mit der

Liga und vor allem mit der Person ihres Anführers war bekannt; er hatte sich am »Tag der Barrikaden« ausgezeichnet, was keine geringe Empfehlung war. Aber Brissac, der sich auf seine große politische Kultiviertheit viel zugute tat, zu dessen täglicher Lektüre die römische Geschichte gehörte, hatte sich den einzigartigen Plan vorgenommen, in Frankreich eine Republik zu gründen und Paris mit Institutionen zu versehen, die den antiken römischen nachgebildet waren. Als er dann allerdings von der Höhe seiner Theorie in die Niederungen der praktischen Anwendung herabstieg, entdeckte er entsetzt, daß sich fast ganz Paris gegen die Liga wandte. Sogleich sah er darin eine berechtigte Gefahr für seine eigene Sicherheit. Seine Angst ließ die rein römischen Ideen im französischen Geist jener Tage verschwinden, der nach Sully darin bestand, »nur für sich selbst zu arbeiten«.

Er dachte nun daran, sich seine Mitarbeit bezahlen zu lassen. Es ging um den Marschallstab, zu dem ihm sein Schwager Saint-Luc, der in der königlichen Armee diente, verhelfen sollte. Brissac war bald bereit, den König in die Stadt einzulassen, und verpflichtete sich, die Spanier und die ihm unterstellten Truppen der Liga auszuschalten. Da das Volk in großer Mehrheit bereits auf Seiten des Königs stand, schien die Operation grundsätzlich ziemlich einfach zu sein. Doch die einzelnen Schritte, die man sich theoretisch und ziemlich optimistisch vorgenommen hatte, mußten ja praktisch durchführbar sein. Schließlich konnte niemand dafür garantieren, daß sich die »Sechzehn« so leicht und so völlig täuschen ließen, wie man es voraussetzte, daß die ligistischen Scharen nicht zum Widerstand aufgelegt seien, daß die Söldnertruppen überraschenden Befehlen ohne weiteres gehorchen würden, daß es nicht plötzlich zu Zusammenstößen in der Menge kommen könnte.

Brissac fällt das Verdienst zu, den Schlag mit außergewöhnlichem Geschick vorbereitet zu haben. Er täuschte die Spanier, indem er sich so dumm anstellte, daß sich ihr Anführer, der Herzog von Feria, glücklich pries, »es mit einem solchen Dummkopf zu tun zu haben«. Brissac verstand es, Verwirrung durch immer neue Falschmeldungen zu stiften, und errang das Vertrauen der »Sechzehn« so vollständig, daß sie sich ganz auf seine Wachsamkeit verließen. Im Einverständnis mit Jean l'Huillier, dem Vorsteher der Kaufmannschaft, und den Schöffen Langlois und Neret stellte er einen Plan für die Besetzung von Paris auf, der ein Meisterwerk an Umsicht und Geschick war. Alles wurde bis ins Kleinste abgesprochen, nichts dem Zufall überlassen; die aufeinander abgestimmten Marschrouten der königlichen Truppen und der Miliz von Paris waren Straße für Straße und Minute um Minute mit außerordentlicher Präzision festgelegt. Wie scharfsinnig diese Strategie vorging, zeigte sich auch daran, daß der Plan, der so offensichtlich und irreführend kompliziert war, sich genau so ausführen ließ, wie er ausgearbeitet worden war, wobei jede Partei in allem pünktlich zur verabredeten Zeit ihre Aufgabe erledigte. Ein entscheidendes Element war auch das Stillschweigen, das nicht gebrochen wurde. Nur wenige Personen, die bis zum Schluß die ausschließliche Leitung in der Hand hatten, kannten das eigentliche Ziel.

Am 22. März 1594 stand die königliche Armee bei Tagesanbruch in drei Marschkolonnen aufgeteilt vor Paris. Schon um drei Uhr morgens hatten sich in den verschiedenen Stadtteilen eingeweihte Bürger verstohlen und einzeln auf den Weg zu den Posten gemacht, die ihnen zugeteilt worden waren. Nach einer Stunde waren die königlichen Truppen durch die Porte Neuve und die Porte Saint-Denis eingezogen. Beide Tore waren weit geöffnet, die Wachen hatte man ausgeschaltet. An der anderen Seite der Stadt waren die königlichen Garnisonen von Corbeil und Melun in das Arsenal eingedrungen. Bald darauf kam der König, von 600 Rittern begleitet, zu Pferd durch die Porte Neuve, durch die einst Heinrich III. nach dem »Tag der Barrikaden« entkommen war. Hier übergab der Vorsteher der Kaufmannschaft dem König die Schlüssel zur Stadt, er aber wies sie mit den Worten zurück: »Sie könnten nicht in festeren und reineren Händen sein.« Dann legte er im Vorbeireiten Brissac seine weiße Schärpe um den Hals und machte ihn damit zum Marschall von Frankreich – die erste Bedingung des Handels, den er mit ihm abgeschlossen hatte.

Der stille Einzug der königlichen Armee in Paris war nur das Vorspiel zur Besetzung der Stadt. Die zweite Phase der Invasion vollzog sich ebenso, abgesehen von einigen kleinen Widerstandsversuchen, die sofort unterdrückt wurden und über bedeutungslose Zwischenfälle nicht hinausgerieten. Die sechzehn Stadtteile wurden von den königlichen Truppen und der bürgerlichen Miliz nacheinander umstellt. Deren pünktliches Erscheinen an den ausgemachten Treffpunkten bezeugte wiederum, wie bemerkenswert präzis der Plan durchgeführt werden konnte. Vitry langte am Grand Châtelet gerade in dem Augenblick an, als sich hier die aus dem Stadtteil Saint-Paul heranmarschierten Garnisonen von Corbeil und Melun entfalteten.

Der König hatte sich den Befehl über die mit ihm eingezogenen Truppen vorbehalten, hatte den Helm abgenommen und trug nun den Hut von Ivry mit dem weißen Federbusch. Sein Gefolge – denn sein Ritt glich mehr einem feierlichen Einzug als dem Vormarsch kämpfender Truppen – ritt durch die Straßen von Paris bis zur Brücke von Notre-Dame unter Beifall und Hochrufen. Er war, wie ein Chronist meldet, »von einer Menschenmenge bald dicht umgeben, die sich sogar bis an seine Steigbügel drängten, und die einen riefen ›Vive le Roi!‹, und die anderen klatschten tausendmal Beifall vor Freude«.

Ein paar Zwischenfälle, die sich auf diesem triumphalen Weg ereigneten, seien hier nur erwähnt, weil sie zeigen, wie streng Heinrich IV. darauf achtete, daß den Parisern kein Unrecht geschah: In der Rue Saint-Honoré lief ein Soldat aus seiner Reihe und holte sich zwei Brote aus einer Bäckerei. Gereizt stürzte sich der König auf ihn und machte Miene, ihn eigenhändig zu töten. In der Nähe der Fontaine des Innocents rief ein Mann von einem Balkon freche Spottworte herab; Heinrich lachte nur und verbot ausdrücklich, »daß man in das besagte Haus eindrang, um niemanden zu erzürnen und zu belästigen«. Etwas weiterhin wurde der junge La Noue, der Sohn eines der treuesten Kampfgefährten von Heinrich, von einem Gläubiger seines Vaters erkannt und erhielt sofort durch einen Gerichtsdiener die Aufforderung, eine alte Schuld zu bezahlen. Heinrich IV. gab dem Gläubiger recht und erklärte La Noue, der auf ein solches Mißgeschick nun wirklich nicht gefaßt gewesen war: »Sie müssen Ihre Schulden begleichen wie ich die meinen.« Dann soll er ihm Geld aus der eigenen Börse gegeben haben, damit er diese alte Rechnung begleichen konnte.

Diese letzte Geschichte ist zwar erbaulich, aber mit Vorsicht zu genießen; sie gehört zu dem reichen Schatz an mehr oder weniger erfundenen Anekdoten, von denen sich die Propaganda für den König nährte. Er war sich nicht zu gut, persönlich bei solchen Zufällen und Begegnungen einzugreifen, aber an diesem Tag, an dem Paris eingenommen wurde, hat man den leicht zu beeindruckenden Parisern systematisch die Güte und Nachsicht des Königs vor Augen gebracht, um das Auftreten der Truppen zu unterstützen. Die Werbung war auch nicht überflüssig, denn fünf Jahre lang hatte die Liga Heinrich als grausamen, blutdürstigen Haudegen dargestellt. Wenn auch die Pariser bald ihre Vorurteile fallenließen, war es doch nützlich, durch wahre oder angebliche, an Ort und Stelle aufgeschnappte Informationen die Phantasie der noch Zögernden zu beschäftigen. Übrigens war die Flugschrift, die man am Vorabend in Saint-Denis gedruckt hatte, schon bis in die entferntesten Stadtteile verbreitet worden: Sie verkündete den Parisern, daß der König allen, auch den wildesten Hetzern und sogar den »Sechzehn« und den *Minotiers* in Bausch und Bogen verzieh und die umfassendste Amnestie erließ.

Die pünktliche Ausführung des Plans von Brissac und l'Huillier führte in dem Augenblick, als Heinrich vor Notre-Dame hielt, die zehn königlichen Kolonnen heran, die getrennt marschiert und dabei von der bürgerlichen Miliz unterstützt worden waren. Die Vereinigung aller Invasionstruppen an diesem Ort der göttlichen Gnadenerweisung krönte ein so großartiges Werk, daß man ohne Zögern Gott für seinen Beistand danken durfte. Alle Hauptverkehrsadern der Stadt, ihre Brücken, ihre Plätze, die großen Kreuzungen waren fest in Heinrichs IV. Hand. Die spanische Garnison, in ihrem Quartier von der steigenden Flut der Befreier eingeschlossen, wartete mit kastilischer Gelassenheit auf die Befehle ihres Chefs, der sie ihnen aber nicht erteilen konnte, weil man ihn seit drei Uhr morgens in seinem Logis nicht mehr aus den Augen ließ. So vollzog sich die vollständige Besetzung der Stadt in den kommenden Stunden reibungslos.

Als der König abstieg, um in die Kathedrale zu gehen, wurde er von unendlichem Freudengeschrei empfangen. »Ich sehe wohl«, sagte er, »daß dieses arme Volk tyrannisiert worden ist.« Die Menge drängte sich so stürmisch um ihn, daß seine Offiziere ihm nur mit großer Mühe den Weg bahnen konnten; er bremste ihren Eifer mit den Worten: »Laßt sie, laßt sie! Es ist besser, daß ich etwas Mühe habe und sie das ganze Vergnügen. Merken Sie nicht, daß sie darauf brennen, einen König zu sehen?«

Als er aus der Kirche kam, in der man das *Te Deum* gesungen hatte, war die Menge noch größer geworden, und alle Glocken von Paris begannen zu dröhnen. Durch eine dichte, von Begeisterung und Freude hingerissene Menge gelangte der König zum Louvre, wo noch so viele schreckliche Gespenster der Vergangenheit in den düsteren Mauern zu hausen schienen. Die Schäden, die Frankreich während der Bürgerkriege erlitten hatte, ließen sich in verkleinertem Maßstab an dem Verfall der königlichen Residenz ablesen, wo nichts mehr übrig war von der Pracht, die zur Zeit der Valois ganz Europa entzückt hatte. Wie das Schloß seiner Könige war auch Frankreich geschunden und zerstört. Doch der Erneuerer war da und machte sich an sein Werk.

Vor die überwältigende Aufgabe von Wiederaufbau und Wiedergeburt gestellt, die Heinrich IV. erfolgreich anpackte, hatte er die große und fruchtbare Idee der allumfassenden Vergebung gesetzt. Alle Kränkungen sollten vergessen werden. Die spanischen Truppen, das Symbol ausländischer Tyrannei, hatten davon den ersten Vorteil. Über Paris verstreut, isoliert und überall umdrängt, hätten sie leicht von der Volkswut vernichtet werden können. Doch der König verbot, sie zu behelligen, und gewährte dem Herzog von Feria großmütig, noch am selben Tag an der Spitze seiner Truppen Paris zu verlassen.

Nachdem der König, immer von Neugierigen umlagert, um zwölf Uhr im großen Saal des Louvre gespeist hatte, begab er sich um drei Uhr zum Abzug der spanischen Garnison, die in guter Ordnung Paris verließ, um in die Niederlande zurückzukehren. Im strömenden Regen, der »vom Himmel auf ihre Köpfe geschickt wurde, um seinen Zorn gegen sie zu bezeugen«, marschierten 3 000 von Kopf bis Fuß bewaffnete Männer an dem König vorbei, den sie durch eine sehr tiefe Verneigung und mit dem Hut in der Hand grüßten. Nur der Herzog von Feria, so versichert L'Estoile, grüßte den König »auf spanische Art, das ist ernst und knapp«. Heinrich IV. erwiderte den Gruß, konnte aber das Spotten nicht lassen und fügte hinzu: »Gehen Sie, meine Herren, empfehlen Sie mich Ihrem Herrn, gehen Sie, es ist Zeit dazu, aber kommen Sie nicht wieder hierher.«

Es ist durchaus möglich, daß die Milde des Königs gegen die Spanier mit einer gewissen politischen Voraussicht verknüpft war und daß er seiner in jenen rauhen Zeiten so ungewohnten Geste den Sinn eines Appells zum allgemeinen Frieden geben wollte – eines Appells, den Philipp II. übrigens nicht vernahm. Doch immerhin steht fest: Milde und Großmut waren Heinrich angeboren. Seine Fähigkeit zum Verzeihen, man kann schon sagen, sein Verlangen nach Verzeihung, war geradezu sprichwörtlich. Man sagte, daß er vergab wie ein Gott. »Sein in so vielen

Kämpfen bewiesener Mut, seine Milde, diese beiden königlichen Tugenden . . ., man kann sich fragen, welches von beiden ihm die besten Dienste geleistet hat und ob er sein Königreich mit seiner Kraft im Kampf oder mit seiner Kraft zum Verzeihen erobert hat«, schrieb Mézeray. Wer will es ihm auch verargen, wenn er die Großmut meistens in den Dienst seiner Diplomatie stellte, die biegsam und vorausblickend war! Man erkennt darin nur den Beweis, daß die großen politischen Gedanken auch aus dem Herzen kommen können.

Wenn es verständlich scheint, daß der König mit seiner Milde einer nationalen Aussöhnung vorarbeitete, aus der allein die Wiedergeburt des Landes kommen konnte, sollte man nicht vergessen, daß seine Großmut von einer Art war und sich so weit erstreckte, daß man in der französischen Geschichte vergeblich nach einem Gegenstück suchen würde. Sie machte aus den unversöhnlichsten Feinden von gestern die getreuesten Mitarbeiter von morgen. Das Geheimnis der engen Verschmelzung von Menschen, die sich mit einer Beleidigung auf den Lippen und dem Degen in der Hand lange gegenübergestanden hatten, liegt darin, daß Heinrich dank einer Eingebung, deren Wirkung noch die Nachwelt in Staunen versetzt, nicht nur darauf verzichtete, die Vergehen und sogar die Verbrechen zu bestrafen, sondern daß er nachdrücklich angeordnet hatte, niemand dürfe sie den Übeltätern überhaupt vorwerfen. Ein allen auferlegtes Vergessen des Vergangenen wurde zur Grundlage der menschlichen Beziehungen. Einhundertvierzig der berüchtigsten Mörder aus der Liga, darunter auch die noch vorhandenen der »Sechzehn«, mußten Paris verlassen, aber mit einem Geleitbrief ausgestattet und ohne jede Bestrafung. Kein Liga-Angehöriger wurde zum Tode verurteilt, nicht einer ins Gefängnis geworfen. Die zornigsten Hugenotten sahen grollend diesen vorbehaltlosen Pardon auch auf die ausgedehnt, die sich zwanzig Jahre lang die Hände mit dem Blut ihrer Religionsgenossen befleckt hatten. Der König schnitt ihnen ihre Vorwürfe kurz ab: »Wenn Sie und alle, die wie Sie reden, jeden Tag aus vollem Herzen Ihr Vaterunser sprächen, würden Sie jetzt nicht so reden. Ich weiß, daß alle meine Siege von Gott stammen, der seine Hand über mich hielt, obwohl ich ihrer ganz unwürdig bin. Und wie er mir vergibt, so will auch ich vergeben und die Fehler meines Volkes vergessen, will es milder und barmherziger behandeln, als es mich behandelt hat. Wenn manche darunter sind, die sich vergangen haben, genügt es mir, daß sie es einsehen, und man soll mir nicht mehr damit kommen.«

Am Ende des Tages, der seine Rückkehr in die Hauptstadt erlebt hatte, empfing der König Abordnungen und Körperschaften, die ihm huldigen wollten. Die Mitglieder der Ratsversammlung brachten ihm »Würzwein, Zuckerwerk und Fackeln«. Heinrich bestätigte sie in ihrem Amt, obwohl die meisten von ihnen bisher seine Feinde gewesen waren. Eine Deputation der Geistlichkeit erschien zu seiner Begrüßung, Jesuiten und Franziskaner hatten es allerdings nicht für nötig gehalten, sich daran zu beteiligen. In einem eindrucksvollen Aufzug kamen alle Würdenträger und maßgebenden Personen der Stadt, »und diejenigen, die sich am schlimmsten vergangen hatten, waren wie gewöhnlich am dringlichsten bemüht, ihren Frieden zu machen«, hat Pierre de Vaissière geschrieben. Alle wurden vom König freundlich, ja herzlich empfangen, nur ein paar »Starrköpfe« mußten nebenbei ein paar boshafte Bemerkungen hinnehmen. Doch der Béarner übertrieb diese Art harmloser verbaler Rache nicht, obwohl er sie ja im allgemeinen genußvoll anwandte. In der unendlichen Freude dieses Tages vergaß er seine schon legendäre Schlagfertigkeit. Als er sich zum Abendessen setzte, rief er lachend aus, »er fühle es wohl an seinen Füßen, die feucht seien, daß er auf dem Weg nach Paris in den Schmutz geraten sei, aber wenigstens sei er nicht aus dem Tritt gekommen«. Er konnte jetzt den durchmessenen Weg überblicken, diese Straße der Hoffnungen, die Jeanne d'Albret ihm vorgezeichnet hatte und der er ohne Schwanken gefolgt war. Er wunderte sich um so mehr über seinen Erfolg, als er bis zum Augenblick seines Eintritts in Paris gefürchtet hatte, in eine Falle zu geraten. Eine von L'Estoile überlieferte Anekdote zeigt, daß er buchstäblich daran geglaubt hatte: »Herr Kanzler«, sagte er gegen Ende des denkwürdigen Tages, »darf ich Ihrer Angabe trauen, daß ich da bin, wo ich bin?« – »Sire«, antwortete der Kanzler, »ich glaube, daß Sie daran nicht zweifeln.« »Ich weiß es nicht«, sagte der König, »denn je mehr ich es überlege, um so verwunderter bin ich. Ich finde nichts Menschenmögliches darin, es ist ein außerordentliches Werk Gottes, ja, eines seiner größten.«

Strahlende Freude erfüllt auch die nächsten Tage. Er schreibt an de Pluviers: »Ich bitte Sie, sogleich zu mir an diesen Ort zu kommen, wo Sie mich in meinem Triumphwagen finden werden.« Er besucht alle Pariser Kirchen, um Gott für das zu danken, was er für seinen Triumph getan hat. Er fließt über von neuen Beweisen seiner Großmut und Milde. Er treibt die Gefühlsaufwallung so weit, daß er sogar Leuten Frieden anbietet, die nicht einmal erschienen sind, um ihn darum zu bitten. Zu den besten Fähigkeiten, die Heinrich IV. vom Himmel verliehen sind, gehört sein erstaunliches Talent, sich zu mäßigen. Niemals hat jemand in einem Gespräch von Mensch zu Mensch mit ihm seinem Charme widerstehen können, der ganz natürlich aus seiner Gutmütigkeit, seiner Herzenswärme und dieser genialen Art floß, immer und für jeden das entscheidende Wort zu finden, Worte, die Anhänglichkeit weckten und aus denen Sympathie leuchtete, Worte, die »ins Mark« drangen. »Der König«, sagte die Herzogin von Mantua, »ist ein Mensch, der sogar die Steine dazu bringen könnte, ihn zu lieben.« Es war keine leichte Aufgabe, sich von den Herzoginnen von Montpensier und Nemours lieben zu lassen, diesen beiden »Zwillingsfurien« der Liga. Dem Béarner gelang es trotzdem, in einem Augenblick aus seinen Todfeindinnen treue und nützliche Helferinnen zu machen. Am Morgen seiner Ankunft nach Paris – er hielt es für gefährlich, die Damen länger abseits in der Opposition zu lassen – sah man ihn in ihrer Gesellschaft Karten spielen und freundschaftlich plaudern. Und doch war die Herzogin von Montpensier jene Dame, die einstmals die Schere vorgezeigt hatte, mit der sie Heinrich III. die Tonsur schneiden wollte; sie, die dem Mörder Heinrichs III., Jacques Clément, die Waffe in die Hand gedrückt hatte; sie, die jedermann erklärt hatte, wie gern sie Heinrich IV. das Herz durchbohren wollte. Als sie von seinem Einzug in Paris hörte, hatte sie davon gesprochen, sich selbst einen Dolch ins Herz zu stoßen, weil solche Schande nicht zu ertragen sei.

Wie amüsant liest sich nun bei Tallement des Réaux die Schilderung der erstaunlichen Szene, in der ihre Vorurteile und ihr Haß wie mit einem Zauberschlag schwanden! »Tatsächlich bat der König an dem Tag, wo er seiner Tante Montpensier einen Besuch machte, um Konfitüre. ›Ich glaube‹, sagte sie, ›Sie wollen sich über mich lustig machen. Sie denken gewiß, daß wir keine mehr haben.‹ – ›Nein, Madame‹, antwortete er, ›ich habe einfach Hunger.‹ – Sie ließ einen Topf mit Aprikosen holen und nahm eine, um vorzukosten. Er hinderte sie daran und sagte: ›Meine Tante, daran sollten Sie nicht denken!‹ – ›Wieso?‹ fragte sie, ›hab ich nicht genug getan, um Ihnen verdächtig zu erscheinen?‹ –

›Sie sind es nicht, meine Tante.‹ – ›Ach‹, antwortete sie, ›man muß Ihr Diener sein.‹«

Wie viele Fanfaren des Zorns senkten sich vor der unnachahmlichen Art, mit der Heinrich Herz und Geist seiner Umgebung zu gewinnen verstand!

# 4. Kapitel: Die Eroberung des Friedens

So war denn Heinrich IV. nach vier Jahren so in Paris eingezogen, wie er es sich immer gewünscht hatte: als Vater, der wieder die Zügel ergreift. Damit war ein Riesenschritt zur Befriedung des Landes getan, doch wenn jetzt auch das legitime und traditionelle Königtum als das einzige Heilmittel für die vielen Frankreich zugefügten Schäden erschien, dauerte es noch Jahre, bis die Autorität des Königs so gefestigt war, daß man an die moralische und politische Erneuerung der Nation gehen konnte: Aus Paris vertrieben und schon am Erlöschen, begann die Liga, in der Provinz ihren Todeskampf zu verlängern; das Ausland konnte endgültig erst nach neuen und hartnäckigen Kämpfen ausgeschaltet werden.

Doch die Unterwerfung der Hauptstadt öffnete die Schleusen für neuen Zustrom zur Sache des Königs. Ein Zeitgenosse bemerkt: »Im Louvre hatte der König die Schlüssel zu seinem Königreich gefunden.« So wurde der Verlauf des Jahres 1594 gesäumt durch den allmählichen Anschluß von Städten, Provinzen und Männern der Liga; ihre Zahl war groß, aber am weitesten sichtbar wurde der Karls von Lothringen – Herzog von Guise und ältester Sohn von Balafré: Sein Abfall nahm der Liga den Namen, unter dessen Banner sie gekämpft hatte, und ihre beste Zitadelle, Reims.

Nun darf man allerdings nicht annehmen, daß diese Unterwerfungen von einer großen Woge der Begeisterung getragen wurden oder daß die Sorge um das Wohl des Landes die großen Rebellen bewog, einer nach dem anderen ihren Frieden mit dem König zu machen. Ihr Einverständnis wurde weder mit Waffengewalt noch durch ihren eigenen guten Willen erreicht – sondern klipp und klar für Geld erkauft. Die Auflösung der Liga bildet in ihren Einzelheiten eines der sonderbarsten Kapitel in dieser Zeit, das aber besser von einem Buchhalter als von einem Historiker vorgetragen würde. Der ganze Vorgang drückt sich nämlich in einer Zahlenfolge aus, und mit jeder Zahl ist ein berühmter Name verbunden. Als Sully später Zeit fand, die Rechnungen zusammenzustellen, schätzte er die vom Staat an die Ligisten gezahlten Summen auf 32 Millionen Livres – eine Gesamtsumme, deren damaliger Wert sich heute nicht mehr recht fassen läßt. Um nur die Partner zu nennen, die am meisten gefordert hatten: Der Herr von Brissac erhielt 1 695 000 Livres für die Auslieferung von Paris, der Herzog von Joyeuse übergab Toulouse gegen 1 470 000 Livres, Balagny forderte für die Übergabe von Cambrai 1 Million, und 1 261 000 Livres kostete es, Amiens, Abbeville und Péronne zu kaufen. Vergessen wir nicht den Habgierigsten, den jungen Herzog von Guise, dessen Unterwerfung mit 3 766 000 Livres bezahlt wurde! (Die Zahlen stammen von Slocombe.) Die Ansprüche des Herrn von Villars-Branca, der Rouen in der Hand hatte, waren so übertrieben, daß man sich erst nach besonders langen und zähen Verhandlungen mit ihm einigen konnte. Zu diesen Summen für die Überläufer kamen noch große Einkommen und Ämter aller Art – einer wollte Marschall von Frankreich, der andere Admiral werden; die Gouverneure behielten ihre Provinz oder Stadt, und wenn die wichtigsten Männer ihr Geld hatten, erschienen die nächsten, die Stellvertreter und Mitarbeiter, mit aufgehaltener Hand.

Die Abgesandten des Königs, die in seinem Namen verhandelten, waren entsetzt von den Forderungen, und der Béarner hatte oft große Mühe, sie zu der Einsicht zu bringen, daß eine Belagerung zehnmal mehr kostete als das teuerste Abkommen. Er hielt es nicht einmal für angebracht, sich den Verzögerungen und den schwankenden Forderungen zu widersetzen, die schließlich ja doch erfüllt wurden. So schrieb er an Sully: »Sie sind dumm, so viel abzuhandeln. Machen Sie sich nicht mehr den Spaß, den guten Haushalter herauszukehren, halten Sie sich nicht mit dem Geld auf, denn wir bezahlen eben alles, was man uns liefert.«

Also zahlte man großzügig und gewann der Liga in wenigen Monaten neun Provinzen ab, so daß sich Ende 1594 sagen ließ, die Kraft der Monarchie und die Einheit des Territoriums sei fast wieder hergestellt. Der König hatte nicht geknausert und nicht gehandelt, aber seinen Part doch als recht schwierig empfunden. Als ihm jemand eines Tages gratulierte, weil er sein Königreich wiedergewonnen habe, antwortete er: »Sagen Sie, man hat es mir verkauft.«

Philipp II. von Spanien hatte versucht, diese Bewegung zu hemmen, weil er voraussah, daß ihm seine Verbündeten innerhalb Frankreichs verlorengingen; auch er kaufte Orte und Männer, darunter sogar Rosne, den besten Heerführer der Liga, den er aus dem Dienst Mayennes in den eigenen verlockt hatte. Auf den dicken Herzog setzte er nämlich wenig Vertrauen; der war, von so viel Verdruß angewidert, vorzeitig fett geworden, weil er zu viel aß und zu viel schlief und sich offenbar nur noch Ruhe wünschte. Auch seine Truppen, seit sieben Jahren schlecht bezahlt, zeigten wenig Eifer, und die kleine Armee, die er in Frankreich zusammengebracht hatte, mußte sich auf die Eroberung drittklassiger Ortschaften beschränken. Um diesen sinnlosen Demonstrationen ein Ende zu machen, begann Heinrich IV. am 25. Mai 1594 mit der Belagerung von Laon. Er rechnete mit einem raschen und glänzenden Erfolg, sah sich aber unversehens in der Zange zwischen den Ligisten, die Laon hartnäckig verteidigten, und den spanischen Truppen des Grafen Mansfeld, die in seinem Rücken standen und ihm lästig wurden. So dauerte die Belagerung mehr als zwei Monate, es gab viel Hin und Her, und der König mußte seine eigene Person so einsetzen, daß ihn Rosny bei einem Besuch völlig erschöpft und übermüdet fand; der König konnte sich kaum noch auf den Beinen halten. Etwas verlegen, weil er in einer Verfassung überrascht wurde, die man sonst an ihm kaum kannte und die er wahrhaftig nicht schätzte, wollte Heinrich IV. seine vorübergehende Untätigkeit entschuldigen: »Damit Sie mich nicht für einen Schwächling halten, werde ich Ihnen meine Füße zeigen«, und die kamen, wie Sully berichtet, aus Tüchern und Pflastern heraus, übersät von Schrunden und Wunden, »ganz von Blut verkrustet« und »voll dicker Blasen an mehreren Stellen«.

Die letzten Monate des Jahres 1594 verbringt der König in der Hauptstadt, wo er sich endlich von den Anstrengungen erholen kann. Die Chronisten dieser Zeit schildern ihn als entspannt, umgänglich, immer bezaubernd durch Schlichtheit, Freundlichkeit und gute Laune – völlig anders, als er jahrelang den Parisern von den Verfassern der Schmähschriften und fanatischen Predigern dargestellt worden ist; von allen Kanzeln in Paris herab hatte man ihn ja mit Bannflüchen und Beschimpfungen überhäuft. Jetzt sieht ihn das Volk »als guten Vater, der seine Kinder freundlich umarmt, wenn sie zu ihrer Pflicht zurückkehren und ihm Gelegenheit geben, die Kränkungen zu vergessen, die sie ihm zufügen konnten«. So beschreibt er selbst sein Verhalten in dieser Zeit, wo er Atem holen kann. Er befaßt sich mit der Reorganisation der Stadt, festigt ihre Institutionen und gibt dem Parlament die ihm gebührende Autorität und Achtung zurück. Wenn er sich auf solche Tätigkeit beschränkt, die sicher nützlich, aber doch zweitrangig ist, wenn er sich später daranmacht, die Reorganisation des Landes auf nationaler Ebene in Angriff zu nehmen, dann weiß er, »daß sich die Früchte der Befriedung nicht sofort pflücken lassen« und daß »die Zeit daran arbeiten muß«. Noch ist der Augenblick nicht gekommen, wo er »die Ordnung gegen jeden Mißbrauch« aufrichten kann: »Ich beklage sehr mein armes Volk, ich weiß, daß es schlecht geführt wird. Doch was hilft es – wenn ich irgend etwas unternehmen will, behandeln sie mich noch schlechter.«

»Sie«, das ist der allgemeine und ungenaue Ausdruck, mit dem er alle Widersacher der »guten Staatsführung« bezeichnet; sie widerstreben, bis sie die erstarkte Autorität wieder in den Dienst des allgemeinen Wohls zwingt. Sie sind Legion in einem Land, das in dreißig Jahren des Krieges und der Unordnung in die vollständigste politische Anarchie geglitten ist. Im Augenblick kann der König nur seine Ohnmacht beklagen und in vertraulicher Stimmung seine Hoffnung auf die Zukunft aufleuchten lassen. Als er eines Tages beim Ballspiel 400 Taler gewonnen hat, sieht man, wie er das Geld in seinen Hut legt; dazu, laut: »Ich werde sie gut hüten, man wird sie mir nicht entwenden, denn sie werden nicht durch die Hände meiner Schatzmeister gehen.« Tatsächlich hat er sich, wie sein Volk auch, am meisten über die Finanzverwalter zu beschweren. Er nimmt ihre Tyrannei hin wie seine Arbeiter, Handwerker und Bürger, und er hat gute Gründe, in die Klagen einzustimmen, denn wenn er auch König ist, so doch noch ärmer als sie alle.

Tatsächlich lebt er in echtem Mangel; die Millionen, die er den Ligisten für ihre Unterwerfung bezahlt hat, sind an allen Ecken und Kanten zusammengeliehen worden, bei jedem, der Kredit gab. Jetzt ist die königliche Kasse leer, und persönlich besitzt er ohnehin seit langem keinen roten Heller mehr. Eines Tages bringt man »seine großen Pferde« fort, weil sie nicht mehr ernährt werden können; ein andermal meldet ihm sein Kammerdiener, daß er nur noch fünf Schnupftücher hat und daß seine meisten Hemden zerrissen sind. »Mein Zustand ist wirklich elend; bald wird man mich nackt und zu Fuß gehen lassen.« Eine Abordnung des Parlaments, die um ein paar unumgängliche Kredite nachsucht, bekommt zu hören: »Ich esse mich nicht jeden Tag satt, und was meine Kleidung angeht, mein Herr Präsident, sehen Sie ja selbst, wie ich herausstaffiert bin.« Tatsächlich erblickt man ihn fast immer in abgenutzten und zerrissenen Kleidungsstücken, und eines Tages erscheint er zum Ballspiel »ganz im Hemd, das dazu noch auf dem Rücken zerfetzt war, und in alten grauen Hosen, die man ›Hundebeine‹ nennt« und die seit der Zeit Heinrichs III. aus der Mode sind.

Doch Heinrich erträgt die klägliche Lage mit der gewohnten guten Laune, lacht und scherzt darüber. Sein Spott, seine Schlichtheit verschaffen ihm beim Volk, unter das er sich bei jeder Gelegenheit mischt, einen neuen Ruf und löschen das Bild, mit dem ihn die Liga lächerlich machen und entehren wollte. Allerdings darf man sich nicht täuschen: Es ist keine überschäumende Popularität; Heinrich IV. war niemals der so überaus beliebte König, zu dem ihn Phantasie, Propaganda und die Entstellungen der Geschichtsschreibung in einer verlogenen Legende gemacht haben. Zu viele Mißverständnisse und Keime der Zwietracht überdauerten seine allzu kurze Herrschaft. Die Begeisterung, die ihn bei seinem Einzug in Paris empfing, galt in erster Linie dem Sieger, der den Frieden in der Hand hielt, dem in der Politik erfolgreichen Herrscher, weniger aber einem von der Vorsehung geschickten Mann, für den sich die Begeisterung der Massen entzündet. Jetzt, wo sich die trunkene Freude über die Befreiung gelegt hat, bezeugt man ihm Achtung und Freundschaft, erwidert seine Güte und Freundlichkeit, findet Gefallen an seinem vertraulichen Ton, seiner Heiterkeit, lobt seine Milde, die Liebe, die er seinem Volk so überzeugend entgegenbringt; man erkennt auch die seelische Kraft, die sich hinter gutmütigem Auftreten verbirgt. Doch all das entflammt nicht in Übertreibung oder in Entzücken; und der König kennt die Zerbrechlichkeit und Unbeständigkeit solcher Gefühle. Außerdem werden sie keinesfalls von allen Menschen in dieser Stadt geteilt, in der sich die feindliche Propaganda immer noch offen breitmacht.

Aus der Menge der Widersacher taucht eines Tages ein Mann

auf, der dem König ans Leben will. Sicherlich, er ist ein Irrer und Fanatiker, doch sein Wahnsinn ist zweifellos durch überredende Stimmen genährt worden, die im Schatten der Klostergänge anheben und auf den öffentlichen Plätzen laut werden. Am 27. Dezember 1594 kommt der Béarner nach der Rückkehr von einer Reise in die Picardie, noch gestiefelt und gespornt, in das Gemach der Gabrielle d'Estrées in ihrem Stadtpalais. Die Herren seines Gefolges, die ihn begrüßen wollen, sind versammelt, daneben »eine Anzahl von Leuten«, deren ungewöhnliche Anwesenheit an einem solchen Ort zeigt, wie sehr die Sitten der Zeit und die Lebensweise des Königs eine Sorglosigkeit förderten, die er unvorsichtig duldete. In diesem Durcheinander gelingt es einem jungen Mann, sich dem König verstohlen zu nähern und ihm einen Messerstich beizubringen, der auf die Kehle zielt, aber zum Glück nur die Oberlippe mit einem tiefen Schnitt trifft. Herr von Montigny, der in diesem Augenblick seinen Herrn umarmt, wirft sich auf den Verdächtigen und überwältigt ihn.

Es ist der neunzehnjährige Jean Chastel. Er unterwirft sich der Folter und läßt sich vierteilen, ohne einzugestehen, daß er von seinen einstigen Herren, den Jesuiten, angestiftet worden ist – oder von irgendeinem anderen »mutmaßlichen Ligaanhänger«. Aus seinen Antworten ist nur das Echo der Propaganda zu vernehmen, die Paris durchläuft: Heinrich von Bourbon (wie er jetzt genannt wird) sei der Feind der Religion; da er die Absolution des Papstes nicht erhalten habe, stehe er »außerhalb der Kirche«, und es sei erlaubt, Könige zu töten, »denen Seine Heiligkeit nicht zustimmt«.

Die Memoirenschreiber jener Zeit haben die Bemerkungen festgehalten, mit der Heinrich IV. das mißglückte Attentat kommentierte und aus denen hervorgeht, daß er zwar durch den verbrecherischen Anschlag des Jean Chastel weder beirrt noch eingeschüchtert worden, aber doch tief beeindruckt von der geistigen Verfassung war, die sich hier enthüllte. L'Estoile berichtet: Am Montag, dem 2. Januar, merkte »Madame de Balagny, daß der König sehr traurig war, und erlaubte sich die Bemerkung, Seine Majestät scheine nicht glücklich zu sein«. Worauf der König heftig antwortete: »Verflixt! Wie könnte ich das sein, wenn ich ein gegen seinen König so undankbares Volk um mich sehe, obwohl ich jeden Tag tu und bedenke, was ich für die Leute nur tun kann, und für das ich tausend Leben gäbe, wenn Gott sie mir schenken würde. Und trotzdem will man mir täglich und überall ans Leben! Denn seit ich hier bin, habe ich noch nichts anderes gehört.« Die Bitterkeit enthüllt ein Gefühl Heinrichs IV., das sich nur selten einstellte und noch seltener äußerte. Er fühlte den Mut sinken. Seine schöne Tatkraft und sein Mut haben dem Schlag nachgegeben.

Es war keine flüchtige Verstimmung oder vorübergehende Vorahnung. Bei dem Zug nach Notre-Dame zu einem feierlichen *Te Deum* für seine Rettung trug er immer noch, wie es heißt, »ein sehr trauriges und schwermütiges Gesicht zur Schau«. Eine Anordnung für die Pariser Straßen, durch die das Gefolge ziehen sollte, zeigt, daß man sich der einhelligen Loyalität der Pariser nicht sicher war: Allen Leuten, die in den Straßen ihre Fenster an Schaulustige vermieten wollten, wurde befohlen, »sich die Leute, die sie aufnehmen, sehr genau anzusehen, weil sie selbst Leben mit Leben zu bezahlen haben werden«. Als der König mit »wunderbarem Jubel begrüßt« wurde und einer seiner Edelleute bemerkte: »Sire, sehen Sie, wie sich Ihr Volk freut, Sie zu sehen«, gab Heinrich die nüchterne Antwort: »Ist das ein Volk! Wenn mein größter Feind hier wäre, wo ich nun bin, und das Volk ihn vorbeiziehen sähe, würde es sich genauso verhalten, man würde noch lauter schreien als jetzt.« Später meinte er noch: »Ein Volk ist ein Tier, das sich an der Nase herumführen läßt, besonders die Pariser.«

Als Beispiel für den auffallenden Stimmungswechsel des Königs sei erwähnt, daß er im Augenblick, als er die Kirche betrat, die schwermütigen Gedanken vergaß und sich wieder den Späßen überließ, die sein Geheimnis waren. Als er bemerkte, daß als einziger seiner Räte Pontcarré nicht seine rote Robe trug, wandte er sich zu Herrn von Longueville: »Sehen Sie Pontcarré! Er hat vergessen, seine rote Robe anzulegen, aber seine schöne rote Nase hat er doch nicht vergessen.«

Ein anderer Scherz des Königs hatte aber ernste politische Folgen. Als man ihn beglückwünschte, daß er dem Attentat entgangen war, soll er in aller Öffentlichkeit auf die Verantwortung angespielt haben, die er den Jesuiten an dem Mordversuch gab: »Es genügte also denen von der Gesellschaft nicht, daß mir der Mund so vieler anständiger Leute berichtete, man liebe mich dort nicht – sie wollten es von meinem eigenen Mund und meinem fließenden Blut bestätigen lassen.« Man glaubte – oder gab vor, zu glauben –, daß der König mit dieser Bemerkung das Parlament von dem Verbot, die Jesuiten auszuweisen, befreien wollte; er hatte es aus politischen Bedenken erlassen. Nun aber erhielten die Jesuiten ihr Urteil: Binnen drei Tagen mußten sie die Städte, in denen sie sich niedergelassen hatten, und binnen vierzehn Tagen das Gebiet des Königreichs verlassen. Offenbar, um diesen Spruch zu rechtfertigen, verurteilte dasselbe Parlament am 7. Januar 1595 zwei Jesuitenpater als Helfershelfer von Jean Chastel: Jean Gueret zu lebenslanger Landesverweisung, Jean Guignard zum Tod durch Erhängen und »Strangulieren«, weil er »großen Anteil an der Entstehung solcher Vatermorde habe«. Die Jesuiten wurden außerdem »verhöhnt und verlästert von jedermann, beschrien und beschimpft an allen Straßenecken von Paris«, schlimmer, als man es den Hugenotten zur ärgsten Zeit der Liga angetan hatte. Damals waren die Jesuiten gefürchtet, geehrt und »wie kleine Götter« fast angebetet worden, als Herren der Gewissen, als Inquisitoren des Glaubens. Es war wirklich »eine sonderbare Sache« und eine »erstaunliche« Wendung, wie L'Estoile meint, sie jetzt so mit Schimpf und Schande verjagt zu sehen.

Leider aber »erstaunte« der Papst auf seine Weise und weigerte sich, in dieser Sache »Gottes Hand« zu erkennen. Er meinte vielmehr hier sehr klar die bösen Absichten des Königs von Frankreich gegen die Kirche zu entdecken – und die Angelegenheiten des Béarners wurden in Rom noch nicht zu einem Ende gebracht. Seit Monaten lag er dem Erhabenen Pontifex in den Ohren, seine Konversion anzunehmen und das Verdammungsurteil aufzuheben. Er hatte ihm mehrere Gesandtschaften geschickt, deren jüngste unter den Herren du Perron und d'Ossat die Verhandlungen gerade in ein günstiges Fahrwasser gelenkt hatte, so daß man mit der bevorstehenden Aufhebung des Kirchenbannes gegen den König rechnen durfte. Aber die Vertreibung der Jesuiten stellte alles Erreichte in Frage. Heinrich wurde weiterhin als »gottloser Heuchler« angesehen und blieb in Gefahr, außerhalb der Kirche zu stehen.

Die Folgen dieses Bruchs waren nicht abzusehen. Zunächst schöpfte die schon todgeweihte Liga neuen Atem und griff im ganzen Lande zu den Waffen. D'Epernon erhob sich in der Provence, der Herzog von Nemours rief den Herzog von Savoyen zu Hilfe ins Lyonnais; Joyeuse, der schon im Begriff gewesen, seine Unterwerfung auszuhandeln, ermannte sich und trug den

Brand ins Languedoc. Da der Herzog von Mercœur immer noch die Bretagne hielt, war Heinrich IV. gezwungen, fast überall in seinem Königreich Krieg zu führen. Zur Liste seiner Plagen kam noch, daß sich Mayenne jetzt in der Bourgogne mit einer Armee stark machte, die durch spanische Kontingente aus der Freigrafschaft verstärkt wurde. Alle Hoffnungen, die Heinrichs Einzug in Paris geweckt hatte, verschwanden augenblicklich; offenbar waren die Anstrengungen so vieler Jahre umsonst gewesen, alles mußte neu begonnen werden. Und zum Aufstand in den Provinzen kam eine große Gefahr von außen.

Philipp II. von Spanien, »der am meisten gefürchtete und verabscheute Mensch seiner Zeit«, seinem Grab schon nahe, hatte trotz der Anhäufung von Mißgeschick keineswegs auf seine gigantischen Pläne zur Herrschaft über die Welt verzichtet. Aus seinem düsteren Zimmer im Escorial, in dem er seit einem halben Jahrhundert lebte, quollen unaufhörlich neue Pläne für eine universelle Monarchie und Befehle hervor, die Frankreich endgültig zerschlagen sollten. Diesmal ging es für Philipp nicht mehr darum, die Liga und ihren wieder aufgelebten Kampf gegen die königliche Autorität zu unterstützen. Spanien ließ die Maske der Intervention fallen und wollte sich mit offenem Visier und unter eigener Flagge schlagen. Alsbald überschritten Armeen aus den Niederlanden die Grenze nach Frankreich, und in ihrem Befehlshaber Graf de Fuentes hatte der König von Frankreich einen nicht minder gefährlichen Gegner als den verstorbenen Farnese zu fürchten.

Um sich den neuen Schicksalsprüfungen zu widersetzen, die sein bereits so von Elend heimgesuchtes Land bedrohten, hatte Heinrich IV. nichts als seinen Mut und sein Genie. Damit machte er sich noch einmal daran, das widerspenstige Geschick zu bezwingen und sich das Lob zu verdienen, mit dem ein alter Historiker sein Leben würdigte: »Seit langer Zeit an solchen Wechsel von Gunst und Zorn des Glücks gewöhnt, gerüstet mit einem hohen und großmütigen Sinn, erhob er sich stets gegen alle Schwierigkeiten, um sie zu überwinden.«

Bevor er militärische Entscheidungen traf, beschloß er am 15. Januar 1595, Spanien feierlich den Krieg zu erklären. Dieser großartige Schachzug weckte solchen Widerhall in Land und Welt, daß sich die Zögernden guten Willens und die Schwankenden um ihn scharten. Der Schleier, hinter dem sich bis jetzt die spanischen Absichten verborgen hatten, war grob zerrissen worden. Vergeblich behauptete Philipp II. nun noch, daß er nur gegen »den Fürsten von Béarn« – wie er ihn verächtlich nannte – Krieg führe: Er erschien den Franzosen nicht mehr als der Schutzherr der Katholiken, sondern als erklärter Feind eines Landes, das er unterjochen wollte. Die gewundenen Wege seiner Propaganda und seiner Unternehmungen waren abgeschnitten. In Frankreich erwachte der Patriotismus, und der Krieg, der nun beginnen mußte, wurde als nationaler Kampf empfunden.

Im gleichen Augenblick, in dem Heinrich IV. ganz Europa durch ein Manifest die Vorherrschaftsgelüste Spaniens klarmacht, tut er alles, um die lebendigen Kräfte im Innern des Landes zusammenzuraffen. Er bemüht sich vor allem darum, die Hugenotten zu versöhnen, die seinen Abfall von ihrem Glauben noch nicht verschmerzt haben. Und dann organisiert er eine Armee. Er hat 100 000 Taler beim Großherzog von Toskana leihen können und ebenso viel bei den Stadtverwaltungen der treugebliebenen Städte; er hat Steuern erhoben. Er ruft zu seinen Fahnen den Adel aller Provinzen, und die berühmten Kompanien der schwerbewaffneten Ritter mit ihren Männern kommen herbei. Bald kann er sieben Divisionen oder Truppenverbände aufstellen, die er in die Picardie, die Champagne, ins Lyonnais, in die Provence und in die Bourgogne schickt, in alle Provinzen, die gleichzeitig vom inneren und vom äußeren Feind bedroht werden. Zu dieser Möglichkeit haben ihm seine einstigen Verbündeten nicht verholfen, denn ihr Interesse an ihm ist merklich abgekühlt. England und Holland verübeln ihm seinen Übertritt und zeigen ihm in diesem Krieg nur Selbstsucht und zweideutige Haltung; ihre Politik enthüllt sogar einen Augenblick lang den zynischen Hintergedanken, sich mit Spanien die Trümmer eines besiegten Frankreichs zu teilen.

Heinrich wendet seine Hauptkraft dem am meisten bedrohten Punkt zu. An fünf Stellen sind die französischen Grenzen überschritten worden, doch besonders gefährdet ist die Bourgogne; der Konnetabel von Kastilien und der Graf von Fuentes sind hier mit 12 000 Spaniern und Savoyern eingedrungen. Marschall Biron kommandiert die königlichen Truppen in der Bourgogne, fühlt sich eingekreist, bittet den König um Hilfe, und der König kommt. Er bricht am 24. Mai 1595 in Paris auf, ist am 30. in Troyes und vereinigt seine Streitkräfte mit Birons am 4. Juni in Dijon. Der Krieg hat in dieser Landschaft schon einen unerbittlichen Charakter angenommen, denn die beiden

Heerführer der Invasionsarmee wetteifern an Grausamkeit und machen ihre Drohung wahr, »in Frankreich nur einzudringen mit Fackeln, die ihnen voranziehen sollen, um alles in Feuer und Blut zu tauchen«. Zum Glück sind Philipps II. Soldaten weniger forsch als ihre Anführer. Spanien besitzt die Hälfte Europas und beide Indien, doch es hat einen großen Teil des Inka-Goldes verschwendet, finanzielle Schwierigkeiten bilden schon das Stundenglas seiner Macht. Und im Innern wird das Land »von den geheimnisvollen Ursachen ausgehöhlt, die schließlich immer die allzu großen Staaten befallen«. Neue und schwere Rückschläge sprechen eindeutig für das Absinken der Kampfmoral, und in die Truppen bringen kleinste Mißerfolge schon unbeschreibliche Bestürzung. Außerdem ist die Qualität der Heerführer nicht mehr die alte; der Konnetabel von Kastilien kann auf der Bühne des Krieges Farnese nicht vergessen machen.

So gelang es Heinrich IV. tatsächlich, ihm am 5. Juni 1595 in der Umgebung von Fontaine-Française mit der Avantgarde ein Gefecht zu liefern, aus dem sich die Truppen des Konnetabels überstürzt zurückzogen. Der König wiederholte die Kühnheit von Aumale und griff mit weniger als 300 Reitern die feindlichen Schwadronen an, die aus etwa 2 000 Reitern bestanden. Doch diesmal warf sein ungestümer Angriff alles über den Haufen. Der Konnetabel blies überstürzt zum Rückzug und ging über die Saône in die Freigrafschaft. In einem Brief, den Heinrich noch am selben Abend schrieb, um dem Hof eine allgemeine Prozession zur Feier des glücklichen Ereignisses zu befehlen, durfte er sich rühmen, daß »200 Reiter verhindert haben – und ohne auch nur einen Bach zwischen sich und den Feinden –, daß eine große Armee von 10 000 Fußsoldaten und 2 000 Reitern in das Königreich eindrangen«. Er selbst war während der Kämpfe mehrmals in ernste Gefahr geraten: »Es fehlte wenig«, schrieb er seiner Schwester Catherine, »und Sie wären meine Erbin geworden.«

Der Kampf von Fontaine-Française, im Grunde nur ein gewöhnliches Scharmützel, hatte die Wirkung eines großen Sieges. Wenn die Spanier in einer offenen Feldschlacht vernichtet worden wären, hätten sie nicht vollständiger aus der militärischen Auseinandersetzung ausscheiden können als jetzt; sie interessierten sich weiterhin nicht einmal mehr dafür. Panik hielt sie im Lager von Gray fest, sie ließen es geschehen, daß die königliche

Armee die ganze Bourgogne besetzte und am 4. September 1595 in Lyon einzog.

Mayenne, entmutigt durch die Verzagtheit des spanischen Verbündeten und ernstlich in Schwierigkeiten durch dessen Ausfall, war unentschlossen und schwankend geworden. Diesen Augenblick nun wählte Heinrich IV., ihm großzügig einen Waffenstillstand vorzuschlagen, der auch angenommen wurde. Die versöhnliche Geste des Königs wurde von seinem Rat kaum verstanden und nicht gebilligt; er sah sich genötigt, seine Zustimmung mit den Worten zu erzwingen, »daß es immer schon gefährlich war, einen tapferen Mann zur Verzweiflung zu treiben, und schon gar, einen Mann von der Qualität des Herzogs von Mayenne«. Der Béarner verstand es wie immer, Geschmeidigkeit und Großmut zu vereinen. Einer seiner Biographen hat bemerkt, daß man an seiner Haltung meistens »diese Doppelnatur von Fuchs und Löwe erkennt, die stets ein Merkmal der Kapetinger war«.

Doch auf den anderen Kriegsschauplätzen hatten die königlichen Truppen weniger Erfolg, und wenn sie auch mäßige Fortschritte in der Bretagne machten, wurden diese durch den Verlust von Doullens in der Picardie wieder aufgehoben. Aber Mangel an Erfolg bedeutete jetzt wenig, und die militärische Lage geriet in den Hintergrund durch einen viel wichtigeren diplomatischen Erfolg: Am 18. September 1595 hob der Papst die Exkommunikation von Heinrich IV. auf, mit der er ihn belegt hatte. Gewiß verstand sich der Pontifex nur zögernd zu dieser Geste von Milde und Friedfertigkeit, aber im Grunde mißfiel ihm Heinrich IV. mitnichten; sogar die Vertreibung der Jesuiten hatte ihm den Franzosen nur für kurze Zeit entfremdet, zumal sie ihn veranlaßte, über die Gefahren nachzudenken, die ein bestimmter Fanatismus für den guten Ruf der Kirche darstellte. Die Tyrannei der Liga gefiel ihm ohnehin nicht, und für Spanien hegte er keine Sympathie. Freilich fürchtete er Gegenmaßnahmen Philipps II., und seine Bedenken konnten schließlich nur durch die dringlichen Vorstellungen der Republik Venedig und des Großherzogs von Toskana beschwichtigt werden. Außerdem hatte er der Absolution strenge geistliche und politische Bedingungen beigegeben, die Heinrichs Abgesandte ohne Zögern im Namen ihres Herrn angenommen hatten.

Die Aufhebung der Exkommunikation, sofort von Mund zu Mund verbreitet und an allen Kirchentüren im Königreich angeschlagen, nahm den Ligisten den letzten Vorwand, zum Krieg zu treiben. Eine Woche später wurde der schon in der Bourgogne geltende Waffenstillstand auf ganz Frankreich ausgedehnt, und Mayenne begann mit dem König über seine Unterwerfung zu verhandeln. Sie wurde als formgerechter Vertrag aufgesetzt und am 24. Januar 1596 in Folembray unterzeichnet. Der einstige Führer der Liga erhielt seine Sicherheitsplätze, in denen der protestantische Kult verboten blieb. Eine gewaltige Summe (fast drei Millionen Livres) wurde ihm zur Begleichung der Schulden zugesprochen, die er während des Krieges gemacht hatte. Am selben Tag unterzeichnete der Herzog von Joyeuse einen Vertrag von 110 Artikeln mit dem König; seine Unterwerfung wurde mit dem Marschallstab und dem Gouvernement über das Languedoc bezahlt. Auch der Herzog von Epernon machte seinen Frieden mit dem König, er behielt sein Gouvernement Angoumois und bekam das Versprechen, dazu auch das Limousin als Gouverneur verwalten zu dürfen. Von allen großen Führern der Liga sperrte sich eine Zeitlang nur noch der Herzog von Mercœur.

Man kennt durch die anekdotische Erzählung von Sully die gelinde und witzige Rache, die Heinrich IV. an Mayenne nahm, seinem ältesten und hartnäckigsten Feind. Bei der ersten Begegnung, die er ihm im Schloß Monceau gewährte, führte er den dicken Herzog im Geschwindschritt durch die Parkalleen, bis der Fettleibige und von Ischias Geplagte kaum noch folgen konnte. Als Heinrich ihm dem Ersticken nahe sah, meinte er: »Nun sagen Sie die Wahrheit, mein Vetter – gehe ich Ihnen etwa zu schnell?« Und als der Arme um Gnade bat, klopfte ihm der Béarner lachend auf die Schulter: »Weiß Gott, das ist die einzige Rache, die ich an Ihnen nehme.« Dann überließ er sein Opfer Sully, der es mit zwei Flaschen Wein aus Arbois erfrischen sollte.

L'Estoile berichtet etwas anders über diese erste Begegnung. Danach sei Mayenne am Schloßtor von Gabrielle d'Estrées begrüßt worden, und der König habe ihn mit den fröhlichen Worten empfangen: »Mein Vetter, sind Sie es wirklich? Oder träume ich, daß Sie es sind?« Daraus läßt sich jedenfalls schließen, daß Gabrielle damals schon als Herrscherin auftrat; in ihrer eigenen Residenz gab der König gern wichtige Audienzen, und beim Souper mit Mayenne saß sie an der Seite Heinrichs IV., ihnen gegenüber Mayenne mit ihrer Schwester Diane d'Estrées.

Nach all den Unterwerfungen, die Mayennes Schritt ausgelöst hatte und bei der sich nur noch die Bretagne der königlichen Autorität entzog, konnte Heinrich IV. am Abend nach der Übergabe von Marseille ausrufen: »Jetzt bin ich König!« Aber er war König eines zerstörten Landes, das immer noch von fremden Mächten bedrängt wurde. Philipp II. hatte sämtliche Streitkräfte in die Picardie geworfen. Gemeinsam mit denen des Herzogs von Savoyen stellten sie zwei Jahre lang das Glück Heinrichs IV. und Frankreichs Schicksal in Frage. Die Erholungspausen waren kurz, und der ständige Wechsel zwischen Erfolgen und Rückschlägen gaben diesem Entscheidungskampf etwas Atemloses, Pathetisches. Wieder einmal hatte der Béarner all den Schwierigkeiten, mit denen ihn das Geschick bedachte, nur seinen Geist und seinen Mut entgegenzusetzen. Er mußte zur selben Zeit, in der er die schwierigsten seiner militärischen Unternehmungen führte, die bürgerliche und religiöse Befriedung seines Landes erreichen, Verwaltung und Finanzwesen neu ordnen, die Eingriffe eines Hochadels zügeln, der immer auf dem Sprung stand, Schwächen der königlichen Autorität für seine feudalistischen Absichten zu nutzen. Außerdem mußte er die Protestanten abwehren, die ihm seit seinem Übertritt grollten und ihm die sonderbare Laune nicht verziehen, »geleistete Dienste zu bestrafen und Beleidigungen zu belohnen«. Seine wahrhaft übermenschliche Aufgabe erfüllte der Béarner bewundernswert. Er befreite Frankreich fast ohne Soldaten, und er reorganisierte es ohne Geld.

Die beschränkten Finanzen zwangen ihn »zu sehr engen Plänen«. So antwortete er nur mit der Belagerung von La Fère auf die spanische Offensive in der Picardie – eine Offensive, deren Wucht glücklicherweise durch den Geldmangel Philipps II. gebremst wurde. Der Spanier hatte alle Möglichkeiten des Landes in seine unglückseligen Hegemoniebestrebungen gesteckt, und der Zustand ständiger Meuterei bei seinen Söldnertruppen erlaubte es den Offizieren nicht, ihre Erfolge voll auszunutzen. Das war ein Glück, denn der Geldmangel des Königs von Frankreich war katastrophal. Die Briefe Heinrichs aus La Fère klingen wie ein ununterbrochener Alarm- und Hilferuf. Am 6. März 1596 schreibt er an Sully: »Wenn man mir nicht bald mit dem Geld hilft, mit dem ich die Ihnen genannten Ausgaben bezahlen kann, gerate ich in größte Schwierigkeiten, denn Duesbachs Schweizer Truppe löst sich täglich mehr auf; unsere Erdarbeiten kommen nicht voran; meine Reiterei kann sich wegen ausbleibender Bezahlung nicht mehr halten.« Ein neuer, noch dringlicherer Appell vom 16. März berichtet, daß diese Soldaten sogar damit drohen, »ihre Feldzeichen zu entfalten« und abzuziehen, was dem König, der auf den Feind wartet, höchst ungelegen käme. Am 23. März verlangt er Weizen, denn seine Truppen, so sagt er, bekommen nur halbe Rationen und zuweilen gar nichts. Der Widerspruch zwischen der Größe des Ziels und den kläglichen Mitteln, die dafür eingesetzt werden können, bricht aus dem oft zitierten Brief hervor: »Ich will Ihnen genau den Zustand schildern, in dem ich mich befinde, und der sich damit kennzeichnen läßt, daß ich dem Feind ganz nahe bin, aber sozusagen kein Pferd habe, um kämpfen, und keine vollständige Rüstung, um sie anlegen zu können. Meine Hemden sind völlig zerrissen, die Pourpoints an den Ellenbogen zerschlissen; ich habe oft nichts zu essen und verpflege mich seit zwei Tagen bei dem einen oder anderen, da meine Fourageure sagen, sie haben nichts mehr für meinen Tisch, zumal sie seit sechs Monaten kein Geld mehr erhalten haben.«

Die Situation, die in diesen verzweifelten Appellen des Königs sichtbar wird, gehört zu den entscheidenden Augenblikken der französischen Geschichte, denn vor La Fère ging es klipp und klar darum, ob Frankreich ein freies Land bleiben oder von einer beutegierigen Macht geschluckt werden würde, die sein Verderben beschlossen hatte. Das Entsetzen des Königs über sein finanzielles Elend verdoppelte sich durch die Gewißheit, daß die Finanzbeamten das Geld, das man ihm verweigerte, für sich selbst verbrauchten. Er hatte zwei Jahre zuvor in dem Versuch, »Ordnung in seine Angelegenheiten zu bringen«, einen neunköpfigen Finanzrat geschaffen, in dem aber nur Rosny sein Vertrauen besaß. Aber es fehlte Rosny noch an der fachlichen Fähigkeit, und seine Kompetenzen waren viel zu ungenau festgelegt, als daß er wirklich durchgreifen konnte. So blieb ihm nur, Beweise seines guten Willens zu geben. Obwohl er sich mit peinlicher Sorgfalt seiner Aufgabe der Rechnungsprüfung widmete, fand er noch keine wirksamen Mittel gegen »die Abzweigungen von Geldern und unerlaubten Profite«. Die Situation war schlicht beschämend, wenn Steuereinnehmer und Schatzmeister den König und seine Armee «verhungern« ließen und selbst eine »wohlversehene, reichliche Tafel« führten. Tatsächlich stellten die Finanzbeamten – und es waren ihrer viele – gerade jetzt in

Paris einen unverschämten Luxus offen zur Schau. Ihre Häuser »quollen über von Banketten und überflüssigen Dingen«, während »sich in den Straßen die Prozessionen der Armen so dicht drängten, daß man nicht vorbeigehen konnte«. »Eine abscheuliche Sache vor Gottes Angesicht!« schrieb L'Estoile auf – und abscheulich war der Zustand auch in den Augen des Königs, der »so viele Dinge auf dem Hals« hatte, daß er die acht anderen Mitglieder des Rats und ihre Komplizen nur verwünschen konnte. »Diese Herren dort«, schrieb er an Rosny, »und diese zügellose Menge von Verwaltern, mit denen sie sich verschwägert und verwandt haben, verschlimmern die Unterschlagungen und verzehren gemeinsam das Schwein. So haben sie mehr als fünfzehnhunderttausend Taler verbraucht, die genügt hätten, die Spanier aus Frankreich zu verjagen.«

Während Heinrich IV. vor La Fère durch Tapferkeit die fehlenden Mittel ersetzte, drang eine neue Armee aus Holland, wo sie das Land endgültig unterworfen hatte, über die französische Grenze vor. Sie wurde von Erzherzog Albert geführt, der am 9. April 1596 Calais einnahm, danach die anderen wesentlichen Orte im Norden. Der Fall von La Fère am 22. Mai bedeutete einen höchst kümmerlichen Ausgleich für die feindlichen Eroberungen, die Frankreichs Lebensadern trafen und dem königlichen Ansehen einen verheerenden Schlag versetzten. Die Verbündeten Frankreichs, ohnehin lau und zögernd, rückten nun ganz ab, und Philipp II. schien auf dem besten Wege, seine Pläne zu verwirklichen, während Frankreich an seiner Zukunft zu zweifeln begann.

Nur ein Mann zweifelte nicht – der König. Und das Glück, das denn doch trotz allem, was man behauptet, eher dem Hartnäckigen als dem Kühnen lächelt, brachte ihm die Ruhepause, die ihn rettete. Erzherzog Albert sah sich plötzlich gezwungen, seine Armee nach Holland zurückzuführen, wo er sich lange mit der schwierigen Belagerung von Hulst aufhielt und 5 000 Mann verlor. Inzwischen machte sich Königin Elisabeth klar, daß Calais in den Händen der Spanier »ein auf das Herz Englands gerichteter Dolch« sei; sie verzichtete auf ihre zwielichtige Rolle und schloß einen Bündnisvertrag mit Heinrich IV., versprach ihm ein Kontingent von 4 000 Mann und verpflichtete sich zu einem maritimen Unternehmen, das den Handel Spaniens zerstörte, dazu einen großen Teil seiner Flotte (im Juli 1596).

So war Heinrich IV. von den drängendsten Sorgen befreit

und nutzte die unverhoffte Pause, um seine defensiven Positionen auszubauen und den kommenden Feldzug vorzubereiten. Wieder in Paris, etwas aufgeheitert durch die glückliche Wendung, befaßte er sich mit den vordringlichen Problemen, nämlich neue Mittel zur Fortsetzung des Krieges aufzubringen. Er beschloß vor allem, die Unterschlagungen der Finanzbeamten und Steueragenten zu unterbinden; Rosny wurde die Aufgabe mit ausgedehnten und genauen Befugnissen anvertraut. Der spätere Herzog von Sully, dessen Fähigkeiten sich inzwischen durch Erfahrung erweitert hatten, untersuchte sofort erbarmungslos die Erpressungen und die Veruntreuungen öffentlicher Gelder. Obwohl sich seine strengen Nachforschungen auf vier Steuerbezirke beschränkten, führten die Untersuchungen zu beachtlichen Ergebnissen. Schon im November konnte Rosny eine Ausbeute von anderthalb Millionen Livres in siebzig Karren triumphierend herbeischaffen lassen. Außerdem mußten die Einnahmen des Staates den Ausgaben angepaßt werden; das allerdings war nur durch die Einführung neuer Steuern zu erreichen – und sie konnten nur von bestimmten Klassen im Staat überhaupt geleistet werden. Um sich vor der unausweichlichen Unpopularität zu schützen, die solche Maßnahmen mit sich bringen mußten, wollte Heinrich IV. sie durch einen Rat von Notabeln beschließen lassen, den er im November 1596 nach Rouen einberief und der sich aus gewählten Vertretern der verschiedenen Stände und der einschlägigen Körperschaften zusammensetzte: Gerichten, Stadtverwaltungen, Schatzmeistern und Steuereinnehmern. Der König eröffnete die Beratungen mit einer bewundernswerten Rede der Weisheit und der Vernunft: In ihr wird schon das Wesen der Regierung sichtbar, wie es die Jahre seiner Herrschaft prägte.

»Ginge es mir um den Ruf eines Redners, dann hätte ich eine schöne und lange Ansprache gelernt und Ihnen mit dem entsprechenden Ernst vorgetragen. Aber, meine Herren, ich strebe nach zwei ruhmreicheren Titeln, denn ich möchte Befreier und Wiedererbauer dieses Staates genannt werden. Deshalb habe ich Sie hierhergeholt. Sie wissen es aus eigener Erfahrung so gut wie ich, daß ich Frankreich, als Gott mich zur Krone berief, nicht nur halbwegs zerstört, sondern für die Franzosen fast schon verloren vorfand. Mit Gottes Gnade, mit den Gebeten und guten Ratschlägen jener meiner Diener, die nicht zum Waffendienst berufen sind; mit dem Schwert meines tapferen und großmütigen

Adels, von dem ich – beim Wort eines Edelmannes – die Prinzen nicht ausnehme, die unseren schönsten Titel tragen; mit meinen Mühen und Anstrengungen habe ich das Land vor der Vernichtung bewahrt. Jetzt müssen wir es vor dem Untergang retten. Nehmen Sie, meine lieben Untertanen, an diesem zweiten Ruhm so teil, sie Sie ihn an dem ersten haben. Ich habe Sie nicht wie meine Vorgänger zusammengerufen, um Ihnen Ihre Wünsche zu bestätigen. Ich habe Sie versammelt, um Ihre Ratschläge zu erhalten, an sie zu glauben, sie zu befolgen, kurzum, um mich unter Ihre Vormundschaft zu stellen, ein Wunsch, wie er nur selten Königen, Graubärten und Siegern kommt. Aber die leidenschaftliche Liebe zu meinen Untertanen, der heiße Wunsch, jene beiden schönen Titel dem des Königs anzufügen, bewirken, daß mir alles leicht und ehrenhaft erscheint ...«

Denen, die nach diesem Bekenntnis ihr Erstaunen aussprachen, daß er sich offenbar unter solche Vormundschaft begeben wolle, antwortete der König: »Ventre-saint-gris! Das ist wahr – aber ich verstehe es mit dem Schwert an der Seite.« Sicherlich hatte er die »aufrührerischen und bestochenen« Generalstände von Blois und Paris und die protestantischen Synoden noch in zu lebhafter Erinnerung, um sich Illusionen über den Wert beratender Versammlungen hinzugeben. Er wußte, daß sie zu fruchtlosem Geschwätz und gefährlichen Eingriffen neigten. Ebenso erwartete er nur, daß man ihm mit nützlichen Ratschlägen half und ihn nicht mit Ermahnungen belästigte; ganz und gar nicht war er gesonnen, Anordnungen entgegenzunehmen.

Die Notabeln waren bereit, die Staatseinnahmen um 7 Millionen zu erhöhen, und zwar durch die Abgabe von einem Sou pro Livre auf den Preis aller Waren, die in Städten und auf Märkten gehandelt wurden; Weizen blieb als Grundnahrung der Armen abgabenfrei. Diese Steuer, ein ferner Vorläufer unserer Umsatzsteuer, wurde natürlich unzufrieden aufgenommen. Aber wie es der Béarner so listig vorausgesehen hatte, trugen nur die Notabeln die Last öffentlicher Vorwürfe – was ihnen auch auf lange Zeit hinaus den Spaß verdarb, sich in die Steuerpolitik zu mischen.

Zur selben Zeit, als er sich die Mittel für den neuen Feldzug beschaffte, verdoppelte Heinrich IV. seine Anstrengungen, alle Verbündeten bei der Stange zu halten. Seine Lage schien nun ziemlich stark, die Philipps II. aber nach den jüngsten Rückschlägen und Verlusten der Flotte so aussichtslos, daß sich Papst

Klemens VIII. zu einer Vermittlung angeregt fühlte. Seine Bemühungen scheiterten völlig an der Halsstarrigkeit des Spaniers, der auf seinem Krankenlager immer noch blindlings seinen sinnlosen Herrschaftsträumen nachjagte. Heinrich IV. hatte dagegen in gebieterischen Wendungen erklärt, die Waffen nicht niederzulegen, ehe nicht sein Feind die von ihm zu Unrecht besetzten Teile Frankreichs geräumt und versprochen habe, in Zukunft nicht mehr den Besitz anderer zu begehren. So unvereinbare Gegensätze brachten es mit sich, daß die Lage nur noch durch Kanonen und Arkebusen entschieden werden konnte.

Der Plan des Königs von Frankreich für den beginnenden Feldzug umfaßte die Belagerung von Arras und die Besetzung des Artois. Heinrich hatte sein Arsenal und sein Lebensmittellager in Amiens eingerichtet. Um die Stadt vor Handstreichen zu schützen, wollte er sie mit einer königlichen Garnison belegen, aber Amiens, dessen Treue nicht auf sehr festen Füßen stand, behauptete, es könne sich selbst mit seinen städtischen und bürgerlichen Milizen verteidigen.

Der Béarner war unvorsichtig genug, ihren Versicherungen nachzugeben, und verbrachte heitere Wochen vor der Eröffnung des Feldzugs. Sullys Tüchtigkeit hatte nun auch dem König die Börse gefüllt, so daß er sich etwas zugute tun konnte. Er übertrieb sogar seine finanziellen Möglichkeiten, als er den Plan faßte, Gabrielle d'Estrées einen Ring für 800 Taler zu kaufen. Jedenfalls redete er davon. Denn als er, um ihn auszuwählen, den Markt Saint-Germain besuchte, nahm er nichts mit als »eine silberne astronomische Konfektdose«, die er seinem kleinen Sohn César schenkte. »Er feilschte noch um viele Waren auf dem Markt«, berichtet L'Estoile, »doch was man ihm für zwanzig Taler anbot, wollte er für sechs haben, gewann aber kaum einen Händler für seine Auffassung.«

Der König war damals so frohgestimmt, daß er unversehens Choräle anstimmte – eine Anwandlung, der Gabrielle d'Estrées schnell ein Ende machte, als sie ihm die Hand auf den Mund legte, zum großen Mißvergnügen der Hugenotten. »Da sehen Sie diese Person, die den König hindern will, Gottes Lob zu singen!« Heinrich spielte allabendlich Karten und hatte Glück im Spiel, was sonst nicht seine Gewohnheit war: Lesdiguières und Sancy waren vorübergehend seine Opfer. Das sei der Seltenheit wegen erwähnt, denn der Béarner wurde in seiner langen

Laufbahn als besessener Spieler fast ununterbrochen vom Pech verfolgt.

In dieser ganzen Zeit spielten Feste und Gelage die Hauptrolle. Für die Taufe des Sohns vom Konnetabel Montmorency wurden alle Köche von Paris für acht Tage »beschlagnahmt«; die Fische waren »Meeresungeheuer«, die man eilig von allen Küsten herangeholt hatte. »Es gab zwei Störe zu hundert Talern, und es gab Bon-Chrétien-Birnen, die das Stück einen Taler gekostet hatten«, es gab Ballette, Maskeraden, Musik aller Art, Pantomimen und »alles, was die Wollust fördern kann«.

In diesen Kreisel von Vergnügungen schlug wie der Blitz eine Nachricht von Amiens ein: Die Spanier hatten am hellen Tag und ohne einen Schuß abzugeben die Stadt eingenommen. »Ankündigung von Gottes Zorn, der gleich danach auf uns niederging«, meinte L'Estoile. »Denn am Mittwoch, dem 12. des Monats (März 1597), am Abend vor Mittfasten, wo man sich mit Lachen und Tanzen vergnügte, wurden Paris, der Hof, der Tanz und alle Feste in Verwirrung gebracht.« Am meisten der König selbst. »Das ist ein Schlag vom Himmel«, meinte er. Das Glück schien schon wieder die Seite zu wechseln, das königliche Werk war aufs neue gefährdet, Frankreichs Sicherheit bedroht. Die Spanier in Amiens und Beherrscher der Linie an der Somme – das hieß, daß Paris keine Deckung mehr hatte. Niemals war ein Feind so tief in das Herz Frankreichs eingedrungen. Am verhängnisvollsten wirkte es sich aus, daß der Feind ja in der Stadt alle Mittel zu ihrer Verteidigung vorgefunden hatte, die Artillerie, Munition, die Lebensmittel – alles, was die Franzosen für den Feldzug im Norden dort gelagert hatten. »Dieses traurige Ereignis schien mit einem Schlag die königliche Majestät und den Namen Franzose getilgt zu haben«, meint de Thou. Der König bewies sofort wieder die gewohnte Entschlossenheit. »Wir müssen die Stadt wiederhaben oder sterben«, sagte er und fügte hinzu: »Jetzt ist lang genug König von Frankreich gespielt, jetzt muß der König von Navarra her.« Zu Gabrielle: »Meine Herrin, wir müssen unsere Waffen ablegen, uns aufs Pferd schwingen und eine andere Art Krieg führen.« An einem einzigen Morgen brachte er die nötigen Mittel für den Feldzug zusammen. Er lieh an allen Ecken und Kanten, besteuerte die Reichsten am Hof und die großen Städte mit »freiwilligen Darlehen« und »erhöhte die Salzsteuer um 15 Sous pro Metze«. An einem einzigen Nachmittag arbeitete er seinen Angriffsplan gegen Amiens aus. Er schickte Biron mit allen verfügbaren Truppen los und folgte ihm bald an der Spitze einer neuen, in aller Eile zusammengestellten Armee. Großartig reagierte der Adel auf den pathetischen Appell des Königs, seine »Ermahnung an die Stubenhocker-Edelmänner dieses Königreichs«. »Die Berufung zum Waffendienst hat Sie aus dem übrigen Volk herausgehoben. Ihr Adel ist durch das Schwert erworben worden und muß durch das Schwert behauptet werden, und Sie dürfen sich nicht für wahrhaftig adlig halten, wenn Sie Ihr Schwert nicht im Dienst für den König einsetzen ... Bedenken Sie, daß dieses große Schiff Frankreich nicht Schiffbruch erleiden kann, ohne daß eine entsetzliche und bejammernswerte Verheerung entsteht. Steigen Sie also zu Pferde, legen Sie den Küraß an, kommen Sie zu Ihrem König in der Überzeugung, daß der Tod ehrenvoll ist, wenn man das Leben zu Füßen seines Fürsten läßt!«

30 000 Mann setzt Heinrich schließlich für die Belagerung von Amiens ein. Auf dem Marsch hat er die Sicherheit der Orte unterwegs verstärkt und überall, wo er auftaucht, den Mut belebt, den Willen zum Widerstand gestärkt. Er sorgt gleichzeitig für alles, setzt die Herstellung von Pulver und Kugeln in Betrieb, läßt Kanonen gießen, nutzt die Märkte unterwegs für die Ernährung der Truppe, stellt die Pläne für die Belagerung von Amiens fertig, läßt Erdarbeiten ausführen, um die Verbindungswege der Belagerten mit ihrer Basis in Flandern zu unterbrechen. Und allem wird er gerecht, »er übernahm selbst die ganze Unmenge der Probleme, er leitete die Flut der Aufgaben mit der Kraft seiner Intelligenz und der Energie seines Willens«.

Wie immer war es dabei am schwierigsten, die Steuern, die er eingeführt hatte, und die erzwungenen Anleihen, die er diktiert hatte, auch in seine Kassen zu leiten. Er begegnete viel böser Absicht, denn die Überraschung von Amiens hatte die Hoffnungen derer, die noch von der Liga übrig waren, wieder zum Leben geweckt. Pasquier hat gesagt: »Es schien, daß der König alles auf einmal verloren hätte, seine schöne Stadt, sein Ansehen und das Herz seiner Untertanen.« Tatsächlich fühlte sich Gabrielle d'Estrées in Paris so wenig sicher, daß sie lieber in ihrer Karosse der Armee folgte. Das Parlament widersetzte sich in unverschämter Weise den finanziellen Edikten, und der König, der nach Paris kam, um seinen Widerstand zu brechen, mußte harte Worte gebrauchen: »Ich bin genötigt, hierherzukommen wegen Ihrer Langsamkeit, Ihrer Halsstarrigkeit, Ihres Ungehorsams und weil es um das Heil dieses Landes geht. Ich habe Ihnen gezeigt, welche Gefahr es unmittelbar bedroht, und doch hat es Sie nicht bewegt. Und nun bin ich genötigt zu diesem Gespräch, das mich vielleicht veranlaßt, mit mehr Schärfe zu sprechen, als ich es wohl möchte, aber die Verderbtheit dieses Jahrhunderts zwingt mich dazu.«

Am 8. Juni ist Amiens eingeschlossen, und an der Spitze einer starken und gut ausgerüsteten Armee treibt der König die Belagerungsarbeiten voran. Mit mehr Glück und besseren Einfällen als 1590 vor Paris und 1592 vor Rouen gelingt es ihm, der spanischen Hilfsarmee, die unter Erzherzog Albert aus Flandern herbeieilt, den Zugang zur Stadt unmöglich zu machen. Die Garnison, dezimiert durch Krankheit und die königliche Artillerie, auf ihre Vorräte angewiesen und unfähig, der erstickenden Blockade zu entgehen, übergibt die Stadt am 9. September 1597 nach sechsmonatiger Belagerung. Am nächsten Tag schreibt der König den berühmten Brief an Crillon: »Tapferer Crillon, hängen Sie sich auf, weil Sie am letzten Montag nicht bei mir waren, bei einem der schönsten Schauspiele, die man je gesehen hat und vielleicht überhaupt sehen wird . . .«

Einmal wieder – und der Leser sei um Entschuldigung gebeten, weil diese Feststellung nun schon fast monoton wirkt – hatte der Béarner bei der Belagerung von Amiens seinen legendären Mut und seine bemerkenswerte Fähigkeit zur Menschenführung bewiesen. Aber bei diesem letzten, glänzenden Unternehmen legte er auch militärische Fähigkeiten an den Tag, die weit über die ihm von Napoleon zuerkannten hinausgingen. Bei der Belagerung von Amiens hatte er völlig neue Taktiken und Belagerungsmethoden angewandt, die vorher niemals eingesetzt worden waren, jedenfalls nicht in Frankreich. Die Verwendung von Minen und Gegenminen wurde so allgemein, daß sie ein von Pierre de Vaissière überliefertes Wort eines Mitkämpfers verständlich macht: »So ging eine Mine hoch durch eine andere, die unter ihr vorbereitet worden war.« Das Mißgeschick hätte leicht den König treffen können, wenn ihn nicht ein hübscher Zug gascognischer Landmannschaft gerettet hätte. Er stand einmal an einem Platz, an dem nach ein paar Augenblicken eine Mine hochgehen sollte; ein Soldat der gegnerischen Armee, ein Gascogner, stand Posten auf dem Bollwerk der Stadt und versuchte, unter Mißachtung seiner Befehle, den König vor der Gefahr zu warnen, in der er sich befand. Um sich nicht zu verraten, suchte er nach einem Ausweg und erinnerte sich an den Namen, mit dem sich der König von Navarra einst gern bezeichnet hatte. So schrie er ihm in Gascogner Dialekt die Warnung zu, die dem König tatsächlich das Leben rettete: »Hé! Lou Moliné de Barbasté! Goarde-t'! La gate que ba gata!« (»He! Müller von Barbaste! Gib acht, die Katze kriegt Junge!«)

An diesem so willkommenen Ruf aus längstvergangenen Tagen konnte Heinrich IV. den Weg abmessen, den er zurückgelegt hatte, seit er, kleiner Herrscher von Navarra, begonnen hatte, seinem Glück zu folgen. Nach so vielen Schwierigkeiten und Widerständen hatte er sein Königreich erobert und war dabei, es von den Fremden zu befreien. »Ganz Europa war voller Unruhe, wem der Sieg bei dieser Belagerung gehören würde, weil davon die Versklavung Frankreichs oder seine Freiheit abhing«, sagt L'Estoile. Allgemein herrschte der Eindruck, daß der Erfolg von Amiens den endgültigen Sieg Frankreichs in einem Krieg bedeutete, in dem seine Zukunft, ja seine Existenz lange Zeit auf dem Spiel gestanden hatten. Tatsächlich war Spaniens Niederlage schon vollzogen. Amiens bezeichnete das Ende seiner Offensive, und seine auf Arras zurückgenommene Truppe zeigte keinerlei Kampfbereitschaft mehr. Zum Glück für Heinrich IV. war sie in diesem Augenblick so erschöpft, daß sie nichts mehr unternehmen konnte, denn wiederum zerstreute sich die königliche Armee nach dem Sieg; ihr feudalistischer Aufbau ließ es nicht zu, daß sie sich länger als sechs Monate um die Fahne scharte. Am 28. September waren nur noch 500 von 5 000 Edelleuten um den König, und zwei Drittel seiner Fußsoldaten hatten sich ebenfalls auf und davon gemacht. Doch die 10 000 Beharrlichen und Treuen genügten, mit einer Lage fertigzuwerden, die schon durch die Waffen entschieden worden war und in der man im Grunde nur noch auf das Auftauchen der Unterhändler wartete. Philipp II. ergriff die Initiative. Seine Gelder waren verbraucht, seine Flotte zerstört, seine Armeen geschlagen; dem Tode nahe erkannte er das Scheitern aller stolzen Hegemoniebestrebungen in seiner vollen Bedeutung.

Am 15. November konnte Heinrich IV. seiner unbeständigen Verbündeten Elisabeth von England schreiben: »Unsere gerechten Armeen haben unter dem Beistand Gottes endlich unseren Feind gedemütigt; denn er will den Frieden und erklärt, daß er die Vernunft sprechen lassen wird, um ihn zu bekommen.« Am 29. Januar 1598 kamen auf Vermittlung des Papstes und unter

Vorsitz seines Legaten, des Kardinals von Florenz, die Bevollmächtigten in Vervins zusammen. Aus ihren Beratungen ging am 2. Mai 1598 der Frieden hervor, gefeiert mit »Freudenfesten, deren Lärm von einem Ende der Christenheit zum anderen klang«. Dieser langjährige Krieg endete damit, daß der alte Vertrag von Cateau-Cambrésis wieder in Kraft trat und wieder zum gemeinsamen Gesetz für beide Kronen wurde. Doch die Rückkehr zur Situation von 1559 hatte jetzt nicht mehr die gleiche Bedeutung für beide Länder. Während Frankreich, das die Unversehrtheit seines nationalen Bodens wiedererlangt hatte, im Frieden von Vervins das Ende seiner tödlichen Ängste sehen durfte, verzichtete Spanien, das seine Eroberungen herausgab, auf alle Intrigen und »unterzeichnete die Abdankung seiner Macht«.

Während in Vervins die Friedensbedingungen ausgehandelt wurden, blieb Heinrich IV. nicht untätig. Anleihen beim Schöffenamt von Angers und bei der Stadt Paris ermöglichten ihm die Aufstellung einer kleinen Armee, mit der er endlich auch der Bretagne, der einzigen noch nicht unterworfenen Provinz, sein Gesetz aufzwingen wollte. Heinrich hatte geschworen, ihren Gouverneur, den Herzog von Mercœur, »mit Liebe oder Gewalt« zurückzuführen. Gewalt brauchte er nicht anzuwenden, denn die bloße Meldung vom Herannahen des Königs schüchterte Mercœur genügend ein, um ihn schleunigst zur Unterwerfung zu veranlassen, freilich unter den gleichen harten finanziellen Forderungen, wie sie die anderen Führer der Liga erhoben hatten. Auch er fiel dem Staatsschatz nicht wenig zur Last. Aber der König blieb bei seinem System, dem Zwang die freundschaftlichen, wenn auch drückenden Lösungen vorzuziehen. Abgesehen von anderen Vorteilen erhielt der Herzog von Mercœur das Versprechen, daß seine einzige Tochter mit César Vendôme, dem Sohn des Königs und der Gabrielle d'Estrées, vermählt werden sollte; der Bräutigam war noch nicht vier Jahre alt und trug den Titel »Monsieur«, als wäre er kein Bastard. Gabrielle sah in dieser Verbindung eine weitere Erhöhung ihres Ansehens, das durch die langjährige Gunst des Königs ohnehin schon groß war. Er hatte sie zur Marquise von Monceau, dann zur Herzogin von Beaufort gemacht, hatte versprochen, sie zu heiraten. Schon jetzt behandelte man sie als Souveränin, erzog und ehrte ihre Söhne wie »Kinder Frankreichs«. Man darf annehmen, daß ihr selbstsüchtiges Zureden die Vereinbarung zwischen König und Herzog erleichtert hat.

Als die Befriedung der Bretagne durchgeführt worden war, hielt Heinrich IV. einen triumphalen Einzug in Nantes. Die Magistratsherren übergaben ihm die Schlüssel der Stadt, aber er meinte, sie seien zwar wirklich hübsch, lieber aber hätte er noch die Schlüssel zum Herzen ihrer Einwohner – das sei hier noch einmal erwähnt, um den festen Willen des Königs zu betonen, die vergangenen Auseinandersetzungen zu vergessen, Fehler zu vergeben, die Anhänglichkeit der Aufrührer mit Liebe zu gewinnen. Diesen Bretonen, die ihn ohne Unterlaß seit fast zehn Jahren bekämpften, als letzte in Frankreich nachgegeben hatten und das auch nur, weil sie nicht länger Widerstand leisten konnten, machte der Béarner keinen Vorwurf über ihre schon verbrecherische Halsstarrigkeit. Es kam nicht einmal zu einer Neckerei, er redete sie in freundlichen und vertraulichen Worten an. In der Tat – ein seltenes Beispiel politischer Klugheit und menschlichen Großmuts!

Bei diesem Aufenthalt in Nantes unterzeichnete Heinrich IV. das berühmte Edikt vom 13. April 1598, das den religiösen, bürgerlichen und politischen Status der französischen Kalvinisten regelte. Obwohl es schon seit langem erörtert wurde, mußte der König das Edikt doch etwas eilig herausgeben, um der Agitation der Hugenotten zuvorzukommen. Deren Ungeduld wuchs, und aus ihren immer hitzigeren Kirchenversammlungen konnte eines Tages eine protestantische Liga in voller Bewaffnung herausspringen. Es war durchaus möglich, daß der Ehrgeiz solcher Anführer wie La Trémouille und Bouillon die in heftigen Gemütern immer vorhandene Unzufriedenheit und fanatischen Wünsche zum Sieden brachte. Schon die Versammlung von Châtellerault hatte 1597 mehrere protestantische Edelmänner veranlaßt, sich nicht beim König unter den Mauern von Amiens einzufinden. Die Unzufriedenheit der Protestanten konnte aber nicht erklärt werden mit dem Statut, das bis dahin die Ausübung ihres Kultes regelte und gegen das sie übrigens auch wenig Einwendungen vorbrachten. Seit der Herrschaft Heinrichs III. hatten die – durch die Konventionen von Nérac und Fleix vervollständigten – Edikte von Bergerac und Poitiers den Hugenotten sehr große Freiheiten und ausreichende Garantien eingeräumt. Zwar waren Freiheiten und Garantien unter dem Einfluß der Liga wieder zurückgenommen worden, doch seit der Versöhnung Heinrichs III. mit Heinrich von Navarra waren sie wieder in Kraft. Als Navarra dann König von Frankreich wurde, erweiterte man die Rechte beträchtlich, und sein Wohlwollen verschaffte ihnen außerdem praktisch eine sehr liberale Auslegung der Texte und große Toleranz. Mit dieser Praxis wäre die der langen Kriege müde Mehrheit der Protestanten vollauf zufrieden gewesen, wenn nicht der unruhige Ehrgeiz einzelner ihre Leidenschaft wieder künstlich entfacht hätte. Doch der Konfessionswechsel Heinrichs IV. hatte der Partei gleichzeitig ihren Halt und den mäßigenden Einfluß entzogen. Sie war einem Adel überlassen worden, der den Geist des Aufruhrs am Leben erhielt und die Sehnsucht nach einer gewissen feudalistischen Unabhängigkeit unter dem Deckmantel religiöser Meinungsverschiedenheiten bewahrt hatte. Während der Glaubenswechsel bei der Liga nur Mißtrauen und böse Vorahnungen weckte, so in den Reihen der Reformierten unleugbar Verwirrung und gereizte Enttäuschung, Gefühle, die von den neuen Anführern der Partei ausgenutzt und geschürt wurden. Die Befriedung, so erklärten sie, sei gebrechlich und der Willkür eines Fürsten überlassen, der sich eines Tages auch zum Verfolger der Lehre aufschwingen könne, von der er sich ja bereits so schamlos losgesagt hatte; die Hugenotten brauchten Sicherheiten. Über dieses Thema erhitzten sich die Kirchenversammlungen, die immer häufiger wurden und ihre Forderungen erweiterten. Ihre Wünsche waren allmählich ausschweifend geworden, und der Ton, in dem sie jetzt vorgebracht wurden, deutete klar darauf hin, daß die Partei ohne eine rasche Regelung versuchen werde, sie mit Gewalt durchzusetzen.

Um neuen Unwettern vorzubeugen, brach Heinrich IV. die Veröffentlichung der neuen religiösen Charta des Königreichs übers Knie. Die Legende hat sich des Edikts von Nantes bemächtigt und es zum großen Leitgedanken dieser Herrschaft gemacht, dabei aber übersehen, daß es sich nicht um einen Gnadenerweis aus dem Willen eines Königs handelte, sondern um einen Vertrag, dessen Artikel »wie zwischen Kriegführenden« ausgehandelt wurden. Die Befriedung war, wie noch zu zeigen sein wird, teuer erkauft, und man darf sicher sein, daß der Béarner nicht zu einem solchen Preis bereit gewesen wäre, hätte ihn nicht die Notwendigkeit dazu gezwungen. Tatsächlich hatten ihm die Hugenotten mit der Drohung, aufs neue Krieg zu beginnen, mit Gewalt das Edikt entrissen, ganz wie die Liga Jahre zuvor seinen Glaubenswechsel erzwungen hatte.

Soll man daraus schließen, daß sein Wille in einer Grundsatzfrage vergewaltigt worden und daß er keineswegs entschlossen gewesen sei, die religiösen und bürgerlichen Freiheiten durch ein eindeutiges und endgültiges Statut zu festigen? Gewiß nicht. So wie er sich den Umständen nur hinsichtlich des Zeitpunktes seiner Konversion gebeugt hatte, so ließ er sich nur vorläufige Bestimmungen des Edikts von Nantes aufzwingen – allerdings waren gerade diese Bestimmungen so wichtig, daß der allgemeine Geist der Befriedung tief von ihnen beeinflußt wurde. Der bleibende Teil des Edikts dagegen war von den einzigen Grundsätzen geprägt, die der König stets proklamiert und zur Grundlage seines politischen Handelns gemacht hatte. Er, der selbst »Held und Opfer« des religiösen Kampfes gewesen war, wollte das neue Frankreich auf Toleranz und Freiheit aufbauen. Er hatte zur Genüge festgestellt, daß Verfolgungen keineswegs den Widerstand ersticken, sondern eher steigern. Fünfzig Jahre Bürgerkrieg wurden beendet, als man deutlich erkannte, daß es unmöglich sei, Frankreich wieder in einem einzigen religiösen Glauben zu einigen; jetzt ging es darum, Katholiken und Protestanten friedlich miteinander leben zu lassen. Um die bürgerliche Einheit des Landes zu retten, indem er sie über die religiöse Vielfalt erhob, dachte Heinrich IV., das sicherste Mittel dazu sei, der Reform jeden politischen Charakter zu nehmen: Das Edikt von Nantes enthüllt eher Nützlichkeitsdenken als ideologische Vorstellungen.

Die Maßnahmen, die den Protestanten die Freiheit sichern sollten und den eigentlichen Ansatzpunkt des Edikts bildeten, sind zu bekannt, als daß man sie hier im einzelnen aufführen müßte. Volle, ungeteilte Gewissensfreiheit wurde den Reformierten im ganzen Königreich zugesichert. Ihr Kult durfte ungehindert ausgeübt werden, nur nicht in bestimmten Städten, die sie übrigens selbst als ungeeignet für ihre Niederlassungen erachteten. Die ausgedehntesten bürgerlichen Rechte wurden den Hugenotten zugebilligt, wie Katholiken waren sie vorbehaltlos zu allen Würden und Ämtern zugelassen.

Die meisten dieser Bestimmungen wiederholten nur, oft wörtlich, die Edikte Heinrichs III., und als der Béarner sie verteidigen mußte, konnte er die Gegner darauf hinweisen: »Bedenken Sie, daß das Edikt, von dem ich spreche, ein Edikt des verstorbenen Königs ist. Aber es ist auch das meine, weil es mit mir zusammen erarbeitet wurde. Wenn ich es heute bestätige, finde ich es nicht richtig, eine Sache zu beabsichtigen, aber eine andere zu meinen. Wenn andere es getan haben, – ich werde es nicht tun.« Am Rande sei bemerkt, daß dieses Argument nicht zwingend war, denn schließlich hatten die Katholiken unaufhörlich zwanzig Jahre lang gegen diese Edikte protestiert, und aus ihnen waren die Liga und der Bürgerkrieg hervorgegangen. Daß man nun die alten Edikte wieder in Kraft setzen konnte, ohne die alten Streitereien zu erwecken, war Zeichen eines bemerkenswerten Fortschritts auf dem Wege zur Befriedung.

Doch das Edikt von Nantes ging weit über die von Bergerac und Poitiers hinaus, weil es der Anerkennung der konfessionellen und politischen Rechte für die Hugenotten noch ungewöhnliche Vorrechte hinzufügte. Sie wurden ihnen zugestanden, weil man ihren Aufstand fürchtete oder ihm doch den Wind aus den Segeln nehmen wollte. Abgesehen von der unerwarteten Verpflichtung des Staates, den Pastoren des reformierten Glaubens eine Besoldung zu gewähren und ihre Schulen zu unterstützen, wurde auch das Recht, Synoden zu veranstalten, den Protestanten zuerkannt. Vor allem aber gab ihnen der König als Pfand seiner ehrlichen Absicht auf acht Jahre fast 200 Sicherheitsplätze zurück, unter denen sehr starke Festungen wie Montpellier, Montauban oder La Rochelle waren, Städte, die einer Belagerung standhalten konnten; zum Überfluß wurde die Unterhaltung dieser Orte noch vom Staatsschatz übernommen, also von der ganzen Nation. Diese Zugeständnisse, die Sully – und mit ihm viele andere – für unvereinbar mit der Sicherheit eines Staates hielt, machten aus »der Religion« eine Art genehmigter Republik innerhalb der Monarchie. Die Hugenotten behielten die Organe einer autonomen Verwaltung, hatten eigene Versammlungen, befestigte Plätze und eine Armee. Das war der Staat im Staate, den Richelieu vierzig Jahre später unter unendlichen Mühen wieder abbaute.

Es ist sehr verständlich, daß die Katholiken das Edikt von Nantes als Niederlage ihrer Partei und Verleugnung ihrer Konfession ansahen. Eine heftige Kampagne der Predigten folgte, in denen viele höchst eindeutige Drohungen gegen die Hugenotten zu Wort kamen. Man sprach offen von Blutbädern, »die nötig sind, um Frankreich alle fünfundzwanzig Jahre zu erneuern«. L'Estoile berichtet: »Man murmelte heimlich von einer Sankt-Bartholomäusnacht, und zwar weit über Paris hinaus, denn in vielen Städten erkundigte man sich bei denen, die aus Paris kamen, ob das umlaufende Gerücht wahr sei, daß die in Paris bereit seien, das Messer zu wetzen.« Der König erhielt einen gehörigen Anteil an Beleidigungen. Es hieß, »daß eine Heringstonne eben immer nach Hering stinkt«, Redensarten, die ein zeitgenössischer Chronist als »verhüllte Parolen« bezeichnet. Die Dinge gingen bis zu dem Versuch, die Liga neu zu begründen: Zu Weihnachten benutzte man die Beichten für eine entsprechende Propaganda, und wer sich weigerte, »sich mit allen guten Katholiken dem Edikt zu widersetzen«, erhielt in manchen Pfarrsprengeln nicht die Absolution. Mayenne entzog sich »anständig und klug« den Versuchen, ihn wiederum an die Spitze der Rebellion zu bringen, und die Herzogin von Beaufort weigerte sich, mit dem König davon zu sprechen. Als die Agitation keine Anführer hervorbringen konnte, erlosch sie rasch genug aus sich selbst heraus. Aber es blieben in gewissen Köpfen Keime haften, die dort noch lange Zeit gärten.

Hartnäckiger war der Widerstand der Parlamente. Er nahm seinen Vorwand aus einer Idee, die, um die Wahrheit zu sagen, einigermaßen stichhaltig war: Das Edikt verwirkliche eine ungerechtfertigte Teilung der königlichen Autorität, es verletze den Pakt, der die Nation an den Herrscher band. Doch Heinrich IV. beabsichtigte nicht, sich solchen Gründen zu beugen; er hatte eine völlig andere Vorstellung von der königlichen Macht, eine Vorstellung, die aus ihm, wenn schon nicht den Schöpfer der absoluten Monarchie in Frankreich, so doch den ersten französischen König machte, der ihr Prinzip formulierte. Er gab seiner Autorität die mystische Grundlage der Identität von König und Königreich. Nach diesem Grundsatz verschmilzt die Sache des Königs immer mit dem Interesse aller. »Gott«, sagte er, »hat mich für dieses Königreich und nicht für mich selbst geboren werden lassen.« Und an anderer Stelle: »Die Fürsten sind nicht für sich selbst geboren, sondern für die Staaten und die Völker, über die sie gesetzt sind.« Seine Doktrin läßt sich in der oft wiederholten Wendung zusammenfassen: »Mein Königreich ist mein Körper.« Die Kehrseite dieser völligen Unterwerfung unter die Interessen des Königreichs ist der Anspruch des Königs auf souveräne Autorität, die keine wirkliche Kontrolle und kein anderes Gegengewicht kennt als das Urteil, das Gott über sein Werk fällen wird. Er sagte es ohne Umschweife vor dem Parlament von Paris, das er zum 7. Januar 1599 einberufen hatte, um ihm zu erklären, daß er jetzt genug habe von der Verzögerungstaktik und fordere, das Edikt unverzüglich zu registrieren. »Was ich Ihnen zu sagen habe, ist, daß ich Sie auffordere, das Edikt, das ich denen von der Religion gegeben habe, in Kraft zu setzen. Was ich damit getan habe, ist für die Erhaltung des Friedens geschehen. Ich habe den Frieden nach außen gewollt, ich will ihn im Innern. Sie müssen mir gehorchen, da es keine anderen Gesichtspunkte gibt als meine Qualität als Herrscher und die Verpflichtung, die alle meine Untertanen gegen mich haben, besonders Sie alle von meinem Parlament. Ich habe die einen, von denen manche verbannt waren, in ihr Haus zurückgeführt; die anderen in den Glauben, den sie nicht mehr hatten. Wenn man meinen Vorgängern Gehorsam schuldete, dann schuldet man mir ebensolche oder noch mehr Ergebenheit, da ich den Staat aufgerichtet habe. Gott hat mich für dieses Königreich erwählt, das mein ist durch Erbe und Erwerbung.«

Aber wenn Heinrich IV. nicht minder als Ludwig XIV. ein Anhänger des Gottesgnadentums und der absoluten Macht war, muß man doch zugeben, daß sein Absolutismus wesentlich erträglicher und immer durch das Bestreben gemildert war, Geist und Herz der Menschen für sich einzunehmen. Er mochte gern überzeugen, sich einigen, Schwierigkeiten aus der Welt schaffen, Widerstand in sein Gegenteil verkehren, sich lieben lassen. Die geduldige und geschickte Diplomatie, die er entwickelte, um die Parlamente zur Registrierung des Edikts von Nantes zu bewegen, zeigt seine vielfältige und fast rührende Weise, mit der er belehren und überzeugen wollte. Der Empfang des Pariser Parlaments, bei dem er seinen Absolutismus in so strengen Grundsätzen definierte, begann in besonderer Weise. Den hochmütigen, steifen Magistratsherren, die in feierlichen Roben kamen, sagte der König: »Sie sehen mich hier in meinem Arbeitszimmer, wo ich mich mit Ihnen unterhalten will, nicht in königlicher Gewandung nach Art meiner Vorgänger, nicht mit Schwert und Mantel, nicht als Fürst, der sich mit ausländischen Gesandten bespricht, sondern im Wams, gekleidet wie ein Familienvater, der offen heraus zu seinen Kindern redet.«

Als die Parlamentsräte von Bordeaux, die noch starrer und zugleich leidenschaftlicher beteiligt waren als die Pariser, mit majestätischem Schritt, Präsident voran, in den großen Saal von Saint-Germain einzogen, um ihre Beschwerden vorzubringen, fanden sie den König dort im Spiel mit seinen kleinen Kindern, den Bastarden. »Wundern Sie sich nicht, meine Herren, mich hier mit kleinen Kindern herumalbern zu sehen. Ich weiß Kinder zu machen wie Männer zu vernichten. Ich habe für meine Kinder den Narren gespielt, jetzt werde ich für Sie ein Weiser sein und Ihnen Audienz geben.« Und wieviel Verführungskunst entfaltet er, wie viel herzlichen Appell an die Freundschaft, die Kameradschaft, die Dankbarkeit! Seine natürliche Gutartigkeit kann über die wahre Natur seiner Autorität hinwegtäuschen – aber man sollte sie nicht unterschätzen, denn diese Autorität bleibt immer fest und kraftvoll. Es ist nichts von Schwäche in dem vertraulichen Entgegenkommen des Königs; auch in den dringlichsten Angelegenheiten schmeichelt er gern, sucht er zu erheitern. Aber niemals fleht er, niemals treibt er die Schmiegsamkeit bis zur Speichelleckerei. Er beschwört seine Gesprächspartner mit erhabenen Gründen und kann auch hochmütig seine Unabhängigkeit und seinen Stolz betonen: »Ich bin auf die Mauern dieser Stadt gesprungen, ich werde leicht auf die Barrikaden springen, wenn sie nicht zu hoch sind«, gibt er den Pariser Parlamentsräten zu bedenken. Und bei derselben Gelegenheit: »Die Notwendigkeit veranlaßt mich zu diesem Edikt; aus derselben Notwendigkeit heraus bin ich Soldat gewesen. Man hat davon gesprochen, und ich habe nicht nur so getan als ob.«

Solche Aussprüche geben zu erkennen, daß dieser Herrscher, wie er selbst sagt, »keine kraftlosen Klauen« hat, und wenn in seiner Art zu befehlen schließlich doch etwas geändert werden sollte, dann »viel eher die Hand aus Eisen als der samtne Handschuh«. Findet sein freundschaftliches Zureden kein Echo, merkt er, daß alle Schonung umsonst ist, dann enthüllt sich unversehens der autoritäte Grund seiner Natur; das gebieterische, heftige Blut der Jeanne d'Albret steigt ihm ins Gesicht. Dann verleugnet er die Legende von Freundlichkeit und Gutmütigkeit und entfesselt in heftigen Worten den entscheidenden Kommandoton, gibt den strengen, manchmal brutalen Befehl.

Auf solche Weise überwindet er nach und nach die feindselige Einstellung der Parlamente zum Edikt von Nantes. Wenn er ohne Ergebnis alle Tonarten seiner Verführungen durchgespielt hat, setzt er dem eigensinnigen Schweigen der anderen rauhe und gebieterische Befehle entgegen: »Ich bin jetzt der König«, sagt er, »und ich rede als König und will, daß man mir gehorcht.« Trotzdem zogen sich die Auseinandersetzungen hin. Das Parlament von Toulouse fügte sich am 16. Januar 1600, das von Bordeaux am 7. Februar, das von Aix am 11. August. Als letztes beugte sich das Parlament von Rennes am 23. August 1600 – mehr als zwei Jahre nach dem Erlaß des Ediktes.

Trotz allem Hin und Her war das Edikt aber bereits Gesetz für das ganze Königreich, und seine Weisheit ließ sich später an den weitreichenden Unruhen ermessen, die seine Aufhebung hervorrief. Es führte die Gewissensfreiheit ein – »diesen teuflischen Begriff«, wie Théodore de Bèze meint – und die religiöse Toleranz, eine völlig neue Vorstellung in einem Land, wo die katholische Religion bis dahin die Grundlage und die letzte Bestätigung der politischen wie der moralischen Gesetze gebildet hatte. Mit der Spaltung des Glaubens, die offiziell zugegeben wurde und die alte »Einheit der Seelen« ersetzte, trat ein völlig neuer Zustand ein, der viel Unruhe und Unordnung hervorgebracht hätte, wenn es nicht dem König gelungen wäre, die Idee der Toleranz und der Versöhnung einer immer noch schwankenden und leidenschaftlichen Welt aufzuerlegen. Seine geschickte und ausdauernde Diplomatie überwand die Bedenken, minderte Feindseligkeiten, und seine Herrschaft schuf sich ein Klima echter Eintracht, in dem sich auch die dem Lande so notwendigen Anstrengungen aller Franzosen erfüllen konnten.

Die Politik, die Heinrich IV. während seiner ganzen Regierungszeit getreulich befolgte, ging aus seinem sehr persönlichen Begriff von Toleranz hervor. Für ihn bedeutete sie nicht eine Art Gleichgewicht zwischen den beiden Konfessionen, und er hatte auch nicht im Sinn, ein solches Gleichgewicht aufrechtzuerhalten, wie es der Traum Michels de l'Hospital [1505–1573] gewesen war. Die tiefe katholische Prägung Frankreichs, die lange Zeit treuer Anhänglichkeit, in der die römische Religion der Monarchie in vieler Beziehung ihre Farbe gab, hatten aus ihr eine Art Staatsreligion gemacht. Der König hatte nie vor, dieses uralte Bündnis aufzulösen; ihm schien es vor allem wichtig, das Übergewicht des katholischen Glaubens aufrechtzuerhalten, denn darin sah er eine gebieterische Pflicht des königlichen Amtes, vielleicht noch mehr, nämlich seine Garantie und Rechtfertigung. Die große Schwierigkeit, der er aber zuvorzukommen verstanden hatte, war es, eine Staatsreligion zu bekennen, ohne die Freiheit des Kultes zu verletzen, und die Kirche zu schützen, ohne die rivalisierenden Glaubensrichtungen zu bedrücken. Den Katholizismus als beherrschende Religion zu unterstützen, dabei aber die freie Ausübung des protestantischen Kults und die politischen Vorrechte seiner Bekenner zu gewähren, war der tiefere Sinn von Heinrichs IV. Toleranz und das Ziel, das er mit dem Edikt von Nantes ansteuerte.

Dem König oblag es, über alle Interessen zu wachen; das war im wesentlichen Recht und Pflicht der Krone. Heinrich IV. wünschte nicht, daß der katholische Glaube anderswo als beim Thron seinen Rückhalt suchte, wie er es zur Zeit der Liga getan hatte. Dieser deutliche und unerschütterliche Wille kam in seiner Rede an die Pariser Parlamentsräte zum Ausdruck: »Berufen Sie sich nicht auf den katholischen Glauben, ich liebe ihn mehr als Sie, ich bin katholischer als Sie; ich bin der älteste Sohn der Kirche. Sie täuschen sich, wenn Sie glauben, mit dem Papst gut zu stehen; ich stehe besser mit ihm als Sie.«

Das war keine Prahlerei oder Heuchelei. Der Heilige Vater war inzwischen von der Aufrichtigkeit des Béarners und der Redlichkeit seiner Absichten überzeugt. Sein Legat Alexander von Medici, Kardinal von Florenz, hatte die letzten Vorbehalte zerstreut, die man mit einigem Grund gegen einen zweimal rückfälligen König haben konnte. Das Edikt von Nantes hatte den Papst trotz seiner kühnen Neuheit weder überrascht noch erschreckt. Er wußte, daß die großen Zugeständnisse von der Sorge des französischen Königs diktiert worden waren, ein größeres Übel zu vermeiden und »die katholische Religion entsprechend zu begünstigen und zu festigen«. Überdies widersprach das Verhalten des Béarners nach seinem Religionswechsel täglich den düsteren Prophezeiungen »der höchsten und mächtigsten christlichen Fürsten«, die der Meinung gewesen waren, Rom werde sich getäuscht finden und Heinrich IV. werde seinen neuen Glauben der früheren Überzeugung opfern. Im Gegensatz zu solchen Voraussagen beauftragte er die führenden Katholiken in seinen Ratsgremien – Villeroy, Mayenne, Jannin – die Mönchsorden zu schützen, und »alle seine Handlungen sprachen von seiner Achtung vor dem Heiligen Stuhl«. Er hatte Sully zum Minister gemacht, aber dessen Plänen für eine religiöse Reform kaum Aufmerksamkeit geschenkt; er ließ Duplessis-Mornay sich in einem dogmatischen Streitgespräch mit Perron lächerlich machen. Und als jene Konferenz in Fontainebleau, wo die Auseinandersetzung stattfand, die Hugenotten in Verlegenheit brachte, sah man, wie sich der König über den Sieg Perrons freute – eine Freude, die seine tieferen Empfindungen enthüllte. »Das ist einer der größten Erfolge für die Kirche Gottes, die seit langem errungen worden sind«, schrieb er am 5. März 1600 an den Herzog von Epernon. »Auf diese Art werden wir in einem Jahr mehr Abgefallene zur Kirche zurückführen als auf einem anderen Weg in fünfzig Jahren.«

Es war deutlich, daß die religiöse Toleranz, wie sie der König verstand, weder Gleichgültigkeit noch eine gleichgewichtige Teilung der Einflüsse bedeutete. Als er den Reformierten völlig die Freiheit ihres Glaubens ließ, bestätigte er das Recht des Staates, den seinen zu bekennen und zu schützen. Sein Leben lang hat Heinrich IV. getreulich diese Einstellung bewahrt, so daß zwei Jahrhunderte später Papst Pius VII. sie Napoleon als Richtschnur vorschlagen konnte – obwohl, um die Wahrheit zu sagen, der Béarner immer eifersüchtig darüber gewacht hat, die Unabhängigkeit seiner Kirche von der römischen Kurie zu bewahren. Damit sicherte er seiner Politik volle Handlungsfreiheit und hatte die Möglichkeit, sich mit den protestantischen Ländern zu verbünden und sogar die Türken in Schutz zu nehmen.

Übrigens fand das Edikt von Nantes seine beste Verteidigung in den Erfolgen der Kirche: die Übertritte von Protestanten wurden immer zahlreicher, je deutlicher sich die Politik der Toleranz entwickelte. Erstaunliche Konversionen wurden gemeldet; vor allem die von Harlay de Sancy und von Palma Cayet, der siebzigjährig in ein Kloster eintrat und Doktor der Theologie wurde.

Ohne seine ganz persönliche Art der Toleranz zu verleugnen und sogar ohne daß ihm die Protestanten ihre Verluste zur Last legten, hat Heinrich IV. die Bewegung des Abfalls vom reformierten Glauben gefördert. Er entzog den jungen Prinzen Condé den Händen der Hugenotten, und die freundschaftlichen Scherze, mit denen er seine einstigen Religionsgenossen verfolgte – in erster Linie Sully – waren im Grunde Aufforderungen zur Konversion. Es hätte ihm nicht mißfallen, wenn man erlebt hätte, daß Frankreich durch Überredung und gutes Einvernehmen zur Glaubenseinheit zurückgefunden hätte, die so lange der Nation ihren Zusammenhalt und ihre Kraft verliehen hatte. Da er in allen Dingen »die Teilung für ein Unglück« hielt, konnte er »sie in religiösen Fragen nicht als einen Vorteil ansehen«. Als er 1605 seinen Gesandten d'Halincourt beauftragte, dem Papst die Fortschritte der katholischen Religion in Frankreich darzustellen, verfehlte er jedenfalls nicht, seine Befriedigung darüber auszudrücken und das Verdienst daran »seiner Autorität und

Fürsorge« zuzuschreiben. Bei dieser Gelegenheit sprach er auch seinen Stolz über den Erfolg der von ihm gepriesenen und befolgten Politik aus. »Die Übel, die aus der Verschiedenheit der Meinungen in religiösen Fragen hervorgehen, wollen – wenn sie in einem Land erst einmal Wurzel geschlagen haben – eher mit Milde und Mäßigung als mit Gewalt und Strenge behandelt werden.«

Der Frieden von Vervins beschloß die Heldenzeit im Leben Heinrichs IV. Das Edikt von Nantes hatte die Religionskriege beendet. Der Führer einer »heroischen Partei und einer verlorenen Sache« war Herr eines großen Volkes geworden. Nach »so vielen Widerwärtigkeiten und Ärgernissen« konnte sich der König jetzt in der Ruhe des Friedens ganz »dem Haushalt Frankreichs« widmen und »in seinem Königreich leben«, wie er selbst es ausdrückte, »in Freundlichkeit und Vertrautheit, wie ein Vater mit seinen Kindern und Dienern umgeht«.

Er näherte sich den Fünfzigern – 1599 war er sechsundvierzig Jahre alt – und stellte nun vollends die Persönlichkeit dar, deren Bild die offiziellen Maler und die Phantasie des Volkes bewahrt haben. Seine Gestalt ist die erste, die den Schulkindern in ihren Geschichtsbüchern deutlich wird. Die ganze Welt kannte das lange Gesicht, die unglaublich krumme Nase, den seidigen Bart, den gleichzeitig erhabenen und etwas faunhaften Ausdruck, die geistvolle, offene und anziehende Physiognomie. Allerdings fanden ihn seine Zeitgenossen nach Haltung und Ausdruck wenig verführerisch, und viele bemängelten, daß er so gar nicht stattlich sei. Tallemant des Réaux versichert uns, daß er nicht sehr vorteilhaft aussah; das Fräulein von Scudéry fand nicht, »daß er ungewöhnlich wohlgestaltet war, weder an Körper noch an Gesicht«, und als Madame de Simier ihm vorgestellt worden war, faßte sie ihren Eindruck in den Worten zusammen: »Ich habe den König gesehen, aber nicht ›Seine Majestät‹.«

Tatsächlich wies sein Äußeres die Spuren vorzeitigen Alterns auf. Das Leben hatte ihn gezeichnet, tiefe Furchen durchschnitten das Gesicht, die braune Haut war gelblich und pergamentartig geworden; die durch den Verlust der Zähne hohlen Wangen wirkten welk, der Bart war ganz weiß. »Der König ist so eisgrau«, schrieb der venezianische Gesandte, »daß er mit seinen achtundvierzig Jahren wie ein Sechziger aussieht, Spuren der Anstrengungen und Mühen, die er hinter sich hat.« Doch wenn auch dreißig Jahre, die er fast ausschließlich als Soldat und Nomade verbracht hatte, seinem Gesicht unauslöschbare Zeichen eingegraben hatten, war seine körperliche Widerstandskraft nicht geschwächt, er erhielt sich gesund und strotzte bis an seinen letzten Lebenstag von erstaunlicher Tatkraft. Auch sein Geist war nicht gealtert, war wie immer munter, großzügig und feurig. Die harte Lehre der Erfahrungen hatte seine Intelligenz gereift und erweitert. Und bei allem hatte seine gute Laune nicht gelitten, seine Heiterkeit, jener unnachahmliche Schwung, der seine Zeit zu lebhafter Bewegung mitriß.

Und dennoch fehlte nur wenig daran, daß dieser so intelligente, ausgeglichene und in vieler Hinsicht auch weise Mann mit achtundvierzig Jahren einen Fehler begangen hätte, der an einem einzigen Tag das gewaltige, nach so vielen scheinbar unüberwindlichen Schwierigkeiten vollendete Werk zerstört hätte. Nur ein Zufall, wie von der Vorsehung geschickt, hinderte Heinrich IV., seine Dynastie und sein Königreich in das gewagteste aller Abenteuer zu stürzen: Er bereitete sich im Frühjahr 1599 tatsächlich darauf vor, seine Geliebte Gabrielle d'Estrées zu heiraten und sie an seiner Seite auf den Thron Ludwigs des Heiligen zu setzen. Damit hätte er Frankreich in die schlimmsten Verhältnisse und das Land in eine verheerende Unruhe bringen können, schlimmer als die so glücklich von ihm beendete.

Hier ist der allmähliche Aufstieg der »schönen Gabrielle« in der Gunst des Königs schon geschildert worden, der immer wichtigere Platz, den sie in seinem Leben einnahm. Er hatte sie mit dem als impotent bekannten Liancourt verheiratet, die Ehe aber wieder annulliert, um Gabrielle 1596 zur Marquise von Monceaux und im Jahre darauf zur Herzogin von Beaufort zu machen. Sie lebte im Stadtpalast Schomberg nahe beim Louvre, zu dem man ihr einen besonderen Eingang geschaffen hatte, und gehörte ganz offiziell zum Dasein des Königs. Sie teilte mit ihm den Triumph nach seiner Rückkehr von der Expedition von Laon und ließ sich an diesem Tag in einer prachtvollen, völlig offenen Sänfte tragen, über und über mit funkelnden Steinen bedeckt, die »den Schein der Fackeln verdunkelten«. Seitdem nahm sie an allen Empfängen, allen Zerstreuungen, jedem Zeitvertreib des Königs teil. Wenn er sich von ihr trennte, schrieb er ihr täglich und verzierte manchmal die Briefe mit Verschen, die er, nach eigenem Eingeständnis, »diktiert, aber nicht verfertigt« hatte. Doch ohne Zutaten schrieb er ihr viele glühende Briefe in dem Stil: »Mein Liebling, zehn Tage werde ich Sie nicht sehen, das ist zum Sterben!« Die Briefe an Gabrielle gehören zu den feurigsten seiner verliebten Korrespondenz, die mit schönen, nicht immer allzu ernstgemeinten Ausrufen der Leidenschaft gespickt ist. Dabei war er seiner Mätresse nicht unbedingt treu, und man beobachtete damals viele flüchtige Seitensprünge, so vor allem eine Schwäche für das Fräulein von Senantes, »ein schönes junges Mädchen, das Gabrielle angehörte und von ihr sofort verjagt wurde, als sie sah, wie der König es liebkoste«. Auch die Kusine der Favoritin, Madame de Haraucourt, und eine Madame des Fossés entzückten ihn und zweifellos noch mehrere andere, deren Namen nicht überliefert sind. Beständigkeit in der Liebe gehörte nicht zu den Stärken des Béarners: Selbst in den glühendsten Zeiten einer Leidenschaft verzichtete er nicht auf die Gewohnheit, den Gegenstand zu verlassen, um irgendein Abenteuer mitzunehmen. Doch seine Seitensprünge minderten nicht die Bedeutung der Herzogin von Beaufort, denn sie gründete sich auf echte, tiefe Gefühle des Königs, vor allem auch auf sein Entzücken, in ihr »eine vertraute Person« gefunden zu haben, »um ihr seine Geheimnisse und seinen Ärger anzuvertrauen und sanften, vertrauten Trost zu erhalten«.

Es war also weder eine Herzenslaune noch pure Sinnlichkeit, die Heinrich IV. zu dem Plan trieben, Gabrielle zu heiraten. Man darf seine Liebe nicht unterschätzen, die sogar Streitigkeiten, Ärger und Untreue überstand. Noch weniger sollte man die von der Favoritin geschickt ausgelegten Netze übersehen und die Intrigen ihrer Sippschaft, die den König auf tausenderlei Weise umgarnt und ihn durch tausend Zugeständnisse gebunden hatte. Das alles war zweifellos ohne Bedeutung gewesen, weil sich der Béarner geschickt den Einflüssen entziehen und seine Versprechen vergessen konnte, wenn ein Plan nicht von ihm gebilligt wurde und keinem politischen Gedanken entsprang.

In dem Augenblick, wo er Frankreich den Frieden verschafft hatte und ihm seine einstige Größe zurückgeben wollte, erkannte er auf weite Sicht »einen Fehler und einen Mangel«: Er wußte nicht, »wem nach ihm seine ganze Mühe zugutekommen und ob sein Werk seine gerechte Belohnung finden werde«. Es genügte ihm nicht, für seine Person das Lob für sein gewaltiges Werk entgegenzunehmen, er wollte den Ertrag und das Erbe »auf von ihm stammende Kinder« übergehen lassen. Und das wünschte er um so dringlicher, als er wußte, daß nur auf diese Weise nach seinem Tod die Thronfolge »frei und unbestritten« sein konnte.

Deshalb beschäftigte er sich im Geist mit einer neuen Heirat. Im Jahr zuvor hatte er Rosny vertraulich von seinen Heiratsplänen gesprochen und ihm verraten, daß er von seiner künftigen Ehefrau nur dreierlei wünsche: Sie mußte schön und von gefälligem Benehmen sein und »ihm Kinder geben«. Damit war sozusagen Gabrielle geschildert, die diesen Bedingungen geradezu wunderbar entsprach: Sie galt für die schönste Frau des Königreichs und hatte die gleichmütige Laune der allzu gut genährten Frauen; der Béarner hatte ihre Gefälligkeit, Anmut und Sanftmut seit langem erprobt. Diese Eigenschaften wurden allgemein so anerkannt, daß ein Zeitgenosse schreiben konnte: »Sie betrug sich so dienstfertig, daß alle, die sie nicht lieben wollten, sie doch nicht hassen konnten.« Ihre »Fruchtbarkeit im Erzeugen« war längst bewiesen, denn sie hatte dem König drei Kinder geschenkt, darunter einen Sohn, César, der fünf Jahre alt und seit einem Jahr mit der Tochter des Herzogs von Mercœur verlobt war und das ganze Zeremoniell erhielt, das einem »Sohn Frankreichs« gebührte. Und Gabrielle war zum vierten Mal schwanger. Sie war also die Ehefrau, die sich der König bestimmt hatte. Er hatte sie aus Gefühl, aus Liebe, vor allem aber aus Staatsräson gewählt. Denn ihm, der aus einer alten französischen Familie stammte und tief in der Erde Frankreichs wurzelte, mißfiel es nicht, »dem königlichen Baum neue Wurzeln zu verschaffen, die nicht aus der Fremde entsprießen«. Bei Michelet heißt es dazu: »Man brauchte eine französische Königin, keine Ausländerin, die den Feind ins Haus holte und den Hof mit Verrätern, vielleicht mit Mördern, bevölkerte.«

Gabrielle wurde bereits als Königin behandelt, doch um sie auch dem Recht nach dazu zu machen, waren noch viele Hindernisse zu überwinden. Das größte bildete die öffentliche Meinung, die der Herzogin von Beaufort nicht hold war. »Herzogin von Dreck«, hieß es im Volk, wenn man sich nicht noch derber ausdrückte, wie jener Bogenschütze der Garde, der auf die Fragen eines Ausländers nach der gerade Vorüberziehenden antwortete: »Mein Freund, das ist nichts Wertvolles, das ist die Hure vom König.« Die Franzosen waren es nicht gewöhnt, daß Intriganten die Stufen zum Thron erkletterten. Hätte Heinrich IV. diese Frau wirklich geheiratet, hätte das ganze Volk es ihm verübelt. Die Hartnäckigkeit, mit der er sich bemühte, aus einer verrufenen Mätresse eine Königin von Frankreich zu machen, war um so unverständlicher, als er keinesfalls sicher sein konnte, daß die Kinder, die er von ihr hatte oder noch bekommen würde, ihm wirklich auf den Thron folgen konnten. Abgesehen von den Einsprüchen der Prinzen von Geblüt gegen die Thronfolge eines dieser Kinder, konnten sich unter ihnen selbst Konkurrenz und Streit entwickeln. Auf jeden Fall hätte die Rivalität der Erben das Land in einen dynastischen Streit gestürzt, dessen Folgen ganz sicher neue Bürgerkriege gewesen wären.

Doch auch solche Überlegungen lenkten den König nicht von seinem Plan ab. Der exkommunizierte Fürst war zum Allerchristlichsten König geworden dank einem erstaunlichen Zusammenwirken glücklicher Umstände: Sieben Prinzen von Geblüt waren vorzeitig gestorben und hatten ihm Platz gemacht. Seit zwanzig Jahren hatten sich immer neue Umwälzungen ereignet, um seinen Weg von Hindernissen freizumachen. Napoleon glaubte an seinen Stern, Heinrich IV. wohl noch stärker an den seinen. Ihm war der Gedanke gekommen, daß im gegebenen Augenblick ein Theaterdonner die Verhältnisse nach seinen Wünschen ordnen werde, wie er es in seiner erstaunlichen Laufbahn immer wieder erlebt hatte.

Unter diesem Gesichtspunkt sah er auch die große Schwierigkeit, Königin Marguerite, die immer noch vor Gott seine Ehefrau war, auszuschalten. Man verhandelte seit 1593 mit ihr, um den König aus den Fesseln dieser Ehe zu befreien. Seine Umgebung hatte seit Jahren geraten, der Krone einen legitimen Nachfolger zu geben, und er hatte sich ihren Wünschen schon angeschlossen, als er noch keine genaue Vorstellung von einer neuen Verbindung hatte. Die in Usson eingeschlossene Marguerite verging inzwischen fast vor Ungeduld in ihrem uneinnehmbaren Turm, in dem sie mit den schmerzlichen Erinnerungen an das vergangene Leben lebte. Königin ohne Reich, Ehefrau ohne Mann, fern von allem Leben und Treiben, sehr fromm, aber immer noch die Gefangene ihrer Wünsche – die »Dame der Auvergne«, wie der König sie nannte, war nur zu gern bereit, die Verhandlungen aufzunehmen, von denen sie sich erhoffte, aus dem feuchten, düsteren Usson herauszukommen und die Mittel zu erhalten, die ihr »Ruhe und Sicherheit für ihr Leben« verschafften.

Als Preis für den Verzicht auf die Rechte, die man ihr so lange vorenthalten hatte, schlug man beträchtliche Vergünstigungen vor: Geld, mit dem sie ihre Schulden bezahlen konnte, eine Pension, um in der großen Welt als Prinzessin von Geblüt leben zu können. Die Verhandlungen im einzelnen nachzuerzählen – nach so vielen anderen – wäre langweilig, jedenfalls waren sie merkwürdig schwierig und zogen sich sieben Jahre hin. Beide Seiten mißtrauten einander und versteiften sich auf ungute Hintergedanken, Herunterhandeln und Ausreden. Es genügte, daß eine Seite es eilig zu haben schien, damit sich die andere unversehens sperrte, aus Sorge, übervorteilt zu werden, unachtsam in etwas einzuwilligen, auf zweideutige Absichten hereinzufallen.

Man kann verstehen, daß Marguerite, die Tochter, Schwester und Ehefrau von Königen, sich nicht geneigt fühlte, einer Intrigantin ohne Herkunft und Verdienst den Weg zum Thron zu ebnen. Damit sie sich überhaupt bereitfand, hinter einer »so verrufenen Dirne«, wie sie Gabrielle bezeichnete, zurückzutreten, mußte man sie gehörig drängen. In den letzten Verhandlungen hatte man sich noch mit ihren abgeschmacktesten Forderungen zu plagen; sie wollte in ihre Abdankungsurkunde eingetragen haben, daß »der König sie niemals erkannt habe«. Diese verdorbene Frau hatte immer eine unvermutete Scheu vor den sprachlichen Ausdrücken einer Realität, die sie als solche nicht ablehnte. Am 7. Februar 1599 war das Spiel der Verzögerungen und Umwege beendet. Marguerite signierte eine Vollmacht, mit der in ihrem Namen die Annullierung ihrer Ehe beantragt wurde, weil sie ohne regelrechten Dispens für den zu nahen Verwandtschaftsgrad und ohne ihr freies Einverständnis zustandegekommen war. Sobald der Gesandte des Königs, Sillery, das kostbare Papier in Händen hatte, begab er sich damit nach Rom, denn dem Béarner eilte es mit der neuen Heirat. Schon hatte er seiner Mätresse den Verlobungsring übergestreift, eben jenen Ring, mit dem er sich am Tag seiner Weihe zum König mit »Frankreich vermählt« hatte. Die Hochzeitskleider lagen bereit, die Gemächer der neuen Königin im Louvre waren fertig, der Hochzeitstag wurde in die Woche Quasimodogeniti gelegt.

Doch man war in Rom weniger eilig als in Paris. Der Papst hielt das Heiratsprojekt für unvernünftig und unwürdig. »Es wäre eine ganz ungewöhnliche Sache«, hatte er gesagt, »das Volk von Frankreich pflegt keine Flecken auf seinen Königen zu dulden.« Noch mehr beunruhigten ihn die politischen Folgen einer solchen Heirat: Man mußte befürchten, daß im Spiel der dynastischen Auseinandersetzungen Frankreich einem ketzerischen Fürsten in die Hände fallen könnte und daß damit fünfundzwanzig Millionen Seelen aus der christlichen Gemeinschaft ausschieden. Vergebens verdoppelte Heinrich IV. sein Drängen, bald gekoppelt mit Treueversprechen, bald mit handfesten Drohungen. Es war so weit, daß er auf den päpstlichen Dispens verzichten wollte, falls er ihm noch lange vorenthalten wurde. Der Schatten eines neuen Schismas fiel über Rom. Am Vorabend der Osterzeit befahl der durch seine Unschlüssigkeit bis zur Angst gefolterte Papst Fasten und rettete sich ins Gebet. Und eines Abends kam er wie verwandelt aus seinem Gebetszimmer und verkündete eine unfaßbare Nachricht: »Gott hat vorgesorgt.«

Das Drama, das der Heilige Vater in einer prophetischen Vision erlebt hatte, vollzog sich acht Tage später, und es befreite die Christenheit von einer Bedrohung. In der Osterwoche wurde die im vierten oder fünften Monat schwangere Favoritin von Wehen befallen, die Chirurgen mußten ihr ein totes Kind »in Stücken und Fetzen« entfernen. Drei Aderlässe und drei Klistiere halfen nicht, »den zweiten Fluß nach der Frucht« hervorzuholen, und die Unglückliche starb sechsunddreißig Stunden später unter entsetzlichen Schmerzen und Krämpfen; sie verlor nacheinander die Fähigkeit zu sprechen, zu hören, zu sehen. Ihr noch vor Tagen so schönes Gesicht war entsetzlich verändert. Mezeray berichtet: »Ihre Feinde ergriffen die Gelegenheit, allem Volk klarzumachen, daß der Teufel sie in diesen Zustand versetzt habe«; sie habe sich ihm ergeben, um die Gunst des Königs zu erlangen, und nun habe ihr der Teufel den Hals umgedreht.

Der König war in Fontainebleau geblieben, denn sein Beichtvater hatte ihm für die Osterwoche diese Trennung auferlegt, die dem König sehr grausam vorkam: »Den Monat April fern von der Herrin zu leben, heißt, nicht zu leben.« Als er von Gabrielles alarmierendem Zustand benachrichtigt wurde, eilte er nach Paris, traf aber in Villejuif zwei Boten, die ihm meldeten, die Herzogin liege im Sterben. Sie »ließen ihn das fürchterliche Mißbehagen erkennen, das ihm der so beklagenswerte, unheilbare Zustand einer Person bereiten würde, die er so geliebt hatte«. Er fügte sich widerstandslos ihrem Vorschlag, denn so tapfer, ja kühn er auch im Kampf war, so hatte er doch nicht den Mut, ohne in Ohnmacht zu fallen, das Leiden einer geliebten

Frau anzusehen – und das beim Geruch von Medizinen und dem beginnenden Gestank der Auflösung. Er begnügte sich, heftigen Kummer an den Tag zu legen, und sagte dann ergeben: »Das ist wieder ein Schlag vom Himmel« – eine der Formeln, die bei ihm wirkten, als ob »sie ihm eher bequem zur Hand als wirklich fromm waren«.

Wie immer schien sich sein großer Schmerz rasch zu verflüchtigen. Nachdem er sehr gefaßt seinen Kammerdiener Beringhem abgeordnet hatte, an seiner Stelle und in seinem Namen den Platz am Sterbebett einzunehmen, kehrte er nach Fontainebleau zurück, hatte aber nicht vergessen, wie L'Estoile berichtet, den Befehl zu geben, »das Zimmer der genannten Dame zu bewachen und all das, was sie an Kostbarkeiten darin aufbewahrte«.

Am 20. April 1599 wurde die Herzogin von Beaufort mit dem Pomp beerdigt, der Prinzessinnen von Geblüt zustand. Ihr Tod war zu sehr gelegen gekommen, um nicht Verdacht zu erregen, und wieder war die Rede von Gift. Die Verantwortung für die Katastrophe sollte ein schmerzstillendes Mittel aus Zitrone haben, das sie bei dem Finanzbeamten Zamet gelutscht hatte. Aber die von Heinrich IV. angeordnete Untersuchung kam zu keinem Ergebnis, und die öffentliche Meinung nahm es hin, daß sie ohne Nachdruck geführt und nach wenigen Tagen eingestellt wurde. Ein Gefühl von Erleichterung, ja Heiterkeit erfaßte Paris. Der König und Frankreich waren einer großen Gefahr entgangen, hieß es allgemein, und man dankte der Vorsehung, die beide bewahrt hatte. Aus Kommentaren der Zeitgenossen klingt nirgends Nachsicht noch Mitleid mit der Favoritin. Jean de Bernières schrieb dem Kardinal von Givry: »Gott hat zum König und zum Königreich klar und verständlich gesprochen.« Sully und Antoine de Thou, Sancy, Villeroy und sogar der Gesandte von Venedig feierten diese Gnade des Himmels nach Lust und Laune, diese Gnade, »die wunderbarerweise aus Gottes Hand kam«.

Der Béarner brauchte nicht lange, um zur selben Einsicht zu kommen. Nachdem er einige Tage lang »den ganzen Überschwang des Kummers, der sich darstellen läßt«, an den Tag gelegt hatte, wunderte er sich kaum über die sonderbaren Beileidsäußerungen seiner besten Freunde – Kondolenzen, die eher nach Glückwünschen klangen. Sully forderte ihn in Sentenzen auf, die sehr tiefe Weisheit der Vorsehung und »die Größe ihrer Werke« zu bewundern. Fervacques erklärte kühn, »daß er über dieses Ereignis glücklich sei und daß er, wenn er über das nachdenke, was ohne diesen Tod geschehen wäre, zur Einsicht komme, daß Gott ihm eine große Gnade erwiesen habe«. Der König schien sich solchen Gedanken sehr schnell aufzuschließen; nach Mademoiselle de Guise soll er so weit gegangen sein, Retz zu erklären, wie glücklich er über das Hinscheiden Gabrielles sei »und daß er dem Himmel danke«. Drei Monate trug er Trauer um die Geliebte, zunächst in Schwarz, dann in Violett. Aber zehn Tage schienen seine Fähigkeit zum Trauern bereits erschöpft zu haben: In dieser kurzen Zeitspanne erlebte man, wie er vom äußersten Schmerz zu einer Philosophie der Ergebung in sein Schicksal überging, die Tatsachen schließlich ohne Auflehnung hinnahm – und sich am Ende dazu beglückwünschte.

Fünf Tage nach dem Tod Gabrielles schrieb er seiner Schwester Catherine, die gegen seinen Wunsch Herzogin von Bar geworden war, als Antwort auf ihr Beileidsschreiben: »Die Wurzel meiner Liebe ist tot und wird nie mehr austreiben.« Ähnliche Formulierungen aus der Feder des Béarners bekamen leicht etwas Lächerliches: Wenige Wochen danach hatte er sich unsterblich in Henriette d'Entragues verliebt und sich in eine »teuflische« Beziehung eingelassen, die seine Manneswürde und sein Ansehen als König aufs Spiel setzten. Von allen Frauen, die sein Leben begleiteten, war sie auf die schamloseste Weise käuflich und am wenigsten verläßlich. Doch liebte er sie mit leidenschaftlicher, gewalttätiger und manchmal tragischer Hingabe. Er hatte sie im Frühjahr 1599 bei einem langen Aufenthalt des Hofs in Blois kennengelernt. Nach Blois war er nicht, wie er im Spaß sagte, zum Melonenessen gekommen, sondern um den Umtrieben des Herzogs von Biron zu begegnen, der sich gerade auf den Weg der Opposition zur Krone begeben hatte, einen Weg, der ihn später zu Verrat und Schafott führen sollte.

Henriette war die Tochter von Marie Touchet, der schönen und feurigen Geliebten Karls IX., von der es hieß, ihr heißes Temperament habe dazu beigetragen, den König der Bartholomäusnacht vorzeitig ins Grab zu bringen. Henriettes Vater, François d'Entragues, einst Günstling der Guisen, hatte nach allen Seiten intrigiert und sich allgemein den begründeten Ruf großer Unehrlichkeit erworben. Ihr Halbbruder Graf von Auvergne, Bastardsohn von Karl IX., war ebenfalls eine höchst trübe Natur, die später einen gefährlichen Hang zur Intrige entwickelte. Eine zweite Tochter, Marie, vervollständigte die Familie d'Entragues, die allgemein und mit Recht als unmoralisch galt. Die Mädchen waren so lasterhaft wie ihre Mutter, und Michelet verfährt mit ihnen sehr nachsichtig, wenn er meint, »sie mußten behütet werden«.

Auf die ältere der beiden Schönheiten warf nun der König sein begehrliches Auge – nach dem Vorschlag von Fouquet de la Varenne, einem Vertrauten mit der Seele eines Kupplers, der gern den Vermittler spielte. Henriette d'Entragues war zwanzig Jahre alt, eine bräunliche Schönheit mit intelligenten, herausfordernden blauen Augen; sie war hochgewachsen, schlank und biegsam wie die Nymphen von Jean Goujon. Schon ihr lustiges, geistvolles Lächeln bedeutete Verzauberung. Sie besaß eben in ungewöhnlichem Maß das, was man heute als *Sex-appeal* bezeichnen würde, und war, wie man sagte, geschaffen, »um Männer zu verderben«. Ihr Geist wirkte einnehmend, impulsiv, heiter, boshaft und lachlustig, obwohl er mit Theologie genährt wurde: Ihre Lieblingslektüre war der heilige Augustinus. Aber trotzdem war sie pervers und sogar teuflisch, konnte in jede Rolle schlüpfen und sich je nach Berechnung verwandeln. Abwechselnd gab sie sich zärtlich und zurückhaltend, verheißungsvoll und streng, »ein schnippisches und gerissenes Weibchen«, wie Sully meinte, der ihr außerdem »einen spitzen Schnabel« zuschrieb, denn er war oft von ihren immer geistreichen, oft aber scharfen Entgegnungen gepickt worden. Sie hatte den »Geist des Teufels«, seine Schönheit auch. Dadurch gefiel sie dem König, den sie nicht mehr schonte als die anderen. Und er war hingerissen von ihrer Lebhaftigkeit, ihrem Schwung, ihrer beweglichen, spitzbübischen Anmut. Über dieser »lebenden Flamme« hatte er Gabrielle d'Estrées, die etwas schwere und lässige Schönheit, bald vergessen.

Die Eroberung dieses Salamanders war nicht einfach. Sie war teuer. Nach einem geschickten Spiel der Koketterie, in dem kühne Annäherung und schamhafte Zurückhaltung abwechselten, setzte sie selbst den Preis für ihre Hingabe fest: 100 000 Taler. Der Béarner wunderte sich nicht einmal über die zynische Forderung, denn auf diese Art pflegte er seine Mätressen zu erobern; fast alle wurden mit Geld, Titeln oder anderen Vergünstigungen bezahlt. Und bei dieser mußte er schon etwas springen lassen, um seine Mängel auszugleichen. Er war niemals schön gewesen, aber die Nähe der Fünfziger prägte ihm einige wenig einnehmende Züge auf: »Die Liebe«, sagte Madame de Rohan,

»hätte sich schwerlich zwischen einem Kinn und einer Nase einnisten können, die sich fast berührten und ihm das Gesicht eines Kaspers gaben.« Man wußte außerdem, daß er zum Überfluß – um in der Sprache der Zeit zu reden – »feine Füße und behaarte Achselhöhlen« hatte. Das war damals zwar kein wesentlicher Grund zur Ablehnung, und sogar König Ludwig XIII. glaubte »einen guten Kumpel abzugeben«, als er sich rühmte, in diesem Punkt seinem Vater zu ähneln. Doch man darf daran zweifeln, daß diese abstoßende Eigentümlichkeit dem Vert-Galant besondere Gunst bei den Damen eintrug. Henriette d'Entragues jedenfalls machte kein Geheimnis aus dem Widerwillen, den sie darüber empfand. Sie sagte, »es sei besser, ihn als König hinzunehmen, denn sonst könne man ihn nicht ertragen«, weil er »wie ein Aas« stank.

Die von Henriette geforderten 100 000 Taler mußte Sully auf den Tisch legen, wobei er seiner Mißbilligung dieser teuren Tollheit kräftigen Ausdruck gab. Selbst der König war nicht gerade stolz über den Handel: »Verflixt!« sagte er, als er über die nebeneinander aufgereihten Talersäckchen sah, »das ist eine recht gut bezahlte Nacht«. Und trotzdem nahm die Quälerei noch kein Ende. Auf den Ratschlag ihrer unersättlichen Eltern stellte Henriette die »Kniffe und Pfiffe« nicht ein – das Beispiel Gabrielles d'Estrées hatte ihr den Kopf verdreht: Sie wollte Königin von Frankreich werden und ihre Tugend für eine Krone verkaufen. Um ihre endgültige Gunst zu erhalten – die er ja schon in barer Münze bezahlt hatte –, mußte Heinrich IV. in ein unvorsichtiges Eheversprechen einwilligen. Ein Versprechen in aller Form, in dem er sich dem Grafen d'Entragues gegenüber verpflichtete, seine Tochter zu heiraten, falls sie ihm binnen fünfzehn Monaten einen Sohn zur Welt bringe. Vergebens sträubte sich Sully gegen diese Verrücktheit, rief vor aller Welt aus, sein Herr sei völlig toll, wenn er glaube, in der Begehrten »einen guten Fang« gemacht zu haben; es sei kein Exemplar, für das man 100 000 Taler und »ein solches Papier« ausgebe! In aufflammendem Zorn zerriß der Minister »dieses Papier«, mußte es aber auf Befehl des Königs neu aufsetzen. Es ist recht wahrscheinlich, daß sich Heinrich solch ausschweifenden Forderungen nur mit dem geheimen Hintergedanken an Betrug fügte. Er glaubte ohnehin kaum an den endgültigen Charakter eines Versprechens, deshalb willigte er ohne viel Hin und Her ein. Wer würde ihn denn je zwingen können, sein Wort zu halten? Welcher Richter würde von einem König verlangen, eine käufliche Dirne zu heiraten?

Seiner bedenkenlosen Schwäche entsprangen jetzt schon tausend politische Schwierigkeiten. Heinrich IV. wurde für lange Zeit das Spielzeug einer Mätresse, die zwar feurig war wie die Hölle, aber auch eine eiskalte Rechnerin. Er fand bei ihr weder Herzensruhe noch Seelenfrieden, denn Henriette war sozusagen mit Meineid und Verrat gespickt. Das hinderte den Béarner nicht zu vergessen, auf welche Weise er seine Mätresse erobert hatte. Er schloß die Augen vor ihrer Habgier, ihrem unwürdigen Betragen und blieb zehn Jahre lang der Gefangene ihrer Zauberkünste. Er gab ihren ausgefallenen Launen nach und ertrug ohne Zorn ihre Beleidigungen, ohne Abscheu ihre Verräterei. Und stets war er davon überzeugt, daß nur die Liebe sie bewegte – stets wiederholte er den Fehler, an die Liebe seiner Mätressen zu glauben. Seltsame Schwäche eines Mannes, der andererseits so zynisch sein konnte!

## 5. Kapitel: Die Florentiner Heirat

Der Tod von Gabrielle d'Estrées erlöste den Heiligen Stuhl glücklicherweise aus seiner qualvollen Unschlüssigkeit. In dem Augenblick, als der Papst nicht mehr zu fürchten brauchte, daß der König von Frankreich von seiner Freiheit schlechten Gebrauch machen und seine Mätresse heiraten könnte, war er durchaus bereit, die Ehe zu annullieren. Aber nun lag Heinrich nichts mehr daran. Er hielt die Auflösung der Ehe nicht mehr für unbedingt nützlich und gab nach dem Tod der Favoritin sofort sein Drängen auf. Das Verfahren, das er so sehr gewünscht hatte, schlief ein. Doch damit wurden die Angelegenheiten der Königin Marguerite nicht geregelt; sie war im Hinblick auf neue Gelder Verpflichtungen eingegangen, die sie nun nicht mehr einlösen konnte. Sully weigerte sich sogar, ihre Pension zu regeln, und sie fand sich wieder in dem unentwirrbaren finanziellen Durcheinander, von dem sie sich zu befreien gehofft hatte. Obwohl man jetzt auf ihr Einverständnis zu verzichten schien, wollte sie doch den ausgemachten Preis, es eilte ihr mit »der Lebensweise«, die ihr als Belohnung für ihren Verzicht versprochen worden war, und sie vergaß offenbar, daß sie selbst lange Zeit die Verhandlungen verzögert hatte, daß sie sehr oft »Zweifel und Schwierigkeiten« vorgeschoben hatte, um mehr Gelder zu erpressen. Jetzt beklagte sie sich über die Verzögerung. Sie vergaß auch, daß sie einst Gabrielle d'Estrées ziemlich würdelos hofiert hatte, um sich deren Unterstützung zu sichern: Jetzt, wo sie die Rache der Favoritin nicht mehr zu fürchten brauchte, scheute sie sich nicht, alles, was sie selbst an Demütigungen hatte hinnehmen müssen, auf das Andenken Gabrielles zu häufen. Doch der Béarner blieb taub gegen Beschuldigungen wie gegen Schmeicheleien. Seine Beziehung zu Henriette d'Entragues beschäftigte ihn so sehr, daß er nicht an die neue Heirat denken mochte, zu der ihm alle Welt riet; überdies überlegte er auch mit einer gewissen Unruhe, was wohl die Sippschaft d'Entragues mit dem von ihm selbst unterschriebenen Heiratsversprechen anstellen werde.

Aber schließlich konnte er sich nicht auf alle Zeit gegen eine ehrenhafte und nützliche Eheverbindung sperren, die man für ihn vorbereitete. Und als ihm das Parlament durch seinen Generalprokurator offizielle Ermahnungen übermittelt hatte, »die sich auf gewichtige Gründe stützten«, entschloß er sich im September 1599, die Verhandlungen mit dem Heiligen Stuhl wieder aufzunehmen. Der Papst schickte sofort ein Schreiben, in dem er eine Kommission aus drei Prälaten zur Prüfung der Angelegenheit bezeichnete. Sie führten ihre Untersuchung rasch, aber gründlich durch, und der König hatte sich einem recht scharfen Verhör zu unterziehen, in dem er sich aber großmütig bemühte, Marguerites Ehre und Tugend zu schonen. Er ließ sich allerdings nicht herbei, den Vollzug der Ehe abzuleugnen. »Alle beide jung und von munterem Temperament, wie wir waren, die Königin und ich, wie hätte es da anders sein können?« Marguerite zeigte sich ebenso entspannt und maßvoll, höchstens ging sie ein wenig über die Grenze des Wahrscheinlichen hinaus, wenn sie immer wieder versuchte, rein und jungfräulich zu erscheinen, was ja nun durch die Tatsachen hinlänglich widerlegt worden war.

Der Papst, der die Auflösung der Ehe schon beschlossen hatte, sprach sie am 17. Dezember 1599 aus, ohne daß sich die Gesandten des Königs, de Sillery und d'Ossat, noch darum zu bemühen brauchten – was Rosny nicht hinderte, sie großartig als »geschickte und glückliche Unterhändler« zu loben. Nach sieben Jahren schwieriger Verhandlungen endete die Auflösung der Ehe schließlich doch in würdiger Weise. Man verzieh einander das Feilschen und die Kleinlichkeit, man ging offenbar noch weiter und vergaß sogar die früheren Beleidigungen. Jeder Gatte vergaß allerdings auch mit einem Schlag die eigenen Verfehlungen – also keinerlei Gewissensbisse, kein Bedauern. Auch keine Gefühle. Der Augenblick eignete sich nicht dafür.

Heinrich IV. sah sich in diesem Augenblick vielfältigen Aufgaben gegenüber. Abgesehen davon, daß die Wiederherstellung der Ordnung im Lande und der Wiederaufbau der in vierzig Jahren angehäuften Trümmer seine größte Sorge bildeten, mußte er sich auf Krieg und Heirat vorbereiten. Beides vermischte sich auf unangenehme Weise und machte den Zwang erst recht fühlbar – denn der König konnte keinen Krieg finanzieren ohne die Mitgift einer neuen Ehefrau. Seine Verbindung mit Henriette verwirrte die Situation, die langsam lästig wurde, noch mehr.

Der Kriegsausbruch war an ein bestimmtes Datum des Jahres 1600 gebunden. Es ging um die Markgrafschaft Salucco, die ein Lehen der Dauphiné war und die sich der Herzog von Savoyen 1588 während der Ständeversammlung in Blois hatte aneignen können, weil dem König von Frankreich die Hände gebunden waren. Der Vertrag von Vervins hatte dem Herzog für die Rückgabe zunächst einen Termin Ende 1599, dann einen neuen für den August 1600 gesetzt. Unter dem Vorwand, eine Vereinbarung auszuhandeln, an die er in Wirklichkeit überhaupt nicht dachte, war Herzog Karl Emanuel von Savoyen 1599 zu einem Besuch nach Paris gekommen, um sich ein Bild von Frankreichs Stärke zu machen und sich Verbündete, Komplizen, zu suchen. Einschmeichelnd und prahlerisch, freigebig mit Versprechungen und geschickt im Schenken, hatte er so manches geneigte Ohr gefunden. Vor allem war Henriette d'Entragues bereit, seine Verbündete zu spielen, und einen weiteren Komplizen fand er in dem Herzog von Biron, der schon darauf wartete, den König offen zu verraten und dessen Feinden »geheime Dienste« zu leisten. Doch Heinrich IV., immer vorsichtig und scheinbar gefällig, setzte dem feingesponnenen Spiel des Savoyers festen Widerstand entgegen. Als der Herzog Paris verlassen hatte und in sein Land zurückkehrte, war es jedermann klar, daß von seinem guten Willen nichts zu erwarten war und daß man die Markgrafschaft nur mit Kanonen zurückholen konnte. Rosny, im Hinblick auf die kommenden Ereignisse zum Großmeister der Artillerie ernannt, hatte schon mit Frankreichs militärischen Vorbereitungen begonnen und ließ einige Geschütze in seinem Arsenal gießen. Doch um die nötigen Soldaten einzuziehen, auszurüsten und zu bewaffnen, die im August für den Feldzug bereitstehen mußten, fehlte es im April an Geld, dem unvermeidlichen Nerv des Krieges.

Geld war aber nur von einer Heirat des Königs zu erwarten. Von allen Seiten gedrängt, sich eine Frau zu nehmen, ließ sich der Béarner zu Maria von Medici überreden, der Nichte des Großherzogs von Toskana und Erbin der Bankherren von Florenz. Er hatte zunächst gegen diesen Plan seine Erfahrungen vorgebracht, »da die Prinzessin von derselben Rasse wie die Königinmutter Katharina ist, die Frankreich so viel Böses angetan hat, vor allem aber mir selbst«. Dennoch hatte er sich endlich dazu entschlossen, als er die verschiedenen Verpflichtungen überdachte, die er dem Großherzog schuldete. Er hatte von ihm Unterstützung, Beistand und Hilfe in vielen schwierigen Angelegenheiten erhalten. Der Großherzog hatte eine bestimmende Rolle bei seiner Thronbesteigung gespielt; er hatte die Republik Venedig bewogen, ihn anzuerkennen, er hatte den Herzog von Lothringen aus dem spanischen Bündnis gelöst; er war der wichtigste Beistand bei der Aussöhnung Heinrichs IV. mit dem Heiligen Stuhl gewesen – und er hatte ihm wiederholt die Gelder besorgt, die Heinrich für die Eroberung seines Landes gebraucht hatte. So war der Großherzog allmählich zum Gläubiger für einen Betrag von insgesamt 973 450 Golddukaten geworden.

Der Reichtum der fürstlichen Bankiers von Florenz war sprichwörtlich, und es stand fest, daß eine Prinzessin dieses Hauses mit ihrer Mitgift das Glück eines Königs von Frankreich erhalten konnte. Rosny hatte sich so gründlich davon überzeugt, daß er, kaum das Einverständnis des Königs in der Hand, sofort gemeinsam mit Villeroy in Florenz zu verhandeln begann. Eine Art Handel entstand über die Mitgift der Prinzessin, wobei man sich schließlich auf 600 000 Goldtaler einigte – mehr, als Marguerite von Valois in die Ehe gebracht hatte. Rosny hatte mehr erwartet, der Großherzog hätte gern weniger gewährt. Doch beiden Seiten war es zu eilig, um die Verhandlungen zu verzögern. Daß Henriette d'Entragues nicht nur in Gunst stand, sondern auch ein Eheversprechen in Händen hielt, beschleunigte noch die Verständigung. Der Großherzog legte großen Wert auf diese Heirat, und auf französischer Seite verlangten Staatsräson und Geldbedarf dringend die Hochzeit.

Als man die glückliche Lösung gefunden hatte, übernahm es Sully, Heinrich IV. davon zu unterrichten. »Woher kommen Sie?« fragte der König den Minister, als er ihn heiterer als gewöhnlich sah. »Sire«, antwortete Rosny, »wir haben uns verheiratet.« Der Béarner, der nicht »mit einer so raschen Erledigung« gerechnet hatte, war wie vor den Kopf geschlagen. Er blieb, wie Sully berichtet, eine halbe Viertelstunde lang stumm, kratzte sich den Kopf und säuberte sich die Nägel. Danach schlug er in die Hände und soll gesagt haben: »Nun gut, also in Gottes Namen, es gibt keinen Ausweg. Denn wenn Sie sagen, wegen meines Landes und meiner Untertanen müsse ich verheiratet sein, dann muß es eben sein.« Er erklärte Rosny, er sei so erschrocken, weil er in der zweiten Ehe nicht weniger »Zank und Streit« als in der ersten erleben werde.

Man darf annehmen, daß er die Rache der Favoritin fürchtete, die denn auch nicht verfehlte, sich in Vorwürfen und Beschimpfungen zu ergehen und ihre Entschlossenheit zu verkünden, die Erfüllung des Eheversprechens durchzusetzen. Wieder befreite eine Art Theaterdonner den König von dieser Drohung: Die Marquise von Verneuil (denn er hatte sich beeilt, ihr den Titel und den schönen Besitz Verneuil, an dem er hing, zu überschreiben) brachte am 2. Juni 1600 unter Blitz und Donner ein totes Kind zur Welt – vielleicht hat es auch wenige Stunden gelebt. Das tote Kind brachte die Mutter um ihre Rechte, denn das Eheversprechen war nun hinfällig geworden. Der Béarner, der sich in Moulins aufhielt, um eine »Ersatz«-Mätresse zu liebkosen – Marie de la Bourdaisière –, eilte an das Bett der Favoritin und überhäufte sie mit tröstenden Worten, an deren Aufrichtigkeit man wohl zweifeln darf.

»Die genannte Dame ihrem Wochenbett und ihren Klagen zusammen überlassend«, begab er sich nach Lyon, und der Feldzug von Savoyen konnte am festgesetzten Tag beginnen, dem 10. August 1600. Fünf Monate war der Béarner nun mit kriegerischen Aufgaben beschäftigt, und wie bei Arques und bei Amiens sah man ihn von einem Platz zum anderen eilen, Gefechte befehligen und selbst kühn daran teilnehmen. Getreu seiner beharrlichen Gewohnheit, plötzlich alle ernsthaften Dinge im Stich zu lassen, um sich zu Füßen einer Dame zu begeben, preschte er auch jetzt wieder in unglaublichen Eilritten zu Henriette. War er fern von ihr, schrieb er in entflammten Briefen von seiner Liebe und Ungeduld. Die Favoritin genoß aber nicht allein seine zärtlichen Zeilen; zur selben Zeit machte Heinrich schriftlich der Prinzessin von Toskana den Hof, eher noch ausdauernder, noch feuriger. Die Braut, die er noch nie gesehen hatte und von der er nur ein wenig ähnliches Bild kannte, wurde mit Schmeicheleien und sogar Pikanterien bombardiert. Ein seltsames Vorspiel für eine Vernunftehe, die von der Politik diktiert wurde und von der Staatsräson geschlossen werden sollte! Doch der Béarner, »der Illusion so leicht zugänglich« und »so begierig auf das Neue«, ließ sich auf das Spiel mit der romantischen Entdeckung ein. Am verwunderlichsten bleibt es, daß man dieselbe Aufrichtigkeit in den gleichzeitigen und gleicherweise feurigen Liebesbeteuerungen, die er damals an zwei Herzensdamen schickte, feststellen muß. Auch sie erschöpften noch nicht seine zärtlichen Fähigkeiten. Die Zeit des Feldzugs in Savoyen war tatsächlich auch die »der ganz großen Torheiten« des Königs von Frankreich, und sie wurden so wenig geheimgehalten, daß manche kommunalen Chroniken sie erwähnten. Die savoyischen Damen waren so entzückt von seiner Galanterie, daß die lokale Tradition den Ursprung mehrerer Familien dieser Gegend auf Heinrich IV. zurückführt.

Unterdessen erwartete die arglose Maria von Medici, die sich ihren Bräutigam ausschließlich mit der Eroberung von Bugey beschäftigt vorstellte, ihre »Kommandierung« bei Festen und Zerstreuungen, die ihre Heimatstadt ihr täglich bot; Turniere, Festessen, Ringestechen, zauberhafte Aufführungen wechselten einander ab. Am 5. Oktober 1600 verkündeten die Glocken von Florenz und die Kanonen des Großherzogs mit viel Getöse, daß die Toskana Frankreich wieder eine Königin gegeben hatte. Die Hochzeit fand in prunkvoller Zeremonie statt, und der König ließ sich durch den Großherzog vertreten, der sich mit seiner Nichte in Prokuration trauen ließ.

Die neue Königin brach am 17. November von Livorno nach Marseille auf, verabschiedet von einem gewaltigen Aufgebot von Bannern – den *Oriflammes** – und Begleitung. Ihr Schiff war mit unerhörtem Luxus ausgestattet und wurde von sechs Galeeren der Toskana, fünf aus Malta und fünf aus Rom begleitet. Doch der glanzvolle Aufzug fand einen ziemlich kläglichen Empfang, denn Heinrich IV., bei der Armee festgehalten, erschien nicht, und seine Abwesenheit konnte weder durch den Konnetabel Montmorency, noch den Kanzler und die vier begleitenden Kardinäle oder die Hofdamen, die ihrer neuen Herrscherin entgegengeeilt waren, aufgewogen werden.

Die junge Königin mochte den Eindruck haben, daß der Empfang ihrem Rang und ihrer Würde nicht entsprach, und dieser Eindruck verstärkte sich leider sehr in den folgenden Tagen.

* Mittellat. *auriflamma* = Goldflamme, die französische Kriegsfahne von 1121 bis zu ihrem Verlust im Jahre 1415 bei der Schlacht von Azincourt: ein rotes, mit goldenen Sternen übersätes Banner (angeblich das Grabtuch des hl. Dionysius und Kriegsfahne der Abtei Saint-Denis).

Man hatte für die Weiterreise nach Lyon keine Vorbereitungen getroffen, obwohl das Gefolge der Königin 1 200 Personen umfaßte. Die Reise vollzog sich in undenkbarem Durcheinander, bei den Ruhepausen mußten sich die Reisenden in Zufallsquartieren zusammendrängen. Leider war auch das Wetter unangenehm, der Wind wehte in rauhen Stößen, es war bitterkalt. Dramatisch wurde dann der Übergang über die Durance: ein Lakai ertrank, und um ein Haar entging der Gesandte des Großherzogs, Baccio Giovannini, demselben Schicksal.

Die Ankunft in Lyon entsprach dem bisherigen Empfang. Die Königin war bei ihrem offiziellen Einzug bei sinkender Nacht am 3. Dezember allein. Ihr königlicher Gatte hatte sich entschuldigen lassen; diese Nachlässigkeit entsprach wenig dem zärtlichen Ton seiner Briefe und der fiebrigen Eile, mit der er, wie er unentwegt beteuert hatte, seine Frau erwartete. Nachdem er sich offenbar absichtlich verspätet hatte, beschloß er plötzlich, das Spiel abzubrechen, und kam am 9. Dezember unerwartet in Lyon an, in einer Eile, die so wenig erklärlich scheint wie die voraufgegangene Nachlässigkeit. Da er niemanden von seiner Ankunft benachrichtigt hatte, mußte er über eine Stunde warten, bis sich das Tor seiner Stadt für ihn öffnete. Sully, der ihn begleitete, versichert, »wir hatten am Ende der Brücke große Kälte zu ertragen«.

Als der König im bischöflichen Palast, in dem seine Frau wohnte, angekommen war, bemühte er sich, die schmeichelhafteste Ungeduld an den Tag zu legen. Eine völlig erlogene Version dieser ersten Begegnung hat viel Gefallen gefunden: Heinrich IV. habe sich wie ein ungeschliffener, brutaler Haudegen benommen, an die Tür der Königin geklopft und »sofort die Rechte des Ehemanns erzwungen«. »Er wollte seine Frau wie Savoyen im Sturm nehmen«, meint ein Historiker. Doch in diesem Stil vollzog sich die Begegnung nun doch nicht. Freilich war der Béarner imstande, irgendeine Hirtin auf einem Bündel Haferstroh rasch zu beglücken, aber er hatte immerhin das richtige Augenmaß, wenn es sich um eine ausländische Prinzessin handelte, die soeben Königin von Frankreich geworden war. Protokollgemäß ließ er sie durch die Herzoginwitwe von Nemours, die der Maria von Medici anvertraut worden war, bitten, noch am selben Abend von ihr allein empfangen zu werden. Sie war über diese Aufforderung nicht verwundert, machte keinen Einwand, sondern sah seinen Wunsch als ganz natürlich an. Sie sei nur gekommen, sagte sie zu Madame de Nemours, »um Seiner Majestät zu gefallen und seinem Willen zu gehorchen«. Als er in das Zimmer der Fürstin trat, kam der König galant der Geste zuvor, mit der sie einen Kniefall und einen Handkuß andeuten wollte. Er zog sie hoch, nahm sie zärtlich in den Arm und küßte sie mehrmals auf die Wangen *(da tutti i lati della faccia)*. Mehr Vertraulichkeit nahm er sich nicht heraus. An dieser ersten Begegnung des Herrscherpaares war übrigens nichts Geheimes. Mehrere Vertraute der Königin standen dabei, darunter der Gesandte Giovannini, der im einzelnen davon berichtet hat. Der König ließ sich alle Umstehenden vorstellen, unterhielt sich ungezwungen und erwarb sofort ihre Sympathie durch seine freundlichen, heiteren und vertraulichen Reden. Erst am Ende der Unterhaltung, die immerhin lange genug gedauert hatte, um verschiedene Themen wie Krieg und Politik zu streifen, verabschiedete der König die Anwesenden, um sich mit seiner Frau zurückzuziehen.

Die Ehe wurde also nicht überstürzt und sozusagen zwischen zwei Türen vollzogen, wie boshaft behauptet wurde, sondern unter Umständen, die niemandem im Gefolge der Königin Anlaß zu Beanstandungen gaben. Die Königin schrieb übrigens am 24. Dezember ihrem Onkel, dem Großherzog, von ihrer ungeteilten Zufriedenheit mit den ersten Kontakten. »Ich wüßte nicht zu schildern, mit welchen Ehren- und Gunstbezeugungen Seine Majestät mich umgeben hat und mit welcher Güte er mich bei jeder Gelegenheit behandelt.«

Also braucht man den Anekdoten keinen Glauben zu schenken, die uns die Königin »versteinert vor Aufregung« über die Hast des Königs schildern und uns beteuern, ihre Diener hätten sie »mit warmen Tüchern in ihrem Bett erst wieder aufwärmen müssen«. Tallemant des Réaux berichtet, daß Maria von Medici, »so gut versehen sie auch mit Essenzen aus ihrem Lande war, sich doch sehr durch den Geruch belästigt fühlte, den der König ausströmte«. Ein anderer Memoirenschreiber überbietet ihn mit der Bemerkung: »Er stank so, daß der Königin übel wurde.« Das sind zweifellos Variationen des Themas, das Henriette d'Entragues den Lästerzungen mit ihrer Mitteilung anbot, daß ihr Liebhaber »wie ein Aas« stank. Wir wissen aus sicherer Quelle, daß die Hochzeitsnacht zur Befriedigung beider Ehegatten verlief; Madame de Nemours bestätigt es ebenso wie der Arzt der Königin, und der Chevalier Vinta, der den Auftrag hatte, den Großherzog über alle großen und kleinen Ereignisse im Leben seiner Nichte zu unterrichten, meldete, die Dinge seien »auf die beste Weise der Welt« verlaufen. Der Leser möge entschuldigen, daß hier Geheimnisse des königlichen Schlafzimmers ausgebreitet werden, doch es scheint nicht unnötig, die Legenden zu widerlegen, die böswillige Chronisten um diese Episode im Leben Heinrichs IV. gesponnen haben. Es ist für die Geschichtsschreibung nicht unwesentlich, daß die Ehe, mit der eine lange Reihe französischer Könige ihren Anfang genommen hat, nicht unter schimpflichen Umständen begann.

Die zweite Einsegnung der Ehe fand am 17. Dezember 1600 in Lyon statt. Sie war überflüssig, da die in Florenz gefeierte Hochzeit kirchlich vollständig genügte. Deshalb ist es auch unwahrscheinlich, daß die Königin der unziemlichen Eile ihres Ehemannes Bedenken entgegengesetzt haben soll, die er nur überwinden konnte, als er ihr ein »authentisches« Schreiben des Papstes vorlegte, der ihm bestätigte, daß die Prokurationsheirat zum sofortigen Vollzug der Ehe berechtigte. Heinrich IV. lag daran, eine zweite Zeremonie zu feiern, damit, wie er selbst sagte, »sein Volk seinen Anteil an der allgemeinen Festlichkeit« habe. Der Legat des Papstes las die Messe, wie er es in Florenz getan hatte, und das Fest wurde in ebensolcher Pracht gefeiert. Die Zeremonie machte allgemein tiefen Eindruck, die Königin erschien majestätisch und heiter, der König fröhlich und eifrig. Bei bestem Willen war bei keinem von ihnen auch nur von fern zu spüren, daß sie die Heirat als Zwang oder auch nur mit Vorbehalten ansahen. Besser noch als die offiziellen Feierlichkeiten bewiesen die folgenden Tage ihr gutes Einvernehmen und ihre gegenseitige Zuneigung. Der Aufenthalt des Herrscherpaares und ihres jeweiligen Hofstaates in Lyon dauerte bis zum 22. Januar 1601, während man unter dem Vorsitz des päpstlichen Legaten den Frieden mit Savoyen aushandelte. Er wurde am 17. Januar 1601 geschlossen: Savoyen behielt die Markgrafschaft Salucco, also den eigentlichen Zankapfel, überließ aber dafür Frankreich die Bresse, das Bugey und die Orte, die Lyon schützten. Die Vereinbarungen enttäuschten viele Franzosen. Man hatte erwartet, der König werde sich für das üble Verhalten der Savoyer nachdrücklicher rächen, und man sah mit Mißvergnügen, daß er auf eine territoriale Ausdehnung in Richtung Italien verzichtete. Er nahm die Kritik bewußt hin, denn es ging ihm um eine rein französische Politik, die er in der Formel zusammenfaßte: »Nichts als Frankreich, aber ganz Frankreich.« Er hatte auf überflüssiges internationales Prestige verzichtet, um seinem Königreich natürliche Grenzen zu geben.

Als der Frieden unterzeichnet worden war, meinte Heinrich, »er habe nun für dieses Mal der Königin genügend Befriedigung und Versicherung seiner ehelichen Freundschaft gegeben«. Tatsächlich war er Maria von Medici sechs Wochen lang treu gewesen, eine Ausdauer, für die sich nicht leicht ein zweites Beispiel in seinem ganzen Leben finden läßt. Nun sprengte er auf der Straße nach Paris seiner Frau und dem Hofstaat voraus, denen er eine langsame Reise verordnet hatte, um, wie er sagte, die Gesundheit der für schwanger gehaltenen Königin zu schonen. In Wahrheit aber begab er sich so schnell wie möglich zu Henriette d'Entragues, und »nach einigen leichten Vorwürfen« stellte sich die Liebe zwischen ihm und der Marquise de Verneuil so rasch wieder ein, daß er sie, wie Cheverny berichtet, »ebenso schwanger zurückließ wie die Königin in Lyon«. Nachdem er eine Woche lang »der Liebe Freuden« genossen hatte, traf er in Fontainebleau wieder mit dem Hofstaat zusammen, und am 9. Februar 1601 hielten Ihre Majestäten ihren Einzug in Paris.

Mit diesem Tag beginnt der letzte Lebensabschnitt Heinrichs IV. Die friedliche Zeit seiner Herrschaft brach an, und er machte sich an das unabsehbar große Werk des nationalen Wiederaufbaus und der Organisation Europas, das, wie Sully es ausdrückte, »dem Ansehen der Lilien das Erdenrund als Grenze setzte«.

Vierter Teil

# Heinrich der Große

(1600—1610)

»Frankreich ist mir sehr verpflichtet, denn ich leiste gute Arbeit.«
Heinrich IV.

## 1. Kapitel: Die »Haushaltung« Frankreichs

Um das heruntergekommene, verkommene Frankreich, das Heinrich IV. auf wunderbare Weise von den Intrigen des Auslands und aus seinen inneren Zerwürfnissen befreit hatte, wieder »in seinem Glanz zu erneuern« und es in die erste Reihe der christlichen Nationen zu stellen, genügten ihm zehn Jahre. Bedenkt man die geradezu lächerlich geringen Mittel, die der Béarner für seine so schwierige und komplizierte Aufgabe einsetzen konnte, darf man sagen, daß der Erfolg ein wahres Wunder war.

Wir wissen, daß er seiner Geburt nach nicht zur Herrschaft bestimmt war, und wir kennen das ungewöhnliche Zusammenwirken von Zufällen, die sich ereignen mußten, damit sich die Prophezeiung von Nostradamus erfüllen konnte. Doch so sehr sein Aufstieg zum Thron vorbestimmt zu sein scheint und sich die Ereignisse anscheinend dieser Bestimmung fügten, so ist sein Werk als Herrscher seine ganz persönliche Leistung, der oft die Verhältnisse und die Böswilligkeit der Menschen entgegenstanden. Sein Erfolg ist das echte und ausschließliche Ergebnis seiner Begeisterung, seiner Wachsamkeit, seiner Intelligenz, und, um es einmal mehr zu sagen, seines Genies. Sein Werk verdankt nichts dem Zufall und der Mithilfe des Schicksals. Es ist ganz seine eigene Leistung. »Frankreich«, so sagte er einmal, »ist mir sehr verpflichtet, denn ich leiste gute Arbeit.« Keine andere Formel gibt besser das Wesen und den Rang seines Wirkens wieder. Das Geheimnis seines Erfolges liegt nicht etwa in der Verwirklichung kluger Grundsätze und nicht in originellen Ideen, sondern in der geduldigen, vernünftigen Anwendung möglicher Lösungen auf tausend Probleme, die der Zustand von Unordnung und Auflösung des Landes stellte.

Für seine Aufgabe war der Béarner mit einer glücklichen Verbindung angeborener und erworbener Fähigkeiten ausgestattet. Scharfsinn, Kühnheit und Behendigkeit seines Geistes sind hier schon geschildert worden. Zweifellos war er der intelligenteste der französischen Könige, und niemand bestieg den Thron mit einem solchen Schatz an menschlichen Erfahrungen und praktischen Kenntnissen wie er, denn nichts war Buchwissen, nichts Theorie. Alles, was er wußte, hatte er sich in den langen Jahren der Kriege und des Umherziehens angeeignet, aus dem Zusammenstoß mit Schwierigkeiten, die er beseitigen mußte, aus der Kenntnis der verschiedenen Landschaften, in die er kam. Seinen außergewöhnlichen Scharfblick übte er ohne Unterlaß, den tausend Zufällen seines Abenteurerlebens entnahm er Beispiele und Lehren, die viel lebendiger waren als das, was kühler Unterricht gewöhnlich den Thronfolgern vermittelt. Da er allem, was auf ihn zukam, mit seiner »Vertraulichkeit« begegnete, die ihn so beliebt machte, hatte er sich sichere Kenntnisse der Bedürfnisse und der Schätze seines Landes, der Hoffnungen und Wünsche seiner Untertanen erworben. »Wenn er aufs Land kam«, berichtete Mathieu, »blieb er stehen, um mit den Leuten zu sprechen, fragte die Vorübergehenden, woher sie kamen, wohin sie wollten, welche Waren sie bei sich hatten, was jede Sache kostete und andere Einzelheiten.« Seine Neugier, immer auf dem Posten, erfaßte auch die Kleinigkeiten des täglichen Lebens. »Die Könige, die meine Vorgänger waren«, sagte er, »hielten es für unehrenhaft, den Wert einer kleinen Münze zu kennen. Aber ich möchte wissen, was ein Backhuhn kostet und wie viel Mühe diese armen Leute aufwenden müssen, um sich eines zu kaufen, denn sie sollen nur nach ihren Möglichkeiten besteuert werden.«

Da er in den Wirren seines Lebens Hingabe und Niedertracht kennengelernt hatte, die schönen und die häßlichen Seiten der menschlichen Natur, konnte er mühelos Absichten durchschauen und Schlichen zuvorkommen. Einer seiner Minister sagte: »Sie wissen, daß ich es mit einem weißbärtigen König zu tun habe, der das Land gesehen hat.« Über alle Dinge im Bilde, hatte er die Gabe, in den Problemen die großen Linien zu erkennen, dazu ein bemerkenswertes Geschick zur Menschenführung. Sein gesunder, zupackender und ausgreifender Verstand ließ ihn fast instinktiv die günstigen Lösungen finden. Fügen wir hinzu, daß zu Intelligenz, Erfahrung mit Menschen und Dingen und zum gesunden Menschenverstand noch die Autorität und das Ansehen kamen, die sich Heinrich IV., und das ist einzigartig in der Geschichte der Monarchie, gewann, weil er sein Königreich mit dem Schwert erobert hatte.

Wie er selbst seine Theorie von der königlichen Macht in ihrem idealen Prinzip definiert, ist bereits erwähnt worden. Die Macht gründete sich auf den Absolutismus des Königtums. »Ein König ist nur Gott und seinem Gewissen verantwortlich«, schrieb er an Jakob I. Zur selben Zeit aber, als er die souveräne Autorität beanspruchte, bestätigte er sein Gelübde, sie nur zum Wohl seines Volkes zu gebrauchen. »All mein Trachten und Sorgen«, schrieb er 1599, »werden nur für den Fortschritt und die Erhaltung des Landes eingesetzt werden.« Zahlreiche Briefe an Minister und an Gouverneure von Provinzen und Städten betonen diese Hingabe des Monarchen an sein Volk. »Sorgen Sie für mein Volk«, wiederholte er unablässig, »es sind meine Kinder. Gott hat sie meiner Fürsorge anvertraut. Ich bin verantwortlich.« Daß Heinrich IV. in der Ausübung dieser Autorität oft Gutmütigkeit neben der Festigkeit walten ließ, daß seine Freundlichkeit oft über die Strenge siegte, darf so wenig wie sein lächelnder Charme darüber hinwegtäuschen, daß er ein absoluter Monarch war. Ebensowenig kann man eine Neigung zur konstitutionellen Monarchie in der Tatsache erkennen, daß Heinrich IV. es hinnahm, seine Macht durch Notabelnversammlungen, Provinzialstände, Stadträte begrenzt zu sehen. Unter seiner Herrschaft umfaßte das absolute Königtum ein ganzes Bündel passiver Gewalten: »Konstituierte Körperschaften, traditionelle Regelungen, alte Bräuche, provinziale und städtische Freiheiten, Verwaltungsnormen – alles sehr alte Einrichtungen, die in der politischen Anarchie der voraufgegangenen Zeiten erstarkt waren.« Doch seinen Anspruch auf absolute Herrschaft zeigte der König gerade in der Hartnäckigkeit, mit der er die Wirkung dieser Hindernisse abzuschwächen und sie im Prinzip zu entkräften suchte. Daß er dabei meistens lächelnd und in der vertraulichen Art vorging, die sein sicherstes Mittel zur Beeinflussung war, darf nicht seinen Wunsch vergessen lassen, die Theorie von der königlichen Gewalt in die Praxis umzusetzen. Auch sein Verlangen, immer verstanden zu werden und möglichst auch Zustimmung zu finden, konnte nicht seinen gebieterischen Anspruch auf Gehorsam verbergen. »Ich will, daß man mir gehorcht. Sie tun gut daran, mir zu gehorchen«, war seine ständige Wendung. »Benehmen Sie sich mit solcher Strenge, daß man mir gehorcht«, wiederholte er denen, die das Gesetz zu vollstrecken hatten. Und niemals paktierte er mit Aufsässigen.

Seine ganze Kunst bestand darin, in den Institutionen des Landes und in den Regierungsakten die von ihm selbst definierten Grundsätze des Absolutismus wirken zu lassen. Die Zeit stärkte seine Autorität und befestigte seine Macht, so daß er gegen Ende seiner Herrschaft sozusagen allein regierte. Der Einfluß der großen Herren wurde nach und nach in die Staatsführung eingebunden, die Autonomie der Provinzen und Städte so weit verringert, wie es sich mit den Verhältnissen und der Achtung vor bestehenden Traditionen vertrug. Wenn der König den Kreis kommunaler Freiheiten erweiterte, schaffte er andererseits die Vorrechte ab, die nach seiner Meinung »nur geeignet waren, Aufruhr zu erzeugen«. Und er rechtfertigte die Beschränkungen mit einer Formel, in der sich noch einmal seine Lehre von der Souveränität ausdrückte. 1608 sagte er zu den Delegierten der Ständeversammlung der Bourgogne: »Die schönsten Privilegien, die Völker haben können, besitzen sie, wenn sie bei ihrem König in Gunst stehen.«

Am deutlichsten aber bekundet sich Heinrichs IV. Wunsch nach Alleinherrschaft und ausschließlicher Verantwortlichkeit darin, daß er niemals die Generalstände, das traditionelle Gegengewicht zur königlichen Autorität, einberief. Er war überzeugt, daß daraus Gefahren entstehen konnten. In wenigen Worten umriß er ihr Auftreten: »Ich weiß, wie man sich in diesen Ständeversammlungen aufführt, denn bevor mir diese Krone zufiel, wurde das Land, das ich besaß, von den Ständen regiert. Ich habe sie alle Jahre abgehalten. Wer da etwas erzählte, wer ab und zu am lautesten schrie, wer sich auf Institutionen oder Kaiser, von denen die anderen nichts verstanden, berief, von dem sagten sie, ›er hat gut gesprochen‹, und machten ihn zum Bevollmächtigten. Und er war dann der erste, der eine Liga gründete.«

Der Absolutismus Heinrichs IV. wurde vor allem durch die Bestimmung eingeschränkt, daß er nichts ohne den Rat seines *Conseil* entscheiden konnte. Obwohl er in keiner Weise an dessen Ratschläge gebunden war, empfand er es doch als große Behinderung, seine Pläne einem Areopag vorlegen zu müssen, der sehr zahlreich hätte sein können, wenn er hier keine eigene

Ordnung eingeführt hätte. Der *Conseil* setzte sich theoretisch aus den Prinzen von Geblüt, den Kardinälen, den Großoffizieren der Krone und den Staatssekretären zusammen.

Nun hatte der Béarner ja seit langem eine deutliche Abneigung gegen zu große Gremien. Er warf ihnen vor, daß sie unfruchtbar seien und ihn langweilten. Das pflegte er ihnen auch unumwunden zu sagen, wenn er einmal überraschend vor eine Versammlung trat. Bei einer Sitzung des Klerus sagte er: »Mich ärgert die lange Dauer Ihrer Tagung und die große Zahl Ihrer Abgeordneten. Man versammelt so viele Leute, wenn man nicht im Sinn hat, etwas Brauchbares zu schaffen.« Um zu vermeiden, seinem *Conseil* solche Vorwürfe machen zu müssen, holte er sich jeweils nur die Personen, deren Ratschläge er für nützlich hielt, so daß der Rat nicht nur kleiner wurde, sondern sich auch in seiner Zusammensetzung änderte.

Meistens ratschlagte der König mit seinen beiden Ministern – er hatte nur zwei, den Kanzler und den Superintendanten der Finanzen. Der Kanzler hütete die Staatssiegel und setzte das Siegel unter alle Verfügungen der königlichen Autorität, womit sie erst in Kraft traten. Die Aufgaben des Superintendanten der Finanzen wurden in Heinrichs IV. gesamter Regierungszeit von Maximilien de Béthune, Baron Rosny*, ausgeübt, den der König 1606 in Anerkennung seiner Verdienste zum Herzog von Sully machte. Seit 1599 hielt Sully die Hand auf den Finanzen und der Wirtschaft des Königreichs, und zu dieser sehr schweren Last kamen viele andere, die er »unter viel Ziererei«, aber doch stolz und dankbar übernahm. Er wurde der vertrauteste, treueste, tüchtigste Mitarbeiter des Königs, der ihn immer heranzog. Als nüchterner, mürrischer, rauher Mann, dessen erste Antwort immer Zurückziehen und Verweigerung waren, machte er auf jedermann den Eindruck eines ungeschliffenen Tölpels, und es hieß allgemein, »der ist ja ein Tier«. Wer sich nicht getraute, ihn so weit herabzuwürdigen, sprach doch von einem »Stallknecht«. Offenbar hätte er in aller Welt gerade der Mann

* Maximilien de Béthune, Baron de Rosny, seit 1606 Herzog von Sully (1559–1641), wurde auf Schloß Rosny (Seine et Oise) geboren. Er hatte an den Feldzügen Heinrichs IV. teilgenommen, ehe er 1598 sein Minister wurde. Seine Memoiren – *Oeconomies royales*, 1638 erschienen – sind umstritten. 1634 wurde er unter Ludwig XIII. Marschall von Frankreich. Das Palais S. in Paris an der Rue St. Antoine, Place des Vosges, entstand nach Entwürfen von Audrouet du Cerceau 1624.

sein müssen, der Heinrich IV. mit seinem Abscheu vor mürrischen Mienen am allerwenigsten gefallen konnte. Aber anscheinend war es gerade diese Übellaunigkeit, von der Heinrich selbst so gar nichts hatte, die der Béarner an seinem Minister schätzte: Er fand darin das notwendige Gegengewicht zu seinen eigenen Neigungen, die ihm jeden abschlägigen Bescheid unangenehm und jeden Widerstand schwierig machten. Heinrich IV. war froh, sich hinter dem bösen Willen seines Superintendanten verschanzen zu können und einen anderen in der öffentlichen Meinung für die strengen Maßnahmen verantwortlich zu machen, die er selbst billigte, aber sehr ungern auch selbst durchgeführt hätte. In dem heillosen Verfall des sozialen und politischen Lebens war so vieles wieder ins Lot zu bringen, daß die Maßnahmen unpopulär sein mußten. Der König überließ Sully die Verantwortung und behielt sich alles vor, was zur Aussöhnung, zur Annäherung der verschiedenen Richtungen, zur Ausübung einer patriarchalischen Autorität gehörte. Nach außen hin konnte sein persönliches Wirken mithin immer liberal und gutmütig erscheinen.

Sully besaß ein gutes Urteilsvermögen und einen klaren Geist. Seine Aufgabe, eine durchgreifende Verwaltung, erledigte er mit einer Verbissenheit, die Achtung erzwang. Er arbeitete allein, hinten in seinem Arsenal, zu jeder Stunde in seine Rechnungen und Akten vertieft. Der König bewunderte ihn um so mehr, als ihm selbst geduldige, ausdauernde Tätigkeit am Arbeitstisch unmöglich war. Es machte ihm Spaß, seinen Superintendanten zu überraschen, weil er sicher war, ihn zu jeder Zeit beschäftigt zu finden, irgendein Durcheinander oder die Knoten und Schlingen eines Kostenvoranschlags zu entwirren. Einem Diener des Ministers, der ihm meldete: »Der Herr schreibt in seinem Arbeitszimmer«, antwortete der König: »Glauben Sie wirklich, man könnte sagen, er sei bei der Jagd oder beim Kartenspiel, beim Friseur oder bei den Damen?« Eines Morgens, als er sich um sieben Uhr mit einigen Herren vom Hof im Arsenal einfand, traf er Sully an seinem Arbeitstisch an und fragte: »Seit wann sind Sie hier?« »Seit drei Uhr heute morgen«, antwortete der Minister. Der König wandte sich zu seiner Begleitung: »Was würden Sie verlangen, um eine solche Lebensweise zu führen?«

Begreiflich, daß ein so kostbarer Mitarbeiter im Rat des Königs unentbehrlich war. Manchmal wurden einige Staatssekretäre hinzugezogen; sie waren keine Minister, ihr Auftrag beschränkte sich darauf, die königlichen Beschlüsse in den Provinzen durchzusetzen. Sie waren nur zu viert, wurden schlecht bezahlt, hatten weder eigene Stadthäuser noch Archive – einige Schreiber bildeten ihren ganzen Apparat. Die Unfähigkeit des Béarners zu sitzender Lebensweise, sein Bedürfnis, sich auch bei einer Konferenz körperliche Bewegung zu machen, verhinderten, daß der Rat in der üblichen Form solcher Sitzungen abgehalten wurde. Obwohl nur wenige Personen jeweils zum König berufen wurden, waren sie doch selten zusammen bei ihm; Heinrich IV. scheute nicht nur große Versammlungen, sondern mochte es auch nicht, daß bei den Konferenzen mehrere Personen einander widersprachen. Er schätzte es aber, daß man im Gespräch von Mann zu Mann frei heraus redete, und hatte deshalb die Gewohnheit angenommen, sich mit seinen Mitarbeitern einzeln zu besprechen. So beschränkte sich der *Conseil* meistens auf eine Reihe einzelner Unterredungen, die möglichst wenig protokollgemäß verliefen. Wenn es regnete, fanden sie in der großen Galerie des Louvre statt (der »Ufergalerie«). Der Béarner hörte sich die Ratschläge an, während er rasch umherging. Bei schönem Wetter verlegte man die Gespräche in die Tuilerien und erörterte die Staatsangelegenheiten bei Spaziergängen in den Alleen.

Trotzdem waren die Unterredungen ernsthaft, gründlich und nützlich. Saint-Simon schreibt: »Der König schaffte mehr bei vier oder fünf Runden in den Alleen oder in der Galerie als andere in genau geregelten, sehr langen, immer wiederholten Arbeiten im Zimmer.« Bei diesen Gesprächen in einer Parkallee oder in der Galerie befreite Heinrich IV. seine Entscheidungen von widersprechenden Tendenzen, die ihn oft in entgegengesetztem Sinn beeinflußten. (Seine sparsame Natur lag oft im Krieg mit seinem angeborenen Geschmack für das Großartige, und »die Güte und das Berechnende gerieten sich in die Haare, um seine Beschlüsse zu beeinflussen«.) Die Sicherheit seiner eigenen Überlegungen war bemerkenswert: Er urteilte schnell und entschloß sich eindeutig und ohne Schwanken. Seine Anordnungen bezogen sich auf alle Probleme des Staates und alle Fragen, die das Leben seines Landes berührten, denn er sorgte sich um alles, auch um die Einzelheiten jeder Frage. Man könnte kein Gebiet der nationalen Aktivität nennen, an dem er nicht persönlich beteiligt war.

Die »Haushaltung« Frankreichs, der er sich gewidmet hatte, führte er wie ein Grundbesitzer, der aus seinem Besitz etwas machen will. Die Fragen wurden nacheinander vorgenommen, je nach ihrer Dringlichkeit, und zwar genau und ungeschminkt und in ihrer augenblicklichen Bedeutung, selten auf die Zukunft bezogen. In einer ganzen Reihe von Gelegenheitsmaßnahmen, die durch aktuelle Ereignisse veranlaßt wurden, entstand, Stein für Stein, ein zusammenhängendes und harmonisches Gebäude. Durch Erfahrung gewonnene Erkenntnisse waren federführend bei der Neuordnung, deren Erfolge außerdem ein besonderes Organisationstalent bewiesen: »Munter in seiner Lebensführung, unbeständig in seinen Liebschaften, wurde Heinrich IV. zu einem ernsten und gründlichen Politiker.« Sein stürmisches und impulsives Temperament verhinderte, daß er nach strengen Methoden, starren Lehrsystemen oder Theorien vorging. Er traf aus Instinkt die richtigen und förderlichen Entscheidungen seiner Regierung. Er wollte sein Volk glücklich, sein Land blühend sehen; für diese Aufgabe setzte er sein bemerkenswert folgerichtiges Denken ein, das so gut den Mangel an Methode ersetzte, seinen wachsamen Verstand, den fruchtbaren Geist, der erfand und vollendete, und vor allem seine überlegene Fähigkeit zu Einsicht und Einfällen, das, was man Genie nennen muß.

Der König hielt das ganze, übrigens sehr einfache Räderwerk der Zentralmacht in der Hand, und wie Fagniez angemerkt hat, hätte er mit mehr Recht als Ludwig XIV. sagen können: »Der Staat bin ich.« Doch seine Macht ließ sich nur durch die Statuten der Provinzen und Städte ausüben, die sich selbst nach sehr unterschiedlichen Regeln verwalteten, Regeln, die sich durch uralte Geltung den regionalen Gewohnheiten und Notwendigkeiten angepaßt hatten. Immer wieder gerieten die einzelnen Autoritäten aneinander – es knirschte im Räderwerk. Die Zeit der Wirren hatte der verschlungenen administrativen und juristischen Struktur noch einiges an Unordnung und Mißbrauch hinzugefügt, und der König hatte die Aufgabe, alle das Gewicht der königlichen Macht spüren zu lassen und das ganze Land unter die gemeinsame Notwendigkeit zu beugen. Die verschiedenen provinziellen Organismen mußten einen großen Teil ihrer Unabhängigkeit aufgeben, um sich der königlichen Gewalt zu unterwerfen. In dieser Hinsicht gelang es Heinrich IV., große Widerstände zu überwinden. Seine schwerste Aufgabe war es, die großen Herren des Königreichs zum Gehorsam zurückzuführen und ihnen nach und nach die Gewalt wieder abzunehmen, die sie sich in den Zeiten der politischen Anarchie angeeignet hatten. Aus Gouverneuren von Provinzen und Städten waren Könige geworden in jenen Jahren, in denen der Béarner »unterwegs war, um sein Königreich zu erobern, und für sich selbst nur den Boden besaß, auf den er sein Zelt stellte«. Sie mußten ihre Autonomietendenzen aufgeben und gezwungen werden, Ehre und Vermögen nur noch im Gehorsam und in der Treue zu ihrem König zu suchen. Dazu bedurfte es vieler Anstrengungen und einer ununterbrochenen Reihe bruchstückhafter, lokaler Maßnahmen, die alle auf die Stärkung der Zentralgewalt abzielten.

Es ist bemerkenswert, daß Heinrich IV. diese politische Begradigung erreicht hat, indem er sämtliche verstreuten Institutionen, mit denen das Land verwaltet wurde, ausnutzte. Er hütete sich, sie durch einen uniformen und automatischen Apparat zu ersetzen, und brachte so das Wunder zustande, eine neue Ordnung einzuführen, ohne das Volksempfinden zu verletzen, ohne eines der »erworbenen Rechte« zu mißachten, auf die sich der Widerstand gegen Reformen gründet. Er gab nur einem alten Gerüst neue Kraft; ohne große pathetische Aufrufe, die weder gehört noch verstanden worden wären, gelang es ihm, mit bescheidenen Schritten, durch kleine aufeinanderfolgende Anstöße, durch isolierte und scheinbar zufällige Einwirkungen auf Institutionen und Menschen, das Land durch einen neuen Luftzug zu beleben. Die Partikularismen, die Egoismen verblaßten; mehr und mehr Hingabe und Kraft wurden in den Dienst des allgemeinen Wohls gestellt. Auf diese Weise konnten die Trümmer neu zusammengefügt, die Traditionen wiederhergestellt – und doch die Grundlagen für einen modernen Staat gelegt werden.

In einer Zeit, in der immer noch Zerstörung und Tod das Land bedrohten, war es die vordringliche Aufgabe, jedermann seinen Platz anzuweisen und ganz Frankreich an die Arbeit zu schicken. Die materiellen Zerstörungen des Krieges waren entsetzlich, und doch machten die in Flammen aufgegangenen Häuser, die zerstörten Brücken, die leeren Ställe, die brachliegenden Felder, kurz, das wirtschaftliche Chaos noch nicht das ganze Elend Frankreichs aus. Die soziale Unordnung war, wenn möglich, noch schlimmer. Sie betraf alle Klassen. Die adligen Familien, verarmt durch die Verwüstung ihrer Güter, hatten ihren Besitz verkaufen oder mit Hypotheken zu unglaublichem Zinssatz – bis zu 30 Prozent! – belasten müssen. Die Landedelleute, die der Krieg so lange von ihren Ländereien ferngehalten hatte, sahen oft keinen anderen Ausweg als Ämter, Posten, Hilfe, die sie durch ihren Einsatz im Krieg verdient zu haben glaubten. Sie belagerten den König am Hof, die Gouverneure in ihren Provinzen mit so zahlreichen Eingaben, daß »das ganze Gold von Peru sie nicht hätte zufriedenstellen können«. Der Kirche ging es nicht besser, denn die Bürgerkriege hatten viel Geld verschlungen, das man zum großen Teil der Geistlichkeit auf die unterschiedlichste Art abgepreßt hatte. Zu den Bettlern, von denen die Straßen wimmelten, gehörten viele Priester.

Am schlimmsten waren die Bauern betroffen worden. Von Steuern ausgesaugt, »vertrieben vom nie abreißenden Strom marschierender Truppen«, hatten viele ihr verwüstetes Land verlassen und belasteten die Städte als Bettler, als Diebe und Räuber. Die Landbevölkerung hatte um drei Millionen abgenommen, und es fehlte an Leuten für die notwendigsten Arbeiten. Händler und Handwerker hatten so viele Einnahmen eingebüßt, daß es ihnen unsinnig erschien, ihren Beruf noch auszuüben.

Und dennoch war das Elend nicht allgemein. Wie immer hatte auch diesmal so mancher seinen Vorteil aus dem allgemeinen Unglück gezogen; eine ganze Klasse von Geschäftsleuten und Wucherern hatte sich durch mehr oder weniger unmoralische Vermittlergebühren und Zwischenhandel unerhört bereichert. Advokaten und Steuereinnehmer, Spekulanten jeden Grades und jeder Art hatten sich skandalöse Vermögen zusammengerafft, die das Elend der Allgemeinheit geradezu verhöhnten.

Diesem wirtschaftlichen und sozialen Durcheinander verordnete Heinrich IV. geschmeidig und fest zugleich erst Linderungs-, dann Heilmittel, die so wirksam waren, daß Frankreich nach wenigen Jahren wieder seinen hervorragenden Platz einnehmen konnte. Er bemühte sich von Anfang an, jedem seine Aufgabe, seine Arbeit, seine Pflicht zu Bewußtsein zu bringen. Der Adel sollte seine traditionelle Aufgabe als die belebende Kraft des ländlichen Lebens wieder aufnehmen. Er machte den Edelleuten klar, die sich in der Hoffnung auf Posten und Pensionen um ihn scharten, daß sie Besseres zu tun hätten, »als in seinen Vorzimmern herumzulungern«. Und immer wieder neckte er die Gascogner, die, wie er sagte, »eines Tages an einem nebligen Morgen ihr Haus verlassen haben und nun den Heimweg nicht mehr finden«. Da seine leeren Kassen ihnen auf keine Weise helfen konnten, gab er ihnen den nützlichen Rat, nach Haus zurückzukehren und die Lebensweise ihrer Vorfahren wieder aufzunehmen. Er setzte eine wahre Propaganda für die Rückkehr aller Versprengten aufs Land in Bewegung; allen, die nach und nach »in der Stadt« ihr Dasein eingerichtet hatten, rief er unaufhörlich zu, »daß es zu allen Zeiten die Ehre der Edelleute in Frankreich ausmachte, auf dem Lande zu wohnen und nur im Dienste des Königs oder zur Erledigung irgendwelcher Angelegenheiten in die Stadt zu kommen«. Tausend Argumente weckten die alte Erdgebundenheit und riefen zurück zur alten Pflicht, »ihre Ländereien zu bewirtschaften«.

Das 1600 erschienene Buch von Olivier de Serres *Théâtre d'Agriculture* unterstützte sehr willkommen die Werbung des Königs und machte jedermann klar, wie ehrenvoll die Arbeit auf eigenem Boden war, wie viel Freude und Gewinn sie bot. Das große Buch, das Fachkenntnisse mit literarischer Qualität verband – selten bei Handbüchern! –, erneuerte in begeisterten Wendungen den alten Appell von Vergil, der dem Menschen auf dem Lande rät, sich davon zu überzeugen, daß ihm zum Glück nur die Einsicht in dieses Glück fehlt. Olivier de Serres schreibt im Vorwort: »Ich will den guten Familienvater überreden, sich gern auf seinem Land aufzuhalten.« In vertraulichem Ton unterrichtete sein Werk, wie sich der Boden leichter und gewinnbringender bearbeiten ließ; neue Grundsätze entwickelten sich auf einem Gebiet, auf dem sich seit zwanzig Jahrhunderten kein nennenswerter Fortschritt vollzogen hatte: Die Erde bot mit ihren Möglichkeiten und Anforderungen nun kein Geheimnis mehr. Solche Werbung trug ihre Früchte, und die alte Schicht der Landedelleute nahm nach und nach ihren Platz innerhalb der ländlichen Bevölkerung wieder ein, gab ihr den Rahmen, leitete sie durch das Beispiel und schützte sie vor ihr selbst.

Gleichzeitig hatte das geduldige Wirken des Königs auch die Bauern bewogen, ihr Land wieder zu bestellen. Geschickte Schutzmaßnahmen brachten den Pflug wieder zu Ehren und bevölkerten die Ställe, Jahr um Jahr dehnten sich die Kornfelder aus, steigerten sich die Erträge. Dem trostlosen Anblick leerer, den Plünderern überlassener Landstriche, in denen die Wölfe am hellen Tag verspätete Bauern anfielen, folgte nun das Schauspiel einer aufblühenden Landwirtschaft. Frankreich war wieder überzogen mit Weideflächen und Kornfeldern, Pachtvieh gab es in beträchtlicher Zahl, die Höfe füllten sich mit Geflügel jeglicher Sorte. Es gab keinen Bauern, der nicht seinen Schweinestall hatte, und jeder Landarbeiter konnte »sonntags ein Huhn in den Topf« legen. Diese berühmte Formel, die Jahrhunderte hindurch so viel zum Ruhm des Béarners beigetragen hat, ist vielleicht nie von ihm ausgesprochen worden, aber zweifellos bejahte er sie aus tiefstem Herzen. Wie Sully war er davon überzeugt, daß Pflug- und Weideland die »beiden Brüste Frankreichs« waren, und er wollte, wie Sully ebenfalls, den Wohlstand des ganzen Landes auf blühender Landwirtschaft aufbauen. Doch idealistisch und gefühlvoll wünschte er, daß die Bauern aus ihrem Dasein nicht nur Gewinn, sondern auch Freude holten. Er wollte ihr Glück und widmete ihnen echte Fürsorge. Wenigstens hier entspricht er durchaus dem in anderen Punkten völlig entstellenden Bild, das sich die Generationen von ihm geschaffen haben.

Sully hatte auf das Erwachen der Landwirtschaft gewartet, um Frankreich gesund und wohlhabend zu machen, aber der König kannte besser als er die vielfältigen Möglichkeiten des Landes. Ihm kommt das Verdienst zu, unzählige Quellen für Industrie und Handel entdeckt zu haben. Danach richtete er die nationalen Anstrengungen aus. Auf sein Wort hin öffneten sich Werkstätten und Fabriken, belebten sich die Berufe, wurden Werkzeuge und Herstellungsarten verbessert. Der industrielle Ausbau Frankreichs richtete sich nun klug nach Möglichkeiten und Voraussetzungen: Im Anjou wurde Schiefer abgebaut, im Languedoc Marmor, Eisenerz in der Auvergne, sogar Mineralwasser nutzte man. In Mantes wurden Schleier hergestellt, Töpferarbeiten in der Saintonge, Kristall in Nevers, Seide in Lyon, Stoffe fast überall, je nach den vorhandenen Rohstoffen und Arbeitskräften.

Alle Industrien für den im Krieg zerstörten Grundbedarf der Bevölkerung wurden wieder aufgebaut oder neu eingerichtet; überall tat sich neue Industrie auf, darunter besonders die Seidenfabrikation, die Heinrich IV. förderte, indem er Maulbeerbäume in seiner Domäne Madrid bei Paris und bis in die Tuileriengärten hinein pflanzen ließ. Ihn interessierte die Herstellung von Kristallwaren und Teppichen, feinem Weißzeug, Stoffen aller Art. Es gab keinen Beruf, dessen Schwierigkeiten und Aussichten er nicht zu kennen wünschte, keinen Zweig wirtschaftlicher Tätigkeit, den er nicht schützte und ermutigte.

Neben dem Nützlichen förderte er aber auch das Künstlerische. So hatte er in einer Galerie des Louvre, in malerischer Umgebung, eine Gruppe von Handwerkern angesiedelt, die sich mit den unterschiedlichsten Techniken des Kunsthandwerks befaßten. Man traf Messerschmiede und Schwertfeger, Juweliere, Vergolder, Damaszierer, Teppichweber und sogar »Hersteller mathematischer Instrumente«. Der König besuchte sie oft und bemühte sich, vor allem die zu fördern, die schöpferischen Geist aufwiesen und deren Werk geeignet schien, »die Kunst der schönen Formen zu entwickeln«.

Während er die landwirtschaftliche und industrielle Produktion seines Landes entwickelte, wandte er gleichzeitig sein Interesse dem Warenaustausch, dem Handel, zu. Sein realistisches Genie beseitigte bald alle willkürlichen Hindernisse, die durch eine Unmenge mißbräuchlicher und ungerechtfertigter Vorschriften die Sicherheit und Freiheit des Warenaustausches beeinträchtigten. Unter großen Kosten entstand ein weitläufiges bequemes Verbindungsnetz; Straßen, Brücken, Kanäle wurden vermehrt, verbessert, verbreitert. Die ersten Pläne zu einem »Kanal der zwei Meere« tauchten auf, wenn auch ihre Ausführung durch seinen Tod verhindert wurde. Transportmittel wurden entwickelt, auf allen Straßen Stationen zum Pferdewechsel eingerichtet. Für zwanzig Sous konnte jeder Reisende unterwegs ein Pferd mieten, und zwar auf allen Straßen Frankreichs, über die außerdem Kutschen und öffentliche Verkehrsmittel rollten. Die Handelsflotte, die am Ende des 16. Jahrhunderts fast verschwunden war, entstand neu und segelte bald über alle Weltmeere.

Bei der vermehrten und vielfältigen Warenproduktion belebte sich der Handel; er wurde einträglich. Man hat Heinrich IV. die Ehre zugesprochen, die Freiheit der Arbeit, der Industrie und des Handels eingeführt zu haben. Doch das ist sehr übertrieben, und das dauernde Werk dieser Herrschaftszeit liegt keineswegs in der Verkündung von allgemeinen und für die Dauer gedachten Grundsätzen. Die Intelligenz des Königs zeigt sich im Gegenteil in seinem klaren Sinn für Möglichkeiten und in seiner immer wachsamen und geschmeidigen Art, die Vorschriften den Umständen unterzuordnen. Selbst die berühmte Handelskommission, die er gründete und von Barthélemy de Laffémas leiten ließ, bemühte sich, alle wirtschaftlichen Aktivitäten zu einem Ganzen zu verbinden, ohne eine starre und komplizierte Reglementierung einzuführen.

Die Ausfuhr brachte dem französischen Handel eine Blütezeit, französische Industrie schickte ihre Produkte in alle Welt. Frankreich faßte Fuß in Indien durch die berühmte Ostindiengesellschaft. Eine Gesandtschaft unter Arnoult de l'Isle öffnete Marokko für die französischen Kaufleute. Bis Nordamerika dehnte Heinrich IV. die Basis eines Imperiums aus, das seine Nachfolger nicht zu behaupten vermochten. Die französischen Besitzungen umfaßten außer Kanada die Gebiete Nordamerikas, auf denen später New York, Boston, Portland entstanden sind. Es ist nicht möglich, hier die Ideen näher auszuführen, die des Béarners Kolonialpolitik kennzeichneten und die für ihre Zeit völlig neuartig waren. Es sei nur erwähnt, daß sie drei Jahrhunderte vor Lyautey und Gallieni deren Politik sozusagen vorwegnahmen. Von Heinrich IV. stammt der Gedanke, daß die Bevölkerung einer Kolonie weder ausgelöscht noch versklavt werden dürfe, sondern alle Freiheiten genießen müsse, die sich die Franzosen selbst zubilligten, damit eine vertrauensvolle Zusammenarbeit zu gemeinsamen Erfolgen führen konnte.

Die weise wirtschaftliche und soziale Politik Heinrichs IV. verschaffte Frankreich einen Wohlstand, wie er seit der Gründung der Monarchie unbekannt war. »Die Quellen des Geldes sind unerschöpflich«, meinte ein staunender Reisender. Das sicherste Zeichen dieser Wiedergeburt lag in der munteren Tätigkeit der Franzosen auf allen Gebieten. Die Bürger hatten ihre Häuser wiederhergestellt; die Edelleute, »die ihre Waffen an den Haken gehängt hatten«, machten sich daran, ihren Besitz zu verbessern. Das ganze Volk war eifrig an der Arbeit. Messire Hardouin de Perefixe, Erzbischof und Erzieher Ludwigs XIV., schrieb später zu dessen Erbauung: »Es war ein Wunder, dieses Königreich zu sehen, das fünf oder sechs Jahre zuvor sozusagen ein Schlupfwinkel für Schlangen und giftige Tiere gewesen war, angefüllt mit Dieben, Taugenichtsen, Galgenstricken, und nun von diesem großen König so wunderbar gesäubert, verwandelt in einen Korb unschuldiger Bienen, die sich nach Kräften bemühten, ihren Fleiß zu beweisen, Honig und Wachs zu sammeln. Müßiggang war eine Schande und eine Art Verbrechen.« Gewiß, nicht jedermann wurde reich, doch jeder, wieder an seinem ihm zukommenden Platz, hatte die Freude an ruhiger Arbeit, an Eintracht und Frieden im Schutz starker Institutionen wiedergefunden. Die französische Geschichte bietet kaum ein anderes Beispiel solcher Auferstehung.

Die Erneuerung war durch eine Finanzpolitik gesteuert worden, die man nicht besser loben kann als mit der Feststellung, daß sie einen fast utopischen Traum aller Finanzleute zu allen Zeiten verwirklichte: Die Mittel des Staates vermehrten sich zur gleichen Zeit, als sich die Belastung für jeden Franzosen verringerte. Wenn auch die finanzielle Reorganisation des Königreichs in technischer Hinsicht Sullys Werk war, kann man Heinrich IV. nicht das Verdienst absprechen, sie inspiriert, durch Ratschläge erhellt und auf die Grundsätze abgestimmt zu haben, die sein ganzes Werk der nationalen Wiedergeburt beherrschten. Er wußte, daß sich ein Staat wie ein Grundbesitz bewirtschaften läßt, daß aber alles aufs Spiel gesetzt wird, wenn abenteuerliche Neuerungen die geduldige Rekonstruktion der überkommenen Methoden beschleunigen sollen. Ebensowenig wie seine wirtschaftlichen und sozialen Ideen wurden die finanziellen Grundsätze Heinrichs IV. von irgendeiner Doktrin beherrscht; sie bilden kein starres, »nicht einmal ein zusammenhängendes« System; sie haben keine Spur wirklich neuer Vorstellungen an sich. Unter Heinrichs Regierung wurde die fiskalische Organisation nicht gestürzt – nicht einmal verändert. Man begnügte sich, ihr Funktionieren durch eine ganze Serie empirischer und fragmentarischer, aber wirksamer Maßnahmen zu sichern. Das ist wohl kaum die Darbietung eines Virtuosen, aber »es ist solide Arbeit, die halten wird«.

Die finanzielle Zerrüttung hatte viele Ursachen; die größte war sicherlich die Armut der Steuerpflichtigen, aber ebenso schlimm wirkten sich die unerhörten Unterschlagungen aus, bei denen der größte Teil der Eingänge von den Steuereinnehmern selbst verbraucht wurde. Da man nicht alle Möglichkeiten zu Mißbrauch und Untreue bezeichnen konnte, faßte man sie unter dem symbolischen Sammelnamen »Madame Gravelée« [Gravelée ist Hefe-Bodensatz] zusammen. Während der Betrag der rückständigen Abgaben immer größer wurde und die »Schatzmeister« das Geld, das ihnen mehr oder weniger in den Schoß fiel, für allerlei »Überflüssiges« verschwendeten, zwangen finanzielle Nöte den König, von Anleihen zu leben und immer größere Anteile an nationalem Eigentum zu veräußern. Diesem jämmerlichen Zustand setzten Heinrich IV. und Sully nur die schlichten Reaktionen des gesunden Menschenverstandes entgegen. Sie nahmen sich nacheinander alle Ursachen der Mißstände vor, um sie allmählich zu verringern. Dabei dachten beide nie daran, die Art der Besteuerung und ihrer Einziehung zu ändern, und sie blieben auch bei dem System, die Abgaben durch Steuereinnehmer eintreiben zu lassen, über deren Ehrlichkeit sie sich keinerlei Illusionen machten. Sie bemühten sich nur, durch eine Oberaufsicht die Schatzmeister an geregelte Vorschriften zu binden; diese Aufsicht wurde strenger, je mehr sich die königliche Autorität befestigte.

Sully versuchte übrigens vergebens, seine Blitze gegen die Diebe zu schleudern, als er 1601 eine Magistratskammer einrichtete, die sie zur Herausgabe des unrechten Guts zwingen sollte. Wie es meistens in solchen Fällen geht, zahlten »die armen Schlucker und kleinen Diebe« für die großen Räuber. Und da diese wiederum der Bestrafung durch »Umtriebe, Kniffe und Geschenke im Überfluß« entgingen, kam es dazu, daß Sullys Härte »nur dazu diente, ihnen ihre Diebstähle zu bestätigen, statt sie zu bestrafen«. Heinrich IV. wunderte sich nicht, daß Sully hier scheiterte; er selbst fand keinen Geschmack an strengen Maßnahmen und glaubte nicht an ihre Wirksamkeit.

Zu besserem Erfolg führte die Abschaffung von Abgaben, die so manche große Herren zu ihrem eigenen Vorteil eingeführt hatten, »ohne eine andere Genehmigung als die Willkür der Bürgerkriege«. Man schaffte aber auch ungerechtfertigte Steuerfreiheiten ab und nahm alle Leute in die Klasse der Steuerpflichtigen auf, die sich auf zivilem oder militärischem Gebiet selbst einen Adelsrang zugesprochen hatten. Man entdeckte 40 000 solcher Usurpatoren, und bei dieser Gelegenheit wurden auch die noch nicht zwanzigjährigen Bastarde der Edelleute zu Bürgerlichen gemacht.

Sully führte ein genaues Rechnungswesen für die öffentlichen Gelder ein und erschwerte damit die Unterschlagungen. Vor allem aber wachte er eifersüchtig über alle Gelder, die in die Staatskasse geraten waren, damit sie nicht auf »Schlupfwegen« daraus verschwinden konnten, das heißt, nicht für unnütze Ausgaben verwendet wurden. Die Zahl der Beamten wurde herabgesetzt. Der König war tief von dem Gedanken überzeugt – der heute geradezu nach Umsturz klingen würde –, daß die Menge von öffentlichen Beamten den Niedergang eines Staates anzeige. Ein strenges Regiment wurde auch den Bürgern verordnet, so lange, bis der Griff der Not sich gelockert hatte: 1601 verbot ein Edikt, Gold und Silber für Stickereien oder Kleidungsstoffe zu verwenden. Die eleganten Damen bei Hofe zählten diese Maßnahme »zu den allgemeinen Härten«.

Wie man sieht, leiteten bäuerliche und bürgerliche Grundsätze den Wiederaufbau des Finanzwesens. Doch Ordnung und Sparsamkeit genügten längst nicht, die Mittel des Staates seinen Bedürfnissen anzupassen, die gewaltig waren. Man mußte rückständige Zinsen für riesige Anleihen zahlen, sechs Millionen wurden für Renten und Pensionen gebraucht, und außerdem war ein breites Wiederaufbauprogramm zu finanzieren – Gebäude, Brücken, Straßen kosteten Geld. Um diesen Verpflichtungen nachzukommen, dachte man nicht an eine Reform des Systems; man fand es zwar nicht gut, aber die Politik des Königs hielt sich immer an Institutionen, die auf alten Traditionen beruhten und nur von innen her und im einzelnen verbessert wurden. Wie bisher wurden also allgemeine und indirekte Steuern erhoben, ohne daß die Steuersätze angehoben werden mußten. Der Ertrag stieg einzig durch das klassische und wirksamste Mittel, nämlich durch die Ankurbelung des Wirtschaftslebens und die Produktionssteigerung. Hier ist schon dargestellt worden, wie Wachsamkeit und Scharfblick des Königs diese Aufgabe gelöst haben. Einen neuen Beweis für seinen realistischen Sinn gibt die Tatsache, daß er für diesen Aufschwung der Wirtschaft keinen besseren Auftakt wußte als die Verringerung der Steuern; er hatte begonnen, mehr als zwanzig Millionen rückständiger Grundsteuern zu erlassen.

Die Ergebnisse dieser Wirtschafts- und Finanzpolitik zeigen sich in einigen überzeugenden Zahlen. 1597 deckte das Steueraufkommen zwei Drittel der Staatsausgaben; 1601 wogen sich Einnahmen und Ausgaben auf. Gegen Ende seiner Herrschaft war das Land wieder aufgebaut, waren die Anleihen zurückgezahlt, nationale Güter zurückgekauft oder von Hypotheken befreit; das Land verfügte über neue Produktionsmittel und moderne Ausrüstungen; jeder konnte in Frieden »die öffentlichen und privaten Annehmlichkeiten« genießen. Der Überschuß an Einnahmen hatte gestattet, Reserven anzulegen, die für die Epoche geradezu fabelhaft scheinen. Sully spricht von einem Staatsschatz von 102 Millionen, die in dem von ihm gut bewachten Arsenal lagerten. Keine neue Abgabe wurde eingeführt (die »Umsatzsteuer« von einem *Sou* pro *Livre* bestand nur vorübergehend), fast alle Steuern gesenkt. Das Aufkommen aus der direkten Steuer, der *taille*, das 1597 mehr als zwanzig Millionen betragen hatte, war auf 14 Millionen gefallen; diese Verringerung war zur Hälfte der Klasse der Bauern und Handwerker zugute gekommen. Die *gabelle*, die Salzsteuer, hatte man so geändert, daß die ärmsten Untertanen des Königs entlastet wurden. Zur gleichen Zeit stiegen die sonstigen Einnahmen des Staates durch vernünftige Bewirtschaftung beträchtlich. Schaffung von Posten, von Konzessionen auf »Rechte und Vollmachten«, hatten sehr wichtige neue Einnahmequellen erschlossen. So strömten die Staatsmittel reicher, ohne daß, wie der König sagte, »die Untertanen bedrückt wurden«. Das heißt aber nicht, daß die Steuerlast leicht zu tragen war. Sie blieb lastend, auch als weise Maßnahmen sie senkten. Frankreich hatte vierzig Jahre kostspieliger Unordnung hinter sich, und die Abrechnung mit der Vergangenheit legte ihm noch für lange Zeit Opfer auf.

Während die Wirtschaft aufblühte und das Finanzwesen sich erholte, vollzog sich die eigentliche Verwaltung des Landes nach denselben realistischen und scharfsichtigen Grundsätzen. Für alle Probleme, die das tägliche Leben des Landes mit sich brachte, fand Heinrich IV. die günstige Lösung, die ihm sein bewundernswert praktischer Sinn zeigte; er gab sich nie Hirngespinsten hin und erkannte immer, was möglich und sachlich gerechtfertigt war. Man kann nicht sämtliche Maßnahmen aufzählen, mit deren Hilfe Frankreich in wenigen Jahren nicht nur ein wohlhabendes, sondern ein in aller Welt geachtetes, um die öffentlichen und privaten Annehmlichkeiten, die seine Bürger genossen, beneidetes Königreich wurde. Nur an einigen Beispielen soll gezeigt werden, daß »die Haushaltung Frankreichs«, wie sie Heinrich IV. verstand, das Land nicht nur bereicherte, sondern auch moralisch hob.

1604 führte er eine neue Regelung für die Posten im Gerichts- und Finanzwesen ein; sie machte schließlich die Ämter erblich. Bis dahin waren sie übertragbar und wurden beim Tod des Amtsinhabers frei. Der König unternahm diesen Schritt, um »die Zudringlichkeit der Leute bei Hofe« loszuwerden. Er übertrug den Beamten ein unanfechtbares Besitzrecht auf ihre Posten und die Möglichkeit, sie an ihre Erben weiterzugeben. Als Gegengewicht zu diesem kostbaren Vorrecht hatte der Staat einen jährlichen Anspruch auf ein Sechzigstel des Amtsertrages. Man nannte diese Abgabe *Paulette*, weil ein Steuereinnehmer Paulet sie als erster zahlte. Aus der Tatsache, daß die Beamten auf diese Weise besteuert wurden, schloß man allgemein, daß die Reform nur ein finanzieller Kunstgriff sei. Aber sie entsprang einer völlig anderen Idee. Seine bäuerliche Prägung hatte dem König Vertrauen zu der Beständigkeit gegeben, die durch lange Generationenfolge im selben Beruf entsteht. Seinem »stubenhockenden« Adel hatte er die Aufgabe zugewiesen, der bäuerlichen Bevölkerung den Rahmen zu geben und sie zu leiten. Er hatte Körperschaften und Handwerk so organisiert, daß in Handel, Handwerk und Gewerbe der Laden, die Werkstatt, die Fabrik vom Vater auf den Sohn übergehen mußten. Ebenso wollte er die Rechtsprechung in den Familien Wurzeln schlagen lassen, so daß sich eine Tradition entwickeln würde, beste Gewähr für Rechtschaffenheit und Unabhängigkeit. In diesem Begriff vom weitervererbten Beruf fand das alte Frankreich sein Gleichgewicht und seine Kraft. Man braucht kaum noch daran zu erinnern, daß keine andere Epoche der französischen Geschichte über einen solchen Stamm bemerkenswerter Beamter, Richter und Diplomaten verfügt hat und daß sich die französischen Handwerker des 17. und 18. Jahrhunderts in Gewerbe und Berufen aller Art hervortaten.

Mißverstanden hat man auch die eigentlichen Gründe, die Heinrich IV. 1603 veranlaßten, den Jesuiten wieder die Tore zum Königreich zu öffnen, aus dem sie acht Jahre zuvor vertrieben worden waren. Gewiß, seit einiger Zeit übte der Papst einen gewissen Druck auf den König aus, weil er die Rückberufung seiner eifrigen Miliz wünschte; doch Heinrich hätte den Wünschen des Heiligen Stuhls noch lange widerstehen können, wenn er sich auf die Notwendigkeit berief, »mit Umsicht und Maßhalten« zu regieren. Denn niemand in Frankreich setzte sich für die Rückkehr der Patres ein, man könnte vielmehr sagen, daß sich alle Welt mehr oder weniger entschlossen dagegen stemmte. Die Protestanten hielten sie immer noch für ihre geschworenen Feinde, die Universität fürchtete ihre Konkurrenz, die Sorbonne ihre Zensur. Die Kirche grollte ihnen wegen der Herausforderungen von einst, und die gesamte Öffentlichkeit verübelte ihnen das Zusammenspiel mit der spanischen Partei. Am Widerstand der Parlamente läßt sich die Feindseligkeit ermessen, die man den Jesuiten in Frankreich entgegenbrachte:

Der König hatte ebensoviel Mühe, bei ihnen das Edikt zur Rückberufung der Jesuiten durchzusetzen, wie vorher das Edikt von Nantes. Doch er ging über alle Vorwürfe hinweg und unterdrückte auch eigenen Groll, weil die Rückberufung der Jesuiten in seinen Plan zum nationalen Wiederaufbau gehörte: Ihre Anwesenheit schien unbedingt nötig zu sein, um die schwere Krise im Unterrichtswesen zu beseitigen, von der die französische Intelligenz bedroht wurde.

Man geht meistens davon aus, daß die Sorgfalt, die ein Fürst für Unterricht, Literatur, Wissenschaft und Kunst aufwendet, unmittelbar von seiner eigenen Kultur abhängt. War aber Heinrich IV. ein kultivierter Mann? Sicherlich kann man daran zweifeln, wenn man der Kritik an seinem Gesprächston glaubt: »Nichts als ein Frikassee aus sehr derben, schmutzigen Witzen.« Außerdem ist Heinrichs Abneigung gegen jede Lektüre bekannt; sie ging so weit, daß er sich kaum überwinden konnte, einen etwas lang geratenen Brief zu lesen. Wir wissen auch, daß seine eigenen Studien abbrachen, als er dreizehn Jahre alt war. All das sind sicherlich keine Hinweise auf intellektuelle Wißbegier, und doch besaß der König, der fern von geregelter Schule und ohne die üblichen Unterrichtsmethoden seiner Zeit erzogen worden war, ein verhältnismäßig großes Wissen und echte Kultur. Der Kardinal du Perron bezeugt uns, daß er »sehr viele Dinge kannte«, und der Notar Pichart faßte seinen Eindruck aus Gesprächen mit dem König in dem Satz zusammen: »Er weiß alles und kennt alles.« Der *Mercure François* von 1606 lobte ihn als den »am besten sprechenden Fürsten seiner Zeit«. Auch seine Korrespondenz zeigt das Talent eines rasch und treffend formulierenden Briefschreibers.

Er stammte aus einer Familie, in der die Literatur in Ehren gehalten wurde; seine Großmutter, Marguerite von Navarra, war eine begabte Dichterin, seine Mutter gehörte zu den gelehrtesten und geistvollsten Frauen ihres Jahrhunderts. Er selbst hatte am Hof der Valois gelebt, der so gut mit Schriftstellern und Künstlern versehen war. Heinrich war besonders mit dem gelehrten Dichter Ronsard und dem Humanisten Amyot in Berührung gekommen. Und schließlich kann man es gar nicht genug wiederholen, daß er sehr intelligent war und ein erstaunlich gutes Gedächtnis hatte. Deshalb braucht man sich nicht zu wundern, wenn er sich durch seinen Umgang mit Leuten von Geist und Bildung – von denen er in seinem unsteten Leben sehr viele näher kennengelernt hatte – eine entsprechend hohe Kultur erworben hatte. Es genügt jedenfalls, um zu erklären, weshalb er Dichter, Literaten, Historiker und andere Gelehrte außerordentlich gefördert hat. Er honorierte sie wie diejenigen Männer, die ihm auf dem Schlachtfeld oder in hohen Staatsämtern dienten, er befreite sie von allen materiellen Sorgen und sicherte ihnen volle Gedankenfreiheit zu. So konnte er sich schließlich rühmen, er habe sich »wahrhaftig und mit Recht den Namen eines Vaters der Gelehrsamkeit und ihres Wiederherstellers in seinem Königreich erworben«.

Doch die praktischen Überlegungen gewannen bei Heinrich IV. sehr schnell die Oberhand über ideologische Gesichtspunkte. Das aufmerksame Interesse, mit dem er die Organisation des öffentlichen Unterrichts auf allen Stufen verfolgte, entsprang vor allem der Erkenntnis, daß ein Staat das ist, was seine Jugend aus ihm macht. Der König sah in der Bildung der jungen Leute das beste Mittel, in ihnen die Keime menschlicher und bürgerlicher Tugenden zu entwickeln. Und wie ihn ihre geistige Ausbildung interessierte, so auch, daß sie »zu anständigen Menschen« erzogen wurden. Ihm schien das Studium der lateinischen und griechischen Literatur der beste Weg zu diesem Ziel zu sein, und er tat alles, um ihm Geltung zu verschaffen. Er schuf Kollegien, Universitäten, Bibliotheken und sicherte den königlichen Professoren eine angemessene Lebensführung zu. 1602 sagte er: »Ich möchte lieber, daß meine Ausgaben eingeschränkt und meine Tafel aufgehoben wird, damit die Professoren bezahlt werden. Ich will, daß sie zufrieden sind, Monsieur de Rosny wird sie bezahlen.«

Nun waren durch die Vertreibung der Jesuiten sehr viele Schulen geschlossen worden, in denen die Patres ihren ausgezeichneten Unterricht erteilt hatten. Noch schlimmer: Nach ihrem Abzug hatte man sich bemüht, ihre pädagogischen Ideen anzuschwärzen und einen ganz anderen Weg einzuschlagen. Damit fiel man in die Routine der alten scholastischen Methoden zurück, das Studienniveau sank gefährlich ab. Die Universität versuchte noch, eine Reform durchzuführen, die sich hinterhältig an den von ihr bekämpften Ideen orientierte. Doch diesen Ausweg lehnten die Lehrer ab, der Unterricht litt an Auszehrung. Die Jugend wurde von einer geistigen Verödung bedroht, die ihre Intelligenz gefährdete. Diesem großen Übelstand gedachte Heinrich IV. ein Ende zu machen, als er die Jesuiten zurückrief.

Er billigte weder ihre doktrinäre Unerbittlichkeit noch ihre zur Verschwörung neigende Unabhängigkeit, aber er schätzte ihren Unterricht, und den wollte er Frankreich wieder verschaffen. So erklärte er eindeutig dem Parlament von Paris: »Zu allen Zeiten will die Unwissenheit der Wissenschaft an den Kragen. Daß die Sorbonne die Jesuiten verdammt hat, lag daran, daß sie sie nicht kannte, und die Universität hat Gelegenheit, es zu bedauern, weil sie seit ihrem Fortgang wie verlassen ist.«

Es ist klar, daß die Rückberufung der Jesuiten und die Einrichtung der *Paulette* dem gleichen Zweck dienten: die intellektuelle und moralische Ebene Frankreichs anzuheben. Die beiden Maßnahmen sind hier als Beispiele herangezogen worden, weil man oft den Geist, der sie hervorbrachte, verdächtigt hat; sie wurden von der ständigen Sorge Heinrichs IV. veranlaßt, seinem Königreich ein Gefüge zu geben, das es gleichzeitig stark und liebenswert machen sollte.

## 2. Kapitel: Der König an seinem Hof

Als der König von seinem Feldzug gegen Savoyen zurückkam, wollte er »sich Muße gönnen«, wie er sagte: »Als Ausgleich für so viel Bitterkeit, die ich empfunden habe, so viel Ärger, Mißvergnügen, Erschöpfung, Gefahren und Bedrohungen, die ich seit meiner Kindheit zu überwinden hatte.« Sein Hof sollte ihm diese Erholung verschaffen.

Wenn auch die persönlichen Gewohnheiten des Béarners einfach und ungezwungen waren, darf man sich doch nicht vorstellen, daß seine Hofhaltung armselig oder lässig gewesen sei. Wie alle seine Vorgänger hielt er sich an die Tradition, die alt wie das Königreich selbst war, und hatte eine große Zahl von Dienern und Würdenträgern um sich – mindestens 1 500 Personen, von denen 1 200 besoldet wurden (übrigens schlecht besoldet). Sie alle hatten genau festgelegte Aufgaben, die sich aber kaum erfüllen ließen, weil der Palast so klein und geradezu lächerlich überfüllt war. In der Menge von Leuten, die niedere oder überflüssige Arbeiten verrichten sollten, und der Menge von Höflingen, die gleiche oder von anderen eifersüchtig verteidigte Aufgaben erledigten, hätte das Leben des Herrscherpaares höchst ungemütlich und eingeengt verlaufen können, wenn es ihm nicht gelungen wäre, sich weitgehend von den Verpflichtungen der Etikette freizumachen.

Heinrich IV. konnte für seine Person unbekümmert über vieles hinweggehen. Das beste Beispiel dafür ist sein *Grand Lever,* dieser fundamentale Ritus, dieser Angelpunkt des königlichen Protokolls. Heinrich III. hatte daraus eine fast liturgische Zeremonie mit prachtvollen Reden, eindrucksvollen Ergebenheitsgesten und Kniefällen gemacht; Ludwig XIV. hat später das Zeremoniell mit dem majestätischen Ernst erfüllt, den Saint-Simon so anschaulich schildert. Unter Heinrich IV. gingen die Dinge so einfach vor sich, daß die Vertrauten ohne weiteres und ohne besondere Aufforderung in das Schlafzimmer des Königs eindrangen, sobald er aufgewacht war. Sie unterhielten sich mit ihm ohne Rücksicht auf die Königin, die neben ihm auf dem Lager ruhte. Sully wartete nicht einmal, bis der König wach war – er schob die Bettvorhänge zurück und begann ihn ohne Umschweife über die Ereignisse des Tages zu unterrichten. Die Königin empfand sich durchaus nicht belästigt in solchen Situationen, die selbst in unserer demokratischen Zeit und in der ungezwungensten Umgebung noch befremdlich wirken würden.

Wenn sich der König nicht durch die Etikette einengen ließ, hätte es ihm doch mißfallen, daß andere seinem Beispiel folgten und sich ebenfalls von der Etikette freimachten. Sein Hof ließ sich sicherlich nicht mit dem der Valois und dem des Sonnenkönigs vergleichen, aber man hielt trotzdem auf anständige Weise am überkommenen Stil fest. Nur die Einhaltung protokollarischer Regeln wurde auf das Wesentliche beschränkt und von Freundlichkeit und einer gewissen Freiheit des Auftretens geprägt, so daß die Feste wirklich amüsant und die Empfänge herzlich wurden. Das Herrscherpaar scheute sich auch nicht, bei den vielen Balletts eine Rolle zu übernehmen, wobei sich der König vor allem in den Situationen gefiel, die ihn mit hübschen Frauen in Berührung brachten. Aus demselben Grund gewöhnte er sich an die Bälle und liebte dabei vor allem Maskenbälle, Mummenschanz aller Art, bei denen die Verkleidung pikante Begegnungen förderte.

Oft wurden Komödien aufgeführt; Königin Maria berief die besten Theatertruppen ihrer Heimat an den Hof, und der berühmte Harlekin trat mehrmals auf, zur großen Freude des Béarners, der sich nur für komische Stücke interessierte. Er langweilte sich nachdrücklich bei anderen und schlief nicht selten ein. Im Grunde lag ihm aber wenig an den Zerstreuungen der Salons, denn er liebte Spiele im Freien. Gegen Feuerwerk hatte er nichts einzuwenden, zumal wenn er selbst die Raketen zünden konnte. Vor allem aber war er versessen auf Lanzenbrechen und Ringstechen und allerlei Wettbewerbe. Sie fanden im großen Hof des Louvre statt und bildeten das Hauptvergnügen für alle Hofleute, die dabei »ihren wilden Anwandlungen« frönen konnten; zwanzig oder dreißig Kriegsjahre hatten sie nicht davon geheilt. Der Eifer, mit dem der Sport betrieben wurde, führte auch zu Unfällen. So erhielt Bassompierre eines Tages von dem jungen Herzog von Guise einen kräftigen Lanzenstich, der ihm den Bauch verletzte, »so daß alle Gedärme heraustraten und auf die rechte Seite der Hose fielen«.

Aber so leicht und angenehm der Rhythmus bei Hofe auch war – der Béarner entzog sich ihm doch so oft wie nur möglich. Die königlichen Residenzen hatten inzwischen wieder ihre alte Pracht zurückgewonnen. Der Louvre war mit kostbaren Wandbehängen aus dem Schloß von Pau geschmückt, und Maria von Medici hatte aus Florenz reichlich Möbel und eine verschwenderische Menge an Bildern und anderen Kunstwerken erhalten. Doch der König war nicht der Mann, der sich in einem noch so schönen Palast wohlfühlte. Er brauchte Bewegung und frische Luft – heute würde man ihn einen »sportlichen Typ« nennen. Sully, ein strenger Verächter dieses übermäßigen Treibens, hat die Übungen aufgezählt, denen sich der König vor allem hingab, anstrengende, heftige Übungen: Er ritt gern und gut, er beschäftigte sich sehr geschickt mit Waffen, Schwert und Arkebuse, Pike und Hellebarde. Es gab viele leichtere Turnierarten, in denen er sich hervortat, aber er schwamm auch und tanzte gern, besonders dann, wenn ihm hübsche Mädchen und Frauen zusahen. *Paume,* das mit langem oder kurzem Schläger gespielt wurde, mochte er besonders, Ballspiele aller Art schätzte er, aber er liebte vor allem die Jagd, am meisten die schwierige und gefährliche auf Bär, Wolf oder Wildsau.

Die Jagd war für Heinrich unbedingt der liebste Zeitvertreib. Er hatte sie zeitlebens ausgeübt, hatte als Junge in seinen heimatlichen Pyrenäen Wolf und Wildsau und sogar den Bären angegriffen. Man weiß, daß er als König von Navarra die beste Erholung von den Mühen des Krieges darin fand, zwischen zwei Scharmützeln dem Wild nachzustellen. Als er dann über eine fürstliche Ausrüstung verfügte, Hundemeuten und gut gezogene Falken, kannte er für seine Mußestunden nichts Schöneres als die schnelle Jagd auf dem Lande mit gewaltigen Ritten. Immer hatten seine Jagden etwas Sportliches an sich, und längst vor ihm waren die Gefährten, die Hunde und Pferde erschöpft. Man erlebte, wie er morgens auf die Vogeljagd zog und am Nachmittag Wolf und Hirsch verfolgte. Manchmal kehrte er erst nach Einbruch der Nacht zurück; schlechtes Wetter störte ihn nicht, müde wurde er nie. Er war sicherlich der ausdauerndste Reiter seiner Zeit. Strecken von fünfundzwanzig Meilen und mehr schreckten ihn nicht ab. Am 19. August 1599 ritt er die 175 Kilometer von Paris nach Blois ohne Unterbrechung, am 28. Juni 1600 legte er die ebenso lange Entfernung von Fontainebleau nach Nevers zurück. Er blieb auch fünfzehn Stunden ununterbrochen im Sattel, und wenn die Pferde erschöpft und die Gefährten zum Umfallen müde waren, hatte er nichts dagegen, die Nacht zu durchtanzen. Nebenbei sei erwähnt, daß er Pferde liebte und sie behandelte, wie er mit Menschen umging: möglichst wenig Schläge, aber viel Pflege. Diesen Grundsatz brachte er auch in der Reiterakademie zu Ehren, die er mit seinem Großstallmeister Bellegarde gründete, und auch heute noch beherrscht er die französische Reitschule.

Heinrich IV. spielte ebensooft *Paume*, diesen Vorläufer des Tennis, und immer mit einer Kraft, die den Kenner zur Bewunderung zwang. Das Spiel war in Frankreich so allgemein im Schwange, daß der Engländer Dallington meinte: »Die Franzosen kommen mit einem Schläger in der Hand zur Welt, und es gibt in Frankreich mehr *Paume*-Spieler als Betrunkene in England.« Der König selbst meinte, eine Partie *Paume* habe er als bestes Mittel entdeckt, den Geist zu befreien. Er gab sich dem anstrengenden Sport mit immer gleichem Eifer bis zu seinem Tode hin, denn das Alter schwächte weder seine Widerstandsfähigkeit noch seine Sportlichkeit; am Abend vor seinem Tode spielte er »Ringlaufen«, auch das ein ermüdender Wettbewerb, und hatte dabei mehr Erfolg als die jungen Herren.

Heinrich IV., der im Grunde immer noch »der erste Landedelmann« seines Königreichs geblieben war, liebte das Land und liebte Gärten. Er wiederholte oft: »Ich fühle mich auf dem Lande besser als in der Stadt.« Da er nicht, wie er es wohl gern getan hätte, ein bäuerliches Dasein führen konnte, bemühte er sich, wenigstens einen Abglanz davon zu schaffen und dem Stadtleben einen Rahmen aus Parks und Gärten zu geben. Alle seine Residenzen, die Tuilerien, Saint-Germain, Fontainebleau und Monceau schmückten sich auf seinen Wunsch mit Grünflächen, Springbrunnen und spiegelnden Wasserflächen. In ganz Frankreich fand man bald Freude an Bäumen. Der König empfahl Anpflanzung und Pflege. Aus seiner Zeit stammt der Brauch, die Straßen mit Ulmen und Platanen zu säumen und Kreuzungen und Dorfplätze mit ihnen zu schmücken. Paris erhielt als große Neuerung eine Fülle von grünenden und blühenden Flächen, die durch Springbrunnen und Wasserbecken noch verschönert wurden. Eifersüchtig überwachte er auch die Pflege seiner Gärten, mit denen er sich häufig brüstete. Wie viele Briefe über heitere oder ernste Themen berichteten den Empfängern, denen das ziemlich gleichgültig war, von seinen gärtnerischen Erfolgen! »Meine Gärten sind sehr schön«, wiederholte der König jedem gegenüber. Und er genoß sie tatsächlich fast ohne Unterbrechung, hielt in ihnen seine Ratsbesprechung ab und empfing hier sogar fremde Gesandte. In seinen Alleen fand er die Eingebung für die schwersten Entscheidungen.

Er war aber auch ein großer Bauherr. Beengte Atmosphäre und enge Räume waren ihm zuwider, er hatte die Vorliebe seines Großvaters für »schöne Anordnung seiner Residenzen«. Außerdem lag ihm viel daran, Frankreichs Macht auch durch bedeutende Bauwerke zur Geltung zu bringen. Am Tag nach der Unterzeichnung des Friedens von Vervins sagte er: »Ich will zu meiner Zufriedenheit die Verschönerung meines Königreichs und die Vermehrung seines Wohlstandes betreiben.« Sein Wiederaufbauprogramm sollte nie ausschließlich dem Nutzen dienen, denn die ständigen Eingebungen seines Temperaments und seines Geistes brachten ihn dazu, dem Nützlichen das Schöne zuzugesellen.

»Sobald er Herr über Paris war, sah man nur noch Maurer an der Arbeit«, berichtet Aubigné. Tatsächlich fehlte es ihnen unter seiner Herrschaft so wenig an Arbeit, daß man schon von Verschwendung redete, und Mézeray notiert, »daß man ihn nicht so viele übertriebene Ausgaben für Bauwerke machen ließ«. Diese »übertriebenen Ausgaben« haben aber Frankreich durch monumentale Werke berühmt gemacht, wenn auch vieles davon zerstört oder ungeschickt umgebaut worden ist. So ist Château-Neuf in Saint-Germain ebenso zerstört wie die Fassade des Rathauses, und von dem großzügigen Ensemble der *place Dauphine* sind nur noch die beiden reizenden Pavillons des Pont-Neuf vorhanden. Aber die Verschönerungen, die er am Louvre und in Fontainebleau und am Luxembourg vornehmen ließ, der bewundernswerte Königliche Platz (heute *place des Vosges*) zeugen immer noch von dem, was Heinrich IV. zur Verschönerung seines Königreichs unternahm.

Und wenn er ein versessener Bauherr war, so auch ein genialer Städteplaner. Vor ihm bestand Paris aus einer Anzahl verstreuter Teile, die er durch Bauten und Straßen zu einer einzigen, zusammenhängenden Stadt verband. Vor ihm hatten die Pariser keine Gelegenheit, ihren Fluß zu sehen; die Ufer waren bebaut und nicht zugänglich; über die Brücken schritt man zwischen zwei Reihen von ziemlich hohen Gebäuden und war sich kaum darüber klar, daß man einen Fluß überquerte. Aber der Pont-Neuf mit seinem breiten Vorgelände, die Einrichtung der benachbarten Uferdämme und die Öffnung der Straßen, die zur Brücke führten, enthüllten den Parisern ihre Seine, hier genossen sie den ersten Hauch von frischer Luft.

Den gewaltigen Bauten, die der König errichten ließ, widmete er ein um jede Einzelheit besorgtes Interesse. Ständig besuchte er die Bauplätze und verbrachte viele Stunden damit, Maurer und Gärtner bei der Arbeit zu beobachten. Im August 1602 erkrankte er an einer schweren Erkältung, weil er ihnen allzu lange Gesellschaft geleistet hatte. Malherbe versichert uns, daß der König während der Arbeiten am Großen Kanal von Fontainebleau schon um fünf Uhr morgens auf einem Stein saß, um die Arbeit zu überwachen. La Force schrieb 1606: »Es ist ein Wunder, welche Verschönerungen Seine Majestät alle Tage vornimmt. Eine seiner Hauptbeschäftigungen hier ist, die Arbeiter überall aufzusuchen.«

Bekannt ist auch, daß er sich für die Künstler interessierte, für Maler und Bildhauer. Daß seine Zeit trotz seinen lobenswerten Bemühungen künstlerisch glanzlos blieb, liegt daran, daß sie eingeklemmt war zwischen der Renaissance – »die sich im notwendigen Niedergang aller zu glänzender Epochen« befand – und dem französischen »Großen Jahrhundert«, das seine Maßstäbe erst später setzte. Der Neubau der vielen während der Religionskriege zerstörten Kirchen wurde übrigens auf fatale Weise vom Jesuitenstil beeinflußt, mit anderen Worten: aus einem Überschwang an theologischem Eifer gesteuert.

Die ländliche Architektur aus der Zeit Heinrichs IV. hat bis heute ihre liebenswerten, ursprünglichen Züge bewahrt, denn nach dem Vorbild ihres Herrn wurden nun viele Landedelleute zu Bauherren und errichteten ihre Häuser in dem reizenden Stil der Epoche aus Ziegeln und Natursteinen. Die Landschaften Frankreichs sind heute noch übersät mit Schlössern »voll guter Laune und lebhafter Farbe«. Wer sie betrachtet, wie sie im Hintergrund einer Lichtung liegen, umgeben von Blumenbeeten und Rasen, wie sich ihre hohen Fenster und die Schieferdächer in klaren Wasserbecken spiegeln – dem steigt unversehens der vertraute Schatten von König Heinrich herauf.

An diesem Hof, dem er ja so gern entrinnt, um den Hirsch zu jagen oder die Arbeiter zu beaufsichtigen – wer sind da seine Vertrauten, mit denen er Arbeit und Vergnügen teilen kann?

Der ausdauernde und unersetzliche Mitarbeiter ist Sully. So abweisend und unzugänglich er sich gibt, gefällt er doch dem König, der ihn oft in seinem Arsenal besucht und sich ohne weiteres bei ihm zum Essen einfindet – nachdem ihm ein rascher Blick in die Küche gezeigt hat, daß ihm das Mahl zusagt. Sie trinken zusammen den billigen Wein von Arbois, mit dem der Keller des Finanzministers wohlversorgt ist. Man unterhält sich über Fragen, die das Königreich betreffen – doch der Béarner kann nicht lange ernst bleiben. Mit Witzen und dröhnendem Gelächter unterbricht er die langweiligen Reden seines Ministers, vor allem dann, wenn sie schlecht verhehlte Vorwürfe enthalten. Dann überläßt der König Sully wieder »dieser Arbeit an den Geschäften« und bewundert aufrichtig seine Ausdauer. Außerdem hat er für seine Späße ein besseres Publikum in der Person seines Kumpans, des Konnetabels de Montmorency – »mein Konnetabel, der nicht lesen kann«, sagt der König von ihm.

Tatsächlich ist Montmorency rauh und wenig kultiviert. Mit ihm zusammen erinnert sich Heinrich IV. an ihre heroische Vergangenheit; ein weiteres Thema sind die Pferde, über die der Konnetabel unermüdlich und fachkundig reden kann. »Seine beste Eigenschaft ist, daß er zu Pferde sitzt so gut wie ein Mann von Welt«, sagte Tallemant des Réaux von ihm. Duplessis-Mornay, Jeannin, Villeroy sind strenge Männer des Gesetzes, die Heinrich IV. wegen ihrer Tüchtigkeit sehr schätzt, ohne deshalb viel Freude am Umgang mit ihnen zu haben, denn wenn sie auch seine Kampfgefährten waren, so fehlt ihrer Erinnerung daran alles Romantische.

Das ist sicherlich nicht der Fall bei Roquelaure, der dem König fünfundzwanzig Jahre lang durch alle Gefahren gefolgt ist und alle Gefährten der Abenteuer gekannt hat: La Noue mit dem eisernen Arm, der sechzigjährig bei der Belagerung von Lamballe im Jahre 1591 gefallen ist; Harambure, »der Mann, der nur ein Auge und nur ein Herz hatte«, und Vic-Jambe-de-Bois, den heldenhaften Verteidiger von Saint-Denis, und den tapferen, rauhen und getreuen Crillon. Und so viele andere, von denen Roquelaure unentwegt Anekdoten erzählt – immer lustige, denn dieser Gascogner Edelmann hat nie aufgehört »zu spotten und sich lustig zu machen«.

Der König ist auf seine Geschichten so versessen, daß er sie unermüdlich wiederholen läßt – und dabei gerät er in beste Laune. So muß Roquelaure ihm immer wieder erklären, warum er »so guten Appetit hatte, als er nur der König von Navarra war und nichts zu beißen hatte, und jetzt, wo er König von Frankreich ist, findet er nichts mehr nach seinem Geschmack«. Und die unveränderte Antwort lautet: »Das kommt daher, Sire, daß Sie damals exkommuniziert waren, und die Exkommunizierten essen wie der Teufel.« Und diese Antwort, die der König wohl an die hundertmal gehört hat, nimmt er immer mit unbändigem Lachen auf. Es macht ihm Spaß, in Gegenwart von Roquelaure von Gros-Guillaume die *Farce du gentilhomme gascon* spielen zu lassen, zu der wie ein Ritual immer die gleichen Hanswurstiaden gehören. Und wenn Roquelaure dann Miene macht, den frechen Schauspieler zu rügen, beruhigt ihn Gros-Guillaume mit den Worten: »Cousi ne bous faschas.«

Der König erheitert sich in der Gegenwart der alten Gefährten, die so viele vergangene Stunden heraufbeschwören, aber sie bilden nicht seinen einzigen Umgang. Aus der neuen Generation, die weniger verwittert und rauh ist, hat er sich muntere Gefährten ausgesucht, die er zu seinen Vergnügungen heranzieht und deren ungestümen Geist und deren lustige Streiche er schätzt. Da sind der jüngere La Noue, der berühmte Bassompierre, der junge Herzog von Guise, der etwas undurchsichtige La Varenne und der hübsche Bellegarde, den der König zu seinem Großstallmeister macht. Allerdings ist Bellegarde nicht mehr so jung – er war schon der Vorgänger des Königs bei der schönen Gabrielle und mußte weichen und sich in den Unterröcken anderer königlicher Mätressen trösten. Heinrich IV. hat ihm die Konkurrenz nie übelgenommen; von Bellegarde hat er sich bei seiner Prokurationshochzeit in Florenz vertreten lassen. Er ist ein gefährlicher Verführer, vielleicht wegen seiner für die damalige Zeit ungewohnten Körperpflege, die von den Damen anscheinend geschätzt wird. »Niemals«, sagt Tallemant des Réaux, »hat es einen besser gepflegten Mann gegeben. Das galt auch für seine Gespräche. Er konnte es nicht ertragen, daß ein Wort wie ›Furz‹ fiel.« Aber Bellegarde hat eine Triefnase, und der König, der sonst in solchen Dingen nicht empfindlich ist, hätte es doch gern, wenn er öfter sein Taschentuch benutzte. Wieder erzählt Tallemant des Réaux: »Der König sagte zu Monsieur de Bassompierre, er solle es ihm sagen. Aber Monsieur de Bassompierre entschuldigte sich. ›Doch, Sire, sobald Monsieur de Bellegarde kommt, befehlen Sie lachend, daß sich alle Welt die Nase wischen soll.‹ Der König tat es. Doch Monsieur de Bellegarde ahnte, woher dieser Befehl kam, und sagte: ›Es ist wahr, Sire, daß ich diese Unannehmlichkeit an mir habe, aber Sie können sie sicher ertragen, wenn sie die Füße von Monsieur de Bassompierre ertragen.‹« Es ist wahr – Bassompierre hat, was man »einen feinen Fuß« nennt, was aber seine glänzende Laufbahn als Liebhaber keineswegs beeinträchtigt. Er jagt auch ganz gern im Revier des Königs, ohne daß er deshalb jemals einen Vorwurf hört oder Eifersucht zu spüren bekommt.

Der König war ein großer Freund von Würfeln und Kartenspielen, vor allem von *brelan* [»Brettling« oder »Treschak«]. Er verbrachte viele Abende im Spiel, und hier sah man ihn wirklich einmal sitzen. Doch trotz seiner langen Übung blieb er immer ein ungeschickter Spieler, gewinnsüchtig, doch vorsichtig bei großen Coups – und in sehr schlechter Laune, wenn er verlor, was aber fast stets geschah. Ein hartnäckiges Pech im Spiel verfolgte ihn, zur Verzweiflung von Sully, der seine Schulden bezahlen mußte, denn der König spielte oft auf Ehrenwort. Sully war übrigens davon überzeugt, sein Herr sei das unschuldige Opfer von »Mogelei und anderen verdammenswerten Kniffen« seiner Partner. Einige unter ihnen waren tatsächlich ziemlich anrüchige Gestalten, denn der König suchte sich seine Partner manchmal in den verrufensten Spelunken von Paris, die man großartig »Spielakademien« nannte. »Niedriges Volk«, sagte Villegomblain, »meistens von geringer Herkunft, die aber hoch spielten und mit denen er sehr oft einen Teil des Tages und der Nacht verbrachte, wobei er sich nur von bestimmten Leuten begleiten ließ, die er selbst nannte; andere wollte er nicht bei sich haben.« Es waren unvermeidlich Bassompierre, Fouquet de La Varenne, der ehemalige Stallmeister seiner Schwester, und der junge Herzog von Guise, Sohn von »Balafré«, den Heinrich besonders gern hatte; alle Rivalitäten, die einst die beiden Familien getrennt hatten, waren vergessen. Guise war ein versessener und prahlerischer Jäger. Einmal erzählte er: »Ich hatte ein Windspiel, das einem Hasen nachsetzte und in die Drähte geriet; ein Draht riß den Körper des Windspiels in der Mitte durch, und die vordere Hälfte packte den Hasen.« Solche Geschichten machten dem Béarner Spaß. Auch die galanten Abenteuer Guises ergötzten ihn, bis zu dem Tag, wo sich der Herzog in Henriette d' Entragues verliebte. Aber der Verrat entlockte dem König nur einen enttäuschten Ausspruch: »Man hat diesen Lothringern so vieles genommen, also muß man ihnen das Brot und die Dirnen lassen.«

Natürlich ist diese Übersicht über den engeren Umgang des Königs am Hof nicht vollständig. Im Grunde stand der Béarner mit aller Welt auf bestem Fuß – es war seine Natur. Er war eben umgänglich, voll lächelnder Heiterkeit, *»di dolce natura«*, wie ein venezianischer Gesandter bemerkte. Freilich konnte er bei Gelegenheit unvermutet in ungestümen Zorn ausbrechen, hatte sich aber schnell wieder in der Gewalt.

Im Louvre herrschte zwischen König und Hofstaat eine Art freier und gutmütiger Kameradschaft, denn die gute Laune des Béarners wirkte ansteckend. »Wir wollen gute Kameraden sein«, sagte er oft zu einem Edelmann und klopfte ihm auf die Schulter. Jedermann konnte ihn frei ansprechen und auch frei heraus die unvermuteten Bemerkungen des Königs zurückgeben: Man sieht, daß an seinem Hof eine ganz andere Atmosphäre herrschte als an dem seines Enkels Ludwig XIV., wo ein Edelmann, wie Saint-Simon berichtet, sich drei Jahre aufhalten konnte, ehe der König ihn zu bemerken geruhte. Man kann sich schlecht vorstellen, daß sich der Sonnenkönig zum Essen bei seinen Untertanen einlud, wie es Heinrich IV. oft tat, der sich mitten zwischen die anderen an den Tisch setzte und die Runde mit Späßen unterhielt.

Übrigens muß man zugeben, daß der familiäre Ton bei Hofe manchmal die Ordnung störte. So hatte man besonders viel Mühe, die Gascogner Herren zu hindern, in Pantoffeln zu erscheinen, oder zu erreichen, daß sie in den Privatgemächern des Königs den Hut abnahmen. Andererseits war der Louvre überlaufen mit einer Horde von Edelleuten, die nach Posten oder Pensionen fragten und in eifersüchtiger Konkurrenz oft in Streit gerieten; es kam zu einer ganzen Reihe von Duellen. Man setzte schließlich harte Strafen gegen das »Gezänk bei Hofe« fest: Wer in der Wohnung des Königs einen anderen schlug, lief Gefahr, daß man ihm die Hand abhackte; Todesstrafe stand darauf, wenn jemand in seinen Räumen das Schwert zog oder »auf gewalttätige Art widersprochen« hatte. Doch diese Drohungen ängstigten niemanden, weil Heinrich IV. stets den Übeltätern belustigte Milde entgegenbrachte. Er war umgänglich und sanft, ein Feind von Streitigkeiten, mißbilligte Mißhandlungen – doch einer netten Rauferei sah er nur zu gern zu. Das war einer der seltsamen Widersprüche in seinem Charakter.

Ein anderer: Seine angeborene Fröhlichkeit konnte plötzlich in Schwermut umschlagen. Dann mied er die Gesellschaft oder ließ Überdruß durchblicken. Eines Tages erklärte er Montigny, »er möchte lieber tot sein«. Seinen Edelleuten sagte er oft: »Sie sind glücklicher als ich.« Dann pries er den Reiz der Einsamkeit und war tief mißgestimmt über seine eigene Lebensweise. Sicherlich hatte ihn das Leben, das mehr von Verdruß als von Freude begleitet gewesen war, ernüchtert und verwundet. Doch solcher Groll, der seinen Geist verdunkelte, hielt nie lange an. Mitgerissen von dem wirbelnden Leben, das ihn ständig belebte, entstieg er den flüchtigen Anfällen von Melancholie mit einer Pirouette oder einem Witz. Aber manchmal verriet eine schwere und ernste Überlegung auf ergreifende Weise eine unerwartete, tiefe Traurigkeit. Als er einmal von der Sehnsucht nach einem einfachen, stillen Leben gesprochen hatte, schloß er: »Aber solche Lebensweise ist nicht für die Fürsten gedacht, die nicht für sich da sind, sondern für die Staaten und die Menschen, über die sie gesetzt sind. Es gibt in diesem Meer keinen anderen Hafen als das Grab, und es gehört sich, daß sie aus voller Tätigkeit heraus sterben.«

Die vertraulichen Umgangsformen Heinrichs IV., die Leichtigkeit, an ihn heranzukommen, seine herzlichen Begrüßungen – das alles hätte ihm echte Beliebtheit eintragen müssen, hatte stattdessen aber das paradoxe Ergebnis, ihn in den Ruf eines Monarchen zu bringen, der seinen Freunden nicht recht treu war, seine Versprechungen nicht hielt, geleistete Dienste vergaß – kurzum, daß er undankbar sei.

Es ist schon erwähnt worden, daß er am Hof von Bittstellern belagert wurde. Jeder, der ihm gedient hatte, glaubte Anspruch auf ein handfestes Zeichen seiner Dankbarkeit zu haben. Sie alle waren herbeigeströmt, um sich irgendeine Pfründe zu ergattern, und wer schließlich, vom langen Warten erschöpft, nach Hause zurückkehrte, schickte Söhne, Schwiegersöhne und Neffen, die seine Forderungen vortragen sollten. Obwohl Heinrich sämtliche Ausflüchte benutzte, die seine schlaue Natur ihm eingab, ihren Nachstellungen zu entgehen, wurde er doch ab und zu von ihnen gestellt, und da setzte die Verachtung für ihn ein. Denn alle wurden freundlich empfangen und sogar umarmt, und sehr selten entließ er jemanden ohne irgendein Versprechen. Der Béarner versprach immer, den einen, weil sie ihm sympathisch waren, den anderen, um sie sich vom Hals zu schaffen. Auf diese Weise saßen ihm eine Unmenge Leute auf den Hacken, denen er einen Gunstbeweis versprochen hatte, einen Posten, eine Pension, und die ihm nun dauernd damit in den Ohren lagen. Und immer ohne faßbares Ergebnis, wenn nicht ein schon an ein Wunder grenzender Zufall half. Denn der König hatte, um die »Zudringlichkeit« der Bittsteller zu beruhigen, nur eine unzureichende Anzahl von Pfründen zur Verfügung.

Der Chor der Vorwürfe von Kandidaten, die zu lange mit schlecht eingehaltenen Versprechungen hingehalten worden waren, hat die Legende von der Doppelzüngigkeit und der Schurkerei Heinrichs IV. aufgebracht. Ganz gewiß hat er sich allzu leicht in unbedachte Versprechungen eingelassen, doch das muß weder Heuchelei noch böse Absicht gewesen sein, sondern nur eine andere Äußerung seiner Freundlichkeit, die niemanden kränken wollte. Er war ein unverbesserlicher Optimist und rechnete immer mit der Zukunft, die auf irgendeine nette Weise seine Verpflichtungen erfüllen werde. Erwies sich die Zukunft aber als weniger entgegenkommend, dann hatte er sich aus einem Menschen, den er sich doch verpflichten wollte, einen Feind gemacht. Und das geschah leider häufig.

Übrigens war sein Versagen nicht immer nur eine Folge der Verhältnisse – er vergaß auch oft Versprechungen. Doch der Aufzählung gebrochener Zusagen könnte man die Freundschaften entgegenhalten, an denen er bis zum Tode festhielt, und aus dieser Gegenüberstellung würde er zweifellos besser und von dem Vorwurf der Undankbarkeit, der auf seinem Andenken lastet, reingewaschen hervorgehen.

Aus allem, was hier über seine Vertraulichkeit und seinen Wunsch, zu gefallen – die am meisten angeprangerte seiner Neigungen –, gesagt wurde, darf man nun nicht annehmen, daß man ungestraft sein Wohlwollen mißbrauchen konnte. Wer nicht die gebotene Distanz einhielt, zog sich leicht eine rasche Erwiderung zu, die zwar scherzhaft klang, aber Angst und Schrecken verbreitete. Seine Hofleute hüteten sich, zu weit zu gehen, sie wußten aus Erfahrung, daß es, wie einer von ihnen sagte, »kein noch so vertrauliches Gespräch, keine private Freundlichkeit« gab, die ihn hinderte, eine Stunde danach den bisher Bevorzugten zu zeigen, »daß er der Herr sei«. Denn unter seinem leichten Umgangston blieb er »sehr König«, und wer ihm mißfiel, bekam Hochmut und einen gebieterischen Ton zu spüren.

Ähnlich war es mit seiner Aufmachung. Wenn er auch im täglichen Leben so wenig auf seine Erscheinung achtete, daß er oft staubige Kleider und »zerrissene« Schuhe trug, konnte er bei feierlichen Anlässen außerordentlich majestätisch auftreten und wahrhaft königliche Größe und Würde an den Tag legen. Aber wenn er auch einwilligte, sich solchen Demonstrationen nach außen hin anzubequemen, weil er sie für nützlich hielt, ließ er sich nicht davon einfangen. Er erkannte in wunderbarer Weise den Augenblick, wo er einen einfachen und natürlichen Stil anschlagen konnte. So hatte er 1602 für vierzig Abgesandte der Schweizer Kantone einen höchst feierlichen und prächtigen Empfang vorbereitet, doch er ließ sofort die Geste der imponierenden Majestät fallen, um seinen Gästen die Hand zu schütteln; beim Festessen zu ihren Ehren verschmähte er es nicht, »beim Klang der Gläser« sich mit den tapferen Leuten zu necken, die er als »seine Kumpane« bezeichnete. Und er wünschte, daß auch die Kardinäle de Gondy und de Joyeuse auf ihr Wohl trinken sollten. Heinrich war geschmeidig und voller Einfälle.

Was läßt sich über die Hygiene seiner Lebensführung anderes sagen, als daß sie jämmerlich war! Er hatte die soldatischen Gewohnheiten beibehalten. Es gab keine geregelte Zeit zum Essen und Schlafen. »Er wachte und er schlief«, berichtet Sully, »wann und so lange er wollte.« Tatsächlich schlief er sehr wenig, ein paar Stunden täglich und zu völlig ungeregelten Zeiten. Wenn er schläfrig wurde, ging er, »sich eine Stunde im Bett zu erfrischen«. Héroard, der Arzt der königlichen Kinder, erzählt, daß sich der König bei seinen Besuchen in Saint-Germain zuweilen auf dem Bett des Dauphins ausstreckte. »Und er schlief ganz fest ein, um wenig später frisch und gut aufgelegt zu erwachen.« Als die Ärzte ihm vorwarfen, daß er seine Nächte mit Kartenspiel verbrachte, antwortete er: »Was wollen diese Leute von mir? Ich bin immer vor ihnen aufgestanden.«

Auch die Mahlzeiten nahm er ein, wann es ihm gerade einfiel. Beim *Paume*-Spiel und auf der Jagd vergaß er das Essen, wie er es im Krieg vergessen hatte. Wenn ihn dann der Hunger überkam, aß und trank er unmäßig, er wurde niemals satt. Er besaß den gewaltigen Appetit der bourbonischen Könige, aber mit ihm hätte es nur Ludwig XIV. aufnehmen können. »Der König«, berichtet Scaliger, »ißt, bis er krank wird.« Dabei lag ihm nichts an verfeinerten, raffinierten Speisen, er liebte bäuerliches Essen, dicke Kohlsuppen, kräftigen Käse, Wild mit starkem Geruch und, wie es heißt, »gepökelte Stücke« und den »Fraß« für die Soldaten. Für Melonen, Austern und Sardinen hatte er geradezu eine Leidenschaft – sie bildeten gewöhnlich sein Frühstück an Fastentagen. Einen unbändigen Appetit hatte er auf Zwiebeln und Knoblauch, die er oft roh auf Butterbrot aß. Aber da seine Launen selten etwas ausließen, kam es auch vor, daß er sich bei Gelegenheit mit Konfitüren und Süßigkeiten vollstopfte.

Seine Schlemmereien beeinträchtigten manchmal seine Gesundheit, was er sehr ungnädig aufnahm. Nach wiederholten Verdauungsstörungen litt er an Magenbeschwerden; die Ärzte verordneten ihm Diät und Klistiere und ließen ihn Wasser aus Pougues trinken. Er war ein sehr ungeduldiger Kranker. Wie L'Estoile sagt, »änderte sich sein Gesichtsausdruck und sein Wesen«, sobald ihn körperlich etwas plagte. Wenn aber die Schmerzen verschwunden und seine Ängste beseitigt waren, beging er von neuem all die Unvorsichtigkeiten, die wahrscheinlich ihre Ursache gewesen waren. Sonst hatte er eine robuste Gesundheit; die Lungenempfindlichkeit, an der er als Kind gelitten hatte, war allmählich verschwunden. Im reifen Alter war er niemals krank, sieht man von einer kurzen Krise mit Nierenkoliken ab, die ihn 1603 befiel und derartig erschreckte, daß zwei Tage lang jedes Wort, das er äußerte, den Charakter von testamentarischen Verfügungen annahm.

Nur die Gicht plagte ihn gegen Ende seines Lebens; er litt sehr daran und fand sich gedemütigt. Die venerischen Krankheiten, die er sich nach und nach zugezogen hatte, hielt er nicht für beschämend, doch Gicht schien ihm eine Schande zu sein. Er verbarg, so gut es ging, die schmerzhaften Anfälle, und als in Spanien das Gerücht umlief, daß er »völlig verkrüppelt durch die Gicht« sei, wollte er sich von dieser schandbaren Verleumdung dadurch befreien, daß er den spanischen Gesandten im Geschwindschritt durch die große Galerie von Fontainebleau führte, bis der Spanier außer Atem geriet. Dann meinte der König: »Sie sehen, Monsieur, wie gut es mir geht.«

Daß sich Heinrich IV. gedemütigt fühlte, wenn Krankheit ihn zur Ruhe zwang, hängt natürlich damit zusammen, daß Bewegung das Gesetz seines Lebens war und daß er nur in ständiger Bewegung sein Gleichgewicht fand. Er gehörte zu den bevorzugten Menschen, die von ihrem heißen Blut ständig angefeuert werden. Er lebte in schnellerem Rhythmus als die übrigen Menschen, zwang aber alle Welt, diesem überstürzten Tempo zu folgen. »Rasch! Rasch!« rief er ständig Dienern und Mitarbeitern zu.

Mit diesem körperlichen und seelischen Überdruck lassen sich fast alle seine Gewohnheiten erklären. Seine angeborene Schlichtheit gefiel sich in einfacher Kleidung; doch wenn sie auch noch zerrissen und schmutzig war, lag es daran, daß er seinen Dienern nicht die Zeit ließ, sie zu säubern oder ihm andere zu bringen. Wenn man ihn aus dem Louvre herauskommen sah und seine Strümpfe über die Fersen hingen, die Kniehosen schlecht saßen, war er wieder einmal seinem Kammerdiener entschlüpft, ehe der ihn fertig angekleidet hatte. Auch seine Ungepflegtheit hing mit dieser Ungeduld zusammen: Er nahm sich für eine gründliche Wäsche nie die volle Zeit, eine Katzenwäsche mußte genügen. Daß er seine Schildpattkämme wenig benutzte und auch die Schwämme, die sechs Livres kosteten, kaum beachtete, lag wiederum daran, daß er Körperpflege für Zeitverschwendung hielt. Wer sich anders benahm, erregte sein Mißfallen. Eines Abends entdeckte er an seiner Tafel einige Kavaliere »mit gekräuselten Haaren« und begann eine Unterhaltung über Leute, »die einen ganzen Morgen an ihre Frisur verschwenden«. Dann erklärte er ihnen rundheraus, er schätze keine Leute, die sich »mit solchen überflüssigen Dingen beschäftigten«.

Viele widersprüchliche Charakterzüge erklären sich mit seiner erstaunlichen geistigen Beweglichkeit. Der Strom von Leben, der ihn mitriß, befähigte ihn zu schnellen Entscheidungen und machte ihn zum Mann der spontanen Entschlüsse. Daher stammte auch seine Abneigung gegen Schreibtischarbeit, seine Verachtung für Schwätzer und seine Unfähigkeit zur Auseinandersetzung. Die Kehrseite dieser geistigen Struktur lag darin, daß die rasch aufgenommenen geistigen Eindrücke keine tiefen Spuren hinterließen und daß seine Empfindungen flüchtig waren. Er fühlte Unglück und Rückschläge sehr heftig, vergaß sie aber sofort, und darin lag das Geheimnis seines Optimismus. Noch schneller aber vergaß er das Unglück seiner Nächsten, obwohl es in ihm lebhafte und aufrichtige Teilnahme auslöste. Seine Zornausbrüche waren heftig, dauerten aber nie lange, und er vergab sofort dem, der ihn gereizt hatte. Umgekehrt wurden aber auch die Herzensergüsse rasch vergessen, und Versprechungen, die er ganz aufrichtig gegeben hatte, gerieten ihm oft schon aus dem Sinn, ehe er an ihre Erfüllung dachte. Zu Recht galt er als unbeständig. Michelet meint: »Ein Gascogner, der sich vor nichts scheut, als Soldat bestimmt, in allem übrigen wechselnd wie das Wasser.«

Man muß aber noch hinzufügen, daß Offenheit und scheinbare Aufrichtigkeit oft nur seine wahren Empfindungen verbergen sollten. Wenn er seine Freundschaft antrug, geschah es meistens aus dem Augenblick heraus; doch abgesehen davon, daß niemand wußte, wie dauerhaft seine Zuneigung sein werde, mußte man zuweilen seine Unaufrichtigkeit fürchten. Täuschen fiel ihm leicht, aber er fürchtete es auch von anderen. Trotz seiner Offenheit war er von Haus aus mißtrauisch, und die Erfahrung, die er mit Menschen gemacht hatte, war nicht angetan, sein Mißtrauen zu dämpfen.

Wie man sieht, war sein Charakter undurchsichtiger und komplizierter, als sein herzlicher Umgangston vermuten ließ. Allein die Aufzählung seiner auffallendsten Eigenschaften enthüllt Wesenszüge, die bei jedem anderen für höchst unangenehme Fehler gehalten würden. Noch war auch nicht vom Egoismus des Béarners die Rede, wenn er auch schon aus einigen Episoden abzulesen war: ein tyrannischer, naiver Egoismus.

Und doch: Dieser Mann, »schwierig im Umgang« in mancherlei Hinsicht, wurde von allen geliebt, die ihm nahe kamen. Jedenfalls fast von allen, denn es gab Aufsässige, deren Vorbehalte und Kritik die öffentliche Meinung seiner Zeit nachhaltig beeinflußt haben. Selten waren allerdings Menschen, die ihm ihre Sympathie verweigerten, noch seltener jene, die seinem Charme und strahlenden Wesen nicht erlegen sind. Der Umgang mit ihm hatte etwas unwiderstehlich Verführendes, die Begeisterung, die von seiner kraftvollen Persönlichkeit ausging, fegte alles Zögern hinweg. Er gehörte zu den Wesen, zu denen man sich unwiderstehlich hingezogen fühlt – auf die Gefahr hin, an ihrem Feuer zu verbrennen. Aubigné schreibt: »Im Krieg ahmten ihn seine Offiziere nach, aus Dienstfertigkeit und voller Wetteifer.«

Seine Fröhlichkeit scheint den Schlüssel zum Charakter Heinrichs IV. zu bilden, die eigentliche Triebfeder seiner Persönlichkeit zu sein. Der Wunsch seines Großvaters, er möge »nicht weinerlich und mürrisch« werden, hatte sich erfüllt. Noch heute, mehr als dreieinhalb Jahrhunderte nach seinem Tod, erwärmen uns die Heiterkeit und der Optimismus des Béarners. Seine Fröhlichkeit war ja mehr als nur ein Zeichen von Gesundheit und Ausgeglichenheit; sie war ein angeborener Schwung, eine Quelle aus seinem tiefsten Innern, die alle anderen Empfindungen überschwemmte und ihnen ihren Rhythmus aufzwang. Wie oft hat er Hindernisse mit einem witzigen Wort weggefegt! Das Besondere an seiner Fröhlichkeit und seinem Optimismus war, daß sie wie sein Mut und seine Lebendigkeit ansteckten und ausstrahlten. Es war das gewaltige Lachen Heinrichs IV., seine unnachahmliche Art, die ernstesten Dinge ins Lächerliche zu ziehen, die seine Herrschaft »so einmalig, so malerisch und stark« machten, und, noch einmal sei es gesagt, es war der allgemeine Zug einer Festlichkeit, die keine andere Epoche der französischen Geschichte aufweist.

## 3. Kapitel: Die königliche Ehe

In den Erinnerungen von Cheverny findet sich eine befremdliche Stelle, wo die Ehe König Heinrichs IV. mit Maria von Medici als glückliche, ruhige Verbindung dargestellt wird, deren Harmonie nie von einem Ungewitter gestört wurde. Der ernsthafte Cheverny erklärt in allem Ernst: »Bei ihrer Heirat haben die Majestäten begonnen und es seitdem fortgesetzt, miteinander mit allen Zeichen der Achtung, der Freundschaft und der Ehrerbietung zu leben, die man sich nur vorstellen kann.« Eine schamlosere Entstellung der Wahrheit läßt sich kaum denken; das Eheleben des Herrscherpaares war eine lange Folge von Uneinigkeit und Streit. Der Weg zur Hölle war freilich auch hier mit guten Vorsätzen gepflastert, und bei Gelegenheit zeigte das Ehepaar eine gegenseitige Zuneigung, aus der sich eine beispielhafte Verbindung hätte schmieden lassen. Aber die Umstände waren einer harmonischen Entwicklung nicht günstig, und die völlig gegensätzlichen Charaktere von König und Königin stießen dauernd in Mißverständnissen und Streitigkeiten zusammen.

Die Verantwortung dafür trägt vor allem Heinrich IV., der ein kläglicher Ehemann war. Daß sein Temperament, »immer geneigt, verschiedene Frauen zu sehen und daran seine Freude zu haben«, kein Nährboden der Treue sein konnte, war bereits eine bedauerliche Schwäche; doch die Valois-Könige hatten in dieser Beziehung schon allerlei Aufsehen erregt, ohne daß die Harmonie ihrer Ehen dadurch schwer gestört worden wäre. Das Unglück wollte nur, daß die beherrschende Mätresse des Béarners von einer besonders üblen Sorte war, daß der König ferner ihrem Ehrgeiz nachzugeben schien und daß sein eigener Egoismus ihn bewog, volle zehn Jahre der unsinnigen Traumidee nachzujagen, er könne in harmonischer Eintracht mit Frau und Mätresse leben, zwei gleicherweise »hartnäckigen« Frauen, die beide nur ein Ziel kannten: den Untergang der anderen. Eine so merkwürdige Situation mußte unvermeidlich zu Schwierigkeiten und Stürmen führen. Tatsächlich läßt sich Marias Eheleben in dem Kampf zusammenfassen, den sie gegen Henriette d'Entragues führen mußte, um ihre Rechte und ihre Ehre zu behaupten.

Auf dem Gipfel seiner stürmischen Liebe zu »diesem tollen Weib«, wie Sully sie nannte, hatte Heinrich IV. die florentinische Prinzessin geheiratet. Einige Wochen nach der Hochzeit ließ er seine bereits schwangere Frau zurück und eilte nach Verneuil, um seiner Geliebten ein Kind zu machen. Die beiden Frauen waren gezwungen, einander bald darauf im Louvre zu begegnen, in einer für beide höchst unangenehmen Situation. Der König zögerte nicht, seiner Frau gleich bei ihrer Ankunft in Paris und vor versammeltem Hof die Mätresse vorzustellen. »Diese Frau«, erklärte er Maria, »war meine Geliebte und will von heute an Ihre sehr demütige Dienerin sein.« Und als die Marquise de Verneuil nicht rasch genug das Knie beugte, um das Gewand der Königin zu küssen, legte er ihr schwer die Hand aufs Haupt. Die Absicht war klar: Die Favoritin schuldete der Herrscherin Ehrerbietung, die Königin sollte sie dagegen unter die ranghöchsten Damen am Hof aufnehmen. Damit war die Ehe zu dritt sozusagen offiziell geworden.

Tatsächlich wurde Henriette im Hôtel de La Force in der Nähe des Louvre untergebracht, später im Palast selbst. Mit allerhand gerissenen Machenschaften sicherte sie sich als Komplizin Leonora Galigaï, die Milchschwester und Vertraute der Königin. Henriette erlangte kostbare Gunstbeweise, die Maria vergeblich von ihrem Mann erbeten hatte: Die Galigaï wurde zur »dame d'atours« ernannt, das heißt, daß sie die Garderobe und den Schmuck der Königin zu verwalten hatte, und Henriette erleichterte ihr außerdem die Heirat mit Concini. Durch die Vermittlung dieser beiden schurkischen Vertrauten gab Maria nach und nach ihre Vorbehalte gegen die Marquise de Verneuil auf, und die beiden Frauen benahmen sich bald nicht wie Rivalinnen, sondern wie Kumpaninnen, um nicht zu sagen Freundinnen.

Höchst zufrieden mit diesem Stand der Dinge konnte sich der König unter den Augen seiner Frau und seiner Favoritin fortan in aller Ruhe verschiedenen Liebesabenteuern überlassen, mit den Ehrenjungfrauen der Königin »scharmützeln« und der Mademoiselle de La Bourdaisière 50 000 Livres schenken. Diese skandalöse Freigebigkeit rief Sullys entrüsteten Protest hervor, und die Vertrauten der Königin seufzten, daß die »povera« niemals einen roten Heller außer der ihr zugesicherten Pension von 12 000 Talern bekomme. In seiner naiven Schamlosigkeit blieb der Béarner gleichgültig gegen Kritik und Klagen. Er fand es auch keineswegs unpassend, daß seine Seitensprünge zu seinem Lob verbreitet wurden, das heißt, er tat nichts, um das Gerede zu widerlegen. Im Gegenteil, er beschuldigte eine Dame aus dem Gefolge der Königin, er habe »sie nicht als Jungfrau vorgefunden«, und er rühmte sich, daß vier Pariser Damen dank seinen Bemühungen schwanger seien. Als ihm die Königin Vorwürfe machte, weil er Mätressen habe, antwortete er leichthin, »sie liebe er als seine Frau, die anderen – die liebe er nur zu seinem Vergnügen«.

Übrigens bezeugte er ihr lebhafte Dankbarkeit und Zuneigung, als der Dauphin am 27. September 1601 geboren wurde. Er legte unglaubliche Freude über diese Vaterschaft an den Tag. Aber er freute sich genauso, als am 4. November der Bastard-Sohn Henriettes d'Entragues zur Welt kam; beide Mütter empfingen dieselben rührenden Zeichen seiner Dankbarkeit. Übrigens gefiel ihm die zeitliche Übereinstimmung der Geburten so gut, daß er sie zur Methode machen wollte und am 30. Oktober 1601 der Marquise de Verneuil schrieb: »Mein liebes Herz, ich glaube, meine Frau ist schwanger. Beeilen Sie sich, mir den Sohn zu geben, damit ich Ihnen eine Tochter mache.« Und wie gewünscht, lief es denn auch: Die Königin und die Favoritin brachten im Abstand von zwei Monaten jede ein Mädchen zur Welt. Doch als Henriette einen Sohn geboren hatte, wurde sie wieder von ihren dynastischen Phantasien gepackt. Sie nutzte das Eheversprechen, das sie noch besaß, um ihre Ansprüche auf den Platz der Königin von Frankreich anzumelden. »Die Florentinerin hat seinen Sohn«, sagte sie, »aber ich habe den Kronprinzen.« Die Prahlereien ergänzte sie durch alle Frechheiten gegen Maria von Medici, zu denen ihr »wunderbar in Bosheit geschärfter« Geist sie befähigte. Sie ahmte ihren italienischen Akzent nach, ihre Manieren, sie begegnete ihr mit unfreundlichem Sarkasmus. Für den Kampf gegen die Wespe, die sie ständig umschwirrte, fiel der Königin nichts ein als Jammern, Schmollen und Murren, womit sie sich freilich nicht beliebter machte.

Der Béarner entwich aus den ungemütlich gewordenen königlichen Gemächern, um sich bei seiner Mätresse zu zerstreuen, wo Eulenspiegeleien und Spaß herrschten. Die Rivalität der beiden Frauen nahm aber bald eine Wendung ins Dramatische, und jetzt setzte ein wilder Kampf ein, der nur von flüchtigen Windstillen unterbrochen wurde. Maria ließ wissen, daß sie keinerlei Beziehungen zu »der Hure des Königs« mehr wünsche, und die Favoritin nahm den Ausschluß zum Anlaß, ihre Unverschämtheiten zu verdoppeln; sie verkündete, sie selbst sei die wahre Königin Frankreichs und Maria habe sich nur ihren Platz angemaßt. Beide Frauen überhäuften den König mit Vorwürfen und Klagen, die ihm unerträglich waren, und um sich dem ständigen Gezänk zu entziehen, verdoppelte er seine Besuche bei der Mademoiselle de La Bourdaisière, stürzte sich aber auch in nächtliche Abenteuer, bei denen ihn nur La Varenne begleitete, was nicht für das Niveau seiner heimlichen Vergnügungen sprach. So schrieb der Herzog von Bouillon: »Der König bleibt abends eine halbe Stunde im Zimmer der Königin und geht dann in die Stadt, wobei ihn nur La Varenne begleitet.«

Es ist klar, daß er sich in diesem wütenden häuslichen Gezänk unbehaglich fühlte, wo seine Vorschläge zur Versöhnung und seine Appelle an Ruhe von beiden Seiten als Beleidigung aufgefaßt wurden. In seiner Machtlosigkeit beschränkte er sich darauf, laut sein »Ventre-saint-gris!« zu schmettern, und überließ es anderen, die unlösbaren Schwierigkeiten zu entwirren. Er war so sehr der Gefangene seiner Liebe zu Henriette, daß er niemals daran dachte, sie mit Strenge zu behandeln. Sie konnte sich ungestraft 1602 an der Verschwörung von Biron beteiligen. Von Anfang an durch die Milde des Königs aus dem allgemeinen Verdacht ausgenommen, begann sie unverschämt auf die Befreiung ihres Bruders hinzuwirken, des Grafen d'Auvergne, der den Verrat eingeleitet hatte. Henriette trotzte der öffentlichen Meinung, die sie ganz offen als Komplizin bezeichnete, und mißbrauchte sogar ihren Kredit beim König, um für ihren Bruder die Begnadigung zu erreichen und Heinrich damit zu zwingen, seine Gunstbeweise bis zum Skandal zu treiben.

Die Rivalität von Maria von Medici und der Marquise von Verneuil überstieg bald die Grenzen häuslichen Unfriedens und wurde zur Staatsaffäre. Die Königin, in ihrer Würde gekränkt, in ihrer Macht und sogar in ihrer Stellung bedroht, verteidigte sich mit einer Art Meinungskampagne und gab sich gleichzeitig ihrem Ehemann gegenüber völlig unnachgiebig. Es war die Periode der großen häuslichen Szenen voller Lärm und Leidenschaft. Maria ließ ihrem Zorn über den ungetreuen Ehemann freien Lauf wie eine gekränkte Frau aus dem Volk und versuchte sogar, ihn tätlich anzugreifen. Um ihren Ausbrüchen zu entgehen, mußte der König zuweilen mitten in der Nacht das Ehebett verlassen. Er fand für diese Skandale, die damals sein Haus kennzeichneten, eine sehr milde Version: »Ich erhalte von meiner Frau weder Gesellschaft noch Freude noch Trost. Sie will oder kann sich nicht angenehm machen, freundliche Unterhaltung pflegen, auf irgendeine Art auf meine Stimmungen und mein Befinden eingehen. Wenn ich heimkomme, sie küssen und streicheln und mit ihr lachen will, macht sie eine so kalte und verächtliche Miene, daß ich aus Ärger gezwungen bin, sie sich selbst zu überlassen und mir anderswo etwas Erholung zu suchen.« Dies »anderswo«, nämlich der illegitime Haushalt, bot aber auch keinen Frieden; Sully versichert uns, daß Henriette und der König ihre Zeit mit Streit hinbrachten und »nur noch grollend miteinander der Liebe pflogen«.

Im Mai des folgenden Jahres glaubte der König bei plötzlich auftretenden Nierenkoliken, seine letzte Stunde sei gekommen. Obwohl er sehr schnell wieder gesund war, brachte ihn der blinde Alarm dennoch zu heilsamen Überlegungen und wichtigen Entscheidungen. »Bitten Sie Gott, daß ich davonkomme«, sagte er beim schlimmsten Schmerzanfall zu Maria von Medici, »dann werde ich dafür sorgen, daß man Ihnen in Zukunft gehorcht und Sie respektiert.« Tatsächlich verschaffte er ihr einen Einfluß, mit dem sie ihre Regentschaft durchsetzen konnte, falls er sterben sollte. Er nahm sie in den königlichen Rat auf und führte sie in die Staatsprobleme ein. Die Favoritin, der die Ärzte ihre besten Trümpfe nahmen, als sie dem Monarchen eine lange Abstinenz von der Liebe verordneten, verstand aus dieser verlorenen Schlacht die Lehre zu ziehen. Sie dämpfte sofort geschickt ihre Ansprüche und bot der Königin Unterwerfung und Freundschaft an, stellte ihre erbaulichen Entschlüsse ins rechte Licht und schwor, der Königin in Zukunft »allen Anlaß zu geben, ihr reichlich ihre Gnade zuzuwenden«. Auf diesen überraschenden Annäherungsversuch antwortete Maria mit entwaffnenden Beteuerungen ihrer Zuneigung: »Wenn Sie so handeln, werde ich Sie nicht nur als höfliche Dame von guter Herkunft behandeln, als die ich Sie kennengelernt habe, sondern als gute und angenehme Gesellschaft, ja wie eine eigene Schwester.«

Die Versöhnung war von kurzer Dauer, und die Königin merkte bald, daß sie sich »auf schlechte Garantien« eingelassen hatte.

Der Béarner hörte nach einigen Monaten mit der Enthaltsamkeit auf und legte die ersten Huldigungen seiner neubelebten Sinne Henriette zu Füßen. Sie hütete sich, ihn zurückzuweisen, und nahm sofort ihre Ansprüche und Unverschämtheiten wieder auf. Diesmal trieb sie es bis zum Verbrechen, als sie sich der Verschwörung anschloß, die ihr Vater und ihr Bruder 1604 gegen den König anzettelten. Die Absicht war, die Nachfolge Heinrichs IV. bereits jetzt auf die klassische Weise zu regeln – Mord und dann Anerkennung des kleinen Verneuil als Thronfolger. Diese unglaublichen Abmachungen waren Gegenstand eines förmlichen Vertrages mit Philipp III. von Spanien. Sie wurden glücklicherweise rechtzeitig entdeckt, und diesmal mußte Heinrich IV. gegen die Verschwörer streng vorgehen. D'Entragues und Auvergne wurden zum Tode verurteilt, freilich bald mit königlicher Milde begnadigt. Die Marquise von Verneuil hätte Heinrich IV. am liebsten überhaupt nicht bestraft, aber er mußte sie wenigstens vom Hof verbannen, wo ihre Anwesenheit ein purer Skandal gewesen wäre. Diese Ereignisse boten Heinrich IV. die Gelegenheit, sich aus der unwürdigen Sklaverei zu befreien, in der ihn Henriette d'Entragues so lange festhielt und die seine Ehre als König und sogar seine Würde als Mensch beeinträchtigt hatte. Doch er nutzte die Gelegenheit nicht, sondern beschränkte seine Strenge darauf, seine heimlichen Besuche in Verneuil seltener abzustatten.

Für die Zwischenzeit ging er ganz offen eine neue Liaison ein, mit der verwaisten sechzehnjährigen Jacqueline de Bueil. Dieses kindliche Mädchen – der König hatte eine Vorliebe für Backfische – verstand es sehr gut, die Bedingungen für ihre Entehrung auszuhandeln. Sie erhielt Grundbesitz, eine Rente, ein Geschenk von 30 000 Livres und sogar einen Ehemann, den sie des Anstands wegen verlangte. Es war ein gewisser Champvallon, der Neffe von dem verflossenen Geliebten der Königin Margot. Ein guter Musiker, wie es hieß, aber »sonst völlig armselig«. Er durfte sich nicht einmal eine berauschende Erinnerung an die Hochzeitsnacht verschaffen, wenn man L'Estoile glauben will: »Er hatte die Ehre, sich als erster mit seiner Angetrauten hinzulegen, aber, wie es heißt, im Hellen und auf Befehl des Königs von Edelleuten bewacht. Der König schlief am nächsten Morgen mit ihr in Paris im Haus Montauban, wo er bis zwei Uhr mittags im Bett blieb. Man sagt, daß der Ehemann in einer kleinen Dachkammer über dem Gemach des Königs untergebracht war, so daß er über seiner Frau lag. Allerdings war eine Zimmerdecke zwischen ihnen.«

Man sollte annehmen, daß die Königin von einer neuen Favoritin im Leben ihres Mannes nicht gerade entzückt war. Aber sie hielt sich zurück – sie begann zu resignieren. Vor allem gefiel ihr alles, was Henriette d'Entragues ärgern mußte, und deshalb fand sie es ganz gut, daß Jacqueline de Bueil zur Favoritin wurde. Auch ihre Umgebung war der Meinung. Der Gesandte Baccio Giovannini schrieb dem Großherzog von Florenz: »Da wird nur ein Nagel durch einen anderen ersetzt, wenn sich der König endlich von seiner Liebe zu Henriette befreit.« Jacqueline blieb bis 1607 die Geliebte des Königs und gebar ihm ein Kind, das mit den anderen königlichen Kindern aufgezogen wurde, und Maria von Medici brachte dieser Liaison immer resignierte Toleranz entgegen. Die Komtesse de Moret hatte übrigens nicht den geringsten Einfluß auf den König. »Das ist kein Köpfchen, das ihm Arbeit machen könnte«, meinte Duplessis-Mornay. Sie war wohl ein bißchen dumm und hatte ihren ganzen Scharfsinn bei der Erörterung ihrer Interessen verbraucht.

Die Verschwörung der d'Entragues hatte Heinrich IV. die Gelegenheit verschafft, sich eine neue Mätresse zu nehmen – sie bot aber auch einen Anlaß oder mindestens einen Vorwand, Königin Marguerite wieder nach Paris kommen zu lassen. Sie hatte den König darum gebeten, um ihm die Machenschaften des Grafen d'Auvergne zu enthüllen, und der König war ihrem Wunsch gern nachgekommen, vor allem, weil er darin einen ehrenhaften Anlaß sah, der Verbannung der Fürstin in der Festung von Usson ein Ende zu machen. Es schien auch richtig, daß die einstige Königin von Frankreich der Frau, die jetzt an ihrem Platz saß, ihre Unterordnung und Huldigung darbrachte und so auf gewisse Weise der zweiten Ehe eine zusätzliche Sanktionierung gab: Ihre Gegenwart mußte ja beweisen, daß sie selbst die Auflösung ihrer Ehe gewünscht hatte.

Sie erschien, etwas lächerlich in ihren Gewändern aus der Zeit Karls IX., »mit ihrem gewaltigen offenen Busen, den dicken

Wangen, die unter der Schminke bebten«, ihrer schrecklichen Perücke, »blond wie auf dem Rasen gebleichtes Werg«. Die Pariser erkannten nur mit Mühe in der dicken Person (es gab Türen, durch die sie nicht gehen konnte) die schlanke und ranke junge Königin wieder, deren Anmut alle Dichter der Renaissance besungen hatten. Doch zweierlei hatte sie sich bewahrt: ihre zupackende Intelligenz und ihre ungezwungene Haltung. Sie konnte ihrem einstigen Ehemann immer noch nützliche Ratschläge geben, denn »abgesehen von der Tollheit der Liebe war sie eine sehr vernünftige Person«. Sie leistete Maria von Medici die »Ehren und Pflichten der Freundschaft«, wie es sich gehörte, und war offenbar nicht eifersüchtig auf den Glanz, der sie umgab und den sie selbst verloren hatte. Zwischen den beiden Frauen stellten sich freundliche, vertrauliche Beziehungen her, die durch ihre nahe Verwandtschaft begünstigt wurden. Margot begegnete dem König mit so herzlichem Eifer, daß er ihr seine Freundschaft aufrichtig wieder zuwandte und ein Historiker sagen konnte, daß »Heinrich Marguerite nie so sehr geliebt hat wie dann, als er nicht gezwungen war, sie zu lieben«.

Jedenfalls war er ihren Einfällen gegenüber nachsichtig, denn das Alter hatte ihre Glut nicht abgekühlt, und sie trug mehr denn je zur Skandalgeschichte jener Zeit bei. Mit großem Aufwand unterhielt sie einen glänzenden und bunten Hof, an dem Dichter, Leute von Geist und ehrwürdige Kleriker in Berührung kamen mit jungen Leuten von zweifelhaften Sitten, aber von körperlichen Vorzügen. Sie mischte höchst weltliche Vergnügungen mit strengen religiösen Übungen, hörte täglich mehrere Messen und hatte trotz ihrem Verfall viele Liebhaber. Mit der gleichen Großzügigkeit beschenkte sie Klöster und Künstler; hundert arme Leute und ebenso viele Poeten lebten von ihrer großzügigen Unterstützung. Aber sie sah es als eine Art Ehrensache an, ihre Gläubiger nie zu bezahlen, und ihre Lieferanten ruinierte sie mit ihrer Mildtätigkeit. Sie blieb eben bis ans Ende eine surrealistische Prinzessin.

Ihr ehemaliger Gatte konnte ihre Übertreibungen um so weniger tadeln, als er sich selbst einem völlig ungeordneten Leben überließ. Die Jahre 1605–1608 waren die Zeit, in der er mehr als je seinen Spitznamen »Schürzenjäger« – *Vert-Galant* – verdiente, einen Namen, den die Nachwelt ebensogut als Anerkennung wie als Vorwurf verstanden hat. Seine Sinnlichkeit trieb ihn damals so unwiderstehlich und übertraf bei weitem seine sonstige Neigung zu Frauengeschichten, daß man sich fragen kann, ob dahinter nicht irgendeine Anomalie gesteckt haben mag.

In dieser Zeit hielt ihn die Leidenschaft für Henriette in einem Netz von Laster und Verderbtheit gefangen. Seine Korrespondenz aus diesen Jahren spiegelt unzweideutig die Art von Herrschaft, die seine Favoritin über ihn ausübte; Liebesschwüre mischten sich mit schlüpfrigen Anspielungen und sogar zotigen Bemerkungen – er war weit entfernt von der geistvollen, höflichen Galanterie seiner Briefe an Corisande. Jetzt schrieb er an seine Mätresse: »Finden Sie einen Weg, daß ich Sie allein sehen kann und daß ich, bevor die Blätter fallen, mache, daß Sie sie umgekehrt sehen« (6. Oktober 1606). Und während er sich in seinen Prahlereien erging, verurteilte er die Königin zu einer erniedrigenden Stellung; sie mußte sich verstecken, um an ihren Onkel, den Großherzog, zu schreiben und ihm ihre Unruhe und Qual mitzuteilen: Sie wird von Spionen umgeben, gefoltert und verhext. »Diese Frau«, schreibt sie über Henriette, »hat niemals ein anderes Ziel gekannt, als mich zu quälen und mit Ärger zu überhäufen.«

Im Vergleich zur Frechheit der Favoritin schienen der Königin die anderen Liebesgeschichten des Königs weniger kränkend und sogar harmlos. Und dabei waren sie damals gerade besonders zahlreich, und der *Vert-Galant* rühmt sich zynisch mit ihnen. Als seine fiebrige Leidenschaft für Henriette auf ihrem Höhepunkt ist – und er ja auch noch Jacqueline de Bueil aushält –, verliebt er sich plötzlich in Charlotte des Essarts: Er bringt sie luxuriös in einem mit Wandteppichen und Silbergeschirr ausgestatteten Haus unter. Von ihr bekommt er die Tochter Jeanne-Baptiste de Bourbon, die zu der übrigen Schar königlicher Kinder nach Saint-Germain geschickt wird. Doch drei »anerkannte« Mätressen, die gleichzeitig dem Béarner ihre Dienste leisten, stillen seine Begierde noch nicht, und seine Aktivität erfaßt im Vorübergehen noch etliche Damen von guter Herkunft: die Fräulein von Sourdis und Quelon, vielleicht auch – obwohl sie es leugnet – die Herzogin von Nevers, eine hinterhältige Puppe, die alles ihrem Mann erzählt; auf jeden Fall die Herzogin von Guise und zweifellos auch die Herzogin von Montpensier. Dann gefiel es ihm, dieser erlauchten Schar noch Marie d'Entragues beizugesellen, die Schwester Henriettes, um deren Gunst sich der König als Nebenbuhler von Bassompierre bemühen mußte. Vergessen wir auch nicht die Ehrenfräulein der Königin, die er für sich beanspruchт hat. Als Maria von Medici versuchte, eine von ihnen, Mademoiselle de Fonlebon, vor seinem Zugriff zu schützen, indem sie das Mädchen vom Hof entfernte, bekam sie eine scharfe Drohung zu hören: Falls sie es aus dem Haus schicken wolle, werde er sie, sie selbst, fortschicken aus dem Königreich, und er werde sie nach Italien schicken »mitsamt ihren Concinis«.

Das waren keine in den Wind gesprochenen, leeren Drohungen. Offenbar erwog der *Vert-Galant* – der wenn auch nur zu berechtigten Vorwürfe seiner Frau und ihrer in Verzweiflung ausgestoßenen Morddrohungen gegen die regierende Favoritin müde –, die Königin in irgendein fernes Schloß zu verbannen oder sie nach Italien zurückbringen zu lassen, »mit allem, was sie von dort mitgebracht hat«. Sully mußte ihn zur Vernunft bringen, mußte das Interesse der Kinder beschwören und dem König klarmachen, daß er zunächst seinem Staat verpflichtet sei, ehe er an sein Vergnügen denke. »Allein die Geduld kann mit einer ›halsstarrigen und zänkischen‹ Frau fertigwerden«, sagte er.

Das war eine vernünftige Beurteilung einer Situation, die sich dann tatsächlich durch die unerwartete Aussöhnung der beiden Rivalinnen löste. Die selbstsüchtige Vermittlung der Concinis erreichte es, daß beide ihre Eifersucht unterdrückten und sich nicht mehr hinreißen ließen. Friedlichere Beziehungen entwickelten sich zwischen ihnen, und so wurden denn doch die tiefsten Herzenswünsche des Königs erfüllt, und gegen jede Wahrscheinlichkeit verwirklichte sich sein naiver Traum von einem idyllischen Dasein zwischen einer heiteren Gattin und einer verständnisvollen Favoritin. Diese neue »Ordnung« hob natürlich nicht das ohnehin schon sehr niedrige moralische Niveau des Hofes. Den schlechten Beispielen, die der König gab, hatte man so getreulich nachgeeifert, daß man bereits an der Keuschheit jeder Frau und jedes Mädchens zweifelte, wenn sie sich eine Weile im Louvre aufgehalten hatte. Der Gesandte von Florenz konnte ohne Übertreibung und ohne Übelwollen ausrufen: »Wirklich – hat man jemals etwas gesehen, das einem Bordell mehr ähnelt als dieser Hof?!«

Doch dem König wurde die heitere Ruhe bald zuviel, die nun in beiden Häusern herrschte und sie fast zu einem einzigen Haushalt machte. Die Nachsicht der Königin mit seiner Untreue nahm der Sünde das Salz und den Kitzel der Gefahr; die Ruhe einer Favoritin in einer Verbindung, die gelassen und ziemlich eheähnlich geworden war, schloß alle Pikanterie aus, die früher ihre harschen Worte und ihr unvermittelter Stimmungswechsel in seine Liebesabenteuer gebracht hatten. Auf eine Zeit der ruhigen Beziehungen zwischen den Liebenden stellte sich ein Zwischenspiel der Gleichgültigkeit ein, und daraus wurde schnell Maulen und schließlich Abscheu. Der König entließ Henriette aus seinem Gefühlsleben im Jahre 1608. Diese Liebe, die so heftig gewesen, starb auf die Weise, wie nach Auguste Comte die Dogmen sterben: Sie geraten außer Gebrauch. Henriette vergrub sich in Verneuil in einer ganz und gar materialistischen Lebensweise. Ihre Wespentaille verbreiterte sich, sie wurde unförmig wie Königin Marguerite. Tallemant des Réaux, der die traurigen Phasen ihrer Einsamkeit schildert, fügt aber hinzu: »Doch sie hatte immer noch viel Geist.« So war Maria von Medici nach sieben Jahren hartnäckiger und oft heftiger Kämpfe gegen ihre gefährlichste Rivalin, die sie im tiefsten Grunde fürchtete, von ihr befreit, fand aber nur kurze Zeit häuslichen Frieden. Denn noch war kein Jahr vergangen, seit die Marquise von Verneuil entlassen, als die letzte und zweifellos tragischste Episode im Liebesleben Heinrichs IV. begann.

Es ist nur zu verständlich, daß die Königin, die bisher so völlig den Favoritinnen ihres Mannes geopfert worden war, Ungeduld und Groll an den Tag legte. Man muß sich wundern, daß die meisten Historiker glauben, ihr daraus einen Vorwurf machen zu müssen. Um ihre Eifersucht bemeistern zu können, hätte sie »unendliche Liebe und die intelligenteste und großmütigste Vernunft« haben müssen. Aber so hohe Anforderungen an Geist und Herz erfüllte sie nicht. Ohne daß sie geradeheraus dumm gewesen wäre, entsprach ihre etwas schwerfällige Intelligenz so ziemlich ihrem Äußeren, dem einer üppigen Bourgeoise. Es fehlte ihr so an Temperament, daß ein erbarmungsloses Wort der Mademoiselle de Tillet verständlich wird, die Rubens' Porträt der Königin nach ihrer Entbindung sah: »Die Kuh, die ein Kalb bekommen hat«, meinte die freche Person. Außerdem war das Wesen der Königin ungefällig und barsch – zumindest muß man zugeben, daß sie nicht gerade liebenswert war. Sie neigte ungewöhnlich zu Eifersucht und einer ziemlich störrischen Hartnäckigkeit. Aber, und das sei noch einmal betont, sie hätte engelhaft sein müssen, um ohne Auflehnung so viele Demütigungen und Ärgernisse hinzunehmen.

Die Klagen Heinrichs IV. über die rauhen Seiten im Wesen seiner Frau – überliefert von Sully – zeigen die unbestreitbaren

Schwierigkeiten ihres Wesens. »Wenn sie einmal ihre Schrullen hatte und er etwas wollte, dann wollte sie etwas anderes; war er einer Meinung, vertrat sie die gegenteilige; er konnte es auch nicht mehr ertragen, daß sie fast ständig mit ihm schmollte und ihm ein mürrisches Gesicht zeigte und wenn er aus der Stadt oder von der Jagd kam und sie küssen und streicheln, lachen und mit ihr lustig sein wollte, ihm nur die kalte Schulter zeigte, statt ihn heiter zu unterhalten.« Doch als der König ein so düsteres Bild von seiner Frau zeichnete, vergaß er offenbar völlig die zahlreichen, schwerwiegenden und konkreten Anlässe, die er seiner Frau gegeben hatte und die sie hinderten, immer strahlend und lustig zu sein. Ohnehin waren sie zu gegensätzlich veranlagt, der eine überfließend an Lebhaftigkeit, Fröhlichkeit, Schwung, die andere eifersüchtig und *engherzig* starr, überdies *rachsüchtig* und tückisch. *»La sua natura e non poco ombrosa e colerica«*, schrieb der florentinische Sondergesandte – »ihr Wesen ist nicht wenig argwöhnisch und cholerisch.«

Doch das Zusammenleben des ungleichen Paares, das meistens von Uneinigkeit und Streit zerquält wurde, hatte auch seine Zeiten der Ruhe und Eintracht; in solchen Augenblicken stellte sich in der Ehe eine freundliche, vertrauensvolle und sogar warme Freundschaft ein, die wie das ruhige Glück einer durch Gewohnheit gefestigten bürgerlichen Verbindung wirkte. War der König fern vom Louvre, schrieb er ihr zärtlich und gutmütig und leistete sogar rührende Schwüre, die mindestens im Augenblick des Schreibens ernstgemeint waren: »Zweifeln Sie nicht, mein Herz, ich liebe Sie mehr als alles auf der Welt, das versichere und schwöre ich Ihnen.« So klingen seine Briefe vor allem auf seiner Reise ins Poitou 1605, und sein Verhalten widerlegte nicht immer die warmherzigen Worte. Man erlebte, wie besorgt er um die Gesundheit der Königin war, wenn sie erkrankte, wie er sich aufrichtig bemühte, sie über das Ungemach zu trösten. Als sie schwanger war, umgab er sie mit rührender Fürsorge, stand ihr bei und unterstützte sie in den Schmerzen der Niederkunft. Bei einem Fährunglück in Neuilly im Jahre 1606, als die königliche Karosse mit allen Personen in die Seine stürzte, rettete er Maria aus höchster Lebensgefahr.

Er vertraute ihr vollauf und hielt sie für fähig, Geheimnisse zu bewahren, weihte sie auch oft ohne jeden Hintergedanken in Staatsangelegenheiten ein. Er ahnte, daß sie, die viel Jüngere, ihn überleben werde und in einem Augenblick die Regentschaft antreten müsse, wo der Thronfolger die Herrschaft noch nicht ergreifen konnte. Sicherlich hatte er, wie Saint-Beuve meint, »etwas vom guten Ehemann an sich, der die Stunden am Kamin liebt«. Zwischen den Zerwürfnissen benahm er sich zärtlich und aufmerksam gegen die Königin. Als Zeuge solcher Zeiten konnte die Marschallin de la Châtre 1609 feststellen, daß er die Königin offensichtlich immer stärker liebe. Man sollte auch sein Geständnis zur Kenntnis nehmen, daß er alles dafür gegeben hätte, Maria zu seiner Geliebten zu machen, wäre sie nicht seine Frau gewesen. Als er sie 1610 in Saint-Denis krönen ließ, sagte er nach der Feier, sie »sei nie schöner gewesen«.

Doch trotz so offenbar vorzüglicher Anlagen war der Béarner ein abscheulicher Ehemann, und zwar nicht, wie er gern glauben machen wollte, weil Maria von Medici zu wenig auf ihn einging. In Wahrheit machte es ihm sein Egoismus unmöglich, seine Wünsche und Neigungen zu bremsen. Er erwartete stets von seiner Frau, und zwar nur von ihr, Opfer, auf die sich seine Seelenruhe gründen konnte. Das aber war zuviel verlangt von einem Menschen, der tatsächlich nicht viel zu geben hatte. Trotzdem gab sie mehr, als man von ihrer rachsüchtigen Natur erwarten konnte. Sie legte sich großen Zwang auf, damit die königliche Ehe nicht zum Gesprächsstoff in Palast und Stadt wurde. Ihre Diskretion und Zurückhaltung in diesem Punkt war beispielhaft. Es kam vor, daß sie im ersten Zorn den Freunden ein paar unvorsichtige Worte hinwarf, aber sobald sie sich gefaßt hatte, bemühte sie sich immer, jedes Zerwürfnis und jeden »Verdruß« zu leugnen. Einer Prinzessin, die eine Anspielung auf die Schwierigkeiten ihrer Ehe machte, antwortete sie: »Das ist völlig unrichtig.« Sie setzte ständig den Gerüchten die Erklärung entgegen, daß sie nur von Leuten stammen könnten, »die auf die besondere Freundschaft und das gute Einvernehmen zwischen uns eifersüchtig sind und nur zu gern Zwietracht säen möchten«. Ebenso wiederholte sie hartnäckig: »Zwischen dem König, meinem Herrn, und mir herrscht durchaus keine schlechte Ehe, wie behauptet wird.« Übrigens brachte sie es trotz ihrer nachtragenden Natur nicht fertig, den König wirklich zu hassen. So groß ihr Zorn auch war, wenn er ihr Anlaß dazu gegeben hatte – sie beruhigte sich sofort, wenn er charmant und zuvorkommend wieder bei ihr erschien. Und Heinrich IV. selbst meinte: »Unsere kleinen Zerwürfnisse dürfen nicht länger als vierundzwanzig Stunden dauern.« Bei ihm war die Beweglichkeit ein so ausgeprägter Charakterzug, daß er tatsächlich nicht lange bei einem »Verdruß« ausharrte. Richelieu schrieb: »Das Unwetter hatte sich kaum gelegt, als der König, erfreut über freundliches Wetter, kam und so liebevoll mit der Königin umging, daß ich oft nach dem Tode des großen Fürsten hörte, wie sie die gute Zeit pries, die sie mit ihm verlebt hatte, und die Güte, die er ihr bewies, wie es ihm nur immer möglich war.«

Es steht fest, daß sie ihn betrauerte, ja seinen Verlust mit großem Schmerz hinnahm. Saint-Simon hat sie zu Unrecht verleumdet, als er eine ganz aus der Luft gegriffene Darstellung ihrer Haltung bei der Ermordung des Königs verbreitete. »Jeder weiß«, schrieb er, »mit welcher Geistesgegenwart, mit wieviel Gleichgültigkeit und Mangel an Anstand die Königin die entsetzliche Nachricht aufnahm.« Ganz im Gegenteil: Hundert glaubwürdige Personen erlebten den Anblick einer armen, vom Unglück gebrochenen Frau. Alle schildern ihr krampfhaftes Schluchzen, das niemand stillen konnte, und ihr erbarmungswürdiges Zusammenbrechen. Zehn Tage lang fand sie keinen Schlaf, und nur mit großer Mühe hielt sie sich bei den Zeremonien aufrecht, die der Brauch von ihr verlangte.

Wägt man alles gegeneinander ab, dann scheint es doch, daß die stürmischen Streitereien des Herrscherpaares nicht über das wahre Wesen ihrer Verbindung täuschen können, das sich in Stunden der Entspannung und glücklichen Intimität zeigte. Ihre gemeinsame Sorge um die Erhaltung der Dynastie vereinigte sie ohnehin über die privaten Zerwürfnisse hinweg, und ohne Zweifel machte sich nach Schmollen und Zorn immer wieder die echte Zuneigung geltend. Man kann Maria von Medici nur eine zu rachsüchtige und eifersüchtige Veranlagung vorwerfen. Heinrichs angeborene Güte und seine Vorliebe für Intimität hätten ihn zu einem guten Ehemann gemacht, wenn er nur die eheliche Treue als die Tugend, die zu diesem Titel erst berechtigt, aufgefaßt hätte.

War er kein guter Ehemann, so doch ein ausgezeichneter Vater. Seine lebhafte Freude an Kindern und seine Fähigkeit, mit ihnen auf gleichem Fuß zu verkehren, bilden einen Charakterzug im üblichen Porträt des Béarners, an dem nicht zu rütteln ist, und die Szenen, die ihn entsprechend schildern, täuschen nicht: Der Fürst, der mit seinen Bastarden Kinderspiele treibt, als er das Parlament von Bordeaux empfängt; die Szene, wie der spanische

Gesandte, steif und zeremoniell, im Louvre von einem König empfangen wird, »der auf allen Vieren herankam und auf dem fröhlich der Dauphin ritt«. Ein reizender Dialog entspann sich: »Haben Sie Kinder, Herr Gesandter?« – »Ja, Sire«. – »In diesem Fall kann ich die Runde durchs Zimmer fortsetzen.«

Der Béarner hatte viele Kinder. Ohne von den vielen unbekannten Bastarden zu reden, die ihm eine verständnisvolle Legende zuschreibt und die sein Blut in vielen Familien der Gascogne kreisen lassen, schenkten ihm Königin Maria und seine Favoritinnen eine reichliche Nachkommenschaft, bei der er nie bereit war, die legitimen Kinder von den Bastarden – die er sämtlich anerkannte – zu unterscheiden. Dreizehn seiner Kinder wurden gemeinsam in dem königlichen Kinderzimmer erzogen, das er in Saint-Germain eingerichtet hatte. Sie waren ihm von fünf Müttern geschenkt worden: Maria von Medici hatte ihm sechs geboren, Gabrielle d'Estrées drei und Henriette d'Entragues zwei; der Sohn von Jacqueline de Bueil und die Tochter von Charlotte des Essarts vervollständigten seine »kleine Truppe« in Saint-Germain. Maria von Medici grollte über das Durcheinander aus legitimer Nachkommenschaft und Kindern der »Huren«, wie sie sie nannte, und gerade dieses System der gemeinsamen Erziehung aller königlichen Abkömmlinge hatte seinen Anteil an den ehelichen Auseinandersetzungen. Auch Henriette d'Entragues fand die Mischung nicht gut. In der Zeit, in der sie tat, als habe Maria ihre Stellung usurpiert, sagte sie, »daß die Florentinerin ihren Bastard und ich meinen Dauphin für sich behalten sollen; ich will nicht, daß mein Sohn mit Bastarden aufwächst«.

Den König erschütterten solche Vorwürfe nie. Da sie allesamt von ihm abstammten, schienen alle Kinder das gleiche Anrecht auf seine Liebe und Fürsorge zu haben. Er liebte alle gleichermaßen und machte keine Unterschiede. Er kam sehr oft nach Saint-Germain und mischte sich vergnügt in ihr Spiel, das er gern zu körperlichen Übungen ausbaute. Man organisierte »Musterungen«, Aufmärsche und Arkebusenschießen zum Spaß. Der König führte die Kinder in die Gärten, zeigte ihnen die Karpfen im Teich, die Vögel in den Volieren und die Tiere im Park. Er war voller Nachsicht gegen sie und ließ sich – in jeder Beziehung – von ihnen ungestraft am Bart zupfen, ließ auch zu, daß ihr Übermut mit gewaltigem Lärm in seine ernstesten Gespräche einbrach. Er teilte ihr Leben in vertrauensvoller Weise, ließ sich nicht mit »Monsieur« anreden, sondern mit »Papa«, wie es die Kinder des Volkes taten. Er verkehrte mit ihnen sozusagen auf gleichem Fuß, ging dabei manchmal über die Grenzen der Schicklichkeit hinaus und brachte ihnen in vollständiger Schamlosigkeit die unmanierlichsten Possen bei. In dieser Beziehung wie in so vielen anderen wurde er unmoralisch »durch sein Naturell«.

Die Kinder paßten sich dieser Lebensweise hervorragend an, doch die Verschiedenheit der Charaktere scheint durch die gemeinsame Erziehung nicht gemindert worden zu sein. Offenbar hatte auch nur eines das Temperament und die geistige Haltung Heinrichs IV. geerbt. Seltsamerweise aber ähnelten sie auch ihren Müttern offenbar sehr wenig. Die Kinder der boshaften und unverschämten Henriette d'Entragues schienen mit ihrer Sanftmut und Freundlichkeit ihre Herkunft zu verleugnen, dagegen waren die Kinder der sanften Gabrielle d'Estrées schwer erträglich durch ihr anspruchsvolles und anmaßendes Auftreten. Der Dauphin, der spätere Ludwig XIII., schien sich einfach für ein höheres Wesen zu halten und behandelte alle Geschwister mit zermalmender Verachtung. Sprach er von Gabrielles Kindern, sagte er: »Das ist eine Rasse von Hunden«, und über die Kinder von Henriette wußte er auch nur zu sagen: »Eine andere Rasse von Hunden.« Den Sohn von Jacqueline de Bueil wollte er niemals als Bruder anerkennen; er behandelte ihn besonders hochfahrend: »Der ist der letzte. Er kommt noch nach der Sch. . ., die ich eben gemacht habe.« Und gerade dieses letzte Kind Heinrichs IV. war das einzige, das ihm körperlich und seelisch ähnlich war.

## 4. Kapitel: Die Opposition

Unter den tausend Büchern, die in drei Jahrhunderten das Leben Heinrichs IV. nacherzählt haben, sind nur wenige, die nicht als einen herausragenden Zug seiner Herrschaft seine Liebe zum Volk erwähnen. Sein Bild, im Dienste verschiedener Interessenrichtungen mehr oder weniger dauerhaft entstellt, wirkt stets sympathisch und liebenswert. Selbst diejenigen Historiker, die Vorbehalte gegen seine Religionspolitik oder Kritik an seinen privaten Sitten geäußert haben, leugnen nicht seine bemerkenswerte Fähigkeit, Herzen zu gewinnen. Eine ganze Literatur lobt seine Menschlichkeit, Freundlichkeit, Fürsorge für die Armen. Und hält man sich an die Bücher, hat es nie einen beliebteren König gegeben. Aber war er es auch zu Lebzeiten?

Sein Ende weckt Zweifel daran. Wie Heinrich III., der aus Schwäche sein Königreich fast verloren hatte, ist der Mann, der es mit Kühnheit wieder errichtet hat, ermordet worden. Waren die vielen Attentate, die dem letzten voraufgingen und es ankündigten, unvermeidbar im Zug des Zorns der Vorsehung oder wurden sie von einer Opposition bewirkt, die vielleicht nicht als solche geschlossen auftrat, aber doch so stark war, daß sich in ihrer Mitte kriminelle Reaktionen bildeten?

Es gab eine solche Opposition. Natürlich war sie nicht allgemein, und die meisten Untertanen König Heinrichs hätten zweifellos seinem eigenen Urteil beigestimmt: »Frankreich ist mir sehr verpflichtet, denn ich arbeite gut für das Land.« Trotzdem stieß er bei der Erfüllung seiner kühnen Aufgabe auf Widerstand. Hier sollen Ursachen und Auswirkungen kurz dargestellt werden.

Aus der Schar der Gegner seien zunächst Leute genannt, die einfach unzufrieden waren – sehr zahlreich unter Heinrich IV.

Es hat zu keiner Zeit, in keinem Land eine Herrschaft oder ein Regime gegeben – es mochte noch so weise sein –, bei dem es keine Unzufriedenen gab. Schon der tief in der menschlichen Natur verwurzelte Widerspruchsgeist genügt, die Unzufriedenen auf den Plan zu rufen und ihre Zahl zu vermehren. Die Kritik richtet sich nach einer überstandenen Krise besonders gegen die Autorität, die mit ihr fertiggeworden ist. Sie wird vor allem vom Gejammer derjenigen vorgebracht, die das Verschwinden der alten Ordnung beklagen, weil sie von ihr profitiert hatten. Die Anarchie der Bürgerkriege ruinierte zwar das Land, aber viele Leute kamen doch voll auf ihre Rechnung und sahen besorgt die Rückkehr zur Ordnung, die ihre angemaßte Macht beschnitt und ihre illegale Tätigkeit verhinderte.

Ebenso unzufrieden, wenn auch aus entgegengesetzten Gründen, sind die Ungeduldigen, denen es mit der Wiederherstellung der Autorität nicht schnell genug gehen kann und denen die Bestrafung der bislang Begünstigten nicht hart genug ist. Wieder andere beklagen sich, »daß die durch den allgemeinen Frieden hervorgerufene Ruhe dem König alle Sorgen um die großen Dinge des Staates nimmt, Gedanken an glorreiche, ehrenvolle Unternehmungen und eine Unendlichkeit schöner, großer und imponierender Pläne und Entwürfe«. »Solche Leute«, meint Sully, »sind die Nichtstuer in ihren Stuben, die Wirrköpfe im Staat, die Verfasser von Flugblättern, die Erfinder hübscher Geschichten.« Doch ihre Ungeduld und ihr Getöse halten in mehr oder weniger ausgedehnten Kreisen den Widerstand am Kochen.

Und dann gab es im Fall Heinrichs IV. viele Leute, die sich nicht mit den vom Mangel an allen Ecken und Kanten gebotenen Einschränkungen abfinden wollten und sich darüber empörten. So beklagten sich sehr viele Untertanen über die hohen Steuern. In dieser Hinsicht ist die Menge immer ungerecht. Wir haben die weise Politik gesehen, mit der Heinrich die Ausblutung des Landes verhindert hat; doch für die breite Masse war er immer noch der »Seigneur der Gabelle« – der Salzsteuer –, die er als einzige Abgabe nicht gesenkt hatte und die tatsächlich schwer lastete. Hier liegt die eigentliche Quelle der ungerechtfertigten Abneigung, mit der die einfachen Leute dem König begegneten.

Zu solchen allgemeinen Vorwürfen, mit denen sich jede Regierung mehr oder weniger herumschlagen muß, kam bei Heinrich IV. aber noch die Kritik an seiner Persönlichkeit, eine Kritik, die er keineswegs immer verdient hat. Viel davon entstand durch die sehr südlichen Züge seines Charakters, die nicht von allen begriffen oder geschätzt wurden. Wenn auch viele Leute seine gute Laune und seine vertrauliche Redeweise liebten, teilte doch nicht jedermann ihren Geschmack in einem Land, in dem der lateinische Geist nicht überall herrschte. Wenn man einem Mann aus dem Süden nicht auf den Fersen in sein immer etwas unwirkliches Universum folgt, läuft man Gefahr, viele seiner Absichten falsch zu deuten. Und gerade das stieß Heinrich IV. zu. Sein Gerede und seine Einfälle wollten nichts als Scherze sein – schienen aber manchem unangebracht. Seine Zornausbrüche, die sich so rasch wieder legten, begründeten den ungerechtfertigten Vorwurf von Strenge –, und das bei einem Mann, dessen Wohlwollen, Mäßigung und Milde seine ungetrübtesten Tugenden waren! Durch dasselbe Unverständnis wurde seine Redseligkeit für Prahlerei, seine List für Doppelzüngigkeit gehalten; sein Geldmangel wurde als Geiz bezeichnet, und Undankbarkeit nannte man sein Unvermögen, alle Bittsteller zufriedenzustellen.

Das soll allerdings nicht heißen, daß er keine Vorwüfe verdient hätte. Der angeborene Schwung, der ihn dazu anstachelte, bei jeder Gelegenheit Geist zu zeigen, führte oft zu unangebrachten Scherzen und kränkenden Neckereien, oder konnten jedenfalls dafür gehalten werden. Er sagte, wohl um sich als »guten Kameraden« hinzustellen: »Mit meinem Kumpan, der nicht lesen kann, und meinem Kanzler, der kein Latein versteht, gibt es nichts, was ich nicht unternehmen könnte.« Ob der Konnetabel de Montmorency und der Kanzler de Cheverny, auf die der Scherz gemünzt war, ihn richtig verstanden haben? Und was haben die anderen gedacht, die zuhörten? Gewiß erkannten manche das Lob, aber wie viele glaubten, unter den Rosen seien Dornen versteckt! Man kann viele weitere Beispiele für Mißverständnisse anführen, die der König mit gewissen vieldeutigen Bemerkungen auslöste. Eines Tages, so erzählt Villegomblain, wurde er von »einem vermögenden Mann« angesprochen, der sich aber gewissenhaft im Dienst des Königs ruiniert hatte und nun um Hilfe bat. Die Antwort: »Und womit vertreiben Sie sich die Zeit, wenn doch mein ganzes Königreich zu plündern ist? Da machen Sie nur Ihre Geschäfte!« Und zu einem anderen: »Ventre-saint-gris! So viele Jahre lang steht mein Königreich jedem Plünderer offen, warum haben Sie nichts gestohlen? Stehlen Sie wie die anderen.«

Das sind nur »Gasconnaden«, aber ein Mann aus dem Norden erkannte nicht immer den Witz und regte sich über einen Vorschlag auf, den er buchstäblich verstand. Zuweilen war eine Bemerkung auch ganz eindeutig, und so mancher erhielt »einen Hieb von dem Schnabel, der die Beute davontrug«. Der Memoirenschreiber, der von ihm meint, er sei »vollendet im Scherzen, aber immer so, daß man sich nicht daran stieß«, war viel zu optimistisch. Die Opfer der unangemessenen oder ungeschickten Witze des Königs ließen sich keineswegs immer »von der Gnade, der Vertraulichkeit und Gefälligkeit« beschwichtigen, mit denen er die Wirkung auszulöschen versuchte.

Ebenso gab es unter den Leuten, auf die seine plötzlichen und heftigen Zornausbrüche niedergingen, manche, die sie nicht einfach deshalb wieder vergaßen, weil ihnen Friedensangebote und freundliche Beweise von Zuneigung folgten. Beauvais-Nangis sagt: »Seine Art war so, daß er, wenn er jemandem Unrecht getan hatte, es wenigstens mit schönen Worten wieder gutzumachen suchte.« Seine Zornausbrüche waren sicherlich die eines Mannes aus dem Süden, übertrieben, nicht ernst gemeint, und sie erschöpften sich im verbalen Dampfablassen. Das konnte aber nicht verhindern, daß viele Leute tief getroffen wurden, wie etwa der Erste Präsident des Pariser Parlaments, der nach einer fürchterlichen Strafpredigt »krank wurde und zur Ader gelassen werden mußte«.

Über den Geiz des Königs regten sich seine Kritiker besonders heftig auf, und sein Ruf, undankbar zu sein, verstärkte sich. Hof und Provinzen waren voller Edelleute, »die alles aufs Spiel gesetzt hatten, um seine Größe zu begründen, und sich nun schlecht belohnt fanden«. Freilich sparte er lieber sein Geld als sein Herz und schätzte es, geleistete Dienste mit schönen Worten zu belohnen. »Ihm lag die Großzügigkeit so wenig«, meint einer seiner Gefährten, »daß er, wenn er eine Pension oder eine andere Belohnung gewährt hatte, sich darüber sehr ärgerte; am liebsten hätte er es wieder zurückgenommen.« Es sei noch einmal wiederholt: Wenn seine Sparsamkeit wirklich echt, wenn er manchen Leuten gegenüber tatsächlich ungefällig war, lag es mehr an seinen bescheidenen Mitteln als an einem verhärteten Herzen, das man ihm auch nachgesagt hat. Er war vollkommen im Bilde über die wenig schmeichelhafte Beurteilung seiner Knauserei als Undankbarkeit, aber er konnte ihr gute Gründe entgegenhalten. Um seine ehemaligen Diener »von ihrem Ärger und ihrer allzu freien Sprache« abzubringen, genügte es ihm, Sullys Rechnungen vorzulegen, aus denen, wie er sagte, abzulesen war, »was ich gegeben habe, was ich schulde und was ich bezahle«. Die Zahlen waren allerdings beredt genug; unter seiner Herrschaft war das Budget für Zuwendungen, Pensionen, »Renten« besonders umfangreich und sicherlich so groß, wie es die Mittel des Staates erlaubten. Mit einem Wort: Heinrich IV. tat, was er konnte, doch »ein leerer Bauch hat keine Ohren«, und die nicht erfüllten Wünsche vermehrten natürlich die Schar der Unzufriedenen.

Natürlich lenkte der Béarner auch durch die Freizügigkeit seiner Sitten die Kritik auf sich, obwohl wenige Zeitgenossen das Recht gehabt hätten, den ersten Stein zu werfen; sie alle lebten in einer zuchtlosen, ausschweifenden Zeit. Außerdem galten die Vorwürfe weniger seiner moralischen oder seiner religiösen Haltung und man verübelte ihm weniger »die Menge an Mätressen«, wie Tallemant des Réaux behauptet, sondern daß er sich durch einige unter ihnen von seinen Pflichten habe abhalten lassen. Die Kritik hat Villegomblain in die schwülstigen Worte gekleidet: »Keine Rücksicht auf Pflicht und Anstand hatte noch Raum in seinem Geist, wenn seine ausschweifenden Begierden ihn in den Abgrund der Wollust gleiten ließen.« Übrigens waren diese Kritiken höchst übertrieben, und der König soll – wie Sully berichtet – ihnen mit einem oft zitierten Brief geantwortet haben, der mit den Worten schließt: ». . . denn dann würde man erkennen, daß ich eher Mätressen, Liebschaften, Hunde, Vögel, Spiele, Karten, Bauwerke, Feste, Banketts und alle anderen Zerstreuungen aufgeben würde, als die geringste günstige Gelegenheit auszulassen, um Ehre und Ruhm zu erwerben.«

Schlägt man einen Mittelweg ein zwischen der Anklage von Villegomblain und der vernünftigen Doktrin, alle Vergnügungen der Welt hintanzustellen, dann muß man zugestehen, daß die Seitensprünge des Béarners – die er leider nicht besser verbarg – keine wirklich ernsten Folgen außer in seinem Privatleben hatten. Aus seinen schlimmsten leidenschaftlichen Verirrungen fand er, vielleicht weil das Herz nicht daran beteiligt war, mit Scharfblick und fester Hand immer wieder zur Führung seines Staates zurück.

Doch eben in einem solchen Klima ungewisser Unzufriedenheit machen sich »Aufwiegler, Unruhestifter, Aufsässige, Meuterer,

Anzettler von Widerstand im Staat« bemerkbar. Drei Verschwörungen bedrohten nacheinander den König und das Land. Die Anlässe solcher Aufstände waren zweifellos politisch wie ihre Absichten, aber der tiefere Grund lag in Groll und Rachebedürfnis der großen Herren. Fast alle Großen im Königreich, hat de Thou bemerkt, »waren unzufrieden, entweder weil die Gegenwart sie langweilte, oder aus Furcht vor der Zukunft – um es rundheraus zu sagen: Die Ruhe schien ihnen unerträglich, sie wollten beschäftigt sein«. Vor allem aber ging es ihnen um die feudalistische Unabhängigkeit, die ihnen das geduldige Wirken des Königs nach und nach genommen hatte, durch eben die Maßnahmen, die den Staat wieder mächtig gemacht hatten. Die Provinzgouverneure sahen ihre Autorität begrenzt, kontrolliert und schließlich den Anordnungen der Zentralgewalt unterstellt. Früher hatten sie ihre Macht auf die Truppen gestützt, die sie, in den Bürgerkriegen reich geworden, selbst ausgehoben hatten und kommandierten. Nun durften sie Ehre und Vermögen nur noch im Dienst des Königs finden. Die meisten von ihnen fanden sich mit dieser Art Dienstbarkeit nur schlecht ab. Ein großer Teil des Adels teilte das Gefühl von Herabsetzung und fügte sich nur unwillig in die neue Ordnung. Um so unwilliger, als der König jetzt einen Adel verlangte, der sich kräftig für die Untertanen und den Staat einsetzte, denn nur das Dienen sollte die Privilegien rechtfertigen. Vielen erschien diese Herrschaft als Tyrannei – der Geist der Auflehnung trieb sie um, die Sehnsucht nach dem alten abenteuerlichen Leben flüsterte ihnen allerlei Pläne zu.

Auf der anderen Seite stand das Ausland als ständige Drohung. Nur widerwillig hatten Spanien und Savoyen das Gesetz des Siegers anerkannt, und im Gegensatz zum modernen Krieg, der auf die Vernichtung des Gegners zielt, ließ ihnen der des 16. Jahrhunderts alle Mittel, den Kampf in dem Augenblick wieder aufzunehmen, der ihnen gelegen kam. Die erfolgreiche Wiederherstellung des Reiches, die Heinrich IV. gelungen war, entmutigte sicherlich Angriffsabsichten. Doch man wußte, daß Frankreich mit seiner Einheit auch seine Kraft verlieren würde, daß es bei einem durch dynastische Auseinandersetzungen hervorgerufenen inneren Zerfall verwundbar war. Und auf solchen Zerfall arbeiteten Spanien und Savoyen insgeheim hin.

Die Machenschaften von draußen und die anarchischen Gelüste im Innern einigten sich. Es brauchte nur ein besonders kühner Grandseigneur die aufsässigen Kräfte zu sammeln – und schon war die Gelegenheit da, alle ehrgeizigen Wünsche auf einmal zu befriedigen. Marschall Biron machte sich zum Anführer des Kreuzzugs. Er war mächtig, er war tapfer, er war besessen von einem sinnlosen Haß auf den König, der gerade ihn mit Ehrungen und Wohltaten überhäuft und ihm sogar das Leben gerettet hatte. Sein Ehrgeiz war maßlos; er träumte davon, ein souveräner Fürst zu werden, und wollte »nicht sterben, ehe er nicht sein Bildnis auf einer Münze sehe«.

1602 arbeitete man mit Spanien und Savoyen zusammen den Plan der Verschwörung aus, der dann in einem förmlichen Vertrag niedergelegt wurde. Der Schlag sollte mit der Ermordung Heinrichs IV. durch einen simplen Büchsenschuß einsetzen, und Biron übernahm es, den Mord mit eigener Hand auszuführen, falls es nicht im letzten Augenblick günstiger erscheinen sollte, den Auftrag dem Grafen d'Auvergne zu überlassen, der dazu das Verhältnis des Königs mit seiner Schwester Henriette d'Entragues nutzen konnte. Man mußte natürlich im selben Augenblick den Dauphin beseitigen, damit der Thron wirklich verwaist wäre – und alle Prinzen von Geblüt, die Thronansprüche erheben konnten. Wenn der König tot war, wollte der Herzog von Savoyen die Dauphiné, das Lyonnais und die Provence besetzen; der König von Spanien wollte sich das Languedoc, die Guyenne und die Bretagne aneignen – das heißt, behalten als Lohn für seine Hilfe. Biron wollte sich die Bourgogne und die Freigrafschaft aneignen, das übrige Königreich sollte unter die anderen Verschwörer aufgeteilt werden. Um doch auf eine theoretische Autorität hinweisen zu können, sollte der Sohn Henriettes zum König proklamiert werden, wobei man sich auf das Heiratsversprechen berufen wollte, das Henriette einst vom König erhalten hatte. Mit einem Widerstand im Lande rechnete man nicht, obwohl sich die Bevölkerung vermutlich nicht so rasch bereitgefunden hätte, das Werk ihres Königs zu verleugnen, um den Preis einer schändlichen Verstümmelung ihres Landes. Biron machte sich reichlich viel Illusionen über die Macht, die er sofort über ganz Frankreich ausüben wollte, »als ob«, sagte der König später, »alle Welt zittern müßte, wenn er nur die Brauen runzelte«.

Die Verschwörung wurde rechtzeitig mit Hilfe eines gewissen La Fin entdeckt: Er übergab dem König die gesamten Akten des Verrats, ein hieb- und stichfestes Dokument, dessen wichtigste

Teile eigenhändig von Biron niedergeschrieben worden waren. Es war für so viele bedeutende Persönlichkeiten so kompromittierend, daß der Kanzler es aus Vorsicht in das Futter seines Pourpoint einnähen ließ, um Indiskretionen zu verhindern.

Biron wurde nach Fontainebleau befohlen, erschien auch nach längerem Zögern, wurde vom König lange durch die Gärten spazierengeführt – leugnete aber alles ab, gegen die erdrückende Last der Beweise und der unwiderleglichen Schriftstücke. Heinrich IV. hätte ihm gern verziehen. Verzeihung entsprach immer seinen tiefsten Wünschen und schien ihm immer die beste politische Waffe zu sein. Angelo Badoer meinte: »Es gibt kein Verbrechen, bei dem man nicht sicher auf Verzeihung rechnen kann.« Zu Sully sagte der Béarner: »Mein Freund, das ist ein unglückseliger Mensch, der Marschall. Eine schlimme Geschichte. Ich möchte ihm gern verzeihen, alles vergessen, was gewesen ist, und ihn so tüchtig wirken lassen wie früher. Es tut mir leid, und mein Herz kann sich nicht überwinden, einem Menschen etwas anzutun, der Mut hat und mir mit diesem Mut lange Zeit gedient hat, der mir so vertraut ist. Doch ich fürchte sehr, wenn ich ihm verziehen habe, wird er mir nicht verzeihen, mir nicht, meinen Kindern nicht, meinem Staat nicht. Denn er hat mir nichts eingestehen wollen und lebt mit mir als ein Mensch, der Böses im Schilde führt.« Der König machte seine Verzeihung von einem Bekenntnis des Schuldigen abhängig, aber Biron wehrte sich mit wilder und lärmender Halsstarrigkeit gegen jedes Eingeständnis. »Von ihm hörte man nichts als Geschwätz, Drohungen und Beschimpfungen, die vermuten ließen, daß er eher imstande sei, ein Verbrechen zu begehen, als es zu bereuen«, sagte Sully.

Der König überantwortete ihn der Strenge des Gesetzes, machte aber noch einen letzten, leidenschaftlichen Versuch. »Ich weiß doch alles, Biron«, sagte er, »rede doch! Es ist dein Freund, der dich darum bittet!« Das kleinste Zeichen von Reue hätte Biron das Leben gerettet, aber er blieb unerschütterlich. Der König, verzweifelt, weil er nicht die Milde walten lassen konnte, nach der es ihn verlangte, sprach endlich lakonisch und pathetisch: »Adieu, Baron de Biron.« Damit sprach er dem Verräter alle Titel ab, die er ihm verliehen hatte, und überließ ihn seinem Schicksal. Vom Parlament zum Tode verurteilt, wurde Biron am 21. Juli 1602 enthauptet. Man warf dem König Härte vor, weil er nichts getan hatte, um den Kampfgenossen von einst zu retten – aber dabei übersah man die vielen Versuche, die Heinrich zu seiner Rettung unternommen hatte, solange es noch Zeit dazu war. Die lauernde Opposition, die sich um den Marschall gesammelt hatte, fand sich an seinem Grab ein. Flugblätter wurden in Paris verteilt, in denen die Hinrichtung des Verräters als »ungerecht und bösartig« bezeichnet wurde. Und es waren nicht nur »ein paar Überbleibsel der alten Liga-Bande«, die um Biron trauerten; eine Menge Bürger und Handwerker kam nach Saint-Paul, um den Leichnam mit geweihtem Wasser zu besprengen. Die offizielle Erklärung sah darin mehr Neugier als Ehrerbietung, aber die Version beruhigte nicht: Abgesehen davon, daß man niemals genau über die wahren Gefühle des Volkes im Bilde ist, war es wirklich nicht gut, »daß jene, die den Tod des Fürsten gewollt haben, noch geehrt werden«.

Heinrich IV. hatte gegen Birons Mitverschwörer nichts unternommen. Der am stärksten belastete, der Graf d'Auvergne, Henriettes Halbbruder, wurde »durch heimliche Mittel verschont«. Der Form nach verurteilte man ihn zwar, aber es waren noch nicht zwei Monate nach dem Urteil vergangen, als man ihn wieder aus der Bastille hinausließ, versehen mit »väterlichen Ermahnungen«. Diese skandalöse Begnadigung und der Anteil, den die Marquise de Verneuil daran hatte, wurden in Flugblättern und Gassenhauern im Stil der Zeit abgekanzelt:

O großer Gott, wie ungerecht!
Verdient hätten zwei Verurteilte
die Qual derselben Strafe.
Der eine, der sich wacker schlug,
starb, weil sein Mut gefürchtet.
Der andere lebt durch Liebe zum Laster.

Der Herzog von Bouillon, der zweite große Verräter, dessen Anteil an der Verschwörung klar bewiesen war, zog sich durch halbherzige Entschuldigungen aus der Affäre. Heinrich rechnete damit, daß der Schrecken über Birons Hinrichtung weitere Verschwörungen verhindern werde. Er schrieb: »Wenn die Gerechtigkeit ihre Pflicht getan hat, wird das Beispiel, das sie gibt, viel dazu beitragen, in den Herzen der Untertanen die alte Ehrerbietung und Treue wieder aufblühen zu lassen, die stets die Franzosen ihren Königen entgegengebracht und die nur unter der Länge und der Rechtlosigkeit der Bürgerkriege gelitten haben.«

Doch das Übel saß tiefer, als der König annahm, der Geist des Verrats spukte in vielen Köpfen. Denn schon 1604 wurde eine neue Verschwörung des Grafen d'Auvergne und der ganzen Sippe d'Entragues entdeckt, an der diesmal auch die Marquise de Verneuil beteiligt war. Daraus darf man aber nicht schließen, daß sich die Verschwörung auf eine Art Familienfehde beschränkte oder daß sie im Stadium eines Wunschtraums, ein künstliches Wahngebilde, geblieben sei. Manche Historiker vertreten allerdings diese Auffassung, vor allem, wo es um die Person des Anstifters geht, der tatsächlich ein wenig ernsthafter Mensch war, in Lastern verloren und ohne glänzende Fähigkeiten. Charles de Valois, Graf von Auvergne, benahm sich tatsächlich oft wie ein Tollkopf. »Ein ausschweifender Mensch von perversen Neigungen, den Kopf voll von Einfällen aller Art«, schildert ihn Tallemant des Réaux. Nichts schien ihm wirklich nahezugehen, er »prahlte, alberte, tanzte herum«. Aber er war trotzdem ein gefährlicher Intrigant und vor allem ein Werkzeug in den Händen einer riesigen Verschwörung, die bessere Trümpfe in der Hand hatte, als Biron hätte einsetzen können.

Wenn man nur von der »Verschwörung der Entragues« redet, verfälscht man die historische Bedeutung, denn in Wahrheit handelte es sich um den gefährlichsten Versuch, die königliche Autorität zu stürzen und die Einheit zu bedrohen. Birons Tod hatte die Absichten des Auslands nicht geschmälert und nicht einmal die Brandherde ausgetreten, die der Marschall gelegt hatte. Dieselben großen Herren, fest entschlossen, sich von der königlichen Vormundschaft zu befreien, hatten sich Biron angeschlossen und verweigerten sich jetzt nicht dem Grafen d'Auvergne. Sogar Condé konnte verdächtigt werden, und selbst Bellegarde war nicht über jeden Verdacht erhaben. Der Herzog von Bouillon, der ja schon zu Birons Komplott gehört hatte, brachte dem der Entragues neue, schlagende Trümpfe.

Er hatte sich nach Sedan zürckgezogen und bemühte sich, im Herzen des Königreichs durch eine Schar ergebener Zwischenträger und Geheimagenten einen Aufstand der protestantischen Partei zu inszenieren, zu derem anerkannten und fast vergötterten Anführer er sich selbst aufgeschwungen hatte. Wiederum konnte er als Schwager des Kurfürsten von der Pfalz bei den protestantischen deutschen Fürsten den Eindruck erwecken, daß sie ihren französischen Konfessionsgenossen zu Hilfe kommen müßten. Spanien und Savoyen hatten sich natürlich der neuen

Verschwörung angeschlossen, die sich damit auf drei ausländische Mächte stützen konnte; ein Vielerlei politischer Wünsche war hier unter einen Hut gebracht worden. Alle Unzufriedenen im Königreich, Katholiken und Protestanten – deren Aufstand in mehreren Provinzen verabredet war –, fanden sich zusammen. Daß die ganze Angelegenheit nachher seltsamerweise so harmlos erschien, lag daran, daß der König einen Skandal vermeiden wollte, in dem seine Favoritin außerordentlich belastet wurde.

Diese Verschwörung stützte sich nämlich noch unmittelbarer als die Birons auf das Heiratsversprechen, das der König Henriette d'Entragues gegeben hatte. Philipp III. von Spanien wollte es als Vorwand benutzen, um sich des jungen Verneuil zu bemächtigen und ihn als legitimen Nachfolger Heinrichs IV. einzuführen, sobald die Thronfolge durch das klassische Mittel der Ermordung zur Frage stand. Der Graf Auvergne hatte sich erboten, diesen Programmpunkt – das Attentat – persönlich zu übernehmen.

Doch der Eifer der Verschwörer veranlaßte sie zu einem ungeschickten Vorstoß: Sie versuchten, auch England in die Intrige einzubeziehen, aber an dieser Maßlosigkeit scheiterten sie. König Jakob begnügte sich nicht damit, ihre Aufforderungen abzulehnen, sondern verhielt sich gegen seinen Verbündeten, den französischen König, so loyal, daß er ihm die Machenschaften enthüllte. Das Räderwerk war schnell bloßgelegt, doch an den förmlichen Vertrag, der zwischen den Verschwörern geschlossen worden war, kam man nicht heran: Ein gewisser Chevillard hatte das Papier und schluckte es in kleinen Fetzen mit der Suppe herunter, die man ihm in der Bastille vorsetzte, ehe man ihn durchsuchte. Das Parlament stellte eine Untersuchung an, die von dem Bemühen beherrscht wurde, die Marquise von Verneuil möglichst aus dem Spiel zu lassen. Am 1. Februar 1604 wurden ihr Vater und ihr Bruder zum Tode verurteilt. Es ist bekannt, daß der König sie begnadigte, den Grafen d'Entragues sofort freiließ und den Grafen d'Auvergne in die Bastille warf, wo er zwölf Jahre blieb und die erzwungene Muße mit literarischen Arbeiten ausfüllte, von denen keine Spur mehr vorhanden ist.

In den Verschwörungen von 1602 und 1604 war die Hand des Herzogs von Bouillon zu erkennen. Als letzter der mächtigen Herren versuchte er, eine Bresche in die königliche Autorität zu schlagen, die sich im Laufe der Jahre auf immer festere Grundlagen stützte. Bouillon war wie Biron und Auvergne ein Undankbarer. Als er noch der Vicomte de Turenne war, hatte er an der Seite des bedrängten Königs von Navarra tapfer ausgeharrt, und als Navarra König von Frankreich wurde, war Turenne reichlich für seine Treue belohnt worden, vor allem dadurch, daß er die Hand Charlottes de la Marck und mit ihr das Herzogtum Bouillon und das Fürstentum Sedan erhielt. Doch seit er Anführer der protestantischen Partei war, stellte er sich gegen Heinrich IV., und das auch noch nach den beiden gescheiterten Verschwörungen. 1605 gelang es seinen Agenten, die Reformierten im Zentrum des Landes zum Aufruhr zu veranlassen. Einer lebhaften Propaganda war es dort gelungen, die Regierung des Königs und seine Person verhaßt zu machen: Der Adel hielt Versammlungen ab, die sich »wütend bemühten«, Biron zu rächen; er wurde jetzt ganz offen als Held der nationalen Unabhängigkeit gefeiert. Man bereitete schon Truppenaushebungen vor und zahlte Handgeld für kommende Kämpfe – allerdings nur wenig, weil die Bewegung kaum Geld hatte; Bouillon schickte niemals die Gelder, zu denen er sich verpflichtet hatte. »Um die Parteigänger anzufeuern«, aber auf eine billigere Weise, ließ der Marschall von seinen Agenten Nachrichten über seinen Vorstoß verbreiten: Man werde ihn in Frankreich schneller sehen, als seine Freunde glaubten und seine Feinde fürchteten. »Der Monat Oktober wird große Dinge zu seinen Gunsten erleben«, hieß es. Man zweifelte nicht daran, daß er eines Tages aus Deutschland mit Streitkräften herbeikommen werde, mit denen sich eine offene Feldschlacht wagen ließ. Während die Protestanten auf Bouillons Erscheinen warteten, redeten sie von ihren hochfliegenden Absichten, sich im Königreich als selbständige Republik zu konstituieren. Sie »wählten schon die Ratsgremien« und nahmen sich vor, die königlichen Beamten von allen Posten auszuschließen, Steuern und Truppen zu erheben und Bündnisse mit dem Ausland zu schließen.

Obwohl der König erkannte, wie gekünstelt das ganze Propagandagebäude war, wollte er ihm doch ein Ende bereiten und unternahm im Sommer 1605 ins Quercy, Périgord und Limousin, wo man sich die Köpfe offenbar besonders heiß geredet hatte, eine Werbe- und Freundschaftsreise. Jedenfalls gab ihr der König bei seinem Aufbruch diesen Sinn, obwohl die Zusammenstellung seiner Begleitung nicht unbedingt nur auf freundschaftliche Besuche schließen ließ. Fünf Kompanien von der Garde und fünf von der Kavallerie zogen vor dem königlichen Gefolge her, »um die Wege zu ebnen«. Zwei Juristen, Berichterstatter des Kronrats, begleitet von mehreren Juristen niederer Ränge, waren auch unter dem Gefolge. Der ganze Aufwand zeigte deutlich die Absicht Heinrichs, Bouillons Freunden heilsame Angst einzujagen. Die Klügsten von ihnen verließen Hals über Kopf ihren Besitz und suchten Schutz bei Bouillon; die meisten erkauften sich Gnade durch Enthüllung all ihrer Pläne, die übrigens noch nicht recht Gestalt angenommen hatten und mehr in der Phantasie bestanden. Die Ungeschicktesten ließen sich verhaften. Sechs von ihnen wurden zum Tode verurteilt und in Limoges hingerichtet, ihre Köpfe auf die Stadttore gepflanzt. Heinrich war bereits einen Monat zuvor abgereist, und man meinte, seine Gegenwart hätte die Hinrichtungen vielleicht verhindert. Das allerdings ist mehr als ungewiß. Er verstand durchaus, bei der richtigen Gelegenheit und wenn es die Staatsräson forderte, hart zu strafen.

Die Strafexpedition veranlaßte Bouillon zur Unterwerfung, doch sein maßloser Stolz erlaubte ihm nicht, um Verzeihung zu bitten; er war höchstens zu dem Geständnis bereit, daß er »unklug und überstürzt« gehandelt habe. Doch mit solchen halben Entschuldigungen konnte sich der König jetzt nicht mehr zufriedengeben. Er mußte Frankreich und ganz Europa durch eine feierliche Abschwörung des Beschuldigten beweisen, daß die königliche Autorität nicht mehr bestritten oder verletzt werden könne. Er verlangte von Bouillon, ihm die Festung Sedan abzutreten, und als sich der Herzog weigerte, beschloß der König, sie mit Gewalt zu nehmen. Vergebens stellte ihm der *Conseil* die Gefahren eines solchen Unternehmens vor Augen: Die Stadt sei uneinnehmbar, die hugenottische Partei bereit zum Aufstand, ganz Deutschland darauf vorbereitet, für Bouillon zu den Waffen zu greifen. Doch der Béarner schob die Einwände als »unnütze Wahnvorstellungen« beiseite. Er hatte sich schon einige Zeit zuvor mit den lutherischen Fürsten Deutschlands ausgesöhnt und wußte, daß sie eher bereit waren, den Marschall selbst aus Sedan zu vertreiben, als ihn zu unterstützen. Und Bouillon wußte es ebensogut; sobald der König mit einer kleinen Armee in Donchery auftauchte, eilte er ihm entgegen, um seine Verzeihung zu erbitten. Heinrich IV. empfing ihn »so gut, als habe er niemals gefehlt«, rückte sogleich in Sedan ein und blieb dort nur so lange, bis die französische Präsenz jedermann deutlich war. Bouillon wurde wieder bei Hofe zugelassen, »wo man ihn mit mehr Ehren und Freundlichkeit als je zuvor empfing«. Es war eben Heinrichs Diplomatie: Er begegnete Aufsässigen und Widerstrebenden so lange mit Mäßigung und Wohlwollen, bis er merkte, daß jede Versöhnlichkeit verloren war. Dann entfesselte er seine ganze Strenge und zeigte »das Herz eines Löwen«. Hatte er die Rebellen zu Boden geschmettert, freute er sich, sie mit einer Güte ohnegleichen wieder an sich zu ziehen.

Man erkennt, daß alle Verschwörungen, die Heinrichs IV. Herrschaft beunruhigten, zwar von persönlichem Ehrgeiz geweckt worden waren, sich aber auf Enttäuschungen, Reibungen, Verärgerungen stützten, die sich als Widerstand gegen den König und seine Regierung äußerten. Daraus darf man aber nicht schließen, daß die Unzufriedenen im Königreich zahlreich waren: Die überwältigende Mehrheit der Franzosen genoß ohne Hintergedanken die Wohltaten der »guten Haushaltung Frankreichs«. Der König hatte das Land aus Agonie und Elend befreit, er ließ Frieden und Eintracht walten; wie er schon in seiner Präambel zum Edikt von Nantes versprach, hatte er Frankreich ermöglicht, sich »in seinem alten Glanz, seinem Reichtum und seiner Kraft« wieder zu erheben. Für das alles erntete er eine unbestimmt liebevolle Dankbarkeit. Doch es blieb bei einem ruhigen, gedämpften Gefühl, das sich nicht überschwenglich oder als militante Begeisterung äußerte. Nur selten wird ein Volk den Herren gerecht, die es am besten führen. Heinrich IV., der sich keine Illusionen über die Natur des Menschen machte, sprach am Morgen seines Todestages die seltsamen Worte: »Sie kennen mich jetzt nicht, doch ich werde an einem dieser Tage sterben, und wenn Sie mich verloren haben, werden Sie wissen, was ich wert bin, und den Unterschied zwischen mir und anderen Menschen erkennen.«

Vorwürfe, die zweifellos nicht berechtigt waren, weil er sie an Bassompierre und Guise richtete, zwei Vertraute, zwei Freunde. Abgesehen von den Hartgesottenen entzog sich ja niemand, der ihm nahekam, seiner Ausstrahlung. Doch die enttäuschten Worte des Königs galten sicherlich für die große Menge derer, die niemals Gelegenheit hatten, sich an seiner Flamme zu verbrennen. Am Tag nach dem Attentat waren die Franzosen von Entsetzen gepackt, rauften sich das Haar und seufzten: »Wir sind verloren, der König ist tot.« Vorher aber hatte ihr ungestörtes Wohlergehen, das ihnen vielleicht nicht einmal zu Bewußtsein kam, den Übelwollenden, Unruhestiftern, Aufrührern, Mördern freies Feld gelassen.

Die Mörder waren von einem anderen Schlag als die Aufwiegler und Verschwörer. Sie alle waren Wahnsinnige und Fanatiker, aber sie hatten wenigstens nicht ihre privaten Interessen im Auge. Von Jean Châtel bis Ravaillac ist ihre Liste lang und einheitlich. Alle, die sich mir einer Waffe gegen den König richteten, empfanden sich als Richter, die mehr oder weniger von Gottes Hand erwählt worden waren, um durch eine befreiende Tat den Triumph »des wahren Glaubens« herbeizuführen. Jeder von ihnen hatte Bewußtseinsstörungen oder andere geistige Verwirrungen, und alle bezogen ihren Antrieb aus der kaum gelöschten Wut der Liga. Eine kriminelle Flüsterpropaganda lief durch das Land, falsche Nachrichten wurden hinterhältig erfunden und verbreitet, tendenziöse Geschichten breit ausgestreut. Von diesen Gerüchten ernährten sich »die noch nicht ganz aus den Herzen verschwundenen Absichten der Parteien«. Ein Körnchen Verrücktheit, verworrene fanatische Vorstellungen – und schon kristallisiert sich eines Tages ein verbrecherischer Plan – schon ist der Königsmörder da. Er ist von Natur aus isoliert. Bei allen, die sich an das Leben des Königs wagten, hat man nach Helfershelfern gesucht, aber niemals festgestellt, daß ein Attentäter das Werkzeug einer Gruppe war. Ravaillac selbst scheint ein Wahnsinniger gewesen zu sein, der den von ihm erdachten blutigen Traum ausführte. Bei ihm wie bei all seinen Vorgängern lag die geistige Verwirrtheit offen zutage, manchmal in den sonderbarsten Formen. Abgesehen von Jacques des Isles, der seine Abkunft auf den sagenhaften Frankenkönig Pharamund zurückführte und dem König entgegenrief: »Gib mir mein Königreich zurück!«, und la Ramée, der sich, etwas bescheidener, für den Sohn Karls IX. ausgab – was soll man halten von jenem Piedefort, der sich zur Ermordung des Königs eine winzige, in der hohlen Hand verborgene Armbrust angefertigt hatte? Oder von der Marketenderin aus Saint-Denis, die den König umbringen wollte durch ein »bestimmtes Wasser«, das auf sein Bett geträufelt werden mußte und beim Verdunsten eine »Krankheit der Erschöpfung« hervorrief? Oder von dem normannischen Edelmann Rocqueville, der samt seinem technischen Berater am 3. Mai 1608 hingerichtet wurde, weil er mit Hilfe eines Wachsbildes, das dem König ähnelte, ihn durch Zauber und Hexenwerk umbringen wollte?

Der Eifer der Königsmörder hat sich zweifellos in besonderer Weise gegen Heinrich IV. gerichtet, weil geistige Wunderlichkeit gerade nach Perioden starker Krisen sichtbar wird. Um diese Theorie zu festigen, braucht man nur daran zu denken, daß sich die Mordversuche, die sich in Heinrichs erster Herrschaftszeit besonders häuften, später seltener ereigneten. Zwischen dem von Yvert im Jahre 1601 und dem von Ravaillac kamen nur zwei höchst phantastische vor.

Abgesehen von Jean Châtel, der den König verwundet hatte, und Ravaillac, der ihn tötete, hatte kein Verbrecher den König verletzt; alle Versuche waren rechtzeitig von der Polizei entdeckt worden, und ihr Scheitern hatte den König gefährlich sorglos gemacht: »Ich sehe mich in Gottes Hand, und was er hütet, ist wohl behütet.«

## 5. Kapitel: Das letzte Jahr

In den ersten Teilen des Buches wurde versucht, Schritt für Schritt dem Prinzen von Navarra bei der allmählichen Eroberung seiner Bestimmung zu folgen, bis zu dem Augenblick, wo er gesalbt und verheiratet war und auf einem Thron herrschte, den ihm niemand mehr streitig machte, wo er sich nach so vielen Hindernissen und Unwettern den eigentlichen Aufgaben des Königreichs widmen konnte. Es schien weniger angebracht, dem zeitlichen Ablauf der Ereignisse zu folgen, als dem Leser vielmehr einen Überblick über die Jahre zu geben, in denen Heinrich IV. das Wunder der erstaunlichsten Gesundung des Landes in der französischen Geschichte vollbracht hat. Auf diese Weise wurde der ganze Umfang seines Werkes sichtbar, enthüllten sich die Grundsätze und Gewohnheiten, die sein Verhalten bestimmten, die Unterstützung durch sein Volk, die üblen Kräfte, die seinem Wirken entgegenstanden. Wir sahen die hohen Qualitäten des Mannes hervortreten und die Mängel und Fehler, die ihr Gegengewicht bildeten.

Aber es schien nicht recht angebracht, das Buch mit der Aufzählung seiner Taten zu beenden, die doch notwendigerweise kühl ausfallen muß. Dieser Mann, der eine so mächtige Tätigkeit entfaltete, dieser Fürst des Lebens, wie ihn einer seiner Biographen nennt, soll nicht in erstarrten Bildern überliefert werden, nicht in den herrscherlichen Posen, die ihm so wenig gefielen. Lieber verbringen wir das letzte Jahr seines Lebens in seiner Gesellschaft, um noch einmal in Berührung mit dem großartigen menschlichen Schwung zu kommen, der ihn belebte. Das letzte Jahr ist übrigens das, in dem er seine gereiften Fähigkeiten voll entfaltete – wie auch seine durch das nahende Alter vertieften Fehler. Ein schicksalhaftes, entscheidendes Jahr – und es wäre ein Jahr des Triumphes geworden, hätte nicht Ravaillacs Messer den Faden der Geschichte abgeschnitten. In diesem Jahr hätte sich das königliche Werk krönen sollen, und Frankreich wäre für Generationen, wenn nicht für Jahrhunderte in die vorderste Reihe der Nationen gestellt worden.

Ein Jahr vor dem unglücklichen Ende des Königs wurde Frankreich von ganz Europa bewundert. Es war reich dank gesunder Wirtschaft und kluger Führung; seine Landwirtschaft war einträglich, sein Handel blühte; Gerechtigkeit und Frieden herrschten dank der weisesten Politik, die jemals Frankreich geleitet hat. Die Brandherde der Auflehnung waren erloschen; tüchtige Soldaten schützten Frankreichs Grenzen vor den Zugriffen des Auslands, Frankreichs Glanz erhöhte sich durch das große Beispiel von Toleranz, das seine Gesetze und Sitten gaben. »Das Herz beginnt«, hatte der König gesagt, »jedermann spüren zu lassen, daß alle Welt das Gesicht auf *la douce France* gerichtet hat.«

Spanien hatte nicht gern zugesehen, wie sich Frankreichs Kraft und Glück stärkten. Da es ihm nicht möglich gewesen war, auf geheimen Wegen den Aufstand in einem Land zu wecken, dessen Untergang es wünschte, hatte sich Spanien 1608 entschlossen, Heinrich IV. eine Annäherung vorzuschlagen, ja ein Bündnis, das durch eine dreifache Heirat gefestigt werden konnte: Der Dauphin sollte die älteste Tochter der Katholischen Majestät heiraten, Heinrichs älteste Tochter den spanischen Thronfolger und seine jüngere den zweiten spanischen Prinzen. Diese Abmachungen hätten Frankreich zu einer neuen Politik gezwungen, die mit Spanien verabredet und zweifellos von Madrid bestimmt worden wäre und damit ganz und gar der Politik widersprochen hätte, die Heinrich IV. verfolgte und die darin bestand, gegen Spanien und Österreich ein umfassendes Bündnissystem aller anderen europäischen Länder zu schmieden. Zweifellos sollten die Angebote aus Madrid eben diese Bündnisse zerschlagen und neue Abschlüsse erschweren. Doch der Béarner war zu schlau, um in die Falle zu gehen. Außerdem sah er in Spanien einen unversöhnlichen Feind und war von Grund auf dagegen, eine Annäherung zu vollziehen, die überdies ein tiefes Gefühl im Volk verletzt hätte. Den Vorschlägen antwortete er mit förmlicher, ja schneidender Ablehnung. Als der spanische Gesandte Don Pedro von Toledo ihm mit prahlerischen Drohungen Eindruck zu machen versuchte, antwortete Heinrich nur, daß »er im

Sattel sitze, bevor der König von Spanien seinen Fuß in den Steigbügel gesetzt habe«. Dem Papst, der sich einmischte und Heinrich zu beeinflussen suchte, ließ er sagen, daß »er ihn verehre als Nachfolger des Heiligen Petrus und als Oberhaupt des Glaubens, doch wenn er sich in weltliche Angelegenheiten mische, sei er für ihn nur ein armer Mann«. Der Ton dieser Antworten zeigt, wie groß das Vertrauen Heinrichs IV. in die Kraft Frankreichs und die Bündnistreue seiner Alliierten war.

Und nun begann die letzte Episode seines Liebeslebens, in der er seine Jahre und seinen grauen Bart vergaß und sich in eine brennende, besinnungslose Leidenschaft zu einer Fünfzehnjährigen stürzte. Wieder einmal wurde er das Opfer seines allzu heißen Bluts und der nie erkalteten Jugend seines Herzens. Mademoiselle de Montmorency war die Tochter des alten Konnetabels, »der nicht lesen konnte«, und jener Louise de Budos, die, wie es in einer zeitgenössischen Chronik heißt, »vom Teufel gewürgt wurde, von dem sie ihre erstaunliche und gefährliche Schönheit erhalten hatte«. Auch das junge Mädchen war so auffallend schön wie die Mutter, und auch sie hielt man für »behext«. Sie erschien vor dem König in einem Hofballett als jagende Nymphe und hielt ihm ihren Wurfspieß entgegen, als wolle sie ihn durchbohren. Der König war hingerissen von ihrer Erscheinung, sein Herz für immer gefangen.

Einige Tage, bevor er sie in diesem Aufzug sah, hatte er die Heirat Charlottes mit Bassompierre genehmigt; jetzt wurde der »kühne und glänzende Gefährte« unvermittelt aufgefordert, auf die Verbindung zu verzichten. Er tat es in guter Haltung, stellt sich allerdings in seinen Erinnerungen als trostloses Opfer hin: »Alle Welt wunderte sich, mich binnen zwei Tagen so abgemagert, bleich und verändert zu sehen, daß man mich kaum erkannte.«

Des Verlobten ledig, wollte der König seine Eroberung der Schar ihrer Anbeter entziehen und sie mit dem jungen Prinzen Condé verheiraten. Er wünsche, sagte er, »sie nahe bei der Königin«, »zum Trost und zur Unterhaltung seines Alters« zu haben. In ähnlichen Situationen hatte er Gabrielle d'Estrées und Jacqueline de Bueil mit notorisch impotenten Männern verheiratet und nahm zweifellos an, daß sich sein Neffe Condé mühelos in eine solche Rolle finden werde. »Er liebt die Jagd mehr als die Damen«, meinte er. Tatsächlich war an dem jungen Condé nicht viel Liebenswertes; er war um die zwanzig und noch so mager und zart wie ein Heranwachsender; außerdem gab er sich unfreundlich, verschlossen und linkisch. Da er wenig an sich hatte, was Frauen entzücken konnte, begegnete er ihnen mit äußerster Kälte und sogar schroffer Ablehnung, so daß man ihm »italienische« Neigungen nachsagte; auf sie hatte der König angespielt. Mit einem Wort, er stellte den vollendeten Typ der Marionette dar, die man zum Vertuschen einer königlichen Liebschaft brauchen kann. Die Hochzeit wurde am 17. Mai 1609 gefeiert, »mit wenig Aufwand, aber sehr fröhlich«, notiert Malherbe.

Der König war einer der Fröhlichsten, die neue Leidenschaft befeuerte seinen Schwung und seine Heiterkeit. Er begann sogar, sich körperlich zu pflegen, erschien mit gekämmtem Bart, in tadelloser Kleidung. Seine Garderobe wurde um neue Pourpoints aus Seide und holländischem Leinen ergänzt. Diese gefälligen Neuerungen erinnerten einige alte Höflinge an die Eleganz, die der König von Navarra vor dreißig Jahren am kleinen Hof von Nérac entfaltet hatte. Aubigné meint: »Er schien auf seine alten Tage sehr verändert, erwärmt durch die heftige Liebe, deren Glut die Begierde zu hellen Flammen anfachte.« »Zum Ringstechen erschien er wie ein Edelknabe mit parfümiertem Halskragen und Ärmeln aus Chinaseide«, heißt es bei Tallemant des Réaux.

Charlotte von Montmorency umgab er mit Aufmerksamkeiten und Gefälligkeiten, bemühte sich, ihr zu gefallen, und hatte damit vielleicht schon mehr als einen halben Erfolg. Frauen sind selten unempfindlich gegen die Huldigungen der Mächtigen, und diese war mit allen Instinkten für Liebeshändel zur Welt gekommen. Die Verliebtheit des Königs wurde bald zum Hauptgespräch am Hofe, aber es stellte sich heraus, daß Condé, den man mit seiner Rolle einverstanden glaubte, doch merkte, wie seine Ehre in Gefahr geriet. Er bat den König um die Genehmigung, den Hof verlassen und seine Frau in die Provinz bringen zu dürfen.

Fassungslos über diese Absicht, setzte ihm Heinrich IV. ein klares, durch Drohungen verstärktes Nein entgegen. Als der junge Condé protestieren wollte, nannte ihn der König plötzlich einen Bastard, behauptete, er könne ihm, falls er es wünsche, in Paris seinen Vater zeigen, und ging schließlich so weit, sagt L'Estoile, »ihn einen Schuft« zu nennen, die schlimmste aller Beleidigungen.

Außer sich über diese Beschimpfungen überging der Prinz das königliche Verbot; er wollte sich mit seiner Frau in seinem Schloß Valéry niederlassen. Der König schien untröstlich über die Abreise. Er beauftragte den berühmten Dichter Malherbe, seine Liebe in Versen zu besingen; so entstanden die berühmten Stanzen, die dann später André Chénier zu dem Vorwurf veranlaßten, Malherbe habe seine Leier im Dienst der Kuppelei mißbraucht. Es kommt der Augenblick, wo Malherbe die Rückkehr der Prinzessin feiern kann:

Kommt wieder, meine Freuden, meine Dame kehrt zurück!

Sie kam zur Hochzeit von César, Herzog von Vendôme und Bastard des Königs, mit Françoise von Lothringen; die Heirat war 1598 verabredet worden als Teil der Bedingungen, unter denen sich der Herzog von Mercœur für die Sache des Königs gewinnen ließ. Bei den Hochzeitsfeierlichkeiten erschien der König »über all den anderen wie die Sonne zwischen den Sternen und über und über blitzend von Perlen und Edelsteinen von unschätzbarem Wert, in einem prächtigen Aufzug. Er nahm am Ringlaufen teil und gewann fast immer.« Nüchterner berichtet L'Estoile, er habe sich »wie ein Verliebter herausstaffiert«. Heinrich IV. umgab die Prinzessin von Condé mit solcher Liebenswürdigkeit, daß die Eifersucht des Ehemannes sich verstärkte. Nach einem denkbar kurzen Aufenthalt am Hof führte der Prinz seine Frau nach Valéry zurück, fühlte sich dort aber nicht sicher und begab sich auf sein Schloß Muret in der Picardie. Hartnäckiger als je bei einer schwierigen Liebesaffäre, benahm sich der Béarner jetzt wie ein Schüler. Er ritt fünfzig Meilen, um sich als Falkner oder Pikeur verkleidet an den Weg der Prinzessin zu stellen, hatte aber bei seinen romantischen Einfällen nie Gelegenheit, mit ihr zu sprechen. Dieser vergeblichen Verfolgung müde, beorderte er den Prinzen nach Paris und teilte ihm mit, er habe die Erlaubnis, seine Ehe auflösen zu lassen. Condé ging nicht in die Falle, die ihm der König böswillig stellte; er tat, als ob er die nicht erbetene Genehmigung als Gnade auffasse, verließ aber Frankreich, um seine Frau vor den entehrenden Absichten des *Vert-Galant* in Sicherheit zu bringen.

Die Nachricht von der Flucht erschütterte den Béarner furchtbar. Er erhielt sie am Abend des 29. November, als er am Spieltisch saß. »Gib auf mein Geld acht«, sagte er zu Bassompierre und zog sich ins Nebenzimmer zurück, um die Nacht hindurch eine Art Kriegsrat zu halten. Vernünftige Entschlüsse kamen aber bei der Nervosität des Vernarrten nicht zustande. Nacheinander gaben der Kanzler, die Minister, der Chevalier du Guet und noch andere ihre einander widersprechenden, unpraktischen, unausführbaren Vorschläge zum besten, »jeder eine Probe seiner Kunst oder seiner Stimmung«. Der König nahm in seiner Niedergeschlagenheit alle Vorschläge an – bis auf den Sullys, der ihm riet, sich nicht aufzuregen und abzuwarten. Aber der Béarner war nicht in der Stimmung, auf vernünftige Ratschläge zu hören. Bassompierre berichtete: »Niemals habe ich einen Mann so verloren, so aufgelöst gesehen.« Man schickte sofort Kundschafter in alle Richtungen, um die Flüchtenden zu verfolgen. Wie durch ein Wunder entdeckte sie einer von ihnen in Landrecies, wo sie sich – an einem spanischen Ort – sicher glaubten. Die Statthalter von Flandern, die von Heinrich aufgefordert wurden, das Paar zu vertreiben, weigerten sich, wiesen aber den Prinzen aus, der sich in Deutschland in Sicherheit brachte, während die Prinzessin nach Brüssel kam und zum Gegenstand von Intrigen ganz Europas wurde: Spanien bot Condé sofort seinen Beistand an, während der König von Frankreich ihn als Verräter hinstellte, der ins Ausland gegangen sei, um verbrecherische Machenschaften aufzuziehen. Die Sache nahm bald einen ernsthaften politischen Charakter an, und die Kanzleien tauschten in höflichen Wendungen Herausforderungen aus. Die friedlichen Erzherzöge sahen sich zwischen zwei Stühlen und von beiden Seiten bedroht. In diesem Durcheinander beschloß Heinrich IV., die Prinzessin mit Gewalt entführen zu lassen, doch das Unternehmen, das fast zu fein gesponnen war und dem nichts am traditionellen Inventar der melodramatischen Entführungen fehlte, wurde in letzter Minute durch den unvermeidlichen Verräter vereitelt; Brüssel war eine Nacht lang in heller Aufregung, Polizisten und Soldaten machten sich lärmend bemerkbar, die Menge der Gaffer rannte durch die Straßen, in denen sie große Feuer angezündet hatte. »Man hätte annehmen können, mitten im Karneval zu sein.«

Der Spektakel verschlimmerte nur die Dinge. Während der König in Frankreich der gefangenen Prinzessin leidenschaftliche Briefe zustellen ließ, enthüllte er plötzlich die bedrohlichen militärischen Vorbereitungen, die er bis dahin verborgen hatte. Ihr Umfang verblüffte die diplomatischen Kreise und deutete auf eine beängstigende internationale Lage hin, denn die Verteilung der Truppen bewies deutlich, daß es um einen Einmarsch in die

Niederlande ging. Alle Welt war überzeugt, daß der König, von seiner Leidenschaft fortgerissen, im Begriff war, seine Flamme ihrer erzwungenen Zurückgezogenheit zu entreißen.

Er selbst bemühte sich, diese Vermutung glaubhaft zu machen. Der Kummer habe ihn vernichtet, behauptete er: »Ich komme so herunter durch meinen Schmerz, daß ich nur noch Haut und Knochen bin. Alles mißfällt mir; ich fliehe die Gesellschaft, und wenn ich, um das Recht der Leute zu achten, mich zu irgendwelchen Veranstaltungen führen lasse, zerstreuen sie mich nicht, sondern werden mich noch umbringen.« Auf diese Tonart stimmte auch Malherbe seine Leier, und nun entwickelte sich ein sonderbares Mitleidskonzert. Jeder schilderte die Entkräftung und Verzweiflung des alternden, von den Stürmen seines Herzens zerschmetterten Liebhabers. Er schien »wie abwesend«, meinten die einen; »er kann nicht mehr schlafen«, die anderen, und »er wirkt, als habe er den Kopf verloren«. Selbst die Minister, düster und erschüttert, zeigten sich voller Mitleid über die betrübliche Torheit ihres Herrn und seufzten über die Folgen, die man zu fürchten habe. Der elegische Chor täuschte die fremden Gesandten, und der spanische, dem besonders viel daran liegen mußte, die Dinge klar zu sehen, schilderte seinem Herrn die Lage: »Ich fürchte so sehr die Liebesleidenschaft und sehe den König so blind und entflammt für die Prinzessin Condé, daß ich nicht weiß, wie ich es Eurer Majestät schildern soll, und wenn ich vom Standpunkt der Staatsräson den Frieden auch für gesichert halte, scheint mir noch einleuchtender, daß der Krieg bevorsteht, wenn ich die Dinge im Licht der Liebe betrachte.« Um seine Feinde in ihrer Ansicht zu bestärken, bemühte sich der König, dem Nuntius des Papstes eine eindringliche Erklärung abzugeben: Er wird die Prinzessin zurückholen, und niemand wird ihn daran hindern, »nicht einmal der Stellvertreter Gottes«.

Die Welt erwartet nun, daß sich Heinrich IV. mit einem »Gros Kavallerie« auf Brüssel stürzt. Mit Ausnahme der Erzherzöge, die sich unmittelbar bedroht wissen, freuen sich alle Feinde Frankreichs, denn diese Tollheit muß ja das Land in schwerste Uneinigkeit stürzen: Die Hugenotten werden sich erheben, die Königin ist bereit, sich an die Spitze der Unzufriedenen zu stellen. Der Eindruck, daß der König diese Unbesonnenheit begehen werde, war so allgemein, daß sogar sein Andenken lange Zeit von diesem unverdienten Vorwurf verdunkelt wurde. Das Beispiel der durch eine unglaubliche Verstellung getäuschten Zeitgenossen hat viele Historiker zu der Meinung veranlaßt, Heinrich IV. sei imstande gewesen, um einer senilen Leidenschaft wegen einen europäischen Krieg zu entfesseln.

Doch sein wahrer Plan war ganz anders und auf einer anderen Ebene angesiedelt. Wenn er sich bemühte, die traurige Angelegenheit der Prinzessin Condé vor seine internationalen Absichten zu schieben, wollte er die Wachsamkeit seiner Feinde einschläfern und ihnen verbergen, wie sich das Gewitter zusammenbraute, das über sie kommen sollte. Vielleicht war es nicht gerade eine sehr vornehme List, sich wie schwachsinnig aufzuführen – in einer Zeit, wo er sich darauf vorbereitete, eines der umfassendsten Konzepte der Geschichte zu verwirklichen. Aber wenn es auch dem Spiel an Vornehmheit fehlte – es wurde großartig gespielt. Selten sind Diplomaten und Souveräne so vollständig in die Irre geführt worden. Denn wenn er auch fortfuhr, mit einer »etwas erkünstelten Glut« seinen Liebestraum zu verfolgen, war der König niemals in Gefahr, den klaren Kopf zu verlieren, wie es die Legende so gern behauptet. Hundert Zeugen berichten, daß in demselben Augenblick, in dem er vorgab, an seinem Kummer zugrunde zu gehen, sein Geist ruhig, frei, genau, völlig klar war. Seine Vertrauten erlebten, wie er seine historische Entscheidung mit mehr Genauigkeit und Schwung als je traf.

Das soll nicht heißen, daß er die Prinzessin nicht wieder erobern wollte; sicherlich beabsichtigte er, im Laufe des Krieges, den er beginnen wollte, sich ihrer zu bemächtigen. Doch seine Kriegspläne waren keinesfalls durch verliebte Launen entstanden, sondern gingen in Plan und Vorbereitung auf eine Zeit lange vor seiner heftigen Leidenschaft zurück. Der König hätte den Krieg auf jeden Fall in diesem Augenblick, unter diesen Umständen begonnen, auch wenn er nicht Charlotte de Montmorency geliebt hätte. Das läßt sich deutlich aus den Einzelheiten der militärischen Vorbereitungen ablesen, aus dem Bündnissystem, das er von langer Hand vorbereitet hatte, aus der Weite der politischen Kombinationen, die zur Grundlage seines Unternehmens werden sollten. Der Herzog von Aumale schrieb: »Es war nicht ein galanter Held, der in den Krieg zieht, sondern ein großer Heerführer und großer König ... Man muß den Ritterroman vergessen, den man diesem so wenig romantischen Kopf zuschreiben wollte.«

Eben weil Heinrich IV. so wenig romantisch war und keinen

Wahngebilden nachhing, muß man aber auch Sullys Interpretation mit Skepsis ansehen; er beschreibt in seinen Erinnerungen die großen politischen Absichten des Königs, die er unter der Bezeichnung der *Große Plan* zusammenfaßt. Nach Meinung des Superintendanten habe sich Heinrich IV. die Organisation Europas in einer Art von Rat oder Gesellschaft der Nationen vorgestellt. Wäre dann diese »christliche Republik« verwirklicht worden, hätte er seine Kraft einsetzen wollen, um »die mohammedanische Tyrannei zu zerschlagen«. Aber das sind Gedankenspiele, und es ist sehr unwahrscheinlich, daß sich der stets realistische König jemals solchen Utopien hingegeben hat.

Es war sicher nicht der *Große Plan*, aber doch ein sehr weitgespanntes Unternehmen, auf das sich der König vorbereitete: Es ging zugleich um das politische Regime in Europa und um seine territoriale Ordnung. Der Plan stützte sich auf die beiden wichtigsten Grundsätze, die Heinrich IV. nach dem Frieden von Vervins zur unbeugsamen Regel seiner Außenpolitik gemacht hatte: religiöse Toleranz und europäisches Gleichgewicht. Beide Ziele setzten die Schwächung Österreichs und Spaniens voraus. Diese beiden Mächte waren bedrohlich für das europäische Gleichgewicht und versuchten es ohne Unterlaß zu ihren Gunsten zu verschieben; in ihren Ländern wurde der Glauben der kleinsten Minderheit gnadenlos verfolgt, und sie widersetzten sich mit allen Mitteln, die ihnen zur Verfügung standen, gegen die Toleranz bei den anderen. Im übrigen waren sie immer schon Frankreichs Feinde. Es war deshalb wichtig, sie auf ihre Erbländer zu verweisen und ihren Einfluß in Staaten zu vernichten, die ihnen nicht unmittelbar unterstanden. Das jedenfalls war das Ziel Heinrichs IV., er suchte das Gleichgewicht und keine Utopie. Und Grundlage des Gleichgewichts durften nicht territoriale Teilungen sein, wie sie aus Eroberungen oder Erbschaften hervorgingen, sondern die natürlichen Grenzen, wie sie von Geographie und Sprache gezogen wurden.

Für diesen Plan hatte Heinrich IV., sobald die Ruhe in seinem Land vollständig gesichert war, eine Koalition zusammengebracht, zu der außer England – mit dem er seit langem verbündet war – auch alle kleinen und mittleren Staaten Europas gehörten. Der Plan war völlig geheim geblieben. Sein Gelingen wurde durch die sehr geschickte und geduldige Methode des Königs erleichtert: Er hatte sich seit langem auf diplomatischem Weg überall dort in Europa eingemischt, wo ein Auseinanderfallen drohte, stellte sich immer als Vermittler zur Verfügung, betonte dabei den Vorrang Frankreichs vor Spanien, behandelte die kleinen Staaten, als wären sie groß, und hatte sie schließlich an den Gedanken einer gemeinsamen Verteidigung gewöhnt.

Die Politik hatte ihre Früchte getragen. Im Frühjahr 1610 stand das lückenlose Bündnissystem auf festen Füßen: Frankreich konnte auf Englands Unterstützung rechnen, aber auch auf Holland zählen, auf die protestantischen Fürsten und einige Freie Reichsstädte in Deutschland. Die Könige von Schweden und Dänemark hatten schon vier Jahre zuvor ihr Wort gegeben. Der Herzog von Bayern war der Liga unter der Bedingung beigetreten, daß er Römischer König werde, die Republik Venedig, weil sie mehrere Städte im Mailändischen begehrte. Sogar der Papst hatte sich in der Hoffnung gewinnen lassen, daß der Heilige Stuhl das Königreich Neapel erhalten werde. Schließlich hatte auch der Herzog von Savoyen ein Bündnis mit Heinrich IV. geschlossen, das durch die Hochzeit seines Sohnes mit der ältesten »Tochter Frankreichs« besiegelt wurde.

Die militärischen Vorbereitungen in Frankreich waren abgeschlossen. Sully hatte eine ungeheure Menge an Geld, Munition und Verpflegung zusammengebracht. La Force sollte als Marschall von Frankreich beim ersten Zeichen mit 50 000 Mann in Spanien eindringen. Lesdiguières stand bereit, mit 20 000 Mann über die Alpen zu ziehen, um seine Truppen mit denen des Herzogs von Savoyen zu vereinen, und wurde zum Generalleutnant des Königs jenseits der Berge ernannt. Der Herzog von Aumale meint, daß insgesamt 220 000 Mann aus den verschiedenen verbündeten Ländern kriegsbereit standen, La Ferrière schätzt sie auf 280 000 Mann und 800 Kanonen. Der König behielt 35 000 Mann, die er selbst durch Flandern nach Jülich führen wollte.

Tatsächlich bot die Erbfolge von Jülich und Kleve einen »ehrenhaften Vorwand«, mit offenem Visier den so heimlich vorbereiteten Krieg zu beginnen. Der König war bereit, mit seiner mächtigen Armee die natürlichen Erben des Herzogs von Kleve zu unterstützen gegen den Kurfürsten von Sachsen, den der Kaiser bevorzugte. Es schien unvermeidlich, daß der Konflikt zu einem allgemeinen Krieg ausartete, und in diesem Fall schien Heinrichs IV. offiziell vorgebrachte Absicht durchaus gerechtfertigt.

Er wartete nur noch die Salbung der Königin ab; um auch für

die Zeit seiner Abwesenheit die Kontinuität der königlichen Macht zu sichern, hatte er sie in aller Form zur Regentin ernannt, und um ihr Ansehen zu heben, war er einverstanden, ihr die ungewöhnliche Ehre der Salbung zuteil werden zu lassen. Er dachte dabei nur an die Interessen der Dynastie und keineswegs daran, Maria von Medici eine besondere Gunst zu erweisen. Er mißtraute ihr. Da sie von der Notwendigkeit befreit war, ihre Vorrechte gegen die königlichen Mätressen geltend zu machen, nahm sie sich jetzt die Freiheit, eine persönliche Politik zu führen. Der Großherzog Ferdinand war 1609 gestorben, und sein Sohn, Cosimo II., der ihm gefolgt war und eine österreichische Prinzessin geheiratet hatte, näherte sich politisch Spanien. Die Königin hatte daraufhin ein beunruhigendes Geschick an den Tag gelegt, sich die Wünsche der Familie, der sie entstammte, zu eigen zu machen. Als das Madrider Kabinett Anfang 1610 einen neuen Vorstoß unternahm, um doch noch die Heirat der spanischen Infantin mit dem französischen Dauphin zustandezubringen, hatte Maria der Aufforderung zugestimmt und ziemlich unverblümt bei diesem Manöver mitgewirkt, das schließlich doch nur dazu dienen sollte, durch eine neue Personenverbindung die internationale Situation zu verschieben. Sie unterstützte das spanische Spiel, mißbilligte die Pläne des Königs und bemühte sich, sie zu durchkreuzen. Vergebens hielt ihr Heinrich IV. vor, daß »sie sich mit dieser Torheit selbst aufgebe«. Sie verband sich ganz offen mit den Jesuiten, die sich in dieser Angelegenheit wie Untertanen Philipps III. gebärdeten – kurzum, sie betrug sich wie eine Ausländerin in dem Land, dessen Herrscherin sie war. Diese unsinnige Haltung brachte sie in der öffentlichen Meinung bald darauf in Verbindung mit den Leuten, die verdächtigt wurden, Ravaillac die Hand geführt zu haben.

Das genügt, um zu verstehen, warum der König zögerte, sie nach Saint-Denis zu führen, um ihr dort die immerhin unverlöschbare Huldigung erteilen zu lassen. Mehrmals verschob er die Zeremonie, rief sogar die Dekorateure zurück, die den Auftrag hatten, die Basilika mit Wandteppichen zu schmücken. Sully schildert ihn, wie er in dieser Zeit, gedankenvoll und unschlüssig, »mit den Fingern auf seinem Brillenetui trommelte«. Schließlich gab er den Bitten der Königin nach, weil er kein anderes Mittel wußte, die Dauer seiner Dynastie zu sichern, und weil er überzeugt war, daß die Einschränkungen, mit denen er die Macht der Königin begrenzte, ihr die Möglichkeit zu falschen

Schritten nehmen würden: Ihr sollte ein Rat von fünfzehn Personen zur Seite stehen, und Entscheidungen mußten von der Mehrheit dieses Rats gebilligt werden, in dem die Königin nur eine, ihre eigene Stimme hatte.

Die Salbung wurde am 13. Mai 1610 mit dem traditionellen Aufwand gefeiert; Maria zeigte ein »wunderbar glückliches« Gesicht, im Gegensatz zu ihrem sonstigen Gehabe, das immer ernst und oft säuerlich wirkte. Doch die Bevölkerung stimmte nur gemäßigt in ihre Freude ein. L'Estoile hat angemerkt, daß keine Beifallsrufe in der Menge laut wurden, als man ihr die bei einer Salbung üblichen Gold- und Silberstücke hinwarf. Er fügte hinzu: »Nur bei dieser Salbung war es so.« Der nahe bevorstehende Krieg machte die Stimmung in Paris beklommen. Auch im Innern der Basilika war die Atmosphäre schwer und bedrückend. Die ausländischen Diplomaten wußten, daß sie sich vielleicht schon am nächsten Tag als Feinde gegenübertreten müßten, und konnten ihre Unruhe nicht verbergen. Ein lebhafter Streit entwickelte sich zwischen den Gesandten der Vereinigten Provinzen und dem Vertreter des Großherzogs von Toskana. Der Gesandte Spaniens beantwortete den Gruß des venezianischen Geschäftsträgers, indem er ihm seinen Hut ins Gesicht schlug. Daraus entwickelte sich eine regelrechte Schlägerei, die nur mühsam von der Garde des Königs beendet werden konnte. Je näher die Ereignisse rückten, über die jetzt jeder im Bild war, um so höher stiegen Sorge, Verwirrung, Aufregung. Doch es ereignete sich etwas anderes, als man erwartet hatte. Am nächsten Tag wurde Heinrich IV. ermordet.

Kein Verbrechen ist je deutlicher angekündigt und prophezeit worden, niemals haben sich Wahrsager und Astrologen zu einem solchen Chor vereinigt. Die angeblichen warnenden Vorzeichen waren zahllos, und selbst der König wurde von Ahnungen befallen.

Tatsächlich ließ sich der prophetische Übereifer leicht aus den Zeitumständen ableiten und rechtfertigen. Es war ein Unglück, daß in dem Augenblick, als ganz Europa in Brand geraten sollte, sich die kaum besänftigten Leidenschaften wieder entzündeten. Die Beweise von Toleranz, die der König gegeben hatte, überzeugten nicht jedermann von seinem guten Willen; viele bezweifelten, daß sein Übertritt zum Katholizismus aufrichtig gewesen sei; eine Anzahl unerschütterlicher Katholiken hielt ihn immer noch für einen hugenottischen König. Die Politik, die er im Augenblick betrieb, war zwar durch und durch eine französische Politik, aber doch geeignet, Verdacht und Mißtrauen wieder zu wecken: Er wollte eine katholische Macht angreifen – seine Verbündeten waren zum größten Teil protestantische Fürsten. Diese offenkundigen Tatsachen verstärkten das Gerücht, er bevorzuge die Hugenotten und es sei »ihr Krieg«, den er beginnen wollte. Das genügte, die Wut der Liga wieder aufflammen zu lassen, und es war nicht schwierig, den Wahrsager zu spielen, denn jeder konnte voraussagen, daß der König in diesem Klima von Aufregung und Wahnwitz den Angriffen von Fanatikern oder Wahnsinnigen besonders ausgesetzt war. Und mußte man nicht auch fürchten, daß der Feind, den Heinrich IV. vernichten wollte, versuchte, durch ein Attentat das Unwetter abzuwenden? Wenige Tage zuvor hatte der König Sully eingestanden, daß er sich nicht über die erhöhte Gefahr täuschte: »Bei Gott, ich werde in dieser Stadt sterben und sie nicht verlassen. Sie werden mich töten, denn gegen ihre Bedrohung wissen sie kein anderes Mittel als meinen Tod.« Eines Abends, als er müde war, hatte er besorgt zu Bassompierre gesagt: »Ich weiß nicht, woran es liegt, aber ich kann mir nicht einreden, daß ich nach Deutschland ziehen werde, und das Herz sagt mir auch nicht, daß du nach Italien marschierst.« Mehreren anderen hatte er anvertraut: »Ich glaube, daß ich bald sterben werde.«

Seine Furcht entsprang aber seinen Überlegungen und den Berichten seiner Polizei und nicht geheimnisvollen Warnungen, die sich jetzt fast überschlugen und Angst und Verwirrung erzeugten. Der König glaubte nicht an Hellseher und ließ sich von Vorhersagen nicht beeinflussen. Daß die Königin träumte, man werde ihren Mann auf den Stufen des Louvre ermorden, daß sich der große »Maibaum« im Louvre ohne erkennbare Ursache entwurzelte, daß sich die düsteren Prophezeiungen nicht nur verdoppelten, sondern auch präziser wurden, war für Heinrich IV. keine Warnung des Himmels. Zu einigen Herren vom Hofe meinte er: »Sie sind Toren, wenn Sie sich mit diesen Vorhersagen amüsieren. Seit dreißig Jahren haben Astrologen und Scharlatane, die vorgaben, es zu wissen, mir jedes Jahr prophezeit, daß ich in Gefahr sei zu sterben. Und sterbe ich, wird man alle Prophezeiungen aufzählen, die mich je gewarnt haben und von denen eine zutraf, und man wird all die anderen vergessen, die man mir in den Jahren zuvor gemacht hat.« Er machte kein

Wesens von Zeichen und Vorzeichen, weil er von Haus aus optimistisch und realistisch war, aber aus dem gleichen Grund erkannte er auch die Gefahr, in der er sich befand. Es fehlte nicht viel, daß er die Überzeugung der Einwohner von Paris geteilt hätte, die, von Angst und Verwirrung erfüllt, an allen Ecken und Kanten flüsterten: »Der Mörder ist hier.« Es gab sogar eine Beschreibung des Mannes, die zufällig und erschütternd auf Ravaillac paßte. Mord lag in der Luft. Jeder erwartete ihn.

Die Vorhersagen einigten sich auf den 14. Mai, den freilich letzten günstigen Tag für ein Attentat. Heinrich IV. hatte öffentlich wissen lassen, wie er die letzte Woche in Paris einteilen wollte. Zwischen Donnerstag, dem 13. – dem Tag, an dem Königin Maria gesalbt wurde – und Montag, dem 17. Mai, an dem er zur Armee aufbrechen wollte, gab es nur einen Tag, Freitag, den 14. Mai, den sich der König »zur Ordnung seiner Angelegenheiten« vorbehalten hatte und an dem er vermutlich in kleiner Gesellschaft anzutreffen war; alle anderen Tage waren Beschäftigungen oder Zeremonien gewidmet, bei denen er sich nur mit großer Bewachung sehen ließ.

Am Morgen des unheilvollen Tages schienen sich die Ahnungen des Königs zur Besessenheit zu steigern. Er verlängerte sein Gebet weit über die sonst übliche Zeit und fuhr die Diener hart an, die ihn unterbrechen wollten: »Sollen diese Leute für immer mein Heil verhindern?« Trotz den flehentlichen Bitten seines Sohnes Vendôme, der durch die Horoskope verängstigt war, begab er sich zu den Feuillantinermönchen, um die Messe zu hören. Nicht weit davon lag die Kirche Saint-Benoît, wo zur selben Zeit Ravaillac am Gottesdienst teilnahm.

Auf dem Rückweg begegnete der König in den Tuilerien Bassompierre und Guise, denen er seine Ängste mitteilte. Bassompierre selbst war tief beunruhigt. Als zehn Tage zuvor der Maibaum im Louvre ohne Grund umstürzte, hatte er gesagt: »Ich wünschte, daß ich etwas Wertvolles verlieren würde, aber das ist nicht geschehen. Möge Gott den König behüten, den Maibaum des Louvre.« Als guter Hofmann wußte er aber jetzt seinen Schrecken zu verbergen und rief: »Mein Gott, Sire, hören Sie denn niemals auf, sich zu beunruhigen und zu sagen, daß Sie bald sterben werden! Solche Worte sollte man nicht aussprechen. Sie werden mit Gottes Hilfe noch viele glückliche Jahre verleben. Es gibt kein Glück in der Welt, das sich mit Ihrem vergleichen ließe: Sie stehen erst in der Blüte Ihrer Jahre, sind bei vollkommener Gesundheit und Körperkraft, mit mehr Ehren überhäuft, als irgendein anderer Sterblicher, Sie erfreuen sich in aller Ruhe des blühendsten Landes der Welt, werden geliebt und angebetet von Ihren Untertanen, haben viel Besitz und Geld, schöne Häuser, eine schöne Frau, schöne Geliebte, schöne Kinder, die heranwachsen. Was fehlt Ihnen noch, was haben Sie mehr zu wünschen?« Ergriffen von der Beschwörung seines Glücks seufzte der König und meinte traurig: »Mein Freund, das alles muß man verlassen.«

Seine Ahnungen veranlaßten ihn nach dem Frühstück zu einer Pause. Im Zimmer der Königin, wo er Mademoiselle de Guise und Madame La Châtre antraf, plauderte er wie gewöhnlich. Doch als er sich in sein Schlafzimmer zurückgezogen hatte, weil er sich »wie betäubt« fühlte, kam die Unruhe wieder. Er fand keinen Schlaf, lief im Zimmer umher, rieb sich über die Stirn und sagte: »Mein Gott, da drinnen ist etwas, das mich sehr beunruhigt.« Der Gardeoffizier, der bei ihm war und ihn so nervös und erregt sah, erkühnte sich zu dem Vorschlag, der König möge doch Luft schöpfen. »Gut gesagt«, antwortete der König. Er gehorchte den geheimnisvollen Aufforderungen des Schicksals, ließ die Karosse anspannen und wollte Sully in seinem Arsenal besuchen. Der Superintendant verließ nicht das Zimmer, weil er auf Anraten der Ärzte »ein künstliches Bad« genommen hatte. So kam es, daß Heinrich IV. seinem tragischen Schicksal entgegenfuhr.

Der Mörder kam selbst nur rechtzeitig zur schicksalhaften Begegnung durch eine ganze Reihe von Verzögerungen und Versäumnissen. Ravaillac war ein hochgewachsener Mann, der mit fahlrotem Bart und Haar, weit offenen Nasenlöchern und tief eingesunkenen Augen wie ein Ungeheuer aussah; seine sanfte Stimme widerlegte den erschreckenden Anblick. Er stammte aus Angoulême, wo er alle möglichen Arten von Handwerk betrieben und sich nur den Ruf eines sonderbaren und gefürchteten Mannes erworben hatte. Tatsächlich handelte es sich bei ihm um einen Seher, ja einen Verrückten. In seinem Prozeß erzählte er von seinen Erscheinungen und Wahnvorstellungen, und sein Bericht sprach für eine fast vollständige geistige Verwirrung. Er war zu der Überzeugung gekommen, daß ihm »Geheimnisse der ewigen Vorsehung« anvertraut worden seien, die ihn ausdrücklich und gebieterisch ausersehen habe, den König zu töten.

Doch erst nach drei Jahren innerer Kämpfe entschloß er sich, den geheimnisvollen Befehlen zu gehorchen. Und nun suchte er nach Möglichkeiten, seinen Auftrag unter den geringsten Gefahren auszuführen. Als er sich dem König im Mai 1609 zum ersten Mal zu nähern versuchte, wollte er ihn nur »veranlassen, Krieg gegen die zu beginnen, die von der angeblich reformierten Religion sind«. Doch der König lag mit einem Gichtanfall und war nicht erreichbar. Ravaillac kehrte nach Angoulême zurück und vergaß in der Ausübung einer strengen Frömmigkeit seine Vorbestimmung und seinen Plan.

Im Dezember lagen dann die Kriegsvorbereitungen vor aller Augen selbst tief in der Provinz. Man munkelte, das Kriegsziel sei die Verteidigung der Protestanten in Deutschland. Die ausgefallensten Gerüchte liefen um: Man behauptete, der König bereite eine neue Bartholomäusnacht vor, in der diesmal die guten Katholiken vernichtet werden sollten. Das genügte, Ravaillac in eine neue Krise der Überreizung zu stürzen. Er kam wieder nach Paris, immer noch ohne Mordabsichten. Er wollte den König nur sprechen, um ihn an seine christliche Pflicht zu erinnern. Doch auch diesmal dringt er nicht bis zum König vor. Man entfernt ihn aus dem Louvre wegen seines üblen Aussehens. Keiner der Geistlichen oder der Herren vom Hofe, die er bittet, ihm eine Audienz beim König zu verschaffen, ist bereit, ihm zu helfen. Doch nach so vielen fruchtlosen Versuchen führt ihn der Zufall eines Tages auf der Straße der königlichen Karosse in den Weg. Er stürzt auf sie zu: »Sire, im Namen unseres Herrn Jesus Christus und der Heiligen Jungfrau, machen Sie, daß ich mit Ihnen sprechen kann!« Doch ein Diener vertreibt ihn mit Stockschlägen. Entmutigt kehrt er nach Angoulême zurück, kommt dort in den ersten Fastentagen an, bricht aber am Ostermorgen wieder auf – befreit von seinen Bedenken, erlöst aus seiner Unschlüssigkeit, fest entschlossen, den König zu töten.

In Paris irrt er von einer Unterkunft zur anderen. Eines Tages findet er auf dem Tisch einer Herberge ein schartiges Messer mit wackligem Griff. Er greift gierig danach: Gott selbst hat es ihm in die Hand gedrückt, dieses Werkzeug der göttlichen Rache! Er läßt das Messer schärfen, das Heft befestigen und wartet auf die Gelegenheit, es zu benutzen. Als sie ausbleibt, dämpft das lange, vergebliche Warten vor dem Louvre seinen Eifer. Bald glaubt er, der Himmel, der ihm die Gelegenheit vorenthält, entlasse ihn aus seinem Auftrag.

Und wieder ist er in den ersten Maitagen auf dem Weg nach

Angoulême. Mehrere Stunden hinter Paris ergreift ihn Unruhe. Hat er die Absichten der Vorsehung auch richtig verstanden? Desertiert er nicht vielleicht aus Ängstlichkeit? Um sich von seiner Bangigkeit zu befreien, macht er die Messerspitze an einem Wagenrad schartig. Doch diese symbolische Geste beruhigt ihn nur einen Augenblick. Am Ortsausgang von Etampes versenkt er sich in Gebete vor dem Kruzifix des Vororts, und jetzt kommt ihm, wie er später vor Gericht erklärt, »der Wille zurück, seinen Plan auszuführen und den König zu töten«.

Diesmal ist schon alles festgelegt. Die Tage des Königs sind gezählt. Das Drama beginnt. Doch es offenbart sich erst einen Tag nach der Salbung der Königin, denn bis zu diesem Augenblick ist der Mörder von einem politischen Gedanken erfüllt, den man ihm gar nicht zutrauen würde. Und dieser merkwürdige Aufschub gibt später einleuchtende Motive ab, bei Ravaillac nach Komplizen zu suchen.

Um vier Uhr setzte sich der König in seine Karosse, hatte aber eigentlich gegen seine Absicht den Louvre verlassen. Als er sich von der Königin verabschieden wollte, hatte er sich in dem Zimmer aufgehalten, wo sie mit den letzten Vorbereitungen für ihren Einzug in Paris, der am kommenden Tag stattfinden sollte, beschäftigt war. Er hatte »den Vater gemacht« für seine Söhne Anjou und Orléans und wie immer mit den anwesenden Damen gescherzt. Er konnte sich nicht zum Aufbruch entschließen und fragte mehrmals die Königin: »Meine Freundin, soll ich gehen, soll ich nicht gehen?« Als er schon zweimal die Schwelle ihres Zimmers überschritten hatte, besann er sich noch einmal, kehrte zurück und fragte wieder: »Meine Freundin – soll ich gehen?« Schließlich entschloß er sich, umarmte seine Frau und sagte: »Ich will nur gehen und kommen und werde noch in dieser Stunde wieder hier sein.« Am Fuß der Treppe stand vor der Karosse der Gardehauptmann, der darauf bestand, ihn zu begleiten, »da die Stadt«, wie er sagte, »zur Zeit von einer unglaublichen Menge Fremder und Unbekannter erfüllt ist«. Der König lehnte mit einem freundschaftlichen Wortspiel ab, wie sie ihm so geläufig waren: »Seit fünfzig und etlichen Jahren habe ich mich selbst ohne Gardehauptmann bewacht [*gardé*], ich werde mich noch besser allein bewachen [*garder*].«

In der geräumigen Karosse nahm der König in der Mitte der hinteren Bank Platz; rechts saßen der Herzog von Epernon und Marschall Lavardin, links die Herren de Montbazon und La

Force; auf dem vorderen Sitz Liancourt und der Marquis von Mirebeau. Die unberittenen Diener hatten ebenfalls ihren Platz eingenommen. L'Estoile berichtet: »Als der König die Karosse betrat, fragte er nach dem Monatstag. Irgend jemand antwortete, es sei der fünfzehnte; ›nein‹, meinte ein anderer, ›es ist der vierzehnte‹. ›Du hast recht‹, sagte der König, ›du kennst deinen Kalender besser‹.« Versonnen fügte er, wie zu sich selbst, hinzu: »Zwischen dem dreizehnten und dem vierzehnten ...« Dann lachte er auf. Das war seine ganze Reaktion auf die Prophezeiung, daß er an diesem Tag den Tod finden werde.

Beim Ausgang des Louvre und bevor er die berühmten Schranken durchquerte, ließ der König den Wagen anhalten, abdecken und das Schirmleder senken. Das Wetter war schön, und er wollte bequem die Triumphbögen besichtigen können, mit denen Paris für den Einzug der Königin geschmückt war. Dieser kurze Aufenthalt wäre schon für Ravaillac günstig gewesen, doch überrascht vom Platz des Königs tief hinten in der Karosse, wagte er jetzt nicht, »seine Tat zu tun«. Als sich der Wagen wieder in Bewegung setzte, folgte er ihm laufend, wobei er das offene Messer in der Hand unter dem Mantel verbarg. Heinrich IV. hatte befohlen, über das Croix du Trahoir und über den Cimetière des Innocents zu fahren. Als die Karosse in die Rue de la Ferronnerie einlenkte, sah der König Montigny, eben jenen Mann, den er damals gerade umarmt hatte, als ihn Jean Châtel im Gesicht verwundete. Das Zusammentreffen bedeutete ihm kein böses Vorzeichen, fröhlich grüßte er Montigny.

Die Rue de La Ferronnerie war sehr eng. Sechsundfünfzig Jahre zuvor hatte Heinrich II. ihre Verbreiterung beschlossen, die aber niemals durchgeführt wurde. In der Mitte wurde sie versperrt – absichtlich, wie man später meinte – durch zwei schwerbeladene Wagen, die in entgegengesetzter Richtung fuhren, sich an der dem Kirchhof gegenüberliegenden Seite hielten und der königlichen Karosse nur einen schmalen Durchgang ließen. Er wurde noch verengt durch an die Mauer des Beinhauses gelehnte Körbe von Händlern. Der Kutscher ließ die Pferde langsam gehen. Einige Lakaien hatten die Karosse verlassen, um bei dem schwierigen Manöver zu helfen, andere wollten die versperrte Straße zu Fuß durchqueren. Ein letzter hielt sich noch damit auf, sein Strumpfband zu richten. Der König hatte beide Arme auf die Schultern seiner Nachbarn gelegt. In der Rechten hielt er in Augenhöhe einen Brief, den er Epernon vorlas.

Als die Karosse vor einem Laden mit dem Firmenzeichen »Zum pfeildurchbohrten gekrönten Herzen« vorbeikam, neigte sie sich plötzlich so stark zur Seite, daß der König für einen Augenblick an den Wagenschlag gedrückt wurde. Ravaillac war zur Stelle. Er hatte vom Louvre aus der königlichen Karosse folgen können, ohne daß seine verdächtige Eile irgend jemandem aufgefallen wäre. Er nutzte den Augenblick mit verwirrender Geistesgegenwart. Er hatte einen Fuß auf die Achse des Wagenrads gesetzt, beugte sich zum König und versetzte ihm einen ersten Messerstich, der ihn nur leicht verwundete, dann einen zweiten, so heftig, daß die Klinge bis zum Heft in die Brust des Königs fuhr. Der König sagte schwach: »Es ist nichts«, aber ein Blutstrom quoll ihm aus dem Mund. Die Aorta war durchtrennt worden, und er hörte nicht mehr den Schrei von La Force: »Sire, denken Sie an Gott!«

Das Drama war so rasend schnell abgelaufen, daß niemand auch nur andeutungsweise eine schützende Geste machen konnte. Jetzt war das Durcheinander um die Karosse her so vollständig, daß der Mörder nur sein Messer wegzuwerfen oder sich still davonzumachen brauchte – niemand hätte gewußt, wo der Täter war. Doch er blieb wie festgewurzelt stehen, das blutige Messer in der Hand. »Als wenn er sich sehen lassen wollte, um sich mit dem größten Attentat zu brüsten«, meint L'Estoile. Den Leuten, die ihn schließlich festhielten, rief Epernon zu: »Bringt ihn nicht um, es geht um euren Kopf.« Heinrich IV. wurde in seiner Karosse zum Louvre zurückgefahren. Das Blut, das auf das Pflaster tropfte, widerlegte La Forces Rufen: »Der König ist nur leicht verletzt.«

War er auf der Stelle tot gewesen? Starb er auf den Stufen des Palastes? Auf dem Bett in dem kleinen Zimmer neben seinem Schlafzimmer versuchte man ihn mit einigen Tropfen Wein wiederzubeleben. Sein erster Arzt, Petit, behauptet, er habe »dreimal die Augen geöffnet«, als der Arzt ihn ermahnte, seine Seele Gott zu befehlen. Jedenfalls war er schon tot, als die Königin an sein Bett stürzte, laut und verzweifelt schrie und den Louvre mit »ungewöhnlichem Schluchzen und Schreien« erfüllte: »Der König ist tot! Der König ist tot!« Ihr dramatisches Heulen beendete der Kanzler mit den Worten: »Eure Majestät möge verzeihen, aber in Frankreich sterben die Könige nicht.« Er wies auf den Dauphin: »Hier steht der lebende König, Madame.« Nach L'Estoile hat er sie außerdem hingewiesen »auf die Notwendigkeit, Tränen und Klagen für einen anderen Zeitpunkt aufzuheben«.

Der König hatte Recht gehabt: Jetzt erkannte man, was er wert war. Sein Tod erhob ihn in einem Augenblick, mit einem Schlag, zum höchsten und humansten Ruhm, und in dieser höchsten Form des Ruhms hat ihn die volkstümliche Legende bewahrt. Bei der Nachricht von seinem Tod wurde ganz Frankreich von Verzweiflung und Entsetzen geschüttelt, von einem Ende des Landes bis zum anderen, und noch in der letzten Hütte herrschte eine Trauer ohne Beispiel. Eine fast mystische Glut hatte sich im Volksempfinden entzündet und sicherte für Jahrhunderte dem Andenken Heinrichs jene Wärme und Liebe, wie sie vergleichbar in der französischen Geschichte wohl nur noch Jeanne d'Arc erhalten hat.

L'Estoile hat uns geschildert, welche Wut und welcher Schmerz in der Hauptstadt herrschten; die Läden waren geschlossen, die Bevölkerung strömte in ihrer Verzweiflung auf die Straßen und rief »tausend Verwünschungen auf die Anstifter des Vatermords« herab. »Jeder schreit, weint und jammert, groß und klein, alt und jung.« Die Männer aller Schichten fragten sich, was aus ihnen werden solle, Frauen und junge Mädchen rauften sich das Haar.

Auf dem Lande war die Bestürzung womöglich noch größer. »Es war jammervoll zu sehen«, berichtet Mathieu, »wie in allen Provinzen Frankreichs die armen Dorfbewohner sich an den großen Straßen sammelten, ungläubig, verschüchtert, und mit gekreuzten Armen auf Vorübergehende warteten, die ihnen die schreckliche Neuigkeit bestätigten. Und wenn sie dann davon überzeugt waren, zerstreuten sie sich wieder über die Felder, wie Schafe ohne Hirten, nicht nur weinend, sondern schreiend und heulend wie Rasende.« Sechzig Jahre später schilderte Bossuet zur Belehrung Ludwigs XIV. die unaussprechliche Trauer mit den beredten Worten: »Zur Zeit seines Todes sah man im ganzen Königreich und in jeder Familie – ich sage nicht Erschütterung, Entsetzen und Entrüstung, wie sie ein so plötzlicher und abscheulicher Schlag einflößt, sondern eine Trostlosigkeit, wie sie der Tod eines Vaters über seine Kinder bringt. Es gibt niemanden unter uns, der sich nicht erinnert, wie oft er Vater oder Großvater von diesem allgemeinen Jammer hat erzählen hören, und dem nicht noch heute das Herz schwer wird über dem, was er von der Güte des großen Königs für sein Volk und über die außerordentliche Liebe seines Volkes für ihn gehört hat.«

Wie unwichtig daneben, was um den königlichen Leichnam her vor sich ging! Was bedeutete noch der Mörder, sein Prozeß, seine Verurteilung!

Von Ravaillac nur so viel, daß er sich bis ans Ende »sehr bösartig und abscheulich« benahm, mit anderen Worten: Er legte im Verlauf des Prozesses die friedliche Sicherheit eines erfolgreichen Rächers an den Tag, zwar jetzt ohne Haß, aber auch ohne Gewissensbisse oder Mitleid. Er beglückwünschte sich, »im Dienste Gottes« gesiegt zu haben, versicherte, »wenn es noch einmal getan werden müßte, würde er es wieder tun«. Er lehnte die Richter ab, da sie die Gründe für seine Tat, wie er meinte, nicht begreifen konnten. Sein Wille, für sich allein den Ruhm und die Verantwortung für die Tat in Anspruch zu nehmen, war unbeugsam. Alle Versuche, herauszubringen, welche Komplizen ihm bei seinem Verbrechen geholfen oder seinen Entschluß beeinflußt hätten, waren vergeblich. Und selbst die Folter, die man mit ungewöhnlicher Härte anwandte (zu den üblichen Methoden fügte man noch geschmolzenes Blei, brennendes Harz und Schwefel hinzu), entrissen ihm nur »laute Schmerzensschreie«.

Die Frage, ob Ravaillac Helfer hatte, hat nie aufgehört, die historische Forschung zu beschäftigen. Die Umgebung der Königin, die Jesuiten, der Herzog von Epernon, Henriette d'Entragues, alle Befürworter der spanischen Seite, sind Zug um Zug Gegenstand von Verdächtigungen geworden, die vor allem aus sentimentalen Erwägungen und politischen Vorurteilen entstanden zu sein scheinen. Gab es trotzdem eine weitgespannte Verschwörung gegen das Leben des Königs, wäre Ravaillac also nur um Stunden oder Minuten dem Mord zuvorgekommen, der sich ohne ihn vorbereitete? Um diese These zu stützen, beruft man sich auf die Warnungen, die vor dem Verbrechen laut wurden, auf gewisse seltsam übereinstimmende Äußerungen, die im Augenblick des Mordes fielen, auf zweideutiges Benehmen, auf einige bizarre Zwischenspiele. Doch eine solche Verschwörung ist niemals nachgewiesen worden, und im Rahmen der Geschichte bleibt Ravaillac ein Fanatiker, der allein und auf eigene Faust handelte. Die einzige Verschwörung, von der man sprechen kann, ist die der Umstände und Zufälle, der gesprochenen Worte und der Flüsterpropaganda, der Verwirrung und Erregung so vieler Köpfe. Es ist sozusagen normal, daß ein Wahnsinniger, schon verloren im Nebel seiner Erscheinungen und mystischen Aufforderungen, den Nährboden seiner Verrücktheit in einem so erregten Klima fand, bis sein Irrsinn das Verbrechen ausführte.

Ravaillac wurde am 27. Mai 1610 auf der Place de Grève gevierteilt nach dem Brauch, der Vatermördern vorbehalten war. Eine »unendliche Zahl von Leuten jeden Alters, Geschlechts und Rangs« hatte sich eingefunden. Jeder wünschte, an der Aufgabe der Henker teilzuhaben; Zuschauer spannten sich vor das Zaumzeug der vier Pferde, die den Königsmörder auseinanderrissen. Seine Leiche wurde von der Menge buchstäblich zerfetzt und die Stücke in den Straßen so zerstampft »daß selbst der Kopf platt wie eine Hand war«. – »Und zwar so«, berichtet ein Chronist, »daß der Henker verblüfft war, weil ihm nichts als das Hemd zur Vollendung der Hinrichtung in Händen blieb, denn der Körper sollte zu Asche verbrannt werden.« Diese letzte Formalität wurde trotzdem mit wildem Eifer vollzogen: an allen Straßenkreuzungen verbrannte man irgendwelche Stücke von Ravaillacs Leiche, und die Königin konnte vom Balkon des Louvre aus sehen, wie die Schweizer ein Stück brieten.

Die einbalsamierte und in weiße Seide gekleidete Leiche des Königs ruhte im Paradesaal des Louvre, bevor sie aufgebahrt wurde. Am 10. Juni kam es dann im großen Karyatiden-Saal, der in Gold und Weiß ausgeschlagen war, zu der feierlichen Aufbahrung, die zu den seltsamsten Sitten der alten Monarchie gehörte: Hinter dem Sarg lag auf einem Paradebett das Abbild des Königs, eine seinem Aussehen nachgebildete Puppe in seinem Staatsgewand. Diesem Bild erwies der Hof die Ehren, die man dem lebenden König erwiesen hatte. Das Volk von Paris drängte sich in einem langen stummen Zug an dieser unbeweglichen Majestät vorbei, während täglich hundert Messen an Altären, die man in den Fensternischen errichtet hatte, gelesen wurden. Prälaten von höchstem Rang wechselten einander in einem endlosen Gebet ab. Am 25. Juni kam der junge König Ludwig XIII., um geweihtes Wasser auf die Hülle seines Vaters zu sprengen. Die Beerdigungsfeierlichkeiten fanden mit dem üblichem Pomp in Saint-Denis statt. An allen Häusern, an denen der Trauerzug vorbeikam, waren Trauertücher gespannt, Kerzen brannten in den Fenstern. Die Menschenmenge, die dem Sarg folgte, war so dicht, »daß man einander umbrachte, um den Zug zu sehen«.

Aber das Herz des Königs war am Tag nach seinem Tode, seinem Wunsch entsprechend, dem Körper entnommen worden und wurde den Jesuiten zur Aufbewahrung im Kollegium von La Flèche übergeben. Die alten Gefährten des Béarners hatten dem Herzen die ergreifende Huldigung eines Abschiedskusses dargebracht. »Und zwar so«, berichtet L'Estoile, »daß man es sich zur großen Ehre anrechnete, wenn der Schnurrbart blutig geworden war.« Die Anhänglichkeit der Landbewohner zeigte sich in den vier Tagen, in denen das Herz nach La Flèche gebracht wurde: Die Wege waren mit einer doppelten Hecke von Bauern gesäumt, die im strömenden Regen und einem Wind, der die Kerzen auslöschte, am Wegrand knieten. Und hier muß man, auf dem Weg nach La Flèche, den wahren Trauerzug König Heinrichs IV. sehen: In seiner Schlichtheit und der bäuerlichen Inbrunst war er viel ergreifender als der Prunk, der in Saint-Denis die um ihr Herz verstümmelte Leiche empfing.

Im Grabgewölbe von Saint-Denis ruhte der König bis zu den Schändungen von 1793, bei denen die sterblichen Reste der Herrscher und der Großen des Landes, die in der Abtei ihre Ruhestätte hatten, geplündert und in alle Winde verstreut wurden. Der Körper Heinrichs IV. war dank der Kunst der Einbalsamierer kaum von der Zeit angegriffen worden. Man lehnte ihn gegen einen Pfeiler der Kirche und überließ ihn dem Treiben des Mobs. Ein Sansculotte schnitt ihm eine Seite des Schnurrbarts ab, eine Frauensperson ohrfeigte ihn, so daß er umfiel. Sein Schädel wurde zersägt, die Knochen in ein Massengrab geworfen. Sein Herz war bereits den Flammen übergeben worden, uns bleibt nur die Asche.

Sein Andenken bleibt uns, jetzt befreit von den Entstellungen, die drei Jahrhunderte mit berechneter Herabsetzung oder purer Schönfärberei ihm angetan hatten. Solange Ludwig XIV. regierte, war von seinem Ansehen so gut wie nie die Rede, denn es galt als unschicklich, mit dem Sonnenkönig irgend jemanden in einem Atemzug zu nennen, es sei denn mit einer Figur aus uralten Zeiten oder aus der Legende. Das 18. Jahrhundert weckte wieder die Popularität Heinrichs IV. und paßte ihn den gerade gängigen Ideen an. So sah Voltaire in ihm einen philosophischen König und den Vorfahren der aufgeklärten Despotie; seine Toleranz hielt man dem engen, volksfernen Absolutismus Ludwigs XIV. entgegen. Man würdigte sogar seine Liebe für die

Parlamente – ein völliger Mißgriff. Die Revolution übernahm aber dieses täuschende Vorurteil und machte ihn zu einem Bürgerkönig, bevor sie seine Leiche so unaussprechlich schändete. Das Kaiserreich übersah Heinrich IV., Napoleon verkannte ihn. Die Restauration nützte die Legende, um das alles überstrahlende napoleonische Ansehen zu mindern. So berief sich Louis-Philippe auf Heinrichs vertraulichen Umgangston, seine Mildtätigkeit, sein freundliches Auftreten. Aus dieser Zeit stammt das Porträt Heinrichs in weichen, verwaschenen Farbtönen, das durch populäre Darstellungen – vom Uhrengesims bis zum Porzellangefäß – noch bis zur Schwelle unseres Jahrhunderts überliefert worden ist. Dieses falsche, süßliche Bild haben die modernen Historiker zurückgewiesen und haben wieder die männlichen Wesenszüge ins Licht gerückt, die man in paradoxer Weise gerade der zweifellos farbigsten Persönlichkeit der französischen Geschichte genommen hatte. Hier seien nur einige der Autoren genannt, denen diese Wiedergeburt zu verdanken ist: Pierre de Vaissière, Raymond Ritter, Louis Battifol, die Herzöge La Force und de Lévis Mirepoix, ferner Jean d'Elbée, François Duhourcau, Marcel Reinhard, George Slocombe, Pierre de Lanux. Ihre bemerkenswerten Arbeiten waren eine kostbare Hilfe für dieses Buch.

Am Ende dieses Berichts über das Leben Heinrichs IV. und die Ereignisse, die es erfüllten, in dem Augenblick also, wo wir von einem solchen Menschen und einem großen König Abschied nehmen – mit welchen Gefühlen tun wir es? Jeder kommt zu seinem eigenen Urteil, und dieses Buch beabsichtigt nur, dem Leser die Mittel an die Hand zu geben, damit er sich selbst eine Meinung bilden kann. Aber der Verfasser möchte seine eigene zusammenfassen und auf die Züge hinweisen, die Werk und Wesen gleichzeitig so reich und so beispielhaft erscheinen lassen.

Es ist bereits darauf hingewiesen worden, wie sehr das Schicksal Heinrich IV. von Menschlichkeit geprägt ist, aber noch einmal soll wiederholt werden: Sein Erfolg war im wesentlichen seinem persönlichen Wirken zu verdanken. Er hatte Mitarbeiter, Berater, Kampfgenossen; die Tapferkeit seiner Soldaten erlaubte ihm den kriegerischen Triumph, die tiefen Qualitäten seines Volkes halfen bei dem Werk der nationalen Wiedergeburt. Aber in allen Wechselfällen seines langen Kampfes, zu jeder Stunde und überall, wo sich der Kampf entfesselt, erhebt sich gegen die

Ereignisse oder öfter zu ihrer Leitung die machtvolle und geschmeidige Gestalt des Béarners. Er ist überall gegenwärtig; sein fester Arm zerschlägt und baut auf; sein Wille belebt und reißt mit sich; seine klare Stimme übertönt das vulkanische Getöse des 16. Jahrhunderts, »wo sich die ganze Hemisphäre in ständigem Gewitter und Sturm zu befinden scheint«. Er ist das einzige Licht in dieser furchtbaren Zeit voller Schrecken und düsterer Verworrenheit. Man hat vom »Jahrhundert Ludwigs XIV.« gesprochen; mehr als der Sonnenkönig hat Heinrich IV. seine Zeit geprägt, in Frankreich und in der Welt. Frankreich, das seine Hände neu erbauten, zeichnete er eine Bestimmung vor, die seinem Wesen entsprach.

Daß er die Tatsachen in den Griff bekommen, daß er so viel Begeisterung bei den Menschen wecken konnte, liegt an der ungewöhnlichen Lebenskraft, die ihn beseelte und deren glückliche Wirkungen wie auch bedauerliche Folgen hier gezeigt worden sind. Obwohl sein Geist erstaunlich offen war für die Klarheit der modernen Zeit, war er ein Sohn der Renaissance, welche die Natur und ihre Kräfte vergöttert hatte. Er liebte das ganze Leben, die Bäume und die Blumen, die Pferde und die Frauen. In seinem starken Hunger nach Bewegung und Gestaltung fand er die Begeisterung und die Kraft, um eine im Grunde übermenschliche Aufgabe zu erfüllen. Den großen Bäumen vergleichbar, die das Salz der Erde und das Licht der Sonne an sich reißen, nahm er sich mehr als seinen Teil vom Festmahl des Lebens – getrieben von dem gebieterischen Instinkt, der das Gesetz der Natur von starken Wesen ist.

Und ebenso, wie die großen Bäume die Überfülle ihres Zweigwerks in Schatten und Früchte umsetzen, gab Heinrich IV. Sicherheit, Kraft und Heiterkeit an sein Volk weiter; es war alles das, was der unwiderstehliche Strom des Lebens, der ihn mit sich riß, an Mitteilbarem enthielt und an Kostbarkeiten hervorbrachte. Ist es überhaupt notwendig, die unschätzbaren Wohltaten aufzuzählen, die Frankreich ihm schuldet? Sie sind in der Inschrift zusammengefaßt, die am Pont-Neuf auf dem Sockel der Statue steht: »Heinrich IV., dem Neubegründer der französischen Freiheit.« Aber diese Freiheit, um die wir uns mit Recht so bemühen, gibt es nicht in der Unordnung, nicht unter dem Joch der Fremden und nicht im Elend. Heinrich IV. hat die Freiheit aus ihren Fesseln befreit, Frankreich von seinen Beklemmungen erlöst. Er hat es aus Elend und Agonie herausgehoben.

Er hat die innere Zwietracht beendet. Er hat aus Trümmern Neues erbaut, er hat die Traditionen erneuert. Er hat Toleranz zu einer Grundlage des Königreichs gemacht. Er hat Ordnung und Frieden wieder eingeführt. Und dieses ganze überreiche Werk hat er ohne Gewalt, ja ohne Zwang durchgeführt: Die gute Laune und das Lächeln beherrschten noch die ungeheure Anstrengung.

Aus allen Taten seines Lebens, allen Handlungen seiner Herrscherzeit spricht Humanität. »Die heftige Liebe«, die er seinem Volk entgegenbrachte, war die wichtigste und die edelste Antriebskraft seines Handelns. Er widmete sich seiner harten, großen Aufgabe ohne Wortschwall und ohne Dünkel, aber mit dem Stolz, sein Land stark und sein Volk glücklich zu machen. Und deshalb bewahrt ihm Frankreich noch mehr als dreieinhalb Jahrhunderte nach seinem Tod liebevolle Dankbarkeit. Das Volk hat ihn immer als einen König nach seinem Herzen befunden, den charmantesten, geistvollsten, den französischsten König. Kein anderer Herr Frankreichs hat wie Heinrich IV. in so enger Verbindung mit ihm gelebt, so klar in seiner Seele gelesen, besser seinen Herzschlag verstanden. Er war eine lebendige Verkörperung Frankreichs, tapfer, großmütig und fröhlich. Alles trägt zu seinem postumen Ruhm bei, sein Wunsch zum Verzeihen, seine Seelenstärke, sein einfaches Auftreten und die zerrissenen Kleider – aber auch sein weißer Federbusch und die Art des Grandseigneurs, wo sie am Platze war, seine Weise, die Krone Frankreichs zu tragen »mit der Würde, die einem großen Königreich gebührt«. Man vergibt ihm seine Launen und Liebschaften, vielleicht, weil er hier am menschlichsten und natürlichsten anzutreffen ist.

Beim Abschied von diesem einzigartigen König ein Blick auf die Totenmaske, die Mathieu Jacquet anfertigte und die das einzige getreue Abbild seiner Züge für uns bewahrt: Es ist friedvoll, entspannt, von bösen Leidenschaften erlöst. In der Biegung der Lippen deutet sich ein Lächeln an, als ob er uns mitten in der Tragödie seines Todes noch ein letztes Zeichen der Freundschaft geben wollte. Eine letzte Ermutigung.

# HEINRICH IV.

*König von Frankreich und Navarra (1589–1610)*

*Stammtafelauszug der königlichen Häuser Navarra, Capet, Bourbon und Valois*

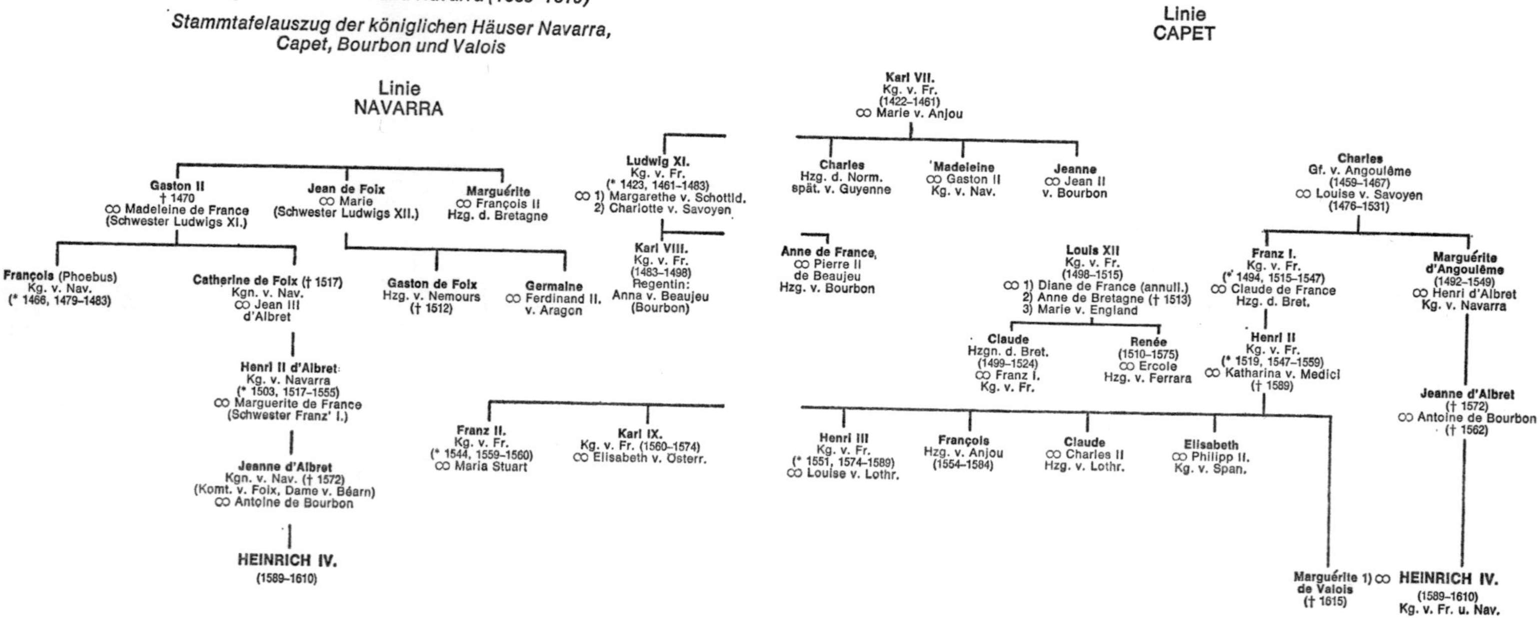

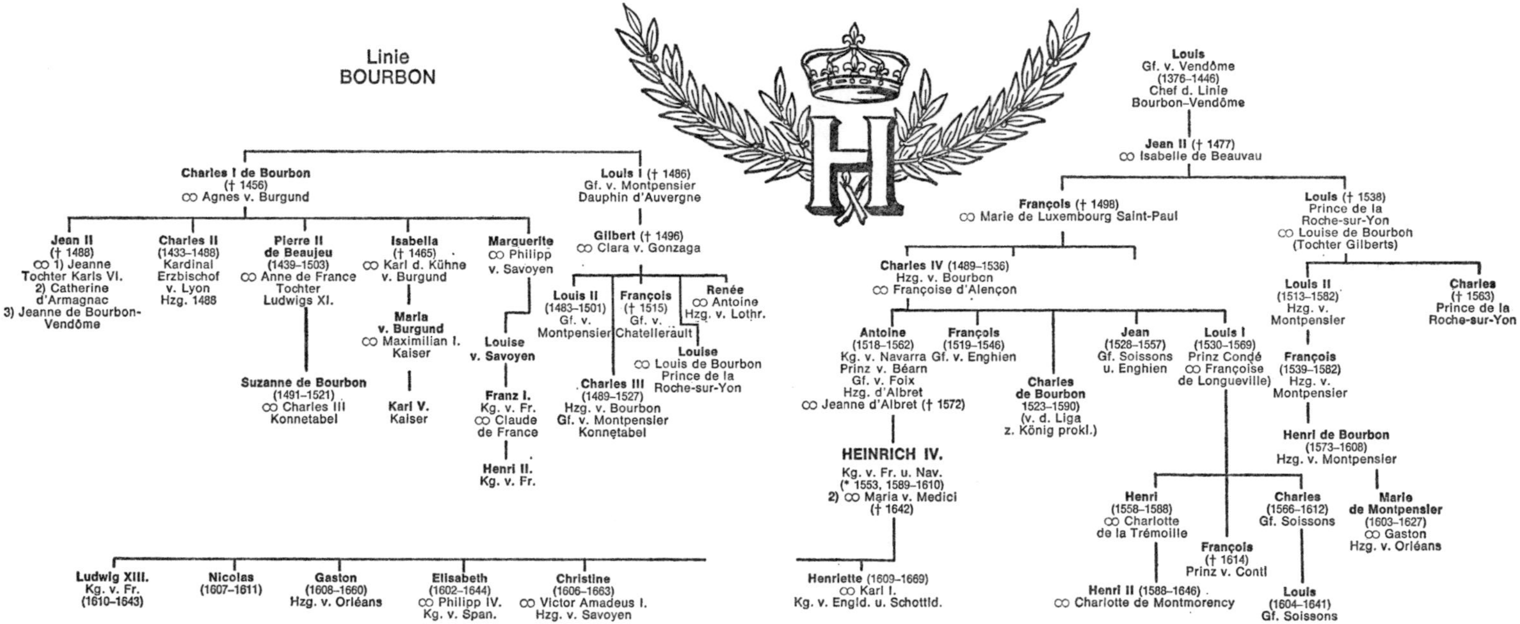
Linie BOURBON
Louis Gf. v. Vendôme (1376–1446) Chef d. Linie Bourbon-Vendôme
Jean II († 1477) ∞ Isabelle de Beauvau
Charles I de Bourbon († 1456) ∞ Agnes v. Burgund
Louis I († 1486) Gf. v. Montpensier Dauphin d'Auvergne
Jean II († 1488) ∞ 1) Jeanne Tochter Karls VI. 2) Catherine d'Armagnac 3) Jeanne de Bourbon-Vendôme
Charles II (1433–1488) Kardinal Erzbischof v. Lyon Hzg. 1488
Pierre II de Beaujeu (1439–1503) ∞ Anne de France Tochter Ludwigs XI.
Isabella († 1465) ∞ Karl d. Kühne v. Burgund
Marguerite ∞ Philipp v. Savoyen
Gilbert († 1496) ∞ Clara v. Gonzaga
Louis II (1483–1501) Gf. v. Montpensier
François († 1515) Gf. v. Chatellerault
Renée ∞ Antoine Hzg. v. Lothr.
Louise ∞ Louis de Bourbon Prince de la Roche-sur-Yon
Charles III (1489–1527) Hzg. v. Bourbon Gf. v. Montpensier Konnetabel
Suzanne de Bourbon (1491–1521) ∞ Charles III Konnetabel
Maria v. Burgund ∞ Maximilian I. Kaiser
Karl V. Kaiser
Louise v. Savoyen
Franz I. Kg. v. Fr. ∞ Claude de France
Henri II. Kg. v. Fr.
François († 1498) ∞ Marie de Luxembourg Saint-Paul
Louis († 1538) Prince de la Roche-sur-Yon ∞ Louise de Bourbon (Tochter Gilberts)
Charles IV (1489–1536) Hzg. v. Bourbon ∞ Françoise d'Alençon
Louis II (1513–1582) Hzg. v. Montpensier
Charles († 1563) Prince de la Roche-sur-Yon
Antoine (1518–1562) Kg. v. Navarra Prinz v. Béarn Gf. v. Foix Hzg. d'Albret ∞ Jeanne d'Albret († 1572)
François (1519–1546) Gf. v. Enghien
Charles de Bourbon 1523–1590) (v. d. Liga z. König prokl.)
Jean (1528–1557) Gf. Soissons u. Enghien
Louis I (1530–1569) Prinz Condé ∞ Françoise de Longueville)
François (1539–1582) Hzg. v. Montpensier
Henri de Bourbon (1573–1608) Hzg. v. Montpensier
HEINRICH IV. Kg. v. Fr. u. Nav. (* 1553, 1589–1610) 2) ∞ Maria v. Medici († 1642)
Henri (1558–1588) ∞ Charlotte de la Trémoille
Charles (1566–1612) Gf. Soissons
Marie de Montpensier (1603–1627) ∞ Gaston Hzg. v. Orléans
François († 1614) Prinz v. Conti
Henri II (1588–1646) ∞ Charlotte de Montmorency
Louis (1604–1641) Gf. Soissons
Ludwig XIII. Kg. v. Fr. (1610–1643)
Nicolas (1607–1611)
Gaston (1608–1660) Hzg. v. Orléans
Elisabeth (1602–1644) ∞ Philipp IV. Kg. v. Span.
Christine (1606–1663) ∞ Victor Amadeus I. Hzg. v. Savoyen
Henriette (1609–1669) ∞ Karl I. Kg. v. Engld. u. Schottld.

# Quellen

## Ungedruckte Quellen

*Archives Nationales* – Papiers de Sully, aufgenommen von Robert Henri Bautier und Aline Vallée-Karcher, Konservatoren der Archives Nationales.
Zur Bartholomäusnacht: Fonds Simancas.
Spanische Quellen – Archives Nationales: Fonds Simancas (Fotokopien nach spanischen Akten, aufgenommen von Monique Pomarède): *Estado Navarra.* Legajo n° 359 à 366 (dates 1570–1596). *Estado España.* Archivo general de Simancas. Catalogo IV. *Pamplona:* 1. Sección de *Limites del* Reyno. Legajo 1; 2. Sección de *guerra.* Legajo 2°.
*Vatikanisches Archiv* – Schriftwechsel der Nuntien in Paris.
*Bibliothèque Nationale:* Fonds Colbert: Briefe und Aufzeichnungen aus den Verhandlungen mit den deutschen lutherischen Fürsten zwischen Karl IX., Katharina von Medici und anderen.

## Gedruckte Quellen

### *I. Sammlung der unveröffentlichten Dokumente zur Geschichte Frankreichs unter der Schirmherrschaft des Ministère de l'instruction publique*

*Procès verbaux des Etats généraux de 1593,* recueillis et publiés par M. Auguste Bernard, 1842.
*Recueils des Lettres missives d'Henri IV,* publiés par Berger de Xivrey, Paris 1843–1872 (8 Bände). Band VIII: supplément publié par M. J. Guadet.
*Publication de la correspondance de Henri III* par Michel François, membre de l'Institut.
*Réflexions historiques sur la mort de Henry le Grand,* extraites d'un manuscrit écrit de la main de M. Augustin Le Petit, écuyer, sieur de Canon, avocat au Parlement de Normandie, Nouv. Acquis. fr. 4709, f^os 741–754.

## *II. Veröffentlichungen der Gesellschaft für die Geschichte Frankreichs*

*Histoire de Béarn et de Navarre par Nicolas de Bordenave*, historiographe de la Maison de Navarre, publiée par Paul Raymond. 1517 à 1572, Paris 1873 (Bände V, VI, VII).

*Commentaires et lettres de Blaise de Montluc*, maréchal de France, publiés par Alphonse de Ruble, Paris 1864–1872 (5 Bände).

*Œuvres de Pierre de Bourdeille, seigneur de Brantôme*, publiées par Ludovic Lalanne, Paris 1864–1876 (9 Bände).

*Mémoires et lettres de Marguerite de Valois*, Edition revue sur les manuscrits des Bibliothèques du roi et de l'Arsenal, par F. Guessard, Paris 1842.

*Mémoires du Maréchal de Bassompierre.* (Journal de ma vie), publiés avec fragments inédits, par le Marquis de Chantenac (1870–1875).

*Mémoires de Madame de Moray*, par Mme de Witt, née Guizot, Paris (1868–1869).

*Histoire Universelle, »Les Tragiques«*, Agrippa d'Aubigné, Ed. A. de Ruble, Paris 1886–1889.

*Annuaire bulletin de la société de l'Histoire de France* (1950–1951, S. 53 bis 117). Henri IV et Charlotte de Montmorency, Princesse de Condé. Décembre 1608 – décembre 1609, par Charles Samaran, membre de l'Institut.

*Lettres reçues et envoyées par le Parlement de Paris*, 1376–1596. Inventaire analytique par Suzanne Clemencet, Conservateur aux Archives Nationales et Michel François, Ancien Conservateur aux Archives Nationales, Professeur à l'Ecole des Chartes (Imprimerie nationale, 1961).

## *III. Bibliothek der Ecole des Chartes*

*Band I, 1849–1850*, par M. Garnier, Archiviste de Dijon. Lettre d'Etienne Bernard, maire de Dijon sur *l'Assemblée des Etats généraux de 1593.*

*Band III, année 1861–1862:*

1. La Saint-Barthélemy, d'après les Archives du Vatican, von M. E. Boutaric;
2. Lettres inédites d'Henri IV (années 1595 à 1609), gesammelt von M. Casati;
3. Sur le mariage de Gabrielle d'Estrées avec Monsieur de Liancourt, von Berger de Xivray.

## *IV. Bulletin des Amis du Château de Pau, M. Laprade, conservateur*

1960. Réflexions chrétiennes et politiques sur la vie des rois, Henri le Grand, Louis le Juste. Richesses anciennes du Château de Pau.

1961. 1568, la guerre étrangère avec la France. Paix de Saint-Germain. Tapisseries et trésors d'art et d'orfèvrerie, autrefois aux rois de Navarre.

1963. L'apologie du Père Cotton de la Compagnie de Jésus. Autour de la mort d'Henri IV. La peur et le trouble français.

## *V. Memoiren und Chroniken*


*Angoulême (duc de)*, Mémoires très particuliers pour servir à l'Histoire d'Henri III et d'Henri IV, Paris 1607, in 12°.

*Aubéry*, Histoire du cardinal de Joyeuse, 1654.

*Archives curieuses de l'Histoire de France*, depuis Louis XI jusqu'à Louis XVIII, von Cimber und Danjou, Paris 1834–1840.

*Sébastien Castellion*, Conseils à la France désolée. Auquel est montrée la cause de la guerre présente et le remède qui pourrait être mis, et principalement être avisé si on doit forcer les consiciences. L'an 1562.

*Pierre de Bourdeilles*, abbé et seigneur de Brantôme. – Œuvres complètes, nach den Plänen des Autors zum ersten Mal veröffentlicht von Prosper Mérimée und Louis Lacour, Plon-Nourrit, Paris 1858–1895.

*Choix de chroniques et mémoires sur l'Histoire de France*, von Buchon. Coll. du *Panthéon littéraire*, Paris 1836.

*Collection des mémoires pour servir à l'Histoire de France*, von Michaud und Poujoulat, Paris 1839.

*Jehan Crespin*, Les actes des martyrs, hrsg. von Aubert, 1619.

*Francis De Cure*. Le parti des politiques au lendemain de la Saint-Barthélemy, La Mole et Coconnas, Paris 1892.

*Davila*: Histoire de la guerre civile de France. Franz. Übersetzung des italienischen Originals (Venedig 1630) von Baudouin, Paris 1637.

*Erasmus Fend*. Acta tumultuum gallicanorum, etc., veröffentlicht und übersetzt durch Henri Hauser, in: Revue historique, Bände CVIII und CIX.

*Nicolas Froumenteau*. Le secret des Finances de France en trois livres, 1581.

*Sommaire mémorial de Jules Gassot*, secrétaire du roi (1555–1623), veröffentlicht von Pierre Champion, Paris 1934.

*Mémoires de Claude Haton*: enthält den Bericht der Ereignisse, die sich von 1553 bis 1582 abspielten, hauptsächlich in der Champagne und in der Brie, veröffentlicht von Félix Bourquelot, Coll. des D.I.H.F., Paris 1857.

*Michel de l'Hospital*. Œuvres, éd. Dufey, Paris 1826.

*Pierre Matthieu*. Histoire de France sous les règnes de François Ier ... etc, Paris 1631.

*Léon Ménard et marquis d'Aubois*, Pièces fugitives pour servir à l'Histoire de France, Paris 1759.

*Les prophéties de M. Michel Nostradamus* (Originalausgabe, Lyon 1555) (das einzige bekannte Exemplar befindet sich in der Bibliothèque Nationale, Paris).

*La Popelinière*. L'Histoire de France enrichie des plus notables occurences, survenues ès-provinces de l'Europe et pays voisins ... depuis l'an 1550 jusqu'à ces temps, La Rochelle 1581.

*Florimond de Raemond*. Naissance, progrès et décadence de l'hérésie de ce siècle, Paris 1605.

*Gidéon Tallement des Reaux*, Les Historiettes, Paris 1932–1934. Deutsche Ausgabe Karlsruhe 1963.

*Lettres et négociations de Claude de Mondoucet*, résident de France aux Pays-Bas, 1571–1574, Paris 1891–1892, hrsg. von L. Didier.

*Dépêches de M. de Fourquevaux*, ambassadeur du roi Charles IX en Espagne de 1565 à 1572, veröffentlicht von Abbé Douais (Société d'Histoire diplomatique, 1896–1904).

*Correspondance diplomatique de Bertrand Salignac de la Mothe Fénelon,* ambassadeur de France en Angleterre de 1568 à 1575, herausgegeben von Purton-Cooper, Paris 1838–1840.

*Pierre Olhagaray* (Historiographe du roi), Histoire de Foix, Béarn et Navarre, Henri IV roi de France et de Navarre, seigneur souverain de Béarn, comte de Foix, David Douceur marchand libraire, 1609.

*Lettres de Catherine de Médicis* (Coll. des *Documents Inédits de l'Histoire de France,* Paris 1880–1919). Hrsg. von Hector de la Ferrière und Gustave Baguenault de Puchesse.

*Relations des ambassadeurs vénitiens* sur les affaires de France au XVIe siècle recueillies et traduites par Tommaseo (dieselbe Sammlung wie vorstehend, Paris, 1838), zu ergänzen durch die Veröffentlichung in fünfzehn Bänden von Eugen Alberi, Florenz 1839–1863.

*Renon de France,* Histoire des troubles des Pays-Bas (1555–1591), veröffentlicht von Charles Piot, in *Chroniques belges,* Brüssel 1886–1891.

Histoire ecclésiastique des églises réformées au *Royaume de France,* 1521 bis 1563 (Genfer Ausgabe 1580), von Simon Boulart und Nicolas de Gallars, unter der Herausgeberschaft von Theodor Beza.

*Jacques-Auguste de Thou,* Historiarum sui temporis ... (1543 bis 1610), franz. Ausgabe, veröffentlicht in London, 1734, in der Übersetzung von La Maserier, Prévost, Desfontaines, Le Duc, Adam und Charles Lebeau.

*Richard Verstegan.* Teatrum crudelitatum haereticorum nostri temporis (Ausg. von 1592); neuveröffentlicht in Lille um 1885 unter dem Titel »Théâtre des cruautés des hérétiques du XVIe siècle«.

## *VI. Revue d'Histoire moderne et contemporaine, Band X (1908)*

Le règne d'Henri IV, sources, travaux et questions à traiter.

*Le Président Hénault,* Abrégé chronologique de la France (1745).

*Henri Hauser,* Les sources de l'Histoire de France, XVI^e^ siècle.

*«Clio»,* Introduction aux Etudes Historiques, 6. Le XVI^e^ siècle, par Henri Sée, Professeur honoraire de l'Université de Rennes et A. Rebillon, Professeur à la faculté des Lettres, Presses Universitaires de France, 1934.

*Histoire du Languedoc,* Dom Vaissette.

*Revue de l'Histoire de l'Eglise de France,* März 1931. *Mgr Rosselot de Melun,* Etablissement du protestantisme en France.

*Documents inédits de la Réforme et de la Ligue,* par Dubois, 1875.

*Mémoires de la Ligue,* Le Parlement de Paris, Jean David, Amsterdam 1758.

*Mémoires. Mémoires de M. Deageant,* envoyés à M. le cardinal de Richelieu, contenant plusieurs choses particulières arrivées au roi Henri IV jusqu'au commencement du ministère de Richelieu, Grenoble, Philippe Charoys.

*Mémoires* de la société archéologique du Midi de la France, 1880–1882, 2^e^ série, Band XII, lettre d'Henri de Navarre à la ville de Pamiers, deux lettres à M. de Pailhes, gouverneur de Foix, publiées par J. de Labourdé.

*Relations politiques de la France et de l'Espagne* au XVI^e^ siècle, Alexandre Teulet, 1862.

## *VII. Literatur*


(Unter teilweiser Benutzung der Literaturangaben in dem Werk des Duc de Lévis Mirepois, Henri IV, Roi de France et de Navarre, Paris 1971.)

*Aumale (duc de)*, Histoire des Princes de Condé, 8 volumes, Michel Levy, 1863–1896.

*J. d'Aulturg*, Larmes sur la mémoire d'Henri le Grand, Paris 1610.

*Anquez*, Histoire des Assemblées politiques des Réformés en France 1859. Henri IV et l'Allemagne, 1887.

*Baguenault de Puchesse*, Négociations de Catherine de Médicis après la Journée des barricades, 1903.

*David Busseret*, Sully and the growth of centralized government in France 1598–1610, London 1968.

*David Busseret et Bernard Barbiche*, Les économies royales de Sully, 1572 à 1594, tome 1, 1970.

*Basile de Lagrèze*, Henri IV, sa vie privée. Des faits inédits, Paris 1885.

*Bastard d'Estaing*, Les Parlements de France, 1887.

*Louis Battifol*, Le siècle de la Renaissance. La vie à la cour de France au XVII^e siècle, 1926, Hachette 1930. Henri III. Attentat de Jacques Clément.

*H. Bénévent*, Discours sur les faits historiques de Henri le Grand, Paris 1611.

*Bertaut*, Discours funèbre sur la mort du feu roi, Paris 1616.

*Albert Buisson* de l'Académie française, Michel de l'Hospital, 1508–1573, Hachette 1950.

*Guy de Bremond d'Ars*, Les Conférences de Saint-Brice. Entrée d'Henri IV et Catherine (1586–1587), Paris 1884.

*Edmond Cabré*, Les guerres de religion dans le Sud-ouest de la France (1551–1590), Paris, Champion d'après le Chartrier Saint-Sulpice.

*Capefigue*, la Ligue sous Henri IV.

*J. Castelnau*, Catherine de Médicis (1519–1589), Librairie Hachette, 1954, Marguerite de Navarre-la reine Margot, Librairie Hachette, 1954.

*H. Castillon*, Histoire du Comté de Foix, Band II.

*Pierre Champion*, La jeunesse d'Henri III, 2 Bände (1561–1574). Henri III roi de Pologne, 2 tomes, 1574–1575, Editions Bernard Grasset, 1951.

*Albert Chamberlaud*, Recherches critiques sur les réformes financières en Champagne à l'époque de Henri et de Sully, 1902.

*E. Charleville*, Paris au temps des guerres de religion, Etats généraux de 1576, Paris 1901.

*Clausel de Cousergues*, Le sacre des rois de France, Paris, Adrien Ecron 1825.

*P. Courteault*, Blaise de Montluc historien, Etude critique sur les commentaires, Paris 1908.

*Charles Dartigue Peyron*, La Vicomté de Béarn sous le règne d'Henri d'Albret, 1512–1555, Jeanne d'Albret et le Béarn, Paris 1934.

*Decrue de Stoutz*, Relations diplomatiques d'Henri IV et les députés de Genève, Genf 1902.

*Jules Delaborde*, Gaspard de Coligny, Amiral de France, Paris 1879–1881.

*Maurice Donnay* de l'Académie française, La reine Margot, Les Editions de Paris, 1946.

*Roger Doucet*, Finances municipales et crédit public à Lyon au XVI^e siècle, 1937, Librairie des sciences politiques et sociales.

*François Duhourceau,* Henri IV libérateur et restaurateur de la France, Paris 1941.
*Chanoine Dubarat,* Le protestantisme en Béarn.
*Jean d'Elbee,* Le miracle d'Henri IV, Lardanchet 1946.
*Philippe Erlanger,* Henri III, NRF, 1936. Le Massacre de la Saint Barthélemy, 24 août 1572, Coll. Trente journées qui ont fait la France, Gallimard-NRF, 1958. La Vie quotidienne sous Henri IV, Hachette, 1958. L'Etrange mort d'Henri IV, Amiot Dumont, 1957. Richelieu, Le livre contemporain.
*H. de l'Espinois,* La Ligue et les Papes, Paris 1886.
*Philippe d'Estailleur Chanteraine,* Henri IV roi de Navarre, Robert Laffont, 1954.
*Gustave Fagniez,* L'Economie sociale de la France sous Henri IV, Paris 1897.
*J. Fauray,* Henri IV et l'Edit de Nantes.
*Ph. Fouqueray,* Histoire de la Compagnie de Jésus en France (1528–1768), La Contre-réforme, Bände II und III, Paris 1913–1922.
*Forneron,* Les ducs de Guise et leur époque, Paris 1878.
*Michel François,* La réception du Concile de Trente en France sous Henri IV, dans «Il concilio de Trente e la Reforme», 1963.
*Lucien Febvre,* Les origines de la Réforme française et le problème des causes générales de la Réforme.
*Jean Guiraud,* L'Eglise romaine de la Renaissance.
*Armand Garnier,* Agrippa d'Aubigné et le parti protestant, Paris 1928.
*Pierre Gaxotte* de l'Académie française, Histoire des Français, Histoire d'Allemagne.
*S. C. Gigon,* La troisième guerre de religion, Jarnac et Moncontour, 1911.
*Roger de Gontaut Biron,* Le premier maréchal de Biron, Plon 1950.
*Guillemain,* Le Cardinal de Lorraine, Paris 1847.
*Paul Guth,* Henri IV.
*Eugène et Emile Haag,* La France protestante, Paris 1846.
*Henri Hauser,* La Prépondérance espagnole, Presses Universitaires de France, 1940. Les Guerres de religion, Paris 1912. Les origines du capitalisme moderne, 1927. Travailleurs et marchands de l'ancienne France, 1920.
*Henri Hauser et Renaudet,* Les débuts de l'âge moderne: La France et la Réforme, Paris 1929–1933.
*Raymond Isay,* Henri IV et l'esprit français, Revue des Deux Mondes, 1953.
*L. Jarry,* Henriette d'Entragues et son vœu à N.-D. de Cléry, Orléans 1897.
*H. de La Ferrière,* Henri IV le roi, l'amoureux, 1890, Calman-Lévy.
*J.-P. Lagrèze,* Henri IV, sa vie privée, 1885.
*Lannux,* La vie d'Henri IV, Paris, Ed. Gallimard, 1927.
*E. Lavisse,* Histoire de France illustrée, t. VI: 1° La Réforme et la Ligue.
*Mgr Lestocquoy,* Travaux sur la correspondance des nonces en France.
*A. Lods,* L'édit de Nantes devant le Parlement, Paris 1899.
*Jules Loiseleur,* Les nouvelles controverses sur la Saint-Barthélemy, 1883. Ravaillac et ses complices, Didier, Paris 1873.
*Mariejol,* Vie de Marguerite de Valois, Hachette. La Réforme et la Ligue, 1904. Catherine de Médicis, 1920.
*Albert Meyrac,* Charlotte de Montmorency, Albin Michel.

*A. Miron de l'Espinay,* François Miron et l'administration municipale à Paris sous Henri IV (1604–1606), Plon 1885.
*Duc de Lévis Mirepoix* de l'Académie française, Henri IV, Roi de France et de Navarre, Paris 1971.
*Roland Mousnier,* L'assassinat d'Henri IV, Gallimard (Les trente journées qui ont fait la France). Fureurs paysannes, Calman-Lévy, 1967. Deutsche Ausgabe Propyläen-Verlag, Berlin 1970.
*Marquis de Noailles,* Henri de Valois et la Pologne en 1572, Paris 1867.
*Bernard Nabonne,* Jeanne d'Albret, reine des Huguenots, Hachette 1945.
*Georges Pagès,* L'édit de Nantes, revue d'Histoire moderne, Paris 1936.
*E. Pannier,* Naissance du Grand siècle, Hachette. L'Eglise réformée de Paris sous Henri IV, Paris 1911.
*Hardouin de Péréfixe,* Histoire d'Henri le Grand, 1661.
*Perrens,* L'Eglise et l'Etat sous Henri IV et Marie de Médicis, I, II. Les mariages espagnols sous le règne d'Henri IV, 1872.
*Georges Picot,* Histoire des Etats Généraux (1365–1614), Paris 1872.
*Marcel Reinhard,* Henri IV, et la France sauvée, Hachette 1939.
*Raymond Ritter,* Lettres du Cardinal de Florence sur Henri IV et la France, 1596–1598, Grasset, 1955. Lettres et poésies de Catherine de Valois Angoulême, Champion. Henri IV lui-même, l'homme, Albin Michel. Cette grande Corisande, Albin Michel. Charmante Gabrielle, Albin Michel, 1947. La petite Tignonville, Ed. Delmas. Henri IV, Lettres et poésies de Catherine de Bourbon, Albin Michel, 1927. Le château de Pau, Champion.
*Paul Reval,* La folle vie de la Reine Margot, Firmin-Didot.
*Daniel-Rops* de l'Académie française, L'Eglise de la Renaissance et de la Réforme, Band II, Fayard 1922.
*H. de Ruble,* Antoine de Bourbon et Jeanne d'Albret, 1882–1886, 3 Bände, Le colloque de Poissy, 1889. L'assassinat du duc de Guise, 1897.
*(Mme.) Saint René Taillandier,* Henri IV avant le messe, 1934. Henri IV après la messe. Deutsche Ausgabe Callwey, München 1976.
*Charles Urbain,* Lettres oubliées remises en lumière. Henri IV et Marguerite de Valois, 2 fascicules, 1891–1894.
*Pierre de Vaissière,* De quelques assassins, Paris 1912. Messieurs de Joyeuse, 1560–1615, Paris 1926. Henri IV. Les grandes études historiques, Fayard 1928.
*Georges Weil,* Les théories sur le pouvoir royal pendant les guerres de religion, Paris 1892.
*Gaston Zeller,* Henri IV et Marie de Médicis, Paris 1877. Henri et Biron, Paris 1888. Les Institutions de la France au XVIe siècle. Presses universitaires de France, 1948.

## *VIII. Werke in deutscher Sprache*

*Karl Brandi,* Kaiser Karl V., München 1937 und Frankfurt a. M. 1976.
–, Deutsche Geschichte im Zeitalter der Reformation und Gegenreformation, München 1929 und Frankfurt a. M. 1979.
*Philippe Erlanger,* Richelieu. Aus dem Französischen übers. von Ulla Leippe, Frankfurt a. M. 1975.

*Edward Grierson*, Philipp II. König zweier Welten. Aus dem Englischen übers. von Brigitte Weitbrecht, Frankfurt a. M. 1978.
*René Guerdan*, Franz I. König der Renaissance. Aus dem Französischen übers. von Ulla Leippe, Frankfurt a. M. 1978.
*Paul Guth*, Mazarin, Frankreichs Aufstieg zur Weltmacht. Aus dem Französischen übers. von Gerhard Heller, Frankfurt a. M. 1974.
*Leo Jordan*, N. Machiavelli und Katharina von Medici, in: Historische Vierteljahresschrift, Band 6, Leipzig 1903.
*Karl Kupisch*, Coligny. Eine historische Studie, 2. Aufl. Berlin 1951.
*Irene Mahoney*, Katharina von Medici, München 1977.
*Heinrich Mann*, Die Jugend des Königs Henri Quatre, Amsterdam 1935.
–, Die Vollendung des Königs Henri Quatre, Amsterdam 1938.
*Erich Marcks*, Die Zusammenkunft von Bayonne, Straßburg 1889.
–, Gaspard von Coligny. Sein Leben und das Frankreich seiner Zeit, Leipzig 1918.
*Ludwig Pastor*, Geschichte der Päpste seit dem Mittelalter, Band IX, Freiburg/Br. 1925.
*Mme. Saint René Taillandier*, Heinrich IV. von Frankreich, München 1976.
*Franz Xaver Seppelt / Georg Schwaiger*, Geschichte der Päpste, Band 5, München 1959.
*Walter Tritsch*, Heinrich IV., König von Frankreich und Navarra, Frauenfeld 1938.
–, Karl V., Leipzig 1935.
*Margarete von Valois*, Memoiren, Briefe und sonstige Dokumente ihres Lebens, hrsg. von W. Fred, 2 Bände, Leipzig 1913.
*Albert Wucher*, Von Petrus zu Paul, Weltgeschichte der Päpste, Frankfurt a. M. 1971.
*Wilhelm v. Zeeden*, Hegemonialkämpfe und Glaubenskriege 1556–1648, Propyläen Geschichte Europas, Band 2, Berlin 1977.

## *IX. Deutschsprachige Literatur zur Bartholomäusnacht*

*Hermann Baumgarten*, Vor der Bartholomäusnacht, Straßburg 1882.
*Friedrich Ebeling*, Archivalische Beiträge zur Geschichte Frankreichs unter Karl IX., Leipzig 1872.
*Albert Elkan*, Die Publizistik der Bartholomäusnacht und Mornay »Vindiciae contra Tyrannos«, Heidelberg 1905.
*Philippe Erlanger*, Die Bartholomäusnacht. Aus dem Französischen übersetzt von Nikolaus Klocke, München 1966.
*Karl Müller*, Die Bartholomäusnacht 1572, in: Karl Müller, Aus der akademischen Arbeit, Tübingen 1930.
*Walter Platzhoff*, Die Bartholomäusnacht, in: Preußische Jahrbücher, 150, Berlin 1912.
*Francis Watson*, Katharina von Medici und die Bartholomäusnacht. Aus dem Englischen übers. von Karl Blanck, Stuttgart 1936.
*Paul Wiegler*, Könige von Frankreich. Von der Jungfrau bis zur Bluthochzeit, Berlin 1936.
*Heinrich Wuttke*, Zur Vorgeschichte der Bartholomäusnacht. Aus dem Nachlaß hrsg. von Georg Müller-Frauenstein, Leipzig 1879.

# Zeittafel
## zum Leben Heinrichs IV. von Frankreich

1553 13. Dezember, zwischen 1 und 2 Uhr: Geburt Heinrichs von Bourbon im Schloß von Pau.

1554 6. März: Katholische Taufe des kleinen Prinzen im Großen Saal des Schlosses.

1555 24. Mai: Tod von Henri d'Albret, dem Großvater Heinrichs. Zu einem nicht genau bestimmbaren Datum wird Heinrich der Obhut seiner Tante Suzanne de Bourbon-Busset anvertraut – Gemahlin von Jean d'Albret, Baron de Miossens –, um im Schloß von Coarraze erzogen zu werden.

1557 Februar: Erste Reise Heinrichs von Bourbon an den Hof von Frankreich. Er wird König Heinrich II. vorgestellt und seiner Cousine Marguerite von Valois, die er später heiratet (1572).

1559 April: Vertrag von Cateau-Cambrésis. Geburt von Heinrichs Schwester Catherine.

10. Juli: Unfalltod Heinrichs II. Thronbesteigung Franz II. François, Herzog von Guise und der Kardinal von Lothringen, sein Bruder, werden an die Spitze der Regierungsherrschaft gestellt. Beide sind Onkel des Königs durch dessen Frau. Der junge Prinz von Navarra wird weiterhin im protestantischen Bekenntnis unterwiesen, sein Lehrer ist La Gaucherie.

1560 Verschwörung von Amboise.

5. Dezember: Tod Franz' II. und Thronbesteigung Karls IX.
Am 25. Dezember bekennt sich Jeanne d'Albret öffentlich zum Abendmahl.

1561 27. März: Antoine de Bourbon, Heinrichs Vater, wird »Generalleutnant« des Königreichs.
Im Juli trifft Jeanne d'Albret mit ihrem Sohn am Hofe ein.

1562 Jeanne verläßt wieder den Hof. Ihr Sohn, den sie zurücklassen mußte, wird unter der Aufsicht von Jean de Losse zum katholischen Glauben zurückgeführt. Am 1. Juni geleitet ihn sein Vater zur Meßfeier, er gelobt, die Gebote des reinen Glaubens zu befolgen.
Schlacht von Dreux.
17. November: Antoine erliegt seiner Verwundung von der Belagerung Rouens.

1563 La Gaucherie, der erste Erzieher des Prinzen von Navarra, wird wiederum berufen. Nunmehr kalvinistische Glaubensunterweisung des Kindes.

1564 Der Prinz von Navarra begleitet Karl IX. und Katharina von Medici auf ihrer großen Rundreise durch das Königreich.
Tod Calvins.
Am 17. Oktober soll Nostradamus dem Kind das Königtum prophezeit haben.

1565 Begegnung in Bayonne zwischen Karl IX. und Katharina von Medici mit Isabella von Frankreich, der Frau König Philipps II., und dem Herzog von Alba.

1566 Jeanne d'Albret trifft sich mit dem königlichen Hof im Januar in Moulins.
Mai: Ende der Rundreise.

1567 Jeanne d'Albret verläßt mit dem Prinzen den königlichen Hof, um sich in ihre Staaten zu begeben.
Tod des Konnetabels Montmorency.
Der Prinz wird »Generalleutnant« des Königreichs Navarra und unternimmt seine ersten Waffengänge gegen die baskischen Edelleute.

1568 September: Die Königin von Navarra geleitet ihren Sohn nach La Rochelle, um ihn dort seinem Onkel Louis de Bourbon, Prinz von Condé, Führer der protestantischen Armee, zuzuführen.

1569–1570 Erste Feldzüge des Prinzen unter der Führung Condés, später Colignys.
13. März 1569: Schlacht bei Jarnac.
3. Oktober 1569: Schlacht von Moncontour unter Heinrichs Teilnahme.
August 1570: Friede von Saint-Germain.

1571 Aufenthalt des Prinzen von Navarra in Béarn. Wiederholte Versuche Katharinas von Medici, ihn an den Hof zurückzuholen.

1572 9. Juni: Tod der Jeanne d'Albret.
Heinrich wird König von Navarra; er heiratet Marguerite von Valois am 18. August. 24. August: Massaker der Bartholomäusnacht in Paris.

1573 Wahl Heinrichs von Valois auf den polnischen Königsthron.

1573–1575 Aufenthalt des Königs von Navarra am französischen Königshof. Erste Ehejahre.
Belagerung von La Rochelle.
Heinrich, der nur genötigt werden konnte, dem Protestantismus abzuschwören, wandelt seine persönlichen wie politischen Empfindungen.
31. Mai 1574: Tod Karls IX., Thronbesteigung Heinrichs III.

1576 Heinrich von Navarra entfernt sich vom Königshof und nimmt die Ausübung des evangelischen Bekenntnisses wieder auf.
6. Mai: Friede von Beaulieu. Höhepunkt der Macht der Liga.
Heinrich wird Gouverneur der Guyenne.

1577 Ein neuerlicher Religionskrieg wird am 15. September durch den Frieden von Bergerac abgeschlossen.

1578 Nach 32 Trennungsmonaten vereint sich Marguerite von Valois wiederum mit ihrem Ehemann in der Guyenne.
Aufenthalt der Katharina von Medici in Nérac.

1579 Der Hof von Navarra in Nérac.

1580 Guerre des Amoureux (Liebeskrieg).
Wegnahme von Coutras.
26. November: Frieden von Fleix.

1581 Fortsetzung des Hoflebens in Nérac.
Liebschaft des Königs von Navarra mit der Fosseuse.
Niederkunft der Fosseuse.

1582 März: Marguerite von Valois begibt sich zurück an den französischen Hof.

1583 Corisande d'Andouins wird Mätresse des Béarners.
Marguerite wird durch ihren Bruder Heinrich III. wegen ihres Betragens vom Hof entfernt.
Großer Familienzwist.

1584 März: Marguerite hält sich unter dem Vorwand, Anschlägen Corisandes gegen ihr Leben zu entfliehen, in Agen auf. Sie schaltet sich in die Feindseligkeiten gegen ihren Mann ein und wird gezwungen, sich in der Festung Usson einzuschließen.
10. Juni: Tod Franz' von Valois, Herzog von Anjou, des 4. Sohnes Heinrichs II.
September: Papst Sixtus V. belegt Heinrich von Navarra mit Exkommunikation und erklärt ihn der Krone Frankreichs für unwürdig.

1586 Krieg der »3 Heinriche« (Heinrich III., Heinrich von Navarra, Heinrich von Guise). Navarra verläßt sein Gouvernementsgebiet in der Guyenne und versucht sich in seiner Basis Saintonge festzusetzen.
1. Juni: Ankunft in La Rochelle.
13. Dezember: Zusammentreffen der Königinmutter und ihres Schwiegersohnes in Saint-Brice.

1587 20. Oktober: Sieg Heinrichs von Coutras. Er wird nicht genutzt, da Heinrich sich nach Béarn zurückzieht.

1588 5. März: Tod des Prinzen von Condé.
Heinrich wird Anführer der Hugenotten. Attentatsversuche gegen sein Leben.
Unruhen in Paris. Flucht des Königs.
Generalstände in Blois.
23. Dezember: Ermordung des Herzogs von Guise.

1589 5. Januar: Tod der Königinmutter Katharina von Medici.
Aussöhnung Heinrichs III. und Heinrichs von Navarra.
30. April: Zusammenkunft von Plessis-les-Tours.
Einschließung von Paris.
Ermordung Heinrichs III.
20. August: Heinrich von Bourbon wird von dem Sterbenden zum König von Frankreich eingesetzt.
21. September: Sieg von Arques.
Oktober: Verfehlter Handstreich auf Paris.

1590 14. März: Sieg von Ivry.

Mai bis September: Belagerung von Paris.
Tod Papst Sixtus' V.

1591 Liebschaft des Königs und der Gabrielle d'Estrées.
Belagerung von Rouen.

1592 5. Februar: Treffen von Aumale.
Schlappen der königlichen Truppen.

1593 26. Januar: Eröffnung der Generalstände in Paris.
25. Juli: Heinrich IV. leistet den Abschwörungseid.

1594 27. Februar: Feierliche Salbung des Königs in Chartres.
22. März: Einzug in Paris.
27. Dezember: Attentat des Jean Châtel.

1595 17. Januar: Kriegserklärung an Spanien.
Vertreibung der Jesuiten.
5. Juni: Sieg von Fontaine-Française.
18. September: Aufhebung des Exkommunikationsedikts durch Papst Klemens VIII.

1596 24. Januar: Unterwerfung von Mayenne. Vertrag von Folembray.
4. November: Disput in Rouen.

1597 12. März: Überrumpelung von Amiens.
25. September: Belagerung und Einnahme der Stadt.

1598 13. April: Edikt von Nantes.
2. Mai: Friede von Vervins.
Unterwerfung des Herzogs von Mercœur.

1599 10. April: Tod der Gabrielle d'Estrées.
Juli: Beginn der Verbindung mit Henriette d'Entragues.
Verlobung des Königs mit Maria von Medici.
Dezember: Annullierung der Ehe mit Marguerite von Valois durch den Papst.

1600 Feldzug in Savoyen.
April: Heirat mit Maria von Medici (in procuratio).
Anfang Dezember: Maria von Medici in Marseille eingetroffen.

1601 9. Februar: Vorstellung der Henriette d'Entragues bei der Königin.
27. September: Geburt des Dauphins Louis.
4. November: Geburt des späteren Herzogs von Verneuil.

1602 Verschwörung und Hinrichtung (21. Juli) Birons.

1603 Erste Erkrankung des Königs.
Aussöhnung der Königin mit der Marquise de Verneuil.

1. September: Rückkehr der Jesuiten.
Tod Elisabeths I.

1604 Die Paulette.
Gunst der Jacqueline de Bueil.
Aufdeckung der Verschwörung der d'Entragues.
Tod Papst Klemens' VIII. Sein Nachfolger wird Papst Paul V.

1605 Bruch mit Henriette d'Entragues.
Aburteilung und Begnadigung der Verschwörer.
Rückkehr der Königin Marguerite nach Paris.
Reise in das Limousin.

1606 Ausgleich mit dem Herzog von Bouillon.
Sully wird Herzog und Pair von Frankreich.

1607 Liebschaft Heinrichs mit Charlotte des Essarts.
Navarra mit der Krone Frankreichs vereinigt.

1608 Gründung von Quebec.
Charlotte de Montmorency am königlichen Hof.

1609 Heirat Charlottes mit Henri II. Condé.
Letzte Liebe des Königs zu Charlotte de Montmorency.
Le grand dessin.

1610 13. Mai: Krönung der Maria von Medici.
14. Mai: Ermordung Heinrichs IV. durch Ravaillac.

## Verzeichnis der Abbildungen auf Tafeln

16 Die Nachfolge: Heinrich III. überträgt die Königswürde auf dem Sterbebett (Bibliothèque Nationale).
17 Umzug der Liga in Paris gegen Heinrich IV. 1593 (Bibliothèque Nationale).
18 Heinrich IV.; Gemälde der Französischen Schule (Louvre).
19a »Corisande« de Grammont (Diane d'Andouins).
19b Henriette d'Entragues; Stich von Jérome Wierx, Antwerpen.
19c Charlotte de Montmorency.
19d Gabrielle d'Estrées.
(Bibliothèque Nationale, Cabinet d'Estampes.)
20 Der König im Kreis seiner Familie; Stich von Jean le Clerc (Bibliothèque Nationale) 1606.
21 Der Zug des Königs in die Notre-Dame, 22. März 1594 (Bibliothèque Nationale).
22 Urkunde des Edikts von Nantes (Bibliothèque Nationale).
23 Heinrich IV.; Gemälde von Franz Porbus d. J. (Sammlung Caumont la Force).
24 Nach der Schlacht von Coutras, 1587.
25 Medaillon auf die Vermählung Heinrichs IV. mit Maria von Medici (Bibliothèque Nationale, Cabinet des Médailles).
26 Übernahme der Regentschaft durch Maria von Medici; Gemälde von Peter Paul Rubens (Louvre).
27 Heinrich IV.; Stich (Ausschnitt) von Cherubino Alberti, datiert 1610 (Privatsammlung).
28 Ravaillacs Mordtat, 14. Mai 1610 (Bibliothèque Nationale, Cabinet d'Estampes).

*Fotonachweis:* Bibliothèque Nationale: 9, 13, 15, 16, 18–21, 23, 24, 27; Photo Bulloz, Paris: 2, 5, 7, 8; Photo Giraudon, Paris: 14; Photo Roger-Viollet, Paris: 1, 3, 4, 16.
Die Textvignetten entstammen französischen und italienischen Druckwerken des 16. Jahrhunderts.

*Erratum:* Tafelbild 7 Montgomerys statt Montmorencys.

# Namenverzeichnis

Edward Grierson
*Philipp II.*
König zweier Welten

René Guerdan
*Franz I.*
König der Renaissance

Paul Guth
*Mazarin*
Frankreichs Aufstieg zur Weltmacht

Francis Hackett
*Heinrich VIII.*

Louis Madelin
*Fouché*
1759–1820

Jean Orieux
*Talleyrand*
Die unverstandene Sphinx

Peter Reinhold
*Maria Theresia*

Helmut Signon
*Agrippa*
Freund und Mitregent des
Kaisers Augustus

CIP-Kurztitelaufnahme der Deutschen Bibliothek

*Andrieux, Maurice*
Heinrich IV. : Frankreichs guter König
1. Auflage – Frankfurt [Main] : Societäts-Verlag, 1979
Einheitssacht. : Henri IV. ⟨dt.⟩
ISBN 3-7973-0330-0